北京石景山年鉴(2019)

BEIJING SHIJINGSHAN NIANJIAN

北京市石景山区人民政府 主办
北京市石景山区地方志办公室 承编

中 华 书 局

图书在版编目（CIP）数据

北京石景山年鉴. 2019/北京市石景山区地方志办公室编.—北京：中华书局，2019.10
ISBN 978-7-101-14162-7

Ⅰ.①北… Ⅱ.①北… Ⅲ.①石景山区—2019—年鉴
Ⅳ.①Z521.3

中国版本图书馆CIP数据核字（2019）第220731号

责任编辑：李晓燕

北京石景山年鉴 2019
北京市石景山区地方志办公室编
*
中华书局出版
（北京市丰台区太平桥西里38号 100073）
http://www.zhbc.com.cn
E-mail:zhbc@zhbc.com.cn
廊坊市金虹宇印务有限公司印刷
*
889×1194 1/16 24.5印张 33插页 910千字
2019年12月第1版 2019年12月第1次印刷
印数：2500册 定价：260.00元

ISBN 978-7-101-14162-7

地址

北京市石景山区
八角西街27号

电话

010-68883642

传真

010-68880579

邮编

100043

电子信箱

sjsqzb@126.com

《北京石景山年鉴》编纂委员会

《北京石景山年鉴》编辑部

特约编辑

（按姓氏笔画为序）

编 纂 说 明

一、《北京石景山年鉴》创刊于2006年，是石景山区人民政府主办、区地方志办公室按年编纂、连续出版的大型综合性、权威性、资料性工具书。

二、年鉴以马克思列宁主义、毛泽东思想、邓小平理论、“三个代表”重要思想、科学发展观、习近平新时代中国特色社会主义思想为指导，围绕石景山区“全面深度转型、高端绿色发展”战略，遵循实事求是原则，力求科学、客观、全面、系统记录石景山区经济和社会发展的基本情况，体现时代特征、地区特点、行业特色。旨在为社会各界了解、研究石景山区提供基本资料，同时为修编《北京市石景山区志》积累史料。

三、本鉴收录范围以地域为界，凡在石景山区境域之内的部门单位、各行各业，不论其性质、隶属关系和级别，均在收录之列。本卷以详记区属各系统、各单位情况为主，适当记述驻区单位情况，既突出主题又概括全貌。

四、本鉴所收录资料信息的主要形式为文字（文章和条目）、数据（表格）、图片，采用分级分类编纂法，以条目体为主，用规范的语体文直陈其事，文字力求言简意赅。按栏目、分目、次分目、条目四级结构层次编排。

五、本鉴设置29个类目。按政治、经济、文化、社会的顺序，依次排列。依次为总述、特载、大事记、中共石景山区委员会、石景山区人民代表大会、石景山区人民政府、政协石景山区委员会、纪检 监察、民主党派、人民团体、法治、军事、综合经济管理、城市建设、驻区企业、商业贸易、旅游、城市管理、科学技术、教育、文化、卫生、体育、社会建设、社会生活、街道、先进、统计资料、附录。全书总计约91万字。

六、本鉴记述时限为2018年1月1日至12月31日，本卷中凡未注明年份的事物，均为2018年内所发生。各级负责人任职情况，一律以2018年12月31日在册统计为准。

七、本鉴所用文章和条目，部分由区属各部门和驻区有关单位确定专人撰写或提供，并经撰稿单位主管领导审核。部分资料由编辑部收集。综合性统计资料由区统计局提供，业务部门的统计数字则由各主管部门提供。随文图片由各单位提供为主，编辑部提供为辅。

八、本鉴卷首有“总目”和“分目”，卷尾有“索引”。索引采用主题分析法，按主题词首字汉语拼音字母顺序排列。“总目”采用中英文对照，便于涉外交流。

九、本鉴在编辑出版工作中，得到全区各单位及各方面的大力支持和配合，也得到中国版协年鉴工作委员会、市志办领导和专家的悉心指导，在此谨表诚挚谢意，同时希望进一步得到关注和帮助。年鉴中存在的疏漏讹误之处，恳请读者批评指正。

编 者

2019年12月

数字石景山

区域总面积 85.74平方千米

常住人口 59万人　　户籍人口38.6万人

地区生产总值
584.6亿元
（按不变价计算，
同比增长11%）

全社会固定资产投资
完成额1.1亿元

第二产业、第三产业(亿元)

第三产业增加值占地区生产总值比重72.5

财政收入总计112.3亿元

财政支出总计177.7亿元

社会消费品零售总额
312.4 亿元

批发业 16.4 亿元
零售业 277.3 亿元
住宿业 1.2 亿元
餐饮业 17.4 亿元

城镇单位从业人员人数204078人

城镇单位在岗职工平均工资148532元

图书馆藏书

104万册

文物保护单位

36个

卫生技术人员

9036人

医疗病床

5276人

每千常住人口拥有医生

5.8人

每千常住人口拥有床位

8.9张

中小学在校学生

33942人

居民人均可支配收入：71244元

居民人均消费支出：43286元

2 月 11 日，区委书记牛青山出席社区建设总结大会

4 月 21 日，区委书记于长辉到八角南路社区进行在职党员双报到

2 月 15 日，区长文献到烟花爆竹销售点检查

7 月 17 日，代区长陈之常进行 12345 接访

5月29日，区人大主任李文起视察区法院司法体制改革工作情况

5月6日，区政协主席吴克瑞调研老旧小区物业服务管理情况

8月2日，区委第十二届第六次全会召开

1月18日，区第十六届人代会第四次会议召开

1月14日，区政协第十届第二次会议召开

3 月 7 日，区政府全体会召开

2 月 8 日，党风廉政建设大会召开

3 月 7 日，党建工作会召开

9月27日，“2018中国银行保险业国际高峰论坛”在北京银行保险产业园开幕

3月8日，石景山区企业家座谈会召开

6月1日，区政府在服贸会“北京主题日”活动上专题推介“侨梦苑”

京西商务区

10 月 12 日，石景山区“走进经普长廊，回顾四十年辉煌”主题统计开放日

12 月 26 日，人工智能创新应用产业园启动仪式

8 月 22 日，石景山区与中国能建葛洲坝集团战略合作框架协议签约仪式

6月6日，石景山区融媒体中心挂牌仪式

4月23日，冬奥主题图书馆揭牌仪式

3月2日，石景山区《不辱使命》话剧剧照

11月29日，石景山区非物质文化遗产声音故事（四）暨京津冀非遗原创节目交流展演

4 月 3 日，第 11 届北京清明诗会

郎园 Park

新华尚领阅读空间

石景山区免费共享图书亭

7 月 9 日，景山远洋教育集团成立仪式

11 月 8 日，石景山区举办北京市第十四届全民终身学习活动周开幕式

1 月 23 日，区残联举办“新时代 新征程 新作为”残疾人迎新春联欢会

12 月 3 日，北京首家博士后成果转化基地揭牌暨新设博士后工作站授牌大会

8 月 18 日，北京市第十届民族传统体育运动会开幕式

11 月 3 日，“第五届石景山区冰雪节开幕式”在市民冰雪体育中心举行

3月26日，石景山区服务保障冬奥、冬残奥部署会召开

6月21日，石景山区创建全国文明城区工作部署会召开

8 月 17 日，石景山区首届医师节大会召开

10 月 12 日，第三届北京西山中医药文化季举办

3 月 26 日，石景山区全力打好蓝天保卫战部署会议召开

9 月 28 日，区消防支队调研“首钢冬奥组委”消防设施建设情况

2 月 5 日，区住建委组织书法家到工地送福字

12 月，石景山区城市服务管理网格化融合平台

10月25日，石景山区创建国家森林城市部署会召开

西黄村安置房现场

长安街延长线完工

时代庐峰小区背街小巷整治后

晨曦秀池

金秋石景山

莲石湖畔

长安绿轴

建设中的新首钢大桥

今日首钢

八角雕塑公园

1 月 19 日，首钢党委扩大会召开

6 月 5 日，北京 2022 年冬奥会和冬残奥会官方城市更新服务合作伙伴签约仪式举行

首钢高端领先产品镀锡板

“2022，我们在一起”主题活动

“首钢杯”第九届全国钢铁行业职业技能竞赛

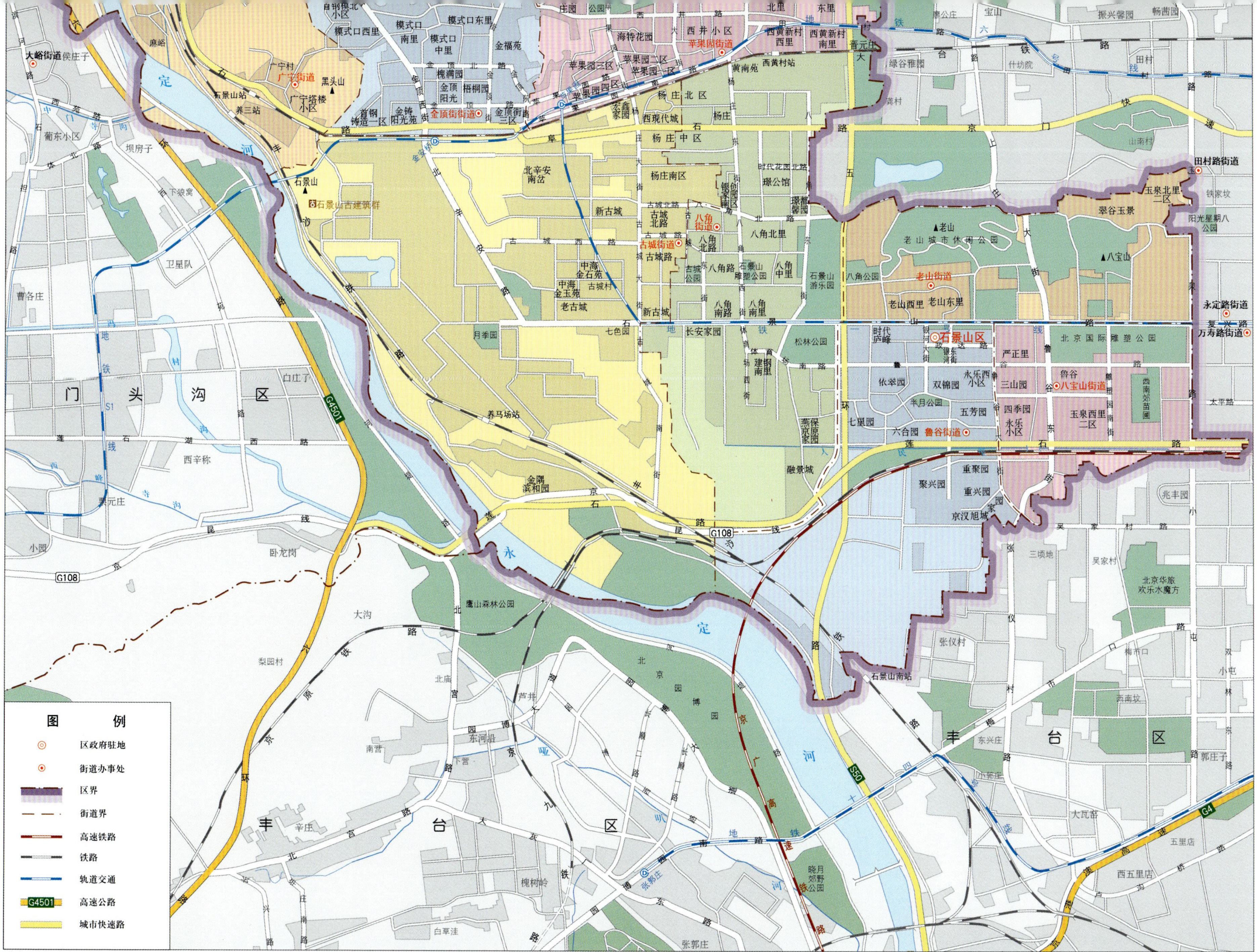

审图号：京S（2019）023号

资料截止日期：2018年

北京市石景山区行政区划图

总　目

CONTENTS

目　录

政协石景山区委员会

纪检　监察

民 主 党 派

人 民 团 体

法　　治

城 市 建 设

科学技术

教　育

文　　化

卫　生

体　　育

社 会 建 设

街　道

先　进

统 计 资 料

附　　录

总　述

石景山区概览

石景山区位于北京西部西山风景区南麓和永定河冲积扇上，因燕都第一仙山——石景山而得名。地理坐标为北纬39°53′～39°59′，东经116°07′～116°14′，东至玉泉路与海淀区毗连，南抵张仪村与丰台区接壤，北倚克勤峪与海淀区搭界，西濒永定河与门头沟区为邻。辖区东西宽约12.25千米，南北长约13千米，最东端距天安门14千米，总面积85.74平方千米。

石景山区地势北高南低，海拔高度70～130米。西北部山地是太行山余脉，约占全区面积的三分之一，40余座山峰比肩而立。南部横亘着古老的永定河，蜿蜒曲折。中部和东南部是永定河冲积扇形成的夹带残丘的平原，为全区人民生产生活的主要地区。石景山地处暖温带半湿润大陆性季风气候区，2018年平均气温为13.3℃，较常年平均值（12.7℃）偏高；2018年总降水量573.3毫米，接近常年（540.7毫米），较2017年（656.5毫米）偏少。

石景山区自古就是京西历史文化重镇，既是西进京城的军事交通要塞，也是北京现代工业的发祥地，历史文化独特鲜明。境内名胜古迹众多，有近现代重要史迹及代表性建筑20余处，以“三山八刹十二景”著称的一代名园八大处、以明代壁画闻名于世的法海寺、石刻造像美轮美奂的田义墓、第四纪冰川遗迹陈列馆、八宝山革命公墓等均荟萃于这块美丽的土地上。

石景山区是北京市继东城、西城之后第三个没有农业户籍人口的城区，下辖八宝山街道、老山街道、八角街道、古城街道、苹果园街道、金顶街街道、广宁街道、五里坨街道及鲁谷社区等9个街道。全区有46个民族，常住人口59万人。

石景山区曾是北京传统重工业区，以首钢为核心的重工业在地区经济社会发展中占有重要地位。根据北京市赋予石景山区“一区三中心”的城市功能定位，随着首钢搬迁调整的逐步深入，石景山区在2011年区第十一次党代会上提出由传统工业石景山向绿色生态石景山转型的总方向。2013年12月，区委十一届八次全体（扩大）会提出“全面深度转型、高端绿色发展”战略和建设国家级绿色转型发展示范区目标。2018年，根据北京市新版城市总规，石景山区以“建设国家级产业转型发展示范区、绿色低碳的首都西部综合服务区、山水文化融合的生态宜居示范区”为功能定位，紧抓北京举办2022年冬奥会冬残奥会和打造新时代首都城市复兴新地标的重大历史机遇，以创建全国文明城区为总牵引，全力抓好“三件大事”、打好“三大攻坚战”，加快推进全区高端绿色发展，圆满完成全年任务。

区域经济发展

地区生产总值完成580亿元，增速7%，增幅居中心城区第二；一般公共预算收入完成62.1亿元，增速10.1%，增幅居中心城区首位；全社会固定资产投资完成275亿元，其中建安投资完成90亿元，增速23.5%，增幅居中心城区第二；居民人均可支配收入71070元，增速7.5%，高于经济增长；万元地区生产总值能耗下降6%左右，达到市级要求。

产业结构转型升级。制定实施构建高精尖经济结构三年行动计划。金融、信息技术、科技服务业收入同比分别增长24.1%、23.9%、12.3%，第三产业比重和对经济增长的贡献率均稳定在70%以上。顺利通过国家服务业综合改革典型示范区答辩验收。

重点功能区建设。长安金轴发展动力进一步增强，京西商务中心投入使用，泰禾长安中心基本建成。北京银行保险产业园正式开园，规划建成率超过70%，一批配套设施已投入使用，成功举办中国银行保险业国际高峰论坛，影响力不断扩大，落户现代金融机构20家。以中关村人工智能创新应用产业园为代表，中关村石景山园创新引领的主战场作用凸显，北京博士后成果转化基地落户石景山区，国家高新技术企业总数达到900家，科技活动经费支出90亿元，同比增长35%，增速居一区十六园首位，收入增长19.2%，位居前列，荣获“中关村创新发展40年杰出贡献奖”。首钢北区建设初具规模，铁狮门冬奥广场产业项目正式落户，东南区首批4个地块实现上市。北京“侨梦苑”、国际人才社区建设稳步推进，中关村智能智造产业园、中欧科技创新中心投入运营，109家侨商企业入驻。

营商环境。编制实施优化营商环境三年行动计划，2018年，区级政务服务事项精简60%，“一网可办率”“一门进驻率”“一窗受理率”均超过90%，30个高频事项实现“最多跑一次”。率先建立市区共享的社会信用体系、联合奖惩体系。顺利完成国税地税征管体制改革，全面落实国家扶持企业政策，为企业减税降费12.6亿元。深化“百人对百家”“一对一”精准服务企业机制，个性化解决企业问题200余个。

城市建设与管理

规划编制完成。根据新版北京城市总体规划，完成石景山区分区规划和36个专项规划编制，完成总体城市设计方案、长安街西延石景山段城市设计方案研究，西山永定河文化带规划和五年行动计划编制完成并顺利实施。完成“十三五”规划中期评估、8个专题及各街道的城市体检评估研究工作，成果应用到规划编制中。制定产业发展、城市建设等多个三年行动计划，实施重大项目清单式管理，将远期规划、中期行动计划、近期重大项目统筹谋划、一体推进，确保一张蓝图绘到底。

“疏解整治促提升”专项行动。15项市级任务、2项区级任务全部完成，新生违法建设等12类违法违规乱象保持“动态清零”。严格执行北京市新增产业的禁止和限制目录，全年累计不予办理工商登记业务190件。推进八角街道周边片区、永引渠石景山段、长安街西延、模式口文保区四个重点区域整治提升，开展八角南里等3个老旧小区综合整治，加装电梯开工25部。留白增绿完成19.3公顷，新建停车位1万余个。新建、提升便民商业服务网点80家，基本实现7项便民服务全覆盖，生活性服务业网点连锁率达45.6%。

生态环境。在中心城区率先启动国家森林城市创建工作，规划建设“山、河、轴、链、园”的绿色生态体系。全区新增绿化面积75.8公顷，公园绿地500米服务半径覆盖率93.8%，城市绿化覆盖率52.4%，人均公共绿地面积20.5平方米，居中心城区前列。实施蓝天保卫战行动计划，在重型柴油车、扬尘、餐饮油烟等污染源控制和区域精细化管理上狠下功夫，空气中细颗粒物（PM2.5）年均浓度为53微克/立方米，同比下降13.1%。层层落实河长制，完成9.2公里雨污合流改造、中小河道治理工程，国控市控水质考核断面稳定达标。首钢主厂区和东南区污染地块土壤修复工作稳步推进。

城市基础设施。52个重大项目全面推进。长安街西延石景山段完工，长安大桥加快建设；轨道交通M6线西延开通运营，M11线冬奥支线方案获市政府批复；北辛安路北段、上庄东街、朝阳医院南侧路、八角东街、京门新线投入使用，永引渠南路、古城南街全面施工；刘娘府110千伏等5座输变电站、石景山水厂和五里坨污水处理厂项目加快建设。11条精品大街、2个精品小区、21条背街小巷整治提升工程完工，莲石路辅路等11条道路通信架空线实现入地，时代庐峰南侧路被评为“北京最美街巷”。静态交通和拥堵治理深入开展，5处疏堵工程、11个堵点乱点整改提升工作全部完成，交通高峰期畅通情况居中心城区第二。

冬奥服务保障。国家冬训中心四个场馆全部完工，滑雪大跳台项目开工建设。成功举办中国花样滑冰俱乐部联赛总决赛、石景山区首届冬季运动会。推进冰雪体育进校园、进社区、进单位、进军营“四进”活动，16所冰雪运动特色学校正式挂牌，举办各类冬奥冰雪主题活动约40项，累计上冰8万人次。与俄罗斯、芬兰等冰雪体育强国开展文化交流，中国花样滑冰协会等3个国家级冰雪组织入驻，冬奥冰雪体育氛围日益浓厚。

社会事业建设和社会治理

全国文明城区创建工作启动。成立区街两级创城指挥部，建立工作专班，明确211条测评标准和31类创城示范点位，启动“优化营商环境”“文明街巷”“文明提素”三大主题活动，开展门前三包、小区楼道非法小广告清理管控、礼让斑马线三大专项治理，在首都文明办实地考察中成绩列四个提名区首位，完成中央文明办年度测评工作。

社会保障体系。新增就业8000余人，城镇登记失业率为2.13%。投入1.9亿元实施69项济困工程，救助32.7万人（户）次。西黄村棚改安置房基本建成，北辛安棚改安置房加快推进，衙门口棚改安置房实现开工，完成棚户区改造4400余户，市级任务完成率147%。何家坟共有产权房项目启动申购，东下庄共有产权房、绍家坡公租房项目和古城、八宝山、五里坨集体土地租赁住房项目实现开工，各类保障性住房开工3433套、竣工1540套，完成全年任务的1.1倍和3.9倍。

社会事业发展。新设公办幼儿园5所，新增学位1500个。深化医药分开综合改革，启动国家慢性非传染性疾病综合防控示范区创建工作，实现中医健康社区街道层面全覆盖，在全市公立医院综合改革考核中排名第二。国家级居家和社区养老服务体制改革试点工作稳步推开，区街居三级养老设施实现全覆盖。继续深化“老街坊”品牌建设，巩固和发展了多元主体共同参与的社会治理格局。

文化建设。深入挖掘历史文化内涵，大力推进西山永定河文化带石景山段建设。启动国家公共文化服务体系示范区创建，实现区－街－社区三级公共文化设施全覆盖，街道社区文化设施总面积达到8.4万平方米，增长65%，年服务人次超过100万。新华尚领·全国新华网阅读体验中心建成，郎园Park西区开业，模式口大街中段完成综合整治。修编汇演红色话剧《京西那一片晚霞》、《模式口红色记忆》，拍摄完成红色电影《雾中剑旗》，积极开展“北京清明诗会”、“重阳游山会”等群众文化活动，提升文化软实力，打造城市文化品牌。开展群众性文化活动2000余场。

精准扶贫和对口协作。统筹市区财政资金1.7亿元，带动社会资本6.6亿元，在产业协作、医教帮扶、就业帮扶、人才支援等方面实施300个项目，惠及建档立卡贫困人口3.4万余人，助力青海称多县、河北顺平县、内蒙古宁城县实现脱贫摘帽，与内蒙古莫力达瓦达斡尔族自治旗“携手奔小康”行动全面展开。加强与天津河北区、湖北竹山县的交流合作，全力保障门头沟区、昌平区、密云区1000名农村转移就业劳动力安置。

重点领域改革

“街道吹哨、部门报到”改革。将综合执法、多网融合、公共服务等8项任务细化分解为15项具体推进举措，推动重心下移、职能下沉。全面落实街巷长制、小巷管家工作，完成古城、广宁街道大部制改革试点。

优化营商环境改革。编制实施优化营商环境三年行动计划，推动政务服务“一网、一门、一窗、一次”改革，区级政务服务事项精简60%，“一网可办率”“一门进驻率”“一窗受理率”均超过90%，30个高频事项实现“最多跑一次”。率先建立市区共享的社会信用体系、联合奖惩体系，顺利完成国税地税征管体制改革。推出“百人对百家”“一对一”精准服务企业机制，个性化解决企业问题200余个，开办企业一次性服务大厅，努力打造营商环境新高地。

养老体制改革。国家级居家和社区养老服务体制改革试点工作稳步推进，完成全区11.1万老年人基础信息与服务需求普查，实施“十有”项目，为全区7.1万65岁以上老年人投保意外伤害险，区街居三级养老设施实现全覆盖。市级政策性长期护理保险试点工作进展顺利，制度框架基本搭建完成，在八角、八宝山、鲁谷3个街道推开试点，179位失能老人受益。

老旧小区物业管理改革。七星园北等11个老旧小区实行准物业化管理，古城南里、金顶街教工楼等小区实施停车管理，28个老旧小区按照“四有”标准完成规范化建设，提升居住品质。

党的建设制度改革。出台《街道党工委工作规则》，统筹推动各领域基层党建，被确定为全国城市基层党建示范区。落实中央和市委关于机构改革的总体意见，成立机构改革领导小组，开展前期摸底调研，稳步推进机构改革工作。积极推动群团工作改革创新，出台工会、共青团、妇联改革方案。在纪检监察体制改革领域，监察工作不断向基层延伸，探索建立巡察干部考核奖励机制。

经济领域改革。编制构建高精尖经济结构三年行动计划，确立以现代金融为主导，以科技服务、数字创意、新一代信息技术为特色，以商务服务为支撑的“1+3+1”高精尖产业体系。成功举办首届中国银行保险业国际高峰论坛，发布《关于加快推动北京银行保险产业园创新发展的若干措施》。国有集体经济改革稳步推进，房管中心转企工作完成，石泰公司集团化重组、农工商总公司改制等改革任务进展顺利。

宣传文化领域改革。积极推进宣传思想工作守正创新，严格落实意识形态工作责任制。率先成立区融媒体中心，设立区委网信办，成立全市首家区级互联网协会。基本完成西山永定河文化带保护传承发展规划和五年行动计划编制，以全市第一名的成绩成功创建首都公共文化服务示范区，启动国家公共文化服务体系示范区创建。

民主政治领域改革。加强和改进区人大常委会监督工作，修订完善《区预算审查监督办法》《区人大常委会专题询问暂行办法》，探索专委会审议代表议案办理机制，开展任后履职监督工作。完善政协委员履职评价指标和体系，深化政协对区属党政部门履职情况进行民主监督与评议。

城市规划建设管理体制改革。实施重大项目清单式管理，健全推进重大项目建设工作机制。推进智慧石景山建设，探索城市大数据应用试点改革，推动融合平台在区、街、社区三级贯通，实现人口、法人、空间地理、视频图像、信用信息五大基础信息库数据共享。实施采办分离，大幅提高城市问题采集与处置效率，城市管理更加精准高效。

法治建设领域改革。全面推进法治政府建设，深化行政执法体制改革，健全依法决策机制。深化司法体制改革，支持法院、检察院依法独立公正行使职权，提升司法公信力。完善社会矛盾多元化解体系，开通全市首个“在线矛盾纠纷多元化解平台”，打造新时代城市版“枫桥经验”石景山样本，全区信访总量持续下降。

社会治理领域改革。深化“老街坊”品牌建设，强化议事协商模式，提升社区民主自治能力。制定社区准入制度，推进“社区便民弹性工作制”，实现社区减负增效。创建16个“社区之家”、8个市级社区规范化示范点，打造30个“名片社区”。

社会事业领域改革。扎实推进教育学区化集团化改革，成立景山远洋教育集团，引入北京市十一学校等优质办学资源，被认定为国家级中小学校责任督学挂牌督导创新区。深化医药分开综合改革，提升基层卫生服务能力，加快社区药品供给方式改革提质扩面。扎实推进老旧小区物业管理改革，七星园北等11个老旧小区实行准物业化管理，古城南里、金顶街教工楼等小区实施停车管理，28个老旧小区按照“四有”标准完成规范化建设，基本实现居住区垃圾分类全覆盖，提升居民居住品质。

“微改革”成效初显。大力提倡探索具有地区特色的改革自选动作，推出检察院开展公益诉讼工作、区人力社保局社保中心综合柜员制改革、区老干部局退休干部关系转社区等微改革项目。在区委深改组会上设立微改革版块，将微改革成果纳入年度目标督察考核，营造推进微改革的良好环境。

特 载

于长辉在区委十二届八次全体会议上的工作报告

（2019年1月3日）

同志们：

我受区委常委会委托，向全会报告工作。

一、认真落实中央市委决策部署，圆满完成2018年各项任务

2018年是全面贯彻党的十九大精神的开局之年，是改革开放40周年，是实施新版北京城市总体规划、推动我区高端绿色崛起的重要一年。一年来，区委常委会在市委坚强领导下，坚持以习近平新时代中国特色社会主义思想为指导，深入贯彻党的十九大和十九届二中、三中全会精神，深入贯彻习近平总书记对北京重要讲话精神，认真落实市委各项决策部署，先后召开了42次区委常委会并主持召开3次区委全会，统筹推进全区经济社会发展，圆满完成年度各项任务。重点抓了六个方面工作：

（一）深入学习贯彻习近平新时代中国特色社会主义思想和党的十九大精神

坚持以上率下、步步深入，推动全区学习宣传贯彻持续向纵深发展。把党的十九大报告、习近平谈治国理政、习近平新时代中国特色社会主义思想三十讲等列为必读书目，运用中心组学习、理论解读、干部轮训、百姓宣讲等多种方式，教育引导广大党员干部读原著、学原文、悟原理，切实做到学深学透、融会贯通。精心组织区委理论中心组学习24次，开办主体班8期，组织各类培训、宣讲300余场，持续推动学习教育走向深入，切实做到武装头脑、指导实践、推动工作。

坚持学以致用、用以促学，认真贯彻落实党中央大政方针和市委决策部署。把严明党的政治纪律和政治规矩放在首位，时刻牢记“看北京首先要从政治上看”的要求，教育引导全区党员干部牢固树立“四个意识”，坚定“四个自信”，坚决维护习近平总书记的核心地位，坚决维护党中央权威和集中统一领导，坚决做到“三个一”“四个决不允许”。坚持以习近平总书记对北京重要讲话精神为根本遵循，认真落实首都城市战略定位和建设国际一流和谐宜居之都的要求，自觉围绕“四个中心”建设，提高“四个服务”水平，抓好“三件大事”，打好“三大攻坚战”，主动服务首都发展大局，确保中央精神和市委部署在我区落地生根，形成生动实践。

坚持对标对表、知行合一，把习近平总书记对北京重要讲话精神和新时代首都发展要求进一步细化、实化、具体化，落实到我区发展的各方面和工作全过程。按照蔡奇书记到我区调研、月度点评和对中心城区要求，紧密结合地区发展实际，深入落实新版北京城市总体规划，牢牢把握国家级产业转型发展示范区、绿色低碳的首都西部综合服务区、山水文化融合的生态宜居示范区的功能定位，紧紧抓住筹办2022年北京冬奥会冬残奥会和打造新时代首都城市复兴新地标两大历史机遇，以创建全国文明城区为总牵引，把方向、谋大事、抓党建、保平安，统筹推动全区各项工作，高水平建设好首都城市西大门。

（二）加快推动经济转型升级

全面完成主要指标任务。预计地区生产总值完成580亿元，增速7%，增幅居中心城区第二；一般公共预算收入完成62.1亿元，增速10.1%，增幅居中心城区首位；预计全社会固定资产投资完成275亿元，其中建安投资完成90亿元，增速23.5%，增幅居中心城区第二；预计居民人均可支配收入71070元，增速7.5%，高于经济增长；预计万元地区生产总值能耗下降6%左右，达到市级要求，发展质量和效益进一步提高。

着力构建高精尖经济结构。落实北京市高精尖产业发展指导意见，确立了我区以现代金融为主导，以科技服务、数字创意、新一代信息技术为特色，以商务服务为支撑的“1+3+1”高精尖产业体系。金融业、信息技术业、科技服务业收入同比分别增长24.1%、23.9%、12.3%。第三产业比重和对经济增长的贡献率均稳定在70%以上。顺利通过国家服务业综合改革典型示范区答辩验收。加大产业发展与空间资源统筹力度，建立区级重点产业项目库、楼宇空间载体库，967万平方米的待盘活工业用地落点落图。

加快推进重点功能区建设。长安金轴发展动力进一步增强，京西商务中心投入使用。北京银行保险产业园正式开园，规划建成率超过70%，举办中国银行保险业国际高峰论坛。中关村石景山园创新引领作用凸显，科技活动经费支出增速居一区十六园首位，荣获“中关村创新发展40年杰出贡献奖”。落实市委市政府关于打造新时代首都城市复兴新地标要求，新首钢高端产业综合服务区建设全面提速，东南区首批4个地块实现上市，北区建设初具规模。

大力优化营商环境。实施优化营商环境三年行动计划，落实国家减税降费和扶持企业政策，北京市“9+N”和我区“1+N”政策体系全面落细落地。深化“百人对百企”精准服务企业机制，加快推进“一网、一门、一窗、一次”改革，区级政务服务事项大幅精简。落实促进民营经济发展各项措施，支持社会资本进入更多领域。继续加大招商引资力度，全区新注册企业3484家，其中注册资本5000万元以上企业156家。

（三）大力提升城市品质

坚持规划引领。把新版北京城市总体规划作为战略引领和刚性管控，加快推进多规合一。全部完成分区规划和36个专项规划编制工作，同步完成总体城市设计方案和长安街西延石景山段等重点地区城市设计方案。完成城市体检和“十三五”规划中期评估工作。制定产业发展、城市建设等多个三年行动计划，将远期规划、中期行动计划、近期重大项目统筹谋划、一体推进，确保一张蓝图绘到底。

持续开展疏解整治促提升工作。严格执行新增产业禁限目录，全年累计不予办理工商登记业务190件。严格落实人口调控措施，常住人口控制在59.2万人以内。15项市级年度疏解整治任务全部提前完成，12类违法违规乱象实现“动态清零”。扎实开展四个重点区域整治和“六个一批”工作，统筹推进拆违腾退土地再利用工作。实现便民商业服务网点基本全覆盖，网点连锁化率居全市前列。积极缓解交通拥堵，保持交通平稳运行。全面落实街巷长制、小巷管家工作，精品大街、精品小区和背街小巷整治工程全部完工。制定实施大数据行动计划，智慧石景山建设加快推进。

着力提升城市建设水平。狠抓打基础、利长远工作，大力加强城市基础设施建设，52个重大项目全面推进，长安街西延石景山段完工，长安大桥加快建设，永引渠南路全面施工，北辛安路北段、朝阳医院南侧路等投入使用；轨道交通M6线西延开通运营，M11线一期工程冬奥支线积极推进；石景山水厂、五里坨污水处理厂和5个输变电站项目建设步伐加快。持续加大污染防治力度。采取超常规措施持续治理大气污染，聚焦主要污染源，严格管控高排放重型柴油车，加强扬尘违法行为闭环管理，全年PM2.5浓度在53微克/立方米左右，同比下降13.1%。全面落实河长制，持续推动水污染防治，国控市控水质考核断面稳定达标。强化土壤污染管控和修复，积极开展垃圾分类工作。持续抓好环保督察问题整改。在中心城区率先启动国家森林城市创建工作，加快推进新一轮百万亩造林绿化工程，城市绿化覆盖率52.4%，人均公共绿地面积20.5平方米，居中心城区前列。

全力服务保障冬奥筹办。深入贯彻市委关于冬奥会筹办工作部署，积极主动与冬奥组委沟通对接，按照“一刻也不能停、一步也不能错、一天也误不起”的要求，全面推动任务落实。完成平昌冬奥总结会服务保障工作，积极配合做好冬奥场馆建设，国家冬训中心四个场馆全部完工，滑雪大跳台项目开工建设，中国花样滑冰协会等3个国家级冰雪组织入驻我区。积极开展体育文化交流，大力推进冰雪体育“四进”活动，试点创建冬奥社区，举办第五届市民冰雪节暨首届冬季运动会，冬奥氛围日益浓厚。

（四）努力保障和改善民生

统筹开展创建全国文明城区工作。召开创城动员部署大会，成立区街两级创城指挥部，建立工作专班，推进“文明提素”等三大主题活动，开展门前三包等三大专项治理，打造文明示范街区和文明风景线。首都文明办实地考察成绩居四个提名区首位，完成中央文明办年度测评迎检工作。启动国家公共文化服务体系示范区创建工作，首都公共文化服务示范区创建通过答辩验收，国家公共文化服务体系示范项目公共文化服务目录制通过验收。编制完成并顺利实施西山永定河文化带保护传承发展规划和五年行动计划。推出系列红色精品剧目，持续推进模式口文保区修缮整治。完成北辛安城市记忆建筑迁移工程，新华尚领·全国新华网阅读体验中心建成，郎园Park正式开园，区文化中心主体工程完工。街道社区文化设施总面积增长65%，年服务超过100万人次。

认真办好民生实事。紧扣“七有”要求和“五性”特点，持续加大民生投入，全年民生支出97.8亿元，占一般公共预算支出的81.8%。深化教育综合改革，成立景山远洋教育集团，引入北京市十一学校等优质办学资源，被认定为国家级中小学校责任督学挂牌督导创新区。新设公办幼儿园5所，新增学位1500个。深化医药分开综合改革，提升基层卫生服务能力，启动国家慢性非传染性疾病综合防控示范区创建工作。健全养老服务体系，区街居三级养老设施实现全覆盖。加大重点群体就业帮扶力度，新增就业8000人，城镇登记失业率2.13%，就业形势稳定。深入实施老旧小区综合整治，西黄村、北辛安、衙门口棚改项目加快推进，各类保障性住房建设超额完成全年任务。投入1.8亿元完成75项便民工程和为民办实事项目。投入1.9亿元实施69项济困工程，各类社会救助政策得到全面落实。

切实维护社会和谐稳定。牢固树立总体国家安全观，以中非合作论坛北京峰会等重大活动安保为重点，统筹做好各领域安全工作。深入推进平安石景山建设，保持对涉恐违法犯罪严打高压态势，扎实推进扫黑除恶专项斗争，加强金融监管和风险防范。实施城市安全隐患整治三年行动计划，严格落实行业部门监管责任和企业主体责任，开展城市安全风险评估，加快建设立体化火灾防控体系，精心做好城市运行服务保障。进一步健全食品药品安全监管机制，通过北京市食品安全示范区创建考核。完善社会矛盾多元化解体系，开通全市首个“在线矛盾纠纷多元化解平台”，打造新时代城市版“枫桥经验”石景山样本，全区信访总量持续下降。深化“老街坊”品牌建设，巩固和发展多元主体共同参与的社会治理格局。

深入推进民主法治建设。加强对人大、政协工作的领导，充分发挥人大常委会党组和政协党组作用，定期听取人大常委会党组、政协党组工作汇报。支持和保证人大及其常委会依法充分行使职权，出台关于加强新时代政协党的建设工作的实施意见，保障人大政协充分履行职能，认真办理人大建议、政协提案。加强统一战线工作，积极开展政党协商，支持各民主党派开展民主监督和参政议政。加强对政法工作的领导，支持保障法院、检察院依法独立行使职权。积极推进司法体制改革，落实普法责任制。加强对工会、共青团、妇联等群团组织的领导。做好党管武装工作，积极推进军民融合发展，巩固军政军民团结。做好新时代民族宗教工作，通过中央和北京市宗教工作专项督查，顺利完成北京市第十届民族传统体育运动会承办工作。

扎实开展精准扶贫和对口协作。认真贯彻落实市委关于精准脱贫决策部署，自觉把扶贫协作当作分内事来抓。

统筹市区财政资金1.7亿元，瞄准建档立卡贫困人口，实施300个扶贫协作项目，助力河北顺平、内蒙古宁城、内蒙古莫旗、青海称多脱贫工作取得阶段性成果。围绕产业发展、公共服务、协同创新等领域，加强与天津河北区、湖北竹山县的交流合作，安置门头沟、昌平、密云1000名农村劳动力转移就业。

（五）全面深化各项改革

常委会以庆祝改革开放40周年为契机，将全面深化改革工作向纵深推进。强化改革工作全面统筹，层层落实改革责任，坚持区委深改组负责全区改革、主管区领导负责分管领域改革、部门领导负责专项改革的三级负责制，对46项重点改革任务实施项目清单式管理，将督察结果纳入目标考核。全年召开区委深改组会议5次，各专项小组会议33次，审议议题67个，通过《石景山区重点改革任务清单（2018—2022年）》等重要改革文件13个，各项改革任务顺利推进。

稳步推动重点领域改革。深化“街道吹哨、部门报到”改革，创新党建引领基层治理体制机制，树立到基层一线解决问题的导向，建立基层治理的应急机制、服务群众的响应机制、打通抓落实“最后一公里”的工作机制，促进了重点难点工作的落实。进一步完善街道综合执法平台实体化运行机制，在古城、广宁街道开展大部制改革试点。国家级居家和社区养老服务体制改革试点工作进展顺利，政策性长期护理保险试点稳步开展。机构改革按照市委部署扎实推进。

积极开展基层改革创新。老旧小区物业管理改革步伐加快，出台区属国资国企改革实施意见和推进集体经济改革发展意见，房管中心转企工作完成，石泰公司集团化重组、农工商总公司改制等改革任务有序推进，区检察院公益诉讼工作、区人力社保局综合柜员制等基层微改革取得成效。开展庆祝改革开放40周年群众性主题活动，营造了推进改革的浓厚氛围。

（六）推动全面从严治党向纵深发展

认真落实全面从严治党主体责任。牢固树立抓好党建是最大政绩的理念，严格落实民主集中制，制定完善区委工作规则、常委会工作规则、常委会及常委班子成员职责清单，坚持建章立制和执行落实有机统一，为全面从严治党提供刚性约束。区委常委会研究党建相关议题109项，占议题总数56.5%，推动管党治党责任和党建重点任务落实。建立区委常委党建工作基层联系点制度，全面落实党建责任清单，健全党建考核评价体系，完成全区基层党组织述职考评工作。制定落实全面从严治党主体责任任务分解方案，明确52项具体任务，以全面从严治党主体责任检查考核为抓手，强化责任落实。严格责任追究，对从严治党不力的2个党组织和14名领导干部严肃问责，以问责促履责。

坚持把政治建设摆在首位。严格落实市委关于维护党中央集中统一领导的规定，明确要求区委常委会发挥带头作用，始终在政治立场、政治方向、政治原则、政治道路上同党中央保持高度一致。严格执行请示报告制度，以区委名义向市委请示报告16件次。从讲政治的高度深刻汲取秦岭违建别墅问题的教训，严肃查处违建大棚房、浅山区违法占地违法建设等问题。严防“七个有之”，严格尊崇党章，贯彻执行关于新形势下党内政治生活的若干准则，营造良好政治生态。

深入开展思想理论武装。召开全区宣传思想工作会，旗帜鲜明地落实党管宣传、党管意识形态。全面落实意识形态工作责任制，加强舆论阵地管理，完善舆情应对处置机制，统筹做好正面宣传和舆论引导。严格落实《加强新时期新闻宣传和网络舆情应对工作的意见》，设立区委网信办，成立全市首家区级互联网协会。大力培育和践行社会主义核心价值观，创建6所市级爱国主义教育基地，推出系列红色精品剧目，传承红色基因。在全市率先挂牌成立区融媒体中心，着力构建良好媒体生态圈。

切实加强干部队伍建设。认真贯彻落实全国、全市组织工作会议精神，召开全区组织工作会议，制定出台《石景山区建设新时代忠诚干净担当高素质专业化干部队伍三年行动计划（2019—2021年）》，深化完善干部实绩档案等制度，持续做好干部培育、选拔、管理、使用工作。落实新时期好干部标准，贯彻激励广大干部新时代新担当新作为的意见，坚持事业为上、依事择人，推动干部能上能下。坚持源头培养、跟踪培养、全程培养，培训处科级干部800余名。选派46名干部到脱贫攻坚第一线，选派16名干部进入创城工作专班，在重大任务中锤炼作风。坚持严管与厚爱相结合，实施干部综合评审联动机制，落实关心关爱干部各项要求，做好老干部工作。坚持党管人才，制定出台《石景山区〈落实新时代推动首都高质量发展人才支撑行动计划（2018—2022年）〉实施方案》，聚焦新首钢国际人才社区建设，充分发挥海外院士专家工作站、北京海外高层次人才协会、北京市首家博士后成果转化基地、首都院士之家服务中心等平台作用，为区域发展提供人才支撑。

扎实推进基层党组织建设。学习贯彻《中国共产党支部工作条例（试行）》，加强党支部标准化规范化建设，全面推广组织生活路线图，探索开展党员分类管理，开展社区评星定级工作，提高支部建设质量。完成全区1755个基层党支部和5.4万名党员民主评议工作。有序推进社区“两委”换届工作，顺利完成149个社区党组织换届选举。推进基层党组织和在职党员“双报到”，出台推动“双报到”常态化长效化的实施办法，集中组织开展9次“社区吹哨我报到、文明创建我先行”主题活动，356个基层党组织、26690名在职党员完成报到，8万余人参加志愿活动。制定出台《街道党工委工作规则》，明确了街道党工委对基层社会治理的领导。统筹推动各领域基层党建，被确定为全国城市基层党建示范区。

锲而不舍正风肃纪。严格落实中央八项规定精神，进一步压缩会议规模、提升会议效率，加强统筹规范、严控发文数量。强化基层“四风”问题专项整治，盯紧重要时间节点，开展纠正"四风"六大行动，深入开展公车私用、公卡私用、违规发放津贴补贴或福利等专项监督检查64次，查处违反中央八项规定精神的案件37起，一律通报曝光，营造了凡违反中央八项规定精神必从严查处的氛围。

深入推进反腐败斗争。认真贯彻新修订的《中国共产党纪律处分条例》，增强全区广大党员干部的纪律和规矩意识。加强政治监督，组织开展优化营商环境、大气污染防治、创建全国文明城区、社区"两委"换届等16项专项监督，对22家单位进行巡察。坚持反腐败无禁区、全覆盖、零容忍，依法依纪处置问题线索187件次，新立案100件，同比增长20.5%。深入开展警示教育，在全区领导干部警示教育大会上，见人见事通报典型违纪违法案例。深化运用监督执纪"四种形态"，使纪律始终成为带电高压线。深化纪检监察体制改革，纪律监督、监察监督、派驻监督、巡察监督四个全覆盖的监督格局初步形成，纪法贯通、法法衔接机制不断健全。

扎实推进党的制度建设。始终坚持以党章为根本遵循，把党的制度建设纳入党的建设总体安排，用制度规范全区党组织和党员的言行。认真落实党内规范性文件备案审查制度，完善党内规范性文件审议程序。建立常委会会前学法制度，推动党内法规学习常态化。推进党的建设制度改革，定期研究审议改革议题，党建重点改革任务有序推进。

一年来，区委常委会高度重视加强自身建设。要求各位常委同志以身作则，牢固树立"四个意识"，坚决做到"两个维护"。大兴调查研究之风，脚步为亲、深入基层，全年区委主要领导共开展115次专题调研活动。当好"施工队长"，通过实施一系列三年行动计划，建立工作专班、召开重点工作推进会和街道工委书记月度工作点评会、强化工作督查等措施，推动各项工作任务平稳有序、落细落实。在区委领导下，四套班子同心同德、同向同行，形成了全区一盘棋、上下一条心干事创业的良好局面。

以上是区委常委会一年来的主要工作。这些成绩的取得，是市委坚强领导、关心支持的结果，是全区各级党组织和广大党员干部敢于担当、奋力拼搏的结果，是全区人民和社会各界齐心协力、共同奋斗的结果。在此，我代表区委常委会向同志们表示衷心感谢！

在总结成绩的同时，我们也清醒地认识到，工作中还面临不少挑战和不足：一是减量发展背景下新旧动能转换和结构调整的要求更为迫切，区域经济发展的质量和效益还不高；二是城市基础设施存在不少短板，综合承载力还不强，公共服务供给与人民群众对美好生活的期盼还有差距，发展的不平衡不充分问题亟待解决；三是城市精细化管理水平还不够高，体制机制有待进一步完善，工作前瞻性、预见性和主动性还有欠缺；四是以创城为总牵引的意识还需强化，创城指标任务落实与重点工作融入不充分；五是一些干部政治站位不高、专业能力不强、思想认识不深、工作干劲不足，少数干部为官不为、为官乱为现象依然存在，基层单位违反中央八项规定精神的案件时有发生，全面从严治党主体责任尚需层层压实。对此，区委常委会将高度重视，采取有效措施，切实加以解决。

二、深入学习领会中央经济工作会议精神，全面贯彻落实市委十二届七次全会部署

2018年12月19日至21日，中央召开经济工作会议，习近平总书记发表了重要讲话，全面分析了当前国内国际经济形势，系统阐述了我国发展的重要战略机遇期，明确提出了今年经济工作的总体要求、主要目标、政策取向和重点任务，为我们推动经济平稳健康发展提供了重要遵循。12月28日，市委召开十二届七次全会，总结2018年工作，部署2019年任务，为做好我区工作提供了有力指导。我们要深入学习领会，切实把思想和行动统一到中央和市委对当前重大形势的科学判断和对重大任务的决策部署上来。

（一）深刻认识我国发展重要战略机遇期的新内涵

中央经济工作会议指出，当今世界面临着百年未有之大变局，变局中危和机同生并存，我国发展仍处于并将长期处于重要战略机遇期，我们必须紧紧抓住并全面用好这一重要战略机遇期。这是党中央对当前重大形势作出的科学判断。我们既要看到今年的经济发展环境更复杂更严峻，经济运行不确定性更明显更突出，又要认清国家发展拥有足够韧性和巨大潜力，经济长期向好的态势没有改变，始终保持清醒头脑，不断增强忧患意识，在应对危机的过程中发现机遇、把握机遇、创造机遇，从而化危为机、转危为安，变压力为加快推动经济高质量发展的动力。

（二）深刻认识中央对经济工作的决策部署

中央经济工作会议明确指出，要深刻把握做好新形势下经济工作的规律，牢牢把握"五个必须"，即必须坚持党中央集中统一领导，必须从长期大势认识当前形势，必须精准把握宏观调控的度，必须及时回应社会关切，必须充分调动各方面积极性；要深刻把握今年经济工作的总体要求，切实做到"五个坚持"，即坚持稳中求进工作总基调，坚持新发展理念，坚持推动高质量发展，坚持以供给侧结构性改革为主线，坚持深化市场化改革、扩大高水平开放；要统筹推进"五项工作"，即统筹推进稳增长、促改革、调结构、惠民生、防风险工作，继续打好三大攻坚战，加快建设现代化经济体系；要进一步做到"六个稳"，即稳就业、稳金融、稳外贸、稳外资、稳投资、稳预期，保持经济持续健康发展和社会大局稳定。中央对今年经济工作的安排和部署十分明确，坚定了我们推进发展的信心和决心，我们要严格对标对表，坚决抓好贯彻落实。

（三）深刻认识新时代首都发展的新要求

当前北京正处于重要转型发展期。在发展方式上，由聚集资源求增长向疏解功能谋发展转变；在发展动能上，从要素驱动向创新驱动转变；在城市治理上，从政府主导型向精治共治法治转变。首都发展的全部要义，就是加强"四个中心"功能建设，提高"四个服务"水平，更好地服务党和国家发展大局。"四个中心""四个服务"既是光荣政治任务，也是重大发展机遇，首都优势、创新优势、文化优势、国际交往优势等，使北京发展更具活力和韧性，完全有能力继续走在全国前列，成为落实新发展理念、实现高质量发展的引领者。我们作为北京中心城区，要进一步提高站位，主动把自身发展放在国家发展的大格局中去谋划，放在首都工作的大坐标上去推动，深入落实新版北京城市总规赋予我区的功能定位，在推动高质量发展上努力走在全市前列。

(四)深刻认识市委全会对今年工作的部署要求

市委十二届七次全会围绕落实中央经济工作会议精神和推动首都新发展，对全市2019年工作做出了总体安排，提出了主动服务大局、坚持稳中求进、保持战略定力、注重改善民生、加强工作统筹五个方面要求，部署了高水平完成重大活动服务保障任务、深入落实城市总体规划、坚定有序推进"疏整促"专项行动等十个方面重点任务。市委的工作要求和目标任务已经十分明晰，我们要自觉当好"施工队长"，始终保持攻坚克难的精神状态和奋斗姿态，把全区干部群众的智慧和力量凝聚到落实市委工作要求上来，以钉钉子精神推动市委各项决策部署在我区全面落实。

三、把握大势服务大局，明确2019年全区工作总要求和发展目标

2019年是新中国成立70周年，是全面建成小康社会关键之年，大事多、喜事多。我们既迎来了难得的发展机遇，也面临着严峻的挑战，总体看，机遇大于挑战。随着新版北京城市总体规划的实施，我区中心城区优势进一步彰显，将会在加大政策支持、优化产业布局、补齐发展短板等方面带来一系列利好。市委市政府制定并实施打造新时代首都城市复兴新地标三年行动计划，明确了38项重大任务，加快推进新首钢高端产业综合服务区建设，成为推动我区发展的强劲支撑和有力抓手，将为我区启动重大项目、汇聚高端要素提供强大动力和广阔空间。随着2022年北京冬奥会冬残奥会筹办进入关键阶段，一系列冬奥活动陆续展开，将激发我区在国际交往、消费升级等方面的无限活力和潜力。这些历史机遇相互叠加，未来三年是我区推动高质量发展的黄金窗口期。同时也要看到，当前宏观形势稳中有变、变中有忧，外部环境复杂严峻，经济面临下行压力，保稳定、防风险的任务依然艰巨，我区转型升级的节奏和步伐亟须加快。全区上下必须坚定必胜信心，保持发展定力，稳扎稳打，只争朝夕，全力以赴推动全区经济转型、城市建设、社会事业实现新发展。

今年全区工作的总要求是：以习近平新时代中国特色社会主义思想为指导，深入贯彻党的十九大和十九届二中、三中全会精神，深入贯彻习近平总书记对北京重要讲话精神，坚持稳中求进工作总基调，坚持新发展理念，坚持推动高质量发展，牢牢把握"建设国家级产业转型发展示范区、绿色低碳的首都西部综合服务区、山水文化融合的生态宜居示范区"的功能定位，紧紧抓住北京举办2022年冬奥会冬残奥会和打造新时代首都城市复兴新地标的重大历史机遇，以创建全国文明城区为总牵引，统筹做好稳增长、促改革、调结构、惠民生、防风险、保稳定各项工作，深入推进全面从严治党，高水平建设好首都城市西大门，以优异成绩庆祝中华人民共和国成立70周年。

2019年全区经济社会发展的主要预期目标是：地区生产总值增长7%左右，一般公共预算收入增长5%，居民人均可支配收入增速与经济发展保持基本同步，城镇登记失业率控制在3%以内，万元地区生产总值能耗和PM2.5年均浓度下降指标达到北京市要求。

关于今年的指标安排，需要说明三点：

(一)关于地区生产总值

增长预期仍保持在7%左右的中高速，略高于全市水平，全市安排增长6%—6.5%。从总体趋势来看，我区地区生产总值增速连续5年高于全市平均水平，经济发展仍处于快速发展的战略机遇期，稳中有进的势头没有变。从发展动力看，今年安排重点建设项目92个，全社会固定资产投资和建安投资将增长5.4%和10%，高于中心城区平均水平；"消费提升计划"大力实施，商业设施的拓展升级和消费领域的提质扩容将有效促进新一轮消费升级，投资和消费的支撑作用明显，稳中有进的基础没有变。从经济结构看，三产比重和对经济增长的贡献率均稳定在70%以上，产业结构持续向高精尖方向调整，稳中有进的潜力没有变。由此可见，我区经济基本面长期向好，7%左右的增速与经济状况相适应。

(二)关于一般公共预算收入

今年预期增长5%，低于近几年年均增长两位数的水平，略高于全市水平，全市安排增长4%。财政收入增速预期降低，不是经济发展预期不好，而是我们落实国家减税降费政策，向企业让利的结果，目的是更好地提振市场信心。2019年减税降费政策预计将减少我区一般公共预算收入1.9亿元，拉低增速3.1个百分点，今年5%的增速相当于平常年份8.1%的增速。三产收入占税收收入比重达到75.5%，金融、科技、信息、商务等服务业的收入占比达到42%，我区财政收入结构较为合理。财政收入的降低，将直接带来公共预算支出的收紧。要牢固树立过紧日子的思想，持续加强绩效管理和成本控制，按照中央和市委要求，一般性支出压缩幅度不低于5%，集中财力保民生、保刚需、保城市运行、保重点项目和重大任务。

(三)关于其他经济社会发展指标

常委会已经审议通过了《关于北京市石景山区2018年国民经济和社会发展计划执行情况与2019年国民经济和社会发展计划草案的报告》，下周将向区两会报告。国民经济和社会发展指标体系由原来的7项调整为现在的21项，涉及民生改善、生态环境、经济发展各领域，更加注重经济社会协调发展。这是硬指标、硬任务，需要出实招、打硬仗。全区上下要协调一致，向前推进，把各项指标细化分解到具体任务中去，落到实处、取得实效，推动全区经济社会平稳健康发展。

做好今年的工作，需要重点把握以下四点：

（一）牢牢把握新中国成立70周年庆祝活动这个重中之重

新中国成立70周年庆祝活动，是党和国家政治生活中的大事，做好国庆活动服务保障，是今年最重要的政治任务。要强化政治意识，牢记“看北京首先要从政治上看”的要求，把政治中心服务保障放在突出位置，全力以赴维护经济和社会大局稳定，确保万无一失。要强化工作统筹，加强组织领导，切实保障好第二届“一带一路”国际合作高峰论坛、北京世界园艺博览会、亚洲文明对话大会等重大国事活动，与冬奥会冬残奥会筹办相互衔接，整体推进改革发展稳定和改善民生各项工作。要强化机遇意识，以服务保障国庆活动为契机，推进迎接新中国成立70周年长安街综合整治等重大任务，进一步提升城市更新和城市治理的现代化水平，营造良好环境，展现城市变化，增强群众获得感。

（二）牢牢把握稳中求进这个工作总基调

稳中求进的工作总基调，既是我们党对过去工作的经验总结，更是对当前复杂多变形势环境作出的战略研判；既是推动高质量发展的“压舱石”，也是做好全年各项工作的方法论。今年任务重，头绪多。一方面，各项工作都要“稳”字当头，稳扎稳打、步步为营，讲究方法、依法办事，凡事做好风险评估。另一方面，该进则进，稳的最终目的是为了进，要保持积极进取的精神状态，在稳的基础上主动担当、奋发有为，抓住经济社会发展的黄金窗口期，乘势而上，重点工作早谋划、早安排、早部署、早落实，下好先手棋，打好主动仗，确保全年各项任务圆满完成。

（三）牢牢把握创建全国文明城区这个总牵引

创建全国文明城区是推进我区高端绿色发展的重要抓手。要紧紧抓住这个覆盖面广、牵涉面大、关联度高的龙头工程，促进各领域工作高标准推进，实现经济社会各方面工作全面提升。要进一步加强对创城工作的思想发动、宣传引导、资源汇集，举全区之力，通力协作，凝聚起创城工作的强大合力。要把创建全国文明城区与创建国家森林城市、国家公共文化服务体系示范区、国家卫生区复审等工作统筹谋划，做到指标融合、统一指挥、整体推进，形成上下联动、条块结合、齐抓共建的工作格局。要聚焦“提档升级、深入推进”的第二阶段目标，紧紧围绕创城工作的测评标准和群众反映强烈的突出问题，精准发力，确保中央文明办年度测评顺利通过，力争走在四个提名区前列。要通过创城工作，深入推进精神文明建设，大力弘扬社会主义核心价值观，不断提升市民文明素质和城市文明程度。

（四）牢牢把握改革开放这个重要法宝

全面深化改革是推进我区高端绿色发展的根本动力。要认真学习贯彻习近平总书记在庆祝改革开放40周年大会上的重要讲话精神，抓好中央和市委改革决策部署的落实，以更大的力度推动我区全面深化改革取得新进展。要坚定有序疏解非首都功能，大力推进供给侧结构性改革，完善减量发展的体制机制。要深化党的建设制度改革，推动“街道吹哨、部门报到”改革不断向党建引领深化，向街道改革深化，向社区治理深化，向受理市民诉求、解决群众身边的问题深化，完善基层治理的应急机制、服务群众的响应机制、打通抓落实“最后一公里”的工作机制。要持续优化营商环境，加强对改革举措的梳理、提炼、集成，形成系统、完整、高效的企业服务体系。要有序推进机构改革，稳步做好改革配套衔接工作。要围绕我区五年重点改革任务清单，开展具有区域特色的改革自选动作，鼓励基层探索“微改革”，使改革精准对接发展所需、基层所盼、民心所向，促进全区经济社会转型升级。

四、紧紧围绕区域功能定位，推动经济社会各项事业高质量发展

牢固树立和贯彻新发展理念，自觉把高质量发展要求贯彻到经济、城市、社会发展各方面，当好落实首都发展、减量发展、创新发展、绿色发展、以人民为中心发展的典范。

（一）着力构建现代化经济体系，加快建设国家级产业转型发展示范区

一是加快打造新时代首都城市复兴新地标。要从落实首都城市战略定位的高度，认识和谋划新地标建设。深入落实市委市政府打造新时代首都城市复兴新地标三年行动计划，着眼于完善长安街轴线功能，统筹保护利用工业遗存，充分挖掘历史价值和时代价值，做好分区规划与新首钢地区规划拼图，加快推进我区牵头的工作任务和重点项目建设，全力打造城市更新标杆工程。文化复兴要推进首钢工业遗址公园建设，规划保护整体特色风貌。生态复兴要注重城市设计，加快永定河城市段生态修复，打造大尺度生态空间。产业复兴要加快推动首钢北区建设和东南区土地入市，推动体育与科技、传媒、创意等产业融合发展。活力复兴要完善公共服务设施，打造一流的宜居宜业环境，激发创新活力。

二是加快构建高精尖经济结构。巩固服务业扩大开放综合改革试点成果，落实加快构建高精尖经济结构三年行动计划，制定高精尖产业细分行业目录和评价体系，加快产业结构转型升级。强化现代金融产业主导地位，加快构建以银行保险业为核心的现代产业体系。做精做优科技服务产业，推动建立具有全国影响力的产业创新中心，建设国家级科技成果转化应用示范区。做大数字创意产业，加快特色产业集聚。做强新一代信息技术产业，促进互联网与实体经济深度融合。大力培育商务服务业，营造集聚融合、便捷高效的商务环境。

三是加快推进重点功能区建设。依托长安金轴沿线高端载体，积极吸引优质企业落户发展，进一步提升长安金轴的产业影响力。加速推进北京银行保险产业园开发建设，提升硬件和软件环境，打造首都现代金融产业的重要载体。发挥中关村石景山园创新引领作用，推进中关村石景山园北Ⅱ区改造，加快建设军民融合产业园，创建国家自主创新示范区特色园区。加快新首钢高端产业综合服务区建设步伐，以科技创新支撑引领老工业区实现转型。建立重大项目建设推进机制，通过扩大有效投资，补短板、调结构、增后

劲。促进楼宇经济内涵式发展，加速老旧厂房、工业用地、集体土地等低效用地的“腾笼换鸟”，积极推进产业升级。

四是全面优化营商环境。深入实施优化营商环境三年行动计划，加快建设区级统筹、部门协同、上下联动、市场支撑的服务体系。不折不扣落实中央减税降费政策，修订“1+N”政策体系，增强政策协调性，切实发挥惠企政策的最大效用。擦亮“石景山服务”品牌，把联系服务企业作为党委政府的经常性工作，落实区处两级服务企业制度，构建亲清新型政商关系。加大招商引资力度，加速引进龙头企业，吸引优势产业集聚。深化国有经济、集体经济改革，创新民营企业减负、融资、转型举措，着力破解制约企业发展的突出困难。支持重点企业健康稳定发展，努力为企业营造审批最少、流程最优、效率最高、服务最好、企业获得感最强的营商环境。

（二）着力推进疏解整治促提升，加快建设绿色低碳的首都西部综合服务区

一是坚定有序推进疏整促工作。从开拓高质量发展的重要动力源的高度，深化对疏解非首都功能的认识。疏解方面，坚持疏、控并举，严格控增量，有序疏存量，认真落实北京市新增产业禁限目录，健全人口调控和服务管理机制，确保常住人口规模持续下降。整治方面，坚持先立后破、立破并举，防反弹、控新生、抓拓展，持续开展违法违规乱象整治、新生违法建设治理等专项任务，做到16类专项任务“动态清零”。提升方面，加强疏解腾退空间的规划利用，扎实开展“六个一批”建设，实施生活性服务业品质提升行动计划，补齐便民服务网点，提升公共服务水平，提升人居环境质量。

二是高标准规划建设城市。编制完成新版控制性详细规划，加快研究产业空间布局、地下空间利用、“四道”融合等专项规划，推进多规合一。健全规划实施管控体系，建立减量发展倒逼机制、生态保护红线刚性约束机制，成立区级规划建设审查委员会，建立街区责任规划师制度，对重点区域进行城市设计和风貌管控。落实常态化城市体检评估机制，开展第二次全国污染源普查、第三次全国国土调查和第四次全国经济普查工作，积极运用体检和普查成果，进行城市“双修”。统筹推进水、电、气、热、道路等市政配套设施，加快建设苹果园交通枢纽、M11线冬奥支线、永引渠南路、古城南街等轨道交通和重点道路，全面推进8个输变电站工程，完成石景山水厂主体建设和五里坨污水处理厂二期升级改造，积极打造海绵城市。

三是大力提升城市精细化管理水平。以城市街巷、道路交通、园林绿化、市容环卫、城管执法等领域为重点，加快建立精细化管理标准规范，并抓好组织实施。聚焦长安街西延线、冬奥赛场周边、模式口历史文化保护区等重点区域，做好街区更新、街巷整治工作。高标准实施为民办实事项目，优化群众房前屋后环境，努力让城市每一个角落都整洁干净有序。健全网格化管理体系，做好市政基础设施消隐工作和应急处置。加强静态交通管理，实施交通缓堵工程，缓解停车难、行车慢问题。加强智慧石景山建设，提升城市治理科学化、精细化、智能化水平。

四是全面加强生态环境建设。全力推进国家森林城市创建，加快建设“山、河、轴、链、园”绿色生态体系，确保新一轮百万亩造林绿化五年任务三年完成。加快建设改造西长安街城市森林公园群和城市绿道，打造大尺度城市森林景观。全力打好蓝天保卫战，落实清洁空气行动计划，深化“一微克”行动，力争PM2.5年均浓度继续下降。打好碧水攻坚战，严格落实河长制，加强污水治理和再生水利用，确保国控市控点位水体水质考核达标。打好净土持久战，有序推进污染土壤治理修复。

五是高水平服务保障冬奥筹办。牢固树立冬奥“主场意识”，强化与冬奥组委高层对接，完善协调配合机制。全力保障国家冬训中心及配套设施建设，确保滑雪大跳台项目年底完工，老山冬奥项目训练基地落地，区体育中心改扩建项目开工。推进冬奥赛区周边区域城市景观提升工程，提高配套市政基础设施承载能力。积极利用和开发冬奥要素资源，扩大国际交往，培育壮大冰雪产业。落实我区冰雪体育发展行动计划，大力发展群众冰雪体育运动，开展冬奥社区创建，持续推动冬奥冰雪运动进校园、进社区、进单位、进军营，打牢筹办冬奥、助力冬奥的群众基础。

（三）着力加强和改善民生，加快建设山水文化融合的生态宜居示范区

一是持续增进民生福祉。牢固树立以人民为中心的发展思想，准确把握人民对美好生活的新期待，紧紧围绕便利性、宜居性、多样性、公正性、安全性等“五性”需求，尽心尽力为群众办实事、办好事、办好身边的事。全面落实“七有”要求。在幼有所育上，加快落实学前教育行动计划，大力发展普惠性幼儿园。在学有所教上，深入落实立德树人根本任务，深化教育综合改革，完成教育集团组建，提高教师队伍素质，推进义务教育优质均衡发展，办好老百姓家门口的每一所学校。在劳有所得上，实施就业优先政策，加大重点群体就业帮扶力度，织密社会保障安全网，确保就业局势稳定。在病有所医上，统筹发挥地区医疗资源优势，积极推进分级诊疗服务体系和紧密型医联体建设，推进医耗联动综合改革和公立医院薪酬制度改革，加强家庭医生签约服务内涵建设，打造“健康石景山”。在老有所养上，深入推进医、康、养、护融合发展，全面推开政策性长期护理保险改革，继续做好国家级居家和社区养老试点，巩固完善“三边四级”养老服务体系，提升养老服务质量。在住有所居上，加快各类保障性住房建设，扎实推进西黄村、北辛安、衙门口棚户区改造，继续开展老旧小区综合整治，着力破解老旧小区管理难题。在弱有所扶上，加快建设五里坨精神病院、残疾人职业康复中心、儿童福利院和社会救助站，大力实施济困工程，精准帮扶困难群众。及时回应百姓关切，对于市民诉求、媒体曝光、12345热线反映的问题，都要闻风而动、接诉即办，切实做到民有所呼、我有所应。

二是全力维护安全稳定。进一步增强忧患意识、责任

意识，加强各领域安全风险防范，既防“灰犀牛”，又防“黑天鹅”。切实实现“五个不发生”，即不发生危害国家安全和社会稳定的重大政治事件，不发生重大暴力恐怖事件，不发生大规模聚集和重大个人极端事件，不发生重大恶性刑事案件和重大公共安全事件，不发生重大舆情事件。始终把维护政治安全作为压倒一切的任务，加强各类重点人、重点组织、重点区域安全防范。依法严厉打击违法犯罪行为，扎实推进扫黑除恶专项斗争向纵深发展。夯实反恐、禁毒、综治基层基础工作，做好社会矛盾防范化解，营造安定祥和的社会环境。落实安全生产党政同责、一岗双责、齐抓共管、失职追责制度，强化行业部门监管责任和企业主体责任，扎实开展城市安全隐患整治。加强金融监管和风险防控。强化城市基础设施运行安全管理，加强综合防灾减灾救灾能力和应急体系建设，全面保障城市运行安全。加大食品药品安全监管力度，积极争创国家食品安全示范城市。深化以审判为中心的司法体制改革，扎实推进依法治区工作。争创双拥模范城八连冠。认真落实市委关于加强街道工作的意见，深化街道管理体制改革。进一步强化区街综合执法指挥平台建设，推动专业服务管理力量下沉。平稳有序做好社区居委会换届工作。推动“老街坊”志愿服务规模化、规范化、常态化，努力形成共治、共建、共享的社会治理格局。

三是推进西山永定河文化带建设。继续落实五年行动计划，重点做好模式口文保区修缮整治和八大处市政基础设施建设，推进城市记忆博物馆等重点项目，深入挖掘历史文化内涵，擦亮“六张文化名片”，打造西山永定河文化带上的亮丽门户节点。继续打造具有区域特色的文化精品，高水平建设爱国主义教育基地。大力推进全国公共文化服务体系示范区创建，充分发挥好区文化中心作用，推动文化设施提档升级，文化服务提质增效，支持档案馆、图书馆、文化馆、剧院、实体书店等文化设施建设，促进文化事业和文化产业发展，以高质量的文化供给更好满足人民群众精神文化需求。

四是做好精准扶贫和对口协作工作。坚决扛起扶贫攻坚的政治责任，聚焦建档立卡贫困人口精准施策，强化产业、教育、医疗、人才方面的支持，建立脱贫长效机制，助力内蒙古莫旗2019年实现脱贫摘帽，巩固青海称多、河北顺平、内蒙古宁城脱贫摘帽成果。继续加强与天津河北区、湖北竹山、河北保定、河北唐山等地的对接合作，深化与门头沟、昌平、密云等区的协同发展。

五、推动全面从严治党向纵深发展，持续提升党的建设质量和水平

全面落实新时代党的建设总要求，进一步增强管党治党的责任感紧迫感，在思想认识和措施方法上紧跟全面从严治党战略部署，持之以恒推动全面从严治党向纵深发展，为完成各项任务提供坚强保证。

（一）落实全面从严治党主体责任

各级党组织要紧紧咬住“责任”二字，真正把管党治党作为最根本的职责抓紧抓好。坚持问题导向，聚焦重点内容，抓住完善责任落实体系这个基础工作，明确党委（党组）主体责任、党委（党组）书记第一责任人责任、领导班子其他成员分管领域内的管党治党政治责任，通过清单化引领、项目化推进、动态化考核，构建落实主体责任的完整链条。要“按图履责”“对号入座”，把责任内容分解到岗、落实到人、具体到事。要突出过程管控、强化日常考核，在“常”“长”二字上下功夫，不折不扣落实责任清单。

（二）始终把政治建设摆在首位

坚决维护习近平总书记的核心地位，坚决维护党中央权威和集中统一领导。把“四个意识”转化成听党指挥、为党尽责的实际行动，毫不动摇地贯彻落实好党中央的各项决策部署，确保政令畅通，做到令行禁止。严肃党内政治生活，严明党的政治纪律和政治规矩，严防“七个有之”，做到“五个必须”，营造良好的政治生态。严格执行重大问题请示报告制度，区人大常委会、区政府、区政协、区纪委监委、区两院、区机关各部门党组以及各街道工委都要按时向区委报告工作，重大事项和重要情况要及时向区委请示报告。强化区委对各项工作的领导，充分发挥总揽全局、协调各方作用，提高把方向、谋大事、抓党建、保平安的能力和定力。发挥人大、政府、政协各套班子作用，完善党委领导、政府落实、人大和政协依法依章程履职的工作格局。创新统战工作，巩固和发展最广泛的爱国统一战线，画出共同团结奋斗的最大同心圆。加强对工会、共青团、妇联等群团组织的领导，深化群团组织改革。做好新形势下的民族、宗教、外侨、武装等工作。

（三）扎实做好思想理论武装

强化宣传思想工作守正创新，坚持不懈用习近平新时代中国特色社会主义思想武装头脑。按照市委统一部署，精心组织“不忘初心、牢记使命”主题教育。深入推进“两学一做”学习教育常态化制度化。发挥中心组学习“领头雁”作用，用好各类阵地开展分众化教育培训，增强广大党员干部推动高端绿色发展的能力和本领。压紧压实意识形态工作责任，稳妥应对处置突发舆情特别是网络舆情，维护全区意识形态安全。着力推进区融媒体中心建设，做大做强正面宣传。积极开展新中国成立70周年宣传，讲好石景山故事，展现石景山风采。

（四）加强领导班子和干部队伍建设

认真落实新时代组织路线，抓实铸魂工程、栋梁工程等六大工程，实施《石景山区建设新时代忠诚干净担当高素质专业化干部队伍三年行动计划（2019—2021年）》。坚持好干部标准，牢固树立严把德才标准、坚持公正用人、拓宽用人视野、激励担当作为的工作导向。强化政治训练和政治历练，推进干部专业化培训。注重在基层一线和重点任务中锻炼干部，加快培养各领域各方面专业人才。抓好优秀年轻干部“蓄水池”建设，充分发挥各年龄段干部积极性。深入落实从严管理干部要求，推动干部队伍政治更加坚定、本领更加高强、作风更加优良、纪律更加严明、结构更加合理。认真做好机构改革中领导班子配备和干部调整工作，做好新组建领导班子和领导干部思想工作，提升领导班子的凝聚力和战斗力。落实《新时代推动首都高质量发展人才支撑行动计划(2018—2022年)》，充分发挥海外院士专家北京工作站、北京博士后成果转化基地等优质平台载体作用，引聚重点人才队伍，建设国际专家人才库，搭建学习交流、项目对接、成果转化三大平台，为优秀人才厚植成长的沃土，努力打造京西人才新高地。

(五)加强基层党组织建设

认真落实《中国共产党支部工作条例(试行)》，持续推进党支部标准化规范化建设。建立完善基层党建责任清单，坚持分类别具体指导、分领域统筹推进，促进基层党组织全面进步、全面过硬。持续深化城市基层党建，推动街道社区党建、单位党建和行业党建的互联互动，不断加强新兴领域党建工作。大力推进阵地建设，进一步做好"双报到"工作，注重在基层解决具体问题，办好群众家门口的事。

(六)持之以恒正风肃纪

坚持把纪律挺在前面，加强对党员干部的纪律教育，坚决查处各种违反纪律的行为，使干部知敬畏、存戒惧、守底线。深化运用监督执纪"四种形态"，抓好"关键少数"，紧盯重点领域，严厉惩治发生在群众身边的不正之风和腐败行为，严查"小官贪腐"问题，保持反腐败高压态势。加强巡视巡察工作，在强化整改落实、做好"后半篇文章"上集中发力。深化纪检监察体制改革，完善纪律监督、监察监督、派驻监督、巡察监督相互协同、相互制约、相互贯通的运行机制，真正把制度的笼子扎密、扎紧、扎牢。推动警示教育制度化常态化，筑牢党员干部思想防线。要彻底杜绝松气歇脚、一劳永逸、见好就收的想法，以永远在路上的坚韧和执着，一环紧着一环拧，一锤接着一锤敲，持之以恒把全面从严治党抓到底。

(七)坚决克服形式主义、官僚主义

锲而不舍落实中央八项规定精神，坚决反对"四风"。集中整治形式主义、官僚主义，严格对照12种问题表现，逐一检查，立行立改，务求实效。深刻汲取秦岭违建别墅问题的教训，从维护政治纪律、政治规矩的高度，抓好违建大棚房、浅山区违法占地违法建设等问题的治理，确保不出现反弹。大兴调查研究之风，走好新形势下的群众路线，坚决纠正表态多调门高、行动少落实差、重"痕"不重"绩"等突出问题。克服"文山会海"和"痕迹管理"倾向，减轻基层负担，让基层把更多时间用在抓落实上。

政府工作报告

——在北京市石景山区第十六届人民代表大会第五次会议上

(2019年1月8日)

北京市石景山区人民政府区长　陈之常

各位代表：

现在，我代表石景山区人民政府向大会报告工作，请予审议，并请各位政协委员提出意见。

一、2018年工作回顾

2018年是全面贯彻党的十九大精神的开局之年，是改革开放40周年，是实施新版北京城市总体规划的第一年。一年来，在市委市政府和区委的坚强领导下，在区人大、区政协的监督支持下，我们以习近平新时代中国特色社会主义思想为指导，深入贯彻党的十九大和十九届二中、三中全会精神，深入贯彻习近平总书记对北京重要讲话精神，认真落实新版北京城市总体规划赋予我区的功能定位，全力抓好"三件大事"、打好"三大攻坚战"，加快推进全区高端绿色发展，圆满完成了全年任务。

(一)区域经济平稳健康发展

主要指标任务全面完成。预计地区生产总值完成580亿元，增速7%，增幅居中心城区第二；一般公共预算收入完成62.1亿元，增速10.1%，增幅居中心城区首位；预计全社会固定资产投资完成275亿元，其中建安投资完成90亿元，增速23.5%，增幅居中心城区第二；预计居民人均可支配收入71070元，增速7.5%，高于经济增长；预计万元地区生产总值能耗下降6%左右，达到市级要求。

产业结构进一步转型升级。制定实施构建高精尖经济结构三年行动计划，确立了以现代金融为主导，以科技服务、数字创意、新一代信息技术为特色，以商务服务为支撑的"1+3+1"高精尖产业体系。金融、信息技术、科技服务业收入同比分别增长24.1%、23.9%、12.3%，第三产业比重和对经济增长的贡献率均稳定在70%以上。顺利通过国家服务业综合改革典型示范区答辩验收。乐元素科技公司等2家企业荣获"首都文化企业30强"，华录新媒信息技术公司等2家企业荣获"首都文化企业30佳"。加大产业发展与空间资源统筹力度，建立区级重点产业项目库、楼宇空间载体库，967万平方米的待盘活工业用地落点落图。

重点功能区建设扎实推进。长安金轴发展动力进一步增强，京西商务中心投入使用，泰禾长安中心基本建成。北京银行保险产业园正式开园，规划建成率超过70%，银保建国酒店等一批配套设施投入使用，举办中国银行保险业国际高峰论坛，落户现代金融机构20家。中关村石景山园主战场作用凸显，军民融合产业园正式挂牌，北京博士后成果转化基地落户我区，“天地一体化信息网络”重大项目列入“北京加强全国科技创新中心建设2018年重点任务”，国家高新技术企业总数达到900家，科技活动经费支出90亿元，同比增长35%，增速居一区十六园首位，收入增长19.2%，位居前列，荣获“中关村创新发展40年杰出贡献奖”。市委市政府审议通过《加快新首钢高端产业综合服务区发展建设打造新时代首都城市复兴新地标行动计划（2019—2021年）》，首钢北区建设初具规模，铁狮门冬奥广场产业项目正式落户，中关村（首钢）人工智能创新应用产业园揭牌，东南区首批4个地块实现上市。北京“侨梦苑”、国际人才社区建设稳步推进，中关村智能智造产业园、中欧科技创新中心投入运营，109家侨商企业入驻。

经济发展环境不断优化。编制实施优化营商环境三年行动计划，区级政务服务事项精简60%，“一网可办率”“一门进驻率”“一窗受理率”均超过90%，30个高频事项实现“最多跑一次”。率先建立市区共享的社会信用体系、联合奖惩体系，归集法人主体、红黑名单等各类信用信息42万余条。顺利完成国税地税征管体制改革，全面落实国家扶持企业政策，为企业减税降费12.6亿元。深化“百人对百家”“一对一”精准服务企业机制，个性化解决企业问题200余个。与市国资委、中国电科集团、中国铁塔集团、葛洲坝集团、北方工业大学等单位签订战略合作协议，厚植发展潜力。全年新注册企业3484户，其中注册资本5000万元以上的规模企业156户。

（二）城市服务功能更加完善

规划编制工作高质量完成。深入贯彻新版北京城市总体规划，分区规划和36个专项规划编制工作全部完成，总体城市设计方案、长安街西延石景山段城市设计方案研究工作同步完成，西山永定河文化带规划和五年行动计划编制完成并顺利实施。“十三五”规划中期评估、8个专题及各街道的城市体检评估研究工作圆满完成，成果应用到规划编制中。制定产业发展、城市建设等多个三年行动计划，实施重大项目清单式管理，将远期规划、中期行动计划、近期重大项目统筹谋划、一体推进，确保一张蓝图绘到底。

“疏整促”专项行动成效明显。15项市级任务、2项区级任务全部完成，新生违法建设等12类违法违规乱象保持“动态清零”。严格执行北京市新增产业的禁止和限制目录，全年累计不予办理工商登记业务190件。八角街道周边片区、永引渠石景山段、长安街西延、模式口文保区四个重点区域整治提升有序推进，八角南里等3个老旧小区综合整治扎实开展，加装电梯开工25部。留白增绿完成19.3公顷，新建停车位1万余个，郎园Park正式开园。新建、提升便民商业服务网点80家，基本实现7项便民服务全覆盖，生活性服务业网点连锁率达45.6%。

生态环境质量持续改善。在中心城区率先启动国家森林城市创建工作，规划建设“山、河、轴、链、园”的绿色生态体系。全区新增绿化面积75.8公顷，公园绿地500米服务半径覆盖率93.8%，城市绿化覆盖率52.4%，人均公共绿地面积20.5平方米，居中心城区前列。深入实施蓝天保卫战行动计划，在重型柴油车、扬尘、餐饮油烟等污染源控制和区域精细化管理上狠下功夫，预计PM2.5年均浓度为53微克/立方米，同比下降13.1%。层层落实河长制，9.2公里雨污合流改造、中小河道治理工程全部完成，国控市控水质考核断面稳定达标。首钢主厂区和东南区污染地块土壤修复工作稳步推进。

城市建设管理水平不断提升。重大项目进展顺利，长安街西延石景山段完工，新首钢大桥加快建设；轨道交通M6线西延开通运营，M11线冬奥支线方案获市政府批复；北辛安路北段、上庄东街、朝阳医院南侧路、八角东街、京门新线投入使用，永引渠南路、古城南街全面施工；刘娘府110kV等5座输变电站、石景山水厂和五里坨污水处理厂项目加快建设。11条精品大街、2个精品小区、21条背街小巷整治提升工程完工，莲石路辅路等11条道路通信架空线实现入地，时代庐峰南侧路被评为“北京最美街巷”。静态交通和拥堵治理深入开展，5处疏堵工程、11个堵点乱点整改提升工作全部完成，交通高峰期畅通情况居中心城区第二。有序推进居住小区生活垃圾分类，50座公厕改造全部完成。扎实推进智慧石景山建设，制定实施大数据行动计划，实现人口、法人、空间地理、视频图像、信用信息五大基础信息库数据共享，城市管理更加精准高效。

冬奥服务保障能力日益增强。圆满完成平昌冬奥总结会服务保障工作，冬奥筹办正式进入北京周期。国家冬训中心四个场馆全部完工，滑雪大跳台项目开工建设。成功举办中国花样滑冰俱乐部联赛总决赛、石景山区首届冬季运动会。大力推进冰雪体育“四进”活动，社区冰雪运动丰富多彩，16所冰雪运动特色学校正式挂牌，累计上冰8万人次。与俄罗斯、芬兰等冰雪体育强国开展文化交流，中国花样滑冰协会等3个国家级冰雪组织入驻我区，与延庆、张家口联合举办京津冀滑雪赛等冰雪主题活动，在广宁街道高井路社区试点创建冬奥社区，冬奥冰雪体育氛围日益浓厚。

（三）社会治理能力不断增强

全国文明城区创建工作全面启动。召开创城动员部署大会，成立区街两级创城指挥部，建立工作专班，明确211条测评标准和31类创城示范点位，启动“优化营商环境”“文明街巷”“文明提素”三大主题活动，开展门前三包、小区楼道非法小广告清理管控、礼让斑马线三大专项治理，在首都文明办实地考察中成绩列四个提名区首位，完成中央文明办年度测评工作。

社会保障体系持续加强。新增就业8000余人，城镇登记失业率为2.13%。投入1.9亿元实施69项济困工程，救助32.7万人（户）次。西黄村棚改安置房基本建成，北辛安棚改安置房加快推进，衙门口棚改安置房实现开工，完成棚户区改造4400余户，市级任务完成率147%。何家坟共有产权房项目启动申购，东下庄共有产权房、绍家坡公租房项目和古城、八宝山、五里坨集体土地租赁住房项目实现开工，各类保障性住房开工3433套、竣工1540套，完成全年任务的1.1倍和3.9倍。

社会事业发展不断进步。新设公办幼儿园5所，新增学位1500个。景山远洋教育集团正式成立，引入北京市十一学校等优质办学资源，完成216家校外培训机构清理整治工作，被认定为国家级中小学校责任督学挂牌督导创新区。深化医药分开综合改革，启动国家慢性非传染性疾病综合防控示范区创建工作，加快区域全民健康信息平台建设，实现中医健康社区街道层面全覆盖，在全市公立医院综合改革考核中排名第二。顺利通过首都公共文化服务体系示范区答辩验收，启动国家公共文化服务体系示范区创建，街道社区文化设施总面积达到8.4万平方米，增长65%，年服务人次超过100万。区文化中心主体工程完工，完成北辛安城市记忆建筑迁移工程，新华尚领·全国新华网阅读体验中心建成，开展群众性文化活动2000余场。海峡两岸(北京)体育交流运动会圆满承办，全民健身活动广泛开展。

社会保持和谐稳定。投入1.8亿元完成75项便民工程，办好群众身边事。继续深化"老街坊"品牌建设，打造30个名片社区、16个社区之家，巩固和发展了多元主体共同参与的社会治理格局。实施平安石景山建设，扎实推进扫黑除恶专项斗争，切实加强金融监管和风险防范，圆满完成中非合作论坛峰会服务保障工作。开展城市安全隐患整治三年行动计划，加快建设立体化火灾防控体系，金顶阳光小区消防隐患工程完工，永乐东、西小区电力改造基本完成，全年事故起数、伤人数、亡人数同比下降10.7%、18.5%、52.4%。开通全市首个"在线矛盾纠纷多元化解平台"，打造新时代城市版"枫桥经验"石景山样本，全区信访总量1129批6059人次，同比下降5%、13%。顺利通过北京市食品安全示范区创建考核。深入做好双拥共建工作。成功举办北京市第十届民族传统体育运动会。民族、宗教、侨务、保密、外事、对台等工作取得新成绩。

精准扶贫和对口协作深入开展。统筹市区财政资金1.7亿元，带动社会资本6.6亿元，在产业协作、医教帮扶、就业帮扶、人才支援等方面实施300个项目，惠及建档立卡贫困人口3.4万余人，助力青海称多县、河北顺平县、内蒙古宁城县实现脱贫摘帽，与内蒙古莫力达瓦达斡尔族自治旗"携手奔小康"行动全面展开。加强与天津河北区、湖北竹山县的交流合作，全力保障门头沟区、昌平区、密云区1000名农村转移就业劳动力安置。

(四)重点领域改革不断深化

"街道吹哨、部门报到"改革大力推进。认真落实北京市"街乡吹哨、部门报到"实施方案，将综合执法、多网融合、公共服务等8项任务细化分解为15项具体推进举措，推动重心下移、职能下沉。全面落实街巷长制、小巷管家工作，完成古城、广宁街道大部制改革试点。

养老体制改革有序推进。国家级居家和社区养老服务体制改革试点工作稳步推开，完成全区11.1万老年人基础信息与服务需求普查，实施"十有"项目，为全区7.1万65岁以上老年人投保意外伤害险，区街居三级养老设施实现全覆盖。市级政策性长期护理保险试点工作进展顺利，制度框架基本搭建完成，在八角、八宝山、鲁谷3个街道推开试点，179位失能老人受益。

老旧小区物业管理改革扎实推进。七星园北等11个老旧小区实行准物业化管理，古城南里、金顶街教工楼等小区实施停车管理，28个老旧小区按照"四有"标准完成规范化建设，提升了居住品质。

国有集体经济改革稳步推进。出台区属国资国企改革实施意见，完成房管中心转企工作，扎实做好石泰公司集团化重组、琅山苗圃改制及划转工作。出台集体经济改革发展意见，积极稳妥做好农工商总公司改制。

(五)政府自身建设取得新进展

政治建设不断强化。牢固树立"四个意识"，坚决做到"两个维护"，全面落实市委市政府部署和区委要求，切实做到令行禁止。严格落实区政府党组《2018年党建工作要点》，层层压实全面从严治党主体责任，强化党建引领推动各领域工作，确保财政资金安全，确保政府清正廉洁。

依法行政持续加强。坚决执行区人大及其常委会的决议决定，认真听取政协的意见建议，自觉接受人大工作监督、法律监督和政协民主监督，密切与各民主党派、工商联、无党派人士联系，支持工会、共青团、妇联等人民团体开展工作，办复人大代表建议160件、政协委员提案213件，办成率达到69.7%，代表委员满意率达到100%。执行"三重一大"制度，召开区政府常务会议、区长办公会议49次，集体研究重要问题241个。依法受理行政复议案件101件，积极应对行政诉讼案件140件，主动公开政务信息7000余条，依法行政的能力水平不断提高。

服务效能稳步提升。推进政务服务体系建设，加强行政行为监督、重大事项督查和第三方民意测评工作，做好对群众意见和媒体监督的办理反馈，区非紧急救助服务中心受理群众诉求2.8万件，办结率100%。全面实施采办分离，城市管理网格案件采集数17万件，办结率98%。完成"一区一网"建设，33个区政府部门门户网站实现有机整合。

各位代表，过去一年全区经济社会各项事业全面进步，呈现出稳中有进、稳中向好的良好态势，高端绿色发展迈出了坚实步伐。这些成绩的取得，是市委市政府和区委坚强领导的结果，是区人大、区政协监督支持的结果，是全区广大干部群众团结奋斗的结果。在此，我代表区人民政府，向各位人大代表、政协委员，向辛勤工作在各条战线上的劳动者，向关心支持参与石景山区发展的同志们、朋友们，表示崇高的敬意和衷心的感谢！

同时，我们也清醒地认识到，全区正处在滚石上山、爬坡过坎、攻坚克难的转型关键期，发展不平衡不充分问题依然突出：一是高精尖经济结构发展不充分，主导产业优势不明显,创新能力不强,经济质量和效益亟待提升;二是企业经营面临不少困难,小微企业融资难问题突出,亟待精准施策帮助解决;三是水、电、气、热、道路等市政基础设施与中心城区要求差距较大,老旧小区设施更新和规范管理成为群众诉求的焦点,扬尘治理任务紧迫繁重,城市建设管理水平亟待提高;四是东中西部发展不均衡,优质公共资源供给与人民群众期待还有一定差距,公共服务短板亟待补齐;五是面对新形势新任务,一些干部政治站位不高、专业能力不强、思想认识不深、工作力度不大,干部队伍强作风、抓机遇、促发展能力亟待加强。对此,我们将采取有效措施,切实加以解决。

二、2019年主要任务

2019年是新中国成立70周年,是全面建成小康社会关键之年,是深入落实新版北京城市总体规划、加快推进高端绿色发展的重要一年。我区发展既迎来难得机遇,又面临严峻挑战,机遇大于挑战。一方面,宏观形势稳中有变、变中有忧,外部环境复杂严峻,经济面临下行压力,首都减量发展对发展方式转变、新旧动能转换、经济结构调整提出了更为迫切的要求,转型升级步伐急需加快。另一方面,我国经济转入高质量发展新阶段,北京正处于城市转型发展期,作为中心城区,充分借助冬奥契机,加快打造新时代首都城市复兴新地标,全力做好国庆服务保障工作,为加强环境治理、启动重大项目、汇聚高端要素、提升区域影响力,提供了强大动力和广阔空间。做好今年工作,我们要在"稳、进、早"上下功夫。一是稳。妥善应对各种风险和挑战,确保全区经济平稳健康发展,确保社会和谐稳定。二是进。抢抓机遇,在扩大投资、消费升级、主导产业培育、绿色生态建设、补齐民生短板、提升城市治理水平等方面加快推进。三是早。全区工作必须早谋划、早推进、早落实,下好先手棋、打好主动仗。要提高工作的预见性、整体性、系统性、协调性,做好打硬仗的充分准备。

今年政府工作的总体思路是:以习近平新时代中国特色社会主义思想为指导,深入贯彻党的十九大和十九届二中、三中全会精神,深入贯彻习近平总书记对北京重要讲话精神,坚持稳中求进工作总基调,坚持新发展理念,坚持推动高质量发展,牢牢把握"建设国家级产业转型发展示范区、绿色低碳的首都西部综合服务区、山水文化融合的生态宜居示范区"的功能定位,紧紧抓住北京举办2022年冬奥会冬残奥会和打造新时代首都城市复兴新地标的重大历史机遇,以创建全国文明城区为总牵引,统筹做好稳增长、促改革、调结构、惠民生、防风险、保稳定各项工作,高水平建设好首都城市西大门,以优异成绩庆祝中华人民共和国成立70周年。

全区经济社会发展的主要预期目标是:地区生产总值增长7%左右,一般公共预算收入增长5%,居民人均可支配收入增速与经济发展保持基本同步,城镇登记失业率控制在3%以内,万元地区生产总值能耗和PM2.5年均浓度下降指标达到北京市要求。

围绕实现全年目标任务,重点做好以下六个方面工作:

(一)切实承担中心城区功能,服务首都发展大局

中心城区是首都功能的集中承载地区,是建设国际一流和谐宜居之都的关键地区,我们要自觉提高政治站位,围绕"四个中心""四个服务",做好我区工作,服务首都发展。

深化落实区域功能定位。坚决维护规划的严肃性和权威性,健全规划实施管控体系,推动新版规划向全面实施转变。编制完成新版控制性详细规划,切实发挥规划的战略引领作用,推进多规合一,推动产业发展与空间布局规划、地下空间规划、"四道"融合规划等专项规划研究,统筹做好北京银行保险产业园周边配套规划优化研究。成立规划建设审查委员会,建立街区责任规划师制度,对重点区域的城市轴线、景观视廊等进行城市设计和风貌管控,推进城市设计条件纳入土地入市条件。落实常态化城市体检评估机制,开展第二次全国污染源普查、第三次全国国土调查和第四次全国经济普查工作,积极运用体检和普查成果,进行城市"双修"。

高水平服务保障北京冬奥。强化与冬奥组委高层对接,完善协调配合机制,全力做好冬奥筹备服务保障工作。加快场馆和基础设施建设,做好国家冬训中心配套设施项目建设工作,确保滑雪大跳台项目年底完工,老山冬奥项目训练基地落地,区体育中心改扩建项目开工,加快校园冰场建设。推进冬奥赛区周边区域城市景观提升工程,建立特色主题城市标识系统,建设冬奥冰雪文化大道,打造冬奥特色城市服务和景观。大力普及冰雪运动,持续推动冰雪"四进"活动,推进学校、社区特色队伍建设,广泛开展冬奥社区创建,实现冬奥让城市更美好。积极利用和开发冬奥要素资源,培育壮大冰雪产业,推动体育与科技、传媒、创意等产业融合发展。借助冬奥平台扩大国际交往,加强冰雪文化和国际人才等资源聚合,推动国际商务、文化服务、特色旅游等产业加快发展,提升区域知名度和美誉度。

加快建设新时代首都城市复兴新地标。认真贯彻落实市委市政府关于城市复兴新地标建设三年行动计划,着力推进我区牵头的13项工作任务和10个重点项目建设。加快文化复兴,推进首钢工业遗址公园建设,注重保护延续老工业文化脉络,完成五一剧场、制粉车间及秀池周边道路建设,传承山—水—工业特色景观体系,规划保护整体特色风貌。加快生态复兴,规划建设后工业景观休闲带和永定河生态带,完成石景山景观公园项目,推进永引渠景观提升、人民渠西延和群明湖改造工程,加快永定河左岸拆违、增绿、通路和景观提升,打造大尺度生态空间。加快产业复兴,推动首钢北区建设和东南区土地入市,优化首钢南区规划,重点发展"体育+"、高端商务服务等产业。加快活力复兴,焕发百年首钢的深厚底蕴,营造文化体验和城市交往的魅力场所,完善配套设施,加强公共服务供给,打造一流的宜居宜业环境,吸引服务人才,激发创新活力。

高标准建设西山永定河文化带。做好模式口文保区修

缮整治，加快模式口大街改造和法海寺路景观提升工程，启动承恩寺配套基础设施建设，完成八大处景区提升规划和市政基础设施工程，推进城市记忆博物馆等重点项目。深入挖掘历史文化内涵，精心打造“六张文化名片”。做好国家公共文化服务体系示范区中期评估迎检工作，积极开展“北京清明诗会”“古城之春”“六聚石景山”“重阳游山会”等群众文化活动，加快发展实体书店，建成使用区文化中心，推进区档案馆新馆建设，做好文化馆、非遗中心迁入工作，建设区域文化新地标。打造城市文化品牌，塑造良好城市品格和人文精神，讲好石景山故事，树立高端绿色发展的城市形象。

全力做好首都重大活动服务保障工作。今年大事多喜事多，北京将迎来新中国成立70周年、“一带一路”峰会、世界园艺博览会等重大活动，要以最坚决的态度、最周密的筹划和最高的标准，全力以赴做好服务保障工作。聚焦长安街石景山段整治提升，通过交通修补、风貌修补、绿地修补，打造复兴之轴、绿色之轴、礼仪之轴，展现“中华第一街”西延线的庄严、沉稳、厚重、大气。强化城市风险管理，深入做好市政基础设施的更新维护和应急处置，保障城市安全运行，确保万无一失。完善社会治安防控体系，推进金融风险专项整治，依法严厉打击违法犯罪行为，持续用力推进扫黑除恶专项斗争向纵深发展，做好维稳安保和社会矛盾防范化解工作，营造安定祥和的社会环境。落实安全生产党政同责、一岗双责、齐抓共管、失职追责制度，强化政府监管责任和企业主体责任，持续抓好城市安全隐患整治三年行动计划。大力推进“阳光餐饮”品质建设，积极争创国家食品安全示范城市。

（二）坚持高质量发展，推动区域经济提质增效

高质量发展是我区转型升级的根本要求，我们要坚持质量第一、效益优先，加快转变发展方式，转换增长动力，优化经济结构，建设现代经济体系，当好高质量发展的标杆。

着力培育壮大发展动能。大力推进供给侧结构性改革，紧紧抓住开放带动、创新驱动、消费推动、投资拉动“四大抓手”，实现经济平稳健康发展。深化落实新一轮服务业扩大开放任务，制定落实服务贸易创新发展工作方案，提高北京“侨梦苑”影响力，做实海外院士专家北京工作站，高水平建设好国际人才社区，不断提升服务业的国际化高端化规模化水平。坚持创新引领，利用闲置厂房、存量商务楼宇等载体资源，推动双创服务体系提质升级，做好“三城一区”科技创新成果承接，建设京西科技创新新高地。切实发挥消费的基础性作用，大力实施“消费提升计划”，加快推进苹果园大悦城建设，促进当代商城、万达广场等重点商业设施提档升级，加快推动文化、体育、娱乐、健康等服务性消费提质扩容。充分发挥投资的关键性作用，健全推进重大项目建设工作机制，统筹推进28个重大项目、92个投资项目，力争全社会固定资产投资和建安投资分别完成290亿元和99亿元，同比增长5.4%和10%。

加速构建高精尖经济结构。深入落实构建高精尖经济结构三年行动计划，以地均产出率、全员劳动生产率、创新投入等指标为核心，制定高精尖产业细分行业目录和评价体系，加快形成高精尖产业体系。强化现代金融主导地位，大力集聚银行保险新型金融业态和规模企业。做大科技服务产业，聚焦科技金融、工程技术服务、创业孵化三个重点领域。做强数字创意产业，充分挖掘动漫游戏、创意设计、数字内容创制等方面的先行优势。做优新一代信息技术产业，形成以工业互联网、网络信息安全和卫星网络通信为重点的产业体系。优化提升商务服务业，积极引进和发展法律服务、产权交易、会计审计、人力资源等服务业态，营造集聚融合、便捷高效的商务环境。

加快推进重点功能区建设。不断扩大长安金轴影响力，优化京西商务中心服务功能，加快银河商务区L地块建设。推进北京银行保险产业园及配套设施建设，完善产业发展链条，营造园区发展的良好生态；组建专业化国际化的招商运营团队，大力引进科技金融、外资金融和金融理财等企业落地发展。发挥中关村石景山园创新引领作用，加快军民融合产业园、北京博士后成果转化基地建设，推进北Ⅱ区创业创新园完成一级开发，加快首特绿能港科技中心15号地、16号地项目建设，推动天地一体化信息网络工程等重大项目实施。制定促进楼宇经济高质量发展办法，做好新增楼宇产业准入，加快低效楼宇腾笼换鸟，推动楼宇服务高品质发展，重点打造对区级财政贡献过亿元的高端楼宇载体。

全面优化营商环境。认真贯彻党中央、国务院减税降费新政策，全面落实优化营商环境三年行动计划，着力提升“一网、一门、一窗、一次”工作，出台改善小微企业融资环境、帮助民营企业融资纾困的具体措施。修订“1+N”政策体系，用好“服务包”，整合政策要素、资金要素、空间要素，创新招优引强机制，引进重点龙头企业，吸引优势产业集聚，支持驻区企业上市发展。落实社会信用体系建设三年工作方案，推动信用信息在市场准入、公共服务等领域广泛应用，形成公开透明的诚信法治环境。坚持区处领导“一对一”服务企业机制，聚焦人才落户、人才公寓等制约因素，为企业发展提供精准服务。

（三）坚定不移疏解非首都功能，全面提升城市品质

“疏整促”工作的目的，是为了提升首都功能、提升人居环境、提升城市品质、实现可持续发展，我们要紧紧抓住疏解非首都功能这个“牛鼻子”，全方位提升城市综合承载力。

扎实开展“疏整促”工作。深入落实疏解整治促提升三年行动计划，持续开展违法违规乱象整治，实现新生违法建设治理等16类专项任务“动态清零”，坚决杜绝“大棚房”问题，坚决整治浅山区违法用地违法建设。健全人口调控和服务管理机制，确保常住人口规模持续下降。加强疏解腾退空间的规划利用，加大“留白增绿”力度，扎实开展76项“六个一批”建设任务。实施生活性服务业品质提升行动计划，着力解决居住区配套不足问题，建设生活性服务业网点37个，推进生活性服务业示范街区建设，实现功能全覆盖，

连锁率提高到50%左右，更好满足群众生活需求。

加快市政基础设施建设。大力推进苹果园综合交通枢纽、S1线金安桥至苹果园段建设工程，做好M11线冬奥支线规划建设工作，建成永引渠南路、古城南街、刘娘府东街等道路，高井规划一路、北辛安路南段、锅炉厂南路东段力争年内开工，加快打造便捷高效、内外联通的交通网络。统筹推进水、电、气、热等市政配套设施，完成刘娘府110kV等5个输变电工程，加快实施北辛安110kV等3个输变电工程，完成石景山水厂主体建设和五里坨污水处理厂二期升级改造，有序推进永引渠南路、和平街、首钢园区地下综合管廊建设。新建5处海绵公园绿地，加快打造海绵城市。

全面加强生态环境建设。全力推进国家森林城市创建，打造山水融城、绿树环绕、林园相嵌、水清林茂的宜居森林之城，凸显城市魅力，做到"一枝独秀"。推进新一轮百万亩造林绿化工程，确保五年任务三年完成。加快西长安街城市森林公园群建设改造，建成新安城市森林公园、松林公园等4个沿线公园，推进衙门口城市森林公园建设，建成14公里绿道，创建首都绿化美化花园式社区1个、花园式单位2个。全年完成绿化面积143.4公顷，公园绿地500米服务半径覆盖率达到100%。全力打好蓝天保卫战、碧水攻坚战、净土持久战，完成生态保护红线勘界定标工作。强化重点区域精细化治理力度，完善覆盖全区的粗颗粒物监测网络和建筑工地视频监控系统，锲而不舍抓好柴油货车污染治理、扬尘污染控制、挥发性有机物综合治理三大专项行动，确保空气质量持续改善。加快实施水系规划，深化河长制工作，开展饮用水源地保护专项行动，完成永引渠景观提升一期主体工程、麻峪水源净化工程、高井沟流域生态修复工程，确保国控市控点位水体水质考核达标。有序推进工业污染地块的治理修复。

不断提高城市精细化管理水平。完善城市运行管理体系，探索建立精细化管理标准，把城市治理触角向信息网格、点位路段及小街小巷延伸。加快智慧城市建设，启动大数据三年行动计划，实施城市大数据贯通工程、汇聚工程、精治工程、产业工程，初步实现数据整合、分析、共享和应用全区一盘棋。健全网格化管理体系和城市管理综合考评体系，完善网格化管理问题处置机制。加强静态交通管理，盘活存量停车资源，完成14条路段的路侧停车电子收费建设工作，缓解停车难问题。实施交通缓堵工程，完成八大处路口优化等5个疏堵改造项目，解决行车慢问题。做好冬奥赛场周边和阜石路沿线、古城街道、鲁谷社区精品街巷样板区等4个重点区域整治提升，实施43项环境建设工程，完成29条背街小巷环境整治工作，推进玉泉路等9条道路通信架空线入地，有效治理占道经营、堆物堆料等痼疾顽症，提升环境秩序水平。

（四）充分发挥创城总牵引作用，更好满足人民对美好生活的新期待

全国文明城区是国内最具价值的城市品牌，创城指标是全区工作全面提升的定量标准，我们要举全区之力深入开展创城工作，切实发挥创城在举旗定向、凝心聚力、铸魂育人、惠及民生、树立形象等方面的总牵引作用。

扎实推进全国文明城区创建工作。强化工作统筹，把创城这项综合性创建工作与创建国家森林城市、国家公共文化服务体系示范区、国家卫生区复审等单项工作统筹谋划，做到指标整合、工作融合、统一指挥、一体推进。补齐工作短板，以解决问题为导向，深入开展三大主题活动、三大专项治理，确保中央文明办年度测评顺利通过，力争走在四个提名区前列。引领社会风尚，大力弘扬社会主义核心价值观，大幅度提升城市文明程度和市民文明素养。

着力破解老旧小区治理难题。聚焦老旧小区存在的基础设施隐患多、物业管理缺失、绿化水平低、停车管理不规范等急需解决的问题，组织工作专班，深入研究问题，全面评估、科学规划、分类施策。以90年代前建成小区为重点，实施"六治七补三规范"为主要内容的老旧小区综合整治。加快实施市政基础设施消隐工程三年行动计划，积极开展老楼加装电梯工作，加大对公共区域环境卫生、绿化美化、停车设施的改善力度。推进老旧小区服务管理示范小区创建工作，完善老旧小区物业管理长效机制，推动服务管理向市场化、社会化、精细化方向转变。

不断优化公共服务供给。紧紧围绕"五性"需求，扎实做好"七有"工作，投入15.7亿元全面办好36件重要民生实事，尽心尽力为群众办实事、办好事、办好身边的事。在幼有所育方面，新增幼儿园2所、新增学位500个，普惠性幼儿园覆盖率力争提升至80%。在学有所教方面，深化教育综合改革，试行教师区管校聘、绩效工资等激励机制，确保北大附中石景山学校（新址）、北京市十一学校石景山实验中学等项目开工，组建完成八大教育集团，加强青少年近视肥胖防控工作。在劳有所得方面，制定实施就业促进办法，开展就业帮扶、创业引导、技能培训，深入推进劳动用工规范、工资无拖欠等工作，登记失业人员实现就业5000人。在病有所医方面，发挥地区医疗资源优势，积极推进分级诊疗服务体系和紧密型医联体建设，推进医耗联动综合改革和公立医院薪酬制度改革，加强家庭医生签约服务内涵建设，加快中医药创新发展六大品牌建设步伐，推动冬奥中医药国际保障中心建设，院前医疗急救呼叫满足率达到95%，创建国家慢性非传染性疾病综合防控示范区。在老有所养方面，全面推开政策性长期护理保险试点，努力形成一批在全市可复制可推广的制度性成果，深入推进医康养护相互衔接、融合发展，促进北京市康复辅具科技产业示范园落地，巩固完善"三边四级"养老服务体系，养老机构星级评定率达到90%。在住有所居方面，继续推进西黄村、北辛安、衙门口棚改安置房建设，抓紧启动广宁、五里坨平房区改造，加快东下庄、铸造村、首钢东南区等共有产权房和三个集体土地租赁住房建设，实现开工各类保障性、政策性住房3252套，竣工5023套。在弱有所扶方面，投入1.94亿元开展71项精准帮扶济困工程，加快推进五里坨精神病院、残疾人职业康复中心、儿童福利院和社会救助站建设。

完善社会治理体系。强化基层社会治理，扎实做好社区居委会换届工作，加强社会工作者队伍建设，丰富石景山“老街坊”品牌内涵，完善党委领导、政府负责、社会协同、公众参与、法治保障的社会治理体制。持续开展社区之家示范点创建活动，扎实推进名片社区提升工作，不断优化“一刻钟社区服务圈”品质，更好满足居民文化、体育、娱乐、生活等需求。深化双拥共建工作，服务驻区军队改革，争创全国双拥模范城八连冠。支持工会、共青团、妇联等人民团体更好发挥桥梁纽带作用。做好新形势下的民族、宗教、外侨等工作。

做好精准扶贫和对口协作工作。坚决扛起扶贫攻坚的政治责任，聚焦四类建档立卡贫困人口精准施策，扶贫协作项目全部实施项目化管理，巩固青海称多县、河北顺平县、内蒙古宁城县脱贫摘帽成果，助力内蒙古莫力达瓦达斡尔族自治旗2019年实现脱贫摘帽。加强与天津河北区、河北保定市、唐山市、湖北竹山县等地对接合作，深化与门头沟、昌平、密云等区协同发展。

(五)深入推进改革创新，增强区域发展的内生动力

改革创新是高端绿色发展的根本动力，我们要坚持问题导向，聚焦重点领域和关键环节精准发力，以改革创新的更大成果促进全区经济社会转型升级。

深化减量发展改革。实施“两线三区”空间管控，合理规划产业空间、公共服务设施、重点功能区布局。贯彻落实建设用地减量实施方案，编制2019年建设用地供应计划、土地利用计划，确保建设用地规模稳步下降。执行城市有机更新办法，强化存量土地建设用地更新利用。完善集约节约用地标准，建立产业用地精细化利用机制，实行土地全生命周期管理，细化推广产业用地弹性出让等土地出让制度。

深化政府机构改革。有序推进机构改革任务落实，加快推进政府职能转变，积极稳妥完成职能划转、转隶组建等工作。科学制定“三定”方案，加快促进部门内部有机融合。尽快建立适应新的职能机构的运行机制，确保各层级上下贯通、各环节有机衔接，构建系统完备、科学规范、运行高效、适应新时代要求的政府职能体系。

深化“街道吹哨、部门报到”改革。认真贯彻全市街道工作会精神，围绕“赋权”“下沉”“增效”，完成街道大部制改革，提升城市基层治理水平。进一步强化区街综合执法指挥平台建设，统筹好网格员、协管员、街巷长、小巷管家各方面力量，聚焦居家安全、物业纠纷、环境秩序等问题，努力把群众家门口的事情办好。

深化经济领域改革。落实区属国资国企改革实施意见，完成琅山苗圃改制及划转等工作，探索同质同类企业整合重组、分类管理；完成农工商总公司改制，加速集体经济转型发展，让国资国企、集体经济成为区域转型发展的排头兵。激发社会力量参与医疗、养老等领域的投资活力，积极引导社会资本参与西部医院等公共事业建设。

(六)全面加强自身建设，切实提升政府履职能力

政府系统要提高政治站位，严守政治纪律和政治规矩，牢固树立“四个意识”，坚决做到“两个维护”，自觉在思想上政治上行动上同党中央保持高度一致，把市委市政府和区委各项决策部署不折不扣落到实处。

牢固树立为民情怀。深度整合各类政府服务热线，加大对市民群众问题的发现与采集力度，做到民有所呼、我有所应，持续提高各类问题的办结率、反馈率、解决率、满意度和契合度。密切关注媒体舆论报道，加强网格案件的发现和办理效率，把市民关注的热点难点问题作为政府工作的着力点，解决好群众身边的烦心事。

切实做到担当作为。增强机遇意识，提高把握机遇的能力，牢牢抓住重大历史机遇，加快推进各项工作上台阶。增强学习意识，强化专业培训，培养具有国际视野、创新精神的高素质专业化公务员队伍，提高破难题、抓落实的本领。增强过紧日子的意识，牢固树立成本效益理念，严格政府债务管理，一般性公共支出压减5%以上。增强务实担当意识，强化绩效考核，健全常态化的督查工作机制，完善定期报告、情况通报、专项督查、约谈问责等制度，促进履职尽责。

深入推进依法行政。加强法治政府建设，将政府工作全面纳入法治轨道，进一步增强运用法治思维和法治方式推动工作的自觉性和主动性。认真执行区人大及其常委会决议和决定，主动加强与政协的沟通协商，就全区经济社会发展、财政预决算、国有资产管理等重大事项，定期向人大报告工作，向政协通报情况，提高人大代表建议和政协委员提案办理质量。支持区监委、法院、检察院开展工作。深化“放管服”改革，健全依法决策机制，做实重大事项风险评估，落实代表委员等列席政府常务会议制度。深化行政执法体制改革，不断完善依法行政工作考评体系，提高行政执法效能，完成区级公共法律服务中心建设，坚持行政机关负责人出庭应诉制度，实现政府法律顾问全覆盖。

持续深化廉政建设。认真贯彻全面从严治党各项要求，严格落实中央八项规定精神，紧盯“四风”问题特别是形式主义、官僚主义新表现，持之以恒正风肃纪。推进绩效管理范围覆盖到各级预算部门和所有财政资金，进一步扩大财政信息公开范围，加强预算执行管理，提高监管效率和管理透明度，提升财政资金使用效益。深入推进大数据审计方式，加强审计结果的警示通报力度，完善审计整改预警机制，推进审计全覆盖。

各位代表，新时代要有新作为，新使命需要新担当。石景山经济社会发展已经进入全面提升的关键时期，时代赋予重任，拼搏铸就辉煌。让我们更加紧密地团结在以习近平同志为核心的党中央周围，在市委、市政府和区委的坚强领导下，以更加昂扬的斗志和饱满的热情，同心同德，务实进取，扎实工作，高水平建设好首都城市西大门，以优异成绩迎接新中国成立70周年。

大 事 记

北京2022年冬奥会和冬残奥会组织委员会
Beijing Organising Committee
for the 2022 Olympic and Paralympic Winter Games
20

2018年石景山区大事记

1月

9日 2018年石景山区冰雪节开幕式暨冰雪社会体育指导员培训活动在首钢工学院举办。

11日 “疏解整治促提升”专项行动2017年总结暨2018年动员部署大会召开。

15日 石景山区与北京市十一学校举行合作办学签约仪式。

18日 新华社北京分社领导对石景山区“疏解整治促提升”专项行动工作进行调研。

31日 石景山区召开扫黑除恶专项斗争工作部署会。

2月

2日 “万众创新·筑巢圆梦”海外院士专家创新发展座谈会在北京侨梦苑举行，标志着海外院士专家北京工作站新首钢办公区正式启动。

5日 石景山区报送的“领略西山美，俯瞰母亲河”北京西山文化经典两日游，被评为北京市十大文化旅游线路。

7日 石景山区召开全区领导干部会议。

8日 2018年全区党风廉政建设大会召开。

同日 区四套班子领导等与陆军领导机关、中部战区首长以及北京军区善后办首长分别座谈。

9日 市人大常委会主任李伟到石景山区开展送温暖活动。看望全国劳模、市十五届人大代表赵五和生活困难群众张洪涛。

14日 中央文明办确定石景山区获得2018—2020年创建周期全国文明城市（区）提名城区资格。

24日 市委常委、组织部部长魏小东到区调研“街乡吹哨、部门报到”机制落实情况。

3月

2日 以区城管执法监察局真实事迹创作的北京市首个反映城管执法工作的话剧《不辱使命》在石景山区上演。

7日 区委2018年党建工作会召开，总结部署社会建设、政法、组织、宣传思想文化、统战、调研和办公室工作。会议以电视电话会议形式召开。

15日 北京长城文化带丛书进校园活动走进京源学校向全区中小学生捐赠图书。市委常委、宣传部长杜飞进等参加活动。

16日 副市长杨斌调研石景山区静态交通治理工作。

22日 《首钢园—铁狮门冬奥广场产业项目合作备忘录》签约仪式在陶楼举行。

同日 国家开发银行北京市分行与石景山区签署合作备忘录。

23日 市委常委、教工委书记林克庆带队到石景山区开展“蓝天保卫战”调研。

26日 石景山区召开服务保障北京2022年冬奥会和冬残奥会工作动员部署大会。

同日 石景山区全力打好“蓝天保卫战”工作动员部署大会召开。

28日 石景山区举行军民融合共建绿色长安街启动仪式。

29日 石景山区召开残疾人联合会第七次代表大会。选举产生以陈婷婷为区残联主席、栾伟宏为理事长的第七届残联领导班子。

30日 石景山区召开深化“街道吹哨部门报到”机制工作部署会。

4月

2日 石景山区举办“助力冬奥全民冰雪”倡议活动。发布全市首个区级冬奥五年行动计划，实施冬奥组委驻地及周边配套保障、冬奥体育生活化社区、京津冀国际冰雪交流等十大冰雪工程。

3日 第十一届北京清明诗会在北京国际雕塑公园西园举办。

4日 2018年北京市清明红色祭扫活动在八宝山革命公墓任弼时广场举行。

5日 副市长王宁到八宝山革命公墓，对全市清明祭扫服务保障工作进行现场调度。

7日 石景山区召开全区领导干部大会。市委决定：于长辉任中共北京市石景山区委员会委员、常委、书记，免去其中共北京市委副秘书长职务；牛青山不再担任中共北京市石景山区委员会书记、常委、委员职务（1月28日，在政协北京市第十三届委员会第一次会议第三次全体会议上，牛青山当选市政协副主席）。

8日 石景山区首家24小时智能书店在八角南路社区落地。

10日 北京市规划和国土资源管理委员会石景山分局挂牌成立。

13日 石景山区不动产登记“一窗办理”试运行。实现原房屋交易缴税登记三个部门部分办理事项“只进一扇门”“最多跑一次”。

16日 国务院营商环境督查开办企业组到石景山企业开办大厅督查北京市企业开办便利化工作。

20日 副市长张建东率市政府第四督导组到石景山区督导检查优化营商环境和冬奥会筹办有关工作。

23日 北京冬奥组委冬奥主题图书馆暨石景山区图书馆冬奥分馆揭牌开馆。

23日—26日 于长辉带领石景山区党政代表团赴青海省玉树藏族自治州称多县开展对口支援工作。

27日 石景山区举办“弘扬劳模精神，争做时代先锋”庆五一主题活动。

5月

7日—10日 石景山区党政代表团赴内蒙古呼伦贝尔市莫力达瓦达斡尔族自治旗对接携手奔小康工作。

12日 市委常委、副市长阴和俊到石景山区调研高精尖产业发展情况。

14日—16日 于长辉带队赴湖北省十堰市竹山县开展对口协作工作。

17日 副市长殷勇到石景山区调研北京保险产业园和企业开办大厅建设情况。

18日 石景山区互联网协会成立。该协会由华录出版、搜狐畅游、小米互娱、暴风集团等31家企业联合发起，是全市首个区级互联网协会。

25日 由石景山区科协、区委组织部、区教委、区科委联合主办的2018年全国科技工作者日主场活动，在区青少年活动中心金鹏剧场举行，来自各个行业的300多名科技工作者及青少年代表参加。

31日 中央政治局委员，北京市委书记蔡奇围绕“加强养老服务体系建设，满足人民群众多元化、多样化养老服务需求”主题到石景山区调研。

5月中旬至7月中旬 主题为“创建国家和首都公共文化服务体系示范区，我参与·我快乐”的第35届“古城之春”艺术节在全区范围内举办。组织开展各类文化活动350余场次，活动类别包括戏曲、模特比赛、舞蹈、书法、朗诵表演等，吸引100余支群众业余艺术团队参赛，惠及群众66.7万余人次。

6月

1日 市委常委、政法委书记张延昆到冬奥组委和石景山区调研对接北京2022年冬奥会筹备期间安保维稳工作。

6日 石景山区融媒体中心成立。

11日 石景山区发出全市首例“证照分离”营业执照和经营许可证。

16日 全国安全宣传咨询日主会场活动在首钢技师学院举行。活动以“生命至上、安全发展”为主题，设置8大宣传板块。

20日 石景山区召开精神文明建设暨创建全国文明城区工作动员部署会。

7月

5日 国家税务总局北京市石景山区税务局挂牌成立。

9日 石景山景山远洋教育集团成立。这是石景山区成立的第七个教育集团。

10日 由党建读物出版社、中国文联文艺志愿者服务中心、新华社中国新闻电视网联合举办的“初心——石景山区主题党日活动暨《红色家书》经典诵读”活动举行。

20日 全国人大常委会副委员长、全国妇联主席沈跃跃到石景山区调研。

21日 区委第一次议军会议召开。

27日 区四套班子领导走访慰问陆军机关和中部战区并召开“八一”军政座谈会。

8月

1日 中关村石景山园军民融合产业基地在点石商务公园1号楼挂牌。

3日 石景山区与农业农村部贸促中心、顺平县政府共同签署《顺平县农业扶贫协议》。

20日 石景山区纪委区监委机关正式搬入石景山路40号办公，结束四地办公的状况，实现机关办公场所的整合。

22日 石景山区与中国葛洲坝集团签署《战略合作框架协议》。

15日—26日 由中国民族博物馆、北京市民族文化交流中心主办的“多彩中华——中国少数民族传统体育文化展”在印象台湾主题展馆举行。

18日—23日 北京市第十届民族传统体育运动会在石景山区举办。本届运动会设立12个竞赛项目，6个表演项目，分别在石景山体育场等7处比赛场地进行。

29日 石景山区召开2018年精神文明建设暨全国文明城区创建工作推进会。

同日 石景山区与市国资委签订战略合作框架协议。

9月

10日 石景山区召开庆祝第34个教师节暨表彰大会。

17日 区政协举办主题为“不忘初心、牢记使命、砥砺前行”的纪念改革开放40周年书法展和政协文史资料《石景山工业文化遗产》图书发放仪式。

27日 区扫黑除恶专项斗争工作推进会召开，通报《石景山区扫黑除恶专项斗争举报奖励实施办法》《石景山区涉黑涉恶问题线索移交转递管理办法》。

27日—28日 首届中国银行保险业国际高峰论坛在北京银行保险产业园召开。

28日 “海外侨胞走进北京侨梦苑，见证工业遗址焕发新生机”——国庆嘉宾联谊交流活动在首钢文馆举行。

同日 北京市烈士纪念日公祭仪式在八宝山革命公墓举行。

10月

12日 2018第三届北京西山中医药文化季开幕式举行。

同日 副市长王红到石景山区调研优化营商环境工作。

17日 “孝满京城·德润人心”北京市万名孝星重阳游山会暨第三十一届西山八大处重阳游山会在八大处公园举行。

同日 副市长，北京冬奥组委执行副主席、机关党委书记张建东作为在职党员到高井路社区报到，开展冬奥知识社区大讲堂活动。于长辉主持活动。

27日 石景山区举行“创建国家森林城市建设美丽家园”秋季义务植树活动。

11月

8日 石景山区召开领导干部警示教育大会。通报全区党风廉政建设和反腐败工作情况。

同日 北京市第十四届全民终身学习活动周开幕式在首钢冬奥体育中心举行。

10日 市委常委、宣传部部长杜飞进到石景山区调研。

13日 市人大常委会主任李伟到石景山区调研居家养老健康服务情况。

同日 北京市首个矛盾纠纷多元化解平台在石景山上线。该平台是集咨询、评估、调解、诉讼于一体的“社会化解纷服务共享平台”。

18日 新华书店总店、新华求索求知(北京)图书有限公司与区政府联合创办的新华尚领阅读空间启用。

同日 第五届北京市民快乐冰雪季系列活动在石景山区启动。

29日 石景山区与天津市河北区协同发展战略合作对接工作座谈会召开。

30日 区领导于长辉、陈之常等围绕“落实城市总规,加强区域合作,推动共同发展”主题到门头沟区学习交流。

12月

1日 八大处公园被市委宣传部命名为北京市爱国主义教育基地。

3日 北京市人力社保局与石景山区政府联手举办的北京博士后成果转化基地揭牌暨新设博士后工作站授牌大会召开。

同日 石景山区召开扫黑除恶专项斗争工作推进电视电话会议。

10日 石景山区首个安全文化体验馆完成验收。安全文化体验馆位于八角街道时代花园社区,包含主题宣教区、素质测评区、3D互动区、安全科普区、应急体验区等8个区域。

11日 纪念石景山区解放七十周年军地书画展举行。

17日 区委十二届七次全会召开。会议审议通过《北京市石景山区机构改革方案(送审稿)》。

19日 中国银行北京冬奥支行开业。

25日 区委召开深化“街道吹哨、部门报到”改革工作专题会。

中共石景山区委员会

综　述

【概况】 中共石景山区委员会(简称区委)是中国共产党在石景山区的领导机关。本届(第十二届)区委是在2016年12月8日召开的中共石景山区第十二次代表大会产生的。区第十二次党代会代表共308名,其中,各级领导干部代表196名、基层一线代表112名,由23个选举单位分别选举产生。党代会闭会期间,以党代会召开期间代表团为基础,按照"区域相邻、性质相近、便于组织、利于活动"的原则,将区第十二次党代会代表分为10个代表团,开展履职活动。截至年底,停止执行代表职务4人,终止代表资格2人,代表总数为302名。区委设办公室、纪律检查委员会、组织部、宣传部、统一战线工作部、政法委员会、研究室、机构编制委员会办公室、直属机关工作委员会、社会工作委员会等10个工作机构;另设老干部局、保密委员会办公室2个部门管理机构。2018年是全面贯彻党的十九大精神的开局之年,是改革开放40周年,是实施新版北京城市总体规划、推动地区高端绿色崛起的重要一年。区委常委会在市委正确领导下,按照"把方向、谋大事、抓党建、保平安"的工作要求,深入学习贯彻习近平新时代中国特色社会主义思想和党的十九大精神,加快推动经济转型升级,大力提升城市品质,努力保障和改善民生,全面深化各项改革,推动全面从严治党向纵深发展,圆满完成年度各项任务,形成全区一盘棋、上下一条心干事创业的良好局面。

(田　勇)

【市委领导到区调研】 2月24日,市委常委、组织部部长魏小东到石景山区调研"街乡吹哨、部门报到"机制落实情况。魏小东到区"一呼百应"党员综合服务系统调度指挥中心,实地察看"一呼百应"系统建设运行情况;随后到模式口文保街区,了解文保街区修缮整治情况和模式口南小街试点改造情况。3月15日,市委常委、宣传部部长杜飞进到区调研。先后前往八宝山街道沁山水南综合文化活动中心、区图书馆少儿馆、特钢筑福国际众创空间全民畅读书吧、区广电中心、京西五里坨民俗陈列馆调研区域公共文化事业发展情况,并在区广电中心召开座谈会。市政协副主席、区委书记牛青山陪同调研。3月19日,市委常委、统战部部长齐静到区调研。齐静一行先后到北京猫妹咖啡文化有限公司观看网络统战直播,到八宝山街道沁山水南社区调研党派侨务工作示范点、民族团结一家亲示范点,并听取相关汇报。市委副秘书长赵玉金,市委统战部副部长严卫群参加调研。3月23日,市委常委、教工委书记林克庆就全力打好蓝天保卫战到区调研。林克庆一行首先实地察看首钢北京园区国家体育总局冬训中心施工项目,现场听取项目建设情况和大气污染防治措施落实情况汇报,随后前往八角街道办事处听取街道属地大气污染防治工作责任和措施落实情况汇报。市委副秘书长郑登文,市环保局副巡视员徐庆陪同调研。6月1日,市委常委、政法委书记张延昆到冬奥组委和石景山区调研对接北京2022年冬奥会筹备期间安保维稳工作。11月10日,杜飞进实地察看模式口大街历史文化保护区建设和中译通公司AI大数据、人工智能应用情况,观看盛世顺景公司动漫创意作品,了解24小时借阅书屋、老字号店铺经营现状,听取工程建设进展汇报。市委宣传部秘书长张爱军陪同调研。

(田　勇)

【市委书记调研】 5月31日,市委书记蔡奇围绕"加强养老服务体系建设,满足人民群众多元化、多样化养老服务需求"主题到石景山区调研。石景山区是国家级居家和社区养老服务改革试点,在全市率先实现居家养老设施基本全覆盖。蔡奇一行在古城街道八千平社区,走进诚和敬养老驿站察看,和老人们交谈。在八角街道八角南路22号楼,蔡奇到年近70岁的武朝英家看望,对其为安装电梯做出的大量工作表示感谢。随后,听取有关方面工作汇报并进行座谈。市委常委、秘书长崔述强,市有关部门负责同志,区领导于长辉、文献等陪同调研。

(田　勇)

区委重要会议

【概况】 区委重要会议包括党的代表大会及由此选举产生的区委全体委员会,以及全会选举产生的常委委员会所召开的会议。还包括党风廉政建设会、党建工作会和领导干部会议等。这些会议所作出的部署,对贯彻落实中央、市委的方针政策,统筹推动全区各项工作,高水平建设好首都城市西大门提供坚强保证。

(田　勇)

【十二届五次全体(扩大)会议】 1月5日召开。区委常委会主持会议。全会学习贯彻党的十九大精神、中央经济工作会议精神和市委十二届四次全会精神,听取并审议牛青山受区委常委会委托所作的工作报告,总结2017年工作,研究部署2018年任务。区四套班子领导,区委委员、候补委员,区纪委委员、区监委委员,各民主党派主委、工商联主席,各单位党政正职领导,部分市、区党代会代表参加会议。

(田　勇)

【党建工作会】 3月7日召开。文献主持会议。会议以电视电话会议形式召开,总结部署社会建设、政法、组织、宣传思想文化、统战、调研和办公室工作。区领导,区法检"两长",区机关各单位领导、区有关单位及各街道(鲁谷社区)相关负责人分别在主、分会场参加会议。

(田　勇)

【党建述职考评会】 3月9日召开。9位街道工委书记、6位行业工委(党委、党组)书记进行述职。每位书记述职后,区委常委进行现场点评,指出成绩和问题,并对下一步工作提出明确要求。与会人员对参加述职的党(工)委书记进行测评。文献主持会议,区委常委、区委党建工作领导小组成员、各党(工)委书记以及部分"两代表一委员"、基层代表参加会议。

(田　勇)

【十二届六次全体(扩大)会议】 8月

2日召开。于长辉主持会议并讲话。陈之常作关于上半年经济社会发展情况和下半年工作安排的报告，田利跃传达市委十二届五次全会精神。会议学习贯彻习近平新时代中国特色社会主义思想，贯彻落实市委十二届五次全会精神，聚焦全面提升，狠抓工作落实，确保全面完成今年各项目标任务。区四套班子领导，区委委员、候补委员，区纪委委员、监委委员，各民主党派主委、工商联主席，各单位党政正职领导，部分市、区党代会代表参加会议。

（田　勇）

【十二届七次全体(扩大)会议】 12月17日召开。区委常委会主持会议。会议审议通过《北京市石景山区机构改革方案(送审稿)》。于长辉就全面做好机构改革工作讲话。区四套班子领导，区委委员、候补委员参加会议。

（田　勇）

【领导干部会议】 全年召开4次。2月7日，传达市区委书记会议精神，部署全区春节及全国“两会”期间城市运行保障、安全生产、环境布置、维护稳定、党风廉政建设等有关工作。6月1日，传达学习贯彻落实蔡奇到石景山区围绕“加强养老服务体系建设，满足人民群众多元化、多样化养老服务需求”专题调研的重要指示精神。9月30日，传达蔡奇在区委书记月度点评会上的讲话及十一期间安全稳定工作的指示精神，部署全区国庆期间城市运行保障、安全生产、环境布置、维护稳定、党风廉政建设等工作。11月5日，传达蔡奇在区委书记月度工作点评会上的讲话精神，并就全区抓好任务落实工作进行动员部署。

（田　勇）

【月度工作点评会】 全年召开2次。11月16日，八宝山、八角、五里坨街道党工委书记进行发言，于长辉作集中点评，会议还传达学习全市领导干部警示教育大会精神。12月10日，鲁谷、古城、广宁3个街道进行发言，于长辉进行点评，并对媒体曝光问题最多的街道进行通报。

（田　勇）

【领导干部警示教育大会】 11月8日召开。区四套班子领导，区法检“两长”，全区各单位党政正职领导，区纪委委员，各单位副处级以上领导干部参加会议。同时，各系统、各街道(鲁谷社区)设立电视电话会议分会场，全区各单位正科级实职以上干部均参加会议，并将参会人员扩大至国资系统各公司党政正职、集体经济系统各公司党政正职、各社区书记主任。会议由陈之常主持。会议通报全区党风廉政建设和反腐败工作情况。

（田　勇）

【区委常委会会议】 区委常委会着眼于抓大事、议大事、定大事，坚持科学决策、民主决策，统筹协调兼顾、合理组织安排，全年共召开区委常委会会议42次，并主持召开3次区委全会。

（刘　彦　刘鸿运）

表1　区委常委会会议一览表

上会日期	序号	单　位	议　题　题　目
1月3日 第1次 (十二届46次)	1	区委办	关于区委十二届五次全体(扩大)会议筹备工作的汇报
	2	重点中心	关于石景山区衙门口棚户区改造土地开发项目征收资金的汇报
	3	住建委	关于模式口历史文化保护区修缮改造与环境整治工作安排及所需资金的汇报
	4	教　委	关于北辛安配套学校合作办学和西黄村规模学校办学主体的汇报
	5	外侨办	关于做好石景山区2018年因公出国(境)工作的汇报
	6	指挥部	关于“治乱疏解建高端”暨专项行动中表现突出干部工作实绩征集情况和2017年总结暨2018年动员部署大会筹备工作方案的汇报
1月5日 第2次 (十二届47次)	7		听取各组讨论情况
1月10日 第3次 (十二届48次)	8	文化委	关于石景山区文化中心建设相关情况的汇报
	9	住建委	关于2017年重大项目完成情况和2018年计划安排情况的汇报
	10	住建委	关于2017年棚户区改造工作情况和2018年工作安排的汇报
	11	卫计委	关于石景山区医药分开综合改革进展情况的汇报
	12	纪　委	关于区纪委十二届四次全会工作报告的汇报
	13	纪　委	关于《关于开展2017年领导干部述责述廉工作的情况报告》的汇报
	14	组织部	关于2017年度民主生活会有关工作的汇报
	15	组织部	关于开展2017年度区、处级领导班子和领导干部年度考核工作的汇报
			传达学习习近平同志在中央经济工作会议上的讲话
2月7日 第4次 (十二届49次)	16	城管委	关于石景山区2018年城市道路建设及大修计划的汇报
	17	保险园	关于北京保险产业园投资控股有限责任公司申请10亿元资金的汇报

续表

上会日期	序号	单位	议题题目
2月7日 第4次 （十二届49次）	18	安监局	关于《石景山区落实北京市委市政府安全生产第二督察组督察反馈意见整改工作报告》和安全隐患“三大行动”工作开展情况的汇报
	19	纪委	关于石景山区2018年党风廉政建设和反腐败工作会和区纪委十二届四次全体（扩大）会议筹备情况的汇报
	20	纪委	关于石景山区2017年党风廉政建设责任制检查考核情况的汇报
	21	外侨办	关于石景山区2018年报送因公出国赴港澳计划的汇报
	22	人保局	关于做实机关事业单位职业年金单位缴费所需资金的汇报
2月9日 第5次 （十二届50次）	23	发改委	关于石景山区“疏解整治促提升”专项行动有关工作的汇报
	24	组织部	关于石景山区2018年组织工作要点的汇报
	25	宣传部	关于石景山区2018年宣传思想文化工作要点的汇报
	26	政法委	关于石景山区2018年政法工作要点的汇报
	27	统战部	关于石景山区2018年统战工作要点的汇报
	28	社工委	关于石景山区2018年社会领域党建和社会建设工作要点的汇报
	29	研究室	关于石景山区2018年调研工作要点和课题计划的汇报
2月26日 第6次 （十二届51次）		组织部	传达魏小东同志到石景山区调研时的讲话精神
	30	区委办	关于区委常委会2018年议题计划的汇报
	31	区总工会	关于推荐评选2018年全国五一劳动奖和全国工人先锋号工作情况的汇报
	32	环保局	关于2017年石景山区生态环保工作情况及2018年工作思路的汇报
	33	鲁谷社区	关于保障衙门口棚户区改造征收签约工作的汇报
	34	人大办	关于《区人大常委会关于加强对领导干部履职监督工作情况的报告》的汇报
	35	政协办	关于《区政协关于对区属党政部门履职情况开展民主监督与评议的报告》和《区政协以项目为切入点开展民主监督与评议工作情况的报告》的汇报
	36	纪委	关于解除某干部行政处分的请示
3月5日 第7次 （十二届52次）	37	民宗办	关于石景山区承办北京市第十届民族传统体育运动会有关工作的汇报
	38	人大办	关于召开区第十六届人大常委会第九次会议的请示及石景山区人大常委会2018年工作要点的汇报
	39	政协办	关于石景山区政协常委会2018年工作要点的汇报
	40	组织部	干部任免
			传达学习习近平在党的十九届二中全会上的讲话精神
			传达学习《中共中央关于深化党和国家机构改革的决定》
			传达学习习近平在第十九届中央纪律检查委员会第二次全体会议上的讲话精神
3月12日 2018年第8次 （十二届53次）	41	组织部	干部任免
3月23日 第9次 （十二届54次）	42	宣传部	传达学习全国两会精神
	43	广电中心	关于媒体融合发展中央、市委有关精神及石景山区推进情况的汇报
	44	人保局	关于2017年度工作目标督查考核情况的汇报
	45	组织部	干部任免
4月4日 2018年第10次 （十二届55次）	46	体育局	关于成立石景山区服务保障冬奥会、冬残奥会领导小组的汇报
	47	民政局	关于《石景山区2018年双拥工作要点》的汇报

续表

上会日期	序号	单位	议题题目
4月4日 2018年第10次 （十二届55次）	48	巡察办	关于石景山区巡察工作情况的汇报
	49	巡察办	关于《中共北京市石景山区委第十二届委员会巡察全覆盖五年规划》和《2018年巡察工作计划》的汇报
	50	发改委	关于石景山区精准扶贫相关工作的汇报
4月7日 第11次 （十二届56次）	51		于长辉提工作要求
	52		宣布张国富任职的决定
4月17日 第12次 （十二届57次）	53	区委办	传达中央财经委员会第一次会议精神、蔡奇在全市扶贫协作推进会暨对口支援和经济合作领导小组会议上的讲话精神，通报蔡奇、陈吉宁率北京市党政代表团到内蒙古自治区、河北省对接扶贫协作工作情况、石景山区党政代表团赴河北省顺平县调研对口帮扶携手奔小康相关情况，汇报石景山区2018年扶贫协作工作相关情况
	54	环保局	关于《石景山区蓝天保卫战2018年行动计划》的汇报
	55	环保局	关于2018年石景山区环保实事的汇报
	56	区委办 区人大 区政协	关于人大建议、政协提案办理工作情况的汇报
	57	纪委	关于给予某干部纪律处分的请示
5月2日 第13次 （十二届58次）	58	人大办	关于召开石景山区第十六届人大常委会第十次会议的请示
	59	投促局	关于申请兑现2017年度政策支持资金的汇报
	60	纪委	关于《石景山区第二十七届党风廉政建设宣传教育月活动计划》的汇报
	61	宣传部	传达《关于近期首都意识形态领域情况的通报》
	62	组织部	关于2017年度区级干部年度考核奖励情况的汇报
	63	组织部	干部任免
5月23日 第14次 （十二届59次）			传达学习习近平在全国生态环境保护大会上的讲话和市委常委扩大会议精神
			传达学习《关于进一步激励广大干部新时代新担当新作为的意见》和《关于建设新时代高素质专业化干部队伍的意见》
	64	检察院	关于区检察院开展公益诉讼工作情况的汇报
	65	人大办	关于区人大常委会党组2018年党建工作要点的汇报
	66	政协办	关于区政协党组2018年党建工作要点的汇报
	67	纪委	传达《2017年北京市党风廉政建设责任制检查考核情况通报》和《关于对石景山区2017年党风廉政建设责任制检查考核情况的反馈意见》
	68	纪委	关于《中共北京市石景山区委关于落实2017年北京市党风廉政建设责任制检查考核反馈意见的整改报告》的汇报
	69	纪委	关于《2018年石景山区全面从严治党主体责任检查考核工作方案》的汇报
	70	组织部	干部任免
5月30日 第15次 （十二届60次）		纪委	观看廉政教育片《权奴——明万富违纪违法案警示录》
		区委办	传达习近平在十九届中央政治局第五次集体学习时的讲话精神
		区委办	传达习近平在纪念马克思诞辰200周年大会上的讲话精神
		区委办	传达习近平在全国网络安全和信息化工作会议上的讲话和蔡奇在全市网络安全和信息化工作会议上的讲话精神
		区委办	传达蔡奇到海淀区中关村调研时的讲话精神
	71	发改委	关于石景山区2018年经济社会发展指标及一季度国民经济社会发展情况的汇报

续表

上会日期	序号	单　位	议　题　题　目
5月30日 第15次 （十二届60次）	72	政府办	关于区政府党组2018年党建工作要点的汇报
	73	巡察办	关于《中共北京市石景山区委巡察工作领导小组工作规则》和《中共北京市石景山区委巡察组工作规则》的汇报
6月8日 第16次 （十二届61次）	74	组织部	干部任免
6月15日 第17次 （十二届62次）		区委办	传达学习习近平在全国生态环境保护大会上的讲话精神
		区委办	传达学习习近平关于脱贫攻坚工作重要指示精神和市委常委会会议精神
		纪　委	传达学习《中央巡视工作规划（2018—2022年）》和赵乐际同志在贯彻落实《中央巡视工作规划（2018—2022年）》推进会上的讲话精神
		区委办	传达《2017年北京市查处违反中央八项规定精神问题情况通报》
		组织部	传达市委组织部会议精神
	75	区委办	传达北京市推进京津冀协同发展领导小组2018年第一次会议精神
	76	文明办	关于石景山区创建全国文明城区工作的汇报
	77	文化委	关于石景山区创建国家和首都公共文化服务体系示范区工作的汇报
	78	公安分局	关于开展全国禁毒示范城市创建工作进展情况的汇报
	79	政法委	关于《石景山区关于开展扫黑除恶专项斗争的工作方案》的汇报
6月20日 第18次 （十二届63次）	80	宣传部	关于石景山区2018年上半年意识形态工作情况的汇报
	81	组织部	关于石景山区国有企业党建工作的汇报
6月29日 第19次 （十二届64次）		区委办	传达学习《习近平关于军民融合发展重要论述读本》
		区委办	传达学习蔡奇在北京历史文化名城保护委员会2018年度全体会议上的讲话精神
		区委办	传达市委理论学习中心组学习（扩大）会精神
	82	环保局	关于《石景山区贯彻落实北京市环境保护督察反馈意见整改方案》的汇报
7月4日 第20次 （十二届65次）		区委办	传达学习蔡奇在东四街道基层党建联系点调研暨纪念中国共产党成立97周年座谈会上的讲话精神
	83	发改委	关于石景山区2018年国民经济和社会发展计划上半年执行情况的汇报
	84	宣传部	关于《石景山区2018年区处两级理论学习中心组学习计划》的汇报
	85	宣传部	关于《石景山区庆祝改革开放40周年活动实施方案》的汇报
7月11日 第21次 （十二届66次）		区委办	传达《中共北京市委关于昌平区六合成农业园违建大棚房问题责任追究情况的通报》
	86	信访办	关于石景山区2018年上半年信访工作情况及下半年工作安排的汇报
	87	人大办	关于召开区第十六届人大常委会第十二次会议和修改《石景山区人民代表大会常务委员会讨论、决定重大事项办法》的请示
	88	消防支队	关于《石景山区关于加强立体化火灾防控体系建设的实施意见》的汇报
	89	统战部	关于接受和保障农工党北京市委开展专项民主监督工作的汇报
7月25日 第22次 （十二届67次）	90	区委办	关于筹备召开区委十二届六次全体（扩大）会议的汇报
7月31日 第23次 （十二届68次）	91	研究室	关于《在区委十二届六次全会上的讲话提纲》的汇报
	92	研究室	关于《关于上半年经济社会发展情况和下半年工作安排的报告》的汇报
	93	组织部	干部任免

续表

上会日期	序号	单位	议题题目
8月8日 第24次 （十二届69次）	94	人大	关于区人大常委会党组2018年上半年工作进展情况和下半年主要工作安排的汇报
	95	政协	关于区政协党组2018年上半年工作进展情况和下半年主要工作安排的汇报
	96	政法委	关于石景山区2018年上半年扫黑除恶专项斗争工作情况及下半年工作安排的汇报
	97	政法委	关于石景山区2018年上半年反恐怖工作情况及下半年工作安排的汇报
	98	食药监局	关于石景山区2018年上半年食品药品安全监管情况及下半年工作安排的汇报
	99	安监局	关于石景山区2018年上半年安全生产工作情况及下半年重点工作安排的汇报
	100	宣传部	关于当前意识形态领域情况的通报
	101	巡察办	关于“四风”问题专项巡察工作情况的汇报
8月15日 第25次 （十二届70次）	102	住建委	关于石景山区2018年老旧小区综合整治工作及相关资金的汇报
8月24日 第26次 （十二届71次）	103	组织部	干部任免
	104	创城办	传达学习全国创建文明城市工作经验交流会精神
	105	区委办	通报2018年上半年全市查处违反中央八项规定精神问题情况
	106	社工委	关于2018年度调整社区工作者工资待遇有关工作的汇报
	107	纪委	关于《关于进一步加强街道社区纪检监察工作的若干措施》的汇报
	108	纪委	关于区纪委十二届五次全会工作报告的汇报
8月29日 第27次 （十二届72次）	109	组织部	传达学习全国、全市组织工作会议精神
	110	城管局	关于2017年5—12月拆除违法建设所需资金的汇报
	111	京石科园	关于《北京中关村石景山园发展有限公司融资方案》的汇报
	112	巡察办	关于《十二届石景山区委巡察全覆盖工作规划》的汇报
9月12日 第28次 （十二届73次）	113	宣传部	传达《中共北京市委关于加强和改进党的新闻舆论工作的实施意见》
	114	人大办	关于召开石景山区第十六届人大常委会第十三次会议的请示
	115	发改委	关于《〈“十三五”时期石景山区国民经济和社会发展规划纲要〉中期评估报告》的汇报
	116	卫计委	关于《石景山区关于推进中医药创新发展的实施意见》的汇报
	117	巡察办	关于石景山区2018年第二轮巡察工作情况的汇报
9月19日 第29次 （十二届74次）	118	规土分局	关于《石景山区分区规划（2017年—2035年）》编制情况的汇报
10月10日 第30次 （十二届75次）	119	区委办	宣布邓晓兵任职的决定
	120	组织部	干部任免
	121	区委办	传达学习蔡奇在造林绿化现场推进会上的讲话精神
	122	宣传部	传达学习全国、全市宣传思想工作会议精神
	123	人大	关于补选区第十六届人民代表大会代表的请示
	124	发改委	关于石景山区2018年精准扶贫和对口协作工作情况的汇报
	125	财政局	关于石景山区隐性债务和其他相关债务情况的汇报
	126	食药监局	关于举办第三届北京·西山中医药文化季相关工作的汇报
	127	统战部	关于《关于新时代加强和改进全区宗教工作的实施意见》的汇报
10月18日 第31次 （十二届76次）	128	人大	关于召开石景山区第十六届人大常委会第十四次会议的请示
	129	园林绿化局	关于创建国家森林城市工作进展情况的汇报

续表

上会日期	序号	单　位	议　题　题　目
10月18日 第31次 （十二届76次）	130	园林绿化局	关于石景山区2018年造林绿化工作进展和2019年绿化美化工作安排的汇报
	131	八角街道	关于《八角街道精品街巷样板区实施方案》及相关资金的汇报
	132	社工委	关于补充社区工作者相关工作的汇报
	133	组织部	关于《北京市石景山区街道党工委工作规则（试行）》的汇报
	134	组织部	关于全区组织工作会议筹备及书记讲话和工作部署相关情况的汇报
10月24日 第32次 （十二届77次）	135	组织部	传达全国、全市教育大会精神
	136	区委办	传达蔡奇在市政协系统党的建设工作会议上的讲话精神
	137	区委办	传达蔡奇在第八届首都民族团结进步表彰大会上的讲话精神
	138	宣传部	关于全区宣传思想工作会议筹备情况及书记讲话和工作部署相关情况的汇报
10月31日 第33次 （十二届78次）	139	人大办	关于召开区第十六届人大常委会第十五次会议和区第十六届人民代表大会第五次会议的请示
	140	卫计委	关于《“健康石景山”建设三年行动计划（2018—2020年）》的汇报
	141	发改委	关于石景山区2018年前三季度经济社会发展情况的汇报
	142	投促局	于石景山区精准服务企业工作情况的汇报
	143	宣传部	关于《2018年第三季度首都意识形态领域情况的通报》及石景山区第四季意识形态领域工作重点安排的汇报
	144	组织部	干部任免
11月6日 第34次 （十二届79次）	145	人大办	关于北京市深入学习贯彻习近平总书记关于坚持和完善人民代表大会制度的重要思想交流会情况的汇报
	146	纪　委	传达深化中央纪委国家监委派驻机构改革动员部署会议精神
	147	人保局	关于石景山区开展长期护理保险试点工作情况的汇报
	148	人保局	关于街道综合文化中心人员纳入规范管理工作的汇报
	149	区委办	关于召开街道工委书记月度工作点评会安排的汇报
	150	纪　委	关于召开石景山区领导干部警示教育大会相关情况的汇报
11月14日 第35次 （十二届80次）	151	政法委	关于全市扫黑除恶专项斗争推进会议精神和我区扫黑除恶专项斗争前期工作进展情况及下一步工作安排的汇报
	152	人大办	关于《区人大常委会党组2018年落实全面从严治党主体责任工作报告》的汇报
	153	政府办	关于《区政府党组2018年落实全面从严治党主体责任工作报告》的汇报
	154	政协办	关于《区政协党组2018年落实全面从严治党主体责任工作报告》的汇报
	155	组织部	关于《石景山区社区“两委”换届选举工作实施方案》的汇报
	156	区委办	传达学习《中共中央办公厅关于陕西省委、西安市委在秦岭北麓西安境内违建别墅问题上严重违反政治纪律以及开展违建别墅专项整治情况的通报》
11月28日 第36次 （十二届81次）	157	区委办	传达十二届市委常委会第104次会议关于研究《加快新首钢高端产业综合服务区发展建设打造新时代首都城市复兴新地标行动计划（2019—2021年）（讨论稿）》的会议精神
	158	组织部	关于市委党的建设工作领导小组全体会议精神和我区党建领导小组会议安排的汇报
	159	党　校	关于石景山区党校工作情况的汇报
	160	区委办	关于石景山区统筹规范督查检查考核工作情况的汇报
	161	纪　委	关于给予某干部党纪政务处分的请示
12月6日 第37次 （十二届82次）	162	人大办	关于召开区第十六届人大常委会第十六次会议的请示和召开区第十六届人大第五次会议有关事项的汇报

续表

上会日期	序号	单位	议题题目
12月6日 第37次 （十二届82次）	163	组织部	关于《北京市石景山区第十六届人民代表大会第五次会议选举办法（草案）》起草情况的汇报
	164	人大办	关于区人大常委会工作报告的汇报
	165	政协办	关于成立区政协机关党组和召开石景山区政协党的建设工作会议相关情况的汇报
	166	政协办	关于《关于加强新时代石景山区政协党的建设工作的实施意见》的汇报
	167	政协办	关于召开政协石景山区第十届委员会第三次会议的请示和区政协常委会工作报告的汇报
	168	法院	关于区人民法院工作报告的汇报
	169	检察院	关于区人民检察院工作报告的汇报
	170	组织部	关于2017年度处级干部年度考核情况的汇报
	171	组织部	干部任免
12月12日 第38次 （十二届83次）	172	城管委	关于长安街石景山段整治提升工作方案及相关资金的汇报
	173	住建委	关于2018年重大项目完成情况和2019年工作安排及完善重大项目建设工作机制的汇报
	174	发改委	关于石景山区2018年固定资产投资和争取资金完成情况及2019年计划安排的汇报
	175	人保局	关于石景山区2018年计划分配军转干部安置工作方案的汇报
	176	人大办	关于《关于建立区政府向区人大常委会报告国有资产管理情况制度的意见》的汇报
	177	统战部	关于《中共石景山区委关于加强新时代党外代表人士队伍建设的实施意见》的汇报
	178	区委办	关于区委十二届七次全会筹备工作的汇报
	179	编办	关于《北京市石景山区机构改革方案（审议稿）》和《区委十二届七次全会决议（草案）》的汇报
	180	区委办	传达学习《习近平同志在中央政治局第十次集体学习时的讲话》
12月17日 第39次 （十二届84次）	181	区委办	关于《北京市石景山区机构改革方案（送审稿）》补充说明的汇报
12月17日 第40次 （十二届85次）	182	区委办	听取区委十二届七次全会各组讨论情况
12月19日 第41次 （十二届86次）	183	区委办	传达学习习近平在庆祝改革开放40周年大会上的重要讲话精神和十二届市委常委会第112次会议（扩大）精神
	184	研究室	关于区委常委会工作报告的汇报
	185	研究室	关于区政府工作报告的汇报
	186	纪委	关于区纪委区监委2018年工作总结及2019年工作思路的汇报
	187	财政局	关于2018年预算执行情况和2019年预算草案的汇报
	188	发改委	关于石景山区2019年拟办重要民生实事的汇报
	189	国资委	关于《北京市石景山区房屋经营和市场管理中心及所属单位转企改制方案》的汇报
	190	商务委	关于《石景山区生活性服务业品质提升三年行动计划（2018—2020年）》的汇报
	191	组织部	干部任免
12月26日 第42次 （十二届87次）	192	组织部	区领导相关职务任免
	193	人大办	关于召开区第十六届人大常委会第十七次会议的请示
	194	区委办	关于区委十二届八次全会筹备工作情况和《中共北京市石景山区第十二届委员会第八次全体会议决议（草案）》的汇报

续表

上会日期	序号	单　位	议　题　题　目
12月26日 第42次 （十二届87次）	195	石泰公司	关于衙门口棚改项目进展安排及所需资金的汇报
	196	政法委	关于石景山区2018年反恐怖工作情况及2019年工作安排的汇报
	197	总工会	关于区总工会2018年工作总结及2019年重点工作任务的汇报
	198	团区委	关于团区委2018年工作总结及下一步工作安排的汇报
	199	妇　联	关于区妇联2018年工作总结及下一步工作安排的汇报
	200	组织部	关于《石景山区建设新时代忠诚干净担当高素质专业化干部队伍三年行动计划（2019—2021年）》的汇报
	201	组织部	关于2018年度民主生活会有关工作的汇报
	202	组织部	关于2018年“两新”组织党建工作情况的汇报
	203	组织部	处级干部任免
	204	纪　委	关于给予张某、王某处分的请示
			传达学习中央经济工作会议精神和市委常委会扩大会议精神

（刘　彦　刘鸿运）

主要工作和重大活动

【概况】 年内，区委深入落实“全面深度转型、高端绿色发展”战略和“一二六”发展思路，围绕建设国家级产业转型发展示范区、绿色低碳的首都西部综合服务区、山水文化融合的生态宜居示范区，把握北京举办2022年冬奥会和打造城市复兴新地标的重大历史性机遇，以创建全国文明城区为总牵引，坚持“追求卓越、争创一流”的首善标准，聚焦全面提升，高水平建设好首都城市西大门。

（田　勇）

【疏解整治促提升】 1月11日，召开“疏解整治促提升”专项行动2017年总结暨2018年动员部署大会。区委书记牛青山讲话。区委副书记、区长文献作石景山区“疏解整治促提升”专项行动2017年总结和2018年工作部署。区委副书记、常务副区长田利跃宣读对“疏解整治促提升”专项行动表现突出的个人予以表扬的决定并主持会议。城管执法监察局、八角街道、集体经济办主要领导进行现场发言，古城街道、城管委、住建委、社工委、国资委、商务委、园林局、首钢集团、驻区部队某部作书面发言。年内，严格执行新增产业禁限目录，累计不予办理工商登记业务190件，常住人口控制在59.2万人以内，15项市级年度疏解整治任务全部提前完成，12类违法违规乱象实现“动态清零”，4个重点区域整治和“六个一批”工作扎实开展，拆违腾退土地再利用工作统筹推进，便民商业服务网点基本全覆盖，网点连锁化率居全市前列，智慧石景山建设加快推进。

（田　勇）

【扫黑除恶专项斗争】 1月31日，石景山区召开扫黑除恶专项斗争工作部署会。区委常委、区纪委书记、区监委主任郭鹏主持会议。会议要求提高政治站位，各级党委（党组）履行好主体责任。密切部门联动，完善协作配合；拓展线索来源，深挖各种线索；精准把握政策，深化标本兼治。按照中央有黑扫黑、无黑除恶、无恶治乱的要求，结合各自职能，以创建全国文明城区为牵引，主动承担好在专项斗争中的职责任务，从源头上遏制黑恶势力滋生蔓延。区扫黑除恶专项斗争领导小组成员单位，各街道、派出所主要领导参加会议。9月27日，召开扫黑除恶专项斗争工作推进会，对进一步深化宣传发动，调动和激发人民群众参与扫黑除恶专项斗争工作进行部署安排。会议传达蔡奇讲话及9月6日全市扫黑除恶专项斗争工作推进会议精神；公安分局通报《石景山区扫黑除恶专项斗争举报奖励实施办法》《石景山区涉黑涉恶问题线索移交转递管理办法》。按照奖励办法，群众可以采用电话、电子邮箱、邮政信箱、网站平台4种形式，对发现的13种涉黑涉恶问题线索进行举报。举报属实的，将根据情况给予1000元至50000元不等的奖励。区扫黑除恶专项斗争领导小组成员、各街道主要领导，部分驻区大单位、区社会治理委员会成员及有一定影响力的行业、协会等社会组织相关领导参加会议。会议由区检察院检察长主持。12月3日，召开扫黑除恶专项斗争工作推进电视电话会议。区委副书记、代区长陈之常主持会议。会议对全区纵深推进扫黑除恶专项斗争工作进行部署。区委常委、政法委书记富大鹏对全区纵深推进扫黑除恶专项斗争工作进行部署。区专项斗争领导小组成员单位主要领导、区扫黑办领导、各街道工委书记在主会场参加会议。公安分局领导班子成员、各职能部门主要领导、各派出所所长，区国资委领导班子成员、国资公司主要负责，区集经办领导班子成员、各农工商公司主要负责同志，各街道领导班子成员，各社区书记、主任，街道扫黑办全体干部在分会场参加会议。

（田　勇）

【争创全国文明城区】 2月14日，中央文明办确定石景山区获得2018—2020年创建周期全国文明城市（区）提名城区资格。全国文明城市（区）每三年评选表彰一届，本届创建周期内，全国共有391个市区（县）入围，石景山区与顺义、怀柔、延庆4区获提名，与全国4个直辖市的24个区进行考核排名。石景山区专门成立以区委书记、区长、区人大常委会主任、区政协主席任指挥长的区创城工作指挥部，以区纪委书记、监委主任为监察长的指挥部监察组，指挥部下设以区委副书记任主任的办公室（简称创城办）和以区委常委和副区长任组长的8个专项工作组，按“行业主责、属地管理”的原则在各个街道（鲁谷社区）设街道分指挥部，各街道（鲁谷社区）党政主要领导为第一责任人。根据安排，创建“全国文明城区”工作分三个阶段（2018年—2020年）推进实施。其中，2018年为第一阶段，主要任务是规划部署，全面启动。2019年为第二阶段，主要任务是提档升级，深入推进。2020年为第三阶段，主要任务是巩固成果，决战决胜。

（田　勇）

【全面深化改革】 3月12日，区委全面深化改革领导小组召开十二届区委深改组第四次会议，会议加强对全区改革工作的战略研究、统筹谋划、综合协调、整体推进，夯实深改领导小组负责全区改革、各专项小组负责各领域改革、牵头部门负责专项改革的“三级负责制”。全年共召开深改组会议5次，审议议题23个，通过改革方案和文件13个。召开专项小组会议33次，审议议题44个。实行主管区领导负责制，召开主管区领导专题研究改革会议51次，推动全区重点领域和关键环节改革取得新突破。制定《石景山区2018年全面深化改革工作要点》，实施项目清单式管理，明确46项重点改革任务；编制《石景山区重点改革任务清单（2018—2022年）》，明确90项改革事项，提出241项预期改革成果，形成未来五年全区改革总的施工图。完善改革任务推进工作机制，强化一把手责任，狠抓督察落实，加大宣传引导。《焦点访谈》对石景山区“吹哨报到”改革成果进行典型报道，在市级区级媒体刊登改革主题专版，营造推进改革的浓厚氛围，全面深化改革迈上新台阶。

（周　萍）

【2022年冬奥会服务保障】 3月26日，召开服务保障北京2022年冬奥会和冬残奥会工作动员部署大会。会议传达北京市全面推进2022年冬奥会和冬残奥会筹办工作动员部署大会精神，通报石景山区服务保障北京2022年冬奥会和冬残奥会工作进展情况和下一步重点工作。文献主持会议，牛青山作动员，李文起、吴克瑞、田利跃等区四套班子领导，首钢总公司相关领导，区法检两长，全区各单位党政正职参加会议。石景山区承担北京冬奥组委驻地保障、单板滑雪大跳台、国家体育总局冬季训练中心3项筹办任务。年内，完成平昌冬奥总结会服务保障工作，M11线一期工程冬奥支线积极推进，国家冬训中心四个场馆全部完工，滑雪大跳台项目开工建设，中国花样滑冰协会等3个国家级冰雪组织入驻石景山区，推进冰雪体育“四进”活动，试点创建冬奥社区，举办第五届市民冰雪节暨首届冬季运动会。

（田　勇）

【打好蓝天保卫战】 3月26日，石景山区全力打好蓝天保卫战工作动员部署大会召开。主要任务是贯彻落实党中央和市委市政府工作安排，举全区之力，以决战决胜的姿态，坚决打赢蓝天保卫战。文献主持会议并传达市领导围绕全力打好蓝天保卫战主题调研精神，田利跃对蓝天保卫战2018年行动计划工作进行部署。区四套班子领导，首钢总公司相关领导，区法检两长，全区各单位党政正职参加会议。年内，编制《石景山区蓝天保卫战2018年行动计划》《石景山区打赢蓝天保卫战三年行动计划（2018年—2020年）》，聚焦高排放车、散乱污企业、扬尘、挥发性有机物等重点防治领域，把各项措施落细落小、抓紧抓实，提升治理效果。在实际工作中，以高排放车整治为重点，强化移动源排放监管；以扬尘污染精细化管理为重点，提高城市洁净水平；以挥发性有机物治理为重点，推进重点行业提标改造；以科技创新为动力，提高大气污染精细化治理能力。

（田　勇）

【对口支援 交流合作】 4月23日—26日，于长辉带领石景山区党政代表团赴青海省玉树藏族自治州称多县开展对口支援工作，共商携手奔小康大计，深化各领域协作，走访慰问困难群众并看望石景山区在当地的挂职干部。5月7日—10日，区党政代表团赴内蒙古呼伦贝尔市莫力达瓦达斡尔族自治旗对接携手奔小康工作。5月14日—16日，于长辉率区党政代表团赴湖北省十堰市竹山县开展对口协作工作，精准对接协作需求，促进两地共赢发展。5月21日，石景山区与呼伦贝尔市扶贫协作工作座谈会召开。6月13日，区领导到昌平区对接低收入农户增收及低收入村发展工作。同月21日，石景山区召开扶贫协作和支援合作工作领导小组会，传达近期中央及北京市扶贫会议精神。8月3日，石景山区与河北省顺平县携手奔小康座谈会召开。10月16日，石景山区与内蒙古宁城县、青海省称多县携手奔小康座谈会召开。11月2日，石景山区与内蒙古莫力达瓦达斡尔族自治旗京蒙对口帮扶工作座谈会召开。同月29日，石景山区与天津市河北区协同发展战略合作对接工作座谈会召开。年内，统筹市区财政资金1.7亿元，实施300个扶贫协作项目，助力河北顺平、内蒙古宁城、内蒙古莫旗、青海称多脱贫工作取得阶段性成果，围绕产业发展、公共服务、协同创新等领域，加强与天津河北区、湖北竹山县的交流合作，安置门头沟、昌平、密云1000名农村劳动力转移就业。

（田　勇）

【军民融合发展】 7月21日，区委第一次议军会议召开。会议传达蔡奇在全市党管武装工作会议上的讲话精神、市军队转业干部安置工作会议精神，听取关于全区国防后备力量建设情况的汇报和关于全区双拥工作情况的汇报。7月27日，区领导分别走访慰问陆军机关和中部战区，陆军司令员韩卫国、政治委员刘雷，中部战区司令员乙晓光、政治委员殷方龙出席座谈会。于长辉代表区四套班子和全区人民，向陆军部队、中部战区广大官兵表示崇高敬意和衷心感谢，并致以节日的祝贺，陈之常介绍石景山区经济社会发展情况。

（田　勇）

【街道吹哨 部门报到】 7月31日，区委召开深化“街道吹哨、部门报到”机制领导小组会。于长辉出席并讲话，田利跃主持，晋秋红传达市委党建领导小组会议精神。区委组织部代表领导小组办公室汇报“街道吹哨、部门报到”任务整体进展情况，区编办、区委城管工委、八角街道、广宁街道负责人进行交流发言。区委深化“街道吹哨、部门报到”机制领导小组成员、工作机构成员参加会议。12月25日，区委召开深化“街道吹哨、部门报到”改革工作专题会，学习贯彻中央精神及市委部署，进一步推动“街道吹哨、部门报到”各项任务落实，对下一阶段工作进行研究部署。于长辉主持会议并讲话，田利跃传达北京市“街乡吹哨、部门报到”工作第四次调度会精神，晋秋红汇报深化“街道吹哨、部门报到”改革总体考虑。年内，全区党建引领“街道吹哨、部门报到”改革成效初现，阶段性任务目标基本落实。在全市城市管理体制改革试点区和全国综合行政执法体制改革试点城区的基础上，深化、规范、先行，将综合执法、多网融合、公共服务等8项任务细化分解为15项具体推进举措，推动重心下移、职能下沉。建立“双报到”常态化长效化工作制度，推出一月一主题的“社区吹哨我报到、文明创建我先行”活动，集中组织开展9次主题活动，356个基层党组织、26690名在职党员完成报到，8万余人参加志愿活动。全面落实街巷长制、小巷管家工作，建设小型街巷管家服务站，打通基层治理的“最后一公里”。

（田　勇）

【打造六大文化名片】 石景山区全域位于西山永定河文化带核心精华地段，文物资源高度聚集，历史文化底蕴深厚。年内，区委、区政府在北京建设全国文化中心的大背景下，坚决落实建设国家级产业转型发展示范区、绿色低碳的首都西部综合服务区和山水文化融合的生态宜居示范区的“三区”定位，把握2022年冬奥会和新首钢高端产业服务区的契机，组织5大领域18家智库机构的专家学者参与论证修改，制定形成《石景山区西山永定河文化带保护传承发展规划》和《石景山区西山永定河文化带保护传承发展五年行动计划》。规划从文化遗产保护、文化内涵挖掘、综合环境整治、永定河水治理、文化项目建设、生态休闲旅游6板块明确建设路径、勾勒发展蓝图，提出打造“六大文化名片”的建设目标。“六大名片”即：突出文化底蕴，打造模式口历史文化名片；体现文化特色，打造首钢工业文化名片；挖掘文化内涵，打造八大处传统文化名片；传承文化精髓，打造八宝山红色文化名片；彰显文化魅力，打造永定河生态文化名片；加强文化融合，打造冬奥冰雪文化名片。

（田　勇）

【开展专题调研】 年内，区委书记围绕落实新版北京城市总体规划、抓好三件大事（即精心组织实施新一版北京城市总体规划；以疏解北京非首都功能为“牛鼻子”推动京津冀协同发展；全力筹办好2022年北京冬奥会、冬残奥会），打赢三大攻坚战（即防范化解重大风险攻坚战，精准脱贫攻坚战；污染防治攻坚战），推进“街道吹哨、部门报到”机制以及全国文明城区创建等开展专题调研。

（邢　拓　武　昊）

表2　区委书记主要调研情况一览表

类　型	时　间	内　容	地　点	承办单位
走访检查	5.21	走访冬奥组委	本　区	区委办 体育局
	5.25	走访北京军区善后办	北京军区善后办	区委办 双拥办
	5.29	走访高能所	本　区	区委办 科委园区
	6.15	走访首钢	本　区	区委办 发改委
	6.21	“七一”期间区领导走访慰问困难党员	本　区	组织部
	6.29	走访离退休老干部	本　区	区委办 组织部 老干部局
	7.6	走访慰问室外高温作业人员及防汛工作检查	本　区	区委办 城管工委 住建委 环卫中心工会
	7.17	走访驻区政法单位	本　区	区委办 政法委
	7.25	区领导走访慰问优抚对象及基层驻区部队	本　区	区委办 政府办 双拥办 民政局
	9.1	区委主要领导中非合作论坛北京峰会公共安全工作督导检查	本　区	区委办 综治办
	9.5	走访驻区政法单位	最高检控告检察厅	区委办 政法委
	9.7	区领导到北方工业大学调研	北方工业大学	区委办 研究室
	9.10	优化营商环境专题调研——走访中铁建总公司、中铁二十二局	本　区	区委办 投促局
	12.1	区委主要领导检查空气重污染黄色预警应对措施	本　区	区委办 环保局

续表

类　型	时　间	内　容	地　点	承办单位
专题调研	6.4	区委主要领导专题调研——围绕落实新版北京城市总体规划,强化首善标准,全力打造高端绿色崛起先行区	本　区	区委办 规划国土分局
	6.22	区委主要领导专题调研——防范和化解金融风险	本　区	区委办 金融办
	7.3	区政府主要领导"疏解整治促提升"专项行动专题调研	本　区	治乱疏解建高端暨专项行动指挥部办公室
	9.18	区委主要领导专题调研——疏整促"六个一批"建设情况	本　区	发改委
	9.25	区委主要领导专题调研——西山永定河文化带建设情况	本　区	区委办 宣传部
	11.8	区委主要领导专题调研——冬季供暖工作	本　区	区委办 城管委
	11.9	区委主要领导专题调研——优化营商环境	本　区	区委办 发改委
工作调研	4.16－17	区委主要领导工作调研	本　区	区委办
	5.7	区委主要领导工作调研	组织部	区委办 组织部
	5.8	区委主要领导工作调研	纪　委	区委办 纪委监委
	5.8	区委主要领导工作调研	宣传部	区委办 宣传部 文明办
	5.10	区委主要领导工作调研	政法委	区委办 政法委 维稳办 综治办 防范办 流管办
	5.10	区委主要领导工作调研	统战部	区委办 统战部
	5.11	区委主要领导工作调研	信访办	区委办 信访办
	6.4	区委主要领导工作调研	广宁街道	区委办 广宁街道党工委
	6.26	区委主要领导工作调研	老山街道	区委办 老山街道办事处
	6.28	区委主要领导工作调研	鲁谷社区	区委办 鲁谷社区
	7.3	区委主要领导工作调研	古城街道	区委办 古城街道党工委
	7.5	区委主要领导工作调研	八宝山街道	区委办 八宝山街道党工委
	7.6	区委主要领导工作调研	五里坨街道	区委办 五里坨街道党工委
	7.9	区委主要领导工作调研	公安分局	区委办 公安分局 交通支队 消防支队
	7.12	区委主要领导工作调研	法　院	区委办 法院
	7.13	区委主要领导工作调研	检察院	区委办 检察院
	7.28	区委主要领导工作调研	金顶街街道	区委办 金顶街街道党工委
	8.28	区委主要领导工作调研	鲁谷社区	鲁谷社区
	9.5	区委主要领导工作调研	本　区	区委办
	9.11	"贯彻《中国共产党纪律处分条例》,全面加强从严治党"工作调研	纪　委	区委办 纪 委
	10.22	区委主要领导工作调研	教　委	区委办 教 委
	10.23	区委主要领导工作调研	党　校	区委办 党　校
	10.30	区委主要领导工作调研	发改委	区委办 发改委
	10.31	区委主要领导工作调研	规土分局	区委办 规土分局
	12.14	区委主要领导工作调研	组织部	区委办 组织部
	12.14	区委主要领导工作调研	研究室	区委办 研究室

续表

类　型	时　间	内　容	地　点	承办单位
领导活动	4.23－26	石景山区党政代表团赴青海省玉树藏族自治州对接携手奔小康工作及慰问挂职干部	青海省玉树藏族自治州玉树市、称多县	区委办 发改委
	5.3	石景山共青团系统“2022，我们在一起”冬奥主题活动	首钢群明湖畔	团区委
	5.14－16	石景山区党政代表团赴湖北省十堰市竹山县开展对口协作工作及慰问挂职干部	湖北省十堰市竹山县	区委办 发改委
	5.30	石景山区庆祝“六一”国际儿童节主题活动	青少年活动中心金鹏剧场	教　委
	6.26	石景山区社会领域纪念建党97周年表彰大会	中铁建设大厦三层报告厅	社工委
	7.9	中组部、党建出版社红色诵读赠书活动	本　区	组织部
	8.13	海外院士专家工作站周年总结暨助力北京创新发展活动	本　区	组织部
	8.17	石景山区首届“8·19”中国医师节庆祝大会	广电中心演播厅	卫计委
	8.18	“北京市第十届民族传统体育运动会”开幕式	本　区	民宗办
	9.1	石景山区中小学2018年秋季学期开学典礼	本　区	教　委
	9.10	石景山区庆祝教师节大会	青少年活动中心	教　委
	9.17	石景山区政协书画院纪念中国改革开放40周年书法展活动	印象台湾馆	政协办
	9.27	中国银行保险业国际高峰论坛	本　区	金融办
	9.27	接待芬兰曼塔市代表团	本　区	外侨办
	9.30	“奋进新时代、改革再出发”主题升国旗仪式	区机关楼前	机关工委
	9.30	北京市石景山区烈士纪念日烈士公祭仪式	八宝山革命公墓烈士骨灰堂	宣传部
	10.12	2018第三届北京·西山中医药文化季开幕式	八大处公园二处游客服务中心广场	卫计委
	10.17	区“孝满京城 德润人心”——第31届八大处重阳游山会	八大处公园	宣传部
	10.20	北京正负电子对撞机建成30周年研讨会	高能物理研究所学术报告厅	高能物理研究所
	10.27	石景山区秋季义务植树活动	西长安文化艺术公园郎园Park南侧	园林绿化局
	11.8	北京市第十四届全民终身学习活动周开幕式	首钢冬奥组委多功能厅	教　委
	11.18	第五届北京市民快乐冰雪系列活动启动仪式	市民冰雪体育中心	体育局
	11.26	石景山区委办、党史办联合党支部“忠诚干净，担当作为”主题党日活动	702会议室	区委办 党史办
	12.5	北京市第一届冬季运动会开幕式	五棵松体育馆	北京市第一届冬季运动会组委会
	12.25	参观“伟大的变革”——庆祝改革开放40周年大型展览	国家博物馆	宣传部

（邢　拓　武　旻）

组织建设

【概况】 中共石景山区委组织部(简称区委组织部)是区委重要职能部门。设办公室、研究室、综合干部科、人才工作科、干部科、干部监督科、组织科、党员教育管理科、组织指导科、干部教育培训科、党建办秘书科,行政编制41人;下辖区党员电化教育中心(加挂区干部管理信息中心牌子,事业编制7人)、石景山区国际人才服务中心(加挂海外学人中心石景山分中心牌子,事业编制5人)。2018年为"全面从严治党提升年",区委组织部贯彻落实党的十九大精神,围绕全面推进"两大生态"建设、全力打造"六个先行区",坚持稳中求进工作总基调,全面落实新时代党的建设总要求,把改革创新作为破解难题的"金钥匙",以创新的理念、创新的思路、创新的举措深入推进党建统领战略,把组织工作作为决定性环节,推进组织体系建设,统筹做好干部、基层党建、人才、自身建设等工作,促进全面从严治党不断向纵深发展,为初步建成国家级绿色转型发展示范区提供坚强保证、凝聚充沛力量。

(战　菲)

【党内帮扶】 组织开展对建国前入党的未享受离退休待遇的老党员、生活困难党员、因公牺牲的党员家属、"两优一先"代表开展走访慰问,同时延伸帮扶范围,将党员志愿者、长期交纳大额党费的党员、社区老骨干、因病致贫的特困群众等群体纳入走访慰问范围,做好服务保障市领导和区委常委、区人大常委会主任、区政协主席等区领导在元旦春节和"七一"期间开展走访慰问活动。全年共累计走访慰问2284人次;协调石景山医院在"七一"前后组织9名未享受离退休待遇的建国前老党员进行健康体检。

(王　佳)

【各级民主生活会】 2月5日,区委常委会召开2017年度民主生活会,紧扣学习习近平新时代中国特色社会主义思想、坚定维护以习近平同志为核心的党中央权威和集中统一领导、全面贯彻落实党的十九大各项决策部署的主题,对照党章党规,对照初心和使命,结合思想和工作实际,进行自我检查、党性分析,开展批评与自我批评。牛青山主持会议,文献、田利跃、郭鹏、富大鹏、晋秋红、肖平、姚茂文参加会议,李文起、吴克瑞列席会议,市纪委、市委组织部有关同志到会指导。2月6日,区人大常委会党组、区政府党组、区政协党组分别召开2017年度民主生活会,各党组主要负责同志分别代表班子作对照检查发言,班子成员开展批评与自我批评,区委组织部、区纪委相关负责同志列席三个班子的民主生活会。2月7日—13日,全区77个处级班子(含合并召开)2017年度民主生活会全部顺利召开。党员区领导深入联系点单位进行现场指导并作点评讲话。区委统筹年度综合考评工作,派出12个综合考评组对处级班子民主生活会进行"全覆盖"督导。

(郑　一　张　申)

【党建述职考评】 3月9日,区委召开2017年度党建述职考评会,牛青山出席会议并讲话,文献主持会议,区委常委、区委党建工作领导小组成员、各党(工)委书记以及部分"两代表一委员"、基层代表共60余人参加会议。市委组织部有关同志列席会议。会上,9位街道(鲁谷社区)工委书记、6位行业工委(党委、党组)书记进行述职,述职采取脱稿汇报、PPT辅助展示方式进行。每位书记述职后,区委常委进行现场点评,既指出成绩,又点出不足和问题,并对下一步工作提出明确要求。与会人员对参加述职的党(工)委书记进行测评。

(郑　一　张　申)

【"吹哨报到"改革】 3月29日,石景山区召开深化"街道吹哨、部门报到"机制工作部署会,落实市委关于"街乡吹哨、部门报到"的各项要求。会议由区党建研究会会长岳德顺主持,文献出席并讲话。4月14日—22日,石景山区集中开展驻区党组织和在职党员回社区"双报到"活动,按照一月一主题,组织开展"社区吹哨我报到,文明创建我先行"主题活动,将报到的基层党组织和在职党员吸纳到"石景山老街坊"社会治理品牌中。4月24日,副市长、冬奥组委执行副主席张建东来到冬奥组委驻地附近的石景山区广宁街道高井路社区,以普通党员身份进行报到。5月4日,区委深化"街道吹哨、部门报到"机制领导小组召开专题会,传达市委有关精神,听取"街道吹哨、部门报到"改革任务牵头部门工作进展情况,研究审议《石景山区全面推进街巷长制专项工作方案》,并围绕改革推进过程中的有关问题进行研究讨论。5月28日,区党建研究会组织召开推进"街道吹哨、部门报到"机制建设主题研讨会。区党建研究会理事代表和"街道吹哨、部门报到"有关单位代表共8人分别从服务"街道吹哨、部门报到"工作、推动街道大部制改革、发挥石景山区先行优势、推行"街巷长制"和"小巷管家"、提升基层党组织组织力以及加强改革创新解决突出问题等方面作重点发言。6月21日,北京冬奥组委党组成员、秘书长韩子荣带领相关部室负责人到广宁街道高井路社区开展在职党员报到工作,并在社区"老街坊"议事厅召开座谈会,畅谈"双报到"后的资源对接。7月26日,石景山区委召开深化"街道吹哨、部门报到"机制领导小组会,推动"街道吹哨、部门报到"各项任务落实,对下一阶段工作进行研究部署。11月27日,近70家中央、市级媒体到石景山区集中采访"街道吹哨、部门报到"工作。分别到金顶街模式口地区,实地了解石景山推进城市管理体制改革、打造"老街坊"共治品牌、利用"吹哨报到"机制创建全市首个基本无违法建设区等情况;到广宁街道高井路社区,了解"双报到"工作和高井路社区冬奥特色社区建设情况。同月30日,区委党的建设工作领导小组召开会议,听取有关工作汇报,研究深化"街道吹哨、部门报到"机制工作,并进行工作讨论。12月4日,中组部组织二局副局长苏金鑫一行到石景山区实地调研北京市党建引领"街乡吹哨、部门报到"改革工作,察看八角街道社会治理综合执法指挥中心,了解城市管理体制改革等重点改革成效。并前往街巷管理服务站，了解街道推行“三级过滤”吹哨机制，加强街巷长和小巷管家队伍建设，提升精细化管理水平情况。同时调研八角地区“两新”党建新动能驿站，了解八角街道与工商部门联动推进非公企业“商圈”党建情况；前往广宁街道，调研“双报到”长效机制，察看高井路社区打造冬奥社区情况。同月25日，区委召开深化“街道吹哨、部门报到”改革工作专题会，会议学习传达市委“街乡吹哨、部门报到”第四次调度会会议精神，听取全区深化“街道吹哨、部门报到”改革工作情况汇报，进行工作讨论。

（郑　一　张　申）

【“党员E先锋”推广】 3月底，区委组织部召开全区动员部署培训会，各工委、区委直属党委和下一级党组织负责人共400余人参会，会上部署党员E先锋工作要求，开展系统功能使用培训，制发培训光盘和用户手册。年内，严格落实全市党员E先锋工作部署培训会要求，履行区级管理员职责，建立分级管理员工作体系和问题收集反馈机制，通过电话、微信群等多种方式实时处理解答各级党组织和党员提出的系统使用问题110余条，及时向市里反馈系统存在问题和基层推广使用情况，保障全区各级党组织和全体党员熟练使用E先锋系统，推动“双报到”工作，共接收329个基层党组织、26874名在职党员完成报到，其中区属在职党员10554名。确保区属在职党员报到完成率达到100%。

（张晓东　马　廷）

【党员教育宣传片播出】 3月—6月，区委组织部牵头，并联合区委宣传部、区融媒体中心，拍摄20集系列报道《让党旗飘扬在每一个基层阵地》，聚焦基层一线党支部和平凡岗位上的优秀党员，“七一”期间在区电视台等媒体陆续播出。

（王　佳　高世君）

【党员联审】 年内，试行发展党员联审机制，由区委组织部牵头协调各部门，借助联审机制，试行对发展对象进行联审，联审结果反馈给各直属党（工）委，写入综合性政审材料，上半年对256人进行审查，全年共审查两批405人。全年共发展党员350名。

（王　佳）

【企业社团兼职清理规范】 年内，区委组织部推进领导干部在社会团体、基金会、民办非企业单位等社会组织以及在企业兼职管理的清理工作，对市委组织部反馈的处级领导干部及企业领导人员兼职信息进行全面排查清理，建立领导干部在企业兼职、经商办企业情况台账，加强对存在相关情况干部清理规范工作的督促跟进。截至年中，企业兼职和个人出资办企业情况基本清理完成。

（张　羽　苏宇明　孙晓霞）

【共产党员献爱心】 “七一”期间，区委组织部开展“共产党员献爱心”集中捐献活动。全区208家单位、22178名党员和2513名入党积极分子、共青团员、民主人士、社会群众共计捐款144万余元，所捐款项用于困难党员帮扶、资助低保老人医疗、资助贫困学生上学等。

（王　佳　高世君）

【《红色家书》经典诵读】 7月10日，石景山区举办“初心”——主题党日暨《红色家书》经典诵读活动。相关区领导陪同中组部党建读物出版社一行参观精神沁园八宝山街道红色文化基地。中组部党建读物出版社向石景山区赠送500套《红色家书》及多媒体读物，并现场进行《红色家书》现场诵读。中组部党建读物出版社社长王英利出席活动并讲话，中组部党建读物出版社相关负责人，区有关领导、全区党员干部代表和“老街坊”党员志愿者150余人参加活动。

（张晓东　马　廷）

【党性教育】 7月—9月，区委组织部在全区统一开展专题读书活动，以集体自学的形式，读原著、学原文、悟原理，教育引导广大党员干部真正学懂弄通习近平新时代中国特色社会主义思想，武装头脑、指导实践、推动工作。把党校主体班次、中青年干部培训班的党性教育安排到井冈山、古田等革命圣地开展现场教学，引导党员干部重温党史和中国革命史，涤荡心灵，锤炼党性。用好首都丰富的红色资源，组织学员到无名英雄纪念碑、北大红楼、市委党校党性教育基地等开展现场教学。同时，将廉政教育作为干部能力建设的重要内容，把《廉洁自律准则》《党纪律处分条例》等融入党校培训的各类班次。

（仲建维　张运周）

【海外高层次人才协会落户】 8月27日，石景山区与北京海外高层次人才协会签订战略合作协议，该协会正式落户石景山区。北京海外高层次人才协会是由北京海外学人中心与在京优

7月10日，《红色家书》经典诵读会　（赵昂　摄）

秀海外高层次人才于2011年共同发起成立的非营利性社会团体，截至年底，有会员近3000人。石景山区持续深化人才强区战略，健全完善工作机制，根据区域转型发展和建设新首钢国际人才社区需要，在“智库建设”“学术研讨”“人才培育”“项目对接”等方面与北京海外高层次人才协会开展深入合作，打造京西人才聚集高地，为北京科技创新中心建设作出应有贡献。

（沈　娟）

【海外院士专家工作站建设】 年内，区委组织部依托中央统战部专家咨询委员会资源优势，借助海外出访契机，聘请多名海外院士专家为石景山区国际高端人才智库成员。加大引资引智力度，发挥院士专家学术科研优势，邀请英国社会科学院院士、皇家注册规划师国际委员会副主席杨威为区级中心组作专题报告。8月，与市人才办、市委统战部联合主办海外院士专家工作站周年总结暨助力北京创新发展活动，邀请来自11个国家的23名院士专家走进石景山，助力北京全国科技创新中心建设和地区经济社会发展。

（沈　娟）

【“社区”两委换届选举】 11月16日，区委召开动员部署会视频会议，全面启动全区社区“两委”换届工作。区社区“两委”换届选举领导小组组长于长辉出席会议并讲话，副组长田利跃主持会议，区领导郭鹏、晋秋红、肖平分别部署严肃换届选举纪律、社区党组织换届选举、社区居民委员会换届选举工作。区四套班子全体领导出席会议，区社区“两委”换届选举工作领导小组及办公室成员、各街道（鲁谷社区）领导班子全体成员和有关科室负责人、社区“两委”主要负责人参加会议。在此之前，先后召开区委专题会、区长办公会、区委常委会研究全区社区“两委”换届工作。截至年底，社区“两委”换届工作总体呈现站位高、责任实、标准严、效果好的特点，各项工作有条不紊，按照节奏推进，达到预期目标。

（郑　一　张　申）

【公务员年度统计情况】 截至年底，全区各党政机关共有公务员2808人。其中，女性1371人，占总数的48.8%，少数民族147人，占总数的5.2%，中共党员2451人，占总数的87.2%，具有研究生学历的994人，占总人数的35.4%；具有大学学历的1715人，占总人数的61.1%；具有大专学历的93人，占总人数的3.3%；具有中专、高中及以下学历的6人，占总人数的0.2%。35岁及以下的964人，占总人数的34.2%；36—40岁的423人，占总人数的15.1%；41—45岁的347人，占总人数的12.4%；46—50岁的458人，占总人数的16.3%；51—54岁的391人，占总人数的13.9%；55岁及以上的225人，占总人数的8%。

（陈　鹏　付　博）

【全区处级干部队伍】 截至年底，全区共有处级干部550人。其中，处级领导干部407人（正处级130人，副处级277人）。女干部196人，占总数的35.6%；少数民族干部26人，占总数的4.7%；党外干部19人，占总数的3.5%。研究生文化程度263人，占47.8%；大学文化程度283人，占51.5%；大专文化程度4人，占0.7%。40岁以下46人；41—45岁68人；46—50岁93人；50—55岁166人；55岁及以上99人。

（郭子健）

【民主评议与组织生活会】 年内，全区1755个基层党支部和54294名党员按要求召开年度组织生活会并完成民主评议工作。

（王　佳　高世君）

【党员队伍情况】 截至年底，全区共有各级党组织1931个，其中党委171个、总支92个、支部1668个。从基层组织覆盖领域来分，机关党组织310个，事业单位党组织249个，企业党组织445个（公有制企业党组织98个，非公有制企业党组织347个），社区党组织886个、社会组织党组织34个、人才交流中心党组织7个。全区党员总数为56477名，其中预备党员399名，女党员22889名，少数民族党员1786名。从年龄结构看，全区60岁以上党员29482名，占全区党员总数的52.20%，全区35岁以下年轻党员5749名，占全部党员总数的10.18%；从文化结构看，研究生以上学历3942人，占全区党员总数的6.98%，大学本、专科学历党员24971名，占全区党员总数的44.21%，高中及中专学历党员15118名，占全区党员总数的26.77%，初中及以下学历党员12446名，占全区党员总数的22.04%；从职业结构看，公有制单位在职党员9336名，占党员总数的16.53%，非公有制单位在职党员3235名，占党员总数的5.73%，离退休党员36336名，占党员总数的说64.34%，其他类型党员7570名，占党员总数的13.40%。全年共发展党员350名。

（王　佳　高世君）

【干部选拔任用】 全年区委常委会共讨论决定处级干部任免12批69人次。其中，提拔处级干部3人，包括正处级干部2人，副处级干部1人；2名正处级干部平级转任重要职务；交流调整64人，包括正处级干部21人，副处级干部43人。

（冯　瑞）

【军转安置】 全年积极稳妥地推进军转安置工作，全年安置的团级军转干部共15人，均为男性、8名正团职、7名副团职；年龄最大的48岁，最小的41岁，平均年龄44岁；研究生学历2人，大学学历12人，大专学历1人；安排副处级职务7人，正科级职务3人，副科级职务4人。

（韩　玲）

【“一呼百应”党员志愿服务】 年内，区委组织部在志愿服务和党员报到等功能的基础上，完善拓展新功能。推进“一呼百应”系统与党员E先锋系统对接，接收党员E先锋数据2万余条，及时将党员报到信息导入系统数据库。建立覆盖各社区的在职党员微信工作群，推广系统使用方法，方便在职党员运用系统绑定账号、开展社区志愿服务。结合“社区吹哨我报到，文明创建我先行”主题活动组织党员通过“一呼百应”系统接发单，每周统计社区下单情况，并在党建群里公布。自系统运行以来，注册党员75401人，党组织1879个，覆盖9个街道、150个社区，总计开展志愿服务21612次，参与志愿活动6.3万余人次。

（张晓东　马　廷　贠立艳）

【按专业素质选派干部】　年内，区委组织部选派13名党政干部和专业技术干部到脱贫攻坚第一线去砥砺品质、锤炼作风，增强为民情怀。在北京大学、清华大学举办全面深化改革、全面从严治党、文化创意产业创新发展3期专题研讨班，并选派12名干部（其中有6名科级干部）参加为期3个月的北京大学公共管理高级研修班。

（陈　鹏　仲建维）

【干部队伍三年行动计划】　年内，区委组织部分析研究石景山区干部队伍年龄结构、文化程度、任职时间、专业对口等基本情况，坚持目标导向、问题导向，制定出台《石景山区建设高素质专业化干部队伍三年行动计划》。建立全区各单位实绩档案记录情况信息库，坚持事业为上，突出因事择人，旗帜鲜明地强化事业导向、政绩导向。

（陈　鹏　邓志宏）

【基层党组织按期换届】　年内，全区应换届党组织755个（其中6个属于区委审批、749个属于各单位审批）。区委组织部通过建立各党（工）委换届工作台账，指导公安分局党委等区委直属党组织完成换届工作，实现所有基层党组织"应换尽换"。依据全区各级基层党组织换届情况台账，对基层党组织按期换届工作实施动态管理，并引导具备条件的党（工）委组织所属基层党组织实施统一换届。

（左泽东）

【领导干部个人事项报告】　年内，区委组织部把贯彻落实个人有关事项报告制度作为"全面从严治党提升年"建设的重要内容，严格执行"两项法规"要求，周密部署实施年度填报工作，开展分类提醒和专项审核，加强政策指导，提升填报质量。全区641名填报干部填报率达100%，全年如实报告率81.76%，较上年提升8.68个百分点，未如实报告人数和漏报涉及金额、面积显著减少，严重漏报情况下降。

（张　羽　苏宇明　孙晓霞）

【"十三五"人才规划落实】　年内，区委组织部落实《石景山区"十三五"时期高端的人才管理体系建设规划》和《石景山区"十三五"时期高端的人才管理体系建设规划任务分解方案》，完善人才工作责任体系，强化监督检查，确保各项任务落到实处、取得实效。开展对《人才规划》落实推进情况的中期评估，形成中期评估报告，及时总结经验、发现问题、督促整改，增强工作的针对性和实效性，推动全区人才工作科学化、规范化和可持续发展。截至年底，全区党政、企业管理、专技、高技能、社会工作五大类人才总数约23.2万人，比"十二五"末增长约17.8%，79人入选中央"千人计划""万人计划"、市"海聚工程""高创计划"、中关村"高聚工程"，培养和集聚一批勇于创新、奋发有为的优秀人才。

（沈　娟）

【新首钢国际人才社区】　年内，区委组织部注重打造宜居宜业的"类海外"环境。按照《关于推进首都国际人才社区建设的指导意见》和《新首钢国际人才社区建设实施方案》要求，建立与市人才工作局、市发改委等部门定期沟通机制，与北京海外高层次人才协会签订战略合作协议，申请开通外国人出入境业务办理权限，完善教育、医疗、住房保障，加大国际化学校建设力度，推动新首钢国际人才社区建设，优化人才"类海外"环境。新首钢国际人才社区是北京2022年冬奥会和冬残奥会组委会办公区，也是北京市首批国际人才社区试点区域，总占地面积19.71公顷，地上总建筑面积约63.87万平方米。

（沈　娟）

【党委联系人才工作机制】　年内，区委组织部在全市率先推出"百人对百企"一对一精准服务。由23位区级、77位处级领导干部精准对接服务企业和人才，通过走访调研、人才政策解答会等形式，为企业提供政策指导和一对一精准服务，帮助企业和人才解决实际困难。完善生活服务，为高层次人才优先提供人才引进、工作居住证办理、人才公寓、子女入学等配套服务，全年为驻区企业申报人才引进46人，解决高端人才创业、安居等方面的后顾之忧。

（沈　娟）

【专项问题检查】　年内，区委组织部结合区委巡察工作开展选人用人专项检查和不担当不作为问题检查。分2轮对19家单位开展选人用人专项检查，对8家单位开展不担当不作为问题检查，并针对检查中发现的选人用人问题和不担当不作为问题，责成相关单位及时整改，坚决纠正。

（苏宇明）

【审计监督】　年内，区委组织部协同区审计局开展经济责任审计和自然资源资产审计工作，对5家单位8名领导干部开展经济责任审计，对1家单位2名领导干部开展自然资源资产审计工作，并就审计中发现的问题，责成相关单位予以整改。

（苏宇明）

【"一报告两评议"】　年内，区委组织部对全区54家单位提拔的302名科级干部开展"一报告两评议"工作，1995人参与测评。测评结果显示，各单位科级干部选拔任用工作群众好评度普遍较高，7个评议项目的全区平均好评度均高于97分，获得满分的项目数量及各项均获得满分的单位数量显著增多，全区总体评议结果保持连续两个年度稳步提升态势。

（张　羽　苏宇明　孙晓霞）

【基层党员教育培训】　年内，区委组织部按照全年培训计划，办好各类培训班次。联合区委党校在北方工业大学举办学习贯彻落实党的十九大精神全区组工干部及基层党组织书记轮训班2期，各工委、区委直属党委所属各级各类基层党组织书记以及区属各单位组工干部近1400人参加培训。举办入党积极分子培训3期，培训入党积极分子587名。举办党内年度统计培训班，对全区各直属党工委及部分二级党组织的党统干部近400人次进行业务培训。开展新党员和大学生社工党员培训，培训党员205人次。联合全国组织干部学院举办基层党组织书记、组工干部和骨干党员示范培训班，全区50名基层党组织书记、组工干部和骨干党员参加为期5天的培训。邀请中央党校亓成章教授针对当前国际形势和我国周边安全环境，为全区基层党组织书记、党务干部、骨干党员代表以及北方工业大学部分基层党组织书记共660人进行授课。

（王 佳）

【党员信息库维护与年度统计】 年内，区委组织部每周对全区党员e先锋和党内信息管理系统进行定期数据更新和维护。每月对基层信息库数据质量进行核查，截至年底，核查13次。

（王 佳）

宣传工作

【概况】 中共石景山区委宣传部（简称区委宣传部）是负责全区宣传思想文化工作的职能部门。下设办公室、理论科、新闻科、宣传科，主管《石景山报》编辑部、《石景山工作》编辑部（含区思想文化建设研究会和区委讲师团秘书处）、文化创意产业促进中心、石景山区新媒体中心。2018年，区委宣传部积极推进宣传思想工作守正创新，严格落实意识形态工作责任制。率先成立区融媒体中心，设立区委网信办，成立全市首家区级互联网协会。基本完成西山永定河文化带保护传承发展规划和五年行动计划编制的工作，以全市第一名的成绩成功创建首都公共文化服务示范区，启动国家公共文化服务体系示范区创建。全年工作主题主线突出、舆论导向鲜明、文化繁荣发展，改革稳步推进，宣传思想文化工作取得新进展。主要开展5项工作：深入学习宣传贯彻习近平新时代中国特色社会主义思想和党的十九大精神，加强理论武装；全面落实意识形态工作责任制，维护全区意识形态安全；提高新闻舆论传播力引导力影响力公信力，主流舆论持续巩固；培育和践行社会主义核心价值观，城市文明程度和市民文明素质日益提升；推进西山永定河文化带建设，加快文化创意产业创新发展。区委常委会全年专题研究意识形态工作2次，通报首都意识形态领域情况及季度意识形态领域重点工作3次。

（赵 亮）

【印制《拼搏为美》】 1月，区委宣传部完成编写《拼搏为美》——石景山区率先实现"基本无违法建设城区"目标工作实录。全刊分为创造奇迹、战役纪实、一线报告、媒体聚焦、精神财富、感悟抒怀、大事记载7个部分，图文并茂，记录石景山区在"疏解整治促提升"专项行动的工作经验和故事。向全区各单位发放4000余册，作为史料性的图片和文字记载，被档案馆收藏。

（赵 亮）

【第11届北京清明诗会】 4月3日，由首都文明办、区委、区政府主办的第11届北京清明诗会在石景山区国际雕塑公园西园举办。诗会活动集诗歌朗诵、歌舞等形式为一体，分为"向春天""心念""魂系""梦寻""致未来"5部分，通过领诵、齐诵和轮诵等形式加以古筝、笛箫伴奏，展现新时代背景下的历史记忆、英雄情结和时代热望。

（赵 亮 林迎午）

【清明红色祭扫活动】 4月4日上午，北京市清明红色祭扫活动在八宝山革命公墓任弼时广场举行。市、区相关领导，辖区大中小学生代表、各行业青年代表200余人共同参与祭扫活动，祭奠为中华民族独立和解放事业英勇捐躯的革命先烈，缅怀为革命胜利建立丰功伟绩的老一辈革命家。本次祭扫活动以"缅怀革命先烈、传承红色基因，建设精神家园、争当时代先锋"为主题，由首都文明办、市委教育工委、市民政局、团市委、区委区政府联合主办，区委宣传部、区文明办、团区委、区委老干部局、八宝山革命公墓、区委教育工委、区民政局、区文化委共同承办。

（赵 亮）

【"双优"推荐参评】 4月，启动推荐参评第十四届北京市思想政治工作优秀单位、优秀思想政治工作者评选活动的相关工作。经各工委推荐上报，领导小组会和区评审会研究评定、公示，市考察组抽检等组织程序，评选出区委社会工委、京源学校和苹果园海二社区为市思想政治工作优秀单位；老山东里北社区书记赵红、北大附小石景山学校蔡云获优秀思想政治工作者称号。

（赵 亮）

【互联网协会成立】 5月18日，由区委宣传部牵头，华录出版、搜狐畅游、小米互娱、暴风集团等31家企业联合发起的石景山区互联网协会正式召开成立大会。市网信办、首都互联网协会、区相关领导参加会议。石景山区互联网协会是全市首个区级互联网协会，是贯彻落实习近平总书记全国网络安全和信息化工作会议精神的重要举措。是区域体制内外互联网组织融合发展的重要平台，以及党和政府强化对互联网组织引导管理的重要抓手。

（赵 亮）

【烈士纪念日公祭仪式】 9月30日，

4月3日，第11届北京清明诗会 （区委宣传部供稿）

在八宝山革命公墓举行烈士纪念日公祭活动，市民政局领导、区四套班子主要领导、驻区部队和全区社会各界代表300余人参加公祭活动，中小学生代表为瞿秋白烈士墓和无名烈士墓敬献花篮并进行祭扫活动。

（赵　亮）

【区处两级中心组学习】　年内，区委宣传部将习近平新时代中国特色社会主义思想和党的十九大精神作为区处两级中心组学习的重中之重，采取辅导报告会、集中自学、个人自学、交流研讨等形式，共组织区级理论学习中心组学习20次。完善中心组学习报送、巡听旁听和督导考核制度，督促指导全区各单位抓好相关工作落实。

（赵　亮）

【理论宣传】　年内，区委宣传部依托区委党校、社区党校、社区党员电教中心、老年干部大学及社区分校等阵地，利用周末社区大讲堂、百姓宣讲等品牌，开展面对面的学习宣讲活动，组织各类培训、理论宣讲300多场。为全区党员购买、配发《习近平新时代中国特色社会主义思想三十讲》，做到人手一册。购买、配发《理论热点面对面》6000册，向全区党委（党组）理论中心组配发《党委中心组学习》《红旗文稿》《时事报告》《党建》等期刊。搭建理论学习交流平台，《石景山报》《石景山工作》开设专题专栏，刊发党员干部学习体会文章40余篇。

（赵　亮）

【主流媒体新闻宣传】　年内，区委宣传部围绕改革开放40周年、疏解整治促提升、服务保障冬奥、“街道吹哨，部门报到”、创建全国文明城区、创建国家森林城市、西山永定河文化带建设等中心工作，加强对外新闻宣传，形成良好舆论氛围。截至年底，中央、市属各类媒体共刊发稿件1866篇，其中中央媒体发稿165篇，境外媒体共刊发14篇，共举办新闻发布会和集体采访58次，形成常态化权威发布。做好公共突发事件现场新闻应急保障；协助媒体采访报道，发布现场信息，保障公众知情权。做好媒体舆论监督报道的反馈，全年现场参与各类新闻应急26次，其中现场应急22次。

（赵　亮）

【百姓宣讲团】　年内，“红色基因”百姓宣讲团带队先后赴门头沟、通州、大兴、怀柔等区，走进镇、村、社区、国企、学校、机关等地宣讲13场，讲述身边典型事迹，直接受众1600人。组建“我与改革开放”“文明创建我先行”百姓宣讲团在全区巡回宣讲，“我与改革开放”百姓宣讲走进区处两级中心组学习。

（赵　亮）

【舆情应对和处置】　年内，区委宣传部健全网络舆情监测、研判、预警、处置、引导“五位一体”机制，引入大数据舆情监测系统，利用大数据技术提升舆情监测研判预警工作水平。共监测辖区相关互联网舆情2000余条，撰写《互联网舆情日报》282期、《互联网舆情周报》39期、《互联网舆情专报》21期。强化舆情监测引导管控，贯彻落实依法办理、舆论引导、社会面管控“三同步”原则，打赢舆情应对遭遇战，果断、稳妥有效处置一些重大敏感事件。

（赵　亮）

11月27日，中央媒体采访“街道吹哨部门报到”　（赵昂　摄）

【西山永定河文化带建设】　年内，区委宣传部将推进全国文化中心建设作为主动融入国家战略、落实北京城市总体规划、推动区域全面转型发展的重大机遇，发挥西山永定河文化带建设领导小组（区推进全国文化中心建设领导小组）办公室统筹、协调、督办的职能，完善《石景山区西山永定河文化带保护传承发展规划（2018年—2035年）》和《石景山区西山永定河文化带保护发展五年行动计划（2018年—2022年）》，制定石景山区西山永定河文化带重点任务清单。

（赵　亮）

精神文明建设

【概况】　石景山区精神文明建设委员办公室（简称区文明办）抓住“十三五”规划开局之年和印发《中共中央关于社会主义精神文明建设指导方针的决议》三十周年的契机，贯彻学习全国、全市宣传思想工作会议和文明办主任会议精神，围绕“四个全面”战略布局，抓住社会主义核心价值观建设根本任务，全面实施思想道德引领战略，构建起“以共建全国文明城区统领精神文明建设”的工作格局，为推动石景山和首都的经济社会全面发展，提供强有力的思想保证、精神动力和文明条件。

（高　鹏）

【传统节日品牌化建设】　年内，区文明办围绕春节、元宵、清明、端午、七夕、中秋、重阳7个传统节日，融教育娱乐为一体，把“我们的节日”过成文化节、爱国节、仁爱节和传承节。春节期间，开展“送文明到万家”文明宣教活动，撰写以做文明有礼的石景山人主题的《致全区市民朋友的一封信》，制作新春吉祥包，慰问基层精神文明建设先进工作者和各级各类榜样人物和石景山老街坊志愿者。邀请道德榜样人物参加“文明颂”新春音乐分享会，举办“颂先行”“颂整治”“颂亲情”“颂平凡”主题演出。清明节期间，立足“一区一品牌”，传承红色基因，组织开展清明诗会、红色祭扫两项市级品牌活动，并将活动延伸到国资委系统、教育系统和街道系统，《北京新闻》《北京时间》《北京文艺》等多档电视栏目分别报道石景山区清明节系列主题活动。重阳节期间，在八大处公园举办市级主场活动——“孝满京城德润人心”第31届八大处重阳游山会，此项主题活动在中央、市级媒体多次报道，网络点击量达到千万次。国庆节期间，在全区开展“向国旗敬礼”主题活动，各党政机关、企事业单位、学校、社区悬挂国旗、开展主题仪式活动及网上留言。

（高　鹏）

【创建主题活动】 年内，“文明会客厅”走进石景山。5月10日，在首都文明办指导下，区文明办承办“春之约——致敬工匠精神”首站活动，邀请国家级工艺大师、老中青三代非遗传人、冬奥组委代表、北京申冬奥大使、石景山老街坊代表、设计绘制冬奥邮票画的小学生做客“文明会客厅”。活动首次尝试在线直播，在主流网站点击量达到40余万人次。“文明会客厅——四季之约”通过开展学习、观摩、交流等活动，展现“一核一城三带两区”文化风貌和文明风采，打造互学互鉴、传播价值的群众性精神文明创建活动平台。开展诚信建设主题教育实践活动，区经信委、区委宣传部、区卫计委、区教委等多家单位探索建立行业奖励诚信、约束失信的工作机制，在党政机关、学校、企业以及医疗卫生、食品生产流通、旅游餐饮、文化教育、产品质量等重点领域先后开展形式多样的诚信教育实践活动，推进社会诚信体系建设。

（高　鹏）

【全国文明城区创建】 6月20日，精神文明建设暨创建全国文明城区工作动员部署会召开。首都文明办主任滕盛萍，区四套班子领导，部分驻区部队、企事业单位负责人出席会议，全区各部委办局处、各街道（鲁谷社区）党政正职，区文明单位代表，区社会治理委员会成员代表，区各执法单位干部代表，区各学校教师代表，各社区居委会书记等400余人参加会议。区创城指挥部指挥长于长辉讲话，区创城指挥部指挥长陈之常对创城工作进行全面部署。会议对2015—2017年度精神文明创建工作先进单位进行表彰，为文明创建优秀活动品牌及团队授牌、授旗，签订创城工作责任书，创城责任单位代表作表态发言。会议由创城指挥部副指挥长田利跃主持。8月29日，召开2018年精神文明建设暨全国文明城区创建工作推进会，陈之常作2017年以来群众性精神文明建设总结并部署下一步创城工作。区四套班子领导出席。年内，区精神文明建设委员会召开年度工作会及创建全国文明城区工作推进会，修订、印发《关于进一步加强群众性精神文明创建活动的意见》《石景山区创建全国文明城区工作方案》和《石景山区创建全国文明城区测评体系指标任务分解（2018年）》，建立“1+8+9”创建工作体系和创城办工作例会制度。启动创城“三大主题活动”和“三大专项行动”，开展4次创城全覆盖、全指标点位检查，完成中央文明办年度测评迎检工作。区委组织部、区委宣传部牵头开展9次“社区吹哨我报到，文明创建我先行”主题活动，将创城工作与深化“街道吹哨、部门报到”机制相结合，组织基层党组织和在职党员“双报到”，支持街道工作和社区建设，参与入户创城宣传、社区环境大扫除、文明交通引导等公益志愿活动。完成首都文明示范区复查工作，在全市16区测评中，实地考察项目列全市第三名，总成绩全市第六名。

（高　鹏）

【“文明北京蓝天行动”主题活动】 年内，区文明办开展“V蓝北京——我的环保日记”互动传播公益活动，征集“微承诺、微行动、微志愿”示范案例，评选表彰绿色生活好市民，向首都文明办推荐报送“优秀环保公益组织”7个，“绿色生活好市民”37人。推进“光盘行动”、“控烟行动”主题宣传活动，区食药监局、区卫计委组织机关企事业单位和社会单位开展一系列反对铺张浪费的特色活动，倡导文明绿色生活的新方式。承办由首都文明办主办的中非合作论坛北京峰会市民实践活动——V蓝·北京环保嘉年华首场巡展。9月7日，活动走进国际雕塑园，现场设置中非合作论坛北京峰会、绿色出行、绿色消费、绿色公益和争做绿色环保志愿者5大展区，通过发布启动视频、“当好东道主，文明迎峰会”倡议书等活动形式，倡导市民争做热情好客的东道主、争做绿色环保的文明人，北京电视台等市级多家媒体进行报道。

（高　鹏）

【文明单位创建】 年内，区文明办持续开展文明单位、文明社区、文明旅游风景区、文明校园和文明家庭创建活动，全面巩固2015—2017年度首都精神文明创建先进单位工作成果，通过开展文明单位“五个一”创建活动，搭建干部群众便于参与、乐于参与的创建活动平台，表彰70个区级文明单位、81个文明社区、10所文明校园和20个文明家庭。开展市级文明街巷、文明商户创建活动，按照《关于深化文明街巷文明商户创建工作方案》部署，与区城管委、工商分局等单位以背街小巷整治提升工作为基础，推荐十万平市场街、八角西街等6条街巷获评首都文明街巷，北京今时宾馆有限公司等38家获评首都文明商户。开展选树“人民满意的服务窗口”主题活动，区发改委等单位通过组织申报、评选考察等环节，评选出八角街道政务服务中心、万达百货石景山店等43个石景山区“人民满意的服务窗口”。在五里坨民俗陈列馆和沁山水南社区建立“群众性精神文明创建示范基地”，发挥文明驿站阵地作用，使之成为文明展示窗口、便民服务载体和志愿服务聚集地。各级文明单位以“共建文明”为主题，开展一系列特色活动。八宝山街道建设1000平方米的文化中心，老山街道打造“红色基因文化”主题街巷，组织开展“文明校园”创建，开通“石景山区共建全国文明城区”专题报道板块，制作发放近10万份共建全国文明城区宣传品。

（高　鹏）

【创制刊播公益广告】 年内，区文明办围绕培育践行社会主义核心价值观和创城工作，建立融媒体宣传、社会面宣传、社区入户宣传“三位一体”的宣传格局。在各主要大街、立交桥、过街天桥的隔离围栏新增硬质标语横幅百余幅，在建筑工地、储备土地和重点区域围挡、围墙设置万余平方米社会主义核心价值观主题标语、广告，运用户外电子大屏、道路灯箱广告牌、2条核心价值观主题宣传街和2个主题社区，张贴、刊登、播放核心价值观宣传标语、主题平面公益广告和视频广告。推动实现创城宣传全覆盖，建设创建全国文明城区公益文化墙或公益文化宣传一条街。区委宣传部、区教委、区创城办统一建立“石景山区创建全国文明城区公益广告宣传库”，通过制作公益广告视频、开设专题专栏、建立“文明石景山”网和石景山微博微信手机短信推送进行报道。统一印发《石景山区争创全国文明城区倡议书》《文明手册》，结合居民实际，制作物美价廉、精巧实用的创城宣传品。

（高　鹏）

【选树“七大榜样”】 年内，区文明办做好全国道德模范、中国好人、首都道德模范、北京榜样、首都精神文明建设奖、星级公共文明引导员及石景山区身边榜样“七大榜样人物”举荐、选树工作。完善榜样选树工作机制，建立榜样评审团，规范各级各类榜样选树工作程序，推出事迹突出、群众公认、典型性强的榜样人物。开展“中国好人”举荐工作，向首都文明办推荐“中国好人”候选人25人，经首都文明办评议向中央文明办推荐“中国好人”候选人4人。推选“北京榜样”，向首都文明办推荐北京榜样奖候选人56人，其中3人登榜“北京榜样”周榜。开展“首都道德模范”评选活动，向首都文明办报送候选人7人，刘金萍、兰国栋、许泽伟获第六届首都道德模范提名奖。推举2017—2018“首都精神文明建设奖”候选人，成立评选委员会，向首都文明办报送6名候选人。启动“石景山身边榜样”评选活动，印发《石景山2017—2018年度“石景山身边榜样”评选表彰活动方案》，通过广泛举荐、层层选树，全区35个单位共上报5类榜样人物候选人157名。

（高　鹏）

【宣传礼遇“七大榜样”】 年内，全区以任全来、赵五、姜颖、钟青林等全国级、首都级先进人物作为重点，结合历年选树的各类榜样人物，把学习、宣传榜样与各类宣讲活动有机结合，利用“不忘初心，牢记使命”“文明创建我先行”百姓宣讲团和“我与改革开放”百姓宣讲主题活动，加大对“七大榜样”的宣传力度。启动“学榜样我行动”主题活动，区文明办制作“北京榜样”举荐榜海报3000张，“学榜样我行动”宣传海报5000张，在全区各街道和各机关单位张贴。在市级媒体，线上线下利用报刊和新媒体，宣传石景山区道德榜样人物事迹，纸媒宣传送至机关企事业单位和街道社区干部群众手中。各机关、驻区单位、街道借助社区宣传栏、主题街区、通讯报道、博客微博、道德讲堂及融媒体等平台，运用事迹展览、基层巡讲、“故事汇”巡演等形式，对“七大榜样”人物事迹进行立体化宣传，掀起社会各界学习榜样、争当榜样的热潮。加大对道德榜样和身边好人的礼遇帮扶力度，修订完善《石景山区道德模范礼遇帮扶实施办法》，区文化委、旅游委、文明办、公园管理中心等单位联合开展“文明有约石景山，榜样携手共创城”主题活动，组织道德榜样走进爱国主义教育基地和法海寺文保所参观。

（高　鹏）

【公共文明引导行动】 年内，区文明办拓展公共文明引导的服务内涵，文明引导服务从原有的站台逐步延伸到新春冰雪庙会、春运保障、清明节祭扫、八大处重阳节等重大活动中，拓展到工人体育场和五棵松篮球馆、香山、北京植物园等重点场所中，辐射到全区主要交通路口。启动“自觉排队最美车站”评选活动，通过推荐评选，选树出20个“最美车站”，并组织主题日活动进行宣传表彰。开展文明有礼好乘客举荐工作，全区660名公共文明引导员共推举文明有礼好乘客2535名，通过筛选评选，向首都文明办推荐好乘客144名、百星候选人40名。持续开展每月11日“自觉排队日”主题活动，全年共开展活动12次，参与乘客达10余万人。

（高　鹏）

【礼让斑马线广场舞创编展演】 年内，区文明办参与首都文明办举办的礼让斑马线广场舞比赛。全区报送参赛作品51个，苹果园街道西山枫林第二社区舞动青春舞蹈队获《礼让斑马线》曲目二等奖，广宁街道广宁艺枫舞蹈队获《等灯、等灯》曲目的三等奖，广宁街道广宁村小学“灵动舞蹈”小组获《我爱斑马线》曲目的三等奖，苹果园街道、八角街道、古城街道选送的3支队伍获《我爱斑马线》曲目优秀奖。

（高　鹏）

【未成年思想道德教育实践】 年内，全区深化未成年人主题教育实践活动，帮助未成年人建立正确的人生观、世界观、价值观。各街道评选出759名同学成为星级文明小使者，区文明办进行统一表彰。开展“学习和争做美德少年”活动，北大附小石景山学校、北方工业大学附属学校、海特花园小学、北京景山学校远洋分校的4名同学获首都“新时代好少年”称号。开展“童心向党”歌咏活动，景山学校远洋分校的6支作品参加全市性评选活动，作品《唱的响亮》入选北京市“童心向党”优秀节目，京源学校学生曲心怡创作的“小豆豆”，获全国第七届优秀童谣征集推广活动的三等奖。

（高　鹏）

【整合未成年人教育资源】 年内，全区完善学校、家庭、社会、网络“四结合”教育网络体系，各机关、企事业单位以《石景山区未成年人思想道德建设测评体系》为导向，根据所承担的职责任务，推进未成年人思想道德工作。引导学生家长利用网络空间畅谈治家育人的经验和智慧，开展“爸妈教我这样做”家风故事征集活动，古城街道等8个单位参与故事征集活动。采取网上展示、网下教育实践联动的方式，推动“传承红色基因向国旗敬礼”主题活动，全区各中小学校组织学生参与。各中小学以“文明校园”创建为载体，通过开学典礼、班队会、德育活动等形式，将创建全国文明城区、社会主义核心价值观与未成年人思想道德建设相结合。开展石景山青少年邮票设计展示活动，实验小学、古城第二小学和爱乐实验小学三所学校的学生设计制作一系列以“共创文明城添彩冬奥会”主题的纪念封、明信片、邮票画。京源学校组织开展“以文明之我，创城之文明”主题开学典礼。爱乐实验小学组织学生开展“文明礼仪 伴我成长”小报创作活动，展现孩子眼中的“文明城区”。开展“文明小手拉大手”系列活动，学生和父母一同参与垃圾减量、垃圾分类、文明绿色出行、文明餐桌等主题活动。

（高　鹏）

统一战线

【概况】 中共石景山区委统一战线工作部（简称区委统战部）围绕区委“一二六”的工作部署，以“向下、求实、担当、创新”的工作作风，努力开创新时代统战工作新局面。年内，区委统战部大兴调查研究之风，坚持与区委党校、区社会主义学院联合调研机制，开展7项统一战线领域调研课题。以《石景山报》、石景山统一战线网站、“共筑中国梦在线”移动直播平台为主阵地，开展统战宣传工作。刊载动态信息和理论文章33篇，其中国家级2篇，省市级14篇，区级17篇，更新网站信息300余条，开展统战直播百余期，进一步扩大统战工作影响力。

（王雨秾）

【基层统战】 年内，区委统战部加强基层统战工作，推进统战资源下沉街道。推进八宝山街道创建基层统战工作示范街道，探索建立街道统战工作的组织模板、制度模板、工作模板，拍摄基层统战工作纪实片，编辑下发《石景山区基层统战工作“三熟四会”200问知识手册》，举办基层统战干部培训班，组织街道党工委副书记、统战干部、社区书记参加统战专题培训，提升基层统战干部能力素质。3月，市委常委、统战部部长齐静视察八宝山街道基层统战工作，给予肯定。

（杨海锋）

【纪念“五一口号”70周年】 年内，区委统战部紧扣“不忘初心，继续携手前进”主题，开展“五个一”系列活动，纪念中共中央“五一口号”发布70周年。对全区统一战线纪念“五一口号”活动进行总体部署。召开各民主党派纪念“五一口号”发布70周年座谈会，组织党派成员参观《大道同行——从“五一口号”到协商建国重要史事回顾展》，在《石景山报》集中刊载党派成员纪念“五一口号”心得体会，各民主党派区工委通过邀请老主委讲多党合作光荣传统、理论研讨会、主题画展、现场教学等多种形式开展纪念活动。

（秦　岭）

【新时代统战工作谋划】 年内，区委书记出席重要统战会议活动16次，对统战工作做出批示26次。区委常委会先后4次专题研究统战工作，区委统战工作领导小组组长于长辉主持召开区委统战工作领导小组（扩大）会议，研究部署统战重点领域工作。结合新时代加强和改进宗教工作的要求，召开民族宗教工作领导小组会议5次，就宗教工作督查、宗教专项治理等重点工作加强谋划。

（李　凯）

【为统战对象办实事】 年内，区委统战部加强党派楼日常管理服务保障和党外代表人士走访慰问，通过建立《为党外人士办实事项目清单》，帮助解决党派楼办公场所、办公设备和职工食堂存在的困难。重要节日期间走访老主委10余人次，慰问生病的党外代表人士3次，密切与统战各界人士的联系。

（王雨秾）

【党外人士之家】 年内，区委统战部履行党风廉政建设主体责任，通过开展“一承诺两签责”工作，逐级压实责任，共签订各类责任书11份。严格执行“三重一大”集体决策制度，召开部务会7次，研究审议30余项议题。加强重要会议、重要文件精神的学习，严明党的政治纪律和政治规矩，通过召开组织生活会、开展廉政谈话、观看反腐倡廉警示教育片等形式，增强党员干部的政治意识和党性观念。

（王雨秾）

【民主党派学习实践】 年内，区委统战部支持和引导各民主党派区工委围绕两大生态建设贡献智慧力量，通过举办专题理论研讨会等学习方式，增进党派成员对中国特色社会主义理论体系的认识和理解，党派成员对于担当好高端绿色崛起使命的责任感和荣誉感得到提升。通过开展扶残助学、结对帮扶等社会服务活动，提升党派成员社会主义核心价值观。在全区统一战线系统中启动“我为高端绿色崛起献一策”主题建言活动和“多党合作、发展变化、薪火相传”等主题教育活动。

（王　佳）

【支持党派参政履职】 年内，区委统战部及时向各民主党派区工委传达市区党代会精神，举办统战知识培训班等，党派成员对于担当好两大生态建设历史使命的责任感和荣誉感得到提升，履职能力得到增强。依托党外代表人士协商议政智库，建立各民主党派与政府职能部门的联系对接机制，为各领域事业发展提供党外人才智力支撑。为民主党派参政履职搭建平台，鼓励和支持广大党外人士为区域经济社会发展献计出力。在全区统一战线系统中组织开展“我为高端绿色崛起献一策”主题建言活动，收到各类信息454条，编报信息115条，市区两级共采用55条，获市区主要领导批示2条。

（秦　岭）

【统战资源下沉基层】 年内，区委统战部围绕石景山区“全面深度转型、高端绿色发展”战略和“一二六”发展思路，推进民主党派、工商联与街道结对联系工作（“8＋9”工程）。组织召开各民主党派、工商联与街道（鲁谷社区）“8结9”工作推进会，通报工作活动进展情况，部署下一步重点工作。通过民主党派工商联与街道结对子，推动统战优质资源下沉，形成社会治理合力，助力基层民主协商、民主监督、精准帮扶，促进基层统战工作水平提升。各结对方累计召开各类协商协调会议30余次，围绕街道“无违建社区”建设、和谐社区建设、居家养老等重点任务开展联合调研20次，形成提案6件，就街道（鲁谷社区）重点工作提出意见建议近百条，为辖区相关问题解决提供重要参考。

（王　佳）

【政党协商制度落实】 年内，区委统战部落实区委提出的“让民主协商和民主监督成为石景山区特色”的要求，推动政党协商的制度化、规范化建设。与区委研究室共同召开区委区政府重点调研课题与民主党派、工商联调研协商会，协商选定优化营商环境等38个重点调研课题，实现调研工作与年度各项重点工作的协同开展、共同推进。围绕区委区政府中心工作，在对各民主党派、区工商联提出的协商议题建议进行研究的基础上，会同区委办研究制定《石景山区2018年度政党协商计划》，增强政党协商议题与民主党派想要协商内容的一致性。组织召开各民主党派、工商联双向协商会，围绕创建文明城区等内容开展专题协商。

（王　佳）

【提升民主监督效能】 年内，区委统战部贯彻落实《关于支持各民主党派市委开展专项民主监督工作的实施方案》精神，区委两次召开专题会议进行研究，成立区委书记挂帅的领导小组，制定下发工作方案，建立清单化管理等保障机制。与农工党市委对接，支持和保障农工党市委到基层街道社区、养老驿站、便民服务中心等点位开展调研专项监督3次。为各民主党派区工委履行民主监督职能创造条件。组织民主党派围绕教育、民生等领域开展专项调研监督4次，建立统战部与特约人员及聘任部门的定期沟通制度。

（秦　岭）

【非公经济统战】 年内，区委统战部开展红色星期六主题活动，纪念改革开放40周年系列活动，推荐代表人士参加各类培训班、理论进修班，引导非公经济人士坚定“四信”。做好综合评价工作。构建亲清的新型政商关系。完善和落实“企业直通车”制度，召开非公经济代表人士与区主要领导座谈会，落实领导干部与非公企业家联系制度，开展非公企业走访调研活动，开展“在商研政”品牌活动，围绕区域重大的经济社会发展问题建言献策。开展“企业服务季”“企业服务联盟”“民企学堂”等系列品牌服务活动，促进非公企业健康发展。引导非公经济人士参与公益事业，深化“万企帮万村”，开展精准帮扶活动。

（刘景柱）

【新社会阶层人士统战】 年内，区委统战部开展坚持和发展中国特色社会主义主题教育，以“新时代、新阶层、新文化、新动力”为主题，开展新的社会阶层人士纪念改革开放40周年书画展，组织参观改革开放大型展览，编辑出版《石景山区新的社会阶层人士统战工作手册》漫画版，引导新的社会阶层人士坚定“四个自信”。推进楼宇、街区、园区、社区、网络空间“五位一体”新的社会阶层人士统战工作格局。加强示范点建设，重点打造“共筑中国梦——移动直播平台”，发挥新媒体优势，开展法规政策、红色基因等线上直播活动，深化座谈、沙龙、研讨等线下活动，形成品牌特色。建立172人组成的新的社会阶层人士代表人士及后备人才数据库。

（刘景柱）

【民族宗教】 年内，区委统战部深化民族团结进步创建活动，协同区民宗办举办“石榴花开美京城”主题展、“多彩中华——中国少数民族传统体育文化展”，完成评选推荐第八届首都民族团结进步奖工作，以北京九中新疆班、北师大附中西藏班、清真寺为重点，开展走访慰问和团结工作。以区委区政府名义下发《关于新时代加强和改进全区宗教工作的实施意见》。支持宗教团体加强自身建设，成立区天主教爱国会。推进宗教专项治理工作，依法取缔非法教会组织。开展宗教界爱心帮扶活动，引导宗教界服务社会。举办宗教工作培训班，编印发放《石景山区宗教工作知识手册》，提高宗教工作干部对宗教政策的应知应会。做好统一战线领域反恐维稳工作。

（杨海锋）

【侨海外统战】 年内，区委统战部开展各基层侨联调研考察北京侨梦苑、新侨创业领军人物座谈会等活动。发挥外引内联作用，先后接待芬兰拉赫蒂市赴京津冀地区考察团、陕西侨联及陕西建工考察团、米兰文成同乡会“一带一路”考察团、第十八届海外侨界高层次人才为国服务参访团等到区交流，促成芬兰考察团与新侨创业项目——侨创空间等项目对接。助力北京侨梦苑建设，协助北京侨创空间获得北京市新侨创新创业基地称号。

（杨海锋）

对台工作

【概况】 中共石景山区委台湾工作办公室、石景山区人民政府台湾事务办公室（简称区台办）是区委区政府主管对台工作的职能部门，与区委统战部合署办公，承担全区涉台工作的组织、指导、管理、协调和服务职能。年内，区台办以习近平总书记“两岸一家亲”理念为指导，坚决落实中央和市委“保持战略定力，筑牢一中基础，深化融合发展”的对台决策部署，主动聚焦全区“两大生态”建设，站位高端绿色崛起新起点，加强对台工作机制建设，深化对台交流合作，团结和争取岛内友我力量。服务中央、北京市对台总体战略布局和区域经济社会发展，台湾同胞在区投资、创业、学习和生活等环境不断优化。年内，调整区委对台工作领导小组成员单位，领导小组组长于常辉，副组长姚茂文、陈婷婷，办公室设在区台办。加强街道、社区对台工作，区台办牵头建立基层对台交流工作小组，成员单位由各街道主管对台工作的领导和相关科室负责人组成。明确基层对台交流工作有责任、有队伍、有抓手；定期召开对台交流情况反馈座谈会等制度，加强基层对台工作力量。在主流门户网、国家级和市级报刊杂志报道38条新闻，被新华网、台湾网、千龙网等多门户网转载。两岸同胞闹元宵被央视新闻快播采编播出、北京电视台午间新闻播出。向岛内台胞发送石景山区发展新貌、自然景观等资料光碟50多套，贺卡60余份。抓好《台湾工作通讯》《两岸关系》和《北京对台工作》刊物征订，150个街道社区使用覆盖100%。全年为区域内24批113人办理赴台立项审批，赴台开展经贸卫生、文化教育，基层社区交流参访；接待台湾各类参访团358人。

（王杏芝）

【林正亨烈士图片展】 1月19日，《林正亨烈士图片特展》在台湾街林献堂抗日战争纪念馆开幕，全国政协常委、台盟中央原副主席吴国桢、台湾雾峰林家第九代掌门人林为民及各界友人200多人参加开幕式活动。台湾街国新投资总经理田晓彦汇报台湾街和林献堂抗日战争纪念馆及五桂楼开展涉台活动基本情况。此次图片特展是台盟中央与林献堂抗日战争纪念馆共同主办，将长期设展接待参观。

（牛利华）

【多领域交流受表扬】 2月26日至3月5日，由晋秋红为团长一行17人赴台，完成北京市在高雄举办的“北京特色周”开幕式和两场文艺演出任务；助力区域AR/VR数字文创高新产业和社会治理中心工作，与西基动画有限公司、奥克森游戏等公司交流，参访台湾松山文创园区、华山文创园区、高雄驳二特区，观摩高雄和春养老护理之家、专程拜访前金里等3个社区就社区建设和服务交流经验、召开志愿者队伍建设与培育座谈会，在宣传“四个自信”的同时为区文化创意高新产业和社会治理等方面吸收经验为我所用，受到市台办通报表扬。5月9日—15日、5月26日至6月1日，李文起、陈婷婷分别带队赴台湾开展公共文化服务和建设共建共享、民俗文化传承保护、养老服务及回访台湾社区等活动。参访新北社区长照医护服务协会和高雄等县市老人长期照顾中心5所、文山区和南屯区等社区再造示范点7个，与宜兰门渃社区、花莲丰滨乡等社区开展民俗文化交流4场，为完善区域社区服务、提升社区公共文化培育以及区域文化体系建设学习借鉴积累经验。

（牛利华）

【京台大舞台交流】 3月1日，在五里坨民俗馆和台湾高雄前金区高中会场以视频连线方式，举办“咱的节日”两岸闹元宵联欢活动。台湾高雄460余位民众与石景山区会场300余名百姓通过视频开展歌舞，魔术，太平鼓和中幡等节目连线表演，海峡两岸同庆元宵佳节。新华网直播平台直播实时点击率5000余人次，20余家境内外媒体对活动进行报道。区领导晋秋红、姚茂文、陈婷婷，高雄市韩国瑜、黄绍庭等参加视频连线闹元宵活动。该活动由市海促会、区政府主办，全国社工报协办，区台办、五里坨民俗馆、老山街道舞蹈队、五里坨街道舞蹈队和台湾高雄文化协会承办。5月7日，“咱的节日”两岸闹元宵视频连线联欢活动中奖台胞24人到五里坨街道天翠阳光社区和京台民俗文化交流馆参访交流。参访团参观社区居民文化活动中心，就社区建设和管理进行座谈交流；观摩社区居民长笛班表演、开展柔力球比赛；参观五里坨民俗文化馆，体验北方民居文化。

（牛利华）

【两地文化交流】 4月15日至5月24日，石景山医院一行7人赴台湾中国医药大学附设医院就医疗质量与信息化管理、人文教育与医患沟通等领域开展为期10天研修交流。5月28日，以台湾社区发展协会联合总会会长刘冠雄为团长的台湾乡镇市民代表团一行35人，走进八宝山街道四季园社区。参访社区养老驿站，开展以《心手相牵，共同追求美好生活》为主题的社区管理、建设和服务工作研讨会，分享经验相互学习。参观老旧社区环境改造提升成果。7月11日—14日，台湾宗教与和平协进会秘书长陈世贤率领台湾宗教与和平协进会参访团一行9人到京参访。13日参拜八大处灵光寺，与灵光寺法柱师傅就宗教与社会和谐发展进行交流；参观承恩寺和燕京八绝传统精致工艺作品，对承恩寺保护提出建议。邀请灵光寺、承恩寺赴台交流并交换纪念品。12月21日—27日，受黄庄职高邀请，台湾明台高中来京交流，两校交流8年建立长效交流合作机制。两校在京以“一根二枝·北京印象”为主题开展北京印象数码制做技术、教育教学、美容美发、非遗京式旗袍制做和海派旗袍市场发布及展式，组织两岸师生歌舞联欢和作品交流互动。

（牛利华）

【社区护理骨干赴台培训】 6月18日—24日，以区卫计委领队一行14人，赴台开展护理“双十人才”和业务骨干专业培训。先后参访台大医院、私立双连安养中心、高雄私立宏仁老人长照中心、义大医院、清福养老院、华山居民社区及“国际银发族及健康照顾产品展”等，与负责人就台湾健保制度、医养结合模式、居家照顾服务、养老产业发展特点与做法、工作亮点和存在的问题进行交流。

（牛利华）

【高雄青年国情考察团到访】 7月3日—9日，台湾立委陈宜民、高雄议员黄绍庭带队“台湾高雄青年国情考察交流团”一行37人到区开展研学。期间举办两岸青年创业论坛、两岸青年代表座谈会，参观创业公社、侨梦苑等青创机构，国家博物馆和升旗等国情教育，体验参观模式口千年驼铃古道、法海寺、承恩寺和燕京八绝国宝艺术，开展国文教育、公共卫生、就业创业政策解读等多领域交流和分享。晋秋红在欢迎仪式上赠送“两岸一家亲”书法，希望台湾青年加入到大陆创业合作项目中来。

（牛利华）

【两岸慢垒赛和体育交流】 7月15日—23日，举办海峡两岸（北京）体育交流运动会·慢投垒球比赛和交流活动。接待海峡两岸运动组委会台湾体育官员、裁判员和慢投垒球运动员221人。组织比赛35场次，交流参访9场次，处理突发事件5件，组织台湾奥组委体育官员、裁判员和台湾运动员70余人参观北京冬奥组委会和首钢工业园区，与北京冬奥组委工作人员进行交流。此活动成功举办，受到国台办、市台办通报表扬和台湾体育官员及运动员赞许。

（牛利华）

【志愿者队伍培训】 12月23日—25日，邀请台湾台中市安全健康促进协会总干事、台中市志愿者队伍培育教授傅黎薇，以《创造志愿者服务者力量》为题，从志愿者体系构建、专业服务培训、管理机制建设和激励办法等方面为老山街道、八宝山街道和区卫生局进行系统授课。各单位主管领导、干部和社区主任360余人接受培训。

（牛利华）

【为台商台胞台属办实事】 年内，接待台商台胞台属来信来访16人次，做到件件有答复。妥善解决台商台属在拆迁安置和企业经营中的纠纷，有效维护台胞合法权益，为台胞台属办实事4件。

（牛利华）

决策研究

【概况】 中共石景山区委、石景山区人民政府研究室（简称研究室）是负责全区综合性政策研究，为区委、区政府科学决策服务的区委工作部门。年内，奋发有为，扎实工作，圆满完成全年任务。加强对事关地区发展重大问题的调查研究并取得一批新成果。全区完成调研报告447篇，其中市重点关注调研课题2个，区领导牵头的重点协作课题22个，处级党政正职领导完成调研报告90篇。编印《石景山区2017年度优秀调研报告文集》，编发《决策参考》16期。高质量完成区委全会报告和政府工作报告等重要文稿的起草任务，全年共起草各类报告、讲话等综合文稿70余篇。与北方工大深入对接，推进“一区一校”深度合作，签订战略合作协议，开展12个课题研究合作项目，“石景山发展研究中心”成果显现，为全区经济社会发展提供智力支持。发挥“石景山调研”公众号作用，推进调研工作新平台建设。本区获“北京市第十三届调查研究工作先进单位”。

（单培玉）

【区重点协作调研课题】 年内，研究室贯彻落实区委十二届五次、六次全会和区“两会”精神，根据《石景山区2018年调研工作要点》安排，制定2018年全区重点协作调研课题22个：关于石景山区层层压实全面从严治党主体责任的研究；石景山区落实北京城市战略定位，加快构建高精尖经济结构发展思路研究；关于区人大及其常委会加强“两个机关”建设的调研；关于加快我区高端主导产业可持续发展的建议；关于探索企业信用监管跨部门协同，助力商事制度改革落地的调研；关于理顺监督机制，不断提升监督实效的调研；关于社会稳定综合治理的研究；关于社会治理智能化的研究；关于年轻干部队伍现状及成长路径的研究；关于2018年石景山区公共文化服务效能提升制度设计的研究；关于石景山区城市风貌管控策略的研究；关于石景山区新的社会阶层人士统战工作的实践与创新研究；关于区“十三五”规划中期评估情况的调研；关于我区开展全民健身工作暨打造冬季体育运动特色先行区的调研；关于推进长期护理保险试点工作，促进居家养老事业发展的调研；关于全面提升我区园林绿化水平的调研；关于公安机关如何在新时代发挥主力军作用，深化“平安石景山”建设的思考与建议；关于健康石景山建设规划的研究；关于中关村石景山园加快构建“高精尖”产业结构的对策研究；关于加快我区西部地区建设，解决东、中、西部发展不平衡不充分问题的调研；关于抓住历史机遇，发挥侨界优势，助力石景山区发展的调研；关于西山永定河文化带（石景山段）山水文化研究思考。

（单培玉）

【调研课题推荐】 3月12日，研究室与区委统战部联合召开重点调研课题与民主党派工商联协商会，向民主党派主委及工商联负责人介绍2018年重点课题总体情况，推荐课题60个。

（单培玉）

【完成综合文稿】 年内，研究室起草各类报告、讲话等综合文稿70余篇。重点包括：服务区委、区政府重要会议。完成于长辉在区委十二届八次全会上的工作报告和陈之常在区人大十六届五次会议上所作的政府工作报告等。完成大量常规性文稿，包括区委区政府重要会议材料、领导讲话、重要报刊约稿等。完成区领导临时交办的文稿任务，包括向市委所作的落实新总规工作汇报、于长辉接受《北京日报》专访提纲，以及区委班子民主生活会对照检查报告和整改方案等。

（单培玉）

【书记专题调研】 于长辉主持的《关于石景山区层层压实全面从严治党主体责任的研究》是市重点关注调研课题，由研究室牵头，与区委党校合作完成，形成3万余字的研究成果。

（单培玉）

【区长专题调研】 陈之常主持的《石景山区落实北京城市战略定位，构建高精尖经济结构思路研究》是市重点关注调研课题，由区委区政府研究室牵头，与区发改委合作完成。

（单培玉）

【优秀调研文集】 年内，研究室完成2017年度《石景山区优秀调研报告文集》编辑、印发工作。《石景山区优秀调研报告文集》收录优秀调研报告84篇，其中一等奖10篇，二等奖20篇，三等奖40篇，民主党派优秀报告12篇，区领导主持的区重点协作调研课题22篇以及当年部分重要文件。

（单培玉）

【决策参考】 为内部刊物，全年共刊发16期，向区领导报送国内经济与社会发展方面最新动态、典型经验和做法，以及区内各单位完成的具有探索性和有一定参考价值的调研成果。

（单培玉）

【区校战略合作】 5月24日、31日，研究室与北方工业大学相继召开两个战略合作工作项目对接会，落实有关工作要求，相互之间加强沟通交流，推进工作落地落实。9月7日，于长辉、陈之常等区领导与北方工大党委书记郑文堂，校长丁辉等校领导座谈并签订战略合作协议，推动大学的科技人才智力优势与石景山区的资源产业优势有机结合。全年确定12个合作项目：智库合作；理论研究（宣讲）；科技创新合作；法治建设合作；北方工大附属学校合作；服务北京冬奥外语志愿者合作；文体交流合作；文艺活动合作；城市设计试点共建；校园周边绿地环境建设；金鼎大学生公寓回购；石景山区反腐倡廉教育基地践行厅改造和冯玉祥廉政思想与石景山廉政文化资源项目。联合开展4个课题研究：关于石景山区红色文化资源在新时代的传播与利用情况的调查与研究；石景山区城市规划建设管理三年行动计划研究；石景山区集体经济“凤凰涅槃”行动计划研究；关于石景山区民营经济发展现状及对策建议的研究。

（单培玉）

机构编制

【概况】 石景山区机构编制委员会办公室（简称区编办）是区机构编制委员会（简称区编委）的常设办事机构，在区编委领导下，负责本区行政管理体制和机构改革以及机构编制管理的日常工作，既是区委工作机构，又是区政府工作机构，列入区委机构序列。年内，坚持稳中求进工作基调，着力深化行政审批制度改革，加快推进政府职能转变，加强机构编制管理创新，优化机构编制资源配置，较好地完成全年各项工作任务，为全力推进风清气正的政治生态和高端绿色的发展生态两大战略任务提供坚实的机构编制服务保障。

（靳献乐）

【行政审批制度改革】 年内，区编办推进行政审批制度改革工作，转变理念、创新方式，加强和改善政府管理。与区财政局、人力社保局、法制办联合印发《关于转发<北京市市、区政府部门权力清单动态管理办法>的通知》，分五次动态调整权力清单事项，其中取消16项、新增13项、承接5项、变更24项、划转至垂管2项，并要求各相关部门做好落实工作，及时向社会公布，接受社会监督。发布证明暂时保留目录，落实减证便民改革，分两次取消区属部门涉及的13项以及居委会涉及的7项证明事项。与区工商分局、法制办、科委园区协调推进“证照分离”改革试点工作。6月11日，发出全市首例“证照分离”营业执照和经营许可证。第三批6个部门针对市级清理的26项行政审批中介服务事项，做好落实工作，及时向社会公布，接受社会监督。联合区政务服务办组织涉及公共服务事项的36个部门（含垂管8个），对涉及优化营商环境和社会民生相关领域公共服务事项进行梳理，并对市级工作提出建议，实现审批服务流程的便民高效。配合区政务服务办，组织40个相关部门对事项目录管理系统中53个要素的填报标准进行培训，对各部门提交的政务服务事项进行审核，审核通过事项1568项。

（靳献乐）

【机构编制调整】 年内，区编办落实市属五部门联合印发的《关于机构改革期间进一步严明工作纪律的通知》。在全面梳理自身情况的基础上，对照中央改革方案，撰写完成《石景山区机构改革专题调研报告》报送市编办。根据市编委通知要求，在整合信息化推进、网络信息安全协调等职责、机构、编制的基础上，设立中共石景山区委网络安全和信息化领导小组办公室，并按照“编随事走”的原则对区委宣传部、区经信委相关职责和机构编制进行调整。推进古城、广宁街道大部制改革试点工作并顺利完成。按照大部门制、扁平化管理的工作要求，综合设置街道内设机构和所属事业单位，设立“一室五部一队四中心”的管理体制。按照“撤一建一”原则，通过编制内部调剂为区教委设立2所学校。同时，根据区教委相关请示，撤销4所公办幼儿园，转由社会力量利用国有资产继续举办。通过区编委阅签形式办理区劳动监察机构更名、划转城市管理和园林绿化部门部分行政处罚权、区广电中心加挂区融媒体中心牌子、明确政府部门网站管理职责等机构编制日常调整事项，为各项重点工作的执行落地提供机构编制服务保障。

（靳献乐）

【事业单位分类改革】 年内，区编办报送当年纳入经营类事业单位转企改制范围的事业单位基本情况；与纳入年度改革范围事业单位的主管部门会商，部署相关工作，按要求推进经营类事业单位的转企改制相关工作；每月月中和月末向市编办报送经营类事业单位转企改革工作进展。

（靳献乐）

【事业单位登记管理】 年内，区编办完成51家事业单位法人设立、变更、注销登记，以及全区327家事业单位2017年度报告公示工作。调整完善事业单位登记管理规范。根据国家事业单位管理局新发布的《事业单位登记管理服务标准化规范（试行）》，调整完善事业单位登记管理规范，优化简化办理流程，规范登记材料格式文本，提升登记管理工作效率。加强事中事后监管力度。按照“双随机”工作要求，采用实地检查结合书面审查的方式，随机抽取3家事业单位对其法人公示信息进行检查，并将有关检查结果对社会进行公示。

（靳献乐）

老干部管理

【概况】 中共石景山区委老干部局（简称区委老干部局）是区委区政府服务管理离休和处级以上退休干部的工作部门，由区委组织部归口管理。截至年底，归属老干部局服务管理的离退休干部共851人（含代管34人），其中离休干部124人(含易地安置离休干部4人),平均年龄88.8岁，副处级以上退休干部727人,平均年龄69.3岁。按离休干部参加革命时期划分:抗日战争时期30人、解放战争时期94人。按离退休干部所在单位性质划分:党政机关667人、事业单位118人、企业单位66人。全年离退休干部去世19人。

(汪国成　葛森慧)

【走访慰问】　元旦、春节期间区四套班子领导对43名区职离退休干部和6名14级以上离休干部进行走访慰问,同时各单位对840名离退休干部进行走访,实现全覆盖;为纪念中国改革开放40周年和石景山区解放70周年,7月—8月,对全区离休干部和80岁以上退休干部共232人进行走访慰问;12月,老干部局党总支开展走访慰问活动,共走访老干部72名;全年送别19位离退休干部并慰问家属。

(杜　群)

【老干部自管组织建设】　2月6日,区军地老干部联合开展为老干部送福笔会活动。原北京军区老干部大学的8位老将军和石景山区老干部、老年书画研究会会员们参加笔会活动,现场书写200余幅春联和福字。2月11日,欣苑艺术团模特队及四位老干部参演的情景剧《我是一个兵》参加区直机关2018年春节团拜会暨“堡垒是这样筑成的”文艺演出。6月14日,欣苑艺术团舞蹈队的作品“我和我的祖国”参加石景山区第35届“古城之春”艺术节群众舞蹈比赛。6月15日,欣苑艺术团合唱队参加第35届“古城之春”艺术节“歌聚石景山、盛世欢歌”群众合唱比赛,在18支合唱队伍中获最高分。6月25日至7月2日,区委老干部局、老年书画研究会组织本区离退休干部和老年书画研究会的会员,举办以“不忘初心抒豪志,牢记使命寄情怀”为题的书画作品创作展览,展出250余幅作品。6月26日—27日,区委老干部局太极拳队参加由市委组织部、市老干部局主办的“2018年北京市离退休干部太极拳团体赛和展示活动”,获三等奖;7月5日,欣苑艺术团模特队在区第35届“古城之春”艺术节“炫动石景山、出彩中国”模特大赛中,获一等奖。7月10日,《我是一个兵》情景剧参加由中央组织部党建读物出版社、中国文联文艺志愿者服务中心、新华社中国新闻电视网,区委组织部、宣传部和区文明办主办的“初心——石景山区主题党日活动暨《红色家书》经典诵读”活动的演出。8月1日,举办“军歌嘹亮”主题文艺演出活动,全区各单位军转离退休干部和老年大学军营分校老战友合唱团进行文艺比武,合唱队、模特队、舞蹈队都参加演出活动。9月10日,国家广电总局、新华社、西城区金融街和石景山区四家老年书画研究会联合举办“紧跟时代抒豪志,不忘初心展赤情”书画作品巡回展开幕式,首场展出作品共计230余幅。9月底,举办为期三天的自赛活动,老干部踊跃参加,向获得一、二、三等奖和纪念奖的老同志颁发奖品。11月6日,群口快板《红色短信》参加市委组织部、市委老干部局共同举办的北京市离退休干部纪念改革开放四十周年文艺演出。11月20日,为纪念改革开放40周年、石景山区解放70周年,区委老干部局、首钢老干部服务中心、区老干部大学八大处军营分校共同举办“聚焦改革历程·采录建设成果·展示时代风貌”老干部摄影作品联展,展出300余幅摄影作品。11月20日—24日,区老龄委主办石景山区2018年“长乐杯”秋季老年门球赛,区委老干部局组建9人代表队取得全区第四名。12月1日,区委老干部局庆祝改革开放40周年合唱音乐会在京西五里坨民俗文化分校(五里坨民俗陈列馆)举办。来自区老干部大学的合唱团、模特队以及八大处军营分校老战友合唱团的90余名老同志参与演出。12月11日,区委老干部局、区老干部大学八大处军营分校、区老年书画研究会联合举办纪念石景山解放70周年军地书画作品联展,收录离退休干部各类作品200余幅,其中包含28幅原北京军区老将军的书画作品。

(董爱军)

【新春团拜会】　2月9日,召开全区老干部工作会暨老干部新春团拜会,区四套班子主要领导出席,向老同志表达新春问候。牛青山代表区四套班子和全区社会各界向全区离退休干部致以新春祝福,肯定老干部工作取得的新成绩。全区离退休干部及原北京军区部分离退休干部700余人参会。

(李　倩)

【老干部活动】　4月9日、10日,区委老干部局分两批组织全区300余名老干部参观第六届北京农业嘉年华,参加20项主题特色活动、200项互动体验。6月12日,组织进行“增添正能量,共筑中国梦”座谈研讨,围绕老干

2月19日,石景山区离退干部新春团拜会　　(区委老干部局供稿)

部工作体制机制、党组织建设、增添正能量渠道等方面建言献策。6月26日，组织离退休干部在红光山杨家坡激战遗址开展“不忘初心、牢记使命”主题党日活动，引导老干部退休不褪色、永远跟党走，不忘初心、亮明党员身份，牢记使命、传承红色基因，在社会、社区、家庭积极集聚、发挥、传播正能量，为党旗增辉。7月30日，召开老党员先锋队工作推进会，总结先进做法和典型经验，围绕全区重点工作，打造“老街坊”老党员先锋队品牌。12月20日，组织局级退休干部开展“吟诗颂改革 筑梦新时代”主题活动。全年上报4期《老干部建言献策直通车》，得到区领导批示2期，并责成有关部门办理，其余由各相关街道跟进处理。

（余　萍）

【思想建设】 4月、9月，区委老干部局举办两期学习习近平新时代中国特色社会主义思想和党的十九大精神局级退休干部培训班，加深老干部对党的新理论、新观点、新部署、新举措的理解。5月4日，组织离退休干部观看纪念马克思诞辰200周年大会直播等活动。6月11日—13日举办近三年处级以上退休干部“不忘初心、牢记使命”主题培训班，10月29日—31日举办局处级退休干部学习党的十九大精神培训班，激励老干部不忘初心、继续发挥正能量。为老党员订阅《习近平谈治国理政》（第一、二卷）、《习近平新时代中国特色社会主义思想三十讲》等书籍和学习资料，组织老干部研读《马克思主义中国化的发展逻辑研究》，学思践悟习近平新时代中国特色社会主义思想。坚持每月定期组织老干部观影活动，全年共播放《厉害了，我的国》《红海行动》《青年马克思》等主旋律电影14场，共2400余人次参加观影活动。

（余　萍）

【红色大讲堂】 年内，区委老干部局组织开设5期“红色大讲堂”，把学习贯彻党的十九大精神逐步引向深入，3月份讲授《新时代 新征程 新使命——学习贯彻全国两会精神报告》，深入解读两会精神；4月开展离退休党员干部正风肃纪专题教育；5月为老干部普及遗产法等，让老同志了解法律知识、提高法治意识；6月开展老干部理论宣讲团主题宣讲，引导老同志树牢“四个意识”，坚定“四个自信”，坚决做到“两个维护”；9月举行纪念改革开放40周年主题宣讲，引导作为改革开放亲历者和受益者的老干部继续力所能及地发挥优势作用。

（余　萍）

【落实政策办实事】 年内，区委老干部局落实为抗战时期离休干部送牛奶事宜。完善“一对一”帮扶及长效联系机制，完善解困帮扶机制，全年帮扶老干部110人次，补助金额464316元。为离休干部发放健康疗养补助费和小帮手服务费，金额为120480元；为部分企业处级退休干部发放生活困难补助金126900元。日常看望慰问住院老干部300余人次；为全区离退休干部以每人800元标准进行健康体检，参检人数720余人。继续以每人400元标准落实“四就近”经费保障。

（杜　群）

保　　密

【概况】 中共石景山区委保密委员会办公室（简称区委保密办），是区委保密委员会的办事机构。区委保密办和区国家保密局，是一个机构，两块牌子，既是区委保密委员会的办事机构，又是区政府管理保密工作的职能部门，由区委办公室管理。2018年，区委保密办落实区委区政府各项工作部署，以推进保密工作转型升级、打赢信息化条件下保密战为目标，围绕全区中心工作，严格履行保密工作各项职责，加强依法治密，强化科技支撑，促进保密工作深入发展，确保国家秘密安全。严格按照有关保密规定，强化对涉密文件、涉密计算机、涉密移动存储介质的管理，确保全国和市、区“两会”期间国家秘密安全，杜绝失泄密事件的发生。分两次对区内1家复制国家秘密载体定点企业和12家保密认证企业开展保密执法检查，排查泄密隐患；加强业务指导，完善保密措施。

（王志坚）

【全民国家安全教育日】 在“4·15”全民安全教育日，区委保密办采取多种形式，到机关、社区、学校开展保密宣传教育活动，活动期间共发放宣传品800余份、挂图100余套、学习资料200余本。开展保密法规知识咨询活动，回答保密法律法规知识100余人次，提高机关工作人员、学生和群众保密意识，增长保密知识，掌握保密防范技能。

（王志坚）

【保密宣传教育】 6月保密宣传教育月期间，区委保密办在全区开展“传承红色基因，筑牢保密防线”系列保密法制宣传活动。各单位、各部门集中时间和精力，利用集中学习、知识测试、专刊专栏、办公网络、板报挂图、宣读辅导等方式开展宣传教育。区国家保密局购买并向全区提供借用《胜利之盾》《泄密窃密案例警示录》《美韩政要信息泄露事件警示录》《黄宇间谍案警示录》等宣传教育片及宣教挂图。应各单位邀请，开展保密巡讲活动，讲解理论和各类窃密手段、演示窃密设备的运用。

（王志坚）

【内网保密测评】 7月5日至8月10日，区国家保密局配合区委机要局对全区电子政务内网进行保密测评初评工作，测评党政机关52家，对内网设备工作环境、保密防范措施、人员配备、制度落实等情况进行全面测评，对存在的问题进行反馈，要求各单位定期整改，确保区电子政务内网测评顺利通过。

（王志坚）

【保密在线学习】 年内，区委保密办利用保密在线学习平台，以《保密法》《保密法实施条例》《国家秘密定密管理暂行规定》《中央关于加强和改进保密工作的意见》《市委加强和改进保密工作的实施意见》等为主要内容，对全区领导干部、保密干部及涉密人员进行在线培训。全区103个单位1000余名领导干部、保密干部及涉密人员完成必修内容的学习并取得学分。

（王志坚）

【考试试卷监管】 年内，区委保密办继续强化对包括高考、中考、自考和成考在内的国家教育考试试卷保管使用情况的监管力度，做到在考试期间每天检查保密室不少于两次，试卷运送过程中全程押运，试卷交接过程中履行手续，确保各类考试试卷的保密安全。

（王志坚）

【信息公开保密审查】 年内，区委保密办依据《石景山区政府信息公开保密审查办法》和《政府信息公开保密审查办法实施细则》，开展政府信息公开保密审查工作的检查，发现个别单位在保密审查工作中还存在程序不完善、手续不齐全、责任不明确等问题，规范保密审查工作的标准和流程。

（王志坚）

【涉密载体保密管理】 年内，区委保密办加强移动存储介质和内部文件资料保密管理，建立健全涉密载体台账制度和涉密设备档案制度，确保涉密载体全程管理。制定下发《涉密载体销毁管理暂行规定》，规定全区涉密载体统一由中央和国家机关涉密载体销毁中心实施集中销毁，由区国家保密局全程监销，杜绝销毁环节失泄密问题。全年共集中销毁涉密载体6次，销毁硬盘50余块，光盘500余张，纸介质文件资料近30吨。

（王志坚）

【涉密信息设备国产化替代】 年内，区委保密办在全区开展涉密信息设备国产化替代工作。区国家保密局先行购买两台专用计算机供各单位进行专用系统测试，指导基层各单位开展非联网涉密计算机替代工作。

（王志坚）

【保密自查自评督查】 年内，区国家保密局制定“机关、单位保密自查自评工作规则”及“督查工作方案”要求全区各单位担负起贯彻落实保密法律法规的主体责任，建立保密自查自评工作长效机制，主动排除失泄密隐患，提升保密管理水平。在全区各机关单位开展自查自评工作的基础上，成立两个专项督查组，利用两个月时间，到78家机关、单位开展保密自查自评专项督查。14家单位发现问题和隐患，对8家单位下达立即整改决定；对6家单位立即整改有困难的，提出整改意见，限期整改。将保密自查自评工作纳入年度考核考评体系，确保国家秘密的安全。

（王志坚）

直属机关党建

【概况】 中共石景山区委直属机关工作委员会（简称机关工委），是区委的工作部门。编制数11人，实有11人。负责领导和管理区直属党、政、群机关基层党组织。截至年底，辖有61个基层党组织，其中党委12个，党总支11个，党支部38个，党员3478人；区直机关工会工委辖机关工会58个，会员3127人；区机关团工委辖团支部12个，团员141人。2018年，机关工委以习总书记关于机关党组织要当好“三个表率”，争做“模范机关”的批示精神为积极向上奋斗的强大动力，坚持高站位谋划，高标准部署，高效能实施，高精度考核党建工作，切实将区委下达的全面从严治党责任记在心里、扛在肩上、抓在手里、落在实处，圆满完成党的建设各项任务。

（王　涛）

【政治建设】 年内，机关工委把宣传贯彻十九大精神、总书记视察北京讲话、纪念改革开放40周年、区委“三二一”工作思路等作为重大政治任务。抓好“两贯彻一落实”工作，构筑横向到边纵向到底的党建工作责任体系，出台区直机关工委工作规则，确保区委决议决定落实到位。全年召开6次工委会，39次书记办公会，研究决定172个等类领导班子事项。加强与各单位党组沟通，针对机关单位易发的在紧张推进工作中疏于自身建设，要求他人比要求自己重的“灯下黑”通病，全面推行支部党日活动加九项常规组织生活的1+9工作制度。与《关于新形势下党内政治生活的若干准则》和《中国共产党支部工作条例（试行）》规定精神高度契合。发挥区四套班子领导成员过双重组织生活、开展民主评议以上率下以及工委机关党支部组织生活制度建设率先垂范作用。

（王　涛）

【学习活动】 年内，机关工委按照“每季一个专题、一堂课、一批图书、每半年进行一次书评、每年进行一次总结表彰”的工作机制，全年开展以“建设新时代伟大工程”“尊崇党章，严守规范”“学习新思想、跃上新境界”“将改革进行到底”为主题的读书活动共4个，相继以“坚定不移全面从严治党，不断提高党的执政能力和领导水平”“管党治党的总章程——党的十九大党章解读”“习近平新时代中国特色社会主义思想概论”“爱国奉献勇担当建功立业新时代”为主题进行4次党课教育，为基层党组织配发由机关工委编印的《图说党史》丛书第四集《宝贵的财富》，向区直机关党员干部推荐并购买《历史是最好的教科书—党章中的治国理政故事》《精神——新时代中国共产党的伟大精神》《用伟大成就伟大：与党员干部谈四个伟大》等图书11目9000余册，投入资金10万余元；完成上年度“书香机关”建设先进单位和个人表彰工作，持续推进学习型党组织的创建工作。

（王　涛）

【双报到】 年内，机关工委指导督促各基层党组织及全体党员完成“双报到”网上注册和对接报到工作。全系统党组织均完成组织报到，报到率100%；在职党员3417人中除因病、涉密系等16人未完成报到外，其余3401名党员均完成社区报到工作，报到率99.53%。自觉将“双报到”工作与“共建双承诺”活动和“归巢公益之星”活动有机结合，修订完善《“归巢公益之星”服务项目方案》，将报到在职党员在社区参加活动情况作为“归巢公益之星”评比的重要依据，建立在“双报到”工作中的“归巢公益之星”、主题报到日承办、共建双承诺三大常态机制。在“街道吹哨、部门报到”工作中组织机关党组织和党员参加“社区吹哨我报到、文明创建我先行”6次主题活动。

（王　涛）

【党组织建设】 年内，机关工委推进党支部规范化建设，采取“以工作规范为教科书、以责任清单为课程表、以记实手册为作业本、以互联网络为数控平台”的机制，提升党支部组织力和政治功能发挥。自编、自导、自演“堡垒是这样筑成的——区直机关党建新貌文艺汇演”。指导各基层党组织做到管党责任清单化、普遍规定应用化、党日活动经常化、学习教育常态化、服务中心项目化、基本保障有力化、监督考核精准化、支部党务公开化、工作情况记实化，为基层党组织配发《党支部工作规范》《党支部工作手册》《党员组织生活记实手册》以及《党务干部工作手册》，提高各基层党组织规范化意识，促进党支部工作规范化建设。年内，指导和督促人保局、文化委、卫计委、住建委等机关党组织转隶和机关党委成立工作，调整任命红十字会等党组织书记(副书记)9名，审批增补委员3名。完成国税局、地税局原党组织撤销及税务局机关党委、工会、妇联组建工作；完成规划委、国土资源局原党组织撤销及规划和国土资源管理委员会机关党委成立的组织工作；指导区纪委监委完成机关党委组建工作。

（王　涛）

【党组织服务】 年内，机关工委组织召开“在冬奥会、冬残奥会服务保障中发挥党组织战斗堡垒作用”座谈会；指导25个基层党组织结合围绕“冬奥会、冬残奥会”开展服务保障工作，完善服务项目。在冬奥组委驻地开展“迎冬奥、建高端”阳春健步走活动，组织迎冬奥冰雪趣味运动会，举办牵手冬奥英语培训班，开展“剪雪花、迎冬奥”机关工作人员助力北京冬奥非遗主题活动。为打好蓝天保卫战，会同环保局、鲁谷社区党工委联合开展“区直机关系统街道吹哨我报到 文明创城环保行 污染源普查鸿雁行动”，让机关干部走进污染普查对象和餐饮企业进行普查登记和宣传。组织开展区直机关系统“新时代新担当新作为”主题活动、“和谐杯助燃激情”主题的乒乓球比赛、“坚定自信路，奋进新时代”主题的金秋登山等活动，组织区直机关党员举行迎五一“不忘初心、牢记使命”、迎国庆“奋进新时代、改革再出发”为主题的升国旗仪式；组织开展“不忘初心、牢记使命”迎七一新党员宣誓活动；举办区直机关党务干部红都精神培训班，激发广大干部立足本职干事创业的热情，形成鼓励担当作为、崇尚苦干实干的良好风尚。

（王　涛）

【27.6万元关爱帮扶】 年内，机关工委下拨帮扶资金27.6万元，各基层党组织累计开展扶危济困活动384次，参加活动人数4994人，投入资金近6万元，捐赠物品100件，走访慰问95人次，为社区解决实际问题357件，社区为机关提供各类服务63项。组织区四套班子领导和区机关907名机关党员干部参加“共产党员献爱心”捐款活动，共计捐款96670元；组织全体干部职工，参加“春风送暖”“博爱在京城”募捐活动，合计捐款70310元。

（王　涛）

党校(行政学院)

【概况】 中共石景山区委党校[简称区委党校(行政学院)]是在区委直接领导下培养全区党员领导干部和理论干部的学校。全年培训各类班次143期、14343人次，较上年分别增长10%和29%，再创历史新高。其中：协助区委组织部办班22期，培训3387人次；协助区人力社保局办班12期，培训958人次；协助统战部办班3期，培训216人次；协助区人大、区政协、各委办局、各街道办班106期，培训9782人次。突出主课主业，确保主课内容，加大党的理论教育和党性教育比重，各主体班主课比例在71%—78%之间；打造核心课程，将学习贯彻习近平新时代中国特色社会主义思想和党的十九大精神作为主体班必修课程。

（李嘉鹏）

【举办30期主体班】 年内，区委党校(行政学院)完成各类主体班培训30期，培训学员4025人次(见下表)。

表3　2018年石景山区委党校(行政学院)主体班一览表

序号	培训主题	日　期	人数	主办单位
1	第一期学习贯彻党的十九大精神基层党组织书记轮训班	1月10日—12日	732	区委组织部、区委党校
2	第二期学习贯彻党的十九大精神基层党组织书记轮训班	1月17日—19日	655	区委组织部、区委党校
3	第八期面试考官培训班	3月13日—14日	86	区人力社保局、区行政学院
4	依法行政专题培训班	3月19日—23日	112	区人力社保局、区行政学院
5	党建主体责任培训班	4月2日—4日	80	区委组织部、区委党校
6	第一期处级干部进修班	4月16日—5月14日	39	区委组织部、区委党校
7	第一期入党积极分子培训班	4月11日—13日	248	区委组织部、区委党校
8	第二期入党积极分子培训班	4月18日—20日	254	区委组织部、区委党校
9	第二十四期中青年干部培训班	5月11日—7月6日	47	区委组织部、区委党校
10	全面从严治党专题培训班	5月7日—11日	57	区委组织部、区委党校
11	文化创意产业创新发展专题培训班	5月14日—18日	62	区委组织部、区委党校
12	第一期科级干部任职培训班	5月14日—6月1日	74	区人力社保局、区行政学院

续表

序号	培训主题	日　期	人数	主办单位
13	全面深化改革专题培训班	5月21日—25日	60	区委组织部、区委党校
14	第一期公务员、事业单位人员学习大讲堂	5月30日	56	区人力社保局、区行政学院
15	基层党组织书记大讲堂	6月15日	500	区委组织部、区委党校
16	第一期科级干部能力素质提升培训班	7月9日—13日	80	区人力社保局、区行政学院
17	基层党建创新专题培训班	7月9日—14日	30	区委组织部、区委党校
18	提高媒体沟通与危机管理能力专题培训班	9月3日—7日	50	区委组织部、区委党校
19	第二期科级干部任职培训班	9月3日—21日	49	区人力社保局、区行政学院
20	新任职处级干部培训班	9月10日—21日	47	区委组织部、区委党校
21	第二期公务员、事业单位人员学习大讲堂	9月11日	48	区人力社保局、区行政学院
22	互联网+智慧城市的创新引领专题培训班	9月16日—21日	24	区委组织部、区委党校
23	习近平新时代中国特色社会主义理论体系研修班	9月25日—29日	53	区委组织部、区委党校
24	第三期入党积极分子培训班	9月26日—28日	80	区委组织部、区委党校
25	职业道德专题培训班	10月15日—19日	107	区人力社保局、区行政学院
26	第二期处级干部进修班	10月15日—11月9日	49	区委组织部、区委党校
27	第二期科级干部能力素质提升培训班	10月29日至11月2日	49	区人力社保局、区行政学院
28	第三期公务员、事业单位人员学习大讲堂	10月31日	62	区人力社保局、区行政学院
29	公务员初任培训班	11月8日—23日	158	区人力社保局、区行政学院
30	第四期公务员、事业单位人员学习大讲堂	11月14日	77	区人力社保局、区行政学院

（李嘉鹏）

【廉政共建】 9月17日，区委党校（行政学院）与中行石景山支行就双方互通有无、搭建廉政共建交流平台达成一致意见，并签订廉政共建和友好合作协议。本次签约是党校首次与辖区银行系统建立廉政共建和友好合作关系，旨在通过共建双方持续深入的党建工作交流，加强和提升党建工作的规范化、制度化、科学化。

（李嘉鹏）

【科研工作】 年内，区委党校（行政学院）完成校级以上课题45项，其中市级课题8项，区级课题13项，校级课题24项。获得10个科研奖项，其中市级课题获奖7项，区级课题获奖3项，获市委党校（行政学院）系统2016—2017年度优秀科研工作组织奖、优秀科研管理工作者奖及优秀科研成果二等奖。围绕“六个先行区”的发展目标编制《石景山区2018年处级干部进修班咨政报告指导手册》《石景山区第23期中青年干部培训班咨政报告指导手册》，为学员咨政选题提供参考，并对学员进行咨政辅导。对接区委区政府中心工作，出台《“一个校委 一个课题 一个智囊”科研项目实施方案》，确立5项“三个一”咨政项目，对口抽调人员成立“三个一”咨政课题研究小组。建立以《党校呈阅件》为载体的报送渠道，直接将咨政研究成果报送区委决策层。《关于将在京高校处级专题培训班举办地点调整到区委党校的建议》等3篇决策咨询报告获区领导批示。年内，在区级以上媒体发表文章61篇，其中在京华组工论坛网发表文章45篇。

（李嘉鹏）

党史资料征集

【概况】 中共石景山区委党史办公室（简称区委党史办）是区委主管的职能部门。2018年，区委党史办围绕区委“全面从严治党提升年”主题和“一坚持四提升”工作目标，深化实施“全面深度转型、高端绿色发展”战略和“一二六”发展思路，坚持以党建统领为法宝、以改革创新为动力、以民主法治为保障、以建设民生家园为目的，开展“两学一做”学习教育活动，充分履行部门职能，全面宣传党的历史，发挥党史“以史鉴今，资政育人”的作用，提升党史工作科学化水平和服务大局能力。按照全市统一部署，加强史料补充，章节修改，加快推进《中国共产党北京市石景山区历史》的编写进度。

（刘　杰）

【资料收集和文献汇编】 年内，区委党史办加强基础资料收集整理，收集整理区委重要会议文件资料、2017年党史大事记资料、口述资料，共958条，7万余字。结合党史宣传月活动，以石景山区解放70周年、改革开放40周年为主题，征集相关资料。

（刘　杰）

【主题宣教活动】 年内，区委党史办依托党史宣传月，抓好主题宣教活动。按照市委党史研究室《讴歌新北京 唱响新时代——庆祝改革开放40周年北京党史宣传月活动方案》要求，把以《中国改革开放全景录·北京卷》为基础，收集图文资料制作成的电子展览在全区进行展览。结合石景山区开展的庆祝改革开放40周年群众性主题宣传教育活动，与区委宣传部、区文联联合举办庆祝改革开放四十周年“盛世中华新时代”摄影作品展，配合举办知识竞赛等活动，指导全区各街道开展党史宣传活动。利用《见证石景山》刊物，出版《纪念石景山解放七十周年专刊》和《纪念改革开放四十周年专刊》。

（刘　杰）

【党史党建宣传】 年内，区委党史办继续加强《见证石景山》杂志和石景山党史网两个公众平台建设，倡导正能量，传达社会主流声音。《见证石景山》杂志作为全区党员干部读史研史园地，党史爱好者学习交流窗口，截至年底，总计发行超过45000本，共计152万余字，覆盖全区各单位、151家社区、市委和兄弟区县部门；石景山党史网更新7个板块内容，153篇文章。配合有关部门组织开展纪念重大党史事件和重要党史人物的各种活动，配合有关部门审读地方党史题材相关的稿件，严把史实关和政治关，为区委抓好意识形态工作提供有力支撑。加强与基层合作，为园区党建活动室布展出谋划策，提供审核把关服务。

（刘　杰）

【做好协调辅助工作】 年内，区委党史办为《北京红色遗存》撰写石景山地区红色遗存介绍及概述、为《中国改革开放全景录·北京卷》征集上报资料、做好市委红色丛书《北京红地标》有关八宝山革命公墓资料提供和采编联系工作、配合完成《中国共产党北京历史》第一卷审核修订工作，配合完成市党史研究室布置的其他工作。

（刘　杰）

中共石景山区委员会

书　　记　牛青山（4月免）
　　　　　于长辉（4月任）

副 书 记　文　献（6月免）
　　　　　陈之常（6月任）
　　　　　田利跃

常　　委　牛青山（4月免）　于长辉（4月任）
　　　　　文　献（6月免）　陈之常（6月任）
　　　　　田利跃　柯永果（12月任）　郭　鹏
　　　　　富大鹏（达斡尔族）　晋秋红（女）
　　　　　肖　平　姚茂文（土家族）
　　　　　张国富（2月任，9月免）　邓晓兵（9月任）

委　　员　（按姓氏笔画为序排列）
　　　　　于长辉（4月任）　王永明　王春风
　　　　　牛青山（4月免）　文　献（6月免）　亢　军
　　　　　邓晓兵（9月任）　石显富　田利跃
　　　　　宁慧娟（女）　刘　红（女）　孙厚义
　　　　　李凤莲（女）　李文起　李金克
　　　　　杨旭东　杨京春（女）　杨贵宝
　　　　　肖　平　吴　燕（女）　吴克瑞
　　　　　吴智鹏　佟纪光　宋世媛（女）
　　　　　宋永红（女）　张玉国　张国富（2月任，9月免）
　　　　　陈　伟　陈之常（6月任）　陈婷婷（女，藏族）
　　　　　邵立文　周西松　柯永果（12月任）
　　　　　赵恩国（苗族）　郝显军（蒙古族）　侯宝华
　　　　　姚茂文（土家族）　晋秋红（女）　高　虹（女）
　　　　　郭　鹏　郭绍华（9月免）　富大鹏（达斡尔族）

候补委员　（按得票多少为序排列）
　　　　　王学秀（女）　苏文颖　杨文钢
　　　　　李景利　迟志禹　夏鹏程
　　　　　佟建国　高春玲（女）

石景山区委工作机构主要负责人

区委办主任　杜　涛
组织部部长　晋秋红（女）
　常务副部长　孙厚义
宣传部常务副部长　王铁峰（12月免）
统战部部长　姚茂文（土家族）
　常务副部长　苏文颖
全面深化改革领导小组
　办公室主任　姚茂文（兼，土家族）
　常务副主任　迟志禹（兼）
政法委书记　富大鹏（达斡尔族）
　常务副书记　朱钢银（12月免）
　　　　　　　夏鹏程（12月任）
综治办主任　夏鹏程
研究室主任　迟志禹
区直机关工委书记　李景利
编办主任　徐亚玲（女）
社会工委书记　高春玲（女）
保密办主任　万晓健
老干部局局长　王宏芬（女）
文明办主任　杨文钢
610办主任　朱继忠
党校（行政学院）校（院）长　田利跃（兼）
　常务副校（院）长　侯宝华（副区级）
党史办主任　吕松涛
教工委书记　郝显军
农工委书记　蔡利全
中关村科技园区石景山园工委书记
　　　　　　　周西松（兼）
城管工委书记　李金克（兼，6月免）
　　　　　　　肖　平（兼，6月任）

石景山区政府、党政分设工作机构党委(党组)书记

政府办党组书记　吴　燕(女)
发改委党组书记　岳林华(12月免)
　李文化(女,12月任)
经信委党组书记　王晓华
民政局党组书记　丁仁猛
司法局党组书记　高维华
财政局党组书记　陈　伟
人力社保局党组书记　齐　兵
环保局党委书记　张瑞龙(副区级)
住建委党组书记　杨旭东
商务委党组书记　宋世媛(女)
卫计委党组书记　张　帆(女,12月免)
　葛　强(12月任)
审计局党组书记　王亚兰(女)
国资委党委书记　杨贵宝
安监局党组书记　佟晓军
体育局党组书记　任连田
统计局党组书记　王彦明
园林绿化局党委书记　李元员(女)
西建办党组书记　顾京生(副区级)
旅游委党组书记　安宝喜
民防局(地震局)党组书记　崔　泽
信访办党组书记　张洪江
金融办党组书记　杨京春(女)
行政服务中心党组书记　孙栓柱(副区级,3月免)
政务服务办党组书记　孙栓柱(副区级,3月任)
城市管理综合行政执法监察局党委书记
　张玉起
档案局党组书记　张相明
环卫中心党委书记　张根群(12月免)
　冯雅男(12月任)
广电中心党总支书记　刘长成(12月免)
　王国强(12月任)
公园管理中心党总支书记　王金兰(女)
八大处公园管理处党总支书记　刘云清
石景山医院党委书记　刘　鹏
规划分局党组书记　王亦兵(3月免)
国土分局党组书记　霍　丽(女,3月免)
规划国土分局党组书记　徐咏梅(女,3月任)
国税局党组书记　李卫平(8月免)
地税局党组书记　李　娜(女)
税务局党委书记　谢明江(8月任)
食药监局党组书记　张桂敏(女)
质监局党组书记　韩洪亮
工商分局党组书记　李广隆

石景山区人民代表大会

综　述

【概况】 石景山区第十六届人民代表大会由全区29万选民依法选举产生的183名区人大代表组成，设有4个专门委员会——法制委员会、财政经济委员会、教育科技文化卫生体育委员会、城市建设环境保护委员会，在大会闭会期间，受本级人大常委会领导，任期五年，每年至少举行一次会议。石景山区人民代表大会常务委员会(简称区人大常委会)是本区人民代表大会的常设机关，由区人民代表大会选举产生。在大会闭会期间，依法行使地方国家权力机关的职权，对区人民代表大会负责并报告工作。区第十六届人大常委会组成人员35人，其中主任1人、副主任5人、委员29人。常委会会议由主任召集，每两个月至少举行一次。

(包和平)

【市人大调研北京侨梦苑】 10月26日，市人大常委会主任李伟与部分常委会组成人员、专委会委员、人大代表20余人到区调研北京侨梦苑工作。李伟一行先后参观北京侨梦苑侨创空间、海外院士专家北京工作站(新首钢办公区)及首钢工舍酒店改造项目，铁色记忆首钢历史等展览，观看首钢集团宣传片，了解首钢北京园区开发建设等情况。听取市侨办、区政府、首钢总公司等单位汇报侨务引资引智相关工作情况。市政府副秘书长韩耕、市侨办主任刘春锋，区领导于长辉、陈之常、李文起参加。首钢集团领导张功焰、梁捷陪同。

(包和平)

【市人大调研居家养老情况】 11月13日，市人大常委会组织部分委员代表，到区就居家养老健康服务和本市长期护理保障制度建设情况进行调研。石景山区作为本市长期护理保险试点，通过提供实物性的护理服务，解决居家失能老年人的长期护理问题，完成对八角街道23个社区重度失能人员全覆盖。在八角北路特钢社区受理咨询点，调研组详细察看网点运行情况，了解失能评估、待遇申请、护理服务范围及护理人员培训等情况。座谈会上，市人力社保局、市金融局、石景山区汇报居家养老健康服务开展和长期护理保险试点情况，调研组和有关部门就长期护理保险的保障范围、资金筹集、服务对象、评估机制等进行交流。市领导侯君舒、卢彦、李伟参加调研。

(包和平)

重要会议

【概况】 年初，区人大召开十六届四次会议，全年举行常委会会议9次，审议49项议题，其中听取和审议“一府一委两院”工作报告13项，作出决议、决定和审议意见书20项，依法任免国家工作人员36人次，严格落实新任命人员向宪法宣誓制度，补选1名北京市第十五届人民代表大会代表(于长辉)，补选7名石景山区第十六届人民代表大会代表(于长辉、陆江、杜立明、陈之常、梁学刚、金英强、邓小兵)。区人大常委会全年召开26次主任会议，研究处理人大常委会的重要日常工作，指导和协调人大常委会工作机构开展工作。

(包和平)

【十六届人大四次会议】 1月16日—19日召开。会议听取和审议石景山区人民政府工作报告；审议石景山区2017年国民经济和社会发展计划执行情况与2018年国民经济和社会发展计划草案的书面报告，审查和批准石景山区2017年国民经济和社会发展计划执行情况的报告与2018年国民经济和社会发展计划；审议石景山区2017年预算执行情况和2018年预算草案的书面报告，审查和批准石景山区2017年预算执行情况的报告和2018年预算；听取和审议石景山区人民代表大会常务委员会工作报告；听取和审议石景山区人民法院工作报告；听取和审议石景山区人民检察院工作报告。会议期间，收到议案26件，其中代表团提出的18件，10人以上代表联名提出的8件。以上议案归纳合并为5项议案，分别是“开展全民健身工作暨打造冬季体育运动特色先行区”议案、“未来三年(2018—2020年)全面提升我区园林绿化工作水平”议案、“推进长期护理保险试点工作”议案、“推进老旧小区高端提升”议案和“整体布局、科学配置、统筹推进我区公共厕所建设”议案。作为建议、批评和意见的17件，按照办理代表建议、批评和意见的法定程序研究办理。收到代表建议147件(含议案转建议)。交区政府办理144件，交区委有关部门办理3件。

(包和平)

【区人大常委会第九次会议】 3月15日召开。会议审议通过《石景山区人大常委会2018年工作要点》。全年拟安排常委会会议6次，确定议题30项，其中听取和审议“一府一委两院”工作报告15个，专题询问5个；安排执法检查和视察6项。工作要点分6部分23项。审议通过《石景山区人大常委会关于修改<石景山区人民代表大会常务委员会专题询问暂行办法>的决定》，并自公布之日起施行。决定人事任免事项。

(包和平)

【区人大常委会第十次会议】 5月17日召开。会议听取和审议区园林绿化局代表区政府所作关于未来三年(2018—2020年)全面提升园林绿化工作情况的报告，听取区人大城建环保委员会所作关于未来三年(2018—2020年)全面提升园林绿化工作情况的调查报告。会议开展询问活动。会议听取和审议区政府关于2017年度环境状况和环境保护目标完成情况的报告。会议审议通过《石景山区人民代表大会常务委员会规范性文件备案审查暂行规定》，自2019年1月1日起施行。会议审议通过《石景山区人民代表大会常务委员会街道工作委员会通则》，自通过之日起施行。区人大法制委员会向区人大常委会提交《关于检查<北京市消防条例>实施情况的书面报告》。

(包和平)

【区人大常委会第十一次会议】 6月

14日召开。会议决定人事任免事项。决定任命生效友为石景山区人民政府副区长；免去李金克石景山区人民政府副区长职务。会议以举手表决的方式，决定接受文献辞去石景山区区长职务的请求，并报区人民代表大会备案。会议以无记名投票表决的方式，通过区人大常委会主任会议提请的人事任免名单：决定任命陈之常为石景山区副区长。会议以举手表决的方式决定：由陈之常代理石景山区区长职务。会议举行宪法宣誓仪式。

（包和平）

【区人大常委会第十二次会议】 7月19日召开。会议审议通过《石景山区人民代表大会常务委员会讨论、决定重大事项办法修正案》，并自通过之日起施行。审议通过《石景山区预算审查监督办法》，并自2019年1月1日起施行。听取和审议区财政局代表区政府所作的关于2017年决算草案的报告。听取和审议区审计局代表区政府所作关于2017年度预算执行和其他财政收支的审计工作报告。听取和审议区财政局代表区政府所作关于2018年上半年预算执行情况的报告。听取区人大财政经济委员会所作关于石景山区2017年决算草案及2018年上半年预算执行情况的初步审查意见。听取和审议区政府所作关于2018年上半年国民经济和社会发展计划执行情况的报告。听取区人大财政经济委员会所作的关于石景山区2018年上半年国民经济和社会发展计划执行情况的初步审查意见。会议结合审议审计工作报告，对2017年决算草案和报告进行审查，决定批准石景山区2017年决算。听取和审议区法院院长所作的关于深化司法体制改革情况的报告，听取区人大法制委员会对区法院关于深化司法体制改革情况的意见和建议。会议以无记名投票表决的方式，通过区检察院检察长提请的免职名单。

（包和平）

【区人大常委会第十三次会议】 9月27日召开。会议听取和审议区发改委所作《关于十三五中期评估的报告》，听取区人大财政经济委员会所作关于十三五中期评估报告的初步审查意见。会议听取和审议区规土分局所作关于石景山区分区规划（2017年—2035年）的报告，听取区人大城建环保委员会所作的关于《石景山区分区规划（2017年—2035年）》的初步审查意见。听取和审议区体育局代表区政府所作关于开展全民健身工作暨打造冬季体育运动特色先行区情况的报告，听取区人大教科文卫体委员会所作《关于开展全民健身工作暨打造冬季体育运动特色先行区情况的调查报告》。审议通过《石景山区人民代表大会专门委员会工作规则》，自通过之日起施行。表决通过《北京市石景山区人民代表大会常务委员会关于接受揭霈霖辞去石景山区第十六届人民代表大会代表职务请求的决定》。表决通过《北京市石景山区人民代表大会常务委员会代表资格审查委员会关于个别代表的代表资格的报告》。根据表决结果，牛青山、文献、庞鸿生、程俊伟、于华、郭绍华的代表资格终止。表决通过《北京市石景山区人民代表大会常务委员会关于补选石景山区第十六届人民代表大会代表的决定》。区人大教育科技文化卫生体育委员会向区人大常委会提交《关于检查区人民政府贯彻实施<中华人民共和国食品安全法>及<北京市食品安全条例>情况的书面报告》。会议决定人事任免事项。

（包和平）

【区人大常委会第十四次会议】 10月24日召开。会议表决通过《北京市石景山区人民代表大会常务委员会关于接受耿振虎辞去石景山区第十六届人民代表大会代表职务请求的决定》。

（包和平）

【区人大常委会第十五次会议】 11月15日召开。会议听取和审议区人大常委会代表联络室所作的关于区第十六届人大第四次会议代表建议、批评和意见办理情况的报告。听取和审议区政府所作的关于区第十六届人大第四次会议代表建议、批评和意见办理情况的报告。听取和审议区发改委代表区政府所作关于"十三五"规划纲要部分指标调整方案的报告，听取区人大财政经济委员会所作关于"十三五"规划纲要部分指标调整方案的初步审查意见。表决通过《关于批准"十三五"规划纲要部分指标调整方案的决议》。听取和审议区人力社保局代表区政府所作关于石景山区开展长期护理保险试点工作的报告，听取区人大法制委员会所作关于石景山区开展长期护理保险试点工作的意见和建议。听取和审议区审计局代表区政府所作关于2017年预算执行和其他财政收支审计查出问题整改情况的报告，听取区人大财经委员会所作关于审计查出问题整改情况报告的初步审查意见。表决通过《区人大常委会关于石景山区第十六届人民代表大会第五次会议召开时间的决定》。表决通过《北京市石景山区人民代表大会常务委员会代表资格审查委员会关于个别代表的代表资格的报告》。确认于长辉、陆江、杜立明、陈之常、梁学刚、金英强、邓晓兵的代表资格有效，石景山区第十六届人民代表大会实有代表179名。区人民政府和区人大城建环保委员会分别提交关于"整体布局、科学配置、统筹推进石景山区公共厕所建设"议案办理和督办情况的书面报告，区人大城建环保委员会提交关于视察"疏解整治促提升"专项行动和"六个一批"工程以及重点工程建设情况的书面报告。会议决定人事任免事项。会议以无记名投票表决的方式，通过陈之常、高虹提请的人事任免名单。

（包和平）

【区人大常委会第十六次会议】 12月13日召开。会议讨论区人大常委会向区第十六届人民代表大会第五次会议所作工作报告（讨论稿），决定提交人代会审议。审议《区第十六届人民代表大会第五次会议议程（草案）》，议程（草案）将交各代表联组讨论，在第五次人代会预备会上交代表表决通过。审议《区第十六届人民代表大会第五次会议主席团和秘书长等名单（草案）》，名单（草案）将交各代表联组讨论，在第五次人代会预备会上交代表表决通过。会议同意区第十六届人民代表大会第五次会议列席人员名单。区人民政府和区人大城建环保委员会分别提交关于“推进老旧小区高端提升”议案办理和督办情况的书面报告。区人大各专门委员会向区人大常委会提交 2018 年工作报告。区人大常委会各街工委提交 2018 年工作报告。会议决定人事任免事项。以举手表决的方式,决定接受牛青山辞去北京市第十五届人民代表大会代表职务的请求,并报北京市人大常委会备案、公告;会议以无记名投票的方式,补选于长辉为石景山区出席北京市第十五届人民代表大会代表,会后报市十五届人大常委会代表资格审查委员会;会议以无记名投票的方式,通过陈之常提请的人事免职名单。

(包和平)

【区人大常委会第十七次会议】 12 月 28 日召开。会议审议通过《区第十六届人民代表大会第五次会议议案审查委员会名单(草案)的调整方案》。会议决定人事任免事项。以举手表决的方式通过《关于接受田利跃辞去石景山区人民政府副区长职务请求的决定》,并报区人民代表大会备案。会议以无记名投票的方式,通过陈之常提请的人事任免职名单:任命柯永果为石景山区人民政府副区长。

(包和平)

【主任会议】 年内,区人大常委会召开 26 次主任会议,研究处理人大常委会的重要日常工作,指导和协调人大常委会工作机构开展工作。研究确定 9 次人大常委会会议召开的时间和日程安排,提出各次会议议程草案;研究讨论人大常委会年度工作要点草案及主要工作安排;研究讨论召开区第十六届人民代表大会第四次会议和区第十六届人民代表大会第五次会议筹备工作方案、议程及有关名单草案、人大工作报告讨论稿;研究讨论人事任免事项;研究讨论召开人大工作研讨会。

(包和平)

专门委员会

【法制委员会】 年内,法制委员会探索与街工委联动,建立专委会与区检察院联动监督机制。全年召开专委会全体会议 4 次,初审各种报告 10 篇。协助常委会听取和审议 2 项专项工作报告,开展 1 项跟踪检查,1 次专题询问,1 次专项工作视察,1 次执法检查。督办法制类代表建议 20 件,协助区人大常委会副主任重点督办代表建议 2 件。组织委员、代表开展视察、检查、专题询问、调研、旁听等各类活动 34 次,参加委员、代表 202 人次,提出意见建议 102 条。

(包和平)

5 月 29 日,区人大常委会视察区法院司法体制改革情况 (区人大供稿)

【财政经济委员会】 年内,财政经济委员会落实各项决策部署,加强预算审查监督工作,修订《北京市石景山区预算审查监督办法》,建立国有资产管理情况报告制度,首次对“双重项目”进行审查,首次开展部门预算的初步审查,首次对审计查出问题整改情况进行专题审议,首次执行政府新增债务额度报告制度,首次开展预算审查代表培训;开展构建“高精尖”经济结构专题调研,首次开展经济主题的专题询问,推进预算监督和经济监督取得实效。全年召开专委会会议 8 次,开展专题询问 1 次,完成 10 项法定议题的初步审查工作;协助常委会完成审议议题 9 项,提交常委会初审意见 6 件,审议意见书 6 件;以专委会名义向区政府提出初步审查意见 2 件,审议意见书 1 件;提交人代会审查报告 2 个;开展 23 次专题调研活动,形成 3 篇调研报告和 17 篇调研信息,提出意见建议 27 条。

(包和平)

【教育科技文化卫生体育委员会】 年内,教科文卫体委员会推动“开展全民健身工作暨打造冬季体育运动特色先行区”议案办理,强化政府的公共体育服务职责,落实全民健身国家战略。开展百姓食品安全执法检查,改进检查方式,由区人大常委会主任、副主任带队,推动食品安全监管能力的提升。采用实地调研、听取汇报和座谈交流相结合的方式,对全区公共文化服务体系示范区创建工作、模式口历史文化保护区及西山永定河文化带规划建设情况、深化教育改革提升教育服务能力情况、深化医药卫生体制改革及中医药事业发展情况等开展监督。对区体育局和卫计委领导班子及领导干部开展履职监督,向常委会提交履职监督报告。督办代表建议 30 件,全部办结,代表满意率 100%。协助市人大做好“推进全国文化中心”工作情况的调研以及对《北京市非物质文化遗产保护条例(草案)》拟立法文件的征求意见工作。全年召开委员会会议 4 次,协助常委会听取并审议专项工作报告 2 项,开展专题询问 1 次,初审各项报告7篇，组织进行调研、执法检查、建议督办等各类监督活动19次，专委会委员和人大代表153人次参加。

（包和平）

【城市建设环境保护委员会】 年内，城建环保委员会召开委员会会议5次，审议5项议题，协助区人大常委会听取和审议政府专项工作报告3项，常委会视察1次。受常委会委托开展专项视察1次，完成专题询问2项。督办城建环保类代表建议74件，协助区人大常委会主任、副主任牵头重点代表建议督办2件，跟踪督办区第十六届一次会议代表建议4件。组织委员、代表开展视察、执法检查、专题询问、调研等各类活动33次，参加委员、代表306人次，提出意见建议109条。

（包和平）

监督工作

【概况】 年内，区人大常委会围绕区委中心工作，坚持党的领导，积极履职践责，服务高端绿色发展。把推进全国文明城区创建融入人大监督工作重点，与常委会和代表履职相结合。常委会主任、副主任担负创城指挥部职责，督促整改。区人大各专委会围绕创城指标体系，开展执法检查、视察调研，促进创城各项任务落实。人大街工委组织代表联组活动，视察地区创城重点难点，为创城建言献策。人大代表立足岗位、深入社区、联系群众，投身创城一线作贡献。调研检查区政府推进建筑垃圾处理、山林绿化、树池连通等工作情况，视察疏整促专项行动和“六个一批”工程建设及区重点工程建设情况。

（包和平）

【重点工作监督】 年内，区人大常委会围绕现代公共文化服务体系建设、西山永定河文化带建设、中医药事业发展、学前教育、居家养老健康服务等方面，组织开展一系列专题调研。开展食品安全法、北京市食品安全条例执法检查，加大检查力度，首次由常委会主任、副主任带队分组检查，首次就食品安全问题开展专题询问。调研区监察委工作开展情况，听取和审议区法院关于司法体制改革工作情况的报告，跟踪检查区检察院落实侦查监督工作审议意见情况。

（包和平）

【强化预算审查监督职能】 年内，区人大常委会改进预算审查监督工作，推动预算审查监督重点向支出预算和政策拓展，首次对重点支出和重大投资项目进行绩效评价。首次试点部门预算初步审查，人大各专委会共同参与，实现工作监督与预算监督的有机结合。建立政府债务限额调整报告制度、预算编制工作向代表通报制度，推动建立国有资产管理情况报告制度。

（包和平）

【建议督办】 年内，区人大常委会坚持以人民为中心的思想，把督办过程作为促提升和惠民生的过程，坚持重点督办，完善分类督办和协助督办，强化跟踪督办。发挥人大专委会和人大街工委作用，扩大人大代表参与，加强办理协商，加强进度跟踪，加强实地检查。创新督办机制，实行跨年度跟踪督办，并形成长效机制。创新督办方式，探索与区检察院民事行政检察部门工作联动，力促群众反映强烈问题的解决。区政府强化建议办理主体责任，加强统筹协调，加强督查考核，办理工作提升新水平。关于“提高卫生费及加强杂物垃圾清运消纳”“金顶阳光小区老年活动站及早投入使用”等建议，以及一批百姓房前屋后的民生问题，得到较好解决。区十六届人大四次会议收到的147件代表建议，74%办结或在推进中，建议办复率100%，代表满意率100%。

（包和平）

代表工作

【服务区人大代表依法履职】 年内，区人大常委会围绕党的十九大精神、宪法法律、区域发展重点、预算编制等内容，组织人大代表系列学习活动，提升代表政治素质和依法履职能力。邀请代表列席常委会会议，参加常委会组织的执法检查、专题询问、视察调研，旁听法院公开审理案件，300余人次代表参与常委会相关工作，200余人次代表列席区委全会、政府常务会和“一府一委两院”牵头组织的座谈会。开展“讲政治、守规矩，作表率、促发展”主题履职活动，集中开展两次代表联系选民活动，代表们进“家”进“站”，与选民联系沟通，听取呼声建议，现场查看问题，研究对策措施。对征集到的意见问题，通过街道协调、《代表监督》直通车、提出代表建议等渠道，予以解决处理。规范代表述职活动，将口头述职与书面述职相结合，指导人大各街工委、首钢代表联组，有计划地安排代表向选民报告履职情况。

（包和平）

【服务市人大代表依法履职】 年内，区人大常委会密切市、区两级人大代表之间的联系，组织相关市人大代表列席区人大及其常委会会议，参加区人大代表联组活动、常委会视察检查活动。服务市人大代表出席市人民代表大会会议，提出议案和建议，市人大石景山团的代表在市十五届人大一次会议上提出代表议案5件、建议80件。

（包和平）

【人大街工委建设】 年内，区人大常委会修订区人大常委会街道工作委员会通则，定期召开人大街工委工作例会，以会代训部署指导工作。首次通过项目清单方式，梳理规范人大街工委工作内容，人大各街工委首次集中向常委会全面报告工作。创新“家站”工作，在八角杨南社区、八宝山沁山水南社区“代表联络站”开展首批示范点建设，各街工委结合全国文明城区创建、街道管理体制创新，将联络站与“老街坊”社区议事厅相结合，探索“一站一特色”、联络站与社区党校融合、代表约见会等模式，开展现场教学、精准扶贫等活动，“家站”建设走在全市前列。

（包和平）

石景山区第十六届人民代表大会常务委员会

主　任　李文起
副主任　刘亚泉　高洪雁（女）　朱钢银
　　　　吕秀艳（女）　马丽萍（女，回族）
委　员　马振才　王泽群　王颖玲（女）
　　　　毛慧敏（女，3月辞）　田　勇（女）
　　　　田景安　白宏宽　许保国
　　　　孙　钢　李　成　李金柱
　　　　杨学兵　杨清霞（女）　宋　平（女）
　　　　宋竞男（女）　张　杰（女）　张　艳（女）
　　　　张培莉（女）　张　清（女）　陈文彰
　　　　岳　峰　徐春生　郭绍华（9月去世）
　　　　黄　丹（女）　龚志彪　梁正刚
　　　　梁宗平　梁建新　颜海波

石景山区第十六届人民代表大会专门委员会

法制委员会　主任委员　张培莉（女）
　　　　　　副主任委员　杨清霞（女）　魏志强
财政经济委员会　主任委员　田　勇（女）
　　　　　　副主任委员　李金柱　宋　平（女）
教科文卫体委员会　主任委员　王颖玲（女）
　　　　　　副主任委员　毛慧敏（女，3月辞）
　　　　　　　　　　　　徐春生
城建环保委员会　主任委员　田景安
　　　　　　副主任委员　孙　钢　张　艳（女）

石景山区第十六届人大常委会工作机构负责人

办公室主任　龚志彪
研究室主任　张　清（女）
代表联络室（市人大代表联络处）主任　李　成
财政经济办公室主任　李金柱
预算审查办公室主任　田　勇（女）
法制（备案审查）办公室主任　张培莉（女）
教科文卫体办公室主任　王颖玲（女）
城建环保办公室主任　田景安

石景山区人民政府

综　　述

【概况】　石景山区人民政府(简称区政府)是石景山区人民代表大会的执行机关,是石景山区国家行政机关,对本级人民代表大会及其常务委员会和上一级国家行政机关负责并报告工作。设置政府工作部门29个。石景山区以习近平新时代中国特色社会主义思想为习近平总书记对北京重要讲话精神,认真落实新版北京城市总体规划赋予石景山区的功能定位,全力抓好"三件大事"、打好"三大攻坚战",加快推进全区高端绿色发展,圆满完成全年各项任务。预计地区生产总值完成580亿元,增速7%,增幅居中心城区第二;一般公共预算收入完成62.1亿元,增速10.1%,增幅居中心城区首位;预计全社会固定资产投资完成275亿元,其中建安投资完成90亿元,增速23.5%,增幅居中心城区第二;预计居民人均可支配收入71070元,增速7.5%,高于经济增长;预计万元地区生产总值能耗下降6%左右。新增就业8000余人,城镇登记失业率为2.13%。

(林迎午)

11月29日,北京石景山区与天津河北区协同发展合作对接会

(区委宣传部供稿)

【市政府领导调研】　4月5日,副市长王宁到八宝山革命公墓(市清明指挥部)检查工作。看望慰问消防、卫生执勤人员及殡葬职工和志愿者,通过清明祭扫大数据平台了解各墓区群众祭扫情况,组织召开清明祭扫服务工作座谈会,听取相关部门的工作情况汇报,对全市清明祭扫服务保障工作进行现场调度。4月20日,副市长张建东率市政府第四督导组到区督导检查优化营商环境和冬奥会筹办有关工作。实地检查石景山区企业开办大厅企业办事"一窗通"办理、区市民冰雪体育中心引入社会资本发展冰雪产业等情况,并召开企业代表征求意见会、石景山区和延庆区优化营商环境督导检查推进会。5月12日,副市长阴和俊带队到区调研高精尖产业发展情况。市领导一行先后到北京东土科技股份有限公司、北京航天测控技术有限公司进行现场调研,企业负责人围绕工业互联网、智慧城市、军民融合等技术成果转化落地,产学研互动融合发展等内容进行汇报。实地调研后,阴和俊听取关于加快科技创新,构建高精尖经济结构情况汇报。特别邀请区内7家企业代表围绕本市高精尖产业及高精尖项目落地存在问题进行座谈交流。阴和俊对石景山区加快科技创新,构建高精尖经济结构所取得的成绩给予肯定。5月17日,副市长殷勇到区调研北京保险产业园和企业开办大厅建设情况。市领导一行先后到中国保险信息技术管理有限责任公司、北京保险产业园、企业开办大厅进行现场调研,详细了解中国保险信息技术管理有限责任公司大数据平台建设情况、北京保险产业园建设情况及石景山区企业开办大厅"一窗三区N流转"工作平台运行情况。8月19日,市长陈吉宁调研并主持召开专题会议研究北京银行保险产业园发展建设情况。10月12日,副市长王红到区调研优化营商环境工作。田利跃汇报优化营商环境工作推进情况,王红对石景山区优化营商环境工作给予肯定。

(林迎午)

主要工作和重大活动

【概况】　2018年是全面贯彻党的十九大精神的开局之年,是改革开放40周年,是实施新版北京城市总体规划的第一年;是新中国成立70周年,是全面建成小康社会关键之年,是深入落实新版北京城市总体规划、加快推进高端绿色发展的重要一年。这一年,石景山区区域经济平稳健康发展,城市服务功能更加完善,社会治理能力不断增强,重点领域改革不断深化,政府自身建设取得新进展。

(林迎午)

【政府常务会】　全年召开政府常务会14次(见下表)。

表4　　政府常务会一览表

时　间	名　称	议　　题
1月2日	第1次	区住房城乡建设委关于2017年重点工程完成情况及2018年计划安排情况的汇报
		区住房城乡建设委关于2017年棚户区改造工作情况和2018年工作安排的汇报

续表

时 间	名 称	议 题
1月2日	第1次	区法制办关于2017年度石景山区法治政府建设情况暨依法行政工作的汇报
		区环保局关于2017年石景山区生态环保工作情况及2018年工作思路的汇报
3月7日	第2次	会议研究《石景山区人民政府2018年折子工程》
		会议研究《关于全面深化区属国资国企改革的实施意见》
		会议研究《石景山区第三期学前教育三年行动计划(2018—2020年)》及相关资金有关工作
4月3日	第3次	会前进行区政府任命的国家工作人员宪法宣誓仪式
		会前学习《中华人民共和国水污染防治法》
		研究2017年度市政府对我区绩效考评有关工作
		研究《石景山区蓝天保卫战2018年行动计划》
		研究2018年石景山区环保实事有关工作
		研究《2018年石景山区法治宣传教育和依法治区工作要点》
4月25日	第4次	研究《2018年区领导领衔办理市人大建议、政协提案工作安排》和《2018年区政府与区人大、区政协开展民主协商工作安排》
		研究《石景山区2018年防汛工作方案》
		研究石景山区"十三五"时期妇女和儿童发展规划中期评估工作
5月4日	第5次	研究石景山区2018年经济社会发展指标及一季度国民经济社会发展情况
		研究《2017年度石景山区环境状况和环境保护目标完成情况报告》
		研究《石景山区未来三年(2018年至2020年)全面提升园林绿化水平的工作报告》
5月17日	第6次	研究《石景山区军民融合产业发展规划(2018—2025年)》
		研究《石景山区"十三五"规划中期评估工作方案》
		研究《石景山区2018年政务公开工作要点》
		研究石景山区创建国家和首都公共文化服务体系示范区有关工作
6月28日	第7次	研究石景山区2018年国民经济和社会发展计划上半年执行情况
		研究石景山区2018年上半年预算执行情况及2017年财政决算草案情况
		研究石景山区2017年度预算执行及其他财政收支审计工作情况
7月13日	第8次	研究《关于上半年经济社会发展情况和下半年工作安排的报告》
		研究石景山区办理市区"两会"期间人大建议、政协提案有关工作
		研究2018年市政府绩效及市、区政府折子工程上半年进展有关工作
		研究石景山区落实国务院大督查有关工作
		研究石景山区2018年上半年环保工作总结和下半年工作安排
8月9日	第9次	研究《"健康石景山"建设三年行动计划(2018年–2020年)》
8月16日	第10次	研究石景山区2017年至2018年上半年依法行政重点工作
		研究石景山区7月城市管理有关工作
9月3日	第11次	研究《〈"十三五"时期石景山区国民经济和社会发展规划纲要〉中期评估报告》
		研究石景山区2018年上半年精准扶贫和对口协作情况及下一步工作安排
		研究"听民意、解民忧"活动市民诉求办理有关工作
		研究《石景山区进一步推进安全生产领域改革发展的实施方案》
		研究《石景山区关于推进中医药创新发展的实施意见》
		研究石景山区开展全民健身工作暨打造"冬季体育运动特色先行区"有关工作
9月17日	第12次	研究《石景山区分区规划(2017年–2035年)》
		研究《石景山区优化营商环境行动计划(2018年—2020年)》

续表

时间	名称	议题
10月29日	第13次	研究石景山区非紧急救助服务有关工作
		研究石景山区城市安全隐患治理“三年行动”推进情况及今冬明春火灾防控有关工作
		研究石景山区2018年前三季度经济社会发展有关工作
		研究石景山区2017年度预算执行和其他财政收支审计查出问题整改情况
		研究石景山区开展长期护理保险试点有关工作
		研究石景山区2018年—2019年供暖工作以及“煤改电”后续有关工作
12月6日	第14次	部署做好农民工工资支付工作
		研究非紧急救助服务和11月份城市运行管理有关工作
		研究2018年重大项目完成情况及2019年工作安排
		研究《2019年政府工作报告(审议稿)》
		研究《北京市石景山区2018年国民经济和社会发展计划执行情况与2019年国民经济和社会发展计划草案的报告》
		研究2018年预算执行情况和2019年预算草案有关工作
		研究2018年“济困工程”实施情况及2019年工作安排有关工作
		研究2019年春节环境布置及资金有关工作

(林迎午)

【区长办公会】 全年召开区长办公会35次(见下表)。

表5 区长办公会一览表

时间	名称	议题
1月2日	第1次	关于申请民兵训练基地扩建工程建设资金的请示
		关于文化中心建设工程相关问题的请示
		关于石景山区京石客专项目住房困难家庭配售京西景园限价商品住房的请示
		关于申请金顶街幼儿园红线外等项目资金的请示
		关于引进北京市十一学校合作举办北辛安配套学校的汇报
		关于西黄村规模学校办学主体及投资方式的请示
1月10日	第2次	研究《石景山区落实北京市委市政府安全生产第二督查组督查反馈意见整改工作报告》
		研究安全隐患大排查大清理大整治工作
		研究石景山路(玉泉路—古城大街)两侧绿地挡墙栏杆改造方案及资金有关工作
1月22日	第3次	研究《石景山区政府投资项目概算管理暂行办法》
		研究清理建筑物屋顶广告牌匾专项经费有关工作
		研究永定河引水渠景观提升一期工程实施方案及资金有关工作
		研究北辛安棚户区改造首期平衡资金商品房预售价格有关工作
2月6日	第4次	研究《2018年区政府常务会议和区长办公会议议题计划》
		研究给予15家企业“一事一议”政策支持以及个人所得税征收奖励政策有关工作
		研究给予保险产业园垫付资金有关工作
		研究追加2016年度区县单位补充医疗保险资金有关工作
		研究机关事业单位职业年金单位缴费做实所需资金的有关工作
2月8日	第5次	研究“疏解整治促提升”专项行动有关工作
		研究承办北京市第十届民族传统体育运动会有关工作
		研究《北京市石景山区人民政府与北方工业大学战略合作协议》
3月7日	第6次	研究人事任免有关事项

续表

时 间	名 称	议 题
3月13日	第7次	研究石景山区2018年春节假日旅游市场有关工作
		研究石景山区电动自行车充电棚建设相关资金有关工作
		研究更换石景山路新型交通护栏相关资金有关工作
		研究南山综合场站工程前期手续所需经费有关工作
		研究《石景山区2018年双拥工作要点》
		研究《石景山区2017年度符合政府安排工作条件退役士兵安置工作实施方案》
3月27日	第8次	研究人事任免有关事项
		研究《石景山区提高计划生育一次性经济帮助标准实施方案》
		研究《石景山区老旧小区综合整治工作方案(2018—2020)》及《2018年石景山区老旧小区综合整治实施方案》
		研究加强与中杉学校深度合作进一步扩大我区优质民办教育资源相关工作
		研究2018年度交通保安员经费相关工作
3月27日	第8次	研究消防官兵执勤岗位津贴和加班补贴资金有关工作
		研究模式口派出所及八大处公园派出所置换新址装修加固改造工程所需经费有关工作
		研究国资公司收购首钢集团有限公司持有的燕金源公司股份相关工作
4月25日	第9次	研究区管城市道路2018年养护计划及相关资金安排
		研究2018年市级大气污染转移支付资金安排相关工作
		研究兑现2017年度政策支持资金相关工作
		研究给予8家企业"一事一议"政策支持相关工作
		研究原石景山区重点工程建设中心资产无偿划转相关工作
		研究区社会保险事业管理中心申请政府购买服务相关工作
5月4日	第10次	研究人事任免有关事项
		研究石景山区营造冬奥氛围景观提升项目有关工作
		研究石景山区营造冬奥氛围景观提升项目有关工作
		研究追加区文化中心外装建设工程投资费用有关工作
5月10日	第11次	研究石景山区2017年行政复议、行政应诉案件统计分析有关工作
		研究石景山区突发事件预警信息发布平台项目建设资金有关工作
		研究石景山区开展第四次全国经济普查经费有关工作
		研究《石景山区2018年清理现行排除限制竞争政策措施工作方案》
		研究《中关村科技园区石景山园北Ⅱ区创业创新园升级改造工业用地前期开发项目国有土地上非住宅房屋腾退补偿方案》
		研究修订《石景山区行政事业单位财政性结余资金管理办法》有关工作
6月12日	第12次	研究人事任免有关事项
6月14日	第13次	研究《石景山区关于加强立体化火灾防控体系建设的实施意见》
		研究《石景山区全面推进街巷长制工作方案》及资金有关工作
		研究石景山区2018年背街小巷环境整治计划及资金有关工作
		研究《石景山区贯彻落实北京市环境保护督察反馈意见整改方案》
		研究石景山区2018年街道系统大气污染精细化管理专项经费有关工作
		研究《石景山区对口昌平区推进低收入农户增收及低收入村发展工作方案》
6月21日	第14次	研究石景山区2018年精准扶贫和对口协作相关工作
		研究《推进石景山区"多网"融合工作实施方案》
		研究《"健康石景山"建设三年行动计划(2018年—2020年)》
		研究《关于推进石景山区中医药创新发展的指导意见》

续表

时　间	名　称	议　　　　题
6月28日	第15次	研究2018年石景山区公厕革命和公厕品质提升方案及资金有关工作
		研究北京市十一学校石景山实验中学项目前期资金有关工作
		研究石景山区重大项目推进和投资调控有关工作
7月5日	第16次	研究石景山区2018年上半年信访工作情况及下半年工作安排
		研究关于开发公共服务类岗位安置本市农村地区劳动力就业有关工作
		研究区人力资源公共服务中心安全隐患消除和公共服务配套建设资金有关工作
7月13日	第17次	研究2018年度"两新"组织党建经费有关工作
		研究双拥工作有关安排
		研究区纪委区监委经费有关工作
7月19日	第18次	研究石景山区2018年上半年安全生产工作情况及下半年重点工作安排
		研究石景山区2018年上半年消防安全工作情况及下半年重点工作安排
		研究石景山区2018年第二次全国污染源普查经费有关工作
		研究石景山区2018年上半年食品药品安全监管工作情况及下半年重点工作安排
		研究石景山区2018年第一批信息化项目资金有关工作
		研究区疾控中心实验室改造更新工程项目经费有关工作
		研究气象业务用房建设工程有关工作
7月30日	第19次	研究石景山区2018年老旧小区综合整治有关工作
		研究2018年重大项目上半年进展情况有关工作
		研究石景山区2018年河长制专项经费有关工作
		研究石景山医院放疗中心建设资金有关工作
8月1日	第20次	研究永乐东、西小区内部电力设施应急改造资金有关工作
		传达陈吉宁关于公共服务领域工作有关要求
8月9日	第21次	研究《石景山区关于完善民用液化石油气补贴政策的实施方案》及资金有关工作
		研究方地大厦房屋使用调整及改造费用有关工作
		研究区法院审判执行办案经费有关工作
		研究《关于加快推动北京保险产业园创新发展的若干措施》
8月16日	第22次	研究石景山区"疏解整治促提升"专项行动有关工作
		研究2018年度调整社区工作者工资待遇有关工作
		研究区委书记专题会(环境保护工作)落实情况及近期环保执法情况有关工作
		研究给予10家企业"一事一议"政策支持有关工作
		研究区政府与市国资委签订战略合作框架协议有关工作
		研究《石景山区玉泉西一路X－18160地块共有产权住房项目开始申购登记公告》
		研究《北京中关村石景山园发展有限公司融资方案》
8月25日	第23次	研究人事任免有关事项
		研究2017年5月—12月拆除违法建设所需资金有关工作
		研究创建"基本无违建社区"整治拆除经费有关工作
		研究京西朝阳医院南侧路道路大修工程方案及资金有关工作
		研究石景山区2018年园林补植 经费有关工作
		研究石景山区提高1993年以前历年征地农转非和未办理超转人员生活费有关工作
		研究《石景山区2018年度符合政府安排工作条件退役士兵安置工作实施方案》
		研究《北京中关村石景山园发展有限公司融资方案》
		研究印象台湾(台湾街百大馆)运营资金 有关工作

续表

时 间	名 称	议 题
9月14日	第24次	研究2018年市区两级折子工程、绩效任务及便民工程进展情况；“疏解整治促提升”专项行动、固定资产投资（建安投资）、社会消费品零售额、商市场疏解、大气污染防治、土地供应、留白增绿和百万亩平原造林、“一网、一门、一窗、一次”等指标完成情况
9月20日	第25次	研究石景山区隐性债务和其他相关债务有关工作
		研究永引渠区域环境提升有关工作
		研究区水务局与石景山区国有资产经营公司续签莲石湖养护管理协议及资金有关工作
		研究石景山区儿童福利院及救助管理站项目建设及资金有关工作
		研究2018年小型消防站建设及资金有关工作
		研究新首钢高端产业综合服务区东南区土地一级开发项目范围内城市次干路投资建设主体授权及开发建设（土地入市）进展情况有关工作
		研究石景山区宗教有关工作
		部署中秋国庆期间值守应急、城市运行、环境景观、安全生产等有关工作
10月8日	第26次	研究石景山区公共资源交易平台建设项目及相关资金有关工作
		研究购置环卫专业作业设备相关工作
		研究第三届北京·西山中医药文化季相关工作
		研究《关于新时代加强和改进全区宗教工作的实施意见》
11月3日	第27次	研究人事任免有关事项
		研究八角街道精品街巷样板区实施方案及资金有关工作
		研究石景山区创建国家森林城市有关工作
		研究石景山区2018年造林绿化工作进展和2019年绿化美化工作安排
		研究石景山区玉泉西一路X－18160地块（玉景阳光）共有产权住房项目申购结束后工作安排
		研究石景山区2018年补充社区工作者有关工作
11月1日	第28次	研究变更石景山区政府投资建设项目审计有关事项
		研究采取公开招投标方式确定莲石湖养护管理单位及相关资金有关工作
		研究区环保局新办公楼租赁及办公用房装修经费有关工作
		研究石景山区大气污染治理第三方服务资金有关工作
		研究追加2017年度区级单位补充医疗保险资金有关工作
		研究《石景山区街道综合文化中心人员纳入规范管理工作方案》有关工作
		研究开展垃圾分类示范片区创建和居住小区垃圾分类全覆盖工作及所需资金有关事项
11月9日	第29次	研究《石景山区2018年推进法治政府建设工作要点》
		研究《石景山区人民政府法律顾问考核办法》
		研究石景山区第三次全国国土调查有关工作
		研究《石景山区2018年社区党组织和社区居民 委员会换届选举工作实施方案》
		研究2018年财政支出预算变动情况有关工作
		研究石景山区承接市级冬季运动竞赛活动有关工作
11月15日	第30次	研究石景山区8至10月城市运行管理有关工作
		研究2018年政务公开推进工作和2019年工作安排有关情况
		研究《石景山区落实北京城市战略定位 加快构建高精尖经济结构三年行动计划（2018—2020年）》
		研究五里坨站前小区保障房项目雨水系统消隐工程建设资金和供暖费补贴有关工作
		研究解决京西石府雕刻工艺品（北京）有限公司遗留问题经费有关工作
		研究石景山区燃气（油）锅炉低氮改造区级补助资金有关工作

续表

时间	名称	议题
12月4日	第31次	研究关于长安街石景山段整治提升工作方案及资金有关工作
		研究2018年固定资产投资和争取资金完成情况及2019年计划安排有关工作
		研究2018—2019年供暖季巩固"无煤区"建设有关工作
		研究商品交易市场调整疏解专项行动奖励资金有关工作
		研究衙门口棚户区改造土地开发项目进展情况及资金安排有关工作
		研究公安分局机关大院电力增容工程及看守所、拘留所、武警综合楼工程中央空调更新所需经费有关工作
		研究申请限价房轮候家庭购买大兴区采育镇育新花园北里项目商品房货币补贴有关工作
12月11日	第32次	研究人事任免有关事项
		研究北京市环境保护督察移交线索责任追究有关工作
		研究《石景山区生活性服务业品质提升三年行动计划(2018年—2020年)》
		研究《石景山区2019年国家卫生区复审工作方案》
		研究《关于组织实施石景山区大数据行动计划的工作方案》
		研究诚信体系建设及资金有关工作
		研究2018年新接收绿地养护费及追加现有绿地养护费差额有关工作
		研究调整机关事业单位工作人员基本工资标准和离休人员离休费所需经费有关工作
12月18日	第33次	研究《北京市石景山区房屋经营和市场管理中心及所属单位转企改制方案》
12月20日	第34次	研究人事任免有关事项
		研究实施2019至2021年度促进就业优惠政策有关工作
		研究2018年度文创专项资金有关工作
		研究2019年春节庙会有关工作
		研究《石景山区2019年"疏解整治促提升"专项行动工作方案》
12月26日	第35次	研究人事任免有关事项

（林迎午）

【"一区一网"整合】 1月，石景山区"一区一网"政府网站整合工作开始启动。制定《石景山区政府网站集约整合工作方案》，对接各区属政府网站主管单位，在满足《政府网站发展指引》要求和各政府网站主管单位个性化需求的基础上，组织全区33个政府网站分批下线，在城六区排名第一。8月，"一区一网"整合工作完成，区政府门户网站"北京·石景山"成为区政府政务信息统一发布平台。旨在提高全区政府信息质量，有效推动政务信息资源共享利用，提高企业和群众获取政府信息、网上办事的效率，全面助力优化地区营商环境。

（林迎午）

【与冬奥组委对接工作】 3月15日，文献带队赴首钢西十筒仓办公区，与北京冬奥组委就石景山区服务保障冬奥会工作进行座谈。冬奥组委秘书行政部部长郭怀刚介绍北京2022年冬奥会和冬残奥会的筹办情况，区领导分别就冬奥服务保障、冰雪体育推广、基础设施及市政建设、冬奥宣传和人才培养等方面作介绍。冬奥组委相关部门负责人从场馆设施规划建设、新闻宣传、市场开发运营、赛会服务、人才交流培养等方面进行交流，首钢集团副总经理王世忠着重介绍首钢园区的改造规划，打造集体育文化、休闲娱乐、科技体验、工业遗址为一体的国际化中央城市绿地公园。双方就近期重大会议保障、冬奥组委办公服务、冬奥景观提升、区域发展等方面初步建立工作对接机制。区领导田利跃、晋秋红、左小兵、李金克、岳林华出席座谈会。5月18日，富大鹏带队与冬奥组委对接安保维稳及服务保障工作，围绕特种设备服务保障、安保维稳、食品安全等方面进行深入交流。区质监局、公安分局、食药监局等15个部门主要领导参加对接。

（林迎午）

【中美合作开发冬奥广场】 3月22日，首钢与美国铁狮门公司签署《首钢园—铁狮门冬奥广场产业项目合作备忘录》。铁狮门公司是国际一流的美国著名地产业主、开发商、运营商及基金管理公司。首钢与铁狮门共同出资在京注册成立中美合资独立法人企业首狮合资公司，联手打造融合体验式消费、运动休闲和工业文化特色的综合跨界融合产业示范区，为北京冬奥会赛事提供完备的服务配套，冬奥广场也成为京西第一个启动国际对接的项目。该项目位于首钢园区北区的"两湖片区"，周围有冬奥组委办公区、国家体育总局冬季运动训练中心、首钢工业遗址公园，规划地上面积16.72万平方米，将由首建投、首钢基金、铁狮门三方合作投资、招商运营。铁狮门首席执行官徐瑞柏、高级董事总经理霍瑞德、中国区首席执行官包志远，首钢集团总经理张功焰，市投促局副局长于燕，区领导田利跃出席签约仪式。区委、区政府高度重视新首钢高端产业综合服务区开发，对标国际一流和国内顶尖，集中力量发展现代金融、高新技术和文化创意等高精尖产业，在规划调整、产业发展、政策支持等领域取得突出成效，获得国务院办公厅关于“老工业基地调整改造真抓实干成效明显城市”表彰。

（林迎午）

【冬奥服务保障部署】 3月26日，石景山区召开服务保障北京2022年冬奥会和冬残奥会工作动员部署大会。区四套班子主要领导及首钢集团副总经理梁捷出席会议。文献主持会议并传达北京市全面推进2022年冬奥会和冬残奥会筹办工作动员部署大会精神，左小兵通报石景山区服务保障北京2022年冬奥会和冬残奥会工作进展情况和下一步重点工作。4月2日，石景山区发布首个区级冬奥五年行动计划，实施冬奥组委驻地及周边配套保障、冬奥体育生活化社区、京津冀国际冰雪交流等十大冰雪工程。同日，举办“助力冬奥 全民冰雪”倡议活动。速滑世界冠军叶乔波现场向市民发出“参与冰雪运动，传承冬奥精神，热情迎接冬奥会”的倡议。牛青山、文献、李文起、吴克瑞、田利跃，北京冬奥组委秘书行政部副部长于甲川，首钢集团副总经理胡雄光等出席活动，为石景山区16所冰雪运动特色学校授牌。自此，石景山区全面进入“冬奥时间”。

（林迎午）

【24小时水质自动监测站建成】 4月8日，石景山区水质自动监测站开工建设。6月，全市首个24小时水质自动监测站——石景山区南大荒桥水质自动监测站竣工。项目首次引入光纤设备，信息传输更加稳定。可对永定河石景山区断面水质进行实时监测，24小时无断档取样，每4小时出一组数据上传到生态环境部大平台，经平台进行审核后，将结果再反馈给石景山区作为参考，科学、准确地反映永定河断面的水质情况，为区域水生态环境建设提供数据支撑。监测站将作为生态环保宣传教育示范基地，帮助市民了解水质监测、水源保护等常识。

（林迎午）

【国务院督察组现场督导检查】 4月16日，由国家市场监督管理总局企业注册局副局长陈叔弘带队的国务院营商环境督察企业开办组，到石景山区企业开办大厅开展现场督导检查，指导推动北京市优化营商环境企业开办效能提升。督察组一行详细查看新设立企业一窗式服务大厅办事情况，检查“一厅一窗三区N流转”以及大厅办事指南和网上办事流程公示情况，并随机询问现场开办企业人员对办理流程等政策的知晓情况，随机抽样核查已办结企业各环节所用时间等数据，督导“一窗受理、并行办理、网上办理”等政策落实。随后，督察组与北京市优化营商环境相关单位举行座谈会，听取石景山区优化营商环境专题汇报。相关单位围绕压缩企业开办时间等相关政策落实、存在问题及建议进行深入座谈研讨。督察组对石景山区落实北京市“9+N”政策体系、实现“只进一门、只对一窗”“5天办结”等在减环节、缩时间、降成本方面的实际效果表示满意。区领导田利跃作专题汇报，市工商局副局长方葆青陪同督察。

（林迎午）

【冬奥主题图书馆开馆】 4月23日（第23个世界读书日），北京冬奥组委冬奥主题图书馆暨石景山区图书馆冬奥分馆正式落户冬奥组委首钢办公区。冬奥组委人力资源部部长闫成，区领导文献，市总工会副主席韩世春，首钢集团工会主席梁宗平分别致辞并为图书馆揭牌。在国家图书馆支持指导下，对图书馆设施、定位、布局进行多次专题研究，考虑冬奥组委工作人员的阅读需求，设置上架5000册纸质图书，设立冬奥专题书架，引进对接国家图书馆、首都图书馆、区图书馆的数字文献资源，建设6TB的冬奥百科数字资源库，安装24小时图书自助借还系统、智能书架、电子阅览终端等设备，实现办证、检索、借阅的全自助服务，并安排专人负责场馆的运营服务，打造高质量、高水准的特色图书馆。

（林迎午）

【推介北京保险产业园】 5月31日，“北京保险产业园对外开放宣传推介大会”举行，市金融工作局、区相关领导和多国驻华大使、参赞及国内外金融保险机构代表等200余人参加。6月29日，北京保险产业园、市金融工作局、市投资促进局、区政府共同举办“北京市金融政策宣传推介暨石景山行”活动。邀请中国人民银行、中国银保监会、中国证监会等部门及近百位来自北京外商投资企业协会、中国香港（地区）商会、中国欧盟商会、中国美国商会、中国西班牙商会、中国泰国商会的代表以及驻京外资金融机构高管参会。11月16日，中国银保监会“2018年亚洲偿付能力监管与合作研修班（WASRC）”学员到北京银行保险产业园参观考察。陈之常、周西松陪同参观考察。

（周　杰）

【创建文明城区】 石景山区被中央文明办确定为2018—2020年创建周期全国文明城区提名城区，6月20日召开全区动员部署大会后，区委把创城作为全区高端绿色崛起的总牵引工程，区四套班子主要领导担任创城工作指挥部指挥长，成立由3位区委常委担任主要领导的创城办，全面领导创城工作。及时解决停车难问题，新增停车位1万个，增划非机动车停车区域1280处；加强基础设施建设，解决黑胡同亮灯问题102个，处理路灯断亮问题202起，增设交通信号灯61处，新建无障碍卫生间、母婴室30个，修补路面4157处；加强社区环境提升，增配社区消防设施10248处、分类垃圾桶5319个，清理楼道各类堆积物8136车，粉刷小区楼道443万平方米；加强志愿服务建设，新增100名路口文明引导员，新建“老街坊”学雷锋志愿服务站200余个；为五里坨地区居民解决通邮问题，建设完成5处疏堵工程、11个堵点乱点整改提升和50座公厕革命工程；新建、提升便民商业服务网点80家，生活性服务网点建设实现全覆盖。区住建委牵头全区清理管控楼道小广告任务，“疏、打、管、治”并重，工地建筑围挡宣传氛围浓厚；区商务委主动承担全区954家餐饮单位的“文明餐桌”工作；区城管委在背街小巷整治和主次干道宣传布设方面成效显著；区城管执法监察局牵头做好门前三包规范整治工作；区园林局、区环卫中心加大巡查和作业频次。对5000余份网上申报材料多轮审核、反复修改，严把质量关；实地考察先后组织4轮自查和整改，每个职能部门建立一本专业账，每个街道分指建立一本综合账，对全区2353个点位细化标准、明确责任，确保所有点位创建水平全面提升；拓展宣传动员深度，开展两轮入户宣传讲解创城知识，入户51万余户次，发放市民公约、文明手册等宣传品45万余份，提高群众知晓度、参与度。“石景山老街坊”深度参与楼道小广告清理整治、路口文明引导，将邮政局、公交集团、国际广播电台、美团、饿了吗、顺丰、京东、银建出租车公司等企业单位纳入创城工作体系。

（林迎午）

【西山永定河文化带建设】 8月17日，召开西山永定河文化带建设工作专题汇报会，区领导于长辉、陈之常、晋秋红、高洪雁、岳林华出席会议。年内，编制完成《石景山区西山永定河文化带保护传承发展规划》和《石景山区西山永定河文化带保护传承发展五年行动计划》。悉心打造“六大文化名片”精品工程，持续推进模式口文保区修缮整治，完成北辛安城市记忆建筑迁移工程，新华尚领·全国新华网阅读体验中心建成，郎园Park正式开园，区文化中心主体工程完工，街道社区文化设施总面积增长65%，年服务超过100万人次。

（林迎午）

【中寰集团落户】 8月28日，中寰集团落户石景山区暨中巴钢铁战略合作签约仪式在北京万达嘉华酒店举行。中寰集团董事局主席主持签约仪式并致辞，国家相关部委负责人与区政府领导共同出席仪式。国家开发银行、招商局资本、法拉利资本、中非基金、中葡基金、中拉产能合作投资基金等权威金融机构和中冶集团、中国中铁、中建八局、中国电建等央企的领导和嘉宾也应邀出席签约仪式。中寰集团自成立以来，推动双向投资，在钢铁、电力、建材、化工、智慧城市、供应链金融和国际大宗贸易等领域，秉持“多元化＋专业化”的运作模式，助力“一带一路”沿线发展中国家产业升级。集团计划在2018—2025年期间，投资200亿美元，向海外输出1500万吨钢铁及配套附属设施、1000万千瓦发电装机容量的优势产能。中寰集团落户石景山区，为石景山区“全面深度转型、高端绿色发展”提供支撑。本次合作协议的签署，为区政府、金融机构、企业等多方合作搭建平台，建立长效沟通机制，为石景山区建设“国家级产业转型发展示范区”提供有利契机，为地区高质量发展注入新活力。

（林迎午）

【银行保险业国际高峰论坛】 9月27日—28日，首届中国银行保险业国际高峰论坛在北京银行保险产业园召开。主论坛以“全球经济形势与银行保险业扩大开放，银行保险业服务一带一路倡议，中美贸易摩擦带来的机遇与挑战，防范金融风险、服务实体经济、银行保险业创新发展服务中小企业”等为主题。北京大学光华管理学院名誉院长厉以宁、北京大学国家发展研究院名誉院长林毅夫，中国人民大学副校长吴晓求、全国社保基金原副理事长王忠民、清华大学教授李稻葵、中国社科学院学部委员余永定、北京大学国家发展研究院副院长黄益平、中国人民大学教授向松祚等22位知名经济学家出席论坛并进行演讲。中国人保、泰康保险、平安养老保险、中邮人寿、中国银行、建设银行、光大集团、申万宏源、大成基金等国际金融机构代表，以及土耳其央行、英中贸易协会、英杰华集团、中航安盟财险等国际金融管理部门和金融机构代表等近50位全球金融业精英代表也应邀参加论坛。其间，石景山区组织召开北京银行保险产业园专家顾问第一次会议，市金融工作局局长霍学文，区领导于长辉为12位国内外具有卓越影响力的专家学者、金融机构负责人颁发北京银行保险产业园专家顾问聘书。陈之常、田利跃与12位国内外重点保险机构代表进行座谈。

（林迎午　周　杰）

【海外侨胞联谊活动】 9月29日，“海外侨胞走进北京侨梦苑，见证工业遗址焕发新生机”——国庆嘉宾联谊交流活动在北京侨梦苑举行。市侨办主任刘春锋致辞，田利跃作石景山区和侨梦苑的专题推介，首钢集团有限公司副总经理梁捷介绍首钢历史、转型发展情况，来自40多个国家和地区的200余名海外侨胞参观北京侨梦苑、北京冬奥组委驻地。联谊会上，海外侨胞纷纷上台，表演歌唱、民乐、京剧等节目。

（林迎午）

【国家森林城市创建】 10月25日，陈之常主持召开创建国家森林城市暨2019年造林绿化工作动员部署会，田利跃对创建国家森林城市工作进行部署。作为全市第一个启动创建国家森林城市的中心城区，石景山区计划实施森林生态体系建设、绿地资源管理、生态文化建设三大版块10项重点任务，力争在2021年实现成功创建“国家森林城市”。届时，石景山区市域林木覆盖率将达到30%以上，城区绿化覆盖率达53%以上，人均公园绿地面积达到23平方米以上，公园绿地500米服务半径城区覆盖率达100%，城乡居民每万人拥有的绿道长度达0.5公里以上，实现宜居森林之城格局。石景山区创建国家森林城市工作将以“让森林走进城市，让城市拥抱森林，促进人与自然和谐发展”为目标，对标对表37项国家森林城市建设指标，围绕“市域森林覆盖率”“城区人均公园绿地面积”等重点内容，依托“山、河、轴、链、园”生态体系，推进森林湿地、城市公园、小微绿地、精品道路、森林社区等重点绿化工程建设，确保创建工作全面如期达标。年内，加快推进新一轮百万亩造林绿化工程，城市绿化覆盖率52.4%，人均公共绿地面积20.5平方米，居中心城区前列。

（林迎午）

【参加首届进口博览会】 11月6日，石景山区组团参加首届中国国际进口博览会系列活动。展会期间，石景山区交易分团北京新七天电子商务、纵坐标国际贸易、银联金卡科技有限公司等50余家成员企业到会参与现场采购活动，采购意向涵盖批发零售、医疗卫生、科技文教等领域，达成5000万人民币合作意向。北京市交易团召开主题日活动。园区企业环球国广海外公司开展聚鲨环球精选推介，物美控股集团有限公司与零售商代表纽仕兰公司签约，达成合作意向。周西松参加有关活动。

（林迎午）

【8.3亿元开展扶贫】 年内，石景山区统筹市、区财政资金1.7亿元，带动社会资本6.6亿元，在产业协作、医教帮扶、就业帮扶、人才支援等方面实施300个项目，惠及建档立卡贫困人口3.4万余人，助力青海称多县、河北顺平县、内蒙古宁城县实现脱贫摘帽，与内蒙古莫力达瓦达斡尔族自治旗"携手奔小康"行动全面展开。加强与天津河北区、湖北竹山县的交流合作，全力保障门头沟区、昌平区、密云区1000名农村转移就业劳动力安置。10月11日，市扶贫工作第二督查组到石景山区进行督查。在听取全区精准扶贫工作汇报、查验扶贫工作资料、个人谈话及召开碰头会后，由督查组副组长、市扶贫办副主任姚忠阳带队来到物美沁山水店，实地调研顺平县特色农产品展销馆、莫旗特产专卖店两个扶贫项目，了解相关情况。

（林迎午）

【新华尚领阅读空间启用】 11月18日，新华尚领阅读空间正式启用。新华尚领阅读空间前身是位于八角西街的大东北酒楼，经过疏解腾退后用于阅读空间建设。阅读空间占地面积约2800平方米，包括阅读演讲交流区、

11月18日，新华尚领·全国新华网阅读体验中心启用　　（赵昂　摄）

"子弟兵"阅读空间、IR少儿创新体验区、京西书画文化艺术交流区、24小时无人社区书屋体验店等10大功能区，是新华书店网上图书销售平台的全国首家线下读者阅读体验旗舰店。启用后，新华尚领阅读空间通过开展读书推广和各项文化活动，向居民提供丰富的文化生活服务，探索阅读文化新模式，构建"书香石景山"。

（林迎午）

政务服务

【概况】 石景山区政务服务管理办公室（简称区政务服务办），主要负责组织实施本级政务服务工作并指导街道办事处政务服务相关工作；负责指导推进政务服务体系建设和服务方式创新；负责本级政务服务中心建设、运行和监督管理；负责指导、协调、监督同级专业大厅和下级政务服务中心的建设、运行和管理；负责协调推进"互联网+政务服务"建设等。年内，区政务服务办围绕石景山区"一二六"工作布局，大力优化营商环境，推进"一网、一门、一窗、一次"改革，加快"以整合促便捷，以集成提效能、以创新促精简"，各项工作取得新进展新成效。8个专业办事大厅加挂石景山区政务服务中心分中心牌子，统一名称为：石景山区政务服务中心公安分局分中心、不动产登记分中心、残疾人综合服务分中心、社会保险事业管理分中心、人力资源公共服务分中心、司法行政分中心、房产交易分中心、交通支队分中心。

（段红玉）

【行政审批】 年内，进驻区政务服务中心的政务服务事项共970项；接待咨询政务服务事项162604件，日均648件；受理政务服务事项申请122098件，日均487件；送达政务服务事项决定118635件，日均473件。群众满意度保持较高水准，未发生有效行政投诉。

（段红玉）

【推进网上办事】 年内，区政务服务办会同区经信委召开石景山区"互联网+政务服务"对接工作会，落实网上审批平台与市级平台对接整合工作。截至年底，石景山区在首都之窗网站公示的政务服务事项总计1365项，除税务94项和保密局1项不纳入考核统计外，其他均在首都之窗网站开通网上办理功能，网上可办率为100%。同时，完成区政务服务体系建设基本情况统计，梳理归总全区各部门信息系统共享数据需求清单，完成政务服务综合地图信息更新统计工作。

（段红玉）

【进驻率达95%】 年内，按照市政务服务局完成政务服务事项进驻区政务

服务中心及专业办事大厅不低于70%的比例要求，区政务服务办与各职能部门沟通协调，研究制定入驻方案，推动实体大厅“多门”变“一门”工作。截至年底，全区具有行政审批职能的部门40个，政务服务事项1555项，进驻区政务服务中心的事项为970项，进驻11个专业办事大厅的事项为508项，集中进驻率为95%。

（段红玉）

【综合受理窗口试运行】 年内，区政务服务中心按照市政务服务局要求，实现“一窗”分类受理的政务服务事项占区级事项比例不低于70%。分别拟定区级政务服务中心、各专业办事大厅和街道政务服务中心的一窗综合受理改革推进方案，按照“前台综合受理、后台分类审批、窗口统一出件”的工作模式推进“一窗”改革工作。区政务服务中心南北两区分类设置15个综合受理窗口开始试运行。北区按“经营许可”“工程建设”“社会民生”“企业服务”“综合代办窗”5类，将30个部门和水、电、气、热4个市政企业进行综合，设置9个综合窗口，南区按“变更安全许可类”“企业开办类”，将5个部门进行综合，设置6个综合窗口；进驻区政务服务中心的963项事项，除小客车指标事项外，全部实现“一窗”式受理服务。街道（鲁谷社区）政务服务分中心全部按照综合咨询、综合受理和专业咨询三类服务窗口设置完成并开始试运行。区住建委、人力社保局、民政局、卫生计生委和残联等5个政务服务事项主管部门，配合各街道分中心落实“一窗”工作，制作完成《事项受理标准化手册》和《常见问题清单》。石景山区政务服务事项总数为1577项，截至年底，实现区级综合窗口受理事项总数为1474项，“一窗”综合率为92.8%。

（段红玉）

【推进“最多跑一次”】 年内，区政务服务中心开展政务服务事项规范化、标准化梳理审核工作，完成减少材料30%以上的工作目标。选取30个高频事项实现最多跑一次，同时通过事项梳理和开通“一网通办”及引进邮政速递EMS等方式，推进更多的政务服务事项“最多跑一次”。

（段红玉）

【优化营商环境】 年内，区政务服务中心组织全体驻厅人员进行“9＋N”政策以及服务规范礼仪的培训，下发培训光盘40余张，覆盖全区36家单位，共计800余人。与各部门沟通协调，制作政策宣传展板和宣传材料在南北两个大厅摆放宣传，并对厅内事项进行核定，印制办事指南130项共3.9万份。落实“首问责任制、统一着装、考勤纪律、环境卫生”等要求，并围绕“服务体系不健全、主动服务意识不强、服务行为不规范、服务流程不优化、服务措施不到位、服务管理精细化程度不高”等问题进行自查和整改。增设政务服务咨询台，补充更新标识、标牌、引导牌、布局图，在休息等候区增设手机充电站，在地下车库及楼后设置政务服务中心办事人专用停车位。

（段红玉）

【服务企业】 年内，区政务服务中心会同区委组织部、区投促局等部门开展实地调研，在侨梦苑和首钢迁安矿区设立政务服务站，建立对接机制，免费提供政策咨询、入驻选址等服务。全年对接27家侨梦苑的企业，进行40余次服务。在首钢迁安矿区政务服务站，帮助迁安矿区街委会与区人保局、民政局、残联等相关委办局对接，落实为厂区企业、职工开展医保、社保、残疾人救助、民事纠纷等政务服务事项代办工作。采用定期电话联系、走访等形式，掌握企业和矿区在政务服务方面存在的问题，及时沟通协调帮助解决。

（段红玉）

【政府信息公开】 年内，区政务服务办主动公开政府信息40条，全文电子化率达100%。其中法规文件类信息4条，占总体的比例为10%；工作动态类信息26条，占总体的比例为65%；机构信息1条，占总体的比例为2.5%；领导介绍4条，占总体的比例为10%。依申请公开1件；对中心政府信息公开的行政复议申请0件，行政诉讼案0件。将564份信息公开点接收石景山区20个委、办、局及街道办事处提供的主动公开文件及国务院公报、政府公报整理成册，供办事人员查阅。

（段红玉）

信　访

【概况】 中共石景山区委、石景山区人民政府信访办公室（简称区信访办）全年共受理群众信访1129批6059人次，批次下降5%、人次下降13%。接待群众来访346批次3259人次，批次下降6%、人次下降11%（其中集体访124批2952人次，同比批次下降6%、人次下降14%）；受理群众来信783件2800人次，批次下降5%、人次下降15%（其中联名信32件1726人次，批次下降8%、人次下降16%）。全区信访总量稳中有降，信访秩序好转，实现“四个不发生”的工作目标。1月19日，市委授予区信访办第十三届北京市思想政治工作优秀单位称号。

（王　鑫）

【信访条例宣传月】 6月22日，石景山区开展“坚持以人民为中心、推动法治信访建设”为主题的信访条例宣传活动，全区9个街道（鲁谷社区）分会场同时在辖区开展宣传活动。周西松参加启动仪式并发放信访宣传品。全区居民2000余人参加，共发放宣传宣传册2700份、宣传袋4000个、《信访条例》900本、《国庆信访代理的故事》450份，悬挂条幅36条、张贴海报95张。

（王　鑫）

【城市版枫桥经验】 11月13日，区信访办开通北京市首个“在线矛盾纠纷多元化解平台”，打造新时代城市版“枫桥经验”石景山样本。该平台是集咨询、评估、调解、诉讼于一体的共享平台，通过大数据、云计算、人工智能技术汇聚多方调解力量，连接多元资源，合理配置共享，为矛盾纠纷化解提供跨时空、跨地域的一站式解决方案。该平台可以提供“在线咨询、在线调解和司法确认＋诉讼”等服务，市民通过电脑、手机登录平台后，可以在线提交调解申请，调解机构收到申请后，以案件所涉及的专业领域将案件分流到相应的调解员。调解员组织开展调解活动,并为调解成功的案例制作调解协议。当事人之间达成协议后,可以向管辖法院提出司法确认,一旦一方违约,另一方可直接申请法院执行。全区18个相关单位、5名人民调解员代表和来自人民网、《北京晚报》《北京日报》《新京报》、千龙网等11家市级媒体的记者参加矛盾纠纷多元化解体系建设工作推进会。截至年底,有165家人民调解机构和9家行政调解机构,包括303名调解员和17名公益律师在平台注册,成功调解217件。

(王　鑫)

【矛盾纠纷排查化解】 年内,区信访办在全区范围内开展社会矛盾纠纷大排查2次,重点时期专项排查5次,共排查出重点矛盾29件,逐一登记在册、研究解决方案、落实领导包案、加强督查督办,推进矛盾化解和稳控。成立由区政府督查室、信访办、综治办、维稳办组成的督查小组,督促各主责单位切实抓好工作落实,推动矛盾纠纷化解工作的开展。其中,伊某反映北空路花坛用于种菜问题的信访件,通过综合协调,军地联动,使"菜园"变成花园,被国家局选为"四大攻坚战"优秀案例并在官微上刊登。公安分局加大对缠访闹访、恶意煽动群众集体上访等违法行为的打击教育力度,规范全区信访秩序。

(王　鑫)

【复查复核】 区复查复核委全年共受理复查复核案件共81件,其中撤销、变更原答复意见共1件,要求重新答复8件,维持办理机关答复意见的59件。

(王　鑫)

【网上微信访】 年内,区信访办推进网上信访建设,培育"随信而安"微信公众号,开通手机微信访,让数据多跑路、群众少跑腿,网上信访逐步成为群众反映诉求主渠道。全区来信量占信访总量的69%,同比上升10个百分点。

(王　鑫)

外事、港澳事务及侨务工作

【概况】 石景山区人民政府外事侨务办公室(简称区外事侨务办)是负责本区外事、港澳事务和侨务工作的区政府工作部门。9月21日,区委外事工作领导小组召开第一次会议,传达蔡奇在市委外事工作领导小组会上的讲话精神,审议通过《中共北京市石景山区委外事工作领导小组组成人员名单》和《石景山区关于进一步加强因公出国管理工作的实施办法》。年内,不断提升外事侨务管理与服务水平,拓宽对外交流与合作的广度和深度,加快推进区域国际化建设,发挥区域特色外事资源优势,共接待20余个国家的10批来访团组130余人次。

(周　杰)

【民间对外交流活动】 1月16日,由中国曲艺家协会、日本中国文化交流协会主办,北京曲艺家协会承办的"中日曲艺赏鉴"活动,在京西五里坨民俗陈列馆举办。7月11日,由斯里兰卡中国友好协会组织的斯里兰卡中国友好组织青年团访问石景山区,青年团首先到北京保险产业园园区参观设施及综合管廊系统建设并观看园区规划沙盘及宣传片。随后参观京西创业公社,听取创业公社运行模式和未来发展规划等方面的介绍,了解石景山区为科技型小微企业提供的一系列服务与支持。11月11日—18日,日本东京大学第五届"深思北京"访问团在北京进行为期一周的研修活动,期间访问团一行来到模式口文保区感受古道风貌,参观法海寺明代壁画和京西五里坨民俗陈列馆,区外办主任介绍石景山区与日本开展友好交流情况。

(周　杰)

【服务保障区内涉外活动】 2月16日—22日,以"新时代、新春节"为主题的2018北京春节"洋庙会"在石景山游乐园举办,来自天津大学、天津师范大学、南京艺术学院等40多个国家的数百名留学生带来精彩的文艺演出,与近50万中外游客共同欢庆中国年。4月28日,由区旅游委、外事侨务办、文化委、公园管理中心,北京月讯杂志社、北京对外文化交流中心联合主办的大型系列文化活动"北京沙龙·亲历北京——外国使节亲历石景山"在石景山区举行,来自外国驻华使馆、国际组织驻京机构、外国驻京商会20多个国家50余名使节、参赞、新闻官员等境外人士参加活动。同日,第十七届八大处中国园林茶文化节暨安化黑茶文化周开幕式在八大处公园柳溪山房广场举行,来自韩国、越南、亚美尼亚、乌克兰、厄瓜多尔、古巴、埃及等国驻华使节受邀出席开幕式。5月22日,由中国佛教协会主办的佛诞节庆祝活动在北京灵光寺举行,柬埔寨驻华大使凯·西索达先生、缅甸驻华大使吴帝林翁先生、斯里兰卡驻华大使卡鲁纳塞纳·科迪图瓦库先生,及韩国、尼泊尔、泰国、印度、越南等国的驻华使馆公使、参赞、代表等十余位外国使节嘉宾出席活动。7月16日,德国安可曼公司实地调研石泰公司衙门口建筑垃圾资源化再利用现场并与石泰公司进行座谈。10月1日,八大处公园第五届西山八大处文化节举办一带一路"魔幻剪纸艺术"展剪彩仪式,亚美尼亚共和国驻华大使马纳萨良阁下、古巴社会主义共和国驻华大使米格尔·安赫尔·拉米雷斯阁下、越南社会主义共和国驻华公使衔参赞阮氏泰通女士等15位外交官参加剪彩仪式并观看开幕式文化演出,古巴驻华外交官专程奉献舞蹈表演,赢得观众好评。12月7日—10日,芬兰埃博学术大学副校长Niklas Sander教授、副教授张宏博一行访问中欧科技创新中心。

(周　杰)

【重点外事侨务活动】 4月10日,意大利文普国际文化交流有限公司(Win Project)董事长保罗·保莱蒂一行访问石景山区。4月14日,石景山区首家国际化普惠性幼儿园中加王子岛幼儿园石景山园正式开园。6月11日—14日,区政府代表团赴德国开展一系列推介活动:11日在慕尼黑举办石景山区推介会暨中欧科技创新中心慕尼黑中心揭牌仪式,12日访问巴伐利亚州英戈尔施塔特市,13日访问慕尼黑工大孵化中心，14 日拜访汉堡市投资促进局。6 月 20 日，由古巴圣地亚哥省第一书记萨罗率领的古巴共产党省市委领导干部考察团到区观摩区委常委会会议。7 月 4 日，由中宣部（国新办）委托国家外文局教育培训中心组织的巴勒斯坦公共媒体从业人员研修班 20 余人，参观首钢厂区、规划沙盘、北京静态交通研发示范基地及冬奥建设项目，并与区广电中心进行座谈交流。7 月 20 日，意大利维琴察手工业联合会主席阿高斯蒂诺·博瑙莫先生率代表团访问石景山区。9 月 3 日，以印度普达集团总裁拉吉夫为团长的中印文化交流代表团一行 7 人到区进行友好访问。9 月 19 日，以古共中央书记处书记、国际关系部部长何塞·拉蒙·巴拉格尔为团长的古巴共产党代表团一行 6 人，到八宝山街道沁山水南社区了解社区党组织和居民自治组织建设情况，随后赴北京保险产业园了解国有企业基层党建情况。

（周　杰）

【涉侨交流活动】　4 月 10 日，德国巴伐利亚州侨领代表团参观北京“侨梦苑”侨创空间、法海寺和创业人才社区。5 月 24 日，丹麦中国友协会长赵温华一行 4 人到访石景山，参观考察北京“侨梦苑”和石景山游乐园。7 月 5 日，米兰文成同乡会“一带一路”考察团参观访问北京“侨梦苑”、燕京八绝艺术馆。8 月 10 日，英国社会科学院院士杨威女士以“建设国际一流和谐宜居之都的规划设计方法——从英国规划和设计百年理论实践的借鉴”为题为区理论中心组授课。8 月 13 日，23 位海外院士专家前往石景山模式口文化保护区参观考察。8 月 14 日，海外院士专家工作站在新首钢办公区举办年会。9 月 29 日，市侨务办组织 300 名国庆嘉宾走进首钢园区开展“海外侨胞走进北京侨梦苑 见证工业遗址焕发新生机”活动，感受北京转型发展成果和北京“侨梦苑”建设发展成果。10 月 30 日，以金蓝无忧国际教育集团董事长郭雅琴女士为团长的一行 20 人参观海外院士专家北京工作站。

（周　杰）

【服务教育领域对外交流】　年内，区外事侨务办共接待 10 批团组 314 人次来访辖区学校开展交流合作；为 20 批团组 45 名教师、100 余名学生赴境外培训或开展国际交流提供规范有序的因公出国（境）和外事服务。4 月 11 日，英国牛津高中 48 名师生到访北京市第九中学。4 月 16 日，北京市黄庄职业高中国际交流处主任吴懋会见来访的法国亚眠高等预科学院（ISPA）教学主任让－皮埃尔·吉拉尔（Jean－Pierre Girard）及远程教学负责人亚尼克·威尔兰多（Yannick Vrolant），该校中国法语教学负责人尹梦老师陪同来访。5 月 3 日至 9 日，北京市第九中学老师杨柳和同学代表杨婷婷中国参加在摩洛哥马拉喀什举行的世界中学生运动会。5 月 21 日，在驻缅甸使馆文化处及缅中交流合作协会的组织下，来自缅甸的青年教师团到访古城中学。11 月 30 日，“传播中华文明 共创美好未来”——燕京八绝国际交流周系列活动启动仪式在北方工业大学举办。12 月 3 日，以路安娜·王主席为团长的意大利对华友好协会代表团访问石景山区，与区教委和北京景山学校远洋分校就青少年足球领域务实合作进行商谈。随后代表团意大利那不勒斯豪门足球俱乐部派遣中国足球青训教练丹尼尔·戴乌斯达凯诺先生向学校足球队和各校体育教师进行公开教学。12 月 10 日，由市对外友协、巴拿马驻华使馆和中国国际问题研究基金会共同举办的巴拿马著名摄影师何苏艾·阿尔伯特和布兰利·伯鲁奈特题为“丰饶——巴拿马文化旅游摄影展”开幕式在有西班牙语特色的古城中学举行。

（周　杰）

【港澳事务往来】　4 月 28 日至 5 月 1 日，受“京港杯”青少年橄榄球交流赛赛委会、香港榄球总会邀请，北京市黄庄职业高中老师何军带领 15 名橄榄球队队员，赴香港参加第二届“京港杯”青少年橄榄球交流赛。5 月 5 日—9 日，北京市第九中学赴香港圣士提反书院进行校际交流活动。10 月 24 日，石景山区携 2 个港资项目亮相第 22 届北京·香港经济合作研讨洽谈会，签约总金额达 15 亿元人民币。10 月 29 日至 11 月 2 日，北方工业大学附属学校作为 2018 年京港姊妹学校第二批团组成员赴香港交流并与香港天主教南华中学签署京港姊妹校协议。

（周　杰）

【友好城市交往】　6 月 15 日—17 日，区政府代表团赴芬兰梅恩泰维尔普拉市进行友好交流访问。7 月 16 日—20 日，北京大学附属小学石景山学校足球队以田晓飞副主任为团长的一行 18 人赴韩国首尔特别市麻浦区开展友好城市青少年足球交流访问，麻浦区区厅长庾东均会见代表团。9 月 17 日—18 日，以韩国首尔特别市麻浦区政府福利、教育局长李准范为团长的韩国首尔特别市麻浦区少年足球团一行 25 人访问石景山区。9 月 27 日—28 日，以芬兰梅恩泰维尔普拉市市长马库斯·奥维宁为团长的代表团一行 11 人到区进行友好访问，出席“2018 中国银行保险业国际高峰论坛”。10 月 18 日—21 日，以副区长肖平为团长的区政府代表团赴韩国首尔特别市麻浦区开展友好交流，代表团拜会麻浦区区厅长庾东均，双方就城市总体规划、城市地下综合管廊开发、城市废旧设施改造、城市垃圾再利用等方面进行座谈交流。10 月 22 日，代表团赴日本东京都墨田区、板桥区进行友好交流访问，墨田区区长山本亨、板桥区区长坂本健分别会见代表团。12 月 10 日—28 日，日本东京都板桥区政府举办海外交流城市介绍展，向板桥区居民全面介绍石景山区的历史人文景观及绿色转型发展的新风貌，陈之常向本次展览发去寄语。

（周　杰）

【因公出国（境）管理】　年内，区外事侨务办严格执行相关规定和要求，完善审核审批制度和工作流程，开展贯彻落实中央八项规定治理公款出国旅游专项检查。严把“计划关、审核关、责任关、公示关、教育关、查处关、成果关和证照关”，重点保障好招商引资、科技创新、城市管理和“高精尖”项目团组，提升因公出访围绕中心服务大局的能力，全年共为全区因公团组 47

批86人次提供出访服务。对所有因公护照及港澳通行证实施集中规范管理，做到护照收缴率和按期注销率两个100%。

（周　杰）

【涉外安全维稳保障】　年内，区外事侨务办落实总体国家安全观，做好境外非政府组织和境外媒体服务工作。加强涉外突发事件风险排查和应对，圆满完成中非合作论坛北京峰会、上合组织青岛峰会、博鳌亚洲论坛年会等重大国际会议、涉外活动的服务保障任务。及时妥善处理涉外事件，切实做好涉外服务保障工作。

（周　杰）

【优化营商环境】　年内，区外事侨务办加大APEC商务旅行卡推广力度，全年受理7家企业11人的办卡申请，其中2家企业的2人获得APEC商务旅行卡，累计为20家企业的49人办理APEC商务旅行卡，助力企业国际化发展。同时推动APEC商务旅行卡服务事项网上办理工作。落实“一网、一门、一窗、一次”工作要求，提高服务质量，协同区有关部门推进华侨身份证明、归侨侨眷身份认定、华侨适龄子女接受义务教育证明等政务服务事项的网上办理和“一窗受理”工作。落实《石景山区优化营商环境行动计划(2018－2020年)》要求，围绕“高精尖”产业培育等主题，配合区投促局做好涉外招商活动服务保障，加强促进境外高端产业项目对接合作。

（周　杰）

【国际语言环境建设】　年内，区外事侨务办以北京举办2022年冬奥会、冬残奥会和国际交往中心建设为契机，开展以“学外语，促创城，迎冬奥”为主题的“2018年石景山区市民讲外语活动周”、“2018年石景山区外语游园会”等市民讲外语活动，提高市民外语应用能力、对外交流水平和国际化意识。发挥英语志愿教师作用，支持7家辖区市民讲外语活动基地采取社区英语学习班、英语角、公益英语讲座、发放英语学习资料等多种形式开展市民讲外语活动。指导、参加老山街道金色夕阳英语俱乐部活动，激发市民学外语、讲外语的热情。与区直机关工委配合开展区直机关系统外语培训，提升机关干部对外交流服务水平。配合精品示范街建设工程，规范市政道路新设百余块路牌双语标识翻译工作。核对区城管委新制作双语标识指路牌84块，修改标识翻译不规范路牌4块；收集文博、商业、旅游景点等3家单位反馈的已有及希望新增外语标识230条，修改16条，上报市外办审核4条。配合辖区申报冬奥会对外参观单位的要求，收集相关窗口行业和对外参观单位希望新增的双语标识15条，景点英文介绍2000余字，发挥外语标识规范工作的示范引领作用。做好平昌冬奥会总结会服务保障工作，对发现宣传标语存在的错误，第一时间介入并帮助整改。

（周　杰）

【侨务工作】　区外事侨务办全年依法开具4份归侨侨眷身份认定、子女上学证明、一老一小保险证明，为40余名群众解答侨务政策、侨务知识、办理相关手续流程等咨询50余件。开展侨法宣传活动，利用社区侨法宣传角及社区宣传栏，向居民进行侨法宣传，发放《归侨侨眷权益保护法》等侨法宣传手册，充实社区侨法宣传内容，增强群众依法保护归侨侨眷合法权益的意识。贯彻落实“侨爱工程”工作要求，与市侨办沟通协调，为辖区困侨争取困难补助金45500元。走访慰问街道社区困难归侨侨眷，发放慰问金及米、面、油等生活必需品；举办2018年石景山区侨界新春联谊会，与百余名归侨侨眷欢聚一堂、共叙友情、联系联谊、喜迎新春。牵头协调区委组织部、区投促局办理区政协提交的《关于抓住历史机遇、发挥侨界资源优势助力石景山区高端绿色发展调研报告建议案》(政协主席会建议案)，梳理侨务工作及存在问题，推动出台惠侨政策，优化营商环境，提升服务品质。

（周　杰）

石景山区人民政府区长、副区长

区　长　文　献(6月免)
代区长　陈之常(6月任)
副区长　陈之常(6月任)　田利跃(12月免)
柯永果(12月任)　肖　平　亢　军
陈婷婷(女，藏族)　左小兵
李金克(6月免)　周西松　谢　静(女，10月免)
生效友(6月任)　杨宏伟(10月任)

石景山区人民政府工作机构主要负责人

政府办主任	吴　燕(女)	住建委主任	杨旭东
发改委主任	岳林华(12月免)	城管委主任	张玉国
	李文化(女，12月任)	商务委主任	宋世媛(女)
经信委主任	王晓华	文化委主任	王亚迅
民政局局长	丁仁猛	卫计委主任	葛　强
财政局局长	陈　伟	审计局局长	王亚兰(女)
人力社保局局长	齐　兵	国资委主任	李路海

安监局局长	佟晓军
体育局局长	李劲挺
统计局局长	王彦明
旅游委主任	安宝喜
民防局局长	崔　泽
民族宗教事务办主任	高国强
外事侨务办主任	斯琴格日勒(女,蒙古族)
法制办主任	倪斐远
信访办主任	张洪江
金融办主任	杨京春(女)
社会办主任	高春玲(女)
教委主任	李秀兰(女)
政府教育督导室主任	王　鑫
环保局局长	邵立文(12月免)
水务局局长	张玉国(兼)
地震局局长	毕晓梅(女)
动物卫生监督管理局局长	葛　强(兼)
园林绿化局局长	毛　轩
集体经济办主任	马四虎
研究室主任	迟志禹
城市管理监督指挥中心主任	张玉国(兼)
行政服务中心主任	孙明磊(3月免)
政务服务办主任	孙明磊(3月任)
西部建设办主任	肖　平(兼)
城市管理综合行政执法监察局局长	董新理
档案局(馆)局(馆)长	张相明
区志办主任	张相明(兼)
投促局局长	唐　铭(女)
机关行政处处长	张建刚
环卫中心主任	张　华(12月免)
	冯雅男(12月任)
广电中心主任	王国强
公园管理中心主任	王金兰(女)
八大处公园管理处主任	刘云清
石景山医院院长	刘　鹏
房屋征收事务中心主任	傅庆华
流管办主任	夏鹏程(兼)
维稳办主任	朱钢银(兼,12月免)
	夏鹏程(兼,12月任)
规划分局局长	王亦兵(3月免)
国土分局局长	左小兵(3月免)
规划国土分局局长	徐咏梅(女,3月任)
地税局局长	李　娜(女,8月免)
国税局局长	谢明江(8月免)
税务局局长	谢明江(8月任)
工商分局局长	李广隆
气象局局长	朱　立
食药监局局长	高德友
质监局局长	韩洪亮

政协石景山区委员会

综　述

【概况】　政协石景山区第十届委员会(简称区政协)有委员180人。常委会组成人员33人,其中主席1人、副主席6人、秘书长1人、常委25人。下设办公室、研究室、专委会工作一室、专委会工作二室、专委会工作三室、专委会工作四室、专委会工作五室、专委会工作六室8个办事机构。年内,在中共石景山区委领导和市政协指导下,在区政府和社会各界支持下,区政协常委会贯彻落实党的十九大精神,牢牢把握团结和民主两大主题,团结依靠各界别委员,认真履行政治协商、民主监督、参政议政职能,围绕中心服务大局,勇于创新、求真务实,圆满完成十届二次会议部署的各项任务,为促进石景山区经济社会发展作出积极贡献。

(樊　华)

重要会议

【概况】　区政协的重要会议包括委员会全体会议、常务委员会会议、主席会议。年内,区政协围绕中心、助推发展,服务大局,召开委员会全体会议1次,召开常委会会议5次、主席会议4次。围绕全区经济社会发展的重大问题和群众关注的民生问题,认真履行政协职能,形成政协多层协商格局。

(樊　华)

【十届二次会议】　1月15日—18日,区政协十届二次会议召开。大会应出席委员180人,实际出席168人。会议审议通过区政协主席吴克瑞所作的常委会工作报告和提案工作报告;听取并协商文献所作的政府工作报告,协商讨论区委区政府提案办理情况,审议通过十届二次会议决议。本次会议共收到提案242件,经审查共立案236件,其中委员提案205件,民主党派和工商联提案19件,专委会提案8件,界别提案10件,委员提交提案人数占委员总数的95%。在立案的提案中,经济科技类47件,社法民宗类19件,城建环保类90件,教卫体类53件,文化文史类27件。

(樊　华)

【常务委员会会议】　区政协全年召开5次常委会会议。分别为:1月2日召开第五次会议。审议上年常委会建议案答复情况。审议通过常委会工作报告;审议常委会关于提案工作的报告;审议通过区政协第二次会议相关文件;审议2017年对区属党政部门履职情况开展民主监督与评议工作报告。1月18日召开第六次会议。审议常委会2018年工作要点(草案)。5月4日召开第七次会议。听取衙门口棚改项目相关情况汇报;听取石景山区党风廉政建设情况通报。8月7日召开第八次会议。学习习近平总书记关于加强和改进人民政协工作的重要思想专题摘编;讨论机关青年干部队伍建设相关情况。12月20日召开第九次会议。传达学习习近平总书记在庆祝改革开放40周年大会上的重要讲话精神;审议常委会工作报告;审议常委会关于提案工作的报告;审议2018年对区属党政部门履职情况开展民主监督与评议的报告;审议十届三次会议相关文件。

(樊　华)

【主席会议】　区政协全年召开4次主席会议。分别为:3月20日召开第七次会议。审议各专委会2018年工作计划;审议区政协2018年协商工作计划;审议2018年区政协主席、副主席、秘书长督办重点提案及各专委会督办提案。7月4日召开第八次会议。审议各专委会2018年调研报告和建议案;审议第八次常委会会议相关事项。11月22日召开第九次会议。集中答复2018年主席会建议案。听取各专委会2018年工作总结和2019年工作计划;审议2018年区政协对区属党政部门履职情况开展民主监督与评议工作情况的报告。12月4日召开第十次会议。审议常委会工作报告;审议提案工作报告;审议财政预算民主监督小组、社会管理综合治理民主监督小组和城市管理民主监督小组评议报告;审议十届三次会议相关文件;审议2018年区政协优秀提案、优秀调研报告、优秀社情民意和委员履职先进个人名单;审议2019年常委会工作要点;审议第九次常委会会议议程。

(樊　华)

专门委员会

【概况】　根据政协章程规定和区政协工作实际,第十届区政协设有经济科技委员会、社会法制和民族宗教委员会、城建环保委员会、教文卫体委员会、提案委员会、学习与文史委员会6个专门委员会。专门委员会工作是政协工作的重要基础,是政协履行职能的重要方式。专门委员会根据中国人民政治协商会议章程的要求,从实际出发开展工作。组织委员认真学习、宣传国家的方针政策和法律;就本区政治、经济、文化和社会生活中的重要问题,人民群众普遍关心的问题,选择其中具有综合性、全局性、前瞻性的课题,深入开展调查研究,提出意见、建议和提案;团结和联系委员及各族各界人士,反映社情民意;组织各种活动,为委员知情出力、履行职责创造条件。

(樊　华)

【经济科技委员会】　年内,组织委员参与市政协组织召开的习近平总书记关于加强和改进人民政协工作的重要思想理论研讨会,4名委员的学习文章入选,并组织委员参加区政协组织的专题培训班。开展关于加快石景山区高端主导产业可持续发展的调研工作。组织开展区政府与区政协委员助力石景山区高端绿色崛起专题座谈会。走访看望委员21人次,结合专题视察走访委员单位9家。吴克瑞、刘国庆等领导分别赴中铁建电气化局集团有限公司和姿美堂集团有限公司看望委员,解决实际问题。引荐中铁建电气化局集团项目总承包资质进京落户石景山。组织召集经济、科技和工商联界别委员开展活动5次。区政协十届二次会议期间,经济科技委员会委员共提交提案112件,其中委员作为提案人的41件,作为附议人的71件。提交9篇平日提案,其中作为提案人的6篇,立案7篇。经济科技委员会委员共参与撰写社情民意41篇。

联合民建区工委、民盟区工委和九三学社区工委对区投促局开展民主监督与评议工作。组织区政协财政预算民主监督小组到区财政局围绕石景山区2018年上半年财政预算执行情况进行监督评议。组织委员围绕石景山区创建全国文明城市，创建国家森林城市和改善营商环境等相关情况与政府部门开展协商议政活动。

（樊　华）

【社会法制与民族宗教委员会】 全年开展各类活动45次，其中专委会活动10次、界别活动3次，政协专题活动18次，重点提案督办3次，市政协活动5次，其它单位活动6次。委员出席活动295人次。提交提案40件、立案39件、报送社情民意52件，走访委员6人次。开展《抓住历史机遇，发挥侨界优势，助力石景山区发展》的调研。组织委员视察北京爱依养老服务股份有限公司。围绕司法公正，队伍建设及改革工作的开展和落实情况，组织委员听取区检察院的专题汇报。开展本年度的民主监督评议工作。开展五项专题协商工作。召开2018年界别小组工作研讨会。召开"学习贯彻习近平总书记和全国政协汪洋主席重要讲话精神暨2018年政法界别小组工作研讨会"。组织委员视察区检察院派驻区看守所检察室和检察院未检工作室。开展社会治安综合治理民主监督小组工作。

（樊　华）

【城建环保委员会】 年内，城建环保委员会组织委员学习习总书记关于加强和改进人民政协工作的重要思想。组织委员开展关于加快石景山区西部地区高端提升的调研。全年，收到城建环保委委员提案总数60件，平日提案1件，其中作为第一提案人提案42件。全委委员中27人参与提案工作，并作为第一提案人提交提案。组织界别代表和委员到区住建委、公安分局、区园林绿化局及园区等单位开展专题协商和重点提案督办。组成专门监督工作组对区住建委开展民主监督与评议。组织委员59人次到重点地区、主要街道片区、主干道路、实地考察、视察14次。走访委员单位6次，慰问委员20余人次。组织委员参加区委、区政府会议及评议工作16人次。全年组织委员开展各类活动46次，380余人次参加，提交提案61件，社情民意16件。开展加快推进石景山区高端绿色崛起的调研。组织部分委员围绕石景山区西部开发建设开展4次调研。

（樊　华）

【教文卫体委员会】 全年组织和参加各类形式的学习、考察调研等活动34次（其中界别活动3次），委员参加250余人次，报送活动信息20篇。围绕"关于进一步加强我区教师队伍建设"开展调研。组织专委会委员和教育界别委员参加由市、区教文卫体委员会联合组织的"长城文化带丛书进校园"活动，并就促进义务教育均衡发展开展调研。组织医药卫生界别委员与机关支部联合在八大处社区开展"建党日，送温暖"共建、义诊促和谐活动。与提案委共同组织重点提案督办2次。全年，委员提交提案53件（含专委会提案1件），反映社情民意共计33篇（含专委会3篇）。组织委员到体育局调研视察。组织委员赴北京康复医院调研视察，了解北京康复医院改革发展情况。组织委员及教育界别小组成员到北京黄庄职业高中就职业教育工作进行调研视察。对区卫计委履职情况开展民主监督与评议。强化对委员履职的日常管理，记录委员参加活动台账，并对委员参加活动情况按季度进行反馈。

（樊　华）

【提案委员会】 全年开展各项活动35次，其中政协专题活动12次，专委会活动14次，界别协商2次，民主监督7次，206人次参与。组织委员学习十九大和习近平系列讲话精神。区政协十届二次会议以来，共收到提案263件，共立案254件，会议提案236件，平日提案18件。其中委员提案216件，各民主党派区工委、区工商联提案19件，政协专门委员会提案8件，界别提案11件，委员提交提案人数占委员总数的97.2%。立案的254件提案全部办复。按照承办单位办理报告显示，已办理的提案中A类被采纳或部分采纳的提案占办理总数的89%，B类纳入工作计划或调研计划的提案占8.7%，C类因政策办理不了，向委员解释说明的提案占2.3%。围绕教育、体育、城市建设等方面分别开展集中答复协商。同无党派界别活动小组为了解石景山区职业教育基本情况，前往黄庄职业高中进行视察调研。同社会福利与社会保障界别活动小组前往首钢产业园，对提升石景山城市规划水平，打造冬季体育运动特色先行区建设进行视察调研。开展对五里坨街道的民主监督与评议工作。

（樊　华）

【学习与文史委员会】 年内，组织全体委员就"新时期新时代人民政协如何发挥作用"为题为委员们进行专题培训，协助开展"石景山创城工作"培训会。开展《关于西山文化带（石景山段）山水文化的调研与思考》专题调研工作。组织专委会部分委员和特约文史参事及区政协机关部分工作人员到故宫博物院调研学习。组织部分委员视察门头沟土城墙。组织委员参加八大处茶文化节、重阳节及中医药文化节有关活动。组织部分委员和特约文史参事视察五里坨民俗博物馆"我这四十年"展览及模式口文化保护区建设和文物保护利用情况。召开文史参事工作会，对文史资料征集整理工作进行部署。编印出版《石景山工业文化遗产》（下册）一书。启动《石景山文史资料》第二十五辑文稿征集工作。召开《关于促进我区西山永定河文化带建设的建议》提案督办会。开展《关于模式口文物保护与利用情况》专题协商。对区文化委社区文化工作开展情况的监督与评议工作。落实区政协《关于政协委员履职情况评价办法（试行）》，督促委员参加专委会活动。组织举办"大美西山"书画展活动。组织举办改革开放40周年书法展。协助接待辽宁省抚顺市政协就工业文化遗产的调研工作，视察首钢工业园区并进行工作交流与座谈。组织委员参与重温红色记忆，传颂时代精神——"诗聚石景山"百姓诵读活动红色经典诗歌朗诵会。

（樊　华）

重要活动及相关工作

【概况】 年内，区政协把握团结和民主两大主题，围绕全区各项重点工作，紧密团结各界别委员，发挥"人才库""智囊团""参谋部"作用。自觉聚焦中心任务，围绕全区改革发展稳定的重大问题和群众关切的实际问题，深入协商议政，建言献策，推动重点难点问题的解决。全体委员牢记使命，扎实履职、不负重托，在高水平建设首都城市西大门的实践中体现新担当、展现新作为。

（樊　华）

【"长城文化带丛书进校园"活动】 3月15日，市、区政协科教文卫体委员会联合组织"长城文化带丛书进校园"活动，为京原学校送去50套书籍，并就促进义务教育均衡发展开展调研。

（樊　华）

【"街道吹哨、部门报到"工作调研】 6月6日，吴克瑞带领市政协第六调研组部分成员到广宁街道就"街道吹哨、部门报到"工作开展情况进行调研座谈。调研组成员与广宁街道领导围绕"街道吹哨、部门报到"体制改革中街道的职能定位、已开展的相关工作和遇到的难点等问题进行探讨，部分市政协委员结合实际情况，就推进此项工作遇到的问题提出意见和建议。

（樊　华）

【永定河休闲森林公园调研】 6月13日，吴克瑞一行到永定河休闲森林公园调研视察，并慰问盖立新委员。吴克瑞一行视察永定河休闲森林公园整体环境，实地调研永定河及周边生态情况并视察永定河南大荒水生态修复项目。随后召开座谈会，详细了解公园发展和永定河"五湖一湿地"治理情况。

（樊　华）

【第27次政协工作理论研讨会】 7月19日，区政协召开以"积极助推我区高端绿色崛起先行区建设"为主题的第27次政协工作理论研讨会，围绕助推高端绿色崛起、创建全国文明城区、加快"两大生态建设"集中开展研讨，形成研讨材料36篇，提出建议150余条。

（樊　华）

【《石景山工业文化遗产》刊发】 9月17日，区政协以"不忘初心、牢记使命、砥砺前行"为主题，举办纪念改革开放40周年书法展和政协文史资料《石景山工业文化遗产》(《石景山文史》第二十三辑)发放仪式。该书由概述篇、遗产篇、品牌篇、星火篇、访谈篇、人物篇6部分，113篇文章、34万字和283张图片，囊括石景山区工业历史进程和人物事件。刊印1000册，面向政协委员、机关单位和部分驻区企业发放600册。书法展由60余幅书法作品组成，记录石景山区改革开放40年取得的成就。

（樊　华）

【老旧小区物业管理调研】 10月26日，吴克瑞一行到八角街道调研老旧小区物业管理。在实地查看八角北路社区情况后，召开座谈会听取区住建委、八角街道、古城街道工作情况汇报及社区干部、居民代表意见建议。同月30日，吴克瑞一行到区住建委就老旧小区后期管理工作开展调研。

（樊　华）

政协石景山区第十届委员会

主　　席	吴克瑞		
副 主 席	刘国庆	刘建国	岳林华
	赵继新	高　杰	于秀云(女)
秘 书 长	刘福利		
副秘书长	程伯静(女)	苏文颖	李凤芹(女)
	毛　轩	李鸿泓	刘东晖
常务委员	王亚迅	毛　轩	白德骏
	仲达文	刘　嵘(女)	刘东晖
	刘吉新	苏文颖	李凤芹(女)
	李鸿泓	李智勇	李路海
	吴　瑕(女)	何云飞	汪礼俊
	张　钢	陈有忠	赵天旸
	赵建平	秦玉山	彭　飞
	蒋志谋	释常藏	焦彦生
	戴　兵(女)		

石景山区政协专门委员会负责人

经济科技委员会主任	刘卫东	教文卫体委员会主任	杨玉玲(女)
社会法制与民族宗教委员会主任	韩　冰(女)	提案委员会主任	于惠兰(女)
城建环保委员会主任	李元涛	学习与文史委员会主任	蒙树红(女)

石景山区政协工作机构负责人

区政协党组成员、秘书长	刘福利	区政协专委会工作三室主任	李元涛
区政协党组成员、办公室主任	程伯静(女)	区政协专委会工作四室主任	杨玉玲(女)
区政协研究室主任	刘　威	区政协专委会工作五室主任	于惠兰(女)
区政协专委会工作一室主任	刘卫东	区政协专委会工作六室主任	蒙树红(女)
区政协专委会工作二室主任	韩　冰(女)		

纪检 监察

综　　述

【概况】 中共石景山区纪律检查委员会、石景山区监察委员会(简称区纪委区监委)在市纪委市监委和区委的双重领导下办公。区纪委区监委下设15个内设机构、10个联合派驻纪检监察组。区纪委区监委实有在编人数127人,其中公务员119人,事业编5人,工勤3人。8月20日,区纪委区监委机关正式搬入石景山路40号办公,结束四地办公的状况,实现机关办公场所的整合。10个联合派驻纪检监察组分别在区政府北楼、卫计委、集经办、教委、人保局、财政局、城管委办公。2018年,区纪委区监委围绕"全面从严治党提升年"定位,自觉践行"两个维护",坚持好、贯彻好、执行好"稳中求进"工作总基调,忠诚履行党章和宪法赋予的双重职责,勇于担当、锐意进取,强化监督执纪问责和监督调查处置,实现"一坚持四提升"目标,纪检监察工作取得新进展新成效。

(史双霞)

【区纪委十二届四次全体会议】 2月8日召开。会议学习贯彻习近平新时代中国特色社会主义思想和党的十九大精神,认真落实十九届中央纪委二次全会、市纪委十二届三次全会和区委十二届五次全会会议精神、工作部署,研究部署2018年工作任务。郭鹏代表区纪委常委会向大会作工作报告。全会表决通过区纪委常委会所作的工作报告和《中国共产党北京市石景山区第十二届纪律检查委员会第四次全体会议决议(草案)》。

(史双霞)

【党风廉政建设大会】 2月8日召开。文献主持会议,田利跃传达中央纪委十九届二次全会精神和市纪委十二届三次全会精神。郭鹏通报2017年全区党风廉政责任制检查考核情况。在"一承诺两签责"议程中,牛青山作履行全面从严治党"第一责任人"责任书面承诺。在全面从严治党责任书签订仪式上,牛青山与文献签订"一岗三责"责任书,相关区领导与分管单位主要领导分别签订主体责任书和监督责任书。会议以电视电话会议形式进行,全区1200余名党员干部参加会议。

(史双霞)

【区纪委十二届五次全体会议】 8月31日召开。会议学习贯彻习近平新时代中国特色社会主义思想,全面贯彻落实党的十九大和中央纪委二次、市纪委三次全会精神,学习中央纪委召开的省区市纪检监察工作座谈会精神和市委十二届五次全会精神,贯彻落实区委十二届六次全会精神和工作部署。郭鹏代表区纪委常委会作工作报告,总结2018年上半年纪检监察工作,部署2018年下半年工作任务。

(史双霞)

8月31日,区纪委第十二届五次全会召开　　(区纪委区监委供稿)

监督工作

【概况】 年内,区纪委区监委把监督寓于日常工作中,突出监督主业,定位向监督聚焦,责任向监督压实,力量向监督倾斜。始终把监督挺在前面,年内制定《石景山区纪委区监委监督工作细则》,厘清监督相关部门的职责边界,初步实现纪律监督、监察监督、派驻监督、巡察监督相互衔接贯通、协同高效运行,确保监督执纪有据可依、有章可循。

(史双霞)

【落实中央八项规定精神】 年内,区纪委区监委编辑印发《石景山区作风建设工作手册》,为全区各单位执行中央八项规定精神、开展作风建设提供"实用指南"。在元旦、五一、端午、中秋、国庆等重要时间节点开展"四风"问题监督检查,运用新媒体、新技术和各类消费记录平台、税控电子信息平台等大数据资源,深挖隐形变异"四风"问题。各派驻(出)机构强调"点上深入""向基层延伸",特约监察员加大力度明察暗访,真正向下传导压力。全年共开展"四风"问题监督检查64次,查验票据3万余张,发现问题线索35条。共对违反中央八项规定精神问题立案37件,给予党纪政务处分37人,对2个党组织、3人进行问责,全部给予通报曝光。

(薛　枫)

【压实全面从严治党主体责任】 2月,组织开展"一承诺两签责",各级"一把手"作出履责承诺,层层签订责任书。6月,以区委办名义印发《2018年石景山区全面从严治党主体责任检查考核工作方案》和《2018年石景山区落实全面从严治党主体责任任务分解方案》,明确全面从严治党检查考核内容、考核方式、指标体系和落实主体责任52项具体任务。加大日常监督力度,开展年中检查,发现并督促整改267个问题。

(张丹萍)

【整治扶贫领域腐败和作风问题】 4月，区纪委区监委印发《关于2018年至2020年开展扶贫领域腐败和作风问题专项治理的工作方案》，成立由郭鹏任组长的专项治理工作领导小组，加强与区发改委、民政局等牵头部门的对接，建立情况通报和线索移送机制，实时掌握扶贫工作动态。6月，成立两个扶贫领域专项检查组，区纪委常委、区监委委员带队，紧盯扶贫政策落实、资金使用、项目实施、责任履行等重点，对区发改委、民政局、人力社保局、各街道等承担精准帮扶和扶贫协作任务的部门开展联合监督检查，共向9家单位下发监察建议书，督促问题整改落实。

（张丹萍　朱　涛）

【廉政宣传教育】 5月—6月，区纪委区监委在全区开展以"学法纪，持之以恒强作风；守初心，全面从严促提升"为主题的第27届党风廉政建设宣传教育月活动，全区各单位各系统主动开展廉政主题党课教育和丰富警示教育活动。"生命线的警示——石景山区反腐倡廉警示教育基地"运营不断科学化，全年有639家单位近2万名党员干部职工走进基地接受教育，其中包括越南共产党高级干部考察团一行。拍摄警示教育片《权奴》并分层次组织全区党员干部观看，组织发案单位党员干部旁听庭审，"零距离"接受警示教育，持续形成强烈震慑。用好《石景山报》、有线电视台等区内各级各类宣传阵地，注重宣传党风廉政建设和反腐败工作的经验做法、成果成效。年内，在《中国纪检监察报》和中央纪委国家监委网站上稿4篇，在北京纪检监察网和《是与非》刊发各类新闻稿件60余篇，在区纪检监察网发布纪检监察工作信息174篇，动态更新石景山党建网、党风廉政建设板块，"方圆石景山"微信公众号共推送信息100期300余条。全年组织全区165名科级干部进行任职前廉政法规知识测试，推动以考促学、以考促廉。

（陈庆尧）

【扫黑除恶专项斗争监督执纪问责】 年内，区纪委区监委成立扫黑除恶专项斗争监督执纪工作领导小组，郭鹏任组长。制定区纪委区监委《关于在扫黑除恶专项斗争中强化监督执纪问责的实施方案》《关于进一步打击黑恶势力"保护伞"推动扫黑除恶专项斗争向纵深发展的工作意见》等5项制度。全年组织召开24次涉黑涉恶问题线索集体排查会，对多种渠道接收的467件次群众举报问题线索进行集体研判。与区公安分局联合印发《关于加强扫黑除恶工作协作配合的实施办法》，对公安局侦办的涉黑涉恶违法犯罪案件逐案过筛。建立同步上案工作机制，主动跟进王某、董某涉黑涉恶案件，指定专人加入专案组，深挖"案中案"线索。将扫黑除恶专项斗争工作纳入《全面从严治党主体责任检查考核体系》中，对各单位贯彻精神、台账建立、线索排查、宣传发动等推进情况，年中由政法委牵头评估，年底组织现场检查。

（李　泾）

【深化监督体制改革】 7月，区纪委区监委制定印发《关于进一步深化改革提高监督效能的工作方案》，调整监督室监督联系范围，实现同一监督室对同领域、同系统单位的归口监督。8月，成立区纪委区监委监督工作领导小组，郭鹏任组长，党风室、案管室、监督室、信访室、巡察办等相关部门任领导小组成员，定期召开领导小组会。年内，区纪委区监委成立监督工作改革课题组，破解监察体制改革后监督部门职责边界不清、监督对象重叠等难题，相关研究成果形成《关于进一步深化改革提高监督效能的实践与思考》的调研报告。

（张丹萍）

【社区"两委"换届选举专项监督】 11月，区纪委区监委开展对社区"两委"换届选举的监督工作。牵头成立正风肃纪组，组成工作专班，通过多途径、多形式宣传"十项禁令"等换届纪律，营造风清气正的换届环境。先后到社区19次，对12个社区党组织、10个社区居委会换届选举现场进行监督。建立线索快速核查机制，坚持"四个一律"，对违反换届纪律的人和事一律严查严办。整个换届期间，未发生一起违反换届纪律案件。

（李　娟）

【特约监察员发挥民主监督作用】 年内，特约监察员围绕发生在群众身边的"四风"和腐败问题，在重要时间节点参与走访区内大型商场、餐饮场所，区内相关单位公车使用情况的现场检查；到区内单位服务窗口或到服务对象中，通过明察暗访对办事流程、工作效率、服务态度、政策水平实行全程监督；参与"疏整促"专项行动，与执纪监督室、五里坨街道一同进行监督检查，对发现的问题及时反馈；积极建言献策优化营商环境座谈，共提出意见建议6条，形成《关于优化营商环境服务居民中存在的问题和建议》；参与领导干部述责述廉工作，对全区纪检监察干部进行监督，发挥民主监督作用。全年组织特约监察员开展活动11次，"四风"节点监督检查4次，参加述责述廉会议5人次，参加区纪委区监委全会19人次，召开座谈会及工作总结会，共收集各类意见建议13条。

（薛　枫）

【创建全国文明城区专项监督】 年内，区纪委区监委制定出台《石景山区创建全国文明城区监察工作方案》，向区创城办派出监察专员，并设立专员办，建立健全监察工作机制和工作机构，明确监察对象、监察内容、工作方式及工作程序。列席创城工作阶段性会议，并对公职人员履职尽责和单位创城经费规范使用提出纪律要求；参加北京市创城工作迎检督察、全国文明办创城工作迎检督察等重要节点的实地检查，对处级单位及创城办两个主体的履职尽责情况开展监督。

（安婧婧）

【环保督查】 年内，区纪委区监委对区大气污染治理工作进行监督检查，并对北京市第二环保督察组移送的部分单位落实环境保护相关工作存在履职不力、落实不到位等问题线索进行问责调查。问责共涉及11家单位，对6名责任人进行责任追究。诫勉4人，通报2人，向7家单位下发《监察建议书》。

（黄祖专）

审查调查

【概况】 年内，区纪委区监委稳定保持反腐败斗争力度不减、节奏不变、尺度不松，坚持有腐必惩，有贪必肃，加大案件查办力度，用最坚决的态度减少腐败存量，有效解决发生在群众身边的不正之风和腐败问题。将出逃10余年的嫌疑人缉捕归案，实现区职务犯罪在逃人员“清零”目标。

（史双霞）

【信访举报】 区纪委区监委全年受理信访举报468件次，同比上升55%，信访总量继续保持全市最低，也是全市越级访最少的区。启用独立的信访接待大厅，来访接待能力大幅提高，完成市纪委市监委检举举报平台建设试点工作，提高信访举报受理工作的规范性。确立每季度信访分析向区委主要领导报告的工作机制。

（胡国栋）

【监督执纪“四种形态”】 年内，区纪委区监委运用监督执纪“四种形态”处理141人次，其中第一种形态59人次，占42%；第二种形态61人次，占43%；第三种形态1人次，占0.7%；第四种形态20人次，占14%。

（张 捷）

【调查处置】 区纪委区监委全年共处置问题线索187件次，初核166件，新立案100件（其中处级16件，乡科级18件），同比增长20.5%；结案82件，同比增长2.5%；给予党纪政务处分77人，移送司法机关7人。其中给予党纪处分76人、政务处分6人、党纪政务双重处分4人。从党纪处分情况看，党内警告46人、党内严重警告14人、留党察看1人、开除党籍15人。从政务处分情况看，记过2人、降低岗位等级2人、开除公职2人。从被审查人、被调查人行政级别看，正处级及相当正处级9人、副处级及相当副处级5人、正科级及相当正科级17人、副科级及相当副科级5人、科员及以下51人。从所属单位性质看，行政机关22人、事业单位17人、国有企业及集体企业42人、无业及自主择业者6人。

（张 捷 刘婧妮）

【巡察工作】 年内，区委组织3轮、对23个处级单位党组织开展常规巡察，对26个社区党组织开展专项巡察。走访单位49个，受理来电、来信、来访21件；发现问题454个、问题线索9个，立案2起。按照中央、市委巡视全覆盖工作要求，制定十二届区委巡察全覆盖工作规划、区委巡察工作领导小组工作规则、区委巡察组工作规则、区委巡察工作领导小组办公室工作规则等制度。建立巡察数据管理系统，规范巡察档案管理，加强巡察干部队伍建设。

（李世民）

【信息保障】 年内，区纪委区监委提出“一个中心、六个平台、三个体系”的信息化建设目标，主要领导多次牵头召开专项工作会议，成立信息化领导小组，督促推进信息技术工作。年内，完成新址大楼的网络、电话线路以及机房建设。开展纪检专网扩容建设工作，增设14条纪检专网，与市纪委市监委对接。规范涉密网络保密管理，制定安全保密制度，建设新址大楼安全防护体系。整体设计并建成办案区指挥中心以及远程双通道同步刻录工作台。

（刘兴港 廖 慧）

中共石景山区第十二届纪律检查委员会

书 记 郭 鹏

副书记 韩孟荣 仲长军（女） 赵锦海

常 委 田成立 李月根 牛秋娟（女） 张 莉（女） 赵雁军（女）

石景山区监察委员会

主 任 郭 鹏

副主任 韩孟荣 仲长军（女） 赵锦海

委 员 田成立 李月根 牛秋娟（女） 郭淑丽（女） 苏增亮

民主党派

综　述

【概况】 石景山区有7个民主党派区级组织，分别是：中国国民党革命委员会石景山区工作委员会（简称民革区工委）、中国民主同盟石景山区工作委员会（简称民盟区工委）、中国民主建国会石景山区工作委员会（简称民建区工委）、中国民进促进会石景山区工作委员会（简称民进区工委）、中国农工民主党石景山区工作委员会（简称农工党区工委）、中国致公党石景山区工作委员会（简称致公党区工委）、九三学社石景山区工作委员会（简称九三学社区工委）7个民主党派区工委。支部43个，民主党派成员1444人，同比增长5.4%。2018年，各民主党派区工委牢牢把握中国特色社会主义参政党这一政治定位，团结带领各自成员，发挥特色优势，履行政治协商、参政议政、民主监督基本职能，持续加强思想建设、组织建设、制度建设、代表人士队伍建设，各民主党派政治把握能力、参政议政能力、组织领导能力、合作共事能力、解决自身问题能力得到全面提升，中国特色社会主义新型政党制度效能得到不断彰显。以思想建设为核心，深化开展坚持和发展中国特色社会主义学习实践活动，扎实开展“不忘合作初心，继续携手前进”专题教育，通过专家辅导、交流研讨、调研座谈、现场见学等方式，持续加强对中国特色社会主义理论、统一战线政策理论、多党合作理论等内容的学习，党派成员理论水平、思想自觉持续提升，夯实多党合作共同的思想政治基础。

（王雨秾）

【重点工作】 各民主党派区工委以参政议政为重点，按照“强机制、拓平台、广动员、抓重点、塑精品”的工作思路，围绕疏解整治促提升、创建全国文明城区、服务保障冬奥筹办等全区中心工作和重点任务，开展调查研究，建睿智之言、献务实之策，形成一批重要参政议政成果，为区委区政府科学决策提供智力支持，彰显民主党派“智库”优势和作用。以社会服务为依托，将社会服务作为展示自我形象的重要窗口和促进社会和谐的直接途径，发挥党派界别优势和支部特色，调动成员参与热情，整合内外资源，深入街道、社区和学校，开展文化、医疗、法律、扶贫助学等系列公益活动。开展民主党派工商联与街道结对联系工作，将参政议政、社会服务、民主监督等优势资源下沉街道，为街道统战工作开展、基层治理能力提升提供支持。

（王雨秾）

中国国民党革命委员会石景山区工作委员会

【概况】 民革区工委有六个支部，党员165人。其中有全国青联常委1人，市人大代表1人，市政协委员3人，区人大副主任1人，区人大常委1人，区人大代表1人，区政协常委2人，区政协委员10人。有民革中央各专委会成员9人，民革市委各专委会16人。年内，加强思想建设、组织建设、作风建设和制度建设，提高党员的政治把握能力、参政议政能力、组织领导能力、合作共事能力和解决自身问题的能力，把推动石景山区发展作为区工委工作的第一要务，围绕中心，服务大局，深入调查研究，建真言献良策，为推动区域经济社会发展做出贡献。

（张　旭）

【理论学习】 3月30日，民革区工委组织召开工委扩大会议暨学习传达2018年全国两会精神座谈会。民革中央委员、全国政协委员、民革市委副主委、市政协常委荣洋，为广大党员作专题辅导报告。5月4日，召开“不忘合作初心，继续携手前进”——民革区工委纪念中共中央发布“五一口号”70周年暨民革成立70周年座谈会。会上党员们畅谈“五一口号”的重要历史意义、重大的现实意义和深远的指导意义，结合自己与民革的渊源逐一阐述对中国共产党领导的多党合作和政治协商制度的认识。5月16日—18日，民革区工委与民革安徽省池州市工委共同组织举办“不忘合作初心，继续携手前进——纪念‘五一口号’发布70周年和民革成立70周年”书画作品展。5月19日，与民革安徽省合肥市委会，针对基层组织建设和文化建设进行座谈交流。5月30日至6月1日，在八宝山街道永乐东小区北社区服务站，民革区工委与八宝山街道和区侨联联合举办为期三天的“不忘合作初心，继续携手前进——纪念中共中央发布‘五一口号’70周年书画作品展”。8月3日—4日，围绕“学习新型政党制度，全面加强自身建设”主题，举办2018年暑期学习班，并组织党员参观石景山区反腐倡廉教育基地。

（张　旭　刘辰洋）

7月17日，民革区工委到模式口文保区调研　　（民革区工委供稿）

【组织建设】 2018年发展新党员14人。4月23日,区工委召开第五支部党员会议,会议进行支部委员改选工作。经党员大会无记名投票,闫金定担任支部主委,张永钢、张尊栋为支部副主委,邵颖、翟向国为委员。11月6日,区工委召开示范支部建设推进部署会,会议通报学习民革市委2018年组织工作会议暨基层组织负责人培训班会议精神以及王红讲话精神,各支部主委汇报本年度支部工作开展情况以及对示范支部建设的意见建议。

(张 旭 刘辰洋)

【社会服务】 5月11日,民革区工委到结对单位——八宝山街道,开展博爱牵手助残助学行动。民革区工委给予街道2名残疾贫困学生每人2千元的助学资金,捐助资金全部来自于民革区工委各党员的爱心捐赠。

(张 旭 刘辰洋)

【对台文化交流】 8月22日,民革中央第七届台湾青年大陆暑期实习团中在华灿工场实习的6名团员,到八宝山街道精神沁园红色文化基地参观考察,到沁山水南社区居民家中与居民进行交流,让台湾实习生们了解北京社区文化建设和居民日常生活状况。区工委承接民革市委"创建两岸青年共同家园,帮扶台湾青年就业创业,推动两岸经济社会融合发展"调研课题。10月15日—20日,由民革中央祖统委副主任、市人大常委、民革市委专职副主委褚玉梅率领课题组一行,赴上海市和江苏省开展调研,就"创建两岸青年共同家园,帮扶台湾青年就业创业,推动两岸经济社会融合发展"课题,实地调研沪、苏两地台胞台青就业创业情况及相关政策创新,为助推北京落实"惠台31条"措施,更好促进台湾青年就业创业探索政策建议。10月31日,区工委调研组到市台办进行调研交流。

(张 旭 刘辰洋)

【与民革中央机关第二支部座谈】 11月16日,民革区工委与民革中央机关第二支部联合开展对台交流活动,并与入驻华灿工场的台湾创业团队交流座谈。全国人大代表、民革中央组织部部长、民革中央机关第二支部主委叶赞平对活动给予高度评价,肯定民革区工委多年在参政议政、社会服务等方面取得的成绩,看到华灿工场能够将两岸青年就业、创业、文化交流和志愿服务等工作落到实处,体现在对台工作中的责任和担当。

(张 旭 刘辰洋)

【支部活动】 12月22日,第六支部赴党员企业拉卡拉控股集团开展调研活动,拉卡拉控股集团创始人、民革中央经济委员会委员、市政协委员孙陶然分享创业经验。12月27日—28日,第五支部赴张家口市进行"体验冰雪文化,助力北京奥运'活动"调研。调研团队实地考察服务冬奥推广的雪上项目基地,体验高山滑雪等项目。

(张 旭 刘辰洋)

【参政议政】 民革区工委被区委统战部评为调研工作先进单位。"关于把模式口民俗老街打造成我区历史文化'金名片'的对策研究"2篇调研报告被评为优秀调研报告。"关于加强模式口地区保护、改造与开发的建议"等2篇提案被区政协评为优秀提案。"关于进一步优化营商环境,促进招商引资的调研"等3篇调研报告被区政协评为优秀调研报告。"关于提升我区交通能力的建议"等3篇信息被区政协评为优秀社情民意信息。完成《关于进一步优化我区营商环境、促进投资引商、助力经济高精尖发展的建议》等7篇调研报告。报送100余条信息,其中被区委统战部等单位采用30余条。其中《石景山区各民主党派围绕创建全国文明城区联合发出倡议书》得到田利跃、姚茂文批示。

(张 旭 刘辰洋)

中国民主同盟石景山区工作委员会

【概况】 民盟区工委有9个支部,盟员384人,其中女盟员173人;在职盟员285人,占74.22%,离退休盟员99人,占25.78%,平均年龄51.21岁;高教界盟员105人,占27.34%,普教界59人,占15.36%,科技界39人,占10.16%,医卫界25人,占6.51%,文化艺术16人,占4.17%,新闻出版5人,占1.30%,公有制经济50人,占13.02%,机关团体25人,占6.51%,新社会阶层58人,占15.10%,其他2人,占0.52%。高级职称(正高和副高)130人,占33.85%,中级职称124人,占32.29%。盟员中有现任市人大代表1人,市政协委员1人,区政协副主席1人,区政协常委1人,区政协委员7人,区人大委员3人。获石景山区委统战系统调研先进单位和社情民意先进单位称号。年内,民盟区工委获民盟中央社会服务工作先进集体。民盟

12月,民盟石景山工委组织盟员开展新春送祝活动 (民盟区工委供稿)

区工委2018年度先进集体和个人评选中，教育支部、科技支部获“组织发展奖”集体；工业支部、北方工业大学支部获“参政议政奖”集体；综合支部、首钢工学院支部获“活力支部奖”集体；卫生健康支部、北京工业职业技术学院支部获“社会服务奖”集体。宋建梅等26人被评为优秀盟员。

（李　莉）

【组织活动】 民盟区工委全年组织开展80余项活动。春节前夕，区工委开展京西文明伴我行系列活动，如养老院春节慰问演出、与特教机构手拉手，开展“8结9”走进古城南路社区开展新春送福活动。六一前夕，区工委联合民盟北京师范大学委员会举办《孤独症儿童的健康管理》专题讲座。“七一”，民盟区工委组织盟员学习中国共产党党史，参观领袖家风廉政教育专题展览，开展同心主题教育活动。教师节前夕，联合门头沟区工委共同举办京西民盟纪念改革开放40周年暨第四届“红烛颂”诗歌朗诵会。民盟区工委围绕区内中心工作，起草“我为创建文明城市做贡献”联合倡议书。联合区创城办、文明办等部门开展进校园、进企业、进社区、进学校、进医院“五进”创城宣讲活动。2018年各支部相继开展“感恩行动”“不忘合作初心”“建言献策”主题活动。春节及重阳节，各支部开展“暖心行动”走访慰问老盟员；各支部组织盟员开展观影、学习参观调研活动。北方工业大学支部举办学习习近平系列重要讲话精神研讨会，联合医务支部、首钢工学院支部联合开展西山永定河文化传承与建设调研活动，组织部分盟员赴雄安新区展开考察调研活动。首钢工学院支部联合致公党三支部开展北京市副中心发展规划调研活动。

（李　莉）

【社会服务】 年内，民盟区工委联合其他单位社团组织联合开展公益宣传活动。3月，联合区爱卫会、北京控烟志愿服务队石景山分队联合开展“人人参与控烟活动·共创健康无烟环境”宣传活动。清明节联合京西志愿者服务中心协助地铁做好人流疏导工作。倡导公益，成立石景山民盟志愿服务队，民盟区工委在志愿北京平台注册石景山民盟志愿者服务队，发起社会服务公益项目，组织盟员及志愿者开展“京西文明伴我行”系列服务活动，如绿色植树、清明交通疏导服务、关注孤独症儿童公益讲座、书画家进社区等活动，累计服务550个时长。民盟区工委相继在北京黄庄打工子弟学校、“太阳花”听力言语康复中心、“小飞象”自闭症儿童训练发展中心、石景山区培智学校建立民盟区工委志愿服务基地。树立“服务之星”，北方工业大学支部张磐老师捐赠图书；科技支部庄海泉经常性的在模式口讲述“京西古道模式口的前世今生”；综合支部王德禄义务给社区居民上书画课；科技支部叶丽娟做义务辅导员指导苹果园社区合唱团；中学支部胡文生创建石景山摩安骑士连，组织志愿者到养老院捐赠作品等。

（李　莉）

【暑期学习班】 7月28日，民盟石景山区工委、民盟门头沟区工委、民盟大兴区工委联合举办2018年暑期学习班。来自三区120位新盟员、骨干盟员参加暑期学习班。学习班邀请中央社会主义学院李小宁教授，重点结合首都统一战线新形势，解读习近平新时代统一战线思想。盟员们分为3组进行座谈讨论，就学习领会习近平新时代中国特色社会主义思想心得体会、如何加强民盟基层组织建设、如何履行好盟员职能、对民盟区工委工作建议等内容进行探讨交流。

（李　莉）

【组织建设】 年内，民盟区工委率先在全市制定《民盟石景山区工委支部规范化建设三年行动计划》，推进“制度化、程序化、规范化”建设，制定完善12项规章制度。坚持召开季度主委会、理论学习会、工委会、基层组织工作会、盟员之家座谈会，定期召开民主生活会，加强领导班子建设。12月15日，召开民盟区工委七届十五次工委会讨论决议，同意中学支部变更为教育支部，医务支部变更为卫生健康支部。同日召开民盟石景山区经济支部成立大会，王健担任经济支部主委。全年，发展33名新盟员，年发展率为8%，其中中高级职称占比51%。推荐36名骨干盟员参与市区培训，推荐41名专业盟员给市委、区委统战部“智库”。

（李　莉）

【思想宣传】 年内，民盟区工委制定目标任务，增强思想建设引领力。提出“五个一”，即坚定“一个信念”，坚定不移坚持共产党领导，坚定不移坚持中国特色社会主义道路，坚定不移坚持中国共产党领导的多党合作和政治协商制度；明确“一项责任”，不忘合作初心、共同携手前进，围绕中心、服务大局，提出真知灼见，将优良传统薪火相传、发扬光大，为实现中华民族伟大复兴的中国梦做出新的贡献；恪守“一种精神”，以“立盟为公，以天下为已任；正直正派、学有专长、甘于奉献；修德守身、淡泊名利、自尊自强”为内容的“民盟精神”；致力“一种文化”，在习近平新时代中国特色社会主义思想指引下，高扬改革旗帜、锐意进取创新，学习宣传实践社会主义核心价值观，共筑社会主义现代化建设的精神长城；搭建“一个平台”，以“盟员之家”建设作为固本强基的重要抓手，发挥盟组织在盟员思想交流、精神归属、情感关怀方面的作用，提升盟员的组织归属感，增强组织凝聚力。利用“民盟e家”开展“周一学盟史人物”等教育微课堂，打造学习平台，以研讨、座谈、参观、朗诵、观影等形式多样、内容丰富的专题教育活动，深化“不忘合作初心”。

（李　莉）

【统战理论研究】 年内，民盟区工委组织盟员围绕重温“五一口号”“新型政党制度”等撰写《统一战线理论创新视野下不断增强基层组织思想建设引领力》《新时代新型政党制度的时代意义》《习近平总书记关于多党合作和民主党派工作的重要论述》等14篇文章报送民盟市委，数量创基层组织第一。

（李　莉）

【民主监督】 2018年，民盟区工委组织盟员参与协商座谈会6次，提建议

11条。参与市区两级协商，特别在苹果园街道、五里坨街道基层民主监督活动发挥作用，推动各项改革发展举措落到实处。

（李　莉）

【参政议政】　年内，民盟区工委联合政府部门、专家团队重点围绕冬奥、创建全国明文城市等9项调研课题。其中，吴坚参与民盟市委承接中央课题，撰写《探索中西部教育交流机制，提升中西部教育能力》报告，冬奥、智慧交通两篇调研报告被民盟市委采纳。全年报送56条社情民意信息，市级采纳篇目27条，获中共北京市委领导批示1条。

（李　莉）

中国民主建国会
石景山区工作委员会

【概况】　民建区工委有基层支部7个，分别是工商支部、经法支部、科教支部、综合支部、退休支部、直属支部、家访支部。其中直属支部是新会员支部。截至年底，有会员266人。会员平均年龄54岁，其中男性会员168人，女性会员98人，大学本科学历144人，硕士研究生47，博士研究生9人，中高级职称113人。民建市委主委1人，委员2人；全国政协委员1人，市政协委员1人；区人大代表3人，其中常委1人；区政协委员13人，其中副秘书长1人，常委2人。年内，民建区工委主要围绕经济建设，履行参政党职能，参加政治协商、民主监督和参政议政，开展社会公益活动；加强自身建设，提高会员素质；针对中心工作开展调查研究，建言献策，反映社情民意等。司马红当选为民建市委主委，会员陈飞被共青团中央评为2018年“全国向上向善好青年”，李军获“北京市三八红旗奖章称号”，张春景被北京团市委评为“北京模样·时代楷模”年度人物。被民建市委评为信息工作先进集体三等奖、被区统战部评为“2018年度网站工作先进集体”“信息工作先进集体一等奖”，排名在各工委之首；连续三年在各党派中名列第一；有6篇全区统战系统优秀信息，占比近1/3。

（黄　玥）

【社服联络】　年内，民建区工委围绕“一老一小”工作要求，以助残助学为主方向。为辖区5个残疾人家庭捐款1万元，并组织其参观体验非物质文化遗产燕京八绝活动。支持民建市委社服工作，企业家会员捐款15400元，用于市统战系统对口帮扶门头沟的“8+1”项目。企业家会员为辖区扶贫工作捐款捐物累计30万元。支持老山街道扶贫工作，参与街道赴青海玉树称多县考察活动。春节前夕，会员魏征为困难家庭捐赠价值3000余元的米和油等年货。直属支部“果香寄情敬老活动”坚持不懈，全年共组织7次石景山民族养老院慰问活动。9月教师节期间组织新会员到河北乐亭任田村小学的“暖心书香”捐书活动，为孩子们带去1200余册少儿书籍，价值3万余元。工商支部会员发起的“爱心携手、重建家园”活动，帮助困难老兵拥有新家。加强企业走访联络，全年组织3次走访活动，交流企业管理经验。民建市委联络委员会两次来到石景山区，参观会员企业，交流学习。经法支部与门头沟区工委第四支部结为友好支部。

（黄　玥）

【理论学习】　年内，民建区工委通过举办学习会、座谈会、会员网络自学等形式，组织开展习近平系列重要讲话精神、政府工作报告、全国两会精神、纪念改革开放40周年、纪念“五一口号”发布70周年、郝明金主席在北京民建宣讲精神等各项学习。带领会员参观“大道同行——从‘五一口号’到协商建国重要史事回顾展”，组织赴民建发源地——重庆的“寻根之旅—第二行”。理论委员会、各支部也分别开展学宪法、学会章、学讲话等活动。围绕民建中央“深化政治交接”这一课题，形成课题组，形成理论研究成果《深化政治交接是多党合作事业的重要保证》，得到民建市委采用，报送民建中央。全年收到会员学习文章31篇，被民建市委网站采用15篇。2篇文章入选市政协理论与实践研究会举办的“推进人民政协工作改革创新”研讨会征文。8篇会员文章入选民建市委组织的纪念改革开放40周年征文活动，其中2篇被民建中央评为“优秀作品奖”。6篇会员文章入选民建市委纪念“五一口号”发布70周年征文活动。向民建市委网站报送60余篇活动报道并得到采用，其中12篇被民建中央网站采用。2018年1—11期《北京民建》上，刊登12篇会员文章和事迹报道。2018年第五期民建中央《民讯》上，刊登司马红文章《坚定“四个自信”，做新型政党制度的实践者捍卫者》。

（黄　玥）

【民建区工委成立30年】　2018年，民建区工委成立30年，民建区工委组织会员制作纪念短片；编辑印制纪念画册；举办会员作品朗诵会；开展会史资料整理和老会员采访工作，采访3位老会员，并留存影像资料；11月25日，成功举办纪念庆祝大会，130名会员参加。

（黄　玥）

【组织发展】　年内，民建区工委发展14名会员，硕士以上研究生占半数以上，经济界人士占85%。全年组织展示工作成果的年度总结会、增强会员活力的春季运动会、提升工作能力的会员培训班、了解建设成就的参观“伟大的变革”——庆祝改革开放40周年大型展览。直属支部的爱国教育基地参观，让会员们认识阳早、寒春崇高的国际主义精神；综合支部组织参观军事博物馆；经法支部“民建企业、经法护航”法律讲座；工商支部以“安全公益”为主题的参观体验活动，普及最基本的救生常识；科教支部组织“飞行观影体验”。退休支部创新开展“支部活动送上门”活动。

（黄　玥）

【参政议政】　年内，民建区工委开展“双月议政会”，全年组织4次议政会，吸收新会员加入，线下线上相结合，交流信息关注点、分析议政中产生的问题，规划计划调研工作，促进信息撰写、调研报告水平不断提高。按照民建市委和区委统战部推荐的调研方向，围绕石景山创建文明城区总体工作部署，全年报送《石景山区双创发展现状及发展思路》等10篇调研报告。《关于北京市生产性服务业财政支持政策的调研报告》分别被区政协、区统战部评为优秀调研报告。此外，在区政协理论研讨会上提交文章3篇，在政协会上完成党派发言1篇，提交党派提案3篇，其中《关于加强我区精品街区环境景观建设监督和后期管理的建议》获优秀提案；市区两级政协委员个人提案10余篇，周泽、刘嵘、董妍君等7人获区政协委员履职先进个人。全年报送社情民意信息52篇，被区委统战部采用17篇，民建市委采用8篇，市统战部采用3篇。其中司马红撰写的《关于深化探索与研究商业模式创新的知识产权保护制度的建议》、袁宇撰写的《军民融合示范区建设中的问题及对策》、熊婧伊撰写的《关于贯彻落实“放管服”，改进营商环境的建议》被民建中央采用。

（黄　玥）

中国民主促进会石景山区工作委员会

【概况】　民进区工委有会员207名，支部7个，分别是北京九中支部、教育分院支部、金苹古西支部、古东永乐支部、经济支部和退休支部、北方之星青年支部。工作委员会由主委1名、副主委3名，委员8名组成。会员中有民进市委常委1名、市政协委员1名、区人大代表3名（其中常委1名），区政协委员11名（其中副主席1名，常委1名）。第五届区青联委员2名，区特邀监察员1名，区政协特约文史委员1名。年内，仲达文获民进全国宣传思想工作先进个人称号。

（姜伯军）

【参政议政】　1月，在政协石景山区第十届二次会议上，民进区工委的《关于加快推进北京保险产业园工作的建议》提案得到区领导好评。《关于进一步开发永定河石景山段 助力我区西山永定河文化带建设的建议》《关于深入推进我区部门协同配合 提高家庭教育科学性与实效性的建议》等调研成果获得区委区政府肯定。年内，区工委完成《我区社区居家养老服务中存在的问题及对策》《对中国期货市场扩大对外开放的思考建议》等调研。区工委重视社情民意和信息工作，制定信息报送工作奖励办法，将信息报送数量和被采用情况作为评选优秀会员和先进支部的条件之一。截至年底，有25名会员撰写社情民意信息51条信息，其中，被民进中央采用1条，被民进市委采用6条，被区委统战部采用13条。

（姜伯军）

【社会服务】　年内，民进区工委发挥特色优势，促进京津冀教育协同发展。开展对雄县米家务镇幼教和中小学的支教工作，接待雄县鲍氏幼儿园一行到石景山区实验幼儿园参观学习，邀请会内外专家参观雄县鲍氏幼儿园及八洋庄小学并现场交流、提出建议，组织教师交流互访，加强与雄县在教育资源方面的对接交流。开展“微公益”活动，响应民进中央、民进市委“春联万家”活动，组织书法家为社区居民写春联；支持各支部举办讲座、义诊、培训、文化等公益活动；落实石景山区民主党派与街道“8结9”工作以及创建全国文明城区工作，推进与苹果园街道的合作对接，提升社会服务的针对性和实效性。2月，民进区工委组织书法家走进苹果园街道第一社区为居民写福字赠春联；6月，民进区工委在苹果园街道举办“用好声音美化表达”讲座。老会员赵志欣每月到各社区讲授中国传统文化，参与人数上千人；丁永红大夫利用专业知识为培智学校为重度残疾儿童康复服务28次；到社区宣教11次，惠及居民472人次；到寸草春晖老年院为老年人服务48次，200人次受益。退休会员于书江到各个学校宣讲“传统节日的来源”7次，参与师生上千人次。经济支部会员边疆、吴新组织生命教育志愿者践行其生命教育全环境理念，年内共公益服务11省，超过40场次，超过6520人次参加学习，投入公益资金超过130万元。

（姜伯军）

【思想建设】　3月，民进区工委组织工委委员和各支部主委学习全国“两会”精神；4月，组织工委委员和支部主委召开纪念“五一口号”发布70周年座谈会，畅谈学习体会并号召会员撰写纪念“五一口号”发布70周年文章，其中于秀云《不忘初心跟党走 携手建功新时代》、仲达文《对“五一口号”发布七十周年最好的纪念》、宋竟男《不忘初心，让民进优良传统薪火相传》、于静慧《“不忘合作初心”，继续做好民进基层组织工作》、于书江《浅谈学习“五一”口号的现实意义》等被民进市委、区委统战部采用；9月，民进区工委举办“学会章，促调研，创先进”学习班，由工委委员和骨干会员参加的学习班，内容主要涉及会章、参政议政、组织建设等，形成制度化；10月，工委举办创建文明城市（区）报告会，邀请石景山区创城办副主任王传东作题为“全区齐努力 共创文明城”的专题报告并向全区会员发出倡议书。11月—12月，民进区工委两次组织会员参观“伟大的变革——纪念改革开放40周年大型主题展览”，并在第一时间召开座谈会学习习近平总书记在纪念改革开放40周年大会上的讲话精神，畅谈学习体会，撰写理论文章，会员于秀云、宋竟男、莘赞梅、魏洁、毕欣、胡晓颖等撰写的文章在民进中央、民进市委的刊物、网站、微信公众号及《石景山报》上发表。

（姜伯军）

【组织建设】　年内，民进区工委以组织建设为基础，做好会员发展工作和基层支部活动，加强对年轻会员的培养和对老会员的关心，以增强组织的生命力、凝聚力、战斗力。各支部结合开展学习座谈、参观考察、讲座征文等活动，民进区工委年底根据综合评价后评选金苹古西支部和古东永乐支部为年度先进支部，丁永红、郭宗旺等12名会员被评为先进会员。年内，发展新会员6个，发展的新会员平均年龄33.5岁，硕士研究生1名、大学本科5名。截至年底，会员人数为207人（其中转来2人、转走3人）。10月，民进区工委先后接待民进市委监督委员会和中央统战部调研组的督导和调研。

（姜伯军）

中国农工民主党石景山区工作委员会

【概况】 农工党区工委有基层支部5个，党员163人。70%的党员来自医药卫生界。其中：男62人，女101人。在职人员115人，退休人员48人。平均年龄59岁。硕士研究生以上学历45人，占党员总数27%；大学学历（含大专）116人，占71%；中专以下学历6人，占3.7%。高级职称的70人，占47%；具有中级职称的73人，占44%；初级职称7人，占4%。区人大代表3人，其中区人大常委1人；区政协委员8人，区政协常委2人。担任区政府特约监察员4人。担任农工党市委常委1人，担任农工党市委专委会成员7人。年内，农工党石景山区工委被市委评为先进集体；中国中医科学院眼科医院支部被市委评为先进集体；13名党员被评为优秀党员，2人被评为组织工作先进个人，2人被评为思想宣传理论研究先进个人，1人被评为社会服务工作先进个人。

（高春菊）

【参政议政】 年初，农工党区工委党派提案《关于进一步提升我区绿化水平的建议》被列入区政协重点督办提案。6月，区园林局召开督办协商会议，针对建议和问题，区园林局及相关各部门给予落实答复。石景山医院支部联合眼科医院支部、社会服务专委会组织骨干党员走访多家街道和社区卫生服务中心，采用座谈、现场调查和实地考察等方式，对社区居民、患者和医务人员就患者在社区基本用药需求的满足情况和药品供给系统改革中存在的问题展开调研，形成由谭丽玲执笔的《关于进一步提升社区医疗服务能力、满足居民用药需求的调研报告》。年内，李鸿泓撰写的《关于提升石景山区中医药服务能力，深化辖区医养结合的建议》和焦彦生撰写的《关于加强棚改项目建设过程监督的建议》作为区政协理论研讨会发言材料。首钢支部迟虹完成《关于创新“医养康护”社区居家养老模式的建议》；古城支部任霞完成《儿童强则中国强——加强区域儿童保健工作，有效提升区域全民健康水平》；石景山医院支部联合眼科医院支部、社会服务专委会由张新利完成《关于加快推进医院治安秩序建设的调研》等调研报告。石景山医院支部谭丽玲撰写的《关于石景山区“互联网+医联体信息平台”建设的调研报告》被区委区政府研究室评为2017年度石景山区民主党派优秀调研报告。

（高春菊）

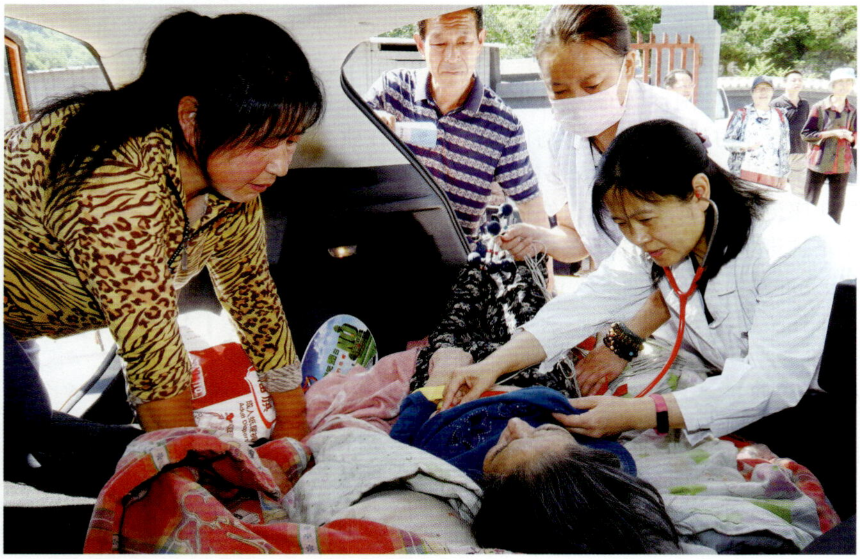

6月10日，平西革命根据地义诊活动　　（农工党区工委供稿）

【思想建设】 以纪念中共中央发布“五一口号”70周年为契机，农工党区工委组织集中学习，党员积极撰写理论学习文章。年内，农工党区工委被农工市委评为纪念“五一口号”发布70周年征文活动优秀组织奖，李国宏的“不忘初心，共舆而驰”获纪念“五一口号”发布70周年征文活动一等奖；赵映雪、钟润芬获二等奖；罗红梅、张娟获三等奖。

（高春菊）

【社会服务】 6月10日，农工党区工委组织石景山医院、石景山区中医医院、清华大学玉泉医院、中国中医科学院眼科医院、石景山区妇幼保健院的医学专家一行39名骨干党员到平西革命根据地的贫困山区，开展“同在阳光下，共享一片蓝天”爱心行活动，为革命老区人民义诊咨询送健康。7月，盛晓滨参与“不忘初心、回望甘南——同心共铸中国心2018甘南行”医疗援助公益活动，为甘肃省迭部县完成首例腹腔镜手术，并为藏区人民开展为期9天的义诊巡诊、健康讲座和爱心捐献。年内，石景山医院支部参与社会服务50余次，其中，各种主题义诊活动20余次，电视讲座和社区健康讲座30余次，发放资料600余份，受众近4000人次。眼科医院支部20人次参与“中医健康社区、中医治未病”活动，发放资料60余份，受众近1000人次。

（高春菊）

【民主监督】 7月—10月，农工党市委对石景山区开展“疏解整治促提升”专项民主监督工作。农工党区工委多次陪同市委专项民主监督小组开展走访、调研、考察等工作。工委委员张紫波执笔《2018年农工党市委对口石景山区开展“疏解整治促提升”专项民主监督的工作报告》初稿，获市委肯定。

（高春菊）

【暑期培训班】 8月11日，农工党区工委举办暑期培训班。邀请前全国政协研究室副主任兼干部培训中心副主任卞晋平就“学习习总书记关于加强和改进人民政协工作的重要思想”进行授课。从国家的监督体系、政治监督形成的历史性和必然性等方面对党派和政协工作进行解读。农工党市委组织处干部对最新版的《中国农工民主党章程》进行解读。

（高春菊）

【组织建设】 年内，农工党区工委从不同渠道吸纳有意愿入党的优秀人士，其落脚点先确定在各支部，支部主任和负责组织建设的支委负责审查核实相关信息。备案后，提交入党申请的同志在所属支部进行为期6个月的考察，各支部负责考察期间的评议。考察期考评合格的同志由农工党区工委推荐上报市委组织部门。采取“主体调配，双向选择”的方式确定新党员的支部归属问题。全年发展3名新党员，7名入党积极分子，70%的党员来自卫生界。

（高春菊）

【社情民意】 年内，农工党区工委向市委上报社情民意信息10余篇，其中3篇社情民意被市委采用。采编上报区统战信息25篇。5名党员在区委统战部“我为高端绿色崛起献一策”主题建言活动中，提出合理化建议。

（高春菊）

中国致公党石景山区工作委员会

【概况】 致公党区工委有3个支部，党员95人，其中男党员50人，女党员45人，少数民族4人；大专以上学历89人（其中硕士以上26人），占党员总数的94%；40岁以下36人，占38%，40岁以上61人，占62%；归侨、侨属、侨眷、留学归国人员69人。全国政协委员1人、区人大常委1人、区政协副主席1人、区政协委员10人、区青联委员2人。2018年，高杰获“全国归侨侨眷先进个人”“致公党中央参政议政工作先进个人”荣誉称号。

（刘　可）

【服务社会】 致公党区工委开展以“关心弱势群体 关爱残疾家庭”为主题的系列助残活动，打造“扶残助残”服务品牌。1月，致公党区工委和党员骨干慰问古城街道南路社区10户残疾人特困家庭。2月，在春节商展、庙会等活动中，通过多方联系，为石景山区残疾人提供免费摊位和展位。5月，在“全面建成小康社会 残疾人一个也不能少”为主题的第28次全国助残日活动中，致公党区工委与本区10户残疾人家庭签订帮扶协议并捐赠助学款。9月，举办“残疾人群体心理健康之路”系列讲座第二讲。11月，每年一次的扶残助学捐赠仪式成功举办，党员为10名残疾学生捐赠助学金。持续开展“中华传统武术文化进校园”活动，为学校上百名学生开展义务培训和现场教学。致公党区工委协办“中国科学和平周”主题展览活动，为本区居民提供全市15个博物馆的免费门票百余张。

（刘　可）

【理论学习】 2月，致公党区工委召开2017年全年工作总结大会，学习各级会议精神，表彰先进党员。5月，召开全体党员全国“两会”精神理论学习会和全区党员纪念中共中央发布“五一口号”70周年座谈会。7月，组织党员参加“真理的力量——纪念马克思诞辰200周年主题展览”。11月，组织党员参加“伟大的变革——庆祝改革开放40周年大型展览”。年内，派党员参与致公市委全委（扩大）会、民主党派区级组织负责人培训班、学习传达全国“两会”精神暨参政议政优秀成果表彰大会、新党员学习班、“不忘合作初心，继续携手前进”主题教育培训班、北京市民主党派中青年骨干培训班、留学归国人员成果转化与产业化专题座谈会、中国发展论坛、区级组织联席会等学习培训活动。参与区委统战部纪念中共中央发布“五一口号”70周年座谈会和专题展览、党外代表人士培训班、政协委员和党派骨干培训班、党外知识分子联谊会成立大会、信息工作培训等学习活动。

（刘　可）

【参政议政】 2月，致公党区工委开展“民俗文化”主题调研，考察石景山区旅游节庆活动。3月，召开市、区各级调研课题选题会，明确调研方向和内容。4月，在区委统战部支持和指导下，致公党区工委开展“我为高端绿色崛起献一策”主题建言活动。同月，召开“推进高能正负电子对撞机院士工作站建设协商会”，与区相关单位开展座谈。6月，联合市委科技专委会赴通州考察北京人文奥运景观，在中国梦运河馆总书记规划平台开展集体学习。7月，第一支部联合市委侨海专委会到创业公社、人才公寓开展调研。8月，联合市委经济专委会赴社区调研。11月，与民进区工委联合开展活动，赴大觉寺和元源书院开展文化调研。年内，完成CEPC加速器概念设计报告。推进CEPC院士专家工作站落户石景山区。撰写《抓住科技发展历史机遇助推我区高端绿色发展》《加强石景山区非物质文化遗产保护》《建议我区政府驰援民营企业设立专项救助基金》《海外华侨、华人桥梁纽带作用的发挥》等多篇调研报告。

（刘　可）

【海外联络】 5月，致公党区工委继续推进中国华文教育基金会与文莱合作项目并取得进展。6月，协助致公市委接待菲律宾洪门致公党总部访问团44人，赴到侨梦苑开展参观考察活动。10月，协助致公市委开展国庆接待活动，组织52名华人华侨社团首领赴北京冬奥组委和侨梦苑参观调，协办市委“一带一路”交流研讨会。10月，赴康复医院中医药养生基地、八大处、侨梦苑等地调研，听取石景山区总体发展规划。11月，党员和入党积极分子做客北京电视台，为石景山区开展“八个高端体系”建设第二阶段工作和高端绿色崛起作宣传。同时，多名党员在致公市委侨海工作委员会任职，在市委层面上做出贡献。

（刘　可）

九三学社石景山区工作委员会

【概况】 九三学社区工委有6个支社，社员176人。其中男性86人，女性90人；高级职称118人，占67%。有市政协委员1人，区政协委员12人，区人大代表3人。年内，九三学社区工委被区委统战部评为信息工作一等奖和调研工作先进单位，2篇调研报告被评为优秀调研报告，5名社员被评为优秀信息员。1人被九三学社中央评为优秀社员，11人被社市委评为优秀社员。3人被评为石景山区政协委员履职先进个人。

（赵军民）

【组织建设】 九三学社区工委坚持组织生活制度，加强对基层支社全面建设的指导力度。年内发展新社员15人，平均年龄38.3岁，其中：博士学历2人、硕士学历7人，本科学历6人，高级职称6人，区人大代表1人，区政协委员1人。转入社员2人。北方工业大学支社完成换届工作，首钢支社换届工作按程序稳步推进。2月3日，召开2017年工作总结表彰会，表彰先进集体2个，先进个人26人次。2月9日，召开老社员新春茶话会。4月17日，老龄委组织老社员赴南海子湿地公园参观调研。5月12日，科技园区支社开展京西文化之旅活动。7月14日—15日，举办暑期培训班，九三学社区工委班子成员、各支社支委及2015年以后入社的新社员共计48人参加。10月27日，首钢支社组织社员赴首钢园区参观调研。同月28日，区工委青年委举办“助力冬奥、喜迎世园”延庆百里画廊徒步活动。11月6日，老龄委组织老社员开展秋季户外健步走活动。同月17日，科技园区支社组织社员参观爱心人寿爱心门诊并座谈。

（赵军民）

【思想建设】 九三学社区工委以“不忘合作初心，继续携手前进”为主题，加强思想政治建设。班子成员主动带头学习，组织成员参加市委统战部举办的区级民主党派负责人培训班、社市委举办的中青年社员培训班和区政协、区委统战部举办的各类培训班，培训社员60余人次。组织入社积极分子30余人次参加社市委举办的入社前学习班，撰写纪念中共中央发布“五一口号”70周年研讨文章10余篇。4月26日，召开纪念“五一口号”发布70周年座谈会。5月5日，举办纪念“五一口号”发布70周年健步走活动暨“11联盟”授旗仪式。5月12日，医卫支社组织纪念“五一口号”发布70周年探寻红色和文化之旅活动。7月14日，邀请社史专家许进宣讲社史，激励广大社员树立“四个意识”，坚定“四个自信”，做到“两个维护”。11月16日，组织社员参观“庆祝改革开放40周年大型展览”。利用社刊、社网和微信群宣传学习习近平新时代中国特色社会主义思想，对九三先进人物和社务活动进行报道。年内，共上报各类宣传报道稿件56篇，多数都被社市委网站或社刊采用。

（赵军民）

10月14日，组织专家赴延庆康庄镇榆林村开展扶贫助农义诊活动

（九三学社区工委供稿）

【社会服务】 6月15日，九三学社区工委联合鲁谷社区举办“社区健康行”讲座，为80余名居民讲解《常见骨科疾病的运动疗法》，现场为患者诊疗。8月31日，组织慰问石景山区小飞象训练发展中心，为中心和智障儿童送温暖。10月14日，组织11名医疗专家赴延庆康庄镇榆林堡村开展扶农助农义诊咨询活动，接诊咨询236人次。石景山医院支社组织专家开展“福祉民生，惠及百姓”健康社区行活动。年内，社员张家敏、崔兰带领“粉红丝带”志愿服务32次赴医院探访，与病友及家属座谈1770余次，服务范围包括北京、湖北、江苏、浙江、四川、辽宁等地。申英末、尹连荣作为各自领域的专家免费为贫困地区患者做疝修复和白内障复明手术，单海丰多次参加社区组织的义诊活动，董绍佩将自购的足疗保健书籍捐献给社区。

（赵军民）

【参政议政】 九三学社区工委针对区委区政府工作报告从加强民生工程、提高人民群众获得感、发动全社会力量参与“双创”等方面提出意见建议。多次参加区委区政府区政协组织的政党协商会，在经济社会建设形势分析、选拔任用干部等重大问题上进行政治协商和民主监督。年内，组织专家参加区政协组织的各类培训会、研讨会、重点提案督办会、协商座谈会、议政会等30余人次。区政协委员钱世崇提交的“创造适合‘高精尖’产业发展的一流营商环境，打造精准服务营商环境绿色企业G50联盟”的建议，被政协经科委列为第一提案。在政协第27次理论研讨会上，政协委员吴瑕、何云飞、胡卓群、徐境、李海英共提交建议5篇，九三学社区工委参与人数和建议提交数在全区民主党派中名列第一。《关于加快推进北京保险产业园发展的几点建议》的党派提案和吴瑕、钱世崇的个人提案获优秀提案。重点调研创建国家森林城市、建设绿色宜居生态之城、提升医疗服务水平、加强街巷文化建设、发展冰雪运动、水污染防治等方面,坚持集中调研与分散调研相结合、专题调研与自定调研相结合,年内提交调研报告10篇,其中《关于创建国家森林城市,打造生态宜居石景山的调研》、《关于加快石景山区高端主导产业可持续发展的调研》被区政协评为2018年优秀调研报告。在区政协十届三次会议上,1项转化为大会发言,2项转化为党派提案。

（赵军民）

【社情民意】 九三学社区工委注重通过培训和实战锻炼培养参政议政人才队伍。组织经常性的信息工作讲评和经验交流,邀请专家进行参政议政培训。坚持把日常信息工作作为社员参政议政的重要途径,发动社员撰写信息。参与区委统战部组织开展的“我为治乱疏解建高端献一策”主题建言活动,利用各种交流平台及时向社员发布信息征集要点,通过收集社情民意挖掘信息线索和人才。全年采编上报各类社情民意信息129篇,人均上报率70%,在九三学社市委19个二级组织中名列第一,被社市委采用75篇,被其他各级采用20余篇。

（赵军民）

石景山区各民主党派负责人

中国国民党革命委员会北京市委员会石景山区工作委员会主任委员　李凤芹(女)

中国民主同盟北京市委员会石景山区工作委员会主任委员　毛　轩

中国民主建国会北京市委员会石景山区工作委员会主任委员　汪礼俊

中国民主促进会北京市委员会石景山区工作委员会主任委员　于秀云(女)

中国农工民主党北京市委员会石景山区工作委员会主任委员　李鸿泓

中国致公党北京市委员会石景山区工作委员会主任委员　高　杰

九三学社北京市委员会石景山区工作委员会主任委员　左小兵

北京石景山年鉴

2019 BEIJING SHIJINGSHAN NIANJIAN

人民团体

石景山区总工会

【概况】 石景山区总工会(简称区总工会)是职工自愿结合的工人阶级群众组织。全区有各级工会1024家,职工11.98万人。截至年底,新建独立工会35家,其中百人以上单位13家,百人以下单位23家;新建联合工会1家,新增覆盖企业411家。8月28日,区总工会召开第九届委员会第十一次全体会议,选举高洪雁为石景山区总工会第九届委员会主席。区总工会现有内设机构:办公室、经费保障部、组宣部、权益维护部、资产监管部、劳模联络服务部、职工帮扶(服务)中心。年内,区总工会通过2018年度经费收支预算报告和2018年度经费收支预算表,工会经费支出主要为维权支出、行政支出、业务支出,提高送温暖和困难帮扶标准、扩大覆盖面,从严控制经费支出的数量。2018年收支预算契合市总1+15文件精神,加强劳模服务、维权帮扶等重点工作内容,把绝大部分工会经费用在提高职工整体素质、加强困难职工帮扶、建立健全基层职工维权体系上,体现区总工会为职工群众服务、为基层服务、为工运事业服务的理念,预算的追加、调减合情合理,能够按照围绕中心,服务大局的总体要求,严格落实中央八项规定和有关财经制度,在预算支出方面能坚持统筹兼顾、合理安排、精打细算。9个街道(鲁谷社区)和园区工会服务站均开发服务职工的自有项目,形成区、街两级服务体系。受理12351派单112件,结案率100%。接待职工咨询和求助服务来电3000余人次。区总工会连续十年被评为"全国职工互助保障工作先进单位"。

(王　薇)

【送温暖精准帮扶】 "两节"期间,区四套班子领导及区总工会领导走访慰问节日坚守岗位的区直机关外来务工保安、保洁,公安分局外来务工保安,中海北辛安棚户区改造项目工地和北京保险产业园工地的农民工,区城管执法局等一线职工,为他们送去节日慰问品。通过开展"两节送温暖""走访慰问活动""关爱农民工""夏日送清凉""医疗救助"等专项帮扶等活动,走访慰问困难职工、农民工、一线职工4万余人次,累计发放慰问款物共计200余万元。

(王　薇)

【春风行动专项活动】 3月6日,区总工会和区人力社保局联合在人力资源市场大厅举行以"促进转移就业,支持返乡创业,助力增收脱贫"为主题的招聘会,2018年"春风行动"专项活动正式启动。职工服务中心派专人在现场设立咨询登记台,为求职者提供政策咨询、就业登记、权益维护等服务,并发放宣传材料,提供一站式服务;为企业提供招聘信息发布平台、人才推荐、建会指导等服务。招聘会结束后,中心及时把在现场登记的求职者信息发布到北京市12351职介服务系统中,满足招聘单位的用人需求,提高求职者应聘成功率。春风行动首场招聘会共20余家企业参加,提供就业岗位327个,其中适合就业困难就业岗位148个,现场达成就业意向103人,发放各种宣传材料300余份。鼓励有创业能力和创业愿望的转岗分流人员、失业人员等群体自主创业,按照市里要求,为有创业需求的职工提供小额贷款业务,区总工会与北京农商银行石景山支行互助配合,推荐4份符合小额贷款条件材料,上报市里。

(王　薇)

【关爱女职工生活】 3月,区总工会组织职工参加北京职工婚姻家庭建设协会的亲子活动。女职工委员会以"三八"为契机开展慰问活动,组织部分女工干部和女工委员观看电影《红海行动》;慰问工会帮扶工作管理系统中的困难单亲女职工,慰问金每人300元。开展女职工"三八"维权月活动,重点关注3月份发生的女性维权事件。鼓励有条件的单位开展母婴关爱室创建活动,申报母婴关爱室1家。组织7个家庭参加评选2018年北京职工"幸福家庭"活动。协调苏宁电器与16家单位做好消毒柜配备事宜。组织20余名单身职工参加"七夕"和10月28日联谊会。

(王　薇)

【劳模先进表彰】 4月27日,"弘扬劳动精神、争做时代先锋"庆五一主题活动在首钢体育大厦报告厅召开。市总工会党组副书记潘建新,区四套班子主要领导,区各单位、街道工会主席及劳模代表、职工代表参加活动。活动对石景山区在各行各业和经济技术创新中涌现出的先进集体和先进个人进行表彰。赵星获"全国五一劳动奖章";古城街道办事处社会治理综合执法指挥中心办公室获"全国工人先锋号"和"北京工人先锋号";常青藤创业研究中心被授予"首都劳动奖状";董天婳、吴万福、李贵文、赵研、刘畅获"首都劳动奖章"。活动还表彰2017—2018年度选树的4家创新工作室——法海寺文管所陶君创新工作室、首都医科大学附属北京康复医院(北京工人疗养院)刘畅创新工作室、北京中电万联科技股份有限公司黄海美创新工作室、区住建委王晓庆创新工作室,为每家创新工作室奖励5万元。与会人员共同观看石景山区原创主题话剧《不辱使命》。

(王　薇)

【劳动争议调解】 年内,区总工会强化法律服务职能,为全区每个街道工会服务站、职工之家配备一名律师,实现"一站一家一律师"。免费为"京卡·互助卡"职工和基层工会提供劳动法律、法规方面的服务,提高法律服务能力,做到"职工有需求,基层有服务",实现应援尽援,将劳动关系矛盾调解在工会,化解在基层。开展"一月一街两日"法律服务活动,组织律师志愿者到街道、企业开展法治宣传活动,提高企业的守法意识和职工的维权能力,及时化解矛盾。发挥区调解中心的作用,化解劳动争议和矛盾。截至年底,区劳动争议调解中心受理劳动争议案件421件,调解成功57件,涉及金额86万余元,法律援助240件,法律咨询500余次。其中自5月份进行规范管理工作以来,权益部对73个法援案件进行审核录入,以电话回访形式对劳动争议案件进行40余人次满意度调查，初步实现闭环管理。

（王　薇）

【职工心理关爱】 6月4日，区职工服务中心心灵驿站面向辖区基层单位工会工作者开展“压力与情绪管理”专题培训。通过案例讲解和现场体验为在场职工介绍情绪管理的知识和情绪管理的具体方法。年内，区总工会建成职工服务中心心理咨询室，并投入使用，配备2名专兼职心理服务工作人员，面向全区职工开展心理培训、心理讲座、心理咨询等相关心理服务，咨询室累计服务职工800余人次。职工服务中心通过2018年度北京市职工心灵驿站验收。

（王　薇）

【职工之家建设】 11月，区总工会在北京创业公社投资发展有限公司向石景山区首个“公共区域职工之家”授牌，石景山园工会向创业公社下发20万元职工之家建设和服务经费，旨在打通服务职工的“最后一公里”，将其打造成创业者调试身心、舒缓压力的绿色空间。石景山区小微企业较多，由于自身特点，较难建立职工之家。区总工会统筹考虑，在创业公社建立公共区域职工之家，面向中关村科技园石景山园，约1200名职工提供服务。同时，公共区域职工之家建立职工个人档案库，工作人员分片包组，动态掌握职工个人和家庭情况，有针对性地帮助困难职工家庭。年内，区总工会召开专门会议，部署建家工作，明确建家重点，从推进新建企业建家、培育示范职工之家、建立公共区域职工之家和打造职工暖心驿站入手，提升职工之家建设水平。截至年底，完成建立公共区域职工之家1家、示范职工之家2家、职工暖心驿站200个的任务，百人以上新建会13家全部实现同步建家。第一批职工之家、暖心驿站经费支持152万元到位。

（王　薇）

【开展京卡服务】 区总工会全年采集在职职工会员信息68330人、单位信息1273家，办理工会互助服务卡63861张、办卡率93%，全年持续更新会员会籍信息7284人次。区职工服务中心和街道工会服务站围绕职工需求开展服务项目，依托12351手机APP平台开展工会会员服务项目77项，服务职工88434人次；发放春节北京市庙会门票22536张。持工会互助服务卡免挂号费就医项目受益职工31849人次。15778人通过手机APP参与服务项目活动，包括区工会会员“五一”免费观影、欢欢喜喜过大年、区工会送福米迎新年、迎新春五谷孝老乐、迎新春看剧亲子乐、清凉夏日、会员免费领晴雨伞活动、会员国庆节“五谷丰登”专享活动、免挂号费就医等服务项目。

（王　薇）

【困难职工脱贫】 年内，区总工会针对全区35名在档困难职工，经过全面细致的逐户摸底调查核实，对仍然困难并暂时无法解困的21名困难职工家庭，按照“一户一档案、一户一计划、一户一措施”的要求，区工会及各单位根据每户的具体情况制定具有针对性的帮扶措施。制定开展困难职工志愿服务活动实施方案，完成关爱困难职工服务记录。

（王　薇）

【专项温暖基金】 区总工会自2016年初建立“石景山区职工专项帮扶基金”，累计投入资金70万元，用于对工会会员大病、意外等困难救助。年内，救助全区23名因患重病导致家庭困难的职工，发放救助金16.4万元。专项基金建立以来，累计救助53名职工，发放39.3万元救助金。

（王　薇）

【职工互助保险】 年内，全区职工有60080人次投保六项保费型险种，保费收入327万余元，为1856人进行赔付，赔付金额176万余元。为59名医疗费超封顶线职工发放救助金41167.64元。为24名患重大疾病和女工特殊疾病的职工发放每人3000元救助金。为27名投保《在职职工意外保障》计划的出险职工发放二次救助金8700元。

（王　薇）

【志愿者服务活动】 截至年底，全区组建12支志愿服务团队；首都职工志愿服务信息平台志愿者4712人，增长166人；开展“暖心伴考”志愿服务：高考期间，鲁谷社区、金顶街街道总工会志愿服务队伍开展“暖心伴考”志愿服务行动，在北京市京源学校、北京市第九中学门口设立“暖心伴考”服务站点，为家长和学生们准备消暑降温物品，为考生家长进行服务。

（王　薇）

【工资集体协商】 截至年底，全区所属企业集体合同和工资专项合同签定率均达到85%以上。百人以上的建会企业独立开展集体协商保持90%以上。开展“四看四查”专项督导检查工作，对全区工作落实情况开展互查和专项督查工作，培育推出示范单位。行业工会联合会集体（专项）合同签订率达到90%。全区638家企业签订工资专项协议，覆盖职工5万余人，签订率达到92%。签订区域工资集体合同106份，覆盖微小企业729家。巩固百人以上企业开展工资集体协商的成果，协商达到90%以上，百人以上示范单位达到60%。全区所属企业集体合同含“四必谈”内容的合同要达到集体合同总数的90%以上。

（王　薇）

【厂务公开民主管理】 截至年底，石景山区公有制企事业单位职代会建制率和实行厂务公开率均为100%；非公有制企业职代会建制率为86%，实行厂务公开率88%；百人以上企业独立建制率达到80%以上；建立区域性职代会106个。公司制企业职工董事、职工监事制度建制率达到42%以上。开展第十次全国企业民主管理调研检查工作。指导各街道及直属企业工会自查自检，并形成自查报告上报市总。在全区范围内选取5家作为典型上报。针对民主政治建设基础较好的公有制企事业单位，将重点放在职代会制度的规范运作上，提高职代会工作质量和水平。组织近10人次参加市总工会组织的厂务公开民主管理、职工董事、职工监事工作培训。

（王　薇）

【两模一优评选】 截至年底，区总工会评选出石景山区模范职工之家20

个、模范职工小家17个、优秀工作干部45名。同时,推荐1家单位被评为全国模范职工小家、1人被评为全国优秀工会积极分子。

(王　薇)

【工会经费3412.6万元】 截至年底,区总工会收缴工会经费3412.6万元,同比增长21%(2017年2818.7万元),完成市总2018年任务3685.7万元的92%。缴费单位385家。缴费单位申报率为90.65%,零申报率4.23%,缴款户率98.52%。鲁谷社区、金顶街街道、古城街道、八宝山街道、老山街道的申报率达到95%以上。本年度新增缴费单位17家,区总工会3家,苹果园街道4家,鲁谷社区3家,八角街道3家,古城街道2家,广宁街道1家,园区1家。增长率、申报率、零申报率、缴款户率均高于全市平均水平。

(王　薇)

共青团石景山区委员会

【概况】 中国共产主义青年团石景山区委员会(简称团区委)是受中共石景山区委领导、经团的地方代表大会选举产生的团的地方领导机关,负责全区共青团工作,领导少先队区工委,指导区青年联合会。年内,全区有基层团组织628个。其中,团区委派出机构团工委14个,团区委直属二级团组织19个,包括团委5个,团总支9个,团支部5个。有1592名团干部,其中专职团干部30人;兼职团干部1562人。共有5424名团员,全年推优入党团员数35人(含征求团组织意见)。

(吕佳奇)

【困难青少年帮扶】 1月20日—30日,团区委开展"青春助跑·传递温暖""两节"送温暖慰问困难青少年工作,团区委全体干部按照基层驻点工作制度,对自己所对接的街道开展送温暖活动,将春节必需的米、面、油、书包和福袋送到困境青少年和家长的手中,将共青团对青少年的关爱和慰问传递到每一名困境青少年的心中。5月27日,石景山区开展精准帮扶六一主题活动之走进北方工业大学主题活动,有32名区域困难青少年和35名高校志愿者参加活动。

(吕佳奇)

【青年交友】 3月19日晚,在石景山万达广场一层中厅由北京厚德社会事务工作所、青春石景山和石景山社区青年汇共同举办单身青年二零"17",爱在一起大型交友联谊活动,近100名青年参与活动。七夕节(8月17日),在万商花园酒店举办"相约石景山,你我不孤单"青年人才交友联谊活动。驻区部队、企业、高校、医院、高端商业等单位的单身青年及区机关、基层团组织单身青年共250余人参加活动。

(吕佳奇)

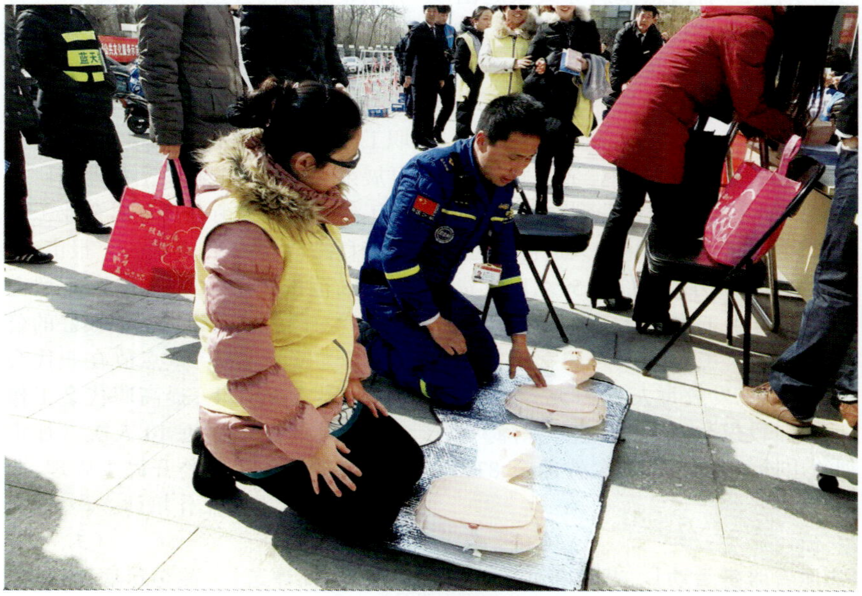

3月5日,组织蓝天救援队现场讲应急救护知识　　（团区委供稿）

【五四主题活动】 5月3日,"2022,我们在一起"共青团石景山区委员会五四主题活动在冬奥组委驻地——首钢群明湖畔举行。区主要领导、冬奥组委新闻宣传部领导、团市委领导、首钢集团有限公司主要领导出席活动,并为各街道(鲁谷社区)代表发放家庭困难青少年爱心上冰卡,为冬奥青年先锋队代表授旗。石景山区已成立冬奥青年先锋队47支青年队员770名,区各委办局、群团组织、基层单位和区域化团建单位相关领导及400余名"冬奥青年先锋队"队员参与活动。

(吕佳奇)

【维护青少年权益】 5月23日,石景山区召开2018年预防青少年违法犯罪暨未成年人保护工作会。区综治委预青组组长、区未保委主任陈婷婷出席会议。区综治委预防青少年违法犯罪专项组、区未成年人保护委员会共40家成员单位的主管领导、联络员以及律师团成员参加此次会议。年内,区综治委和未保会各成员单位开展形式多样的校园青少年法治宣传活动,弘扬法治精神,营造尊法学法守法用法的浓厚氛围。

(吕佳奇)

【志愿公益服务】 6月23日,团区委组织高校志愿者参加在老山城市休闲公园举行的"同心相随6·26国际禁毒日禁毒防艾慢跑公益活动"。11月8日,团区委、区卫计委、区红十字会在北方工大学生服务楼多功能厅联合举办"爱心点亮生命"石景山青年团员无偿献血暨造血干细胞血样采集活动。石景山区基层团干部、区域化团建单位青年、区青联委员和北方工大学生400余人参与无偿献血及造血干细胞血样采集活动。11月30日,团区委组织古城街道团工委、北方工大经济管理学院、电气与控制工程学院40余名团员青年秉承"奉献

5月3日，“我们在一起”五四主题活动　　（团区委供稿）

友爱、互助、进步”的志愿者精神在莲石湖湿地公园开展“保护河湖”青年行动。

（吕佳奇）

【团员回社区报到】 8月25日—26日，团区委落实团员实名注册志愿者及回社区报到工作，全区151个社区团支部全天接待，协助团员们扫码报到。9月25日—30日，团区委实施第二批团员实名注册志愿者及回社区报到工作。10月，团区委开展团员走进社区参与志愿服务推动“五大青年行动”，石景山青年志愿者们参与重阳敬老月、周末大扫除、礼让斑马线志愿服务。11月24日—25日，各街道团工委、社区团组织集中开展志愿活动。截至年底，各街道平均每周开展志愿服务活动20余次，发动青年志愿者近千人。

（吕佳奇）

【向阳花儿童保护】 9月20日，石景山区“向阳花”儿童保护计划启动仪式在京源学校小学部召开，团市委青少年发展和权益维护部部长出席启动仪式，京源学校小学部三年级的老师和同学们参与活动。年底，团区委联合区检察院制作儿童保护宣讲课件，和区教委、区妇联一起为全区26183名幼儿园、小学低年级学生发放“向阳花”儿童保护手册，唤起社会各界对青少年儿童健康成长的责任意识。

（吕佳奇）

【社区青年汇】 截至年底，团区委指导社区青年汇开展新青年城市体验营之“传承红色文化、讲好中国故事”活动、“改革开放四十周年巡礼”——城市变迁之旅主题活动、新青年城市体验营之“多彩中华”——传统文化之旅主题活动等各项主题活动，引导服务区域青年。全区12家社区青年汇开展各类活动370余次，其中市级、区级、事务所活动12次，自主类活动360余次，直接联系服务青年5000余人次，辐射带动近7300余人次。

（吕佳奇）

石景山区妇女联合会

【概况】 石景山区妇女联合会（简称区妇联）是在区委领导下的妇女群众组织。下设办公室（主体责任办）、组宣部、权益（发展）部、区妇女儿童工作委员会办公室、妇女儿童活动中心。全区有街道妇女联合会9个，社区妇联150个，机关企事业妇委会16个，企业女职工委员会221个，区级妇女工作研究机构2个，区级妇女工作领域社会组织11个。年内，在区委领导和市妇联指导下，全区各级妇联组织学习贯彻中国妇女十二大精神，围绕地区中心工作，把握增强政治性、先进性、群众性要求，在服务大局、服务妇女，强化自身建设、深化妇联改革、创建文明城区、精准扶贫等方面下功夫，推动妇女工作取得新进展新成效。

（何　巍）

【“两节”送温暖活动】 1月5日，区妇联全面开展“营造温暖之家 共享美好生活”送温暖活动。采取区妇联重点走访和基层妇联入户慰问的形式，共走访慰问全区患病贫困妇女家庭、困难老妇女干部、外来务工女性、共建双承诺结对家庭60余人，发放慰问品计2万余元。

（何　巍）

【“平安家庭”手抄报大赛】 1月15日，“平安石景山·幸福进万家——心中最美的诗”“平安家庭”手抄报大赛启动，截至3月26日，征集作品154件。4月13日，区妇联组织区综治办、禁毒办、区美协和区妇女维权律师团对“平安石景山·幸福进万家——心中最美的诗”“平安家庭”手抄报大赛154份作品进行评审。王兆琨、胡静怡、樊祎等60组家庭的参赛作品获大赛一、二、三等奖。

（何　巍）

【纪念国际妇女节108周年】 3月6日，巾帼心向党 放歌新时代——石景山区纪念“三八”国际妇女节歌咏展演活动在区广电中心举行。歌咏展演活动分为《红旗颂》《永远跟党走》和《中国梦》三个篇章，来自政法、科技、教育文化、卫生等领域的行业女性代表，唱响石景山区建功新时代的巾帼之歌。市妇联副主席赵丽君，区领导文献、李文起、吴克瑞等出席活动。会上表彰全国“巾帼文明岗”2个、“巾帼建功”标兵1个、维护妇女儿童权益先进集体1个、北京市三八红旗奖章15人、红旗集体8个，市、区领导向获奖个人和集体颁发证书及奖牌。

（何　巍）

【区妇联八届三次执委（扩大）会】 3月27日，在区机关南楼327会议室召开。会议传达市妇联十三届八次执委会精神，刘红代表区妇联常委会作题为《以习近平新时代中国特色社会主

义思想为指导 努力开创我区妇女事业发展新局面》的工作报告。落实《石景山区妇联执委会委员工作制度》，常态化开展执委述职工作，执委代表在会上进行述职。来自各行业的妇联兼职副主席、各街道的兼职妇联主席和专职妇联副主席到会，审议工作报告并进行工作讨论。

（何　巍）

【女大学生创业就业经验分享】 4月20日，区妇联、北方工业大学共同举办"梦想成就未来"——女大学生创业就业经验分享会。会上，"花样生长"创始人邹同、"猪八戒"网北京公司总经理焦雪梅分享创业经历和心得，并与女大学生展开交流。

（何　巍）

【"最美家庭"评选】 5月14日，区委宣传部、区文明办、区妇联共同举办"传承良好家风 共建文明城区暨'最美家庭'揭晓活动"。传承好家风"最美家庭"宣讲团，"最美家庭"代表邓士兵、钮美兰，街道、社区妇联、教育系统代表安丽娟、韩颖、叶艳先后发言。市、区领导为获2017年度石景山区"最美家庭"称号的12户家庭颁发荣誉证书。

（何　巍）

【"最美家庭"系列宣讲活动】 6月11日，区妇联在老山街道东里北社区开展"最美家庭说最美 文明创建我先行""最美家庭"宣讲活动，拉开系列宣讲活动的序幕。活动中，宣讲唐志洁、彭改弟等5位"最美家庭"的家庭美德故事，社区居民代表宣读《传承良好家风 共建文明城区》倡议书。全年共在全区9个街道（鲁谷社区）开展宣讲活动10次，参与群众近千人。

（何　巍）

【"阖家庆端午 垂髫寄冬奥"活动】 6月14日，区妇联在区妇女儿童活动中心举办"阖家庆端午 垂髫寄冬奥"主题活动。活动以家庭为单位，设置亲子剪纸、自制香囊、编戴彩绳、拼插龙舟、手包香粽等文化项目体验，有50个家庭、100余人参与活动。

（何　巍）

【《家庭公约》服务项目启动】 6月22日，北京市妇联家庭文明建设——《家庭公约》服务项目在区图书馆启动，来自4个街道的妇联干部、社工、家长代表50余人参加首场线下培训。该项目通过线上课堂、实践月体验辅导、主题征文及绘画活动等方式，指导家长如何面对家庭教育中遇到的问题，提高家庭教育水平。

（何　巍）

【"十三五"规划中期评估】 7月17日，石景山区召开"十三五"妇女儿童发展规划中期评估动员会。会上对区"十三五"妇女儿童发展规划中期评估完成情况进行总结，对档案资料提交作补充说明。刘红代表区妇儿工委就下一步做好中期评估迎检工作进行部署。区妇儿工委成员单位委员和联络员50余人参加会议。8月8日，市妇儿工委办常务副主任、市"十三五"妇女儿童规划中期评估督导组组长刘玲一行17人到石景山区，就"十三五"时期妇女儿童发展规划中期实施情况开展评估督导工作。区妇儿工委常务副主任陈婷婷向督导组作《石景山区"十三五"时期妇女儿童发展规划中期实施情况汇报》，区卫计委、法院、社会办分别就妇幼健康保健、妇女儿童权益保护以及妇女参与社区服务治理、社区规范化建设方面情况进行补充汇报。督导组专家就婚前医学检查率、母婴室建设情况等问题与区卫计委、区总工会、区妇联等成员单位进行座谈交流，并提出建议、要求。会后，督导组查阅区妇儿工委及各成员单位有关妇女儿童工作的档案资料，并实地考察区妇幼保健院及八角街道北路社区养老驿站、八角街道养老照料中心。

（何　巍）

【开展对口帮扶】 9月19日，区妇联与青海玉树称多县妇联在区妇女儿童活动中心进行对接交流。双方就有效推动实施合作帮扶计划，携手推进两地妇女事业的共同发展与脱贫攻坚等问题进行探讨，并签署交流合作意向书。10月11日，区妇联一行到河北省保定市顺平县开展对口帮扶工作。双方就顺平县贫困家庭、留守儿童、妇女就业现状、妇女发展需求及县妇联脱贫攻坚工作进行交流，双方签订合作意向书及帮扶困难家庭项目书。参观考察顺平县东街福利布底鞋厂巾帼手工业加工基地，并对蒲阳镇东尧城村和白云乡东杨各庄村贫困妇女家庭进行走访慰问。

（何　巍）

【爱心捐助公益活动】 10月20日，区妇联在全区开展"童心暖阳·情牵玉树"——爱心捐助公益活动。1500余名少年儿童及社会各界人士参与捐助，共收集衣物鞋帽6500余件，书籍读物5700余册，文体用品2100余套，儿童玩具1600余件。11月上旬，爱心

9月18日，与青海称多县妇联签对口帮扶意向书　　（区妇联供稿）

物资顺利抵达玉树称多县。

（何　巍）

石景山区科学技术协会

【概况】 石景山区科学技术协会(简称区科协)是中共石景山区委领导下的人民团体,是代表石景山区科技工作者的群众组织,是区委和区政府联系科技工作者的桥梁和纽带,是推动科学技术事业发展的重要力量,是学术交流主渠道,科普工作主力军,国内外民间科技交流主要代表和科技工作者之家。现有区属学(协)会5个、街道(社区)科协9个,民非社会组织2个。围绕四类重点人群,贯彻实施《全民科学素质行动计划纲要2016—2020》,做好全民科学素质提升工作。年内与所属团体动员组织全区科技工作者进行学术交流,组织全国科技工作者日活动,组织社会组织及科普志愿者走进社区、学校开展科技周、科普之夏、科普日等大型科普益民服务活动,组织青少年科技创新大赛、机器人大赛等活动,获市青少年科技创新大赛优秀组织奖等荣誉。

（黄　亮）

【科技人才工作】 年初召开科技工作者新春座谈会,邀请全区科技工作者代表参加。开展第21届中国科协求是杰出青年成果转化奖候选人推荐工作。开展第十三批北京市有突出贡献的科学、技术、管理人才评选申报工作。组织北京枭龙科技有限公司、北京基因互动技术开发有限公司等科技企业申报市科协金桥工程种子资金。推荐中国科学院大学教授刘丰珍、朱晓燕为石景山区第十五届中国青年女科学家奖候选人选,推荐北京卡威生物医药科技有限公司和北京京能电力股份有限公司申报2018年“北京优秀青年工程师创新工作室”种子资金。

（黄　亮）

【科学素质纲要】 4月25日,区科协组织召开石景山区科普工作会,总结并部署科学素质行动计划纲要工作,与会领导为北京市优秀科普社区、优秀基层科普场以及新认定的石景山区科普基地授牌。区科协争取市级专项资金支持,组织五里坨街道西山机械厂社区成功申报北京市科协科普示范e站;组织推荐京西志愿者服务中心、白桦林公益发展中心等社会组织和单位参加北京市基层科普行动计划项目申报评审工作,共申报社区科普益民工程项目5个,首都公民科学素质提升工程2个。其中,“七彩科普进社区,幸福和谐邻里情”“社区科普益民工程建设(石景山区)”两个项目通过专家评审获得40万元专项资助。

（黄　亮）

5月25日,中国科学地质与地球物理所刘嘉麒院士做主题演讲(区科协供稿)

【科技周活动】 5月19日—26日,联合区科委、区委宣传部举办第24届石景山区科技周活动,主题为“科技创新强国富民——科技创造美好石景山”。活动主场设在区科技馆,分四大板块:军民融合、智能生活、虚拟现实、科技教育,向来往群众展示AR \ VR互动体验以及人工智能表演;组织企业参展2018全国科技活动周暨北京科技周活动主场;联合驻区企业、社区、学校及科普基地,开放多个场所作为石景山区科技周的分会场,打造多场精彩的科普盛宴,整个活动受众人数超过5万人次 。

（黄　亮）

【首届全国科技工作者日】 5月25日,由区科协、区委组织部、区教委、区科委联合主办的2018年全国科技工作者日主场活动,在区青少年活动中心金鹏剧场展开,来自各个行业的300多名科技工作者及青少年代表参加。活动邀请中国科学院地质与地球物理研究所刘嘉麒院士为广大科技工作者演讲,用丰富的科研经历为广大科技工作者诠释新时代下的全新使命;多名优秀科技工作者代表从不同角度进行主题演讲,点明科技工作者肩头的重任,分析电视科普工作的机遇与挑战,把高端的智能科技带入现实生活;石景山外语实验小学的科学小记者带来讴歌科技工作者的诗朗诵——《为全国科技工作者而歌》。

（黄　亮）

【“十三五”规划中期评估】 5月,根据《北京市全民科学素质行动计划纲要实施方案(2016－2020)》工作部署,区科素领导小组对全区2016年以来全民科学素质工作进行中期评估。“十三五”工作开局以来,各成员单位筹划科学,责任具体,重点突出,落实到位,成效明显,完成北京市全民科学素质工作“十三五”提出的各项目标任务,达到预期目的。

（黄　亮）

【青少年科技教育】 年内,区科协组织区中小学参加北京市第38届青少年科技创新大赛,获得各类奖项55项,京源学校的王雪晴获得创新成果竞赛项目一等奖。组织京源小学师生参加中科院高能物理研究所第十四届公众科学日,进行微观世界探秘之旅。7月,分别以“科学探秘,完美蜕变”“夏季时光宝盒”“创客车车总动员”为主题,与区直机关工会工委联合组织3次石景山区青少年科普夏令营系列活动,来自区直机关工委系统的职工子女近100名学生参加此项活动。9月28日,组织京源小学和远洋景山学校140余名学生走进工程院活动。

(黄　亮)

【全国科普日活动】 9月26日,区科协在五里坨街道红卫路文化广场举行全国科普日石景山区主会场活动,吸引600余名社区居民参加。活动主要围绕“创新引领时代 智慧点亮生活”主题,以健康科学、绿色生活、反邪教等为主要内容的科普展板进行户外展示,以科普广场舞展演、科普展览、科普宣传、体检义诊等形式,组织开展多元化、互动性强、公众参与度高的广场式科普活动,把创建文明城区、反邪教宣传教育融入到科普、文体之中。

(黄　亮)

石景山区归国华侨联合会

【概况】 石景山区归国华侨联合会(简称区侨联)是区委、区政府领导下的人民团体,是联系区内广大归侨侨眷和海外侨胞的桥梁和纽带。区侨联现有专职侨联干部2人,石景山区第三届侨联委员会委员共25人,其中主席1人,副主席3人,秘书长1人,基层侨联组织9个。年内,在全区进行《侨法》宣传,发放《侨法》书籍200本,印有《侨法》的折扇、鼠标垫、环保袋等宣传资料2000余份,使广大归侨侨眷知法、懂法、守法。

(蔡　琳)

【爱心帮扶】 两节期间开展“送温暖”活动,走访慰问病困归侨侨眷300余人次,送去慰问品慰问金。7月,响应市侨联“京侨帮扶,双百行动”捐款活动,号召归侨侨眷捐款10610元,交到市华侨事业基金会用于开展扶贫活动。

(蔡　琳)

【服务侨眷】 3月26日,接待芬兰拉赫蒂市赴京津冀地区考察团,参观启迪冰雪体育中心和北京“侨梦苑”,重点了解冬奥项目在石景山区普及情况和项目场地分布情况等。6月12日,组织30余名归侨侨眷开展“助力冬奥”趣味运动会,展现归侨侨眷良好的精神风貌,表达每位归侨侨眷热盼冬奥会在京举办的愿望。9月16日—23日,举办主题为“汇集侨智、发挥侨力”的侨联志愿者服务周活动,各街道侨联组织志愿者开展侨法宣传、养老服务、民俗文化、帮贫助困等志愿服务活动。9月19日,接待第十八届海外侨界高层次人才为国服务代表团成员近60人,先后到访“侨梦苑”和冬奥组委首钢办公区,推介石景山的投资环境等相关情况,增进海外对石景山的认识。重阳节前夕(10月15日),组织全区归侨侨眷40人参观五里坨民俗陈列馆,重温改革开放40年来的发展历程。

(蔡　琳)

石景山区工商业联合会

【概况】 石景山区工商业联合会(简称区工商联)紧扣“两个健康”工作主题,坚持工商联“三性”有机统一,着力发挥桥梁纽带和助手作用,在强化思想政治引领、优化区域营商环境、推动民主政治建设、夯实基层组织根基等方面大胆创新、主动作为,各项工作取得丰硕成果:全年走访企业200余家,发展会员140余家,建立基层商会3家,发展联盟企业至180家。举办各类活动60余场,培训企业2000余人,协助企业招聘员工1000余人,帮助企业获得约16亿元银行贷款,协调16家职能部门办结区重点民营企业反映的32个困难问题。年内,修订完善《区工商联党组工作规则》《区工商联“三重一大”制度》《企业走访登记制度》《党风廉政建设制度》《区工商联内部控制手册》《区工商联调研课题管理细则》等规章制度,完成11项整改任务。石景山区18名企业代表当选市光彩事业促进会理事,其中副会长、秘书长各1人,常务理事5人。区工商联获“北京民营企业百强调研优秀组织奖”“北京市就业先进创业工作先进集体”“首都文明单位”荣誉。区工商联会员企业北京日东升投资有限责任公司董事长刘东晖、北京东土科技股份有限公司董事长李平获得“优秀中国特色社会主义事业建设者”称号。

(张　振)

【商会活动】 1月22日,区工商联海外学人商会召开成立大会,审议通过《石景山区工商业联合会海外学人商会章程》,选举产生第一届石景山区工商联海外学人商会理事、副会长、秘书长、会长。1月26日,区工商联古城商会召开年终总结会,听取商会2017年工作总结和2018年工作展望;通报会费使用情况。2月10日,区工商联五里坨街道商会召开成立大会,审议通过《石景山区工商业联合会五里坨街道商会章程》,选举产生第一届石景山区工商联五里坨街道商会理事、副会长、秘书长、会长。5月,区工商联苹果园街道商会组织60余名企业家来到驻丰台某部队开展主题为“传承红色基因 建设精神家园”的教育实践活动。6月,区工商联女企业家商会在石景山区委党校会议室举办主题为“结合十九大精神,解析北京市总体规划”报告会。八一前夕,区工商联财智谷商会、财智谷党支部、财智谷学苑协同举办“弘扬八一精神 团结创新奋进”系列主题党日活动。12月28日,区工商联老山街道商会召开成立大会。大会审议通过《石景山区工商业联合会老山街道商会章程》,选举产生第一届石景山区工商联老山街道商会理事、副会长、秘书长、会长。

(张　振)

【光彩公益】 1月25日,区工商联会员企业轩创国际文化公司、安盛和集团,到河北省顺平县参加“万企帮万村”结对帮扶活动。轩创公司捐赠教学物资,并与白云乡常大村签订结对帮扶协议;安盛和集团总经理与困难学生结对,资助该学生完成今后学业。帮扶活动后,区工商联与顺平县人力社保局、民政局、顺平县军队退役人员服务中心分别召开座谈会，就劳务输出、就业扶贫等问题进行探讨。1月31日，北京太阳花听力康复中心举办主题为“爱的陪伴 成就未来”迎新联欢会，感谢工商联会员企业京西盛景国际商业管理有限公司和天安人寿保险股份有限公司对中心孩子们的关爱，天安人寿为中心的孩子们和全体教职员送来慰问品及节日的问候。春节前夕，区工商联会员企业一夫唐人爱心社联合八角街道公园北社区便民菜站开展爱心公益活动，提供蔬菜220份。3月初，区工商联会员企业北京追光逸文化发展有限公司参与学习雷锋活动，组织企业员工来到区创新平台开展每年一次的“学习雷锋、义务照相”活动，现场义务为市民拍照并现场打印照片。4月26日，区工商联会员锡华集团、京汉集团、爱依养老、轩创国际、信诚佳美、一夫唐人爱心社、北策科技等多家企业及五里坨街道商会会员，在房山区太阳圣火国际会展中心参加第二届“冬奥情·张家口行”企业家助力脱贫攻坚行动200个贫困村与企业对接活动。5月7日，区工商联联合区卫计委组织会员企业参与无偿献血月活动，本次活动献血总量达6200毫升。6月，一夫唐人爱心社社长魏征及爱心人士两次到河北省乐亭县新寨大港村史广泰老人家中，送去社会爱心人士的募集善款40380元和价值2万余元家用电器、各类衣物等生活物品、药品，帮助老人顺利重建家园开始新生活。7月10日，区工商联会员企业丽贝亚集团组织开展“血融万家，爱联天下”无偿献血公益活动，共献血9200毫升。7月28日，一夫唐人爱心社成员来到唐山地震康复村探望地震截瘫村民，并捐赠价值2万余元的生活用品。

（张　振）

【九届三次执委会】 3月30日，区工商联（商会）第九届三次执委扩大会暨石景山区非公经济服务和管理协调领导小组工作会、石景山区非公有制经济人士理想信念教育实践活动动员会、2018年石景山区企业服务季启动四会合一大会召开。周西松主持会议，审议通过工商联2017工作报告，部署2018年工作，选举产生新的执委会成员，表彰2017年度石景山区工商联优秀会员企业和个人。政府部门、基层商会和青年创业者做典型发言。区服务非公经济协调领导小组成员单位及执委会委员和工商联会员企业代表230余人出席会议。

（张　振）

【第七届企业服务季活动】 4月—12月，区工商联组织开展第七届石景山区企业服务季活动。依托基层工作站落实市级校外人才培养基地项目，安排大学生、职高生实习实训，全年组织各类实习生毕业生双选会5场，4000余名高校学生参与，与企业达成意向1000余个；组织企业参与民营企业招聘月等活动，举办7场现场招聘洽谈会，参加招聘的单位129家，提供岗位4000余个，800余人参会，现场达成就业意向163人，发放宣传资料500余份。推荐5名非公企业代表进入区人民法院担任“人民陪审员”，以案释法、以案普法。发挥中小企业法律服务平台作用，将线上即时法律咨询与每月开展一次的线下法律咨询服务日活动相结合，全年线上法律服务平台服务企业70余家，线下法律服务日接待咨询40余人。

（张　振）

【优化营商环境】 5月15日，区工商联与投促局、人保局、地税局、国税局5家单位联合组织“2018年石景山区政策宣讲会”，落实“9+N”优化提升营商环境，多位专家从人才引进、税费政策讲解等方面进行专业培训，驻区70家企业约130名高级管理人员参加活动。7月23日，区工商联牵头召开办理区重点企业意见建议工作部署会，对企业反映问题汇总情况和责任分工进行通报。8月初，正式下发《关于解决重点企业所反映问题责任分工的方案》，区工商联和26个相关部门领取工作任务。针对重点民营企业提出的意见建议，工商联和各相关部门以书面形式对企业所反映的问题给出解决办法、建议等。9月底，企业所反映的问题全部办理并反馈，企业对问题的解决办理进行满意度评价，满意率达到100%。11月7日，区工商联建立劳动争议调解委员会。

（张　振）

【两企业入围民营企业榜单】 8月底，2018中国民营企业500强峰会召开，区工商联会员企业天安人寿保险股份有限公司和物美控股集团有限公司入围“2018中国民营企业500强”榜单，分列第99位、第137位。两家企业同时入围“2018年中国民营企业服务业100强榜单”，天安人寿排名第38位，物美集团排名第48位。

（张　振）

【政策服务】 年内，区工商联借助非公经济协调领导小组各成员单位的力量，邀请职能部门的相关领导为企业宣讲解读政策，先后组织企业参与市文创产业“投贷奖”政策解读会、市金融局场外资本市场企业培训会、北航校友会物联网项目专场沙龙、诺亚财富投资策略报告会、经信委《中小企业促进法》宣贯会，开展2018年度北京市职称评价、市联经济处2018年对外经贸交流活动的征集、冬奥会特许经营计划特许生产商征集等相关工作，让企业知晓政策、享受政策，借助培训机构，聘请专家为企业中高层从专业人力、税法、财会、营销等多个方面进行讲解培训，全年共组织各类专题培训会12场，培训人数2000余人。

（张　振）

【金融服务】 年内，区工商联与金融办、国税局等多个部门联合组织“税银企”金融服务平台活动，深化银企对接、融资推介。利用市金融工作局讲师资源，对企业进行融资、三板、四板的政策辅导培训活动。围绕促进民间投资和供给侧结构性改革，依托市联、区金融办、银行、金融机构等社会融资服务平台，为企业融资投资扩宽渠道。组织企业参加市工商联京津冀非公经济产业对接交流会、第二届中国民间投资发展论坛暨科技文化金融创新年度峰会、第四届军民融合发展高科技装备成果展览暨论坛等系列活动，引导民营企业拓展发展空间。深化与北京航空航天大学校友会合作，帮助校友会企业对接区内相关部门、走访区内办公载体。

（张　振）

【民企学堂】 年内，区工商联开展“民企学堂”系列培训，为企业家搭建与专家交流、与同行沟通的培训平台。联合北方工业大学打造京西首家校内民营企业教育培训服务平台——“企业家充电站”，开启2018年首期民企学堂，宣贯十九大精神，宣讲国内外宏观经济形势及走势分析。组织会员参加市联、区职能部门开展的优化营商环境政策解读会，解读国家、市区政策法规。组织企业家参加区政协、区统战部学习十九大精神、新时代统一战线理论两次，宣传党和国家的方针政策，在强化企业家理想信念的同时，提升企业参政议政的水平和能力。联合商协会及孵化器，组织企业参加首都商协会培训班、社保、劳动稽查专题讲座等精准化培训。

（张　振）

【272.354万元扶贫助贫】 年内，区工商联与保定市工商联、顺平县工商联、呼伦贝尔市工商联、莫旗工商联、额尔古纳市工商联签署《友好工商联（商会）协议书》。区工商联两次召开工商联企业家副主席、商会会长专题会，动员企业响应号召，主动投身到河北、内蒙古两地“万企帮万村”精准扶贫行动之中。组织会员企业先后7次赴河北顺平、内蒙古宁城和莫旗3地开展“携手共进、同步小康”考察调研活动，协商涉及产业发展、公共服务、生态建设三大领域十几个方面帮扶对接工作，发挥企业资金、人才、技术等方面的优势，以产业扶贫、教育扶贫、医疗扶贫等多种形式，逐步提高贫困村经济发展水平和贫困群众收入水平，实现企业与结对帮扶对象双赢共发展。2018年，区工商联配合区委区政府开展帮扶项目总计11个，投入帮扶资金及捐款捐物累计272.354万元。

（张　振）

石景山区主要群众团体负责人

总工会主席	郭绍华（8月免）
	高洪雁（女，8月任）
常务副主席	蒋志谋
党组书记	郭绍华（8月免）
	高洪雁（女，8月任）
共青团石景山区委书记	吴智鹏
妇女联合会主席	刘　红（女）
党组书记	刘　红（女）
科学技术协会主席	宋菁慧（女）
区工商联主席	马丽萍（女，回族）
党组书记	柴亚洲
文学艺术界联合会主席	郭　明
残疾人联合会理事长	栾伟宏（女）
党组书记	栾伟宏（女）
红十字会会长	左小兵（兼）
常务副会长	柏　静（女）
党组书记	柏　静（女）

法 治

综　　述

【概况】 2018年，石景山区政法系统以习近平新时代中国特色社会主义思想为指导，深入学习贯彻党的十九大精神，始终坚持党建统领，严格落实从严治党主体责任，强化“四个意识”，以深化平安建设、法治建设和队伍建设为主线，全力做好防范风险、服务发展、改革创新、打造过硬政法队伍等各项工作，圆满完成全国“两会”“中非合作论坛”北京峰会、纪念改革开放40周年等重大安保任务，有力维护全区政治稳定和社会安定，为创建全国文明城区提供坚强有力的法治保障。

（张　晨）

【安保维稳任务】 年内，区政法系统在全国“两会”“中非论坛北京峰会”“善心汇”“e租宝投资人群体访”等各项重大活动、事件中，以战时会商机制为主线，在部署、落实、督导等各环节，构建“分工明确、上下统一、条块结合、高效运转”的工作模式，形成“横到边、纵到底”的维稳网络，实现信息畅通，联动迅速，落实到位。实现人、地、事、物、组织维稳安保工作的全覆盖。采取分层、分类的方式，促使各项工作措施全部落实到位，按照“问题日结日清”的工作标准，对发现的隐患和问题，第一时间整改，做到事不过夜。

（张　晨）

【矛盾纠纷排查】 年内，区政法系统多次启动基础摸排调研工作，对全区突出矛盾问题、重点人进行全面的梳理和排查，建立台账。各类矛盾一事一册，一事一方案，借助“信访代理”制定化解时间表，开展矛盾纠纷化解工作。动态排查，管控到位，在定期排查研判的基础上，制定稳控方案，落实责任到人。强化重大矛盾和敏感群体的应对处置，紧盯重大矛盾群体和敏感人群，制定应急处置预案，做到严密盯防、深挖幕后、依法严惩。

（张　晨）

【多元矛盾化解】 年内，区政法系统严格落实评估事项报备制度和分级分类评估制度，并将风险评估列入区委常委会和区长办公会等会议程序。制定下发《石景山区2018年重大决策社会稳定风险评估工作实施方案》，并进行专题培训，实现重大决策和重点项目“应评尽评”，做到“不评估不上会、不评估不决策”。加强多元矛盾化解体系建设。在基础建设方面，区法院诉服中心大楼列入政府议事日程。在机制建设方面，统筹协调政法单位依据各自职责，建立完善行政公益诉讼案件磋商机制、多元调解+速裁机制等机制，社会治理从单向管理向双向互动、线下向线上线下融合、单纯部门监管向社会协同转变。

（张　晨）

【抓好从优待警】 年内，区政法系统组织开展2018年“春节”“七一”走访慰问基层困难干警活动，集中慰问困难干警130人，发放关爱金6.5万元。走访看望慰问因公受伤、患病干部12人，发放关爱金1.4万元。协调区教委帮助18名政法干警解决子女入学入托困难。

（张　晨）

政法委工作

【概况】 中共石景山区委政法委员会（简称区委政法委）是区委领导政法工作的职能部门。内设石景山区维护稳定工作领导小组办公室（简称区维稳办），作为区维护稳定工作领导小组常设办事机构。区委政法委行政编制9人、工勤编制1人；区维稳办行政编制3人，共计13人。区委政法委以最高的标准、最严的要求、最强的组织、最实的举措、最佳的状态开展各项工作，完成市、区部署的各项任务，为维护地区政治社会和谐稳定做出贡献。组织开展2018年“春节”“七一”走访慰问基层困难干警活动，协调帮助解决政法干警子女入学入托困难，协调有关部门帮助政法单位完成基础建设工作。

（张　晨）

【政法委员会会议】 年内，区委政法委召开两次政法委员会（扩大）会议。区政法系统各单位分别汇报阶段工作情况及下阶段工作计划，区委宣传部、区信访办负责同志分别通报近期意识形态领域、网络舆情和信访接待、矛盾化解等工作情况。

（张　晨）

【冬奥服务保障】 年内，区委政法委统筹推进冬奥安保基础工作。到冬奥组委调研，牵头成立冬奥会服务保障工作领导小组，并根据职责任务到冬奥组委进行对接，主动问需求、接任务。坚持“部门牵动、属地主责”原则，推动公安等部门研究制定安保方案，组建冬奥安保筹备专班。强化冬奥组委周边秩序维护。把综治维稳、治安管理、道路交通、消防安全等工作延伸到首钢主厂区在保障冬奥场馆基础建设、冬奥组委办公秩序、冬奥训练基地及场馆运行安全等方面做到提前行动、超前谋划，冬奥组委周边秩序不断优化。

（张　晨）

社会治安综合治理

【概况】 石景山区社会治安综合治理委员会办公室（简称区综治办）是区委、区政府解决社会治安问题的常设办事机构，承担维护社会稳定和社会治安综合治理“打击、防范、教育、管理、建设、改造”6项工作任务。年内，本区社会治安综合治理工作坚持党对社会治安综合治理工作的绝对领导，坚持以人民为中心的发展思想，加强立体化信息化治安防控体系、社会矛盾排查化解、公共安全领域综合治理、群众安全感整体提升和综合基层基础建设，深入推进和全面深化平安石景山建设，为全力推进石景山区风清气正政治生态和高端绿色发展生态建设、初步建成国家级绿色转型发展示范区创造安全稳定的社会环境。2个市级挂账重点地区整治达标并验收合格。

（张桂清）

【两个重点地区整治】 1月12日，首都综治办考核验收工作组对上年鲁谷、古城、苹果园3个市级挂账重点地区整治工作进行考核验收，3个地区全部达标并验收合格。年内，鲁谷地区、八大处公园周边地区被首都综治办列为2018年市级挂账整治的社会治安重点地区。2月初，召开全区社会治安重点地区整治工作部署会，成立区级社会治安重点地区整治工组领导小组，鲁谷社区和苹果园街道分别针对挂账重点地区制定《打击黄赌专项行动工作方案》《打击鲁谷地区盗销自行车违法活动工作方案》《八大处公园周边地区无照游商整治方案》。年内，召开专题工作18次，每月下发治安挂账重点地区整治工作情况通报，开展各类专项整治行动110次，投入执法力量2100人次，破案55起；开展各类宣传78次；整群租房整治70次，发现隐患63处，拆除违法建设23间，规范"门前三包"6587户次，拆除灯箱广告1460个，违规广告牌匾90余家。截至年底，2个市级挂账重点地区、2个市级挂账重点地区全部整治达标并验收合格。

（张桂清）

【两个城乡结合部整治】 4月，全区开展城乡结合部重点地区公共安全隐患问题专项整治工作会召开，成立区级指挥机构，即一个由区领导挂帅的城乡结合部重点地区综合整治工作指挥部，下设两个挂账地区分指挥部和六个专业部门的专项分指挥部。确定2018年市级挂账重点地区为金顶街模式口社区和五里坨隆恩寺社区。按照"整存控增防反弹、分批施策除隐患"的工作思路，明确24项具体整治工作任务，抽调专职人员集中办公，财政划拨400万元专项整治经费。年内，针对两个挂账重点地区开展流动人口和出租房屋基础调查，统计流动人口4470人，重点人12人。出租房屋972户、2523间，出租大院2个、176间，宅基地自建出租房770户、2120间。开展联合执法137次，出动执法巡逻车808辆次，执法巡逻人员2071人次。制作告居民信20万张，宣传整治横幅60条，硬质宣传标语30块。发现安全隐患410户、1182间，整改消防隐患处252处，房屋结构隐患20处，拆除出租大院1个、40间。检查单位场所142家，督促整改火灾隐患282件，安装报警器等技防设备92个，整改存放液化气罐场所5处、存放其他易燃易爆物场所4处。清退查封模式口村12号院，拆除城建四物业公司宿舍28号院违建2845.76平方米，清理堆物堆料244处。破获刑事案件5起，抓获嫌疑人16人，打掉涉黄涉赌窝点1个，抓获涉黄赌毒人员16人，收缴各类危险违禁品41件。建立流管站、巡防站、微型消防站、警务室、矛调室、视频监控室各2个，其中模式口村实现联网。年底，2个市级挂账重点地区全部通过市城乡结合部综合整治工作指挥部考核验收。

（张桂清）

【134.61万元整治违法群租房】 年内，全区投入整治经费134.61万元，检查出租房屋19287户、45531间；开展违法群租房督导379次、出动各类人员1773人次；开展各级联合执法231次、出动各类执法人员1711人次；开展各类宣传196场次，出动宣传人员1225人次，发放宣传材料16.04万份，宣传群众15.76万人次；安装警示牌2012块，在重点区域悬挂428横幅条，张贴《通告》11517张、《海报》8611张；法律援助37人次、调解矛盾纠纷99起、消除安全隐患290处。约谈经纪机构116家次，处罚违法经纪机构4家、罚款6.045万元。全年本区整治完成违法群租房350户、944间、隔断240个，面积27416平方米，疏解1759人，比市级下达200户整治任务超额完成150户。

（张桂清）

【综治信息化建设】 年内，区综治办开展本区基层综治信息化建设工作，成立由区综治办牵头，区经信委、社工委、卫计委、司法局、公安分局、城市管理监督指挥中心和各街道组成的石景山区综治信息化建设领导小组。重点推进"多网"融合发展和一体化运行。全区区、街道、社区三级综治信息化平台全部建设完毕并规范化运行。依托全区"多网"融合平台搭建的社会治安管理系统将全区视频监控资源接入综治信息化平台，可以实时调取全区高清视频图像信息，实现对基层综治工作的指挥调度、事件处置、分流交办、督导检查、动态监管。年底，全区三级综治信息化平台基础数据包括实有人口数据516990条、重点青少年数据57条、刑满释放人员数据619条、社区矫正人员数据91条、肇事肇祸等严重精神障碍患者数据2769条、实有房屋数据68425条、综治中心相关数据952条、校园及周边安全数据87条、群防群治相关数据24129条、安全隐患场所数据519条、寄递物流相关数据48条、个体工商户数据13826条、危化企业数居42条、社会组织相关数据47条、各类企业相关数据48586条。

（张桂清）

【群防群治】 年内，石景山区开展治安志愿者在线实名注册工作，扩大治安志愿者队伍，结合首都治安志愿者网站升级工作，对治安志愿者进行增补、调整和动态核录，完善志愿者实名制管理机制，推进志愿团体注册、志愿服务项目分类管理等工作。依托综治维稳工作中心、志愿者公益反哺平台、社区社情恳谈会等载体，群防群治队伍针对9个街道(鲁谷社区)、150个社区1001个布控点位开展巡逻，全年出动群防群治力量约80万人次，发现和排查矛盾2283件，化解1846件。截至年底，全区有专职巡防队1250人，安全稳定信息员队伍3140人，流动人口管理员451名，专职铁路护路巡防队伍24人。全区治安志愿者网站实际注册志愿者30144人，认领本区治安志愿者30144人，认领率100%。全区志愿团体168个，发布项目2279个，志愿服务时长共计3330701小时，志愿者信息做到动态更新。

（张桂清）

法治政府建设

【概况】 石景山区人民政府法制办公室(简称区法制办)是区政府主管法制工作的办事机构，对区政府法制工作负有指导、协调、组织和监督责任。年内，区编办、区政府法制办配合，组织区城管委、区园林绿化局、区城管执法监察局开展部分行政处罚职权划转工作，完成划转后现由区级城市管理部门行使的行政处罚权0项;现由区级园林绿化部门行使的行政处罚权109项;现由区级城市管理综合行政执法部门行使的行政处罚权423项。区依法行政工作领导小组挖掘各部门法治政府建设工作亮点,组织开展法治政府建设示范创建活动,深化示范项目创建工作。全区以示范项目创建活动为切入点,以点带面,发挥榜样引路、典型示范作用,全区23家单位申报社区城管工作站深化提升等28个项目。为全区954名行政执法人员统一组织换发标有二维码的新版执法证件,当事人通过扫码可核实执法人员信息。强化全区执法人员资格管理、推行行政执法公示制度。

(杨　静)

【执法效能监测评价】　年初,全区先后组织召开区依法行政工作领导小组会议和行政执法监督工作会议,制定《2018年度石景山区提升行政执法效能实施方案》,依托北京市行政执法信息服务平台,对区属行政执法部门执法绩效任务指标完成情况逐月进行监测和评价,通过对比北京市和城六区的相关执法数据,编辑形成《石景山区依法行政工作简报》,向区政府主要领导及相关主管领导进行报送,全年地区执法绩效水平显著提升,区属行政执法部门人均检查量排名城六区首位、北京市第五位,较2017年增长119.45%;人均处罚量排名城六区第三位、北京市第三位,较2017年增长81.52%;处罚职权履行率排名城六区第四位、北京市第四位,较2017年增长45.77%。

(张　萌)

【政府与法院良性互动】　5月31日,区政府与区法院召开依法行政与行政审判联席会,区法院及区法制办分别就2017年行政诉讼案件及非诉讼执行情况、区政府行政复议及行政应诉情况进行通报,并有针对性地指出个行政机关在行政诉讼中存在的问题及取得的成绩。8月16日,邀请北京市第四中级人民法院行政庭庭长就2017年全市各区政府行政诉讼情况进行通报,并重点结合全区涉诉情况指出全区在行政执法工作中存在的问题,提出建议。

(赖　芸)

【行政机关负责人出庭应诉】　6月7日,区法制办组织完成肖平在北京市第四中级人民法院公开开庭审理的李某诉区政府行政征收一案出庭应诉。12月13日,组织完成副区长杨宏伟就某单位诉区政府及区安监局一案出庭应诉。

(赖　芸)

【行政处罚案卷评查】　9月11日—14日,区法制办组织开展2018年度全区行政处罚案卷评查及质量抽验工作,区政府法制办抽取2018年度各行政执法部门(含垂直管理部门)7月31日前自行完成案卷评查并录入北京市行政执法信息服务平台"案卷评查"模块的行政处罚案卷共57卷,因系统权限问题未通过系统开展自评的垂直管理行政执法部门行政处罚案卷15卷,撤销立案专项质量抽验案卷7卷,共计79卷。其中优秀卷35卷,合格卷31卷,零分卷6卷;案卷质量抽验合格率94.4%。区政府法制办在全区范围内通报评查结果,并针对存在的问题提出整改要求。

(周良军)

【领导干部学法】　年内,区法制办制定《2018年石景山区政府常务会议学法计划》,在区政府常务会会前学法活动中,创新形式,采取集中学习与领导自学相结合的模式,重点突出新法学习。同时,针对全区重点、难点工作,邀请市级有关部门领导讲解法律法规,相关职能部门一把手全程列席学法活动,区领导结合新法规定的政府职责,进行任务部署,明确责任单位,督建工作机制,确将学法效果落到实处。区政府常务会完成对《中华人民共和国水污染防治法》《新形势下财政和审计工作的新要求》《当前现代金融产业发展形势及对策建议的学习》以及《持续推进法治政府建设,有效降低涉诉败诉风险》的学习。以区委党校和首都高校为依托,与区委组织部共同组织举办依法行政专题研讨班,全区处级以上领导干部近40余人参加,学时达到20课时。研讨班采取专家授课、现场教学、情景模拟、案例分析等方式,就"提高运用法治思维和法治方式处理问题的能力""宪法修订"等内容,结合区情和工作实际,进行专题研讨。

(张　萌)

【行政复议】　年内,区政府作为复议机关共接待行政复议申请145人次,案前和解44件,收案审查10件。受理行政复议案件87件,不予受理13件,逾期不补正视为放弃1件。收案案件均已审结,其中维持20件,驳回8件,终止42件,撤销10件,确认违法5件,责令履职2件。2018年参加市法制办组织的2017年度行政复议案卷评查,被抽中案卷卷宗经评查均为优秀。

(赖　芸)

【行政应诉】　年内,以区政府为被告的行政诉讼案件共140件。一审行政诉讼案件87件,其中单独以区政府为被告的一审行政案件69件,区政府作为复议机关与原行政机关共同应诉的案件共18件。二审案件53件,区政府作为复议机关与原行政机关共同应诉案件13件,区政府单独应诉案件40件。一审案件审结83件,其中判决驳回诉讼请求37件,裁定驳回起诉30件,裁定移送管辖1件,撤诉案件9件,判决撤销3件,责令履职1件,确认违法1件,其他案件1件。二审案件审结36件,其中判决驳回诉讼请求25件,裁定驳回起诉9件,撤回上诉2件。上述案件均在法定期限内完成案件处理相关工作。

(赖　芸)

【行政调解】　年内,区法制办开展行政调解人员培训,制定《北京市石景山区行政调解工作手册》,为调解队伍的专业性提供保障;加强行政调解数据统计、分析和报送工作,发挥统计分析在行政调解中的重要作用,及时对行政调解工作开展情况、矛盾纠纷的主要表现及特征进行分析研判,每季度形成专题分析报告报送市政府法制办,推动行政调解工作向纵深发展。年内,全区受理行政调解案件9511件,涉案人数12910人,调解成功涉及金额 2483.47 万元。调解成功 7284 件，成功率 77%。

（周良军）

【文审工作】 年内，区法制办引入“外脑”参与审查工作，借助资深专家学者的专业法律优势，为政府签署重大合同提供优质的法律服务。对报审规范性文件严格进行合法性审查和公平竞争审查，审核以区政府或区政府办制发的文件 54 件；审核区政府及区有关部门战略合作协议等 17 件；完成市及上级有关法律法规征求意见工作 7 件。

（周良军）

【规范性文件清理】 年内，区法制办先后牵头组织开展全区涉及产权保护、生态环境保护、民营经济发展专项领域规范性文件清理工作。严格依据党中央、国务院有关文件精神和上位法修改、废止情况，对全区现行规范性文件逐渐逐项进行全面清理。清理工作涉及规范性文件总数共计 105 件，各专项领域规范性文件清理工作均按要求完成相关工作任务。

（周良军）

公　安

【概况】 年内，北京市公安局石景山分局（简称公安分局）完成各类勤务 816 起，妥善处置警情 4.6 万余件、非紧急救助服务 387 件；年内，完善常备警卫方案，零差错、零失误完成安全警卫任务 127 起，确保习近平等中央领导、重要来访外宾在区活动的绝对安全；完善社区警务“两队一室”运行机制，全面夯实 35 个社区警务队、328 个社区网格、20 个“7 × 24 小时”警务室基础工作，推广“入户走访 APP”，走访采集全区居民、房屋和单位信息 16.2 万人 10.2 万户 3850 余家，征求意见建议 5830 余条，排查化解矛盾纠纷 847 起，解决整改问题 382 件，开展防范宣传 1140 场次、投放电子屏 805 块，社区“三类”可防性案件同比下降 51.8%，妥善处置涉外案事件 87 起，查获违法居住境外人员 50 名，查处“三非”（非法入境、非法居留、非法就业）案件 18 起，行政处罚 19 名。年内，审计项目 58 个，审计总额 18.16 亿元、发现问题 49 个、提出意见建议 30 条、审减金额 127.08 万元，受理政风行风热线和政民互动网络平台信件 36 件，办结率、答复率、群众满意率达到 100%。严肃追责问责，先后给予党内警告 1 人、行政记大过 1 人、行政告诫 5 人、通报批评 2 人、诫勉谈话 1 人，下发违纪情况通报 5 个。年内，分局党委班子成员带头过双重组织生活 63 次、讲党课 18 次；各基层党支部深入推进规范化建设，开展“七型”党支部创建工作，7 个党支部完成换届选举、12 个党支部完成届中委员增补，总结提炼特色党建工作法 23 个，开展“新时代新担当新作为”等 6 个系列主题党日活动，组织生活规范率、登记率达到 100%，涌现出 6 个先进党支部、40 名优秀党务工作者和优秀共产党员，党支部战斗堡垒作用显著增强。全年争取财政专项资金 635.35 余万元，迁安矿区执法办公环境全面改善、警用装备配齐配全，基层基础、规范执法、队伍管理“三个上台阶”的总体目标初步实现。选优配强各级领导班子，结合公安改革进程和安保维稳实战需要，考核干部 70 名、任职 57 名、交流 105 名、免职 48 名，形成适时使用、定期调整、有上有下的运行机制；以政治文化为引领，以警营文化为载体，打造具有鲜明石景山公安特色的警营文化品牌，第二届“忠诚誓言”优秀民警事迹宣讲主题活动成功举办，第六届“警营标兵”、第二届“杰出青年卫士”等典型推树活动深入开展，鲁谷派出所王巍、刑侦支队郑莹入选“北京榜样·最美警察”月度榜单，年度表彰集体 220 个次、民警、警辅 816 人次。

（申小荣）

【“110”宣传活动】 1 月 10 日，公安分局组织 10 个户籍派出所在全区繁华场所、重点社区、学校、企业等单位设立 10 个宣传站点，集中开展“110·守护新时代美好生活”主题宣传活动，在苹果园中学设立主会场。分局领导及区委教工委、区司法局、苹果园街道、苹果园中学等负责人出席活动。分局指挥处、刑侦、治安、反特巡、消防、交通支队，人口管理与基层基础、内保大队，苹果园派出所的主要领导和民警以及苹果园中学的 200 余名师生参加主会场活动。

（申小荣）

【清明节安保】 3 月 31 日至 4 月 8 日，公安分局针对八宝山革命公墓、八宝山人民公墓、老山骨灰堂、福田公墓等 4 处墓区实际情况，细化工作措施，严格工作要求，做到组织到位、部署到位、落实到位，圆满完成清明节安全保卫工作。期间，4 个墓区接待群众 38.1 万人，车辆 4.18 万辆，查获违法人员 22 人，带离审查 2 人，墓区秩序良好。

（申小荣）

【反恐宣传活动】 6 月 1 日，公安分局代表区反恐办，在鲁谷社区半月园文化广场举行反恐宣传活动。期间，分局指挥处、反特巡支队、鲁谷派出所和鲁谷社区的主要领导及部分民警、社区干部群众共 200 余人参加现场宣传活动。

（申小荣）

【禁毒教育基地揭牌】 12 月 27 日，石景山区禁毒教育基地正式揭牌启用。区禁毒委主任富大鹏，市禁毒办副主任、市局禁毒总队政委陈永利等出席揭牌仪式。公安分局指挥处、刑侦支队等职能部门、区禁毒委相关成员单位、工程兵管理处领导和北师大附中京西分校学生代表以及各界禁毒志愿者代表 300 余人参加仪式。

（申小荣）

【破获各类案件】 年内，公安分局盘查核录 112 万余人次，同比上升 96%，巡逻抓获 362 名，街头立案同比下降 41.6%；破获刑事案件 1161 起，查处治安案件 8500 起，同比上升 28.2%；抓获违法犯罪嫌疑人 2009 名，同比上升 8.7%。

（申小荣）

【涉访维稳】 年内，公安分局开展矛盾纠纷大排查大化解专项行动，合力推动解决黄庄学校疏解、“贾某死亡善后”等敏感涉访问题；强化落实涉访维稳“八控”工作机制，全年妥善处置群个体访 295 批次 1.8 万人次，维护区政府、最高检举报中心、市一中院等重点部位2.6万人次的正常信访接待秩序,依法打击处理非访滋事扰序违法犯罪人员58名,同比增长6.25倍。

(申小荣)

【治安综治】 年内,公安分局落实社会面治安秩序"6+N"常态化工作机制,坚持天天清、天天查、天天整,边治理边巩固,防反弹防反复,全年打击处理涉黄、涉赌、盗窃非机动车违法犯罪人员475名,同比上升14.7%,涉黄、涉赌、盗非警情同比分别下降31%、42%和23.5%,3个挂账治安重点地区全部销账;引进专业捕犬公司,制定下发涉犬警情回复规范,完成养犬年检登记指标的120%,平昌冬奥会总结会期间流浪犬救置工作得到市局领导批示肯定;创新黑车联合整治全链条执法模式,行政处罚非法营运人员538名、移交查扣黑车143辆、黑车警情同比下降36%;破获全市首例诈骗医疗保障基金案件,打击处理环境、食品、药品、旅游违法犯罪人员26名,同比上升73.3%。

(申小荣)

【消防隐患整治】 年内,公安分局在全市率先推动政府出资建成167处电动自行车集中充电设施,建设3座小型消防站,推动建立149支"老街坊"防消队,依托区防火委平台,组织发动行业部门、属地街道和社会各界力量3.9万余人次,检查社会单位、行业场所6.7万余家,发现整改火灾隐患8.2万余处、打通消防通道126条、清理可燃物850余吨,整改销账593处挂账隐患,全年查封297家,同比上升33.8%,"三停"(停止施工、停止使用、停止营业)315家,同比上升68.5%,罚款420.5万元,同比上升43.4%,行政拘留114名,组织开展各类消防宣传、培训1500余场次,参与人数达到13.8万人次,居民消防安全知晓率位列全市第一,火灾和群众直接财产损失同比分别下降31%和63%,未发生有影响、伤亡人火灾。

(申小荣)

【智慧警务建设】 年内,公安分局落实《北京"祥云工程"行动计划》推进智慧警务建设工作的决定,调整科信委、科信办组织领导,研究制定石景山智慧警务建设2018年至2020年三年规划。投入项目专项资金1亿元,先期完成大数据机房基础建设,以前端采集、跨域回传、数据汇聚、应用研发为一体的智慧警务主体框架基本形成,"一池、二网、三接口+N个特色应用"的年度重点建设目标初步确立;发挥区图像办职能作用,申报获批国家"雪亮工程"重点支持区年度补助资金2000万元,推进"雪亮工程"2018年度建设项目,年内一期任务通过初验,二期任务前端点位建设全部完成,全区公共安全视频监控系统新增高清点位675个、动态人脸识别28个、130路人脸卡口、94路车辆卡口、智能追踪点面结合图像信息系统7套、社区智能人脸门禁系统109套,整合三类视频资源7362个,平台运行完好率100%;视云平台支撑实战效能凸显,创建视频"目单"保障模式,实时视频、历史图像调用累计达到48.6万余次,抓获违法犯罪人员25名,视频打现率、协破率同比分别大幅提升39.6%、40.7%;全年立项审查科技项目41个,在全市率先完成公安网IP扩容工作,完成高清电视电话会议、UPS等系统改造任务,科技项目管理、通信保障工作规范化水平提升。

(申小荣)

【交通动态管理】 年内,公安分局开展治堵工作,创新推广交通渠化优化7举措,试点推出全市首个"全向十字路口",全区13处乱点、2处堵点提前销账,拥堵报警同比下降9.2%,道路通行能力同比提升18.3%,全年各类交通违法处罚12.4万笔,同比上升13.8%;行政处罚139名,同比上升3.5%,查处酒驾违法841起,同比上升2.1%,醉驾追刑133名,同比上升27.9%,全区亡人交通事故同比下降31.6%。

(申小荣)

检　察

【概况】 年内,石景山区人民检察院(简称区检察院)加强执纪监督问责,把纪检监督重心向执法办案一线延伸,坚持执法监督全覆盖,围绕案件信息公开、公诉人出庭、询问讯问等开展督察12次,提出督察建议13项,发出督察通报3期,促进执法作风的改进和制度落实。坚持政治引领检察业务,严格落实重大事项请示报告制度,年内就司法体制改革、公益诉讼工作、重大敏感案件办理等情况向区委、区委政法委报告6次,确保检察工作正确方向。强化专业化办案团队建设,成立经济犯罪办案组、国安犯罪办案组等,提升专业化办案水平。依法履行审查逮捕、审查起诉、法律监督、公益诉讼职能,服务平安建设,维护区域经济安全,扎实开展"扫黑除恶"专项斗争,坚持宽严相济、慎捕慎诉。多举措服务保障污染防治攻坚战,服务保障"西山永定河文化带"建设,服务保障北京冬奥会、冬残奥会的筹备与举办。开展检察机关法治宣传"十进百家、千人普法"主题活动,选派35名员额检察官进企业、进学校、进街道、进景区等36次,受众8000余人。创新检察宣传方式,拍摄微视频《我的检察官公主》被20多个新媒体账号转发,全网播放量近400万次;制作VR虚拟漫游系统展示检察服务中心,方便群众足不出户了解投诉、控告等检察业务办理流程。通过区检察院"两微一端"发布原创文章205篇,在报刊、电视台等传统媒体发布稿件48篇,在各类新兴媒体发布稿件508篇,正向引导舆论,展现检察机关良好形象。

(张　珂)

【追回税款损失240余万元】 检察建议是检察机关加强法律监督的重要手段,可在一定范围内针对行业、系统和相关单位存在的机制、制度、管理等方面问题提出堵塞漏洞、消除隐患、改进管理的对策,确保法律正确实施、促进社会和谐稳定。1月,区检察院借力检察建议督促行政机关依法履职,追回税款损失240余万元。

(张　珂)

【首份食品安全诉前建议】 区检察院在开展食品安全领域公益诉讼专

项监督过程中发现，在“美团”“百度外卖”“饿了么”等知名网络餐饮服务第三方平台上，多家经营地位于石景山区的入网餐饮服务提供者涉嫌存在超范围经营、未按要求公示食品经营许可证、公示的食品经营许可证超过有效期或提供的食品经营许可证“名实不符”等违法行为，存在严重的食品安全隐患，侵害社会公共利益。3月26日，区检察院依法向负有监督管理职责的行政机关区食药监局发出首份食品安全领域诉前检察建议，督促其依法履行职责，加大监管查处力度，保障辖区内网络餐饮食品安全。全年发出诉前检察建议督促监管部门查处并下线问题商户835家、规范整改商户548家。

（张　珂）

【市首例刑事附带民事公益诉讼案】 7月4日，区检察院依法审查起诉的全市首例土壤污染刑事附带民事公益诉讼案件，针对非法处置废机油造成322.38立方米土壤受污染的情况，对邹某某等6人依法追究环境侵权责任，该案的首例示范作用和公益效果被各级人大代表、新闻媒体认可。该案适用《人民陪审员法》，采用“3名审判员+4名陪审员”的7人大合议庭进行审理，两名检察官办案组分别以公诉机关和公益诉讼起诉人的身份出席法庭履行职务。市人大代表、政协委员及全市检察系统民事检察部门干警50余人参加庭审观摩活动。

（张　珂）

【网约车司机贪财行骗检察建议】 10月，区检察院在办理案件中发现网约车司机从业资格管理存在巨大漏洞，鉴于近期网约车司机实施刑事犯罪案件频发、社会影响大，行业监管严重缺失的情形，为维护网约车乘客安全，督促行政监管部门加强监督管理，在向网约车公司沟通未果后，区检察院向市交通委发出检察建议。建议该委加强对网约车平台监管，及时发现问题督促企业整改，促使其通过联合约谈、加大执法处罚力度等方式形成常态化、规范化监督机制。检察建议发出后，该委查处涉嫌非法网约车845辆，罚款1007.73万元。

（张　珂）

【审查逮捕、审查起诉】 年内，区检察院依法惩治各类刑事犯罪，共受理审查逮捕案件362件480人，批准逮捕249件313人，受理审查起诉案件453件565人，提起公诉376件462人。依法惩治危害公共安全和人民群众人身财产安全的犯罪案件，批准逮捕152件188人，提起公诉277件315人。依法办理非法吸收公众存款、集资诈骗及组织、领导传销活动等涉众型经济犯罪案件20件30人。依法办理食药类、环境污染类案件7件8人。依法办理涉恶案件5件16人，坚持检察长亲自办理，引导侦查取证，精准把握证据标准。对情节轻微无逮捕、起诉必要的，依法不批准逮捕54件71人、不起诉51件57人，不捕率为14.8%，不起诉率为10.5%。

（张　珂）

【侦查监督】 年内，区检察院受理立案及侦查活动监督案件32件，监督公安机关立案1件、撤案12件，针对犯罪嫌疑人长期脱保影响诉讼进程的问题发出纠正违法通知书1份，公安机关积极整改。建议行政执法机关向公安机关移送涉嫌犯罪案件4件，公安机关立案3件，其中批准逮捕3人，提起公诉2人。同步审查公安机关提请批准逮捕案件350件，侦查瑕疵及执法不规范问题较去年明显下降；发送《侦查活动季度质量通报》4期，指出8类侦查不规范行为，促进侦查质量与执法水平的提升。纠正漏捕18人，追诉漏犯18人。

（张　珂）

【审判监督】 年内，区检察院受理同级刑事诉讼监督案件7件，书面同步审查区法院做出的全部刑事裁判文书，以电话沟通、走访交流等形式及时通报问题、解决分歧，就刑事审判程序、法律适用等事项通报、交流6次，向上级院提请抗诉并获区法院再审改判1件。受理同级民事、行政诉讼监督案件8件，向上级院提请抗诉并获区法院再审改判1件，对已生效民事判决发出再审检察建议1份。健全完善常态化法律监督工作机制，检察长（副检察长）列席区法院审判委员会2次。

（张　珂）

【刑事执行监督】 年内，区检察院赴司法所巡视检察62次，对各类监外执行人员检察84人次，针对各地司法局、公安机关、法院违法违规问题发出纠正违法通知书11份、检察建议书7份，收到整改回函17份。探索刑事执行检察意见函改革，针对各类不规范问题发出检察意见函42份，被监督单位全部整改落实。受理羁押必要性审查案件54件，发出变更强制措施建议书24份，采纳率100%。

（张　珂）

【公益诉讼】 年内，区检察院围绕生态环境、食药安全等重点领域开展专项监督活动，初查公益诉讼案件线索15件，立案12件，发出诉前检察建议8份。针对石丰桥下6000吨垃圾渣土违法堆放问题、五里坨炮厂小区山上建筑垃圾、渣土大量堆积导致森林植被受损问题等，与相关单位及时磋商，发出诉前检察建议督促监管部门和责任部门及时清运垃圾，补种绿植176株、恢复生态面积1030平方米。针对清代饶余敏亲王家族墓、清代量周和尚塔的保护问题，发出诉前检察建议督促监管部门加强不可移动文物的保护。针对冬奥会场地建设等问题向监管部门及建设单位发出检察建议。

（张　珂）

【未成年人保护】 年内，区检察院依法办理各类涉未刑事案件23件23人，落实法定代理人、合适成年人到场13件13人，为未成年人提供法律援助7件7人，开展社会调查、心理疏导7件7人，双向保护未成年人合法权益。在办理性侵幼女案中适用“一站式”询问，提前介入侦查，提前制定救助计划。稳步推进未成年人互动式法治教育实践基地建设，持续打造“青春护航”法治宣传团队，年授课60余场次，开展“向阳花”儿童保护计划，向全区26183名儿童发放原创设计“幼儿防性侵保护画册”。

（张　珂）

【融入冬奥筹办】 北京2022冬奥会特许经营参与主体多、覆盖范围广、管理难度大、较一般知识产权遭遇侵权的概率高,对冬奥会标识标志、特许商品等知识产权保护及组委会办公秩序、人身财产权益保护责任重大。区检察院学习贯彻习近平总书记对北京冬奥筹办的系列重要指示精神,坚持"三首"标准(即:树立首都意识、坚持首善标准、体现首都特色),提高政治站位,主动作为,谋划推进冬奥服务保障工作。

(张　珂)

审　判

【概况】 石景山区人民法院(简称区法院)设立案庭(诉讼服务中心)、刑事审判庭、民事审判第一庭、民事审判第二庭、行政审判庭(知识产权审判庭)、综合审判庭、五里坨人民法庭、执行局(下设执行指挥中心办公室、四个执行事务团队)、审判管理办公室(研究室)、政治部、综合办公室、司法警察大队等12个内设机构及信息技术中心、后勤服务中心2个全额拨款事业单位。全院共有政法编干警174人;事业编制12人;聘用制书记员39人;聘用制法警23人;聘用制安检员23人;聘用制审判辅助人员31人;在编干警中具有研究生以上学历116人,占在编干警总数的62.4%。2018年,该院依法履行审判职责,打赢"基本解决执行难"硬仗,深化司法体制综合配套改革,通过健全审判权运行机制、强化纠纷多元化解和繁简分流工作机制、完善司法公开平台建设。加强队伍素质,提升审判质效,满足群众司法需求,提高服务保障水平。强化立审执衔接,实行分阶段案件风险预警和研判会商机制,密切与区相关部门信息互通、协作联动,对重大、疑难矛盾纠纷化解形成合力,保障拆除违法建筑、环境治理、房屋腾退等专项整治工作顺利开展,执结涉京门线路交通建设、北辛安棚户区改造重点工程等一批骨头案,全年审执结涉疏解整治案件322件。建立"1+X"联动信访案件调处机制,开展重点时期矛盾纠纷排查工作,维护首都安全稳定。该院及相关庭室获"第十届北京市人民满意的政法单位争创奖""北京市先进法院""北京市法院先进集体""北京市法院党建工作先进集体""北京市法院人民法庭单项工作突出贡献奖";3个审判团队获评首届北京法院"模范审判团队""先进审判团队"。

(马　玥)

【人均结案数全市第一】 区法院全年新收案件49334件,同比增长57.22%;审、执结49089件,同比增长56.33%;法官人均结案818.2件,位居全市法院第一位。

(马　玥)

【"民商合一"改革】 年内,区法院整合优化民商事审判力量,打通民商事收案,民事、商事法官均办理各种类型的民商事案件,促进"复合型"法官的培养。探索民商事"跨领域"专业法官会议,结合研讨专业问题编撰民商事办案规范,办案规范囊括买卖合同、股权转让、农村宅基地使用、农村房屋流转、建筑工程、医疗损害责任、婚姻家庭等15类案由,为不同专业特长的法官处理各类案件提供指引。利用法官大讲堂,邀请专业资深法官为全院民商事法官传授相关案件审理思路及裁判要领。

(马　玥)

【速裁审判23211件】 年内,区法院将商事简易案件审判团队并入小额速裁庭,实行民商事案件均由速裁审判团队先行过滤机制,同时将小额速裁庭职责及人员并入立案庭,促进小额速裁与立案调解、人民调解的有效衔接,组建由法官、人民调解员、书记员组成"1+1+1"新型诉调对接审判团队。以速裁为龙头,完善公证机构、专业调解机构参与特邀调解工作机制,探索律师参与诉前调解,设立北京多元调解发展促进会石景山法院工作室。全年速裁审判团队结案23211件,占全院民商事结案总量的76%,2名法官被评为北京法院"十佳速裁法官""优秀速裁法官"。

(马　玥)

【院庭长办案38172件】 年内,区法院落实院庭长办案制度,全年院庭长办案38172件,占全院结案总量77.8%。

(马　玥)

【基本解决执行难】 年内,区法院与公安分局、区规土委、住建委、工信委等40家协助执行单位建立执行联动会议制度,形成破解执行难综合治理工作格局。建立"3+1"繁简执行团队,拓展集约执行事务性工作范围,利用信息化手段提升案件办理质效,形成简案快执、繁案强执的办案模式。依法打击拒不执行判决裁定、规避执行的行为,建立"5+2"全天候执行线索搜集与反馈机制,完善联合惩戒体系建设,强化执行威慑。严格案件流程节点管控,建立四级把关审核机制,严把无财产可供执行案件"认定关",严格终本案件规范管理,完善执行案款专人专户管理、财务备案制度,健全执行规范化建设长效机制。

(马　玥)

【定制化司法服务】 年内,区法院深化"智护石景山"特色审判工作机制,与北京赛智知识产权调解中心联合发布知识产权纠纷法律服务指南,其内容主要包括知识产权100问、案例大讲堂等,以满足园区企业对于知识产权保护的司法需求,为园区企业提供多样化的法律服务。涉及中关村园区石景山园企业的案件持续下降、涉园区企业败诉案件呈现明显下降趋势、园区企业维权案件亦有所上升。深化未成年保护特色工作机制,与北方工业大学合作,成立"传统文化与青少年犯罪预防研究中心",该研究中心是北京市首家探索院校纵深共建、立足审判实践寻求理论支撑的研究机构。研究中心成立后,将会通过开设"法治德治教育"系列课堂等形式,加强青少年犯罪预防和未成年人保护工作。

(马　玥)

【青年人轻刑案件审理机制】 年内,区法院将18—25周岁青年人轻刑案件交由审理未成年人刑事案件的专门审判队伍,运用帮教基地、"青少年问题咨询站"等特色审判机制形成防控一体的青年人轻刑案件审理机制。将传统文化融入案件审判和司法延伸全过程，运用影片展示、知识问答、公开庭审、法治讲座等多种形式强化青少年学习传统文化以及家长注重家风建设意识。针对刑满释放和接受社区矫正的青年人，联合居委会、司法所等以帮教会议、督促参加社区服务、共同参加党建活动等形式改善其不良生活方式，实现青年人犯罪的社区、家庭、学校、社会的全方位预防。

（马　玥）

【诉讼服务集约化、信息化】　年内，区法院推广应用集约送达平台，推进司法专递送达、报纸公告送达、窗口预约送达、财产保全等审判辅助事务集中办理，为当事人提供诉讼咨询、案件查询、联系法官、投诉举报、卷宗调阅等一站式服务，利用网页、短信、微信等电子平台，加强审判流程、庭审活动、裁判文书、执行信息公开。引导当事人选择电子送达，并做好当事人对北京诉讼服务公众号注册、验证的说明、指引工作，对具有提交、接受电子证据需求的当事人，引导其在签收送达地址确认书时固定邮箱地址、微信号，利用专用微信号配合移动终端，协助当事人传输电子证据材料，便利当事人诉讼。

（马　玥）

司法行政

【概况】　石景山区司法局（简称区司法局）设办公室、政工科（主体责任办）、法制科、基层工作科、法制宣传科、公证律师工作管理科、社区矫正和帮教安置工作科7个科室和1个社区矫正管理支队，同时承担着区法治宣传教育和依法治区领导小组办公室、区综治委特殊人群专项组办公室、区综治委社会矛盾多元调解专项组办公室的日常工作。区司法局行政人员编制59人。在全区9个街道（鲁谷社区）、集体经济办公室分设10个司法所。设1个参照公务员法管理事业单位（区法律援助中心），1个全额拨款事业单位（区阳光中途之家），1个自收自支事业单位（北京市燕京公证处）。年内，连续十六年举办，“物美杯”青少年维权知识竞赛，全区12所学校的288名中学生参与。区司法局获首都文明单位标兵称号，被评为区直机关系统公益之星活动先进单位。推送作品在北京市法治文艺大赛总决赛中获得三等奖。2个党建项目被评为区社会领域精品党建项目。2人被司法部评选为“全国人民调解先进个人”，1人被市司法局授予“法治好青年”荣誉称号，2人获“法治好青年”推荐提名奖。

（高红伟）

【律师行业管理】　1月19日，区司法局和区律师协会在华北宾馆举办2017年石景山区律师工作总结表彰大会。会议总结2017年律师工作，对先进律师事务所和优秀律师进行表彰。年内，律师工作严格许可程序，全年办理律师许可备案事项121项，开展公职律师、公司律师单位备案和人员审核，两公律师机构备案5项，两公律师申请人员申请23项。全面监管全区律师事务所和律师工作，开展律师行业执法检查755次，考核44家律师事务所和243名律师，对4家律师事务所开具整改通知书，对2家律师事务所、1名律师做出行政处罚。首家外省市律师事务所北京分所入驻中关村石景山高新技术产业园。推进社区公益法律服务工作，建立健全律师参与社区公益法律服务机制，在全区全面推广“村居法律顾问APP”，推进辖区居民法律顾问资源共享。组织新一轮中标的17家律师事务所与全区152家社区签订服务协议。经区司法局机关党委批准，4月19日，中共北京市石景山区律师协会总支部委员会更名为中共北京市石景山区律师行业总支部委员会。

（高红伟）

【妇女维权周活动】　3月，区司法局联合多家律师事务所开展“妇女维权周”活动，通过发放法治宣传资料、案例解析等形式，开展妇女维权知识普法宣传。共举办相关活动10余场次，发放法治宣传资料1000余份、妇女维权联系卡120余张，解答妇女维权咨询20余人次，调解家庭、邻里纠纷4件。

（高红伟）

【老街坊实战技能培训】　4月17日—18日，区司法局邀请西城区人民调解员协会会长刘跃新，副会长、调解委员会主任甄红，心理咨询师、企业培训师张晓彤，区业余大学讲师李冰等开展人民调解实战技能业务培训，培训通过案例、互动等方式，讲解“人民调解文书的规范化制作与注意事项”“人民调解的沟通技巧与情绪把控”“人民调解的方法技巧及风险规避”“工作照片的摄影技巧”等内容，全区200余名社区骨干人民调解员参加。

（高红伟）

【全民国家安全教育日系列活动】　4月，区司法局、区国家安全领导小组办公室共同开展“全民国家安全教育日”系列教育宣传活动。活动以鲁谷半月园公园为主会场，全区其他单位为分会场组织全区性的国家安全宣传活动；利用社区法治宣传阵地投放国家安全宣传标语、海报及其他宣传品；利用“石景山普法”微信微博平台宣传国家安全法知识及推送国家安全的主题有奖竞答活动。活动期间，发放宣传材料4000余份。

（高红伟）

【司法行政开放日】　6月23日，区司法局以八角文化广场为主开放点，举办“司法行政在身边——公共法律服务伴你行”第八届石景山区司法行政开放日活动。局属各司法所、区法律援助中心、燕京公证处、合达律师事务所作为分会场也向社会公众开放。开放日活动采取链条式开放方式，6月—12月，区司法局通过“为您服务、请您参与、请您建言”3大模块，开展系列宣传、法律服务、法治文艺节目展演等活动。

（高红伟）

【律师协会换届选举】　8月17日，区第三届律师代表大会在京燕饭店召开。市律师行业党委书记王群，市律师协会会长高子程，区领导及70余名律师代表和特邀代表参加会议。大会听取并审议通过《第二届北京市石景山区律师协会理事会工作报告》《第二届北京市石景山区律师协会监事会工作报告》，表决通过《北京市石景山区律师协会章程》的部分修改内容。余尘当选为第三届石景山区律协会长，王冉、陈云鹏为副会长，邹道明为监事长。第三届石景山区律协理事会聘任邵浩为名誉会长。

（高红伟）

【在线矛盾纠纷多元化解】 11月13日，石景山区“在线矛盾纠纷多元化解”平台正式上线。该平台是全市首个集咨询、评估、调解、诉讼于一体的“社会化解纷服务共享平台”，是石景山区探索创新的“互联网+调解”的新型解纷模式。上线当日，165家人民调解机构、9家行政调解机构、303名调解员和17名公益律师在平台注册，成功调解矛盾纠纷217件。

（高红伟）

【12·4国家宪法日】 12月3日，石景山区在八角街道文化广场举办2018年“12·4国家宪法日”集中宣传暨首个全国司法行政系统开放日活动。区领导及全区21个单位、近200名群众参加活动。“12·4国家宪法日”系列宣传活动为期一个月，以“1+9+X”的形式开展，即一个主会场、9个街道与全区各单位自行开展宪法主题宣传活动。

（高红伟）

【人民陪审员选任】 12月5日，石景山区人民陪审员选任工作启动。计划选任人民陪审员366名，通过随机抽选、个人申请和组织推荐方式产生。其中通过随机抽选方式拟选任301名，通过个人申请和组织推荐方式拟选任65名。12月10日，向社会发布选任人民陪审员公告，开展法制宣传和选任宣传。公告期为12月5日至下年1月4日。

（高红伟）

【人民调解】 年内，区司法局探索创新“互联网+调解”的新型解纷模式，参与石景山区“在线矛盾纠纷多元化解”平台建设，165家人民调解机构，303名调解员和17名公益律师在平台注册。全年，石景山区各级人民调解组织共调处矛盾纠纷3635件，涉及当事人10025人，成功化解2980件，涉案金额15359.464万元，达成书面协议885件。

（高红伟）

【社区矫正和帮教安置】 年内，社区服刑人员电子监管应戴尽戴，实现全时域掌控运动轨迹。发挥视频会见系统平台作用，开展监所视频延伸帮教，共开展视频会见16人次。全年开展社区服刑人员集中教育和分类教育266人次，个别谈话教育1440余人次，社区矫正、刑满释放累计管理718人，总体稳定，没有发生严重违法违纪问题。

（高红伟）

【法治宣传教育】 年内，区司法局制定《石景山区国家机关“谁执法谁普法”普法责任制实施细则》《石景山区落实普法责任制联席会议制度》，在全区范围内广泛征求意见，并以具体的实施细则为指导，组织全区党政机关制定年度普法责任清单，推进联席会议制度建设。制定《2018年石景山区法治宣传教育和依法治区工作要点》及任务分解，完成“七五普法中期验收”。开展“法律‘十进’七五行”，利用重大纪念日、民族传统节日，组织全区相关单位开展法治文化活动。投建44个普法专项宣传栏，全区社区专用法治宣传栏覆盖率达到100%。主动对接北京公交集团第四客运分公司，建设法治宣传教育基地，巩固基层法治阵地。据年初公布的2017年社会测评调查结果显示，上年公众对石景山区法制宣传工作及效果的满意度为90.3分，高于全市平均水平1.6分。

（高红伟）

【公证和司法鉴定】 年内，石景山区燕京公证处办理各类公证事项12924件，其中国内民事公证5306件，涉外民事公证7618件。推进公证参与人民法院司法辅助事务试点，开展为老年人免费办理遗嘱公证活动，办理免费遗嘱公证116件。落实司法鉴定分级管理改革措施，对辖区内2家司法鉴定机构开展监督管理。

（高红伟）

【法律援助】 区法律援助中心全年接待群众法律咨询9792人次，办理援助案件445件，同比增长67.3%。加强驻法院、看守所和公安分局办案中心法律援助工作站规范化建设，简化律师会见犯罪嫌疑人手续，提高办案效率。率先在全市开展刑事案件律师辩护全覆盖试点工作，组建刑辩律师团，分解办案流程，确保刑事案件律师辩护全覆盖。法律援助中心全年共受理指派刑事援助案件58件，认罪认罚案件227件，值班律师在法院提供法律帮助291人次。年内，法律援助中心入驻区检察院。

（高红伟）

石景山区政法部门负责人

北京市公安局石景山分局局长	亢　军	人民法院院长	高　虹（女）
政委	龚嘉明	司法局党组书记	高维华
人民检察院检察长	王春风	局长	高维华

军　事

人民武装

【概况】 石景山区人民武装部(简称区武装部)受北京卫戍区和中共石景山区委、区政府双重领导,主管全区军事工作,行使区委军事指挥机关和区政府兵役机关职能。下辖19个基层武装部,有专兼职武装干部40余人。区武装部内设军事科、政治工作科、保障科。年内,围绕卫戍区党委扩大会议的部署安排,以服从和服务于深化改革为主线,坚持政治建军、改革强军、科技兴国、依法治军,贯彻当兵打仗、练兵打仗、军民融合重大战略思想,按照“举旗铸魂、聚焦打赢、厉行法治、强基固本、创新推动、坚强班子”的工作思路和“五部”新职能新定位,抓建设谋发展,各项工作有序推进,各项任务圆满完成。

(何竹青　王文俊)

【民兵组织整顿】 2月—4月,区武装部针对区域经济转型,新兴企业增多的实际,拓宽民兵编组范围,优化组织结构,提高科技含量,尝试在高新技术和民营企业建立民兵组织,提高民兵编组质量。按照“建在身边、抓在手中、用在关键”的目标要求,扎实抓好常备应急力量建设,全区各街道均建有30人的应急分队,集中建立区属100人应急分队,基本具备覆盖全区的快速反应能力。通过整组落实编制,配齐配强民兵干部,实现各类专业技术分队的结构合理布局。

(何竹青　王文俊)

【军事训练成效】 年内,结合区武装部实际及民兵担负的任务,采取岗位分散训、利用基地集中训、依托部队挂钩训等形式,强化军事训练效果。4月,在首钢集中利用15天时间,分两批组织60人的民兵高炮分队和应急分队专业集训,提高民兵高炮分队遂行多样化军事任务的能力。5月,组织全区20个单位52名专武干部开展集中培训,通过专家授课、个人自学、讨论交流等方式方法,提升专武干部的能力素质。11月,分两批组织人武部机关干部参加卫戍区集训考核,完成体能、标图、射击等科目训练,提升现役干部的军事技能。

(何竹青　王文俊)

【党管武装制度】 5月30日,召开区党管武装工作会议。大会总结上年度民兵工作,部署本年度工作,并对上年度民兵工作先进单位和先进个人进行表彰。区领导和各街道工委书记、办事处主任,驻区企业和院校主管领导,有关委办局,区国防动员委员会办公室成员,全体专武干部和民兵干部代表约130余人参加。8月13日,邀请军事科学院专家傅秉忠为区处两级干部进行国防形势授课辅导,增强石景山区干部支持国防建设、支持部队改革意识。

(何竹青　王文俊)

8月30日,新兵役前拉练　(区武装部供稿)

【国防教育宣传】 年内,区武装部持续开展国防教育。采取宣挂横幅、设立宣传站、播放宣传片等多种形式,在主要街道和社区进行集中宣传,在各街道辖区中小学开展以“读书演讲、国防知识竞赛”为主要内容的国防教育进校园活动。5月,结合征兵宣传周活动,开展国防教育进校园、进企业、进社区系列活动,在全社会形成关心、支持国防建设的浓厚氛围。

(何竹青　王文俊)

【兵员征集完成】 年内,区武装部把征兵工作作为一项严肃的政治任务,强化第一责任。在兵员征集上,坚持以提高新兵质量为标准,扎实抓好各项工作落实。5月—9月,开展征兵工作宣传,进行兵役登记,组织应征青年体检和政治审查,严把征兵质量关,开展新兵役前训练。8月6日,召开2018年征兵工作会议。会议总结上年2017年征兵工作,对征兵工作优秀单位和个人进行通报表扬,分析当年征兵工作形势,对征兵工作进行安排部署。各街道做好宣传动员、挖掘潜力,掌握征兵工作的政策和标准,按照“两契合、一确保”(即与石景山区军事重镇的身份相契合,与石景山区良好的双拥环境相契合,确保高标准、高质量落实征兵工作任务)目标,全面抓好落实,圆满完成年度兵员征集任务。

(何竹青　王文俊)

【战备执勤完善】 年内,区武装部修订完善战备应急方案,补充配齐战备箱携行物资和器材,规范战备值班秩序。贯彻陆军“新疆集训”和“五训”精神,组织部党委机关与卫戍区同步,开展“破除和平积弊、抓实练兵备战”讨论。

(何竹青　王文俊)

【民兵政治教育】 年内,区武装部结合民兵整组、应急分队集训等时机,在参训民兵中开展“传承红色基因、担当强军重任”教育及形势任务专题教育,强化民兵爱国奉献精神和参训热情。同时,以青年民兵之家为载体,指导基层民兵营连开展各种形式的教育活动，利用《中国民兵》《国防教育》等杂志进行刊授教育，打牢民兵政治合格的基础，坚定广大民兵的理想信念，铸牢军魂意识。

（何竹青　王文俊）

民防工作

【概况】　石景山区民防局（简称区民防局）是区国防动员委员会常设办事机构，也是区政府人民防空工作主管部门。内设办公室、指挥通信科（应急管理科）、工程建设管理科、法制宣传教育科，下属防空防灾指挥中心、区人防工程管理中心事业单位2个。负责全区民防指挥通信建设与管理、人防工程建设管理与开发利用、防空防灾知识宣传教育、人防专业队伍建设、民防志愿者队伍建设；承担区政府赋予的应急指挥保障、公用人防工程安全管理等任务。年内，全面落实“长期准备，重点建设，平战结合”的方针，认真履行“战时防空、平时服务、应急支援”职能使命，民防指挥通信、人防工程建设管理、公共安全宣传教育等体系建设取得新成绩。办理新建人防工程竣工验收备案4件。办理人防工程使用行政许可65件，其中新行政许可事项14件、人防工程使用证延期许可51件。关闭5处散租住人工程，完成年度整治任务166%，清退居住人员300余人。完成17处人防工程设备设施的维护维修工作。

（崔建国）

【指挥通信建设】　年内，区民防局完善石景山区2018年民防系统突发事件总体应急预案，制定人防工程事故、人防工程防汛、突发事件应急通信保障等应急预案，完成元旦、除夕、正月十五、两会、清明、五一、端午等重要节日、会议的应急保障工作。配合市应急办完成首钢篮球馆西侧32小时煤气泄漏应急保障任务。完成玉泉大厦高点监控建设，弥补现有高点监控覆盖范围不足。完成区民防系统公共安全视频监控建设联网应用平台，安装4台服务器及软件，将3个高点图像通过该平台已经传输到市局528指挥所。实现市民防局、区指挥中心、区应急委，“雪亮工程”的资源共享。强化防空防灾指挥中心维护管理工作，对指挥自动化信息系统进行升级改造，完成所属设备的各项预检预修和维护工作，确保各项设备的正常运转。组织总控室、815D指挥车培训308次，应急保障通讯演练26次。参加市民防局组织的815D应急指挥车驻训训练，按照京津冀一体化训练要求，完成4次短波电台、警报通信指挥车车载短波电台、450兆超短波电台、800兆超短波电台训练任务。完成36次视频会议系统联调、8次IP调度电话、10次指挥文电双向传输训练任务。中控室与815D卫星移动指挥车音视频联调50余次、与区应急办联调5次，与市民防局音视频联调及视频会议68次。

（崔建国）

【专项整治】　年内，区民防局开展5项防火专项行动。分别为：冬春季火灾防控行动、元旦、春节、两会期间社会面火灾防控、安全生产消防安全隐患大检查、夏季消防检查专项行动、中非合作论坛北京峰会。开展5项安全生产专项行动。即安全生产大排查大清理大整治、有限空间安全生产作业、安全生产月、春夏季火灾防控、安全生产和消防安全大检查等专项行动。开展“两会”“平昌冬奥会总结会”、中非合作论坛及重要节日期间的维稳和反恐怖工作。在各专项整治行动中，重点抓好元旦、春节、两会等重点时期的巡查检查，全年出动检查人员2500余人次，行政处罚1起、行政警告1起，确保全区人防工程安全。推进人防工程低端业态清理整治，向小旅馆、小商业、小健身和集体宿舍等低端业态延伸整治。关停东街旅馆、静悦旅馆、一步快捷酒店等旅馆类人防工程9处；关停春枫舟观赏鱼店、金全德鞋店等商业类人防工程4处；关停六合园6号楼、杨庄北区44号楼等洗浴、健身用途人防工程2处；关停长城物业、首欣物业、远洋物业、乐生活物业、茂华物业、万商等集体宿舍17处。全区旅馆、健身、洗浴、小商业等人防工程整治清零，实现人防工程零居住的工作目标。

（崔建国）

【设施维护管理】　年内，区民防局落实防空警报设施社会化管理和高点监控升级改造信息化建设，明确设施维护的主体责任，建立“石景山警报”微信群，与各设点单位签订警报设施维护管理责任书，确保全区51台防空警报系统始终处于良好的战备状态。3月30日，围绕防空警报设施的操作方法、警报试鸣前准备工作、实际操作及模拟演示等内容，组织全区警报设点单位管理人员进行业务培训，全区各

3月28日，军民融合共建绿色长安街揭幕仪式现场　（区武装部供稿）

街道(社区)民防干部和警报设点单位的维护管理人员60人参加。

(崔建国)

【应急演练】 5月29日,区民防局指导苹果园街道下庄社区开展防空袭疏散掩蔽演练,检验街道、社区疏散掩蔽方案的可操作性、合理性,提高社区及居民防空袭的处置能力,在演练中熟悉疏散路线和安全躲避场所,增强广大居民的民防意识,熟悉防空警报的信号规定,掌握防空袭的基本知识和技能。

(崔建国)

【人防工程防汛】 进入6月汛期前,区民防局相继召开各街道防汛工作会、人防工程管理单位防汛工作部署会,签订2018年防汛工作责任书60余份。修订完善《石景山区人防工程防汛应急预案》,对成员单位领导及联络员进行重新审定。组建3支防汛应急抢险队,配足防汛雨伞、雨鞋、强光手电等防汛物资,24小时电话保持通讯畅通。购置4000袋防汛沙袋,提前码放在160处人防工程口部,做好应对极端天气的物资保障。专人负责防汛800兆手台的呼叫和管理。严格执行防汛值守制度,接到雨情预警后由处级领导在岗带班,科以上干部值班,应急抢险人员在岗在位,确保应急处置迅速启动。与区防汛办、气象局建立雨情沟通制度,利用短信群发系统,及时向工程管理单位发布雨前预警。汛期无人防工程倒灌、坍塌等安全事故,实现安全度汛。

(崔建国)

【警报试鸣和疏散演练】 9月15日,石景山区完成防空警报试鸣和居民疏散演练。按照全市统一安排,陈之常、肖平进行调度指挥,10时00分至10时23分,石景山区在五环路以外区域按照预先警报、防空警报、解除警报顺序依次鸣响,全区605人参加疏散掩蔽、指挥所开设等演练任务。其中苹果园街道下庄社区居委会组织310名居民开展人员疏散和掩蔽演练。五环外38台防空警报器参加试鸣,警报完好率100%,音响覆盖率99%以上。由于宣传到位、措施得力,警报试鸣期间社区居民未发生恐慌心理,确保警报试鸣期间居民工作生活井然有序,达到预期效果。

(崔建国)

【14处人防工程变车库】 年内,区民防局将14处人防工程开发利用,全部改为车库,新增停车位2400余个。

(崔建国)

北京石景山年鉴

2019 BEIJING SHIJINGSHAN NIANJIAN

综合经济管理

经济社会发展与经济调控

【概述】 石景山区发展和改革委员会(简称区发改委)是负责本区国民经济和社会发展统筹协调、经济体制改革综合协调的区政府组成部门。年内,区发改委落实区委、区政府决策部署,坚持稳中求进工作总基调,践行新发展理念,以高质量发展为根本要求,全力抓好"三件大事"、打好"三大攻坚战",围绕"三区定位、两大机遇、创城牵引"工作要求,统筹推进疏功能、控人口、稳增长、调结构、抓项目、育产业、促协同、惠民生等各项工作,切实发挥参谋助手作用,助推石景山区高端绿色崛起。全区经济社会发展保持总体平稳、稳中有进、稳中向好的良好态势,地区生产总值完成 584.6 亿元,同比增长 7%,城六区排名第二;居民人均可支配收入 71244 元,同比增长 7.8%,城六区排名第二;一般公共预算收入 62.1 亿元,同比增长 10.1%,城六区排名第一;全社会固定资产投资完成 273.8 亿元,同比增长 1.1%,城六区排名第二,其中建安投资完成 90.2 亿元,同比增长 23.6%,城六区排名第二;常住人口 59 万人;PM2.5 年均浓度 53 微克/立方米,万元 GDP 能耗下降 4.66%,均达到市级要求。

(马 岩)

【重大项目建设获批复】 年内,北京银行保险产业园 636 地块、北京银行保险产业园 651 地块、五里坨建设组团一、五里坨建设组团二、银河商务区 L 地块等重点建设项目取得市发改委立项批复。

(张 萌)

【争取资金 8.02 亿元】 年内,石景山区实验中学新建综合楼、北 I 区一号路、刘娘府路等 12 个项目累计争取市政府固定资产投资批复资金 8.02 亿元。

(张 萌)

【固定资产投资】 年内,全区累计完成建安投资 90.2 亿元,同比增长 23.6%,完成全年 90 亿元的建安投资任务目标,增速城六区排名第二,全市排名第四;累计完成全社会固定资产投资 273.8 亿元,同比增长 1.1%,增速城六区排名第二,全市排名第七。

(张 萌)

【政府采购】 年内,全区完成集中采购项目 60 项,合同金额 1.29 亿元,节约财政资金 662 万元,资金节约率 4.8%。完成专家库网络终端抽取专家服务 676 项。

(刘学军)

【研讨高精尖三年行动计划】 年内,区发改委组织协调区科委园区、金融办、经信委等 26 个相关部门,召开工作研讨会和专家论证会 10 余次,研究制定《石景山区落实北京城市战略定位,加快构建高精尖经济结构三年行动计划(2018 年—2020 年)》,明确 33 条重点任务,提出构建以现代金融为战略主导,科技服务、数字创意、新一代信息技术为特色培育,高端商务服务业为配套支撑的"1+3+1"高精尖产业体系,为石景山区高质量发展提供重要支撑。

(周 莉)

【优化营商环境行动计划】 年内,区发改委学习借鉴上海市及海淀区、西城区优化营商环境优秀成果,组织相关部门赴顺义区、海淀区、西城区实地调研,制定出台《石景山区优化营商环境行动计划(2018 年—2020 年)》,包括总体要求、夯实四个基础、打造四大营商环境和保障措施 4 个部分,共计 50 条任务,做好优化营商环境顶层设计。

(周 莉)

【总结服务业发展】 年内,区发改委组织撰写《深化经济领域改革,推动区域高端绿色发展》,于 12 月 6 日《石景山报》专版刊登,系统总结石景山区服务业发展显著成效,展示十八大以来石景山区经济领域改革取得的巨大成就。编印完成 2017 年服务业数据手册,向国家发改委、市发改委报送《关于石景山区 2017 年服务业发展情况的报告》。

(周 莉)

【"十三五"规划】 年内,区发改委统筹组织"十三五"规划《纲要》及 59 个专项规划中期评估工作。根据中期评估结果,"十三五"前半期,全区加快疏功能、治环境、补短板、促协同、惠民生,经济社会发展各项任务实现"时间过半,完成任务过半"。《纲要》制定红线约束、高端发展、绿色宜居、社会和谐四大类 33 项主要指标,提前实现或按进度完成,好于或达到预期指标共计 30 项,占全部指标 91%。

(周静雯)

【新首钢高端产业】 年内,区发改委贯彻落实新首钢高端产业综合服务区发展建设领导小组第五次会议精神,推动市区经济贡献共享机制落实,促进南区控规进一步优化,依托多规合一动态管控平台加快项目手续办理。重点项目进展顺利。冬奥组委办公区、国家冬训中心入驻,滑雪大跳台项目开工建设。五一剧场和金安桥一体化项目取得立项批复。东南区第一批南组团地块(建筑规模约 15.3 万平方米)10 月 31 日完成入市交易。新首钢地区配套基础设施更加完善。北辛安路北段建成通车,晾水池东路以西路网基本贯通。龙头企业加快集聚。腾讯、京东、星巴克、安踏体育、冠军之家、瑞幸咖啡等一批企业落户园区。铁狮门、洲际酒店、香格里拉酒店等一批行业龙头企业通过定制建设、委托运营等方式与园区开展合作。成功举办首届中国银行保险业国际高峰论坛,落户现代金融机构 20 家,侨创空间、中关村智造产业园、中关村 VR 产业园、创业人才社区等产业先行启动区建成并投入使用。

(邢钦卉)

【人口调控】 石景山区全年完成 15 项市级任务和 2 项区级任务,12 类违法违规乱象实现并保持"动态清零"状态,全年影响人口 5.8 万人。根据市统计局数据显示,至 12 月底,石景山区常住人口 59.0 万人,较 2017 年的 61.2 万减少 2.2 万人,同比减少 3.59%。

(顾术松)

【公共资源交易平台整合】 年内,区

发改委根据国务院《关于整合建立统一的公共资源交易平台工作方案的通知》、市政府办公厅《关于北京市整合建立统一规范的公共资源交易平台实施方案》以及市发改委《关于抓紧完成公共资源交易区分平台整合规范工作的函》等规定，制定区公共资源交易平台项目建设方案。10月，建设方案通过59次区长办公会。区公共资源交易平台总投资1282.5万元，12月底完成建设。

（张　青）

【对口支援帮扶协作】 年内，石景山区安排精准扶贫和对口协作资金3200万元，是2017年的7倍，确定6项工程，79项任务，共实施扶贫协作和支援合作项目301个，其中市级统筹项目30个，区级统筹项目256个，吸引企业投资项目15个，惠及当地人口超过17万人，惠及建档立卡贫困人口超过3.85万人。截至12月底，宁城、称多、顺平三县贫困发生率分别降至1.02%、0.31%、0.98%，均已脱贫摘帽，莫旗贫困发生率降到1.33%。主要采取三点措施：一是加强领导抓统筹，为精准扶贫提供坚强组织保证。成立区扶贫协作和支援合作工作领导小组，区主要领导任组长。组织召开会议30余次，布署对口帮扶工作；赴受援地调研对接280余次，深入了解项目情况，全面摸底调研建档立卡贫困人口，按照"一县一策一方案"要求因地制宜制定各结对帮扶县年度计划。二是实施项目管理模式，确保资金使用安全规范。全年共涉及资金约8.23亿元，其中市、区财政拨付内蒙莫旗、宁城、顺平资金1.17亿元；区财政安排对口协作资金263.63万元。出台《石景山区精准扶贫及对口协作专项资金管理暂行办法》及《石景山区精准帮扶项目管理办法》。

（张　青）

【提议案办理】 年内，区发改委承办市、区人大和政协提议案共91件，区人大建议6件；区政协提案85件，其中，主办件9件。5月，代表建议、委员个人及联名提案均按期办结并上报，办结率、满意率100%。

（张　青）

经济和信息化

【概况】 石景山区经济和信息化委员会（简称区经信委）是负责全区指导工业、软件和信息服务业发展，统筹协调信息化工作，促进中小企业发展的政府工作部门。同时，履行区信息化工作领导小组办公室、通信保障和信息安全应急指挥部办公室的职能。年内，区经信委围绕"三区定位、两大机遇、创城牵引"总体工作思路，统筹推进各项工作全面提升。坚持以构建"高精尖"经济结构为主线，加快疏解功能谋发展；加快"智慧城市"建设，全面实施石景山大数据行动计划；加快完善服务体系，推进诚信体系建设，打造一流营商环境。

（张　帆）

【经济运行监测】 全年石景山区工业和软件信息服务业生产经营总产值633.6亿元，实现增加值合计178.3亿元，占全区GDP比重30.6%。其中工业总产值完成208.8亿元，同比下降4.4%；软件信息服务业营业收入完成4240亿元，同比增长4.4%。全区在保持工业和软件信息服务业稳定运行同时，前沿布局新一代信息技术。年内新一代信息技术营业收入357.3亿元，同比增长35.7%，占第三产业比重的10.7%。

（代　蓉）

【疏解非首都功能】 年内，区经信委严格落实《北京市新增产业的禁止和限制目录》和《北京市工业污染行业生产工艺调整退出及设备淘汰目录（2017年版）》，按照《关于组织开展"疏解整治促提升"专项行动（2017—2020）的实施意见》和《2018年石景山区"疏解整治促提升"专项行动工作方案》要求，全年关停退出一般制造业企业8家，影响人口503人。

（代　蓉）

【保障空气质量提升】 年内，区经信委落实《北京市空气重污染应急预案》要求，对区内相关工业企业停限产应急措施落实情况进行监督检查，并根据实际情况督促企业及时调整修订应急预案。按照空气重污染预警预案，全年出动检查小组88人次，检查工业企业65家次，确保空气重污染期间各项应急减排措施落实到位。

（代　蓉）

【安全生产】 年内，区经信委制定下发《石景山区2018年工业和软件信息服务业安全生产工作要点》，加强本区工业企业安全生产指导。按照统一部署，与上级业务主管机关对接协调，对辖区生产企业定期下达更新《工业企业安全生产指导记录表》，明确主体责任，强化安全意识，督导企业自查自纠。开展"三大专项行动""城市隐患排查治理""双百行动"、安责险推广及安全业务培训等工作，坚持每周每月现场查看，全年工业企业安全生产零事故。

（代　蓉）

【信息网络安全保障】 年内，区经信委完成88家委办局电子政务网络安全检查工作，完成《石景山区电子政务网络与信息系统应急保障综合预案》及《石景山区应急通信保障预案（专网）》的修订。做好网络安全的日常监督、检查、预判和预警等工作。切实保障"两会""中非论坛"及重大节假日期间电子政务网络与信息系统的安全平稳运行。

（许致远）

【电子政务外网建设】 年内，区经信委电子政务外网升级改造工作全面开展，完成互联网出口带宽扩容，带宽由2GB扩容至2.4GB；完成楼外54家二级节点单位的光缆网改造，改造完成后二级节点单位与政府大楼核心网络达到千兆互联，为各单位业务系统运行提供支持。

（许致远）

【政务外网系统入云迁移】 年内，区经信委按照"入云为常态，不入云为例外"的原则，推动全区政务外网系统入云迁移。全区各委办局充分利用统一的区级电子政务云平台开展大数据业务应用，新的应用系统依托政务云平台建设，年内完成 71 个重要信息化系统迁移入政务云平台。

（陈　伟）

【信用信息应用平台建设】 年内，区经信委与北京市信息资源管理中心完成“信用北京”信用信息数据交接，为石景山区信用信息应用平台的建设提供数据支撑。一是有效对接全市企业信息 49122 条、事业单位信息 496 条、社会组织信息 297 条、企业主要人员基础信息 148106 条，推进建立行业管理机制，适应高精尖产业发展；二是有效对接全市企业信用历史记录 124056 条、经营异常名录 16554 条、司法裁判信息 21549 条、税务登记基本信息 35908 条，推进建立监管机制，促进开展联合奖惩工作；三是有效对接全市行政处罚信息 38837 条、行政许可信息 14159 条，全面推进双公示信息管理机制，优化服务监督管理。在北京市首届社会信用体系建设成果观摩交流会上，区经信委现场展示公共信用信息服务平台成果。经相关领域专家评审，石景山区被评选为优秀区级平台。

（张　钦）

【签订扶贫帮扶协议】 年内，区经信委与呼伦贝尔市莫力达瓦达斡尔族自治旗经济和信息化局签订对口扶贫帮扶框架合作协议。根据协议，双方以长期战略合作的角度，共同协商探讨，制定合作发展目标，逐渐形成长期稳定的业务合作伙伴关系。在市场主导的基础上，建立合作关系，努力形成交流频繁、合作互动的良好局面。两地本着平等互利、优势互补的原则，实现资源共享、共同发展。

（李　崴）

【2 企业获首批市示范基地平台】 年内，在市经信委召开的北京市中小企业公共服务平台网络 2018 年度工作交流会上，石景山区企业北京创业公社投资发展有限公司和北京瑞克博云科技有限公司获首批北京市小型微型企业创业创新示范基地和北京市中小企业公共服务示范平台。

（张　钦）

价格管理

【概况】 年内，区发改委认真贯彻市、区政府工作部署，围绕“疏功能、转方式、治环境、补短板、促协同、惠民生”工作中心，推进价格改革，加强市场监管，维护价格稳定，为全区经济社会发展营造良好价格环境。

（刘崇光）

【民办学历教育收费放开】 年内，区发改委落实民办学历教育收费放开工作。北京市发布新版《北京市定价目录》，将民办学历教育收费由政府指导价调整为市场调节价，会同区教委组织培训辖区所有民办学历学校，讲解政策、答疑解惑，引导民办学校合理确定收费标准，保持收费标准相对稳定；废止相关文件，并对社会公示；加强对民办学历学校收费监测、监管，维护正常市场价格秩序。

（刘崇光）

【落实公布取消项目】 年内，区发改委按照市发改委和市财政局有关规定，将涉及本区 3 个部门的首次申领身份证收费、排污费、水资源费 3 项行政事业性收费全部予以取消。同时加强后续监管，确保政策落实到位。

（刘崇光）

【落实景区门票价格管理】 年内，区发改委按照国家及北京市关于完善国有景区门票价格形成机制降低重点国有景区门票价格工作要求，会同旅游委、文委等部门评估现行景区门票价格执行情况，加强景区收支监管。对 4 家政府定价游览参观点开展成本监审，纠正违规不合理收支行为，梳理景区门票价格执行情况、收支情况及国家要求落实情况。

（沈　青）

【机动车占道停车管理】 年内，区发改委为有效解决清明节扫墓、佛诞节、重阳游山会及重要节假日停车难问题，协调区交通委等有关部门增加 5 个临时占道停车场，增加临时停车位 1800 多个。

（沈　青）

【价格监测】 年内，区发改委加强监测预警，按照上级要求对蔬菜、副食品、居民服务和医疗、机动车停车收费等 10 类 527 个品种进行价格监测并上报。关注居民生活必需品价格变动情况，深入研判及时上报信息。全年上报各类价格监测信息 63 条，被《北京市价格早报》采稿 18 条。

（刘崇光）

财政管理

【概况】 石景山区财政局（简称区财政局）是主管全区财政收支、财税政策、会计管理和财政、财务监督管理工作的区政府职能部门。全局设办公室（主体责任办）、人事教育科、预算科、国库科、行政政法科、教科文科、社会保障科、城建科、其他事业财务管理科、综合计划科、会计科、政府采购管理科、法制监督科、绩效评价科、行政科共 15 个行政科室；下属石景山区财政局预算编审中心、石景山区财政局国库收付中心、石景山区财政局绩效考评中心、石景山区财政监督检查所、石景山区财政局财政所、北京中华会计函授学校石景山区分校 6 个事业单位。年内，区财政局坚持稳中求进工作总基调，实施积极的财政政策，发挥财政政策和资金的引导撬动作用，统筹财力推进“三区”建设，稳步推进各项财税改革和财政财务管理工作，完成年初人代会确定的各项任务，为加快落实疏功能、稳增长、促改革、调结构、惠民生、防风险等各项工作提供保障。

（刘　秒）

【财政收支平衡】 年内，本区一般公共预算收入 621373 万元，增长 10.1%，完成预算的 100.1%，加市下达一般性转移支付 438596 万元，专项转移支付 142982 万元，上年结余 66127 万元，调入预算稳定调节基金 3453 万元，调入资金 188 万元，一般公共预算总收入 1272719 万元，一般公共预算支出 1195258 万元，上解支出 32088 万元，安排预算稳定调节基金 373 万元，年终结余 45000 万元，实现了一般公共预算收支平衡。政府性基金预算总收入500704万元，加市下达专项转移支付9911万元，上年结余31701万元，调入资金80401万元，政府性基金预算总收入622717万元，支出完成542316万元，专项债券付息及手续费等专项上解80401万元，实现政府性基金预算收支平衡。国有资本经营预算收入完成750万元，支出完成562万元，加调入一般公共预算188万元，年终无结余。社会保险基金预算收入完成5417万元，加上年结余4511万元，社会保险基金预算总收入9928万元，支出完成4621万元，加年终结余5307万元，实现社会保险基金预算收支平衡。

（刘　秒）

【重点投入】 年内，区财政局投入“疏解整治促提升”专项资金230436万元，重点用于棚户区改造、老旧小区综合整治、重点区域整治提升、疏解区域性专业市场、腾退空间的绿化美化等工程。投入城市基础设施建设资金303561万元，加快推进模式口大街、刘娘府路、石景山园北Ⅰ区一号路以及冬奥组委周边等重点区域配套城市道路建设。投入生态环境建设资金169233万元，保障“街巷长制”“河长制”工作顺利推进，打好蓝天保卫战、碧水攻坚战，落实新一轮百万亩造林任务。投入精准扶贫和对口协作资金7595万元，重点用于推进区域帮扶协作，聚焦精准扶贫、精准脱贫，助力受援地区产业发展，打赢脱贫攻坚战。

（刘　秒）

【优化营商环境】 年内，区财政局持续优化营商环境，投入支持经济发展资金7亿元，全面落实北京市“9+N”政策（九项主要政策和N项配套措施）和石景山区“1+N”政策（一项主要政策和N项配套措施）体系，支持主导产业发展、创新服务平台建设、高新技术企业发展以及高端人才引进等。落实国家和北京市一系列减税降费政策，石景山区企业减税降费约12.6亿元，其中区级约2.7亿元。协调做好税务部门代征非税收入和社保费职责划转工作。完善工作协同机制，组建区财政局、税务局、发改委、投促局、科委园区、金融办等16个部门组成的税源建设专班，为企业提供精准服务，助推异地经营企业归巢安居，优化空间载体资源配置。

（刘　秒）

【预算编制与执行】 年内，区财政局精细准确编制2019年部门预算，完善公用定额标准，细化项目内容，确保市、区年度重点工作所需资金全部纳入预算管理。加强支出进度管理，完善加快支出进度和盘活存量资金的通报、考核制度，制定明确的支出进度量化指标，明确项目支出责任，加快工作进度和资金支付速度。严格控制“三公”经费等一般性支出，切实降低行政成本。

（刘　秒）

【国库集中收付】 年内，区财政局推进国库支付电子化制度改革，实现单位端、财政端、银行端全流程电子化管理，提升操作系统安全级别，确保资金支付环节安全规范。深化公务卡制度改革，进一步规范财政资金使用和管理。截至年末，系统注册公务卡2958张，同比增长11.2%；公务卡消费16978笔，同比增长10.3%；2018年公务卡报销2716万元，同比增长17.6%。公务卡改革不仅方便预算单位经费使用，也进一步规范预算单位现金管理，为确保财政资金安全提供制度保障。

（刘　秒）

【债务管理】 年内，区财政局完善政府债务管理制度体系，初步拟定《石景山区政府性债务风险应急处置预案》，从制度上防范债务风险。规范政府举债融资行为，全口径纳入预算管理，对新增债券需求进行风险评估，严禁各种违规借债行为。建立健全政府债务风险防范机制，将债务率、利息支出率、逾期率、综合债务率等指标纳入区债务风险指标体系中，监控各指标变动情况，完善信息统计报告制度，定期报告债务情况。开展政府隐性债务摸底排查，理清全区隐性债务规模、结构等情况，加强对各类债务的日常管理，强化风险防控。

（刘　秒）

【预算绩效管理】 年内，区财政局加大预算执行管理力度，顺利完成市对区各重要节点支出进度绩效考核任务，将预算支出进度、盘活存量资金、绩效评价结果等指标纳入区政府绩效管理年终考评工作。出台《石景山区政府投资项目概算管理暂行办法》，防止超概算、随意增减项目内容等情况发生。2018年绩效评价项目44个，比上年增长109.5%，涉及预算资金15.9亿元。

（刘　秒）

【国有资产管理】 年内，区财政局加强行政事业单位资产管理，通过开展事业单位及事业单位所办企业产权登记、行政事业单位资产处置等工作，摸清行政事业单位国有资产家底。做好国有资产报告工作，建立多部门协作联动机制，收集行政事业单位国有资产、经管资产、自然资源国有资产的基础信息，夯实资产管理和预算管理的数据基础，推进向人大报告国有资产制度的落实。

（刘　秒）

【政府采购】 年内，区财政局优化采购流程，规范采购活动，提高采购专业化水平，加大监管力度，切实加强政府采购活动中的权力运行监督，有效防范舞弊和预防腐败。全年完成政府采购项目19047个，政府采购金额51543.76万元，较上年同期的63197.89万元下降18.44%。政府采购实际金额与政府采购预算金额54797.86万元相比，节约资金3254.09万元，节约率为5.94%。

（刘　秒）

【财政监督管理】 年内，区财政局扩大监管范围，创新监管手段，注重事前、事中、事后的全过程管理，确保资金规范、安全、高效运行。先后开展2017年度会计监督检查、市对区专项转移支付资金检查、政府采购专项监督检查等工作，全年对2个单位的违反财经法律法规行为实施行政处罚，对全区行政事业单位依法依规开展财务工作起到警示作用。

（刘　秒）

【财政信息公开】 年内，区财政局实施全面规范、公开透明的预算制度，预决算公开工作不断向纵深推进，从扩大公开范围、细化公开内容、规范公开形式、做好舆情研判应对四方面入手做好信息公开工作。2018年，石景山区政府预决算、部门预决算、“三公”经费预决算实现全面公开，以公开促管理的效果初步显现。

（刘　秒）

税务管理

【概况】 国家税务总局北京市石景山区税务局（简称区税务局）隶属国家税务总局北京市税务局（以下简称市局）。7月5日，按照国家税务总局、市局机构改革工作部署，石景山区国税局、石景山区地税局合并挂牌成立。设征收管理科、货物和劳务税科、所得税科、财产和行为税科、社会保险费和非税收入科等18个科室、2个事业单位、11个税务所。有干部职工525人，科级以上领导职务138人，党员361人、团员36人，本科以上464人，占总人数的88%。征管税费有增值税、消费税、企业所得税、个人所得税、房产税、城镇土地使用税、印花税、环保税、资源税、车船税、契税、文化事业建设费、残疾人就业保障金、城市维护建设税、耕地占用税、成人高考招生经费、社会保险费、教育费附加和地方教育附加、外商投资企业土地使用费、国家电影事业发展专项资金、防空地下室易地建设费、城市基础设施建设费、无线电频率占用费、工会经费。管户41689户，其中内资企业33245户、外资企业189户、港澳台企业222户、个体经营7329户、非企业单位和其他704户（其中国家机关、事业单位465户），集贸市场5个。增值税纳税人37425户，其中增值税一般纳税人10614户、增值税小规模纳税人26811户，消费税122户，企业所得税31137户、个人所得税36068户。年内，坚持改革任务与组收工作“两不误”，推进机构改革，应对减税效应等叠加因素影响，坚持依法组收，加大税源监控，强化风险防范，优化营商环境，确保全年收入持续稳定增长。全年完成各项税费收入243.50亿元，同比增加24.24亿元，增长11.1%；完成税收收入232.79亿元，同比增加22.50亿元，增长10.7%。完成一般公共预算收入127.07亿元，同比增加15.20亿元，增长13.6%；完成区级收入55.63亿元，同比增加5.20亿元，增长10.3%。原区国税局、原区地税局分获“首都文明单位标兵”称号。

（杜志刚）

【国地税机构合并】 年内，区税务局按照税务总局和市局机构改革部署和“三定”方案，组建机构改革领导小组，下设7个专项工作组。重点抓好营改增税负分析等16类常态化任务、系统升级测试等24类专项工作落实。更新业务流程，加强申报管理，强化风险防范，做好档案归集和移交。4月，原国税局迁入办公新址（面积3.2万平方米），原国、地税办税厅率先合属办公，办公环境改观。优化办税厅，落实“五个一”办税服务模式，共设窗口35个，“一厅通办”提升到“一窗一人一机两系统”新层级。机构改革有序推进，实现税务总局“人合、事合、心合、力合”的“四合”要求，为各项税收工作顺利衔接奠定坚实基础。7月5日，代区长陈之常、市税务局副局长吕兴渭出席区税务局成立大会并揭牌。

（杜志刚）

【增值税管理】 年内，区税务局落实改革任务，确保增值税各项政策执行到位、风险管理措施到位、工作对接到位。组织内部新政策培训11场。挖掘增值税减税典型案例17例，形成效应分析报告9篇。完成货劳业务域40余项涉税事项测试验证。落实增值税减税新政，增值税共减税10.6亿元。优化风险防控指标，对疑点企业开具增值税发票情况开展二级风控核查，有效防范增值税发票事中管理风险。全年派发疑点企业262户次，处理有问题企业59户次。承接税务总局风控工作3项，涉及本局风险企业59户次，涉及税额1.13亿元，其中登记失控发票及录入异常凭证税额1.09亿元；承接市局风控工作7项，涉及本局风险企业342户次，经核查，无问题企业248户次，问题企业94户次，进项税额转出2346万元，加收滞纳金15万元；对走逃（失联）企业均已登记为风险纳税人，并推送异常凭证228份，税款364万元。加强异地发票核查，通过抵扣凭证审核检查系统发起委托异地核查函涉及发票11814份，通过抵扣凭证审核检查系统接收异地核查发票22322份，完成率100%。做好增值税发票快反机制，遏制虚开增值税发票违法行为，制定《增值税发票风险快速反应专项工作方案》，成立骨干团队，完成税务总局下发的增值税发票快速反应任务，涉及本局的32户企业质量复核。采取现场培训、服务厅宣传、公众号普法等方式，做好“营改增”政策辅导。加强“营改增”税负分析，关注四大行业样本和金融企业等税负变化，确保企业税负整体下降趋势。完善退税文书台账，监控文书办结时限，按时办结税收优惠备案、退税审核。继续做好达标认定管理，按时对逾期仍未办理的纳税人进行强制按适用税率征税操作。做好出口货物函调，抽查企业出口收汇情况及单证备案情况。全年增值税累计入库96.54亿元，同比增加7.07亿元，增长7.9%，占全局总收入的39.65%。

（杜志刚）

【出口退税管理】 年内，区税务局按照出口退（免）税管理工作规范（2.0版）办理出口退税事项，提高工作质效。严格落实申报无纸化政策，实现出口业务“全程网上办”。定期为企业提供政策推送和在线咨询等服务。优化分类管理，限时办结出口退税，在原有基础上，加快出口退税进度，将34户企业由三类出口企业升级为二类，退税办结期限由15天缩减到5天。全年受理企业申报330户次，为企业办理退库4721.37万元，办理调库2095.65万元。

（杜志刚）

【所得税管理】 年内，区税务局以“市局下达申报率及数据差错率的绩效考核指标、纳税人顺利完成纳税申报”为目标，做好2017年度汇算清缴工作。建立微信公众号上线“汇算清缴小贴士”4大专题宣传模块，阅读量达1100余人次；利用新办税厅纳税人学堂，播放专题宣传6场次；与区投促局等部门联合开展11场专题辅导会，培训企业800余户。做好办税厅申报应急预案，实时跟踪汇算申报进度，共催报催缴7次、发短信6万条。完成20542户企业2017年度汇算清缴，实现所得税入库1.01亿元(仅为原国税数据)。落实小微优惠政策，2017年度汇算清缴申报中，有小型微利企业17240户，占企业所得税纳税申报企业的88.59%，其中盈利企业5532户，盈利面32.09%。享受小型微利企业税收优惠企业5529户，政策受惠面99.95%，盈利但选择享受其他优惠的小型微利企业3户，政策实际受惠面100%，共计减免税3263.96万元，户均减免税额0.59万元(仅为原国税数据)。在第三季度申报企业中，共有属于小型微利企业27040户，其中盈利企业2089户，盈利面为7.73%。享受小型微利企业税收优惠的企业2086户，盈利但选择享受其他优惠的小型微利企业3户，政策实际受惠面为100%。减免税额2751.35万元，户均减免税额1.32万元(原国税、地税合并数据)，完成市局下达落实小型微利企业税收优惠政策的“双百”目标。落实中小型科技企业研发费用加计扣除，与区科委制定《石景山区推进科技型中小企业评价工作实施方案》，建立区科委，国、地税和石景山区双创基地三级联动工作体系，联合举办专题培训4场，解读研发费用加计扣除75%优惠政策。入库并取得编号科技型中小企业243户，符合条件的实际享受研发费加计扣除75%优惠政策企业171户，实际受惠面90%以上。核查市局风控下派异常发票核查256户，其中涉及企业所得税问题40户。补缴税款企业37户，共计补缴税款436.63万元，滞纳金87.19万元；调减亏损3户，涉及金额98.67万元；提供相关资料证明业务真实性5户。开展冬奥组委专项纳税服务，就其关心的政策问题进行现场辅导，开展一站式服务，“无障碍”办税。为国际广播电台下属国控集团及5家区级重点税源企业就合并重组、股权收购重组等政策进行专题辅导。完成税务总局下派的2户千户集团企业下户检查，企业自行进行纳税调整补缴税款70万元。全年企业所得税累计入库58.72亿元，同比增加0.58亿元，增长1.0%。

(杜志刚)

【财产和行为税管理】 年内，区税务局针对财产和行为税所辖房产税、土地使用税、契税等10个税种(不含烟叶税)，具有税种多、涉及纳税人广、社会关注度高等特点，强化以管理促组收，依托风控管理加强税收核查。国地税合并前，与区水务局协作，制定方案，完善数据交换，实地走访纳税人，对税源梳理、分类，加强内外培训，完成本区水资源“费改税”试点改革及1月首个征期工作。全年水资源税共入库5656万元。落实房地产交易税一体化管理，联合不动产登记部门设立综合窗口，实现纳税人当日即获取房屋产权证书。全年累计办理业务14038户次。以“法人单位有房产购入信息而无房土税入库”为模型基准，科所联动开展房产税和城镇土地使用税风险排查，共查补税款及滞纳金合计571万元。国地税合并后，制定内部职责，保证税种管理连续性。与办税厅配合做好10月大征期申报工作。科所协同完成“房、土”两税税源信息核实6000余条，完成对营业账簿减免印花税500余笔税款核实，完成土地增值税项目清算工作。财行税10个税种全年累计入库27.8亿元，占全局总收入的11.4%，同比增加6.1亿元，增长28.3%。其中土地增值税、城市维护建设税和契税列入库前三名，合计19.7亿元，占比70.7%。

(杜志刚)

【个人所得税改革】 年内，区税务局按市局部署，推进个人所得税法实施，成立改革领导小组，制定工作方案及任务分解表，办税厅设立个税咨询岗，宣传纳税人4000余人次，内、外培训14场次1100余户次。对27户房地产、金融保险等龙头企业上门培训。利用办税厅电子显示屏滚动宣传新个税政策，印制宣传材料3800册，微信平台推送12条新政信息，累计点击量为4788人次。作为全市唯一试点局，做好推进ITS网页端和手机端培训和推广试用工作，共培训企业300余户，全区ITS网页端和手机端注册人数3700人。继续做好股权转让工作，加强多形式辅导，解决个人所得税股权转让业务中的政策疑难点，与办税厅配合完成股转系统上线后的首笔带有非货币五年分期的股权转让业务。全年办理股权转让3285笔，缴纳个人所得税1.85亿元。全年个人所得税累计入库48.96亿元，同比增加9.33亿元，增长23.5%。

(杜志刚)

【非居民税收管理】 年内，区国税局落实国家“一带一路”战略，对“走出去”企业或有“走出去”需求的企业开展个性化税收服务，共培训企业80余户，200余人次，“一对一”精细化辅导企业5户。完成辖区2017年度“走出去”企业清册建立和整合78户，境外被投资企业118户，外派人员74人。加速间接股权转让审核，与其他局开展交流，提高审核准确率和效能，加强跨省案件的审核与沟通。全年办理入库案件5件，共入库税款1.41亿元。加强关联交易报告落实，按要求完成35户关联申报差错数据修正，修正率100%；审核63户企业同期资料，其中本局企业10户，其他局53户。

(杜志刚)

【落实减税降费】 年内，区税务局落实国家自5月1日起将17%、11%的增值税税率下调为16%、10%、统一增值税小规模纳税人标准、特定行业纳税人留抵税额一次性退还等税改措施。成立减税降费领导小组，设立集中办公区联合办公、增设政策咨询岗。组织“减税降费”专题辅导会7场，参会550余户。与其他局联合制作“减税降费我知道”税收宣传漫画，阅读量1.5万人次。在税务微信服务号开设“减税降费”专栏，通过手机APP推广个税改革的做法在全市推广。全年累计为企业减税8.78亿元,留抵退税款3.19亿元,企业税负明显下降。

(杜志刚)

【优化营商环境】 年内,区税务局多措并举优化营商环境。为新办企业提供套餐式涉税服务,在资料齐全的情况下可当天办理所有新办企业涉税业务。优化办税厅窗口配置,提升"一窗通办"能力。丰富办税渠道,建立24小时自助办税服务厅,配备发票代开、认证等多台自助办税设备,推行全业务、分时点预约办税。优化办税流程,落实"最多跑一次"清单,119项涉税事项纳税人网上即可办理。推进互联网+不动产登记,实现不动产登记一窗办。探索股权转让业务办理新模式,采取工商税务一厅办理,单笔业务办理提速50%。倡导诚信激励,做好信用等级评价结果应用,为188户"3连A"企业颁发荣誉证书并提供办税"绿色通道"和发票管理方面激励措施。持续推进"银税互动",42户次企业获得信贷支持,信贷发放总额2.9亿元。

(杜志刚)

【服务冬奥组委】 年内,区税务局制定《"冬奥对外支付绿色办税通道"实施方案》,制定"双预约"、"一窗式"等服务措施。解决冬奥组委会"即时出具对外支付备案表"、减少办税次数,实现"无障碍"办税。组织业务骨干就享受税收优惠政策备案及流程等政策专门辅导。召开冬奥服务专题研讨会,制定涵盖税收政策、纳税服务、工作机制和沟通协作四方面内容的《涉税服务方案》。

(杜志刚)

【信息化建设】 年内,区税务局按机构改革、"三定"方案对信息化工作要求,做好软硬件保障,共完成硬件安装1154台次,人员权限添加和修改2206人次,系统调整274次,金税卡重新发行50块,系统升级93次,上报提交单和系统信息547份,完成数据需求517个,发送短信30万余条。做好全局608台内网计算机安全软件安装,设置安全策略1360次。做好个税改革软件推广和系统保障。完成新办公楼机房、音视频等5个信息化项目实施和搬迁工作。为科室及区投促局等9部门提供税收数据支持517次,共计200万条。

(杜志刚)

金融服务管理

【概况】 石景山区金融服务办公室(简称区金融办),围绕石景山区"三区"定位,紧紧把握筹办2022年冬奥会和建设新时代首都城市复兴新地标的两大机遇,以创建全国文明城区为总牵引,落实石景山区高精尖产业体系建设要求,着力引进现代金融机构,做好金融服务,推动京西金融新地标影响力持续显现,全力开创发展新局面。年内,区现代金融产业继续呈现快速发展态势,实现增加值54.6亿元,占地区生产总值比重9.3%;金融业实现税收51亿元,同比增长21.4%。现代金融在区域经济发展中的主导产业地位持续显现,初步形成"一园(北京银行保险产业园)、一轴(长安金轴)"为支撑的发展格局。

(杨 晨)

【银行保险业国际高峰论坛】 9月27日—28日,石景山区与市金融局共同举办中国银行保险业国际高峰论坛,北京大学光华管理学院名誉院长厉以宁、北京大学国家发展研究院名誉院长林毅夫等28名国内外专家学者、行业协会负责人、金融机构高管作主题演讲,900余名国内外金融机构代表参会,70家新闻媒体参加论坛,国内外媒体刊发(播)原始稿件133篇,累计270余万人次通过网络平台观看直播。北京银行保险产业园在高峰论坛上正式开园,有力提升产业园的知名度。

(杨 晨)

【中国银行北京冬奥支行开业】 12月19日,中国银行北京冬奥支行开业。中国银行北京冬奥支行坐落于北京冬奥组委办公区内,配备有理财室、ATM自助服务区、智能柜台及综合业务窗口等,可满足转账汇款、跨境金融、个人理财、信用卡等个人金融需求。

(吴钰昕)

【北京银行保险产业园建设】 年内,北京银行保险产业园基本成型。一期11万平方米载体投入使用,二期43万平方米载体基本完成施工,规划建成率超过70%。园区中央公园、金融博物馆、会议中心、五星级的银保建国酒店等一批配套设施投入使用,1.4公里地下综合管廊完成建设。

(杨 晨)

【20家金融机构入驻】 年内,区金融办成立由12名国内外金融专家学者、金融机构负责人组成的专家顾问团队,制定发布《关于加快推动北京银行保险产业园创新发展的若干措施》,建立与会国内外重点金融机构"一对一"走访机制,给予入驻机构一系列资金支持及服务保障,已累计引进以中国保信、爱心人寿、合众财险、光大永明资产管理公司等为代表的20家机构,聚集效应初步显现。光大科技有限公司等光大生态圈组团入驻现代金融产业基地二期,新设港资机构乐德资本落户现代金融产业基地,中外合资的中荷人寿保险有限公司北京分公司、上市公司发起设立的海联金汇(北京)金融科技公司落户京西商务中心。

(杨 晨)

【创建文明城区人民满意窗口】 年内,区金融办建立创城联动机制,对39个纳入实地考察点位台账的银行网点逐一走访、全面摸排,建立工作纪实档案,引导银行网点做到"四到位"——从业人员文明服务到位、社会主义核心价值观宣传到位、行业规范执行到位、投诉服务保障到位。选树12家银行网点为"创建文明城区人民满意服务窗口"。通过以创城工作为总牵引,提升金融服务水平。

(杨 晨)

【坚持民生先行】 年内,区金融办引导银行机构在西部地区增加金融服务网点。协调工商银行五里坨储蓄所开业,新增ATM机4台、非现金业务自助机4台。优化公共管理综合保险服务机制,由区政府代建、物业代管的充电车棚,全部纳入公共管理综合保险保障范围,提升公共管理者综合保险服务水平。建立合作协助执行机制。与区法院、区工商、区不动产中心共同制定《加强合作协助执行的意见》,22家驻区银行、74个服务网点与区法院建立司法执行联系机制。

(杨　晨)

【服务实体经济】 年内,区金融办服务民营企业融资,开展上市企业股权质押风险摸底,对接纾困融资渠道,帮助企业渡难关。设立"金融服务港"综合服务实体,与中关村石景山园合作,在点石商务园建立首个"金融服务港"试点,组织民营企业金融服务座谈会,组织金融机构为30余家企业上门送去产品与服务礼包。推进企业对接多层次资本市场,开展2018年多层次资本市场培训,驻区30余家文创科技类企业近60人参加。向市金融监管局推荐6家企业纳入全市场外市场挂牌快速服务通道,4家企业纳入科创板意向重点企业名单。全年石景山区上市企业16家,新三板挂牌企业54家,北京四板挂牌展示195家。

(杨　晨)

【保险创新】 年内,中国保信公司建设的中国保险业保单登记管理信息平台三期上线,涉及全行业189家保险公司(含筹备),实现境内销售各保险类别、产品的全面汇集,这项代表保险行业基础设施建设的重大战略性工程在产业园全面落地,推动产业园成为全国保险行业信息中枢。石景山区参股的保险公司——爱心人寿保险股份有限公司投资建设专业医疗机构——"爱小心门诊",推动石景山区人身保险业发展实现"保险+医疗"战略全新升级,为保险公司跨行业布局提供借鉴。

(杨　晨)

【对口帮扶】 年内,区金融办扩大扶贫资金渠道,组织动员驻区金融机构参加河北省保定市顺平县神南镇对口帮扶,发挥区级财政资金带动作用,吸引社会资金广泛参与,26万元帮扶资金拨付神南镇。建立帮扶项目库。区内5家金融机构和现代金融商会与神南镇5个贫困村实现产业结对,并开展社会帮扶,惠及当地建档立卡户60余人,5个产业帮扶项目通过验收。探索建立带贫长效机制,运用互联网+产业扶贫,探索拓宽带贫合作社农副产品销售。

(杨　晨)

【防范金融风险】 年内,区金融办贯彻落实市委提出的防范化解金融风险党政一把手责任制要求,区委区政府主要领导担任区打击非法集资工作协调小组组长。进一步完善防范和化解金融风险长效机制。制定6项工作方案、1个考核办法、2本业务手册、形成"挂图作战"工作框架。设立工作专场、组建专班,加大风险处置力度。成立"石景山区金融纠纷调解中心"并正式挂牌,抽调精干力量组建专班,协同开展风险排查处置等各项工作。对全区商务楼宇、重点地区开展风险排查。对商务楼宇和能够容纳200人以上集会的体育场馆、剧场剧院等有大型活动场所的单位开展摸排,建立"金融安全卫士""金融安全宣传员"队伍。

(杨　晨)

【金融安全宣传】 年内,区金融办在各商务楼宇、社区开展金融知识宣传。对全区街道社区和金融安全宣传员就如何发现、识别、防范非法集资进行专业培训,扩大受众人数。利用多媒体扩大宣传覆盖。播出打击非法集资宣传片,以案说法,加强警示教育;通过"石景山金融"微信公众号发布金融安全与风险防范知识,提升群众识别和防范非法集资能力。

(杨　晨)

【为棚户区改造提供融资】 年内,中国银行股份有限公司北京石景山支行向北京安泰兴业置业有限公司发放贷款4.4亿元,用于支持北辛安棚户区改造B区项目开发建设。该项目是北京市最大的棚户区改造项目,处于2020年冬奥会经济辐射区,未来公建部分将致力打造服务于冬奥会赛事的商业办公综合体,建成后将形成金融、商务、生活、休闲为一体的功能核心区。

(华竹青)

【助力区内百姓实现安居】 年内,建行石景山支行与北京首钢房地产开发有限公司等三家企业签署租赁住房框架合作协议,并向首钢总公司行政管理中心呈送"首钢铸造村集资房项目"住房租赁业务服务方案,协助企业解决1700多套企业集资建房的后续租赁需求;签约首钢金铸阳光二期、玉景阳光项目,持续推进区政府集体土地租赁房建设项目授信评级工作,营销首钢铸造厂、东下庄地块共有产权房项目;12月,与区金融办签署《战略合作框架协议》,实现石景山国际人才社区项目和北京鼎诚安家房地产经纪有限公司在住房租赁平台上线,上线房源202套。

(苗一聪)

【打造对公"四梁八柱"】 年内,建行石景山支行秉承"客户营销、服务为先"理念,通过"把5天压缩到28小时,为首钢解燃眉之急"等典型案例,"建行速度"在客户中广为流传。以服务为引领,对公业务初步形成"存款以军警为特色、贷款借首钢上规模、中收由新兴作主力、客户凭活动促增长"的"四根大梁",以及由首钢、军警、水利、国美等重点客户在内的"八根支柱",条线连续六年完成分行主要考核指标,对公存款日均新增完成率排名分行第5,公司中间业务净收入首次突破亿元大关,计划完成率排名分行第三。

(苗一聪)

【发展特色金融】 年内,北京银行石景山支行发展特色金融。一是文化金融:2018年支持石景山区文创企业29户,金额合计19709万元;二是科技金融:全年支持科技金融企业24户,金额合计22780万元;三是绿色金融:支持高端绿色、高精尖产业发展。7月30日,北京银行石景山支行给予区园区主做合同能源管理企业融资支持3000万元。组织多场税银企有关风险补偿金推介会,将文创风险补偿金陆续对区内优质中小企业进行推广,解决石景山区企业融资难、融资贵的困境。

(郝全鹏)

【为市区两级财政服务】 北京银行石景山支行为32户区级财政预算单位和10户市级财政预算单位提供优质、周到的服务,包括国库集中支付、公务卡办理。其中市级财政预算单位为北方工业大学、北京工业职业技术学院两所大学提供非税服务，指定专人每日往返于单位取送支付令、开学收取学费等，得到预算单位的一致好评。

（郝金鹏）

【智慧医院】 年内，广发石景山支行与石景山医院开展合作，推出“智慧医院”项目，是优化患者从挂号到就诊结束整个流程的一整套“互联网＋医疗服务＋自助终端”整体解决方案。其主要特点是基于便利化的线上平台、自助终端设备系统的配合操作，方便快捷，最大限度地缩短患者的整个就诊流程所花费的时间，提高医院的工作效率。

（岳 虹）

【保障民生】 北京农商银行石景山支行一直承担着民政统发资金的发放工作。9月，民政统发资金完成线上充值，全年充值笔数5.54万笔，包含高龄津贴、超转工资补贴、散居孤儿补贴等8类补贴资金。作为区内首家单位与区民政局老龄办、北京通养老卡数据中心以及英智京西康复医院合作开展了“石景山区失能老人康复关爱项目”。与区自来水有限公司合作，开展代收抄表自来水费业务，并实现顺利上线。

（王菲阳）

【服务区域经济发展】 北京农商银行石景山支行是石景山区唯一一家成功在区工商局行政服务大厅开立“惠微通”服务专柜的银行，三家网点支行开通“e窗通”企业在线预约开户服务，实现企业信息从工商注册申请到银行开户全流程的直接赋用，提供新注册企业开办业务一站式服务。本年度先后向首钢集团、中铁集团、保险产业园项目、苹果园交通枢纽项目等投放贷款，并承销首钢集团债务融资工具、完成首钢财务公司账户开立及首钢集团DFI注册工作，与首钢集团签署全面战略合作协议。

（王菲阳）

【助力区域经济建设】 年内，杭州银行北京石景山文创支行根据政府“优化营商环境”的服务要求制定并落实“提高服务能力，提升客户体验”的具体方案，参与石景山区文明社区建设，开展服务创新、产品创新、业务流程创新，打造“e开户”、“企业开户一次不用跑银行”产品，实现7×24小时在线预约，提升服务效率，增强客户体验。全年在区内各街道社区开展15次以上宣传活动，活动包括防范电信网络诈骗、反假币金融知识普及、防范非法集资风险等，向社区居民普及金融知识。

（汪妍青）

【中国保信获奖】 年内，中国保信通过“测试成熟度模型集成”（简称TMMi）3级认证，获得由TMMi国际组织颁发的证书，成为全球第26家通过TMMi3级认证的测试单位。中国保信建设的“保险行业信息联盟链”在“2018中国金融科技年会”上获得“金融行业产品创新突出贡献奖”。在《金融电子化》杂志社组织的“2017年金融信息化10件大事”评选活动中，“中国保险业保单登记管理信息平台”，作为保险业一项具有战略性意义的基础设施工程成功入选。中国保信“‘上海市职工自愿使用医保个人账户历年结余资金购买商业医疗保险’项目管理信息系统（简称个账系统）”获2017年度上海市金融创新成果三等奖。

（周海清）

【车联网数据保险研究成果】 年内，中国保信在北京发布车联网数据保险应用研究项目两项重要成果：《车联网数据驾驶行为因子与车险风险相关性研究报告》《机动车辆保险车联网数据采集规范（征求意见稿）》。此项研究首次尝试保险行业和车联网行业大规模数据融合研究，实现国内目前最大样本量的数据碰撞，汇总近18万台车、2亿段行程、21亿公里、45亿分钟的行车数据。

（周海清）

【首钢基金】 年内，首钢基金获2018年度十大市场化母基金称号、2018中国最佳股权投资基金TOP10、2018中国最佳市场化母基金TOP10；并首次入围福布斯中国2018最佳PE机构TOP30；由中国证券投资基金业协会举办的中国私募基金行业发展报告（2017）发布会上，首钢基金作为“体现行业担当、助力国家发展”——服务国家战略履责中的案例，入选中国私募股权及创业投资基金行业履行社会责任报告。

（周海清）

统 计

【概况】 石景山区统计局、石景山区经济社会调查队（简称区统计局、调查队）是区政府负责综合统计和国民经济核算的职能部门，受区政府和北京市统计局双重领导。局队机关设办公室、党群办公室（人事科）、宣传科、综合科、研究室、社区统计工作协调科（普查中心）、工业（能源）科、城建科、商贸科、服务业科、人口就业科、社会科技科、计算机中心、法规科、执法队、价格调查科、专项调查科、住户调查科。下设10个统计所：八宝山统计所、老山统计所、八角统计所、古城统计所、苹果园统计所、高科技园区统计所、金顶街统计所、广宁统计所、五里坨统计所、鲁谷统计所。年内，区统计局、调查队围绕“全面深度转型、高端绿色发展”战略和“三二一”发展思路，全面贯彻落实深化统计体制改革，建设现代化统计调查体系各项部署要求，坚定不移深化统计改革、推动统计创新，圆满完成年度重点工作，为石景山区经济社会发展提供坚强的统计支撑。

（郑红丽 边亚楠）

【第四次全国经济普查】 年内，区统计局、调查队严密筹备，高效高质量开展第四次全国经济普查。健全组织管理体系，成立区经济普查领导小组，成员单位包括区发改委等47家单位。领导小组办公室设在区统计局，包含综合组、方案名录组、专业组、宣传组等共10个工作小组，职责涵盖业务指导、组织宣传、资料开发、监督检查、物资准备、后勤保障等普查各环节工作。制发《专项经费管理办法》《“两员”选聘及管理工作实施细则》等10余项管理制度。结合历次普查经验和工作实际，在抽调社工的基础上，通过政府购买服务等方式，组建素质高、能力强的普查队伍。建立全区普查人员信息库，做好信息采集维护、人员费用发放等工作。采取“一级直培”方式先后组织各类业务培训10余次，参训约1700余人次。制定普查实施方案、单位清查实施细则等。遵循“不重不漏，归属唯一”的原则，通过实地踏查、会议讨论、查找记录等方式，完成普查区划分、建筑物认定及绘图工作。截至11月10日，石景山区清查各类单位3.2万家（全市未剔重数据），综合清查率82.9%，在全市排名第五，城六区排名第一。清查个体经营户5494家，清查率57.0%。单位数量比第三次经济普查增加1.2万家，增长62.1%；个体经营户数量比第三次经济普查减少1.1万家，下降66.5%。

（郭　涛）

【社区统计工作室建设】 年内，区统计局、调查队结合本区实际，重点做好人员培训、统计服务和开展自查等工作。一是加强人员培训。5月7日—8日分两批举办石景山区第四期统计社工集中培训班，内容包括EXCEL在统计工作中的应用、基本单位划分规定、行业编码方法等实用性强、符合工作需求的课程。二是完善“人口库”建设。在全区范围内形成统计报表制度，每月逐级报送台帐，为石景山区疏解人口、大数据监测人口提供参考依据。三是开展社区统计室工作情况自查。社区统计工作协调科（普查中心）专题研究制定方案、第一时间对各统计所进行专项部署，向各街道下发《通知》，落实配合此项工作的主管主任和科长，确保整体自查工作顺利开展。增加最新人口台账情况、第四次经济普查宣传标语和口号征集情况以及顶岗培训期间工作内容和工作量等内容，为局队全面掌握社区统计工作状况提供参考依据。

（阴晓霞）

【人口抽样】 年内，区统计局、调查队按照全市统一部署组织年度人口抽样调查工作。本次调查分国家、北京、区级样本，共涉及全区9个街道（鲁谷社区）、79个居委会、118个调查小区，其中国家、北京样本，由国家、北京市局抽取，涉及8个街道、47个居委会、89个调查小区；区级样本由区统计局补充抽取，共涉及8个街道、42个居委会、29个调查小区。登记户数9053户，登记人口23247人，其中常住人口19380人。国家、北京样本共选聘调查员179人，指导员66人。区级样本的调查工作由北京市策马方略有限公司实施。国家、北京、区级样本全部采用调查员手持电子终端设备（PDA）入户登记的方式进行调查。调查的实施时间从8月至12月，历经前期准备、入户摸底、登记复查、质量抽查、评估推算、工作总结等环节。根据北京市年度人口抽样调查工作联席会议办公室反馈数据显示：石景山区2018年年末常住人口为59.0万人，常住外来人口为15.2万人，男性人口为29.6万人，女性人口为29.4万人；常住人口中0—14岁人口5.4万人，15—64岁人口47.0万人，65岁及以上人口6.6万人，60岁及以上人口9.3万人；出生人口4100人，出生率6.82‰；死亡人口4072人，死亡率6.78‰。

（张敬如）

【统计调研】 年内，区统计局、调查队围绕构建“高精尖”经济结构、国家级服务业综合改革试点区、“疏解整治促提升”对人口的影响和改革开放40年等方面开展11项课题研究。进度类和专题类分析229篇。其中，《科技注入新动能 绿色发展显成效——2018年前三季度石景山区经济运行分析及全年展望》获年度北京市优秀统计分析报告评比二等奖，同时《石景山区构建“高精尖”产业发展分析及创新统计指标体系研究》《关于国家级服务业综合改革试点区发展状况的研究》获三等奖。撰写的《绿色发展成绩优异，高端绿色稳步前行》《石景山区“高精尖”企业指数研究报告》《人口动态变化通信大数据监测情况报告》等11篇调研分析得到区长及其他主要领导批示。

（谭召辉）

【统计服务】 年内，区统计局、调查队完成改革开放40年民生状况、养老现状与需求等多项调查。围绕经济发展，紧抓预警预判，着力开展对重点指标、重点行业、重点领域的跟踪监测，准确研判经济运行情况及变化特点。坚持科学规范的数据提供原则，围绕高质量发展、“疏解整治促提升”“十三五”规划中期评估、区“两会”等重点工作，及时提供数据服务，全年对外提供数据17万余笔。扩大石景山区统计宣传覆盖范围，深化与《中国信息报》《石景山报》等媒体的沟通对接，创新利用石景山统计微信公众号，打造“经普长廊”展。资料编辑工作稳中提质，编印《石景山区经济发展统计月报》11期及《石景山区统计年鉴（2018）》。开展经济社会发展成果主题宣传，全面展示改革开放40年以来取得的成就。

（谭召辉）

【统计年报】 年内，区统计局、调查队完成当年年报及下年定期统计培训、布置和统计工作。全年召开年定报培训会26场，培训单位1500余家，涉及人员3000余人次。

（王立军）

【名录库管维】 年内，区统计局、调查队扩大准规模调查范围，严格执行“四上”单位审批工作相关规定，全年核查准规模单位1296家；新纳入定期统计单位102家，退出97家。

（隗京华）

【信息化建设】 年内，区统计局、调查队完成2017年年报和2018年定报采集平台维护，包括建立区级工作组66个、所级工作组20个，分配报表150余张，汇总表1300余张；定期监测报表报送情况；两级业务人员管辖表的调整；两级业务人员的添加、删除；为企业重置密码；对业务人员操作进行指导；设置两级汇总表权限；对平台出现的问题及时向市局反馈。完成石景山区第四次全国经济普查清查阶段的数据处理任务。

（罗　凯）

【专项调查】 年内，区统计局、调查队先后组织完成国家统计局、北京市统计局、国家统计局北京调查总队部署的《北京市改革开放四十年民生状况调查》《北京市企业发展状况调查》《北京“家庭医生”服务需求调查》《2018年全面从严治党民意调查》《北京居民养老现状与需求调查》《2018年国有企业全面从严治党民意调查》《北京市2019年重要民生实事项目线索调查》《北京市小微企业融资状况调查》和《2018年市纪委党风廉政调查》等九项调查。先后组织开展《2018年二季度石景山区群众安全感调查》和《2018年四季度石景山区群众安全感调查》;区纪委委托的《2018年石景山区全面从严治党民意调查》、区专项行动指挥部委托的《石景山区"疏解整治促提升"专项行动实施效果民意调查》(上、下半年各一次)和自主开发的《石景山区改革开放四十年民生状况调查》《石景山区小微企业融资状况调查》等。调查均得到委托方的肯定,调查结果成为有关部门进行决策的依据。

(杨福江)

【建筑业和房地产调查】 年内,区统计局、调查队按照《北京市统计局关于认真做好2017年北京市投入产出调查工作的通知》要求,建立统一领导、分级负责的工作模式,通过组织培训、报表布置、过程指导、数据审核、查询修改和事后总结等步骤,对国家统计局和北京市统计局抽中的辖区4家建筑业企业(含2家典型调查单位)和4家房地产开发企业开展2017年投入产出调查,高质量完成相关工作任务,为国家统计局和北京市统计局编制投入产出表、开展国民经济核算和相关统计分析工作提供真实准确的原始调查数据。

(陈晓鸥 曾 攀)

【生态文明建设分析】 年内,区统计局、调查队依据《北京市生态文明建设目标评价考核办法》《北京市绿色发展指标体系》和《北京市生态文明建设考核目标体系》,开展生态文明工作。组织专人到市统计局能源处学习交流;组织相关专业人员对石景山区2016年数据进行详细分析解读,从数据角度入手,对评价结果和重要指标进行情况解读,形成《绿色发展成绩优异,高端绿色稳步前行》的统计分析报告。同时,对石景山区2017年生态文明建设情况和数据完成情况进行收集和分析整理,开展预评估工作。

(朱雅超)

【能源形势定期会商】 年内,区统计局、调查队联合区发改委等相关部门,建立能源形势定期会商机制,逢季度开展能耗形势会商,与区发改委、节能规划编制单位等多部门进行多次区域能源形势、节能对策的研究与探讨,将能源监测职能的关口前移,从被动提供数据转变为主动研判形势。

(朱雅超)

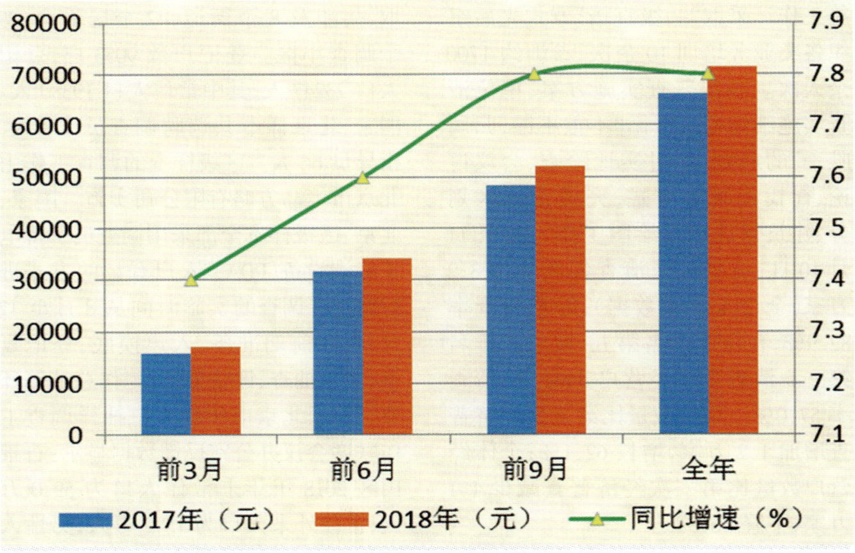

2017年与2018年石景山区居民人均可支配收入与增速

【居民生活状况】 年内,区统计局、调查队对400户常规家庭户进行收支与生活状况调查,调查资料显示,全区居民人均可支配收入71244元,同比增长7.8%;人均消费支出43286元,同比增长6.2%。

(孔 磊)

【居民收入】 全年居民人均可支配收入71244元,同比增长7.8%。四项收入呈现"三升一降"特点。其中:工资性收入同比增长5.2%,四项收入中占比最重,拉动作用突出。

表5 2018年石景山区居民人均可支配收入情况表

收入项目	金额(元)	同比(%)	构成(%)
可支配收入	71244	7.8	100
1. 工资性收入	42403	5.2	59.5
2. 经营净收入	1211	-12.3	1.7
3. 财产净收入	7948	4.8	11.2
4. 转移净收入	19680	16.9	27.6

(孔 磊)

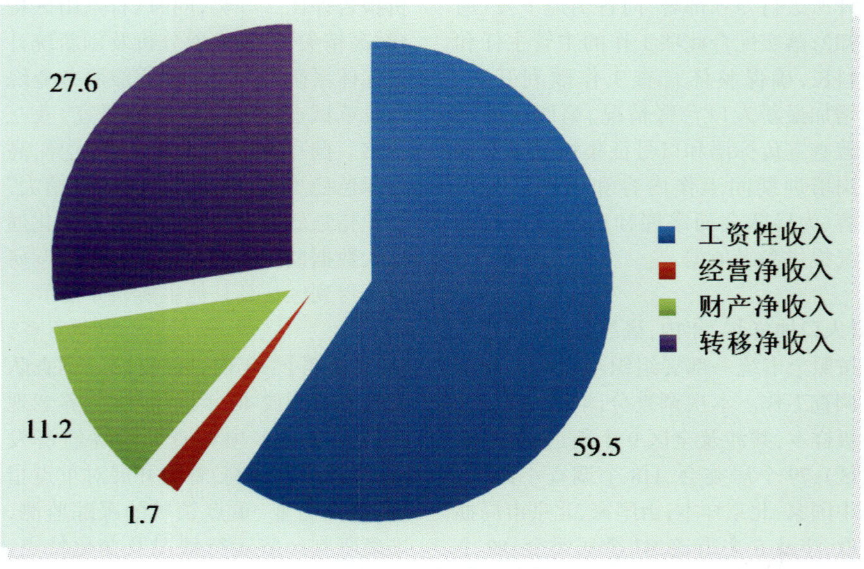

2018年石景山区四项收入构成(%)

【消费支出】 全年居民人均消费支出43286元,同比增长6.2%,其中八大类消费支出呈现"六增两降"态势。

表6 2018年石景山区居民消费支出增长及构成

消费项目	金额(元)	同比(%)	构成(%)
消费支出	43286	6.2	100
1. 食品烟酒	8206	3.9	19.0
2. 衣着	2790	18.3	6.4
3. 居住	12430	19.1	28.7
4. 生活用品及服务	2427	－7.4	5.6
5. 交通和通信	5985	－9.3	13.8
6. 教育、文化和娱乐	5104	2.4	11.8
7. 医疗保健	5197	7.0	12.0
8. 其他用品及服务	1147	13.0	2.6

(魏冬丽)

【百户耐用消费品拥有量】 年内,石景山区居民家庭每百户耐用消费品拥有量最高为移动电话,拥有量为220.1部;最低为摩托车,拥有量为0.3台。

表7 2018年每百户耐用消费品拥有量

项　目	单位	数量
摩托车	辆	0.3
助力车	辆	10.2
家用汽车	辆	52.6
洗衣机	台	98.5
电冰箱	台	102.7
彩色电视机	台	124.7
计算机	台	98.7
空气净化器(含新风系统)	台	29.2
吸尘器	台	19.4
照相机	架	40.1
中高档乐器(含钢琴)	件	6.6
微波炉	台	85.7
空调器	台	179.8
淋浴热水器	台	98.6
排油烟机	台	98.0
洗碗机	台	1.7
健身器材	套	5.4
固定电话	部	40.8
移动电话	部	220.1

(魏冬丽)

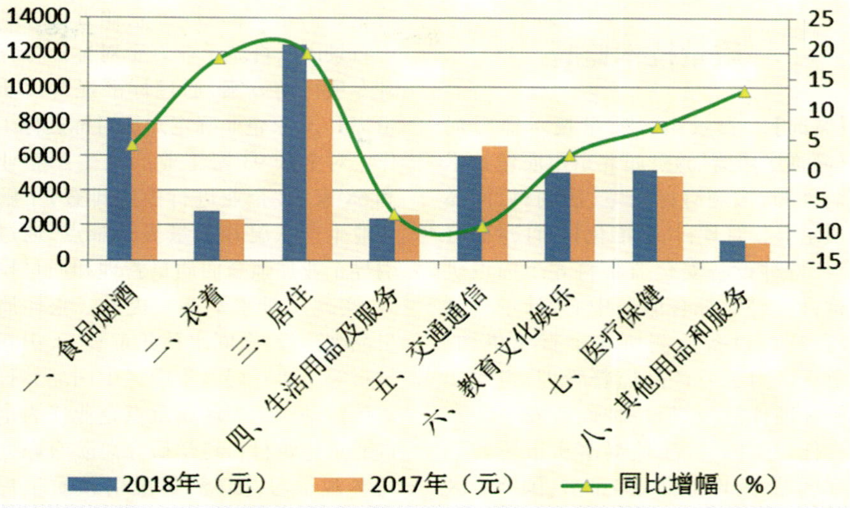

2017年与2018年石景山区居民人均消费支出与增速

【统计执法】 全年区统计局、调查队完成执法任务269家,超额完成全年执法任务。立案121家,其中一般程序立案51家,简易程序70家,全年处罚金额18.5万元,其中16万元为一般程序处罚金额,简易处罚金额2.5万元。执法工作呈现四个新亮点。第一,执法单位个数及立案率均再创新高,立案率高达45.0%。第二,加大催报的力度,2018年催报达到53家,通过催报工作宣传统计法,提高数据上报的及时性。第三,石景山区统计局在全市率先通过"信用中国"网站公示行政处罚信息,公示期间企业反应强烈,通过与区经信委、信用中国网站沟通协调,促使相关部门加快出台信用修复机制,保障失信企业信用修复需求。第四,开始使用网页版执法系统,执法的可控性、监督性明显加强。推动执法案件在线高效优质流转,执法案卷质量明显提升,全年无销案、撤案案件发生,执法检查数据实现精准对接。第五,执法队定期开展执法业务培训,加强与各级统计执法机构,开展执法技能的交流。全年共选派4名优秀执法骨干参加国家局执法检查,得到一致好评。

(张雪萌)

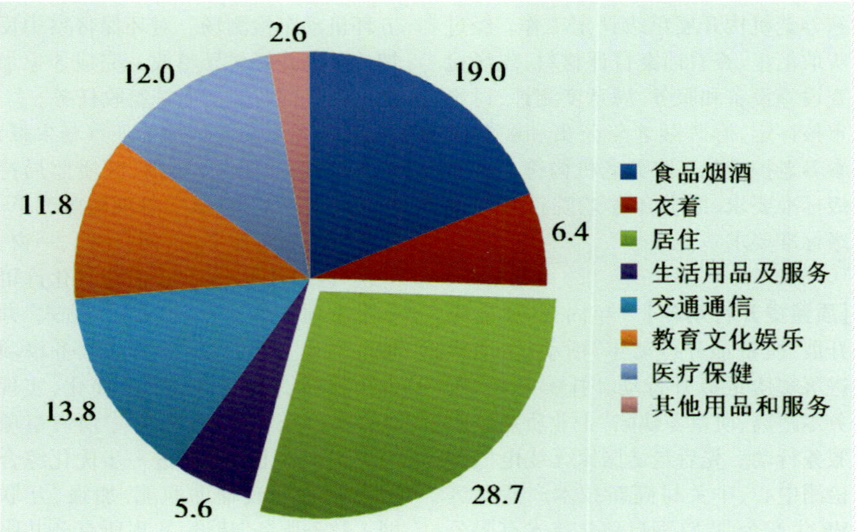

2018年石景山区八大类消费支出构成(%)

质量技术监督

【概况】 石景山区质量技术监督局(简称区质监局)隶属北京市质量技术监督局,编制有办公室、法制科、产品质量监督管理科、标准化科、计量监督科、特种设备安全监察科6个内设机构,稽查队、综合服务中心、计量检测所、特种设备检测所4个直属机构。负责区内工业产品监督管理,组织实施标准计量,承担特种设备安全监察责任。年内,区质监局落实市质监局和区委、区政府的决策部署,围绕全区中心工作,按照局党组年初制定的工作思路,严格依法行政,全面履行质监职能,稳步开展质量提升行动,保障全区质量安全稳定运行,全力服务区域经济社会建设。综合服务中心获"北京市三八红旗集体"称号。

(杨宗耀)

【商品条码检查】 6月下旬,区质监局对商场超市、加油场站所售商品的商品条码进行检查。检查共涉及生活百货、儿童玩具、学生文具、厨卫用品、软包装食品、加油站所售产品等六大类近千种商品。对检查中发现问题的单位,执法人员对其进行立案处理。

(杨宗耀)

【养老机构星级评定】 11月20日—22日,区质监局和区民政局共同组织业内专家,成立星级评定专家组,对3家养老机构开展星级评定工作。经过听取汇报、查看档案自评材料、现场检查设施设备和服务、满意度测评、讨论审核评定,春晖颐老年公寓和颐和康泰养老护理院2家养老机构符合二星级标准要求,颐养年养老院符合一星级标准要求。

(杨宗耀)

【质量提升行动年】 年内,区质监局开展"质量提升行动年"活动,全面推进落实质量提升行动。扎实开展"服务零距离、质量零缺陷"企业质量技术服务行动。先后走访国家无线电监测检测中心、中关村高新技术产业园区VR生产企业、首钢自动化技术有限公司,专门就质量提升工作进行调研,摸清企业需求,确定服务企业方向。制定石景山区百城千业万企对标达标提升专项行动方案,通过标准提升促质量提升,4家企业确定开展对标达标工作。对全区93家工业产品生产企业和58家3C企业进行摸底排查,了解企业生产状况和质量提升难点,通过引导企业加强全面质量管理和质量投入,实现质量水平链式提升。狠抓质量品牌建设,会同水孩儿童装、天山新材料等企业开展石景山区中国品牌日宣传活动。组织区属重点企业代表走进北京建筑材料科学研究总院有限公司参观学习,围绕"标准引领质量提升"主题,交流研讨推进标准化和质量管理的先进经验,为质量提升工作出谋划策。到国家建筑防火产品安全质量监督检验中心和国家节水器具产品质量监督检验中心走访调研,听取企业实际需求,现场召开专题党组会议,研究部署质量提升工作。

(杨宗耀)

【空气污染防控】 年内,区质监局制定并实施《2018年度石景山区质监局蓝天保卫战行动计划》,落实《石景山区质监局重污染天气应急预案》。在重污染天气和两会期间加强对重点企业的检查,对存在空气污染隐患的胶黏剂生产企业抽样检测11次,检测结果全部合格。强化机动车检验检测机构管理,落实《北京市机动车检验检测机构记分制管理办法》,监督检查京西五环机动车检测场。对环保督察中反馈的问题开展督导整改。完成5家加油站油气回收监测系统验收任务。

(杨宗耀)

【推进质监改革】 年内,区质监局持续优化营商环境,落实各项质监改革。推进落实政务服务"一网、一门、一窗、一次"改革任务,进一步简化优化许可审批事项办理流程,扩大"一站式"办理范围和工作力度,对公共服务事项办理材料、程序进行优化、简化,实现让办事群众"最多跑一次"。所有事项全部实现网上办理。进一步优化综合服务中心行政辅助职能,加强"互联网+政务服务"建设,实现所有公共服务事项全部网上办理。进一步开展"双随机、一公开"执法检查,全年双随机检查649起,同比增长14.7%,占全部执法检查57.9%。联合工商部门探索跨部门双随机新机制,进一步完善跨部门联合双随机抽查工作"两库一清单"建设,全面推进市场主体一体化监管。

(杨宗耀)

【计量保障民生】 年内,区质监局注重抓好民生计量保障诚信体系建设,重点对涉及民生的集贸市场、大型超市、旅游景点、餐饮企业等进行检查。全年完成节日期间专项检查180家(次),出动人员360人(次);对全区151个社区的"一刻钟"蔬菜零售服务网络销售场所开展监督检查,发放《诚信计量承诺书》,督促建立计量管理制度。对区内个体出租车计价器开展专项双随机检查活动,检查单位5家,处罚8车(次)违法现象。

(杨宗耀)

【妥善处置汽车三包申诉】 年内,区质监局妥善解决汽车三包申诉,调解双方,严格按照三包争议程序和要求,对举报问题处置解决,切实保障消费者的合法权益。全年接到汽车类申诉投诉68起,全部按时限调解到位,处理率100%。

(杨宗耀)

【完成16家加油站改造】 年内,区质监局推进加油站回收在线监控系统改造,并将此项工作被列入"北京市蓝天保卫战2018行动计划"。10月,完成区内应改造的16家加油站的改造工作。

(杨宗耀)

【严格依法行政】 年内,区质监局开展行政执法1115起;查处案件367件,其中立案案件79件,当场处罚案件223件,开具特设指令书56件,责令改正9件。罚没款378180元,同比增长99.04%。受理投诉举报273件。其中接12365投诉举报中心任务116件。接区政府行风热线157件。案件办结率及到期回复率均做到100%。

(杨宗耀)

【特种设备检验检测】 年内,石景山区在用特种设备7737台,其中锅炉155台,压力容器1286台,压力管道56

条,电梯 5248 台,起重机械 824 台,厂内机动车 139 辆,大型游乐设施 28 台,客运索道 1 条。特种设备使用单位 681 家,维保单位 156 家。区质监局特种设备检测所完成特种设备检验检测共 6191 台件、压力管道检验 1242 米。其中电梯 3964 台,安全阀 1507 台,锅炉 191 台,压力容器 248 台,起重机械 176 台,厂内机动车辆 105 台。

(杨宗耀)

【电梯惠民工程】 年内,区质监局落实市局既有住宅加装电梯“三通一免”工作要求,开通告知、检验、使用登记“绿色通道”,及时办理开工告知;联系北京市特种设备检测中心,缩短检验报告、使用登记办理时间,做到当天受理,当天办结,全力服务既有住宅增设电梯工作,解决老旧住宅居民出行难题。全年两个老旧小区加装外挂电梯项目,涉及 24 台电梯。

(杨宗耀)

【电梯安全专项治理】 年内,区质监局推进高风险电梯安全隐患专项治理,将隐患治理与专项维修资金使用政策及政府救济制度有效衔接,落实使用单位、行业部门及属地职责,建立电梯风险预警和隐患治理综合机制。明确电梯安全隐患排查治理工作的领导职责,督促各行业管理部门制定本行业电梯隐患治理制度;按照原北京市质量技术监督局《关于通报全市高风险电梯安全评估情况的函》和区领导批示要求,及时通报评估结果,结合全区电梯现状及电梯安全评估情况,起草并以区安委会名义印发《石景山区高风险电梯安全评估隐患治理工作方案》,分类做好 14 家使用单位 140 台高风险电梯的消隐,促进相关行业部门和街道尽职履责,消除电梯安全隐患,按照高风险电梯安全治理工作方案要求,按时完成电梯消隐治理工作。

(杨宗耀)

【强化特种设备安全监管】 年内,区质监局按照特种设备监督检查要求,通过“双随机、一公开”及专项检查等方式,加强重点区域、重点设备的检查工作,严格落实安全监管职责,重点查处特种设备管理中存在的严重违法行为。全年对特种设备使用单位实施日常监督检查 274 家,出动执法人员 548 人次,发出安全监察指令书 51 份,责令改正通知书 5 份,立案 24 件,一般程序处罚 9 件,当场处罚 7 件,罚款金额 25.98 万元,处理涉及特种设备的投诉举报 140 起,其中涉及电梯投诉举报 138 起。

(杨宗耀)

【办理行政许可事项】 年内,区质监局依法为 374 个单位办理行政许可业务 1679 台件,送达 271 家,共计 1161 台(件)。其中网上受理 135 家 1126 件,接待咨询业务 2318 件。全年未发生投诉和纠纷事件,群众满意率 100%。

(杨宗耀)

【标准化工作经费投入】 年内,区质监局强化标准引领,对达标、推进现代质量综合管理体系建设、品牌创建、企业科技创新工作等方面优秀企业进行奖励。全年共申请标准补助资金 182.9 万元,其中标准补助资金 176.6 万元,企业标准公开评价课题研究 2 万元,标准化专项资金评审专家费 3000 元,标准化宣传经费 4 万元。

(杨宗耀)

安全生产监督管理

【概况】 石景山区安全生产监督管理局(简称区安监局)是辖区安全生产综合监督管理的政府职能部门。年内,区安监局围绕“四化三体系双基”(四化:安全生产工作的法治化、标准化、信息化和社会化;三体系:隐患排查治理体系、安全预防控制体系和安全生产责任体系;双基:即安全生产基层基础工作)总任务和“两个生态”建设,以推进安全生产领域改革发展为牵引,全面落实安全生产责任,预防和减少各类安全生产事故,辖区安全生产形势持续平稳。区四套班子领导先后 28 次带队到 106 家企业开展安全检查督查。区安委会办公室先后组成 12 个安全生产督导组督导重点工作落实。区政府与 49 家相关部门和单位签订个性化安全生产目标责任书。实现安全生产责任全覆盖。开展安全隐患治理“三大行动”,全区排查整治各类安全隐患 16333 项,拆除存在安全隐患的建筑 1575 处,打通生命通道 169 条,关停企业 291 家,处罚 328 起,处罚金额 200 余万元,行政拘留 25 人,疏解人员 3050 人,成立“老街坊”消防队 151 个,全区 593 项市级挂账隐患如期销账。全年发生交通、消防、生产和特种设备安全生产亡人事故 4 起,死亡 4 人。事故起数同比减少 6 起,下降 60%;亡人数同比减少 6 人,下降 60%,实现事故起数和死亡人数“双下降”。未发生消防、特种设备和铁路运输亡人事故。生产经营性事故亡人控制率下降 60%,超额完成市政府下达下降 5%的任务目标。

(颜惠军)

【安全生产工作部署会】 4 月 10 日召开。会议总结通报 2017 年全区应急和安全生产工作,对 2018 年应急和安全生产重点工作任务进行部署。全区 62 个安委会成员单位主要领导参加会议。会议强调:要坚持问题导向,客观辩证的分析安全形势,进一步增强做好安全工作的紧迫感。要层层压实责任、不断强化“四个意识”,进一步落实好安全监管职责。要强化应急管理,加强安全应急基础建设,不断提升应对突发事件的处置能力。要强化综合治理,突出安全生产工作重点,确保年度重点工作任务高效完成。

(杨云超)

【宣传周启动仪式】 4 月 25 日,区安监局在北京京西燃气热电有限公司举办第 16 个《职业病防治法》宣传周启动仪式。市安监局副局长阎军、石景山区副区长谢静出席活动。宣传周以“健康中国,职业健康先行”为主题,通过图片展示、发放宣传品、现场咨询等方式普及《职业病防治法》及其配套规章、标准和常见职业病防治科普知识,营造全社会共同关注职业病防治的氛围。市安监局、市职业病防治联合会以及区安监局、卫计委、人保局、总工会、广宁街道相关领导参加活动。全区各街道、相关职业卫生用人单位 230 余人参加活动。

(李　勇)

【安全隐患大检查】 4月—6月,区安监局开展生产安全和消防安全隐患大检查,整改各类安全隐患14029处,查封企业150家,关停企业162家,行政罚款215.7万元,行政拘留56人。

(颜惠军)

【全国安全宣传咨询日】 6月16日,全国安全宣传咨询日主会场活动在首钢技师学院举行。活动以"生命至上、安全发展"为主题,设置8大宣传板块。北京市相关应急救援队队员、应急救援装备展示企业,石景山区安全生产专职安全员、企业职工、街道社区群众、中小学生、志愿者等约3000人参加主会场活动。国务委员王勇、国务院副秘书长孟扬,应急管理部党组书记黄明、副部长尚勇、消防局副局长琼色,北京市市长陈吉宁、副市长卢彦以及代区长陈之常等出席咨询日活动。全区各街道及相关行业部门采取进企业、进校园、进街道、进社区、进公共场所等形式,开展安全生产知识宣传活动,悬挂横幅1600条,摆放展板600余块,发放宣传材料5万余份,2万余名群众受到安全教育。

(颜惠军)

【出台改革发展实施方案】 9月3日,第26次区政府常务会议原则通过《石景山区关于进一步推进安全生产领域改革发展的实施方案》。区十二届区委深改组第七次全体(扩大)会议于29日审议通过。《方案》包括总体要求、主要任务和保障措施三个部分。总体要求,重点明确指导思想和工作目标。重点任务围绕健全落实安全生产责任体系、完善安全监管监察体制、推进安全生产依法治理、推进安全预防控制体系建设、夯实安全基层基础保障能力5个方面30条内容,提出具体改革意见。保障措施,重点明确加强组织领导、注重统筹协调和加强考核督导3个方面内容。

(颜惠军)

【集中约谈有限空间作业单位】 9月,区安监局吸取顺义"9·29"有限空间作业事故教训,集中约谈7家城市运营行业有限空间作业单位负责人。约谈中,就近期有限空间作业专项执法监察工作中发现的违法违规情况进行通报,对下阶段重点工作作出具体安排。有限空间作业单位逐一汇报本单位工作落实情况。会议要求,严格落实企业安全生产主体责任,加强有限空间作业管理,吸取事故教训,举一反三全面提升工作水平,切实做到安全生产责任到位、投入到位、培训到位、管理到位和应急救援到位。

(李　勇)

【职业病危害普查】 10月30日,石景山区完成职业病危害普查工作。区质监局根据市安委会《北京市重点行业领域生产经营单位职业病危害基本普查工作方案》要求,坚持早安排早部署,先难后易,逐步推进,共普查生产经营单位630家。

(李　勇)

【首个安全文化体验馆】 12月10日,石景山区首个安全文化体验馆完成验收。安全文化体验馆位于八角街道时代花园社区,包含主题宣教区、素质测评区、3D互动区、安全科普区、应急体验区等8个区域。馆内特别设置立体式VR交互平台,通过自身体验、寻找安全隐患小游戏等寓教于乐的方式让广大群众对安全文化有更直观的认识和最直接的体验,增强社会公众安全意识。

(颜惠军)

【年度重点任务】 年内,区安监局根据市政府下达的95件执法处罚任务,与区住建委、商务委、文化委、旅游委、体育局和城管委7个部门加大安全执法监察力度,合计完成年度任务的448%。全年435家企业完成标准化达标创建,完成年度任务的108.8%。50家企业完成岗位清单编制工作,完成年度任务的100%。930家企业参加安责险投保或续保,完成年度任务的116.2%,累计投保资金约198万元,保障额度50余亿元。组织2107名生产经营单位主要负责人或安全管理人员的安全培训,完成市政府下达任务的104.3%。

(颜惠军)

【烟花爆竹安全监管】 年内,石景山区在五环路外设置2个烟花爆竹销售点,春节期间配货1811箱,销售1778箱。2017年同期配货6950箱,同期减少5139箱,销售4620箱,同期减少2842箱(62%)。烟花爆竹销售期间,区安监局与相关街道共出动执法人员178人次,车辆66车次,检查烟花爆竹零售点及重点危化单位68家次,消除安全隐患11项。

(董军岭)

【4家企业退出危险化学品经营】 年内,区安监局推进非首都功能企业疏解,将技术、工艺和装备落后,难以采用先进技术的危险化学品经营企业作为调整退出对象。采取宣传疏导、加大对拟退出企业执法检查力度等方式,确保企业退出并防止退出期间发生问题。北京京西医疗器械中心五里坨供应站等3家企业安全退出危险化学品生产经营,北京天龙燃气有限公司退出城镇燃气经营。

(颜惠军)

【区领导带队督导检查】 年内,区委、区政府相关领导带队督导检查48次,对人员密集场所、建筑施工、危化企业、交通运输、养老机构、中小学校、医疗卫生单位及水、电、气、热等重点行业领域开展安全检查。同时,以"党政同责、一岗双责、齐抓共管、失职追责"实施细则为抓手,每季度对行业部门和属地街道开展1至2次的督导检查,发现问题,及时通报,提出工作改进措施,确保各项工作落实到位。

(颜惠军)

【执法检查】 年内,区安监局以"严执法、消隐患、强管理"为基本思路,坚持法定职责必须为、法定职责充分为,严厉打击安全生产违法行为。全年检查生产经营单位1182家,完成市局下达任务的315.2%,排查整改隐患1066处;行政处罚213起,完成市局下达任务的284%;行政处罚116.6万元;人均检查47.28件,人均处罚8.52件,行政处罚职权履行率9.93%,完成年度执法任务。

(颜惠军)

审　计

【概况】 石景山区审计局(简称区审

计局)是负责辖区审计工作的区政府职能部门。设有办公室(主体责任办公室)、审计综合科(信息管理科)、财政金融审计科、固定资产投资审计科、经济贸易审计科、行政事业审计科、经济责任审计科7个科室,下设石景山区审计指导中心和经济责任审计中心2个全额拨款事业单位。年内,区审计局审计单位23个,其中审计19个,专项审计调查4个。查出主要问题金额52363万元,其中违规金额100万元、管理不规范金额52263万元;审计发现非金额计量问题137个;损益(收支)不实金额1473万元;出具审计报告和专项审计调查报告29篇,被批示、采用23篇次。审计处理处罚金额12177万元,其中应上交财政68万元、应归还原渠道资金134万元、应缴纳其他资金0万元、应调账处理金额11972万元;移送司法机关、纪检监察机关和有关部门处理事项0件,移送处理人员0人,移送处理金额0万元。审计促进整改落实有关问题资金10915万元;审计促进拨付资金到位0万元;审计后挽回(避免)损失0万元;核减投资额5177.38万元;移送处理落实事项0件。审计提出建议145条,被采纳141条;推动被审计单位制定整改措施89项;促进被审计单位建立、健全规章制度39项;促进修改法规0条;提交审计信息202篇,被批示、采用116篇次。向社会公告审计结果17篇。区审计局实施的石景山区教育委员会2014年1月至2017年6月校园文化建设专项资金管理使用情况专项审计调查和石景山医院党委书记、院长任职期间经济责任审计项目被评为北京市审计局表彰审计项目,且连续10年被评为北京市审计机关信息工作优秀单位,1人被评为北京市审计机关优秀信息工作个人,1篇论文在第四届北京审计青年论坛论文评比中获奖。在石景山区“平安北京”考核中被评为优秀等次。

(邵建设)

【重大政策落实跟踪审计】 年内,区审计局根据审计署、市审计局统一部署,继续对石景山区重大政策措施落实情况进行跟踪审计,重点审计“疏解整治促提升”专项行动、架空线入地工作、公共厕所改造升级以及上年政策跟踪审计查出问题的整改落实等情况。审计结果显示,各部门、各单位能够认真落实各项重大政策措施,项目落地、资金保障等情况良好。“疏解整治促提升”专项行动各项任务按照既定工作方案平稳有序推进;架空线入地工作基本完成;建筑物屋顶以上广告牌匾规范设置工作全部完成;公共厕所改造升级完成并通过验收;减税降费政策措施落实情况良好,未发现捆绑收费或变相收费等情况。上年跟踪审计发现的问题均整改到位。

(邵建设)

【政府重点建设项目审计】 年内,区审计局对70个重点建设项目开展审计监督,其中建设工程63项、土地一级开发7项,涉及市政基础设施、能源和生态环境提升、棚户区改造项目等,重点对工程造价控制、招投标和工程建设程序履行、资金管理使用、后期维护等方面进行审计。完成银河商务区配套道路建设、苹果园地铁周边环境整治、莲石路绿化改造等5项工程审计。审计发现部分项目存在建设程序履行不完善、监理履职不到位、招投标程序不规范等问题。通过审计,节约财政资金5177.38万元;未审结项目阶段性审减工程造价105495.54万元。

(邵建设)

【环境建设资金审计】 年内,区审计局对区环境建设重点项目资金管理使用情况进行专项审计调查。审计结果表明,石景山区完成市区环境建设任务,环境建设资金使用基本合理。审计发现:资金使用方面存在未按规定用途使用项目资金的问题;项目招投标及工程监理方面存在招标文件资料不规范、监理履职不到位造成工程进度款计量不准确问题;施工管理及后期维护方面存在个别工程质量不合格、个别工程未完工通过竣工验收问题。

(邵建设)

【文物保护专项资金审计】 年内,区审计局对区文物保护专项资金管理使用情况进行专项审计调查。审计结果表明,石景山区文物保护资金投入保障区文物保护基础设施建设,重点项目实施加强了对文物的保护,使历史文化遗产得以传承,文物保护资金管理基本能够按规定执行。审计发现:文物保护方面存在个别文物单位管理不善的问题;项目管理方面存在部分工程评标程序不规范、评标委员会不符合规定、合同约定付款比例及工期与招标文件不符、合同条款存在风险问题;政府采购程序执行方面存在监控设备、物业服务未按规定实施政府采购,个别采购行为出现中标日期晚于合同签订问题。

(邵建设)

【财政审计】 年内,区审计局对年度区级预算执行和其他财政收支情况进行审计,重点为财政政策执行、政府预算管理、国库集中支付管理、国有资本经营预算管理等内容。审计发现,预算编制执行及决算草案,其他财政收支及内部管理等方面还存在一些问题。

(邵建设)

【企业审计】 年内,区审计局重点对北京石泰基础设施投资有限公司财务收支情况进行审计。审计结果表明,北京石泰基础设施投资有限公司财务收支基本合规。审计发现:内部管理方面存在单位内部管理制度建设不完善、部分大额资金支出未经集体决策或支出审批不严、企业债权管理不到位且重要借款合同要素不合理问题;财务管理方面存在管理费收入计提不规范、收入挂账往来科目、现金管理不合规、无依据调账问题;工程管理方面存在项目管理信息化手段不能满足需要、部分工程项目推进缓慢、部分完工项目结余资金未及时上缴财政问题。

(邵建设)

【自然资源资产审计】 年内,区审计局结合老山街道财务收支审计,对老山街道自然资源资产管理和生态环境保护情况进行审计。审计结果表明,2017年老山街道辖区内空气质量有所好转,PM2.5年均浓度达到政府折子工程和目标责任下达要求,完成政府下达的大气污染防治工作任务，生态环境保护工作传达、组织、执行基本到位。审计发现：单位履职方面存在环保网格化管理工作落实不到位的问题；资金使用方面存在个别环保项目内容变更未报请工委会研究、大气污染防治用品采购审批程序倒置、超范围使用大气污染治理资金的问题。

（邵建设）

【内部审计】 年内，区审计局组织全区29名内审人员到南京审计大学培训；注重对内审人员的培养锻炼，择优抽调5名内审骨干参与全区部门预算执行现场审计，锻炼内部审计人员的审计实战能力；组织全区内审人员参加《审计署关于内部审计工作的规定》知识竞赛。

（邵建设）

国有资产管理

【概况】 石景山区国有资产监督管理委员会（简称区国资委），围绕区委区政府"一二六"工作思路和政府工作报告提出的中心任务，立足部门工作职责，在市国资委指导下，深化国资国企改革，推进国有企业经济效益和发展质量提升，引导国有企业在各项重点工作中发挥主力军和排头兵作用，服务于区域战略目标实现。系统内一级监管企事业单位10家，二级及以下51家；年末从业人员数2384人。全年系统内区属国企营业收入累计实现27.5亿元，同比增长71.9%；利润总额2.3亿元，同比增长21.0%；上缴税金1.9亿元，同比增长36.0%。年末，区国资委系统企业资产总计407.8亿元，同比增长53.7%；净资产合计134.8亿元，同比增长11.6%。

（田明月 裴 培）

【国企改革】 年内，区委办、政府办联合下发《关于全面深化区属国资国企改革的实施意见》，国资委印发《区国资委监管企业改革工作方案》。北京市房屋经营和市场管理中心及所属事业单位由经营类事业单位转制为企业，完成工商登记工作，新公司名称为北京石房投资管理有限公司；市园林绿化局与区政府签订《项目合作框架协议》，约定市园林绿化局将其下属琅山苗圃进行事业单位转企改革后，整建制无偿划转给本区；宏润公司成立北京宏润商业运营管理公司；实兴腾飞公司参与五里坨建设组团一（1601－029）等地块的合作开发；国资公司将所持有的石开公司股权无偿转让给实兴腾飞公司；天泰兴业公司100%股权由实兴腾飞公司无偿划转至石泰公司；国资公司收购首钢总公司持有的北京燕金源置业有限公司股份；国资公司转让所持有的北京融科鼎盛投资有限公司股权。

（山 杉）

【精准扶贫】 年内，根据《石景山区2018年精准扶贫工作计划》，区国资委与内蒙古莫旗尼尔基镇结对，区国资委系统企业与内蒙古宁城、莫旗5个贫困村结对开展产业帮扶。区国资委系统开展10个产业帮扶项目，总投资288.52万元，涉及养殖业、危房改造、扶贫车间等多种行业，通过设置公益岗位、项目收益分红的形式，惠及建档立卡贫困人口427户1133人。

（刘 婕）

【国有资产管理】 年内，区国资委修订印发《区国家出资企业产权登记管理暂行办法》《区国有企业资产损失核销暂行办法》和《国资委系统国有经营性房屋管理办法（试行）》。首次引入资产评估事项专家评审制度，召开专项评审会，组织资产评估专家对资产评估事项进行专项评审。研发设计国资委系统经营性房屋管理平台，动态显示国有经营性房屋相关情况，实现国资委系统经营性房屋管理由传统电子台账管理向信息化平台动态监管转变。

（赵天翊）

【疏解整治促提升】 年内，区国资委根据区"疏解整治促提升"专项行动整体安排部署，在全系统持续开展疏解整治促提升专项行动。全力推进十项"疏解整治"，实现国资委系统出租房屋环境综合整治"动态摸排、动态清零"。着力推动六项"促提升"，切实发挥区属国有企业的平台作用，促进国有经营性资产转型升级。统筹谋划腾退土地和空间再利用，实现腾退土地及空间的集约高效利用，防止人口和低质低效产业再聚集。建立完善"控新生防反弹"管理机制，在巩固既有工作成果基础上，切实形成长效管控机制，严格杜绝新生复发反弹。举办"携手联动强法治 护航国企疏整促"专题系列讲座，依法保障护航国有企业专项行动和改革发展。详细梳理"疏整促"专项行动遗留问题，协调各方研究推进历史遗留问题的解决。

（赵天翊）

【业绩考核与薪酬管理】 年内，区国资委出台《区属国有企业负责人薪酬管理暂行办法》《区属国有企业负责人经营业绩考核暂行办法（商业类）》《区属国有企业负责人经营业绩考核暂行办法（公益类）》三个办法，推进企业负责人收入分配的市场化、货币化和规范化。研究制定《财务总监薪酬考核管理暂行办法》，明确对财务总监的薪酬管理与监督职责。

（裴 培）

【审计监督】 年内，区国资委与区审计局联合出台《石景山区国资委关于区属国有企业审计工作的实施办法（试行）》，为国资委依法依规履行内审职能提供文件依据和政策支撑。

（裴 培）

【国有资本经营预算】 年内，区国有资本经营预算收入执行收缴750万元。国有资本经营预算支出安排562.5万元，上缴一般公共财政预算187.5万元，全部用于民生项目、解决历史遗留问题、加强国资监管等。

（裴 培）

【重大建设项目】 2018年的重大建设项目有：石泰公司实施模式口文保区修缮改造工程。模式口大街中段市政设施及道路施工基本完成，房屋外立面逐步修缮还原历史风貌，招商引入京式旗袍制作、京剧戏曲、京胡制作等非遗、老字号商家。衙门口棚改项目西区回迁安置房施工启动，东区回迁安置房进入施工准备。棚改项目现场设置建筑垃圾资源化处置基地，建筑垃圾自行消纳，产出材料就地利用，实现经济效益、社会效益、生态效益三赢。国实公司双创园一级开发项目完成双创园厂房及代征绿地近6万平方米的拆除任务，顺利支付三家单位拆迁腾退款，谋划一、二级联动开发事宜。

（田明月）

【布局蔬菜网点、幼儿园】 截至年末，区国资委系统蔬菜网点累计选址36处，开业32处。宏润公司和房管中心采取回租、回购等方式开展便民菜站网点布局建设，有效弥补疏解整治后的蔬菜网点缺口。万商集团注册教育公司，与区教委协议开办5所公办普惠幼儿园，其中老山园、古城园、莲石湖园于年内开园。

（田明月　刘　婕）

【安全生产】 年内，区国资委系统强化安全责任，实行党政主要领导负总责、分管领导具体抓、领导班子全员责任包干为主要内容的安全生产工作“一岗双责”制。指导10家监管企业设置安全生产管理机构，设置专职安全员。聘请第三方安全中介机构、专业人员指导隐患排查。开展全系统安全生产培训，普及安全生产知识，强化安全生产责任意识。

（邓智勇）

工商行政管理

【概况】 北京市工商行政管理局石景山分局(简称工商分局)主要负责辖区内市场经济主体登记、商标广告监督、经济合同监管、市场竞争监管、流通领域食品安全监管、打假维权等工作。2018年，工商分局围绕市局和区委区政府各项工作部署，树立“四个意识”，不断提升绩效管理，持续推进改革创新，在辖区市场秩序保障、营商环境建设和消费权益维护等工作中进一步发挥主力军作用，在石景山区“高端提升、绿色崛起”战略中作出新的贡献。截至年末，石景山区市场主体总数48968户，同比增长-0.46%，其中企业39559户，同比增长4.17%，个体工商户9409户，同比增长-16.13%，亿元以上企业844户，同比增长6.16%。

（李　颖）

【企业开办大厅对外运行】 3月19日，石景山区企业开办大厅正式对外运行。大厅设在工商分局一层，占地面积600平方米，设置“等候休息区”、“材料填写区”、“自助服务区”等区域，工商、公安、法人一证通、税务等相关部门集中入驻、独立运行，实现新开办企业“只进一门”。专门组成“企业开办便利化工作专班”，组建14人工作团队，设置10个工作位，并成立“帮办”团队，建立由工作专班、业务对应科室和岗位工作人员组成的三级工作推进落实机制。通过实行企业开办一次材料申报、一个企业开办窗口受理、帮办团队后台流转、全程5日办结，实现新开办企业“只对一窗”。22日，大厅发出全市第一张“一窗式”办结新开企业证照，率先将企业开办时长压缩至3天。新大厅以“一厅、一窗、三区、N后台流转”作为工作模式，实现“只进一门，只对一窗”、“3日办结”。截至年末，共办理新开企业营业执照2433户，其中全程电子化办理1598户(网上办事率65.68%)，累计办理刻章业务2327户、地税报到514户、申领国税增值税发票67户。

（李　颖）

【全国会议代表考察开办大厅】 4月27日，来京参加国家市场监管总局压缩企业开办时间全国工作会议的各省、直辖市、计划单列市、副省级城市工商和市场监管部门相关领导130余人，集体赴石景山区企业开办大厅观摩考察优化营商环境提升企业开办效率改革成果。来自全国各地的会议代表们现场观看石景山区企业开办全流程纪实资料片，实地观摩企业开办大厅“一窗、三厅、N后台流转”办理流程。会议代表们对石景山区企业开办便利化改革成果一致认可。一是企业开办大厅“一窗受理、后台流转、一窗申请、5日办结”工作模式大大提高企业开办效率；二是石景山区企业开办全流程纪实资料片从新设立企业角度，全程全景纪实5日办结全流程，方便办事群众自学自助办理；三是石景山区落实北京市优化营商环境“9+N”政策体系宣传包整合工商局、公安局、国税局、地税局、发改委、投促局、质监局等相关各部门一揽子政策信息，并单独编制中英文双语版企业开办“易单通”，让中外创业者一图读懂全部办理过程。

（李　颖）

【市首例“证照分离”营业执照】 6月11日，在区企业开办大厅，市工商局副局长方葆青、区领导田利跃和市食药监局副巡视员张殿祥共同向北京京御康源中医药研究院有限公司发放“证照分离”改革后的北京市首例营业执照、印章、发票和第三类医疗器械经营许可证。“证照分离”是指在涉企备案、登记类证照事项充分整合、取消的基础上，进一步清理和取消一批行政许可事项，推动一批行政许可事项改为备案，推动一批行政许可事项实行告知承诺制、提高透明度和可预期性以及强化准入监管等三种形式，将企业经营所需的营业执照和能分离的许可类证相分离，提高企业“准入准营”效率。北京市作为全国首批“证照分离”改革试点省市之一，逐步推开相关改革工作，进一步压缩审批流程，让“最多跑一次”承诺有效落地，进一步满足市场主体对“快入准营”的需要。

（李　颖）

【企业信息公示】 截至6月30日，石景山区有33563户企业、7823户个体工商户通过“全国企业信用信息公示系统(北京)”提交并公示年报，内资企业年报率91.06%，个体年报率82.26%，总体状况良好。全年，新列入经营异常名录4856条，4470户，占分局企业总数11.58%；新移出经营异常名录2228条，1970户，占分局企业总数5.13%。列入严重违法企业722条，682户，占分局企业总数1.77%。截至年底，石景山区企业经营异常名录11528条，6984户，占分局全年企业总数的18.09%。全年新增个体工商户标记1637条，1618户，占分局个体总数16.77%；恢复正常501条，392户，占分局个体总数4.06%；个体工商户共标记7725条，4973户，占分局个体总数的51.53%。

（李　颖）

【创新政策服务民企】 11月19日，工商分局在全市率先创新“优化营商环境企业服务卡”(简称“优服卡”)，服务对象覆盖重点企业、民营企业、小微企业。出台十项具体措施，包括：即来即办、只约一次、全程专人服务、容缺受理、简易注销、注销全程电子化、重点招商企业全程直核、特殊需求绿色通道、外企全程指导、全市企业档案通查等，进一步提高辖区创业企业获得感。

(李 颖)

【设立商标受理窗口】 年内，工商分局将商标受理窗口设在企业开办大厅，成为北京市第三家区级商标注册便利化改革试点窗口，同时也是北京市唯一一个设立在京西地区、辐射京津冀的国家委托商标受理窗口。2月，原国家工商总局发布《关于开展商标文件电子发文试点的公告》实施商标文件电子化后，窗口还受托通知发放发票、受理通知书、初步审定公告通知书等商标文件。窗口设立以来，吸引全国各地的企业前来申请注册商标，其中本市申请者最远来自密云区，外埠申请者最远来自广东省，为石景山区以及京津冀地区的企业带来极大便利。截至年末，商标窗口办理商标921件，其中石景山区企业商标511件，本市其他区313件，外省市97件。石景山区有注册商标3.6万件，较“十二五”期末增长184%，在全市排名第九，其中每万户市场主体商标拥有量7123件，在全市排名第五。

(李 颖)

【开展专项整治】 年内，工商分局联合相关部门累计查处无证无照市场主体54户，整治“开墙打洞”违法点位42处，完成上年待提升点位39处，治理保持重点街巷54条，基本完成全年封堵销账任务。下半年按照石景山区疏整促三年工作方案，联合各街道、社区建立“双核验”机制，通过多部门联合动态核验，基本实现“动态清零”目标。

(李 颖)

【监管平台建立】 年内，工商分局被列入市工商局“市场主体风险洞察系统”开发应用试点分局，配合国家市场监管总局开展综合“双随机、一公开”(指行政机关、法定授权组织在市场主体名录库中随机抽取一定比例的检查对象，在执法检查人员名录库中随机抽取执法检查人员，依照法定职责进行监督检查，并将抽查检查结果通过公示系统等平台向社会公开接受监督的监管执法活动)监管改革。工商分局利用“石景山区企业信用监管和服务平台”，为市工商局牵头建设跨部门“双随机、一公开”监管统筹平台提供支持。同时，企业信用监管和服务平台在石景山区疏整促专项行动、城市管理综合执法、电动车专项整治、打击非法集资防范金融风险等重点跨部门工作中有效发挥技术支撑作用，提升事中事后监管水平。

(李 颖)

【环保领域执法】 年内，工商分局落实北京市蓝天保卫战2018年行动计划，加大流通领域特殊商品抽检力度。累计抽检商品样本109组，发现不合格率8.25%(9组)，对问题商家和产品立案处理；重点抽检成品汽柴油和车用尿素等汽车耗材22组；抽检建筑涂料、超薄塑料袋12组，全面排查无证无照加油站和不合格油品、建材产品。

(李 颖)

【落实创城指标】 年内，工商分局对照创城指标体系要求，履行窗口部门职责，对局机关和工商所两个层级、7个政务服务窗口进行全面规范化改造，基本达到创城标准。推动建立区域消费纠纷风险预警制度，优化消费环境，成为石景山区多元纠纷解决机制的有效组成部分。开展“文明商户”创建和“优化营商环境人民满意窗口”评选活动，做好中央文明办和首都文明办测评迎检工作。

(李 颖)

【“双随机”抽查】 年内，工商分局开展抽查24批次3164户企业，占全年企业总数38601户的8.2%，其中抽查结果正常1574户，占抽查户数的49.75%，通过登记住所无法联系的1548户，占抽查户数的48.92%，其他问题42户，占抽查户数的1.33%。此外，开展重点检查5批次52户，检查结果存在问题31户，占59.61%；联合区国税、地税局吊销企业509户，吊销个体工商户1030户。

(李 颖)

【商品质量案件查办】 截至年末，工商分局立案43件，结案36件，罚没款23万元，罚没款比上年增长200%。在抽检、办案过程中推进28863程序标准运用，强化不合格商品追溯力度。对5件抽检不合格案件用GB/T 28863标准追溯，罚没款12万元。

(李 颖)

【网络市场监管】 年内，工商分局结合辖区网络经济发展特点牵头建立区级层面网络市场监管联席会议制度，联合市发改委、经信委、公安局等8家政府部门共同落实网监专项行动任务；在系统内部成立网监工作领导小组，强化部门协作配合，推动线上线下一体化监管，重点查处网络侵权假冒、虚假违法广告、虚假宣传、不正当竞争等违法违规行为，督促网络交易平台经营者落实主体责任。全年共检查各类网站、网店1500余个次，查办各类涉网案件50件，罚没款总额211余万元。完成平台经营者履行社会责任执法检查、网上违规销售电动车专项治理、线上教育培训机构执法检查等11项专项行动；利用“红盾云桥”案件协查平台功能协助办案部门获取涉嫌违法主体的基础数据和经营信息8次。

(李 颖)

【维护消费者权益】 工商分局全年接到消费者投诉9899起，举报2136件，合计12035件。其中，国家工商总局全国互联网投诉4327起，市政府12345便民热线2973件，市局12315系统和消协96315系统投诉6219件。投诉比去年上升343.70%，举报上升217.38%。投诉立案119件，举报立案121件。12345便民热线按时办结率100%。群众满意率90%。推动政府在消保维权中的领导作用，参与区社会矛盾多元化解平台建设，成为第一批上线的政府部门，依靠政府解决群访群诉事件3起。

(李 颖)

【青少年维权知识竞赛】 年内，工商

分局联合区消协、食品办与区教委、物美集团等单位，共同举办第十六届“物美杯”青少年维权知识竞赛，开展放心消费在社区讲座15场，宣传整治非法电动车、老年保健品欺诈、校外教育机构整顿等执法和民生热点问题，提高百姓防范意识，增加群众对政府严格执法的理解和信任度。

（李 颖）

【商标管理和广告监测】 年内，工商分局联合园区、知识产权局等部门，推动实施商标注册申请代办规范，实现代办管理规范，提升窗口服务效能。2月，国家工商总局发布《关于开展商标文件电子发文试点的公告》，至年末窗口接收并传达受理通知书640件，补正通知书40件，初步审定公告通知书142件。结合辖区情况调整科、所监管布局，抓好媒体监测基础，找准风险点，采取有效措施。全年共监测媒体广告1.3万余条次，违法广告0.01%。

（李 颖）

【动产抵押进政务大厅】 年内，工商分局落实市局《做好动产抵押登记进驻政务服务大厅工作通知》的相关要求，完成人员确定、窗口安排、相关工作设施、政务服务大厅设立电子指示牌的配备，第一时间完成相关动产抵押登记工作平台受理人员业务培训。全年办理动产抵押新登记11件，新登记主债权金额24373.52万元。抵押物为生产设备、产品。其中生产设备主债权金额2733.52万元，产品主债权金额21640万元。其中利用国家局新系统办理动产抵押新登记5件。

（李 颖）

【反传销反欺诈宣传】 年内，工商分局组织开展以“禁传销·反欺诈，共建和谐社区”为主题社区活动4次，张贴打击传销宣传海报20余张，发放打传宣传材料800份、宣传品500件，接待受理咨询50余件；6月和10月，分别在北方工业大学、北京工业职业技术学院举办打击传销进校园宣传活动。联合区金融办举办主题为“打造良好营商环境，提升金融风险防范意识”防范金融风险安全教育培训会，对参会的全区50余家商务楼宇和公共经营场所管理者的负责人进行打击传销、网络传销整治、防范化解金融风险的宣传教育和工作要求；通过工商分局微信公众号，微博和石景山工商微信头条开展主题为“警惕网络传销，严防上当受骗”“珍爱生命远离传销”的打传宣传并发布提示信息；结合创城工作，开展以“远离非法集资、拒绝高利诱惑”为主题的社区宣传活动，向群众发放“谨防保健品诈骗”“理财陷阱多，投资需谨慎”等打传禁传宣传品，宣传典型案例。

（李 颖）

食品药品监督管理

【概况】 石景山区食品药品监督管理局（简称区食药监局）是负责本区行政区域内食品、药品、医疗器械、保健食品、化妆品（以下统称为食品药品）的日常监督管理工作。截至年末，食药监管主体5743家，其中食品生产主体9家，食品及保健食品经营主体2680家，餐饮服务主体1436家，药品生产经营使用主体345家，医疗器械生产经营主体835家，化妆品经营主体438家。年内，贯彻“实施食品安全战略，让人民吃得放心”理念，以服务冬奥为契机，以创建全国文明城区为总牵引，开展食品药品安全专项整治，建立健全食品药品安全监管体系，全区未发生食品药品安全事件，辖区食品药品市场安全稳定。全年食品药品稽查受理群众投诉举报1978件，行政执法立案339件，做出行政处罚339件，罚没款412.17万元。移送公安涉刑案件3起。

（胡成杰）

【食品安全示范区验收】 年内，按照《北京市食品安全示范区创建工作绩效评估实施细则》，区食药监局以区委区政府名义印发《石景山区落实食品安全党政同责的实施意见》，明确食品安全党委领导责任、政府行政责任，推动健全食品安全各级责任体系，将食品药品安全纳入区政府绩效考评体系，列入区人大年度执法检查重要日程。设立创建食品安全示范区专项资金1335万元。牵头组织区城管委、商务委、教委等11个单位开展自查自评，第三方机构通过资料查验、现场评估、群众调查、暗访暗查等形式，对区域食品安全进行全面考核评价，满意度和支持率均超过创建指标要求，通过创建食品安全示范区验收。

（胡成杰）

【服务冬奥保障圈】 年内，区食药监局印发《石景山区打造服务冬奥会及冬残奥会食品药品安全保障圈方案》，组建以主管副区长为组长，各相关食药安委会成员单位为组员的冬奥组委驻地及周边地区食品药品服务保障工作筹备领导小组，划定三级保障体系，实施分级监管、靠前服务、提前指导、严格监管，主动对接冬奥组委，对园区新申报的酒店从布局流程、设备设施、符合实际等方面逐项进行现场检查，以冬奥组委驻地为中心，同时辐射周边古城、金顶街、广宁、五里坨、苹果园食药监管辖区范围，对周边550余家餐饮单位建立台账，提升周边餐饮单位服务品质，确保冬奥组委及周边食品安全。

（胡成杰）

【区域协助新机制】 年内，区食药监局按照《北京冬奥会食品安全“区域协作、基地保障、全程监管”石景山区实施方案》，先后与张家口市、连云港市属地食药监局、农业局、海洋及渔业管理局等部门对接，签署进京食用农产品安全保障合作框架协议等4份相关协议，对在石景山区销售的食用农产品实施从“农田”到“餐桌”的全过程监管，落实“区域协作、基地保障、全程监管”工作机制，构建食品监管全链条监控体系，健全产销地联席会议、信息共享、宣传培训和不合格产品退出制度，落实产地准出、销地准入、全程监管、联合检查工作机制，做到进货来源相对固定可追溯，从源头提升食品安全水平。

（胡成杰）

【“云网”溯源体系】 年内，区食药监局以食用农产品为切入点，试点实行“云网”溯源，通过IT互联网云技术打造“农产品源头端－流通端－顾客端”

全程可视化追踪体系，在食用农产品产地、物流站及门店分别设立检测点，将从取样到监测的全流程数据上传至云端平台，顾客在购买时扫描食用农产品标签旁的二维码即可实时查询该商品种养殖及检测结果的全链条信息。

（胡成杰）

【阳光餐饮工程】 年内，区食药监局按照"阳光餐饮建设覆盖面和建设质量双提升"要求，通过"五抓五促""日常监管七步工作法"和"一本四盒"规范化模式，提炼餐饮业监管方法，提升餐饮业质量水平。以直播后厨加工制作过程为手段，将局限于实体店的"阳光餐饮"模式延伸至网络订餐平台，万达商圈、喜隆多商圈16家餐饮单位完成"阳光餐饮"网络订餐平台直播试点。截至年底，1332户各类餐饮单位全部实现"阳光餐饮"，辖区阳光餐饮工程覆盖率100%，阳光餐饮工程任务指标完成率120%，比全市平均完成率高出35%。在全市率先完成213家餐饮品质示范店和两条"阳光餐饮"示范街区验收。

（胡成杰）

【网络订餐专项整治】 年内，区食药监局按照《开展网络订餐专项整治工作方案》，依托互联网监测平台，对线上商户涉嫌存在无实体经营门店、超范围经营等违法行为进行全面排查整治，建立违法线索初查、分派、线上线下核查、处置录入等衔接工作流程，发挥科所联动优势，实现边整治边规范，对"美团""饿了么""百度外卖"三大网络订餐平台实行"线上线下"同步监管。全年开展线上检查6440家次，实地检查4121家次，责令第三方平台停止下线2149户次，立案7起，罚没款217649.32元。

（胡成杰）

【优化营商环境】 年内，区食药监局按照区委区政府关于"互联网+政务服务"推进政务服务"一网、一门、一窗、一次"改革，网上可办率100%要求和区新增产业禁止和限制目录，严把食品药品市场准入关口，落实人口调控政策，扎实推进"证照分离"改革，推进网上办事，进一步优化行政许可审批流程，提高行政许可审批效率，切实体现"放管服"改革成效。通过压减审批时间、减少申报要件，实现自6月1日起，食品药品经营许可时限压缩至5个工作日办结，完成所有政务服务事项的补充、更改、填报以及提交工作，提交审核通过事项52项。全年办理行政审批服务事项4329项，行政许可2790件，其中食品、保健食品经营2521件，药品经营63件、医疗器械117件，化妆品备案89件，接受咨询9041人次。

（胡成杰）

【食品药品安全监测】 年内，区食药监局根据《2018年石景山区食品药品安全统一监测计划》，对辖区农副产品市场、大型超市、151个社区开展食品快速检测，对食源性疾病、食品污染、食品中有害因素等开展常态监测。截至年底，全区完成食品监督抽检2018件，完成率106.77%，食品抽检合格率99.70%；第三方机构调查显示，辖区居民对区食品安全总体满意度高于70%。全区未发生食品药品安全事件，安全监管能力和总体控制水平稳步提升。

（胡成杰）

【构建基层监测体系】 年内，区食药监局建成25家食品药品监管基层联络站，建立66家食品药品社区监测点，为150个社区培养监测人员配发检测设备及试剂，制定落实监测点管理制度，对农副产品市场、超市等开展食品快速检测。推进15家企业自检室日常检测，加强对自检人员业务指导和技能培训，规范和指导企业开展日常食品检测。全年完成食品快检163705个，完成率99.88%。

（胡成杰）

【食品餐饮专项整治】 年内，区食药监局推进食品餐饮安全进校园、进社区、进军营、进市场活动，先后组织婴幼儿配方乳粉专项、河豚专项、驴肉及相关制品专项、校园周边食品安全专项、"五毛食品"专项、劣质花生米专项、食用调和油专项、冰糖食燕窝销售环节专项、"有机蔬菜"等农产品专项、自制饮品专项、畜禽产品质量安全专项等20多次食品安全专项检查；开展学校食堂、网络订餐、养老食堂等专项整治，重点对自制饮品、三文鱼、美食城、罂粟壳进行专项检查17项；组织开展无证餐饮单位、环保、餐厨垃圾等专项整治检查27次。通过部门联动、科所联动，错峰执法等方式，对年初挂账的40户无照无证餐饮单位完成全面整治，关停取缔74家，完成全年任务的185%。

（胡成杰）

【放心肉菜示范超市】 年内，区食药监局依照《北京市创建放心肉菜示范超市工作方案》，进一步规范创建考核评价工作。召开创建工作推进会，协调辖区9个街道食药所及北京物美八角西街店、西黄村二店，搭建创建"放心肉菜示范超市"微信群，加强创建经验交流。落实超市食品安全主体责任，印制创建宣传海报1200份，发放到大型商超企业、学校、社区等，在永辉超市鲁谷店开展创建"放心肉菜示范超市"主题宣传活动，发放宣传品1500余份，参与群众2000人次。

（胡成杰）

【非洲猪瘟监管】 年内，区食药监局针对辖区猪肉及其产品销售点组织进行明察暗访，组织对市场商户进行每日巡回监督检查，检查重点是食品经营进货查验记录制度落实情况，查验留存猪肉产品供货商资质，检验检疫票据及进货凭证，落实不得采购、使用禁止进京名录里及疫区猪肉产品的情况，网络第三方平台及零售市场主办方是否落实主体责任情况。截至年底，检查零售市场94家次，售猪肉商户308户次，检查网络第三方平台5次，网络平台内猪肉销售商户25户次，出动执法人员616人次，未发现经营病死猪肉和不明来源猪产品的违法行为。

（胡成杰）

【餐饮量化分级】 年内，区食药监局按照《餐饮量化分级管理办法》，针对餐饮量化分级优秀、良好比例较少的问题，结合实际制定方案，推进餐饮管理质量水平。截至年底，辖区应量化1356家，已量化1303家，量化率

96.1%，良好以上等级 619 家，占 42.9%，比去年同期提升 12.3%。

（胡成杰）

【药品医疗器械不良体系建设】 年内，区食药监局推进药品不良反应和医疗器械不良事件评价体系建设，通过会议培训进一步明确医疗机构职责，指定专职人员做好药品不良反应和医疗器械不良事件监测工作，辖区药物警戒站主动监测用药安全信号，提升医疗机构药品不良反应事件监测能力和突发药品不良事件的应对和处置能力，及时排查隐患风险。截至年底，收集评价药品不良反应报告 548 份，其中严重报告 10 份；医疗器械不良事件报告 331 份，其中严重报告 3 份；化妆品不良反应报告 570 份。

（胡成杰）

【特殊药品监管】 年内，区食药监局按照《中共中央国务院关于加强禁毒工作的意见》，履行禁毒委成员单位职责，强化药品类易制毒化学品监管力度，避免特殊药品流弊，强化特殊药品监督管理，强化医疗用毒性饮片监督管理，对经营二类精神药品和蛋白同化制剂肽类激素的经营企业每季度进行巡查检查，对使用一类精神药品和麻醉药品的医疗机构 17 家监督检查 100%全覆盖，对使用放射性药品的医疗机构 2 家现场监督检查 100%覆盖。

（胡成杰）

【医疗器械监管】 年内，区食药监局按照市局《关于 2018 年医疗器械生产使用监督管理主要工作安排的通知》《北京市 2018 年严厉打击违法违规经营使用医疗器械专项整治工作方案》及《医疗器械使用质量监督管理办法》，将加强日常监督检查、严厉打击违法生产使用行为、巩固医疗器械生产质量管理规范实施成果、推进全区医疗器械使用电子化进程、探讨对医疗器械使用单位的延伸管理列为监管重点，开展无菌和植入性医疗器械生产使用环节的专项检查，配合市局开展对医疗器械生产企业和使用单位的飞行检查，检查企业及医疗机构 59 家次，出动检查人员 140 余人次。

（胡成杰）

【保健食品监管】 年内，区食药监局根据市局《关于进一步加强食品、保健食品监督检查工作的通知》，开展保健食品欺诈、虚假宣传整治，制定方案并建立重点企业检查台账，强化部门协助配合，组织企业签订承诺书，组织社区志愿者参与检查。同时，对"四世同堂海狗鞭特补胶囊""善元堂正源软胶囊"两种产品进行是否含有违法添加化学物质（他达拉非）重点监督检查。全年采取飞行检查、错峰检查方式，共检查生产经营主体 3000 余家次，开展不同层次宣传，在重点地区悬挂宣传海报 2000 余份，发放宣传手册 1000 余册。

（胡成杰）

【法制建设】 年内，区食药监局以依法行政为目标，以贯彻落实食品药品法律、法规、规章为核心，实施行政执法责任制，加强对复杂、疑难案件定性指导，制定《行政处罚案件罚没款缴纳监督制度（试行）》，规范行政执法行为，积极应对行政复议、行政诉讼。全年对 342 件行政处罚案卷执法程序、违法事实认定、适用法律法规、自由裁量、文书要素、规范性等方面进行审核，组织召开 11 次案审会，对 33 件重大案件集体讨论审核，依法受理各类投诉举报 779 件，依法办理行政处罚案件 342 件，其中一般程序 225 件、简易程序 117 件，发出协查函 145 封，罚没款 4124392.45 元。年内收到行政复议案件（被复议）41 件，比上年增加 17 件，同比增长 70.8%；办理一审行政诉讼案件 20 件，比上年增加 2 件，同比增长 11.1%。依据《石景山区食品药品违法行为举报奖励办法》，办理投诉举报奖励 45 件，奖金金额 9000 元。

（胡成杰）

【政务信息公开】 年内，区食药监局公开业务动态信息 258 条，在依法办案、保证质量的前提下，提升办案过程和 12331 投诉举报政务公开，全年处理投诉举报 1978 件，查处违法案件 339 件，罚没款 420 余万元全部通过市局执法办案系统主动公开。全年收到政府信息公开申请 38 件，申请人主动撤销申请 4 件，答复的 34 件申请均在法定时限内予以回复。

（胡成杰）

集体经济

【概况】 石景山区人民政府集体经济办公室（简称区集经办）是负责统筹协调本区集体经济发展的区政府工作部门。内设行政办公室、财务科、审计科、信访办、劳动人事科、体改办及企业与资源管理科等 15 个科室。年内，区集经办工作重点主要围绕石景山区农工商总公司改制工作，集体产业改造提升项目，"凤凰涅槃"行动计划，精准扶贫和对口帮扶，综治维稳和依法行政等工作，保障集体经济系统平稳健康发展。全年系统总收入 14.12 亿元，同比增长 29.5%；应上交税金 2.29 亿元，同比增长 1 倍；利润总额 1.15 亿元，同比增加 67%。

（蒋　佳）

【农工商总公司改制】 年内，区集经办完成新一轮"改制方案"和"劳龄细则"修订，组织开展劳龄核对。与第三方公司签订风险评估分析合同，完成内部风险点梳理，开展风险评估。邀请市农委、市农研中心领导、改制专家、法律顾问就石景山区农工商总公司第二阶段改制工作方式和推进模式进行研讨、达成共识。按照区领导批示顺序召开区农工商总公司产权制度改革成员代表大会筹备委员会预备会及石景山农工商产权制度改革成员代表大会筹备工作委员会。

（蒋　佳）

【精准扶贫与结对帮扶】 年内，区集经办组织协调对口昌平区精准扶贫工作，制定《石景山区对口昌平区推进低收入农户增收及低收入村发展工作方案》，签订《石景山区与昌平区推进低收入农户增收及低收入村发展工作协议》。实地摸清昌平区低收入村基本情况，建立工作台账，落实帮扶款项 17 万元。按照市区"万企帮万村"精准扶贫总体要求，实地到青海省玉树州称多县 5 个结对贫困村考察，累计兑现 186.5 万元帮扶款，用于当地发展糌粑加工厂、生态畜牧养殖等产业项目，带动建档立卡贫困户脱贫致富。

（蒋　佳）

【依法行政】　年内，区集经办全年开展涉农执法和渔政检查宣传活动208次，出动人员443人，检查经营主体67个次，发现3起违法违规行为，发出3份责任整改书。梳理、核对、完善权力清单，简化行政流程，梳理31个办理事项，全部实现网上办理，完成“一网通办”改革工作，完成9个事项“一门”进驻政务服务大厅综合代办工作。开展信息公开，主动公开政府信息80余条，依申请公开4件，办理行政复议案件3件。

（蒋　佳）

【集体资产监管】　年内，区集经办引进第三方审计机构，完成三大项审计工作，其中，财务收支审计事项涉及4家公司，审计总金额40.34亿元；委托中介机构审计2015—2017年征地补偿费事项，涉及集体经济系统12家公司，审计总金额50.66亿元；12家公司经济责任审计事项中第三方机构审计9家公司。12家集体经济组织备案经济合同373份，其中包含2017年拆违治乱补偿合同100份。

（蒋　佳）

【综治维稳】　年内，区集经办接待来访群众128批次686人次，其中集体访32批次572人次；网上办理上级转办信访件70件次、513人次，其中国家信访局、市信访办、市长信箱转来15件次；办理便民电话80件；办理复查复核信访件7件次；收到政风行风热线3件次。发出受理告知书23份；答复意见书31份。抓好安全生产和消防安全，全年出动检查组352批次，检查人员855人次，受检单位523个次，排除安全隐患171个。做好重要时期应急管理工作，重点做好“春节”“两会”“中非论坛”等重要时期应急管理，全年未发生重大安全生产事故。

（蒋　佳）

【安置与专项补贴】　年内，区集经办全系统劳动力3853人，就业率100%。发放农转居劳动力就业专项补贴资金60.64万元。完成集体经济系统1118名农转居“老人老办法”人员大病医疗保险统计核实，发放大病医疗保险补贴20.12万元，为696名“老人老办法”退休人员发放医疗费报销补贴10%部分，金额为67.86万元，为1143名“老人老办法”人员发放生活补贴、医疗补贴、生活补贴差额745.54万元，完成1993年以前历年农转非未安置工作和未办理超转人员提高生活补贴核算工作，2017年1月至2018年12月共拨付123.12万元。

（蒋　佳）

烟草专卖与管理

【概况】　石景山区烟草专卖局（简称区烟草专卖局）承担全区烟草经营业务、净化卷烟市场、规范烟草经营秩序、对辖区烟草专卖品经营企业实施全面监管职责。年内，区烟草专卖局实行“统一领导、垂直管理、专卖专营”的经营管理体制，坚持高质量发展，为推动地区经济提质增效作出应有的贡献。全年销售卷烟1.75万箱，同比下降11.35%；实现税利1.08亿元，同比下降8.63%；单箱销售额3.24万元，同比增长5.88%，增幅位列全市第一。受疏非控人、拆除违建、棚户区改造等政策实施影响，辖区零售许可证数量年底减少至633个，同比减少20个，降幅3.06%；正常订烟户631户，同比减少22户，降幅达3.37%。全年创建终端示范店8家。被授予“首都文明单位”称号、纳税信用评价“3连A”企业，并在北京烟草纪念改革开放40周年歌咏比赛中获“优秀组织奖”。赵聪、李丁植被评为“省级烟草技术能手”称号。

（李　伟）

【文明吸烟设施安装】　年内，区烟草专卖局根据石景山区争创“全国文明城区”要求，与区文明办、卫计委、城管委、城管执法局等部门沟通协调，为区政府、万达广场、石景山游乐园、区卫计委四家试点单位安装文明吸烟设施。

（李　伟）

【打网办案】　年内，区烟草专卖局查获涉烟案件109起，其中5万元以上案件2起，自主打掉北京市首个互联网涉烟网络案件1起，参与查办网络案件7起，刑拘3人；查获违法卷烟201.21万支，完成年度目标值的125.76%、挑战值的104.8%。

（李　伟）

【市场监管】　年内，区烟草专卖局依法严管违规经营大户，大户销量占比27.89%，同比降低13.96%，降幅全市排名第四。加大真烟非法流通治理力度，防止卷烟流出，堵住卷烟流入，全年真烟流出7.38万支，同比下降24.23%。全年辖区市场净化率95%。

（李　伟）

【行政执法规范研究】　年内，区烟草专卖局围绕“提升执法效能、弘扬专卖精神”工作理念，全面梳理市场监管工作流程，参与编写规范及案例库，拍摄制作行政执法教学片，创新开发“执法一点通”APP，推进“一本规范、一部案例库、一套教学片、一个应用软件”的“四个一”行政执法规范化建设课题落实落地。

（李　伟）

北京石景山年鉴

2019 BEIJING SHIJINGSHAN NIANJIAN

城市建设

规划和国土资源管理

【概况】 北京市规划和国土资源管理委员会石景山分局(简称规划国土分局),由原市规划委石景山分局和市国土局石景山分局于4月10日整合组建。内设办公室、法制科(信访与信息公开科)、规划编制与城市设计科、规划实施与土地利用科、市政交通科、综合审批科(规划土地核验科)、地籍地名科、地质环境与矿产资源科、财务科、机关党委(党建工作科、人事科)、纪检办公室11个机关科室以及规划和国土资源执法队(下设国土所)。分局下设4个事业单位:石景山区不动产登记事务中心、石景山区土地储备分中心、石景山区土地一级开发管理中心、石景山区城市规划档案信息中心。年内,规划国土分局借助机构整合组建契机,进一步完善职能,推动两规合一、分区规划编制和第三次全国土地调查,加快土地上市,优化营商环境,提高服务区域发展能力。编制完成分区规划和36个专项规划,同步完成总体城市设计方案、长安街西延石景山段城市设计方案研究工作。实施重大项目清单式管理,健全推进重大项目建设工作机制。

(马晓兵 杨晓彤)

【完成分区规划编制】 年内,规划国土分局编制完成《石景山分区规划(2017年—2035年)(草案)》。分区规划涉及九个方面三十六项子规划,是北京城市总体规划在区级层面的分解落实,重点明确一定时期内本区发展定位和目标,并对城乡建设、自然资源保护利用的各项工作做出总体安排。经法定程序批准的分区规划,也是编制详细规划、乡镇规划和村庄规划的依据。

(张 悦)

【编制完成城市设计方案】 年内,市规划国土委石景山分局编制完成《石景山区总体城市设计方案》。石景山区总体城市设计充分与总体规划、分区规划等上位规划衔接,从空间格局、文化传承、生态景观等维度构建规划策略,以实现魅力山水、首都绿城为总体目标。同时,分级分类划定重点地区,加强重点地区的规划管理。

(原慧慧)

【城乡建设用地减量】 年内,规划国土分局根据2016年土地变更调查,全区共有城乡建设用地53.53平方公里。按照市规划和自然资源委要求,全区到2020年需减到53平方公里,年内净减量任务0.25平方公里。2017年至2018年新增城乡建设用地约0.4平方公里,年内城乡建设用地减量任务0.65平方公里。依据分区规划编制城乡建设用地减量专项规划和年度城乡建设用地减量规划,规划开发边界外需减量的城乡建设用地约5平方公里,确定上报年度减量地块0.65平方公里,完成年减量工作任务。

(李 博)

【耕地保护】 年内,规划国土分局落实城市总体规划实施要求,坚持耕地保护优先,严格土地用途管制,从严控制建设占用耕地。实行新增建设用地计划安排与土地节约集约利用水平、补充耕地能力挂钩,适当调减新增建设用地计划。会同相关部门对耕地进行严格管理监督,采取日常巡查结合季度卫片、年度卫片、热线电话举报等方式保护耕地,最大程度杜绝违法占用耕地案件发生,对发现的违法占用耕地建设的现象进行严厉打击。

(张庆祯)

【集体土地征收】 年内,规划国土分局严格审查征地补偿标准和征地程序的合法性,规范征地程序,做好征地公示、公告线上线下“实时公开、同步公开”工作,保障被征地集体经济组织及其成员的知情权、参与权、收益权、申诉权、监督权;进一步规范和约束政府的征地行为,监督征地补偿费足额支付落实,完善对被征地集体经济组织的合理、规范、多元保障机制,更多关注集体经济组织及成员的权益保障。

(张庆祯)

【土地供应计划】 年内,规划国土分局编制完成国有建设用地供应计划和保障性安居工程用地供应计划。全区计划供应19个项目,供地总量78.36公顷,实际完成供地61.51公顷。计划落实保障性安居工程用地总量15.82公顷。

(崔茜倩)

【开发区土地集约利用评价】 年内,规划国土分局全面掌握开发区情况,切实加强开发区用地管理、促进开发区节约集约用地并为开发区扩区升级提供科学依据,按照自然资源部、市规划和自然资源委工作要求完成开发区土地集约利用评价工作。通过数据库信息核查、用地数据调查、外业调查等,完成石景山区中关村科技园区用地状况、建设状况、社会经济状况、用地管理、满足北京市开发区土地管理需求的数据等相关资料调查,形成2018年度石景山区开发区土地集约利用调查数据库、数据表格及情况说明,并通过验收。

(崔茜倩)

【市属企业用地梳理】 年内,规划国土分局开展全区范围内市属企业单宗地面积大于2公顷的143宗,总用地规模约1539公顷。其中,首钢总公司67宗,总用地面积863公顷;北京市铁路局20宗,总用地面积161公顷;其余市属企业总用地面积515公顷,包括北京城建集团、北京锅炉厂、北京重型机电厂、北控公司、京西电厂、京能电厂及金隅集团等。结合分区规划、土地利用总体规划和城市发展定位,全区存量低效用地发展方向主要是规划调整为多功能用地、研发设计用地、商业服务业用地、居住用地和其它用地。

(许 多)

【地铁M11冬奥支线】 年内,规划国土分局按照关于加快推进M11号线一期工程的具体要求,结合首钢区域和石景山区其他区域开发建设,配合市规划和自然资源委开展规划方案研究并推进前期程序。年末,M11冬奥支线(金顶街站—首钢站)规划方案完成市政府批准,获市规划和自然资源委批复。

(裴贺蕊)

【苹果园变电站落实选址】 年内,规划国土分局保障苹果园交通枢纽及商务区、轨道交通S1线和M6线等多项重点项目的供电需求,研究苹果园110千伏变电站选址,并协调城建院完成该变电站与苹果园交通枢纽景观整合效果图。年末,选址规划方案获市政府批示同意。

（裴贺蕊）

【打通“最后一公里”】 年内，规划国土分局严格按照新政要求受理、审批、核发、推送规划行政许可与服务事项，使新政立竿见影，取得实效。对于符合要求的在途项目，研究后纳入新政范畴，按照相关要求进行审批。对于符合要求的新建项目，严格按照新流程办理。对于符合要求的10个在途项目，研究后纳入新政范畴并核发建设工程规划许可证。对于符合要求的25个新建项目，按照新流程在7个工作日内核发建设工程规划许可证。

（曲 欣）

【规划服务实现信息化】 年内，北京市社会投资类建设项目规划许可受理平台投入使用后，规划国土分局快速接入，并充分利用市规划和自然资源委网上受理平台，实现受理、核发全程网上办理。全年63个件实现网上受理。

（曲 欣）

【建设工程审批】 规划国土分局全年办理案卷105件，其中核发规划条件12件，总用地规模83.65万平方米，总建筑规模108.35万平方米；选址意见书5件，总用地规模21.53万平方米，总建筑规模53.07万平方米；建设工程规划许可证35件，总用地面积105.94万平方米，总建筑规模284.36万平方米；建设用地规划许可证15件，总用地面积86.79万平方米，总建筑规模172.26万平方米；规划意见复函11件，总用地面积33.85万平方米，总建筑规模83.80万平方米；工程方案审查意见16件，总用地面积10.37万平方米，总建筑规模32.90万平方米；临时建设工程规划许可证10件，临时建设用地规划许可证1件。

（曲 欣）

【市政工程审批】 规划国土分局全年办理案卷77件，建设工程规划许可证31件，建设用地规划许可证2件，规划条件2件，选址意见书22件，用地钉桩条件20件，主要为首钢园区冬奥会大跳台项目周边、北辛安棚户区改造项目、衙门口棚户区改造项目、首钢东南区一级开发项目及长安街等重点地区为冬奥会和棚户区改造服务的道路及管线工程、输变电工程等重点工程项目。平均办理周期3个工作日。

（曲 欣）

【土地管理审批】 年内，规划国土分局办理用地预审项目14个，预审用地面积127.13公顷，其中包括冬奥广场（五一剧场、制粉车间改造）项目、首钢单板滑雪大跳台及配套设施项目、刘娘府综合改造定向安置房项目H区等冬奥和民生工程。办理用地预审初审审查项目1个，用地意见复函类项目4个。办结划拨供地批复项目6个，批准建设用地面积33.53公顷。办结划拨决定书审批项目5个，划拨建设用地面积25.35公顷，包括北辛安棚户区改造B区回迁安置房、西黄村棚户区改造回迁安置房等重点民生项目。配合市规划和自然资源委完成首钢单板滑雪大跳台及配套设施项目、首钢脱硫车间改造项目协议出让的现场踏勘和带图审核工作。

（曲 欣）

【保障性住房建设】 年内，规划国土分局与相关单位共同研究保障性住房用地及规划，配合市规划和自然资源委完成控规调整，核发规划条件，现场踏勘保障房项目，核发钉桩测量条件。向市、区住保部门反馈保障性住房项目规划审批进展，协助区住保办开展相关工作，推进共有产权房和公租房建设。何家坟共有产权房项目完成用地规划许可证、土地预审、建设项目设计方案审查意见及工程规划许可证等；东下庄共有产权房项目核发建设用地规划许可证、不动产权证书，研究规划方案，完成方案审查。八宝山、老古城、五里坨集体租赁住房项目完成规划条件、土地预审等工作，规划方案通过专家评审会。古城集体租赁住房项目核发建设工程规划许可证，总建筑规模5.7万平方米，可提供租赁住房403套，弥补租赁市场不足。

（曲 欣）

【首钢工业区改造】 首钢北区规划范围291公顷，规划建筑规模188万平方米。年内，规划国土分局推进首钢工业区改造完成核发冬奥广场（五一剧场、制粉车间改造）项目规划条件，项目总用地19.3公顷，建设用地13.4公顷；核发首钢遗址公园（金安桥站交通一体化及工业遗存修缮）项目规划条件，项目总用地18.6公顷，建设用地13.3公顷；核发首钢遗址公园3号高炉改造项目规划条件，项目总用地2.79公顷，建设用地2.57公顷；核发首钢单板滑雪大跳台及配套设施项目规划条件，项目总用地13.56公顷，建设用地13.56公顷。按《新首钢高端产业综合服务区北区详细规划》中城市设计相关要求，将场地设计、绿色生态、建筑风貌、地下空间等方面纳入设计要求。

（曲 欣）

【首钢东南区一级开发】 年内，规划国土分局协助首钢东南区土地一级开发范围的划定、土地整理钉桩条件及上市规划条件。项目占地102公顷，地上建筑规模130万平方米，以居住和商业为主。项目是优化首都城市功能、调整重大生产力布局、促进首都人口资源环境协调发展的重大战略举措。

（曲 欣）

【重点项目方案审查审批】 年内，规划国土分局以区级重点项目为中心，加快方案设计审查，促进项目落地。完成苹果园M、N地块的规划方案的审查和建设工程规划许可证核发；完成五里坨上市居住项目规划方案审查和建设工程规划许可证核发；完成科技园区1605－636规划方案、建设用地规划许可证核发；研究科技园区1605－651地块规划方案；研究首钢北区总体规划方案，并推进相关手续办理。

（曲 欣）

【土地上市】 年内，规划国土分局核发首钢东南区土地一级开发项目1612－760、1612－761等8个地块、西黄村棚户区改造项目2块地、首钢铸造村一区共有产权房项目的土地储备供应规划条件，用地面积22.95公顷，建筑面积64.56万平方米，完成固定资产投资和商品房供地计划。

（曲 欣）

【土地供应】 年内，全区住宅供地任务17公顷，包括5公顷共有产权房。截至年底，全区可计入住宅用地指标面积44.3公顷，完成率261%（其中共有产权房完成率100%）。位居全市住宅供应任务排名第一。除住宅项目供应外，还完成石景山区中关村科技园区石景山园北Ⅰ区1605－636、1605－651地块B23研发设计用地，用地面积9.12公顷，其中建设用地面积9.12公顷，总建筑规模15.56万平方米，全年项目成交总额133.21亿元。

（李　林）

【土地变更调查】 年内，规划国土分局开展季度与年度土地变更调查，根据自然资源部与市规划和自然资源委下发的季度与年度遥感监测图斑，组织开展外业图斑核实，调查图斑实地变化，完成图斑内业明细表等各类表格填报工作。其中，一季度图斑3个，二季度图斑14个，三季度图斑26个，年度图斑95个。同时做好执法拆除图斑与变更调查衔接。

（陶　园）

【土地权属审查】 年内，规划国土分局办理涉及市、区重点项目土地权属审查20件，包括刘娘府A2土地一级开发项目、石景山区文化中心项目、首钢东南区上市地块、石景山区220KV变电站、首钢冬奥广场、首钢单板滑雪大跳台、西黄村土地上市、首钢东南区土地一级开发项目等。

（陶　园）

【地名管理】 年内，规划国土分局审批金府路、石河东街、东下庄路等道路命名13条，办理玉景阳光里、景熙苑、翡翠山晓家园等建筑物名称核准8件。以首钢园区北区为试点，首次开展地名规划编制。全年完成地名规划编制2项。

（隋　佳）

【第三次全国国土调查】 年内，规划国土分局全面开展全区第三次全国国土调查，成立区级三调组织机构，编制区级实施方案，开展区级技术培训考核，定期与作业队伍和监理召开三调例会和底图专题会，收集梳理基础数据，完善全区工作底图，全面开展内外业调查工作。

（黄　卉）

【土地权属来函】 年内，规划国土分局分别对区检察院、园林绿化局、集经办等35个单位涉及京西商务中心南侧、广宁高井临建310号、松林公园等50个土地权属情况来函来电来访进行调查、查询、现场核实并出具答（函）复意见。

（黄　卉）

【地质矿产管理】 年内，规划国土分局探明全区有无烟煤、凝灰岩、陶粒岩、铸石辉绿岩、砂石、矿泉水、地热等矿产资源。适应区域产业政策调整，区域固体矿山全部关闭，涉及矿泉水企业4家、地热井1个。完成矿产资源数据模块更新统计上报自然资源部。

（赵晓宾）

【地质灾害防治】 年内，规划国土分局组织专家评审，全区确定地质灾害隐患点28处，涉及金顶街、广宁、苹果园、五里坨4个街道，隐患点多为人工削坡违法建房形成人工边坡造成隐患。截至年末，治理、消除遗患的地灾隐患点23处。成立应急调查队伍，及时发布预警，落实应急预案相关要求。

（赵晓宾）

【不动产登记业务】 规划国土分局全年受理不动产登记业务33745件，登簿32345件，办结29637件，其中办结不动产证书22178件，不动产证明7459件；房屋首次登记43件，土地首次登记36件，土地变更登记14件，土地注销登记43件，土地抵押注销登记4件，受理权籍调查98件，完成82件；行政诉讼12件，信访18件，信息公开48件，非紧急救助便民服务单150件；档案查询发号量14854个，查询14912人次，借阅档案34668卷，对外预约36000号。

（胡晓明）

【不动产登记数据整合】 年内，规划国土分局完成区县整合数据，并导入市规划和自然资源委信息化二期建设数据库。期间，补录档案8000余卷，未发现历史数据中存在严重错误。

（胡晓明）

建设管理

【概况】 石景山区住房和城乡建设委员会（简称区住建委）是负责辖区住房和城乡建设行政管理的区政府工作部门。年内，区住建委完成17项固定资产投资项目，建安投资额41.85亿元。完成3000户棚户区改造任务，开工建设棚户区改造安置房5116套，开工各类保障性住房3433套。完成1850户共有产权房申请家庭选房工作，累计向26922户次保障性住房家庭发放租金补贴3886.07万元。

（张　明　梁　超）

【不动产登记"一窗办理"】 4月13日，石景山区不动产登记顺利实现"一窗办理"试运行。文献、田利跃分别为存量房买卖的自然人和北京明月世康中医药技术有限公司颁发产权证书。规划国土分局、区住建委、区税务局密切配合，确保"一窗办理"改革工作落地见效。制定《推进"一窗办理"服务工作方案》，成立工作组，明确各部门职责、窗口设置、人员安排及纳入"一窗办理"的业务范围、业务流程等事宜。将不动产登记所需的网签、税务、登记三个部门整合为"一窗受理、内部流转、并联审批"，办理时限由10个工作日办结压缩为1—5个工作日办结。构建"互联网＋不动产登记"体系，首创不动产登记全程微信预约方式，解决取号难、耗时长、黄牛占位等问题，同时为特殊群体保留现场预约号源，为行动不便的群众提供上门服务，提高企业和群众办事便利程度。

（林迎午）

【重点工程建设】 年内，石景山区确定重大建设项目52个，其中新建项目26项，续建项目10项，前期推进项目16项，计划总投资789.5亿元。新建项目26项为：北辛安棚户区改造A区商品房项目、国家体育总局冬季训练中心及其配套设施项目、石景山景观改造项目；北辛安棚户区枢纽及产业项目、衙门口定向安置房、石景山220kV输变电工程；何家坟共有产权房建设工程、"西绿东引"工程一拆违腾退土地绿化部分、永定河引水渠（电站五环路段）水系景观提升一期工程；石龙220KV输变电工程、炼钢110KV输变电工程、群明110KV输变电工程；五里坨建设区捆绑一、捆绑二产业部分，五里坨建设区捆绑一、捆绑二住宅部分，东下庄共有产权房建设工程；集体土地租赁住房项目、北京市石景山医院门急诊楼及放疗中心改造工程、西黄村棚户区改造配套市政基础设施建设工程、北辛安棚户区改造市政基础设施建设工程；银河商务区L地块、中关村科技园区北Ⅰ区1605－636地块、中关村科技园区北Ⅰ区1605－651地块、残疾人职业康复中心。续建项目10项为：信安大厦办公楼装修工程、衙门口环境综合整治、北京保险产业园639＋649项目、北京保险产业园637＋641项目、古城南街建设工程、石景山水厂工程、北辛安棚户区改造安置房项目、苹果园交通枢纽建设工程、苹果园交通枢纽M及N地块项目、模式口大街环境整治及修缮工程。前期推进项目16项为：西部医院建设工程、北辛安配套学校建设工程(北京十一学校石景山实验中学)、北大附中石景山学校建设工程、铸造村小学建设工程、北辛安路南段建设工程、轨道交通M11线工程、南山环卫综合场站项目、北辛安城市公园项目、衙门口城市公园项目、世界侨商中心建设工程、首钢脱硫车间改造项目，城市街区提升改造工程、五里坨棚户区改造项目、石景山区中东部平房区改造项目、石景山区体育中心改扩建工程、石景山区西部文体中心、老山城市森林公园一期工程。

(张　明　刘　晶)

【保障性住房管理】　年内，区住建委审核保障性住房申请家庭1785户，其中公共租赁住房1785户、公租补贴资格审核124户、市场租房补贴资格审核456户。完成1850户玉景阳光项目共有产权房申请家庭选房工作，共选房源452套。累计向26922户次保障性住房家庭发放租金补贴3886.07万元，其中向3793户次廉租住房家庭发放补贴332.19万元；向14658户次公共租赁住房家庭发放补贴2339.65万元；向8471户次市场租房补贴家庭发放补贴1214.23万元。开展日常检查及督促维修事项120余次，对保障性住房小区进行日常巡查600余人次，清退不符合资格家庭(廉租户)2户，廉租住房收缴租金138余万元，拨付廉租住房管理经费199余万元。

(潘丹丹　王　鹏)

【保障性住房建设】　年内，区住建委推进落实各类保障性住房建设，开工各类保障性住房3433套，其中北辛安棚户区改造B区土地开发项目安置房2452套，建筑面积12万平方米；衙门口棚户区改造土地开发项目回迁安置房880套，建筑面积8万平方米；绍家坡2号地公租房101套，建筑面积0.5万平方米。竣工刘娘府综合改造项目安置房1540套，完成全年开、竣工指标任务。

(许正锋　梁　超)

【棚户区改造项目】　年内，区住建委推进西黄村、北辛安棚改项目安置房建设，推进衙门口棚改项目征收签约。完成3000户棚户区改造任务，开工建设棚户区改造安置房5116套，其中西黄村棚改项目安置房基本完工；北辛安棚改项目安置房部分楼座结构封顶；衙门口棚改项目居民签约4378户，签约率超99%。

(李　晶　王宏硕)

【房改售房】　年内，区住建委完成核准批复房改售房方案4件。对40个单位次房改售(调)房审核备案，共售768套，4.99万平方米。其中，央产10个单位次售225套，1.44万平方米；市属10个单位次售255套，1.77万平方米；区属9个单位次售264套，1.64万平方米；办理调房11个单位次24套，0.14万平方米。

(王　佳　李　瑾)

【住房补贴专项维修资金】　年内，区住建委做好住房补贴审核、备案及核发工作，全年累计审核40个单位1154882.24元级差、差额补贴。审核通过3个单位支取售后公有住房专项维修资金265.75万元；审核通过4个单位309.56万元售房款用于售后公有住宅楼房维修费用。

(王　佳　李　瑾)

【征收拆迁】　年内，区住建委完成京石客运专线、衙东北"城中村"环境整治、金顶北路等滞留拆迁项目清理。截至年底，滞留拆迁项目21个、856户。滞留征收项目3个，其中西黄村、北辛安2个遗留项目25户；新启动衙门口项目4403户，完成征收4386户，签约率99.6%。腾退项目1个，苹果园综合交通枢纽项目涉及非住宅10家，交通枢纽主体施工地块全部完成搬迁。

(张佰军　武　月)

【安全管理】　年内，区住建委落实建筑工地安全生产科学组织和监督管理，加强安全监管，规范企业主体行为。严控重大危险源管理，杜绝较大及以上安全生产事故。持续开展安全隐患专项治理，减少易发一般事故。强化培训教育，促进从业人员安全意识和技能提高。加强行业消防安全管理，严防工地火灾事故。强化工作措施，落实建筑工地防汛工作。加强工地扬尘治理，规范绿色施工行为，提升建筑工地管理水平。严格遵循标准，深入工地开展扬尘专项治理。重点保障，确保重大活动期间优良环境。严格执法，多渠道多方式加大违法处罚力度。积极推广、督促工地安装远程视频监控系统。反应迅速，建立高效的信息预警机制。

(曹　宇　赵　伟)

【工程施工招标】　年内，区住建委办理施工招标86项(其中施工总包招标38项，专业分包招标48项)，建筑面积273万平方米，中标金额138.7亿元；完成监理服务交易32项、交易额1.45亿元。收取交易服务费383万元。

(高相波　张倩倩)

【房产经纪机构管理】　年内，区住建委办理房地产经纪(分支)机构变更备案申请120件、遗失补证3件、注销申请9件。全区房地产经纪(分支)机构登记备案数量为203家(机构81家，分支122家)，从业人员2254人。检查房地产经纪(分支)机构338家次，发放责令改正通知书4份，约谈房地产经纪(分支)机构41家次，处罚房地产经纪机构8家、罚款21.50万元。调解并处理房地产经纪中的各种纠纷112件。

(王绍华　李铁军)

【普通地下室管理】　年内，区住建委办理普通地下室备案34件。完成用于经营性宿舍和旅馆的普通地下室综合整治32处(其中挂账11处,超额完成21处),巡查普通地下室1044处次,治理散租反弹101处次,清理居住人员1579人次,现场整改各类安全隐患331处,约谈相关责任人100家,下发协查单10份,关闭使用12处,立案处罚5起,罚款5000元人民币。

(王绍华　陈　哲)

【专项维修资金审核备案】 年内,区住建委在延续原有审核流程和标准的基础上,优化审理流程,针对申请材料真实性再次复核,提升专项维修资金审核工作效率。全年审核备案完成129笔,涉及金额29458293.97元。其中应急支取项目93笔,涉及金额27519508.9元;非应急支取项目36笔,涉及金额1948785.07元。维修项目主要为防水、电梯、门禁、外墙、安防监控五项。

(樊佩杰　胡佳旭)

【劳务管理】 年内,区住建委开展劳务合同备案管理检查,督促企业进场前及时签订合同并办理备案,加强项目开工前政策交底及开展农民工依法维权教育,加强日常检查和重大日期的隐患排查,及时消除农民工讨薪隐患。全年开复工530余万平方米,累计使用农民工2.5万余人。开展工地劳务检查235人次,检查总包企业86家,劳务企业178家;开展农民工安全培训教育3次;成功调解23起工程劳资纠纷;完成行政处罚事项105件,累计罚款金额52500元。

(曹　宇　赵　伟)

【建筑节能建筑材料监管】 年内,区住建委落实建筑节能工作,推进绿色建筑和装配式建筑发展。新增6个三星项目,面积61.18万平方米;17个项目办理施工手续并实施装配式,建筑面积157.82万平方米。做好节能验收备案,开展建筑节能及建材使用专项检查,开展公共建筑节能绿色化改造、公共建筑能耗限额管理,完成全市节能目标考核任务。落实"蓝天保卫战",加强混凝土搅拌站管理,开展《预拌混凝土绿色生产管理规程》执行情况检查、以及企业资质动态核查和原材料抽检,提升绿色生产水平,组织各站编制"一厂一策"工作方案,制定石景山区混凝土搅拌站空气重污染应急分预案,落实空气重污染期间停、限产措施。

(王丽波　杨慧宇)

【房地产企业资质管理】 年内,区住建委为51家房地产开发企业办理开发资质升级、延续、变更等手续。截至年底,全区有房地产开发企业75家。其中一级资质4家、二级资质4家、三级资质3家、四级资质41家、暂定资质企业23家。

(张　明　贾　洁)

【建筑业企业资质管理】 年内,区住建委受理建筑业企业资质审批申请65件(增项48件、晋级17件),按审批权限要求,完成审批24件,1家企业完成资质晋级、23家企业完成资质增项,68家企业完成资质证书变更。完成注册二级建造师863人初审报批,完成变更注册255人。

(曹　宇　赵　伟)

西部建设办公室

【概况】 石景山区西部建设办公室(简称西建办)是全面组织协调石景山西部地区开发建设工作的区政府派出机构,行政编制12名,领导职数3名,内设综合办公室、规划发展科、项目推进科(挂工程管理办公室牌子)。年内,西建办围绕区委区政府"全面深度转型、高端绿色发展"战略和"一二六"总体工作思路,坚持党建统领全局,坚持全面从严治党,着力加强党的政治、思想、组织、作风、反腐倡廉和制度建设,着力深化区域规划研究,着力加强基础设施建设,有力推动西部建设向纵深发展,为推进石景山区两大生态建设、建成国家级绿色转型发展示范区作出贡献。

(张路平)

【西部"十三五"规划中期评估】 年内,西建办对《石景山区"十三五"时期西部地区发展规划》进行中期评估,认真梳理2016年以来西部地区建设发展情况,结合西部地区"十三五"发展规划确立的指标、指数,运用多种分析方法,定性分析和定量评价相结合,对发展态势、进展成效、经验做法、存在问题进行规范化、格式化评估论证。对规划实施中存在的突出问题进行认真梳理和总结,并进行了原因分析,对下一步推动规划实施提出对策建议。

(张路平)

【推进1603街区规划研究】 年内,西建办会同区规土分局、住建委、城管委等部门多次现场调研,围绕规划、土地、城市设计三个方面推进广宁建设区规划研究工作,草拟《1603街区更新改造工作方案》。

(张路平)

【一级开发】 年内,西建办会同区规土分局、实兴腾飞公司、农工商公司多次召开专题会研究制订相关方案,完成影响京门新线道路施工的3户滞留户的司法、行政强迁工作;完成20户一级开发地块内滞留户拆迁工作,拆除房屋建筑面积约2100平方米;与区房管中心、环卫中心、煤炭公司、农工商公司旧货市场等单位达成拆迁补偿协议。

(张路平)

【推进上市地块建设】 年内,西建办发挥统筹协调职能,做好开发企业与政府部门的对接工作,召开多次专题会研讨规划建设方案,并牵头协调解决上市地块项目前期手续办理及建设过程中的相关问题,确保上市地块建设工作进展顺利,各项目售楼处建成并投入使用,工程主体进行土方及地基施工。

(张路平)

【市政道路建设】 年内,西建办通过沟通完成部队土地征收工作,石府路道路工程主体完成2.3公里路床及路基施工,铺设面层混凝土1.3公里,敷设污水管线2.6公里,雨水管线2.4公里,电力管线1.3公里,热力管线2公里,给水管线1.3公里。完成秀府村北路及南宫中路道路工程决算审计工作。

(张路平)

驻区企业

首钢集团

【概况】 首钢集团有限公司(简称首钢)隶属于北京市国资委,始建于1919年。是一家以钢铁业为主,兼营矿产资源业、环境产业、静态交通产业、装备制造业、建筑及房地产业、生产性服务业、海外产业等跨行业、跨地区、跨所有制、跨国经营的大型企业集团,全资、控股、参股企业600家,职工近9万人,总资产列全国钢铁企业第二位,2010年以来7次进入世界500强。年内,首钢营业收入2055亿元,解决部分历史遗留问题后盈利26亿元,主要经营指标创出停产搬迁以来最好水平,企业发展质量和经营效益稳步提升。钢铁业研发投入比例2.6%。取得科技成果108项,其中21项达到国际先进水平。获专利授权544件,主持制修订国家标准13项。钢铁业实物劳产率达到750吨/人·年,超过行业平均水平。企业改革。持续推进企业深化改革,落实深化国企改革综合试点,首钢入选国务院国企改革“双百行动”企业,明确任务书、路线图和时间表,推进3大类20项重点任务。以加强资本运营、公司治理等能力建设为重点,进一步完善集团总部职能。持续优化集团管控权力清单,权力事项精简47%,进一步下放权力。坚持推进产权与管理关系优化和企业层级压缩工作,股权公司完成7家企业股权优化,香港首控、京西重工退出层级超长企业,集团境内企业压至五级、境外压至七级。实施企业退出三年计划取得重大进展,退出企业72家。落实国企改革“双百行动”计划和深化国企改革综合试点,突出效益导向,推进薪酬分配制度改革,建立健全与劳动力市场基本适应、与企业效益效率挂钩联动、能增能减的工资总额管理长效机制。首钢连续两年被评为市国资委专项工作优秀企业和工作成绩突出单位。钢铁提质。高端领先产品、战略产品和EVI产品全面完成任务。高端领先产品完成601万吨,同比增加24万吨。三大战略产品完成523万吨,同比增加26万吨,创历史新高,其中汽车板316万吨、电工钢160万吨、镀锡板47万吨。EVI产品完成151万吨,同比增加35万吨。新产品完成49万吨,同比增加14万吨,2项硅钢新产品全球首发。汽车板新增零件认证1850个,日系汽车板供货量实现新突破。电工钢累计供货量突破1000万吨,取向硅钢通过“双百万”大容量特高压变压器应用鉴定,进入全球在建规模最大的白鹤滩水电站变压器供应商序列,广泛用于“一带一路”沿线国家重点项目。镀锡板产品结构不断优化,高端产品同比增加25%,进入国内先进行列。贵钢EA4T车轴用钢国内首家通过铁总认证并实现供货。科技创新。始终把科技创新作为发展的第一动力,首钢钢铁业研发投入比例达到2.6%,取得科技成果108项,其中21项达到国际先进水平。获省部级以上科技奖14项次,其中“超大型水电站用金属结构关键材料成套技术开发应用”项目获国家科技进步二等奖。获专利授权544件,主持制修订国家标准13项。股份公司、冷轧公司等6家企业被认定为国家级高新技术企业。重大工艺技术显著进步,股份公司高炉炉顶料罐煤气及粉尘全回收、零排放技术填补冶金行业空白;京唐公司转炉低温出钢技术达到国际先进水平,完成多次低硅高碱度球团试生产及高炉50%碱性球团冶炼实验,为京唐二期投产后三座高炉大比例球团冶炼做好技术储备。技术合作不断深化,承担高强汽车板、新能源汽车材料生产应用等3项国家级科技项目。与帝国理工、中国一汽等新建9个联合实验室,新增合作课题19项。加快智能工厂建设,股份公司一体化智能炼铁技术水平不断提升,京唐公司烧结、球团等智能化控制项目投入使用。园区开发。2018年是首钢北京园区开发建设取得重大突破的一年。以中央、北京市领导批示提出的把新首钢地区打造成为“新时代首都城市复兴新地标”,“文化复兴、生态复兴、产业复兴、活力复兴”作为园区开发的核心内涵和行动指南。冬奥办公区、冬训中心、首钢工舍等重点场馆设施高标准交付使用。精品工程亮丽呈现,三高炉秀池区域美轮美奂,石景山景观公园与永定河山水交融,“四块冰”实现工业遗存与冰雪运动完美融合,三高炉“首秀”奔驰新车发布会,唱响跨年冰雪盛典,园区魅力绽放,成为传播冬奥精神、展示时尚高端品牌的秀场。产业聚集定位高端,星巴克洲际酒店入驻园区,与联通合建首个5G示范园区、中关村共建人工智能创新应用产业园、IDG共建冰雪产业孵化器,城市科技服务为老工业区转型升级注入活力。产融结合。围绕集团转型发展和重大项目建设,不断提高金融服务和资本运作能力,放大资本价值,与实体产业相互促进、共赢共生,助力产业发展。发挥资金平台和金融服务职能,有力支持了京唐二期项目建设,置换了高息贷款,累计为成员单位节省财务费用9.7亿元,保障了集团资金链安全。紧抓政策机遇,坚持市场化运作,服务集团转型发展。搭建产业转型、新能源汽车等多支基金,管理基金规模超过500亿元。入围福布斯中国最佳PE机构三十强,获中国股权投资金牛奖。多措并举运作资金,发行境内债450亿元及境外债5亿美元,完成银行贷款和债券接续。协同发展。首钢作为京津冀协同发展的引领和示范,坚持稳妥有序推进曹妃甸园区开发。与地方政府密切配合,加大招商引资力度,全年签约23个产业项目、投资额177亿元。“先行启动区和曹妃甸新城建设,打造中国绿谷特色小镇,“首堂·创业家”获北京市超低能耗建筑示范项目奖励。建成全国首座零能耗被动式幼儿园,积极打造装配式科技示范小镇。首秦园区启动转型。以汽车运动文化为引擎,打造“秦皇岛首钢赛车谷”,建成“钢铁赛道”,成功举办京津冀赛车节、中国卡车公开赛等活动,启动赛道配套项目的规划设计及招商引资工作,实现当年停产、当年转型、当年运营。产业开拓。首钢环境公司生物质垃圾焚烧115万吨，发电4.2亿度，发电效率同比增长9.6%。山西长治在建项目被确定为省、市两级政府示范工程，提前完成餐厨垃圾收运处一体化项目建设。建筑垃圾移动式处置引领了行业标准，应用于北京城市副中心。秘铁二期1000万吨扩建项目竣工，充分体现了集团自主集成能力和协同高效优势，创造了首钢海外工程建设新模式。机电公司深度参与立体停车技术研发，形成立体车库设备自主研制能力。城运公司二通公交立体停车楼项目设备安装完成，智能停车库运行于北京首个老旧小区改造示范试点项目。首长国际稳步推进新机场停车楼、拓展贵阳机场等多个项目，签约管理车位2.4万个。首建公司社会项目占比超过50%，签约哈萨克斯坦公路等"一带一路"项目累计金额5.8亿元。国际工程公司发挥技术优势，承揽海水淡化、球团脱硝、熔融还原炼铁等项目。首自信拓展智慧城市产业，北京城市副中心综合管理服务平台和首钢云平台管理中心投入运营。京西重工引进战略投资者完成京西上海制动业务重组，上海零部件公司和湘潭工厂相继投产。北冶研制的新材料应用于航空发动机和重型燃气轮机，助力大国重器制造。医疗投运营石门营等9家养老院所，获评北京市老龄产业协会"安心养老品牌"。管理创新。强化制度建设，基本形成权力清单、规章制度、风控手册三位一体的制度体系。年内颁发制度49项，废止65项。加大监督力度，监督工作联席会紧紧围绕集团年度重点工作任务开展监督检查，揭示问题和风险169项，提出整改工作建议177条。加快信息化建设，坚持业务驱动、系统集成，集团信息化项目建设加速推进。年度预算、投资计划已实现全集团在线编制，提高了工作效率。财务共享实现了集团公司范围内功能全部上线，协同平台完成72%成员单位推广，商旅平台提高了差旅的便捷性。人力资源、资产管理、主数据管理系统主要功能上线运行。节能环保。应对环保政策收紧，主动完善绿色行动计划，完成环保项目107项。全面完成全国"两会"、中非合作论坛北京峰会等重要活动和重污染天气环境质量保障任务。股份公司被评为唐山秋冬季差异化错峰生产污染排放绩效评价唯一一家A类钢铁企业，京唐公司被评为国家级绿色工厂。统筹化解多层级、常态化减排指令对生产经营、工程建设的影响，不断强化北京园区环保管理体系建设，为区域环境质量改善作出积极贡献。品牌建设。2018年中国钢铁企业品牌榜发布，首钢再度登上"十大卓越钢铁企业"品牌榜。这是首钢连续第二年获此称号。年内出台企业文化建设相关规范性文件，规范品牌标志、标识、色彩，阐释品牌文化新内涵，展示文化首钢新形象。首钢日报更新出版模式，"今日首钢"APP上线，形成以新媒体为主导的舆论引导新格局。加强对外宣传，集团获"改革开放40年中国企业文化四十典范组织"奖。全年营业收入突破2000亿元，利润水平再创新高，第七次上榜世界500强。钢铁业市场竞争优势进一步增强，汽车板、电工钢、镀锡板等战略产品市场占有率均达到全国前三，镀锡板成功迈入国内钢铁企业第一方阵，获评竞争力极强"A+"最高评级。首钢搬迁调整、转型发展高度契合京津冀协同发展脉搏，在7月26日召开的京津冀协同发展论坛上，获得2018京津冀协同发展创新案例奖。世界知名财经杂志福布斯中国推出2018中国最佳创业投资人榜以及最佳创投机构、最佳PE机构子榜，首钢基金公司首次入围福布斯中国最佳PE机构30强。首钢北京园区"四块冰"相继完工交付，国家冬训中心投入运营；西十冬奥广场项目按期完成，获2018年度国际奥委会"奥林匹克主义在行动"奖杯；中关村(首钢)人工智能创新应用产业园揭牌，园区开发进入打造新时代首都城市复兴新地标新阶段。

(马　晓)

【入选中国工业遗产保护名录】 1月，由中国科协调宣部主办，中国科协创新战略研究院、中国城市规划学会公布中国工业遗产保护名录(第一批)名单，首钢入选。在名录中公布的首钢主要遗存包括：高炉、转炉、焦炉、料仓；运输廊道、铁路专用线、龙烟别墅等。入选理由为：华北地区最早的近现代钢铁企业之一；1919年从美国进口高炉设备；顶燃式热风炉和无料钟炉顶技术为自主发明的世界尖端技术；中国第一座氧气顶吹转炉，中国第一个氧气顶吹转炉炼钢厂、国内最大的小方坯连铸炼钢厂、国内规模最大的线材生产厂；30万吨轧钢生产线；20世纪70年代全国十大钢铁企业之一；曾占北京市利税四分之一，首推企业承包制；国内目前保存最完整、面积最大的钢铁工业生产厂区。

(马　晓)

【首钢冷轧汽车板实现新突破】 1月，首钢持续优化产品结构，冷轧汽车板以"镀锌、高强、外板、轻量化"为发展定位，走产品高端、用户高端的路线，实现从无到有、从低端到高端、从跟随到赶超，市场占有率跻身国内第二。成形增强型双相钢汽车板产品实现国内首发，最高强度1180兆帕冷成型汽车板在京唐公司下线，成为世界上为数不多的超高强汽车板供应商，成为奔驰、宝马、大众、神龙、福特、现代、菲亚特等国内外知名汽车厂家的主供应商。在标准生产、EVI先期介入等方面，首钢牵头制定并发布冷轧汽车板国家标准四项，参与制修订并发布三项，初步形成由十余项标准组成的首钢冷轧汽车板标准体系。

(马　晓)

【发展绿色能源】 1月，由首钢冷轧公司、中清能合作建设的8.3兆瓦屋顶分布式光伏项目并网投入运行。该项目是目前北京市最大单体分布式光伏发电项目。项目并网运行后，每年约生产820万度清洁可靠优质光伏"绿电"，相当于每年节约标准煤3276.36吨，减排二氧化碳约8166.33吨、二氧化硫约245.73吨。8.3兆瓦屋顶分布式光伏项目是利用首钢冷轧公司屋顶闲置空间，在10万平方米厂区和办公区屋顶，安装太阳能光伏组件，所发电量100%自发自用，能够补充首钢冷轧公司近10%电力消耗。通过应用光伏发电，厂区可以减少碳排放指标，降低发电用电成本，每年可节省约300万元。

（马　晓）

【海外院士专家办公区启动】 2月，海外院士专家北京工作站新首钢办公区启动。其前身是原首钢办公大楼，始建于1992年，建设前为存放原料的料场，后被改造为首钢集团的商贸中心（合作供销中心），被人们誉为“京西的百货大楼”；再被改为办公大楼，曾是集团后勤保障、管理运营的重要场所。现转型成为连接海外院士专家，汇聚侨心、侨智、侨力的国家公共行政服务平台，成为向海外院士、专家提供一站式服务的“会客室”“展示厅”“智囊团”和“服务站”，成为辐射和服务全国海外院士专家工作站建设的中心枢纽，成为海外院士专家温馨的“家”。

（马　晓）

【云平台管理中心运营】 2月，首钢云平台管理中心正式运营。首钢云平台管理中心是完全独立的网络双外线路由，提供多线BGP互联网接入，具备可靠的安全运行保障能力，达到国际TierⅢ+等级和中国A级标准，获得IDC/ISP、ICP运营牌照，可为用户提供机房托管服务、互联网接入服务、企业终端应用服务、云产品及解决方案服务。

（马　晓）

【女篮获WCBA总决赛冠军】 3月14日，在首钢篮球中心进行的2017—2018赛季中国女子篮球联赛（WCBA）总决赛第3场较量中，北京首钢女篮以85比63获胜，从而以总比分3比0击败山西竹叶青女篮，荣膺总决赛冠军。这是首钢女篮继2015—2016赛季、2016—2017赛季夺得WCBA总决赛冠军之后，连续第三个赛季获得总决赛冠军。北京首钢女篮成为WCBA历史上第三支夺得三连冠的球队。

（马　晓）

【9项产品实现首发】 3月，首钢9项产品国内外首发，其中2项电工钢产品为全球首发，高强汽车板等7项新产品为国内首发。首钢首发产品包括：新能源汽车驱动电机电工钢35SWYS900、35SW1700－H产品为全球首发，定频家电用电工钢50SWG1300、增强成形性双相钢DH780、环保型免涂装耐候钢SQ420NH、实体连续膨胀套管用钢PZ801、高碳工具钢SK95、超奥不锈钢复合板Q345R＋904L、双相不锈钢复合板A500＋S31803等7项新产品为国内首发。

（马　晓）

【合作开发冬奥广场】 3月，《首钢园—铁狮门冬奥广场产业项目合作备忘录》签约仪式在陶楼举行。铁狮门公司是国际一流的美国百年企业，拥有国际品牌资源、先进设计理念和成熟管理经验。百年首钢联手百年铁狮门，优势互补，共同出资在京注册成立中美合资独立法人企业首狮合资公司，开发建设首钢冬奥广场。该项目是冬奥会的配套项目之一，采用“新建＋旧改”的模式，最大程度保留首钢园区遗留工业厂房风貌，对厂区的空间格局进行改造和功能提升。2019年春节后全面启动建设，计划在2021年6月建设完成，2022年前完成招商入驻。

（马　晓）

【首钢技术中心获评优秀】 4月，国家发改委公布全国1331家企业技术中心2017—2018年评价结果，“首钢技术中心”以92.2分被评为优秀，名列全国第22位，在全国钢铁企业中排名第2位。首钢强化科技创新管理，加大研发投入，尤其是加大新产品开发和工艺攻关力度。2015年以来，实现全球首发新产品2项，国内首发新产品12项；获国家、行业和北京市科技奖励19项次，被国家知识产权局授予“国家知识产权示范企业”；在“国家标准研制贡献指数”大数据分析报告中，名列冶金行业第一位。与上次评价相比，首钢综合排名由第54位上升32位，在钢铁企业排名由第6位上升4位。

（马　晓）

【首钢基金获高评级】 4月，国际知名评级机构之一标普，授予首钢基金“BBB＋”长期评级和“A－2”短期评级，长期评级展望稳定。这是首钢基金获得惠誉A－和大公国际AAA评级后，再次得到国际评级机构高评级，在同类型企业评级中位于领先地位。首钢基金由北京市政府和首钢共同发起设立，负责管理京冀协同发展产业投资基金等15支基金，规模480亿元。

（马　晓）

【信息化建设】 5月2日，首钢投资管理信息化系统试点单位上线试运行。该项目于2017年6月正式启动，首钢集团战略发展部、经营财务部等部门经过前期业务需求调研、业务蓝图评审、计划编制模块上线运行等工作，于2018年3月完成系统主体功能开发，随后完成历史数据收集、上线条件准备、用户系统测试培训等工作。此次上线的主要功能包括投资项目储备、固定资产投资、股权投资、无形资产投资、投资项目后评价、年度投资计划完成、制度平台管理、产权登记业务等功能模块。投资管理信息化项目将聚焦价值管理和风险管控，使投资管理从事务管理向价值管理转变，从而提升投资效益和效率，最终实现全类型、全生命周期项目管理；辅助决策、促进资源有效配置；横向协同、纵向贯通三大目标。

（马　晓）

【高端产品亮相展会】 5月，在第十八届中国国际冶金工业展览会上，首钢展台展出代表高技术和高制造水平的汽车用钢、电工钢、家电用钢、镀锡板等产品。此次展会作为全面展示形象、交流合作的重要窗口和平台，首钢统一组织筹备，研究制定参展方案，首钢股份公司、京唐公司、首秦公司、技术研究院、国际工程公司、机电公司、首建集团、首自信公司、环境公司、城运公司、京西重工等单位参展，通过宣传橱窗、实物展示、现场讲解等方式，全面展示在钢铁制造、智能制造、城市服务、绿色发展等方面的成绩和亮点。

（马　晓）

【首钢成为冬奥残奥合作伙伴】 6月5日，北京2022年冬奥会和冬残奥会官方城市更新服务合作伙伴签约仪式举行。首钢正式成为北京2022年冬奥会和冬残奥会官方合作伙伴，成为北京冬奥组委最高级别赞助商，这是奥运会赞助史上首次出现城市更新服务商类别。

（马　晓）

【变压器材料达国际先进水平】 6月，中国机械工业联合会组织专家对首钢“‘双百万’特高压大容量变压器用高磁感取向硅钢”产品进行鉴定认为，专家认为产品综合技术性能达到同类产品国际先进水平，其中噪声指标及涂层附着性指标达到国际领先水平。高等级牌号取向硅钢产品样件通过中国计量科学研究院、全球能源互联网研究院等机构的检测认证。首钢高磁感取向硅钢产品批量用于1000千伏特高压电力变压器，变压器产品通过国家变压器质量监督检验中心检测，相关技术指标优良。

（马　晓）

【获京津冀创新案例奖】 7月26日，在京津冀协同发展论坛上，首钢获得2018京津冀协同发展创新案例奖。此次以“共建·共融·共享”为主题的京津冀协同发展论坛由人民日报社主办，旨在进一步探讨交流京津冀在政策协同、产业协作、创新协力等方面取得的宝贵经验，坚持问题导向，聚焦难题热点建言献策，提供智力服务和舆论支持，成为京津冀协同发展的重要纽带。首钢搬迁调整、转型发展，高度契合京津冀协同发展的脉搏。按照《京津冀协同发展规划纲要》要求，作为先行者和示范者，首钢曹妃甸园区以承接非首都功能疏解为核心，推进招商引资，签约45个产业项目，总投资约517亿元，曹妃甸新区被动式住宅被国家住房和城乡建设部评为“十大绿色科技示范项目”。

（马　晓）

【进入世界五百强】 7月，财富中文网全球同步发布最新《财富》世界500强排行榜，首钢以27488.7百万美元(约1858亿元人民币)营业收入列第431位。这是首钢自2011年首次进入世界500强榜单以来第七次上榜。《财富》世界500强排行榜以公司前一年度营业收入等业务指标为主要评定依据，一直是衡量全球大型公司的最著名、最权威的榜单，被誉为“终极榜单”，公认为世界商业领域最权威的评价，由《财富》杂志每年发布一次。

（马　晓）

【首钢秘铁精矿扩建项目竣工】 7月，首钢秘铁1000万吨精矿扩建项目竣工。该扩建项目结合两个阶段进行：第一阶段供配电和原矿生产系统自2014年8月开工建设，2016年12月建成；第二阶段新选矿厂和海水淡化厂于2016年6月动工，2018年7月建成。秘鲁总统比斯卡拉称赞该项目创造工期奇迹。

（马　晓）

【入选国企改革“双百企业”】 8月17日，国务院国企改革领导小组办公室启动国企改革，公布“双百企业”名单，首钢集团入选。“双百行动”是根据《关于开展“国企改革双百行动”企业遴选工作的通知》要求，国务院国有企业改革领导小组办公室选取百家中央企业子企业和百家地方国有骨干企业在2018—2020年期间实施“国企改革双百行动”。

（马　晓）

【参与世界机器人大会】 8月，安川首钢机器人有限公司“定制化机器人自动生产线”——迷宫定制项目在由国家工业和信息化部、中国科学技术协会、北京市政府联合主办的2018世界机器人大会上展示。安川首钢机器人有限公司作为中国工业机器人的领军企业，用一条生产线诠释工业4.0和中国制造2025的自动化水平。

（马　晓）

【超高强钢打入国际高端车企】 9月，首钢科研项目“高强DP钢生产关键工艺技术攻关”取得重要突破，通过工艺技术提升，实现首钢超高强DP钢的高效、稳定生产，为首钢超高强钢在冶炼技术、轧制技术、表面技术等方面实现新的技术突破、达到国际先进水平。超高强钢顺利进入国际知名高端车企，被广泛应用于门槛、防撞梁、横纵梁、加强板等各种车身结构安全件，通过多家知名车企和零部件供应商认证。

（马　晓）

【成为最具专利创新活力企业】 9月，由冶金工业信息标准研究院和知识产权出版社i智库共同发布的《中国钢铁企业专利创新指数》研究成果显示，首钢等5家钢铁企业成为最具专利创新活力的企业。截至年末，首钢申请专利6142件，其中发明专利3514件；获国家专利授权3930件，其中发明专利1727件；3件专利获“中国专利金奖”，13件专利获“中国专利优秀奖”，4件专利获北京市发明专利奖。

（马　晓）

【全国钢铁行业职业技能竞赛】 9月，“首钢杯”第九届全国钢铁行业职业技能竞赛开幕。技能竞赛由中国钢铁工业协会、中国机械冶金建材工会全国委员会、中国就业培训技术指导中心和共青团中央青年发展部联合主办，首钢集团公司承办，74家钢铁企业的244名选手参加，比赛工种为高炉炼铁工、金属轧制、天车工和电焊工。首钢选手赵满祥、张浩、王涛分获高炉炼铁工、天车工、电焊工冠军。

（马　晓）

【国内首个5G智慧园区】 10月，首钢和中国联通举行战略合作伙伴签约仪式。本次签约是首钢和中国联通携手打造首钢园为国内首个5G智慧园区，并在建设5G产业园区、推动智慧园区规划设计和示范应用、品牌联合推广、国际业务合作，共同推广奥林匹克文化、推动冰雪运动的发展等方面展开战略合作。

（马　晓）

【建筑垃圾处理项目投产】 11月，首钢服务北京城市副中心建设的建筑垃圾资源化处理项目投产运行。该项目位于通州区潞城镇南刘各庄村，占地336亩，设计年处理建筑垃圾100万吨，生产再生骨料80万吨、再生无机混合料40万吨，采用首钢自主集成创新可移动式建筑垃圾资源化处理成套工艺。主要承担通州区潞城镇棚改腾退工程建筑垃圾资源化处理。

（马　晓）

【获竞争力极强“A+”最高评级】 12月，在冶金工业规划研究院举办的“2019中国和全球钢铁需求预测研究成果、钢铁企业竞争力评级发布会”上，首钢获2018年钢铁企业综合竞争力极强“A+”最高评级。企业竞争力是企业综合生产力和服务能力的直接体现。年内，钢铁企业综合竞争力评级分为3大板块、14项要素和23个指标，构成标准指标体系框架。此次进入评级的108家钢铁企业，获得“A+”最高评级的还有宝武、河钢、沙钢、鞍钢等企业。

（马　晓）

【命名“新首钢大桥”】 12月底，北京市规划和国土资源管理委员会发布地名命名通知，根据地名管理有关法律、法规，将长安街西延工程跨永定河大桥命名为“新首钢大桥”。新首钢大桥是长安街西延道路工程重要节点工程，大桥从首钢北京园区一路升高，到永定河上靠两座斜拉塔拉起。桥型为双塔斜拉钢构组合体系桥，是北京地区最大跨径桥梁。

（马　晓）

【获国家及行业管理创新奖】 年内，首钢获第二十四届国家级企业管理现代化创新成果2项、获冶金企业管理现代化创新成果16项。在第二十四届国家级企业管理现代化创新成果获奖名单中，首钢京唐公司《以行业引领为目标的冶金企业智慧能源管理体系的构建与实施》、首钢矿业公司《冶金地下矿山以安全高效为目标的爆破“四化”管理》获二等奖。在冶金企业管理现代化创新成果获奖名单中，首钢京唐公司《冶金企业智慧能源体系的构建》《面向市场一贯制钢铁产品推进管理体系构建与实施》获一等奖；首钢《大型钢铁企业搬迁调整中资产处置体系的构建与实施》等5项成果获二等奖；首钢《大型企业推进转型提效工作的实践》等9项成果获三等奖。

（马　晓）

【获市企业管理创新成果奖】 年内，在第三十二届北京企业管理现代化创新成果获奖名单中，首钢人力资源部《大型国有企业深化干部人事制度改革的创新实践》、发展研究院《综合性大型企业集团管控体系的构建与实施》、战略发展部《大型国有企业战略退出实现结构优化的实践》、技术研究院《钢铁产品结构调整管理体系的构建与实施》、股份公司《大型钢铁企业创建现场问题管理体系的实践》、老年福敬老院《运用物联网和互联网+养老服务，打造智慧养老服务模式》、水钢公司《以优化产能提升效益为中心的流程再造管控体系构建》获一等奖；首钢办公厅《大型企业集团战略决策型董事会建设的创新与实践》等12项成果获二等奖。

（马　晓）

【媒体关注】 年内，《人民日报》、新华社、中央广播电视总台、《北京日报》、北京电视台等主流媒体刊发报道首钢稿件300余篇。6月17日，央视新闻联播《在习近平新时代中国特色社会主义思想指引下——新时代新作为新篇章》系列报道中，对首钢服务保障冬奥及园区建设等进行深入报道。6月20日，北京电视台《京津冀大格局》栏目播出《国企担当看首钢：搬迁与新生》；11月13日开幕的“伟大的变革——庆祝改革开放40周年大型展览”展现首钢承包制改革、冬奥组委入驻首钢园区、新首钢高端产业综合服务区发展的图片和视频片段等首钢元素；12月14日，《工人日报》在“纪念改革开放40年”特别报道中，专版刊发长篇通讯《首钢记忆》；12月17日，市国资委联合北京电视台制作的电视系列片《使命》，展现40年首钢改革发展成果。

（马　晓）

中铁二十二局集团有限公司

【概况】 中铁二十二局集团有限公司（简称集团公司）是拥有铁路工程施工总承包特级、建筑工程施工总承包特级、市政公用工程总承包特级、公路工程施工总承包特级资质；铁道行业甲（Ⅱ）级设计资质、建筑行业甲级设计资质、市政行业甲级设计资质；公路行业甲级设计资质；水利水电施工总承包一级，矿山工程施工总承包三级，公路路基、桥梁、隧道、钢结构工程专业承包一级，地质灾害治理施工甲级资质企业；拥有对外工程和境内国际招标工程的经营资质、对外派遣实施境外工程所需劳务人员特许经营权的集团公司。下辖第一、二、三、四、五、六工程有限公司，轨道工程有限公司、电气化工程有限公司、天瑞机械设备有限公司、房地产开发有限公司、中铁雄安

9月，京沈客专北京段首条长大山岭隧道顺利贯通　（中铁22局供稿）

建设有限公司、市政工程有限公司、检测公司13个子公司、1个分公司、10个区域经营指挥部和铁路运营指挥部。年内，集团公司职工11260名，其中：干部8861人，工人2399人；男职工8936人，女职工2324人；大学本科及以上学历6070人，大学专科学历2787人；专业技术人员7329人（高级职称924人，中级职称2361人），技能人才812人（高级技师15人，技师140人）。截至年底，集团公司有设备资产9518台（套），设备原值20.01亿元，净值8.17亿元，成新率40.85%，总功率42.11万千瓦，动力装备率34.02千瓦/人、技术装备率6.6万元/人。在建项目184个，合同总投资1983亿余元，剩余投资480亿余元。全年累计完成施工产值211.7亿元。完成主要实物工程量：桥梁29.8成桥千米，隧道43成洞公里，地铁盾构区间10.5千米，房屋建筑143万平方米，铁路制梁479孔（T梁、箱梁），公路制梁2257片，铁路架梁774孔，公路架梁1949片，铺轨597千米（含正线、站线），无砟轨道40千米，通信线路58千米。集团公司有4项工程获股份公司安全质量标准工地，1项工程获国家优质工程金质奖，2项工程获国家优质工程奖，12项工程获省部级优质工程奖，7项工程获中国铁建杯优质工程奖，同时获4个国家级和23个省部级优秀QC成果。

（罗小慧 尚梅英）

【哈尔滨至佳木斯铁路工程】 9月30日完工。哈尔滨至佳木斯铁路工程包括正线总计19.81千米和宾西东货物联络线两部分线下工程、铺轨和1520单线孔T梁预制架设工作。合同投资181991万元，2014年6月30日开完。主要实物工作量：路基土石方459万立方米，其中区间土石方295万立方米，站场土石方164万立方米，路基21.649千米；桥梁11座7502延米，路基附属圬工18.5万立方米，路基加固CFG桩23.5万米，螺杆桩8.1万米，涵洞38座1147.46横延米；站场1处；制梁1520孔/片（箱梁、T梁），架梁1520孔/片（箱梁、T梁）等。轨道工程：正线铺轨346.88铺轨千米，正线道床810860立方米；站线铺轨36.5铺轨千米；站线铺道床122180立方米；道岔127组；制梁场（占地约163公顷）和铺轨基地（占地约142公顷）各一处。

（李 坛）

【铜仁至玉屏铁路站前工程】 12月28日完工。新建铜仁至玉屏铁路站前TYTJ－2标段工程位于贵州省铜仁地区，北起渝怀铁路铜仁站，南接在建沪昆铁路客运专线大宗坪站，总长47.7千米，设计时速200千米/小时。线路全长25.758千米。合同投资121000万元，2013年12月15日开工。主要实物工作量：车站1座（万山站）、隧道14座总延长16.57千米，3千米＜L≤4千米的隧道1座，2千米＜L≤3千米的隧道1座，1千米＜L≤2千米的隧道4座，L≤1千米的隧道8座；桥梁17座，总延长5.17千米；区间路基4.02千米，区间土石方81万立方米，站场面积7800平方米，土石方54万立方米，涵洞14座，410横延长米，水泥搅拌桩108438延米，AB填料11万平方米，级配碎石87372立方米。总计约混凝土75立方米，隧道Ⅲ级围岩10061米，Ⅳ级3671米，Ⅴ级3672米。

（李 坛）

【北京至沈阳铁路专线工程】 12月29日完工。京沈客专辽宁段JSLNTJ－13标段线路全长25.74千米，按照双线350千米/小时设计标准建设，沿途经过辽宁省新民市兴隆镇、沈阳市于洪区马三家镇、东旬子镇等。本标段主要施工项目有：兴隆店特大桥，全长13.68千米；蒲河特大桥，全长9.81千米；京哈上联特大桥，全长358.32米；路基工程2.253千米；古城子站站前工程；箱梁制架（704孔）；合同投资211618万元，2014年7月3日开工。主要实物工作量：路基土石方96.52万立方米；路基2.253千米；桥梁3座23845.6延米，涵洞3座175.26横延米；站场1处；制梁704孔/片（箱梁、T梁），架梁704孔/片（箱梁、T梁）等。轨道工程：无砟道床51.48千米，有砟道床0千米；正线铺轨50.12铺轨千米，站线铺轨0铺轨千米；道岔12组等。

（李 坛）

【重庆轨道交通环线工程】 12月30日完工并通车。位于重庆市南岸区，其主要工程量有：土石方挖方28万立方米，填方54万立方米；高架桥1座958延米；涵洞2道；车站1座；房屋建筑10座，建筑面积5.5万平方米；防护及排水圬工8万立方米。该项目合同总价4.98亿元。合同投资65939万元，2014年4月1日开工。主要实物工作量：挖方27.6万立方米，填方53.9万立方米，涵洞两座，房屋建筑10座/5.5万平方米、洗车牵出线87.6米以及附属工程约7.8万立方米，4千米停车场出入场线高架部分区间高架段总长957.83米。

（李 坛）

【长春地铁2号线一期工程】 12月31日完工并通车。合同投资70286万元，开工时间2014年4月1日。主要实物工作量：车站总长211.7米，净宽20.3米，车站结构包括两个风道，四个出入口。区间为满足运营需要设置停车线及单渡线，区间总长797.55米。

（李 坛）

【主要经济指标】 年内，集团公司新签合同项目252项，合同金额434亿元，其中工程承揽154项，合同金额410亿元，房地产销售9项，合同金额22亿元，物资及其他89项，合同金额2亿元。年末，资产总额270.24亿元，其中固定资产原值34.49亿元，净值15.45亿元，流动资产216.59亿元，其他资产53.65亿元。全年营业收入202亿元，利润总额2.6亿元，资产负债率81.38%，国有资产保值增值率98.92%、净资产收益率4.88%，上交款完成率87.25%、产值利润率1.29%。

（黄 雷 王志刚）

【资本经营】 年内，集团公司新中标资本运营项目1个，房地产开发土地2宗，项目规模约23亿元。房地产开发和资本运营板块19个项目，纳入集团公司资本经营管理板块，项目投资规模318亿元。其中，房地产板块计划总投资13.34亿元，实际完成10.06亿元；计划销售金额18.88亿元，实际完成22.05亿元；计划销售回款8.41亿元，实际完成8.42亿元。资本运营板块计划总投资36.12亿元，受国家金融政策、政府征地拆迁等影响，实际完成17.69亿元。

（许赛雪）

【审计工作】 全年集团公司完成审计任务7项，按要求向董事会提交审计报告，对审计过程中发现的问题线索及时向纪检监察部门移交；对集团公司生产经营管理“五乱”行为开展专项治理工作，对所属玉磨、银西、黄韩侯、西北指挥部等进行专项检查；启动收尾项目专项审计调查，对所属下级审计部门139个收尾项目的并账、结算、债权、债务及留守人员情况进行摸底调查，出具收尾项目审计调查报告；开展“两金”管理专项审计调查，制订《中铁二十二局集团有限公司“两金”管理专项审计调查方案》，要求所属单位全面自查，自查面达100%，并抽选个别单位进行重点抽查，形成自查报告；成立违规经营投资责任追究工作管理委员会。

（殷文俊）

【安全质量】 年内，集团公司开展2次大规模安全质量综合检查，1次安全专项检查。组织2期159人的安全质量培训、再教育和取证工作，其中安全质量管理干部培训12人，安全质量培训165人。委派安全总监16人，A类安全人员（企业负责人）72人，B类安全人员（项目负责人）377人，C类安全人员（专职安全管理人员）562人，注册安全工程师108人，专职质检员634人。安全生产形势基本稳定，工程质量一次验收合格率100%。4项工程获股份公司安全质量标准工地。

（杜鹏亮）

【科技成果】 年内，集团公司新立科研项目30项，延续42项。地下工程25项，桥梁工程15项，线路与岩土10项，四电技术3项，房建3项，机械6项，其他10项，资助经费360万元。“城市复杂环境下轨道车站新型盖挖施工及其对环境影响控制技术研究”课题成果经重庆市科技厅鉴定为国际先进水平。获省部级科技进步奖1项，中国施工企业管理协会科学技术奖1项。中国交通运输协会科技进步奖1项，股份公司科技进步奖1项。专利授权52项，受理46项。

（叶昌尧）

北京北重汽轮电机有限责任公司

【概况】 北京北重汽轮电机有限责任公司隶属于北京京城机电控股有限责任公司（简称北重公司），其前身为创建于1958年的北京重型电机厂。2000年10月实施“分立式”债转股正式设立北京北重汽轮电机有限责任公司（以下简称北重公司）。公司注册资本8亿元，现有员工1000余人，其中工程技术人员150余人。北重公司占地面积26万平方米，其中建筑面积18万平方米。拥有以数控设备为主的生产加工设备600多台（套），装备水平精良；拥有高速真空动平衡室、发电机试验站、理化实验室、X光射线室、无损探伤室、绝缘试验室等试验检测设施，试验检测设施完备。主要生产经营电站汽轮机、汽轮发电机、电站辅机等设备及电站设备升级改造和服务、工程总包业务等。年内，北重公司树立并贯彻创新、协调、绿色、开放、共享的发展理念，秉承“客户至上、质量第一、服务永恒”的经营理念，以健全完善的ISO9000质量管理体系认证和严格精细的工艺纪律为保障，以专业的用户服务机构和完善的服务网络为基础。公司生产的300兆瓦等级机组具有启动灵活、调峰性能好、供热能力强、运行安全稳定、效率高的竞争优势，各项性能都达到了国际先进水平，在“全国发电可靠性火电300兆瓦级金牌机组”及“全国火电300兆瓦级机组竞赛”评比中获得多项荣誉。产品遍及中国各大发电集团和地方（企业）电力公司的众多电厂，并出口到海外多个国家和地区，得到印度、印度尼西亚、越南、泰国、老挝、土耳其等国家广大用户的认可。

（王满园）

【主要指标完成情况】 年内，北重公司主营业务收入2.46亿元，其中服务业务1.32亿元，火电机组业务8258万元，应收账款净额2.95亿元。存货净额1.18亿元。新增订货完成2.79亿元，主营货币收入2.79亿元。年生产电站汽轮机3台/110兆瓦，汽轮发电机5台/185兆瓦。

（王满园）

【安全生产】 年内，北重公司梳理企业安全管理体系，完成环保突发事件应急预案、公司综合预案和各部门现场处置预案编制修订。组织应急预案演练12次，对400余名员工进行应急处置的安全培训。落实安全隐患整改，改建可燃材料夹芯彩钢板建筑11处共4132平方米，完成封存彩钢板建筑消防隐患综合治理，完成公司北部露天码放的旧包装箱清理，全年隐患整改完成96项。

（王满园）

商业贸易

CIFTIS
第五届中国(北京)国际服务贸易交易会
THE 5TH CHINA (BEIJING) INTERNATIONAL SERVICE AND TRADE FAIR
北京主题日
Beijing Theme Day

综　述

【概况】 2018年，石景山区规模以上商业零售和餐饮店铺107家，其中商业零售店铺44家，餐饮店铺63家，总面积42.3万平方米。全区消费市场增势平稳，实现市场总消费额576亿元，同比增长5.2%。其中，消费品市场实现零售额312.4亿，同比增长3.0%，增速高于全市0.3个百分点；实现服务性消费额263.6亿元，同比增长8.1%。打造品质提升典范，推动消费结构升级。以高端绿色发展为契机，以消费升级促进产业升级，培育形成新供给新动力扩大内需。引进便利蜂、全时、永辉生活、京东无人便利店等新兴便利店品牌落地，开启便利化、智能化新型消费模式，满足更多消费者多元化、个性化需求。借助服务北京冬奥会发展机遇，不断完善生活性服务业体系，合理布局服务网络，平衡区域需求、人群需求和商业设施供给关系。

（程华祥　马　宁）

【培育产业发展新动能】 年内，区商务委推动咨询与调查、广告、组织管理服务、人力资源服务等领域，加强全区服务业政策资源倾斜，打造石景山特色品牌商务服务行业。联动新首钢高端产业综合服务区、石景山科技园等重点功能区，加强商务服务企业引入，补齐产业发展配套服务短板。重视电子商务工作，以政策为先导，推进国家电子商务示范基地建设。依托石景山区商业保理试点优势，坚持招优选优，促进企业集聚，扩大试点规模。优化政策环境，切实扶持区域总部企业发展，深化服务企业机制，促进总部企业高端发展。

（刘　斌　丁　玲）

【优化营商环境】 年内，区商务委提升为企业服务能力。优化政务服务事项，简化程序流程，压缩办理时限。加快“一网通办”，提高事项网上办理率，畅通服务企业通道。提升为企业服务能力，加强政策宣讲，帮助企业了解政策、用好政策；调研走访重点驻区企业，实施“一对一”精准服务；对接金融街长安中心、清华启迪园等新建楼宇载体，为商务楼宇配齐完善商业配套设施；建立外商投资重大项目清单制度，加强部门间招商联动，找准定位、主动服务，积极推动外资项目落地。落实市级部署，开展营商环境评价工作。

（刘　斌　丁　玲）

商务服务业

【概况】 北京市石景山区商务委员会（简称区商务委）是负责本区内外贸易和对外经济合作的区政府工作部门。年内，区商务委坚持“全面深度转型、高端绿色发展”战略，把握供给侧结构性改革主线，抓住疏解提升和开放创新两个要点，优化营商环境，全面推进疏解整治、提升生活性服务业品质、提高供给体系质量、推动产业提质增效、构建开放型经济结构、夯实行业安全基础等工作。2018年，石景山区商务服务业收入合计160.8亿元，同比增长15.1%。全区商务服务业形成较为齐全的行业类别，其中高附加值、高辐射力的行业发展态势较好，带动产业内部结构不断优化。企业管理服务、广告、咨询与调查、人力资源服务四大主导领域发展效益较好，合计收入及税收均占全区商务服务业总量的80%以上。

（程华祥　马　宁）

【参加电子商务大会】 5月28日，2018中国（北京）电商大会在国家会议中心召开。石景山区作为“国家电子商务示范基地”参加大会活动，宣传“全面深度转型、高端绿色发展”战略，传播“融合山水谋发展、建设首都西大门”的总体发展思路，推介电子商务发展良好环境，展示电子商务产业发展成果。组织全区亿邦动力、易宝支付、思路网等电商企业参加大会论坛主题演讲，搭建石景山区与其他区域交流合作的平台。

（刘　斌　丁　玲）

【典当企业年审】 6月，石景山区完成2017年度北京市典当企业年审工作。截至2017年底，石景山区共有典当企业16家，分支机构3家。2017年典当总额27.06亿元，同比增长13.2%，典当余额3.29亿元，同比下降1%。业务范围涵盖动产质押、房地产抵押、财产权利质押等。

（刘　斌　丁　玲）

【拍卖企业年审】 6月，石景山区完成2017年度北京市拍卖企业年审工作，其中3家拍卖企业通过审核，分别为北京宏达三晶拍卖有限公司、北京鼎兴天和国际拍卖有限公司、爱拍得拍卖有限公司。

（刘　斌　丁　玲）

【商品交易市场疏解】 年内，区商务委贯彻落实“疏解整治促提升”专项行

5月12日，四套班子调研便民菜站　　（区委宣传部供稿）

动总体部署，持续推进商品交易市场调整疏解。坚持“疏解提升并举，拆补相结合”理念，加大对疏解市场周边的正规化蔬菜网点布局和建设，引进和培育壹公里果蔬、新发地菜篮子直营店、石景山社区便民菜店等一批正规化网点落地。同时，为巩固“疏解整治促提升”专项行动工作成果，杜绝专项行动治理后反弹，通过加强管理、巡查预防、及时发现、有效制止、坚决惩治等有效措施，实现“零新生”“零反弹”工作目标。

（张 然 宗 喆）

【生活性服务业品质提升】 年内，区商务委以便民、利民、惠民为出发点和落脚点，坚持保基本、促提升，多角度便利百姓生活，推动全区生活性服务业发展进入快车道。研究出台《石景山区生活性服务业品质提升三年行动计划（2018—2020年）》，重点打造区域、街道、社区三级生活性服务业体系，构建“空间集约、功能复合、标准规范、形象统一、环境优化”的生活性服务业体系格局。推广便利店搭载多种便民服务业态，拓宽便民服务功能。鼓励龙头企业深度拓展信息技术，以大数据推动消费升级。引进新兴便利店品牌落地，开启便利化、智能化的新型消费模式，满足更多消费者多元化、个性化需求。

（王子丹 宗 喆）

【双百创建】 年内，区商务委通过市场化运作、挖掘国有资源载体、新建小区配套、现有业态转型等方式，新建、提升基本便民服务网点80个，其中蔬菜零售网点30家，其他生活性服务业网点50个。截至年底，全区共有生活性服务业网点1094个，连锁化率达到45.6%，较2017年底提升18.7个百分点，基本实现7项便民商业服务功能全覆盖。

（滕小宇 宗 喆）

【行业安全生产监管】 年内，区商务委按照“管行业必须管安全”要求，落实行业安全管理责任，持续加大行业安全管理力度，有效防范和坚决遏制各类安全事故发生，完成“中非论坛”等重要时期的安全服务保障任务。全年召开全区商务行业安全生产会议5次，开展行业企业各类安全培训98场次，累计培训人员3900余人次。累计出动检查人员1522人次，检查督导商务行业企业607家次，排查各类安全隐患1417处。按照“政府推动、企业实施、中介帮扶”原则，推进29家行业企业完成“一企业一标准、一岗位一清单”编制工作；发挥保险的社会管理和风险防控功能，促进企业安全生产主体责任落实，完成44家企业安责险投保；通过政府购买服务方式，聘请专业机构开展“一对一”服务，全年共开展现场指导200家次。

（刘 颖）

【依法行政】 年内，区商务委以商务行业法律法规为依据，以行业安全、行业规范为重点，开展美容美发行业、家电维修业、汽车销售、粮食等专项行政执法行动，特别是对全国“两会”、中非论坛、春节等重要节日、重点时期加强执法检查力度。全年，累计检查（复查）商务行业企业607家次，做出行政处罚89件，其中简易处罚88件，一般程序处罚1件，罚款5000元。

（刘 颖）

【创城工作】 年内，区商务行业创建全国文明城区的各项工作坚持“创建为民，创建惠民”原则，让居民有更多的获得感、幸福感和安全感。组织“优化营商环境——选树人民满意的服务窗口”和“服务之星”评选等主题活动，提升行业整体服务水平；专项整治商业企业门前三包、环境卫生等问题，落实企业“门前三包”主体责任；要求企业将创城宣传海报装裱入框，利用电子屏、电视墙循环播放公益广告，营造浓厚文明社会氛围；指导大型商场的母婴室和无障碍设施的新建和改造；为商务行业下发“光盘行动、俭以养德”标识，组织垃圾分类培训，配备分类垃圾桶。

（康烁辰）

对外经济

【概述】 年内，外资企业在石景山区总体投资额9.1亿美元，其中合同外资3.4亿美元。新设及并购外商投资企业33家，其中新设30家，并购3家，平均投资规模851.9万美元。全年完成实际利用外资3.9亿美元，同比增长52.8%。完成外贸进出口总额40亿元人民币，其中出口总额20.7亿元人民币，进口总额19.3亿元人民币。完成外贸进出口总额64.2亿元人民币，同比增长60.4%，其中出口总额39.4亿元人民币，同比增长90.2%，进口总额24.8亿元人民币，同比增长28.4%。

（刘 珊 王凯蒂）

【新增外资规模】 年内，全区新设及并购外商投资企业33家，其中新设30家，并购3家，吸纳投资额2.8亿美元；合同外资1.1亿美元，平均投资规模851.9万美元。其中1000万以上企业5家，投资额2.4亿美元，吸纳合同外资8503.9万美元，占全部新批合同外资的72.8%。开业外商投资企业增资11项，投资额6.1亿美元，吸纳合同外资2.1亿美元。

（刘 珊 王凯蒂）

【新批外资结构】 年内，区商务委新批“三资”企业中，从企业类型上分，独资企业26家，合同外资额1.1亿美元，平均投资规模430.5万美元，占全部新设企业的95.9%；合资企业7家，合同外资额482.7万美元，平均投资规模69.0万美元，占全部新设企业的4.1%。从产业结构上分，新批“三资”企业全部符合石景山区产业发展定位。投资涉及的主要行业有技术开发与服务、各类咨询、企业管理、商贸、文化艺术交流、会议服务等，其中，技术开发与技术服务类企业占新批及并购企业的72.7%。

（刘 珊 王凯蒂）

【外资大项目】 年内，区商务委引进外资项目在规模和质量上不断扩大和提升，投资总额1000万美元以上的大项目5个，投资总额2.4亿美元，吸纳合同外资总额8503.9万美元，占全部新批项目的72.8%。其中投资总额5000万以上大项目2个，投资总额2.0亿美元，吸纳合同外资7628.3万美元，占全部新批企业合同外资额的

70.4%。

（刘　珊　王凯蒂）

【服务贸易统计监测】　年内，区商务委根据《北京市商务局关于启动商务服务贸易重点企业统计监测系统工作的通知》，组织本区重点企业在服务贸易统计监测系统注册登记。截至年底，石景山区共有30家企业纳入北京市重点服务贸易企业范围，14家企业在该系统填报553项服务贸易进出口直报数据，服务贸易直报金额1.4亿美元。

（刘　珊　王凯蒂）

【服务业扩大开放】　年内，区商务委围绕北京市服务业扩大开放五类示范点建设和本区试点任务，加快推进北京银行保险产业园、北京"侨梦苑"两个示范园区建设，推动北京阿尔山金融科技有限公司"利用区块链技术开展金融科技创新、金融监管创新"示范项目推广应用。截至年末，北京"侨梦苑"有百余家侨商注册进驻。与瀚海、车库咖啡等孵化器签订正式协议。北京银行保险产业园开园，规划建成率超过70%，落户现代金融机构20家。

（刘　珊）

【落实外贸政策】　年内，区商务委落实外贸发展政策，鼓励企业扩大出口规模。对本区服务贸易及服务外包项目进行征集及初审，受理服务4家企业的服务贸易贴息项目4个。其中，服务贸易出口贴息项目3个，经市局审核通过项目2个，涉及收汇金额31.6万美元；服务贸易进口贴息项目1个，涉及付汇金额40.9万美元。组织24家企业境外展览会等8类50个项目申报外经贸发展专项资金160.8万元，支持企业开拓国际市场。加强中美贸易摩擦环境下重点企业跟踪服务，对16家外资企业、10家重点外贸企业外贸进出口情况跟踪，及时发布相关信息，做好政策服务。

（刘　珊　王凯蒂）

【搭建展会平台】　年内，区商务委参与第五届北京服贸会系列宣传和推介活动，从区情、区位、产业环境、发展定位等多方面展示石景山区"高精尖"产业发展环境，通过示范园区、示范项目、创新发展案例展示服务业扩大开放成果；组团参加首届国际进口博览会，89家单位254个采购商和专业观众注册参团，采购商涵盖全区主要进口企业及批发零售、医疗卫生、科技文教等各类企业，现场签订采购意向7个，合同金额过亿元，采购商品包括食品、智能家居家电、医疗器械等。

（刘　珊　王凯蒂）

【外贸进出口】　年末，全区对外贸易经营者备案企业1303家，涉及实际进出口业务的企业380家（含有出口业务的222家，有进口业务的268家）。完成外贸进出口总额64.2亿元人民币，同比增长60.4%，全市占比0.2%。其中出口总额39.4亿元人民币，同比增长90.2%，全市占比0.8%；进口总额24.8亿元人民币，同比增长28.4%，全市占比0.1%。出口商品主要以钢材及工业产品为主。出口国包括韩国、日本、美国、欧洲、新加坡、马来西亚等。

（刘　珊　王凯蒂）

10月26日，市人大主任一行调研侨梦苑　　（区委宣传部供稿）

【外资结构】　截至年末，全区开业外商投资企业355家。按企业生产方式划分，生产型企业42家，非生产型企业313家；按合作方式划分，独资企业261家，合资企业88家，合作企业4家，股份制企业2家。累计投资总额62.4亿美元，其中合同外资31.9亿美元，企业平均投资规模1757.7万美元。

（刘　珊　王凯蒂）

招商引资

【概况】　石景山区投资促进局（简称区投促局）是区政府直属负责组织、管理、协调、指导全区招商引资工作的职能部门，属工资规范管理事业单位，机构规格为正处级。下设六部一室（投资信息部、投资公关部、投资服务部、投资项目部、市场运营部、投资发展部和办公室）。年内，区投促局审慎判断宏观形势，结合区域经济发展实际，把握全市"高精尖"产业分工机遇，全面加强招商引资统筹部署，以高质量招商引资为主线，以优化营商环境为重点，推进招商引资规模和质量"双提升"，导入优质资源，推动全区经济高质量发展。全年新增注册企业3484户，与上年持平，新增企业累计注册资本总额422.47亿元，同比增长20.86%，注册资本5000万元及以上的规模企业162户，累计注册资本305.87亿元，占全区新设立企业注册资本的72.40%。其中，亿元及以上规模企业57户，新增注册资本251.25亿元，同比增幅44.61%。全区企业累计完成税收243.5亿元，同比增长11.1%，入区额55.63亿元，同比增长10.3%，均实现两位数高速增长。全区企业累计完成税收243.5亿元，同比

9月5日，于长辉调研郎园 Park （区投促局供稿）

增长11.1%，入区额55.63亿元，同比增长10.3%，均实现两位数高速增长。全区纳税百强企业实现入区额37.16亿元，同比增长10.7%，占税收入区额的66.8%。其中，有66家符合本区“1+3+1”高精尖产业定位的企业进入百强，累计实现入区额23.84亿元，占百强企业入区额的64.1%；现代金融产业17家企业进入百强，累计实现入区额13.49亿元，同比增长19.2%，产业主导地位显著；18家房地产企业进入百强，同比减少4家，累计实现入区额8.01亿元，同比下降21.3%，企业税收结构进一步优化。

（王　琳）

【海外院士工作站启动】 2月2日，“万众创新·筑巢圆梦”海外院士专家创新发展座谈会在北京侨梦苑举行，标志着海外院士专家北京工作站新首钢办公区正式启动。国务院侨办主任裘援平、副市长殷勇等出席活动。2017年8月，国务院侨办和北京市人才工作领导小组共同成立全国首家海外院士专家北京工作站，工作站分为京西商务中心办公区和新首钢办公区，其中京西商务中心办公区已于上年8月启动。座谈会上，7位海外院士专家、京津冀地区重点侨商和侨界专业人士、8家侨创园和10家海外院士专家北京工作站分站的代表60余人围绕北京市创新发展进行讨论发言。裘援平表示，海外院士专家北京工作站“一站两区”的建成，在更高层次、更广领域为海外华侨华人、科技专业人士特别是高端人才来北京实现创新创业梦想提供更加有利的条件。截至年底，侨梦苑签约院士21名。

（王　琳）

【与葛洲坝集团签署合作协议】 8月22日，石景山区与中国葛洲坝集团签署战略合作框架协议，双方将基于各自优势和资源，协同推进重大项目落地，助力区域构建“高精尖”产业结构，建立优势互补、互利共赢、共同发展的战略合作关系。于长辉表示要优化营商环境，全力做好服务企业工作，为企业解难题、办实事。要加快完善基础配套设施，为企业创造良好外部发展环境。要深化政企合作，实现双促进，全力支持企业在石景山区的创新发展。

（王　琳）

【区域功能布局】 年内，区投促局聚焦招优引强，引导社会投资进一步向本区优势领域集中，为经济发展提供新动能。推进“一轴三园”建设，“长安金轴”承载力和含金量不断提升，引进北京首源投资有限公司、中能化创新投资管理公司、中化明达股权投资基金管理有限公司等优质金融机构；加快推进北京银行保险产业园建设，与葛洲坝集团下属5家企业、东久集团和中保信达成落户意向。服务疏解非首都功能重大战略，引入科技、文化深度融合项目，推动国资、集体经济转型提升，郎园 park 文创园区、全国新华网阅读体验中心、中关村智造产业园、中诚创投科创中心正式运营，VR科技产业园主体结构改造完成。

（王　琳）

【创新举措招商引资】 年内，区投促局加大政策支持力度，从软、硬环境两方面入手，营造良好的发展环境。强化政策优势。全面落实“1+N”政策体

9月10日，区领导调研中铁建集团 （区投促局供稿）

系，密集开展新政宣传解读及培训，加强对重点企业、产业园区、功能区的支持。召开招商引资工作专题会3次，联合审议33家企业“一企一策”事宜，为重点企业提供个性化支持政策。加大高端人才引进，深化10项人才服务政策举措，推进“国际人才社区”建设，着力解决重点企业优秀人才子女入园入学问题。精准招商服务。以服务企业为目标，以精准招商为原则，建立政企沟通交流长效机制、跨部门联合工作机制和服务企业快捷审批机制，上下协同、横向联动、齐抓共管。通过组织召开工作专题会、区长专题会等方式，了解实际情况，协调解决招商过程中企业面临的现实困难。优化营商环境。调动区处两级领导上门服务，全区上下先后开展五次“百人对百企”“一对一”精准服务走访企业活动。开展以区领导为参与主体的企业家早餐会、交流会等活动，打通政企之间、企业之间沟通壁垒。开展政策兑现工作，完成企业2017年政策兑现资金5.09亿元。

（王　琳）

【投资环境宣传推介】 年内，区投促局举办和参与第22届京港洽谈会、石景山区创新创业大赛、郎园Park文化节等各类宣传推介活动，有针对性地向外界宣传展现本区高端绿色发展形象，增进意向投资企业了解和关注。借助出访考察契机，拓展海外招商渠道，建立项目对接平台，提高石景山知名度及影响力。以“Ai石景山”公众微信平台为核心，进一步扩大传播范围、创新宣传形式，全年推送信息740余条，制作图解11期，微信图文累计阅读人数近68万，阅读次数超91万，关注人数21883人。针对不同内容主题和使用场景，有针对性的制作石景山区精装画册、石景山区折页等宣传册页，策划制作2018年两会政府工作报告动画视频，有效提升区域营商环境良好形象。

（王　琳）

【侨梦苑集聚109家侨商企业】 年内，市侨办、区政府、首钢集团三方以北京侨梦苑为载体，发挥各方优势、统筹协调、扎实推进，打造侨商产业集聚区和华侨华人创业基地。北京侨梦苑“一核、一园、两站、多点”功能布局（“一核”为世界侨商创新中心，“一园”即中关村石景山园，“两站”指分别设在京西商务中心和新首钢办公区的海外院士专家北京工作站，“多点”即为进一步满足不同行业、不同时期的企业先期入驻需求，启动一批高端商务楼宇，打造北京“侨梦苑”先行启动区）初步形成。其中侨创空间紧邻长安街西延线，建筑面积2万平方米，提供五大服务保障，包括侨创咖啡、侨创空间、侨创学院、侨创基金和人才社区，吸引北京市侨创会、休斯敦技术中心和中美创新中心落户；中关村智造产业园位于古城创业大厦，建筑面积7.7万平方米，以智能制造产业为核心，建设“国家智能制造创新中心”；中关村VR产业园位于石景山园点石商务园，建筑面积约4万平方米，以虚拟现实产业为核心，建设“中关村虚拟现实产业基地。并启动招商工作。华侨华人创业人才社区位于中关村石景山园西山汇10号楼，建筑面积约1.4万平方米，作为入驻北京“侨梦苑”的海外华侨华人高端人才配套公寓，具备入驻条件。截至年底，以上先行启动区集聚侨商企业109家。

（王　琳）

北京石景山年鉴

2019 BEIJING SHIJINGSHAN NIANJIAN

旅　游

综　　述

【概况】　石景山区旅游发展委员会(简称区旅游委)是负责旅游行业管理的区政府职能部门。年内,区旅游委以习近平新时代中国特色社会主义思想为指引,立足"六个先行区"打造,扩大旅游市场供给,完善旅游服务设施,规范旅游市场秩序,拓展旅游宣传途径,推进旅游各项工作,促进石景山区旅游产业健康平稳发展。截至年底,石景山区有旅游经营单位98家,纳入全市旅游行业统计范围8家。星级饭店4家,其中四星级饭店1家(万商花园酒店),三星级饭店1家(京燕饭店),二星级饭店2家(首钢红楼迎宾馆、中科院高能物理专家招待所),社会旅馆91家。主要景区点8家。其中4A级景区2家(石景山游乐园、八大处公园),3A级景区1家(首钢工业文化景区),文物景点4家(法海寺、慈善寺、田义墓、第四纪冰川陈列馆),主要景区1家(北京国际雕塑公园)。驻区旅行社34家,旅行社分支机构32家。2018年,石景山区旅游业立足打造"六个先行区",扩大旅游市场供给,完善旅游服务设施,规范旅游市场秩序,拓展旅游宣传途径,旅游产业呈现健康平稳发展。注重顶层设计,明晰旅游发展思路。编制完成《石景山区旅游休闲步道规划》,推进西山永定河文化带建设,编制"法海寺森林公园、黑石头段步道建设方案。推进西部休闲步道建设,落实西部旅游发展综合规划。推进产业融合,打造精品旅游活动。成功举办冬奥主题庙会,探索"旅游+"模式,举办首届北京西山徒步大会2018北京西山香八拉山地半程马拉松赛,组织"北京沙龙·亲历北京——外国使节亲历石景山"活动和"清凉水战"大型户外戏水活动;促进区域联合,推广特色旅游线路,建立对接机制,开展旅游扶贫;强化行业管理,优化营商环境,采取多项措施,确保旅游安全生产。全年出动执法人员367人次,联合相关执法部门检查16次,车辆76台次,检查旅游经营单位238家次,查出安全问题474起;加强品牌宣传,塑造旅游形象。创新宣传形式,线上线下合力推介。借助展会平台,宣传特色旅游资源。运用大数据信息,打造精品旅游线路。开通专线定制业务,提升综合服务水平。

(李　琰)

【完成莲石湖段等步道建设】　11月,区旅游委建设的莲石湖滨水步道及双泉寺至慈善寺段登山步道项目竣工验收。该项目投资1132万元,建成步道10.97千米,修建木栈道2.05千米、安全护栏1978米,安装组合座椅22套,垃圾桶22个,生态卫生间3座,指示标牌114块,太阳能救援报警灯杆2个。

(李　琰)

【精准扶贫】　年内,区旅游委推进对口协作地区旅游发展与扶贫地区旅游宣传有机融合。借力6月15日—17日北京国际旅游博览会,为对口协作单位湖北竹山县、对口扶贫单位河北顺平县开展旅游宣传推介活动,实现产业融合,强化市场营销,丰富地区产品业态,持续扩大社会影响力,通过相互交流学习,进一步促进对口协作与扶贫地区的品质提升,激发发展活力,提升行业竞争力。加强专向指导。组织一批旅游业内专家结合湖北竹山县旅游资源特点和市场需求,因地制宜,开发形式多样、特色鲜明、能够带动当地村民广泛参与的旅游产品,引导对口协作地区做大产业、做大品牌,打造一条"水之旅"精品旅游线路,构建以对口协作地区利益联结链,建立完善长期、稳定、相对合理协作机制。创新帮扶举措、加强工作对接、丰富宣传手段。主动与扶贫地区对接,依托对口扶贫地区自然风光、人文资源优势,挖掘当地特色产品,开展形式多样的宣传推介活动。先后在畅游石景山、石景山旅游、万达广场旅游咨询站、石景山旅游网等媒体媒介广泛开展宣传推介和循环播放,同时,以上、中、下篇形式为内蒙古莫力达瓦旗打造各具特色影响力的宣传资料图片,进行旅游市场营销。

(李　琰)

【西山文化带建设】　年内,区旅游委全面推进西山永定河文化带工作。加快旅游休闲步道项目建设。莲石湖步道项目总投资1132万元,步道全长10.97千米,10月底竣工。黑石头步道项目总投资334万元,步道全长6.4千米,12月完工。推进法海寺森林公园步道项目申报进程。编制完成法海寺森林公园步道建设方案,并获市旅游委审核通过。组织项目工作协调会,深化项目设计方案,编制可研报告,争取市财政资金支持。筹划冬奥组委至香八拉步道标识系统项目。拟在冬奥组委驻地—模式口—香八拉(石景山)步道沿线,建设旅游步道标识系统,为游客健身休闲提供便利服务。打造特色文化旅游线路。以冬奥组委入驻为契机,依托八大处、首钢工业遗址、古香道、古河道等旅游资源,打造禅林古刹主题、京西民俗主题、首钢工业主题、休闲旅游主题、科技研学主题等5条石景山西部地区主题路线。办好第二届"冬奥新春体育庙会"。在第一届冬奥体育庙会成功举办基础上,融入新思路、新内容,做好第二届"冬奥新春体育庙会"筹备工作。推进冰雪主题驻场演出。利用启迪冰雪体育中心,策划组织具有自主品牌影响力的主题冰雪舞台剧,结合冬奥及冰雪童话主题,打造驻场演出节目,使其成为京西标志性特色演出。推动八大处公园创建国家5A景区。依据《旅游景区质量等级评定与划分》国家标准,帮助八大处公园在服务与环境质量方面、景观质量方面进行有针对性的提升。

(李　琰)

【完成旅游休闲步道规划】　年内,区旅游委完成《石景山区旅游休闲步道规划》。规划明确全区旅游休闲步道发展定位、空间布局和多个主题步道线路,以旅游休闲步道为纽带,将区内首钢、八大处、模式口、天泰山等多个旅游景区、景点有机串联,对丰富石景山区康体休闲旅游产品,提升居民健康水平和幸福指数,延长游客旅游时间,提高旅游综合效益,具有重要推进作用。

(李　琰)

旅游活动

【冬季庙会宣传】 2月1日—9日期间，区旅游委、旅游协会负责人分别做客北京人民广播电台文艺台（FM87.6）"环球旅行家"及交通广播（FM103.9）"一路畅通"节目，以主持人与嘉宾互动的方式，推介石景山区2018年冬季三大庙会活动。春节期间三大庙会分别凸显"迎冬奥""品洋味""共祈福"三大特色，国际雕塑公园以"冰雪邀约、欢乐无极限、国富民强、共筑中国梦"为主题，借助冬奥会契机，带动市民参与体育活动。2018北京春节"洋庙会"以"新时代、新春节"为主题，以浓郁的"拉丁风情"为特色，使游客体验古代文明与现代文化的碰撞。八大处以登高祈福迎新年、进福门、走福路、点福烛、敲吉祥钟、击太平鼓、上平安香为主线，举办系列群众文化活动。

（李　琰）

【获市十大文化旅游线路】 2月5日，第五届北京惠民文化消费季总结会暨2017北京文化消费品牌榜发布仪式在中华世纪坛举行。石景山区报送的"领略西山美，俯瞰母亲河"北京西山文化经典两日游，经过专家评审、网民投票等环节，被评为北京市十大文化旅游线路。该线路包括参观首钢工业遗址、登首钢石景山（俯瞰十里钢城）和游永定河。观光区域汇聚石景山区历史文化和自然风光，一条线路，三种体验。该路线是采取政府搭建合作平台，旅游企业市场运作的模式，是石景山区助推京冀蒙区域合作的一次有益尝试。

（李　琰）

【西山香八拉马拉松】 4月22日，北京西山香八拉山地半程马拉松活动举行。起跑点为八大处公园灵光寺，线路涉及法海寺、模式口古街以及南马厂水库等多处具有历史文化气息的重点景区。赛事下设2个组别，分为21千米半程马拉松赛及5千米健康跑。来自河北、内蒙古、天津、山西、辽宁等省市500余名跑步爱好者参与。活动是西部地区年度首场将山地越野与马拉松相结合的赛事，旨在通过深度挖掘区域内的历史文化、旅游文化、饮食文化、体育文化等优势资源，丰富西山永定河文化带的旅游产品内涵，推动区域旅游发展。

（李　琰）

【亲历石景山活动】 4月28日，由区旅游委、区外事侨务办、区文化委、区公园管理中心、北京月讯杂志社、北京对外文化交流中心联合主办的大型系列文化活动"北京沙龙·亲历北京——外国使节亲历石景山"举行。本次活动以国际雕塑公园、法海寺为体验线路，通过参观冬奥文化展、体验中国民俗活动和非遗项目、参观法海寺明代壁画等活动，为外国友人提供近距离感受石景山区丰富旅游文化资源的平台。活动得到市政府新闻办的支持，来自外国驻华使馆、国际组织驻京机构、外国驻京商会20多个国家50余名使节、参赞、新闻官员等境外人士参加。

（李　琰）

【5·19中国旅游日】 5月19日，区旅游委开展全域旅游发展成果展示和宣传活动。文明旅游志愿者向过往游客发放旅游宣传品。石景山游乐园策划不同程度的优惠措施，使"中国旅游日"活动真正惠及民生、惠及百姓。活动现场发放北京市旅游地图、石景山主题形象宣传品以及文明旅游宣传品十余种，共计5000余份，展示区域文明旅游成果。通过悬挂条幅、摆放易拉宝等形式，传播文明旅游理念。石景山游乐园设立主会场，八大处公园设立分会场。

（李　琰）

【社区文明共建】 年内，区旅游委围绕"文明创城"及"支部共建"两项重点工作，到金二区社区开展服务。开展文明旅游宣传、志愿服务助创城、共建美好石景山等主题宣传活动。带领社区居民体验区域文化旅游资源，发放"北京智慧旅游地图""石景山旅游""机场巴士石景山专线"信息卡、环保袋等旅游宣传品十余种。将对口帮扶湖北竹山县暑期旅游产品以及旅游知识和服务送到社区，惠及居民百余人。结合创建文明城区以及百姓需求进行座谈，围绕文明城区创建工作开展、旅游服务体系标准化建设、游客文明素质提升、区域旅游资源及核心特色文化、社区共建等内容进行探讨。向社区进行文明共建承诺，将文明旅游理念，旅游常识等带入社区，营造良好的旅游环境和文明旅游风尚。

（李　琰）

旅游管理

【春节黄金周】 2月15日—21日，春节期间各旅游景区接待游客58万人，

1月26日，石景山区冬季旅游活动新闻发布会召开　（区旅游委供稿）

同比增长2.29%，实现综合收入1679.96万元，同比增长2.44%。其中石景山游乐园接待游客37万人次，同比增长6.33%，综合收入1500.13万元，同比增长2.91%；八大处公园接待游人17.08万人次，综合收入176万元，与去年同期持平；北京国际雕塑公园接待游客3.92万人次，综合收入3.83万元。51家市级和区级住宿监测点接待宾客2065人次，综合收入167万元。

（李 琰）

【清明小长假】 5月5日—7日，清明小长假，石景山区主要旅游景区累计接待游客3.41万人次，营业收入75.29万元。区5家住宿监测单位接待人数2388人次，同比增长749.8%，实现经营收入58.78万元，同比增长520.7%。区假日办成员单位出动执法人员1029人次，执法车辆179台次，检查商场超市及餐饮企业281家，检查文化经营场所12家。

（李 琰）

【防灾减灾宣传活动】 5月19日，区旅游委联合市旅游委、区文明办在石景山游乐园开展防灾减灾活动宣传。来自市、区旅游委和区属重点旅游企业工作人员向旅游从业人员和广大游客宣传安全防范和应急救护等防灾减灾知识，发放《旅游法》《旅行社条例》《旅行社条例实施细则》《北京市旅游条例》《旅游突发事件应急手册》《旅游安全便民手册》及旅游安全温馨提示单等宣传材料6000多份，展出《旅游法》《北京市旅游条例》《防灾减灾，旅游行业在行动》等内容展板10块。

（李 琰）

【游乐园施工安全检查】 6月19日，石景山游乐园一施工工地在建地下消防池内发生冒烟现象。副区长陈婷婷赶赴现场安全检查，要求高度警觉，迅速查明原因，立即采取有效措施，防止此类事件再次发生；迅速行动，对全园施工工地进行全覆盖检查，彻底消除安全隐患及人的不安全行为；加强监管，督促施工单位严格落实施工安全管理制度，严格执行操作规程，严密监控敏感部位；落实责任，严格落实建设单位监管责任和施工单位主体责任，把安全责任落实到施工过程的每一个环节。

（李 琰）

【"中非论坛"维稳安保】 8月，区旅游委召开主任办公会，传达区委区政府关于"中非论坛"维稳安保和服务保障工作会议精神，研究旅游行业保障措施。印发《关于做好石景山区旅游行业"中非论坛"期间维稳安保和服务保障工作的通知》，动员全区旅游经营单位提高政治站位，落实安全责任，提升服务品质，维护良好环境，强化应急值守。8月15日，到"中非论坛"住地富力万达嘉华酒店进行工作对接，并现场检查酒店安全管理、接待服务、设施设备和应急预案等准备情况。制订外围安保，重点防控检查计划，对住地周边29家旅游景区、星级饭店和社会旅馆进行逐个排查，重点检查安保力量、安保措施、安保设施和应急预案及演练情况。

（李 琰）

【假日旅游安全检查】 9月27日，区旅游委会同区公安、安监、质监、工商、食药、园林、消防、公园中心、属地街道等假日办成员单位联合检查八大处公园、石景山游乐园、北京国际雕塑公园"国庆"假日期间大型活动举办场所安保维稳与应急管理工作。重点检查应急指挥部、安检设施、临建设施、大型游乐设施、反恐防暴、食品安全、消防安全、假日活动安保方案与应急预案及演练情况，发现和现场整改5个问题，工作提示21项。

（李 琰）

【行业技能培训】 12月11日—20日，区旅游委联合区食品药品行业联盟开展以"大力弘扬大国工匠精神"为宗旨的旅游、餐饮企业技能培训以及行业技能展示。参与培训、展示21人。通过培训、展示挖掘出旅游、餐饮行业的领军人才，提升行业内专业技能人才和服务品质，推动行业内高技能人才队伍整体建设。

（李 琰）

【全国"两会"服务保障】 年内，区旅游委结合区政府2018年全国"两会"工作方案搞好服务保障。印发旅游行业服务保障工作方案，现场检查驻地宾馆，安排应急值班。结合安全隐患"三大行动"搞好服务保障。总结旅游行业安全隐患大排查、大清理、大整治，持续开展安全隐患排查治理行动。结合年度行业管理搞好服务保障。把"两会"服务保障工作列入全年行业管理工作要点，列入全区旅游行业安全管理工作部署大会重点内容，列入全委第一季度重点工作。结合旅游市场综合整治搞好服务保障。高度重视驻地外围保障，协调相关部门加强对八大处公园和石景山游乐园等重点景区周边旅游市场秩序综合整治，保持良好旅游环境。

（李 琰）

【假日旅游工作】 年内，区旅游委向假日办各成员单位和旅游经营单位印发《关于做好石景山区2018年清明、五一、端午假日旅游工作的通知》。准确研判形势，加强假日工作组织领导。针对春季旅游活动特点，应对北京旅游高峰到来。突出工作重点，切实加强假日旅游安全监管。把保障假日期间旅游安全作为假日工作的重点，严格落实安全生产综合监管责任、专项监管责任、行业监管责任、属地监管责任和旅游经营单位主体责任。加强隐患排查治理，防止拥挤、踩踏、坠落、火灾、食物中毒和暴恐活动等重特大安全事故发生。合力规范秩序，加强旅游市场治理整顿，遏制"非法一日游""黑车""黑导""黑社""黑店"等非法活动。丰富旅游活动，加强旅游产品供给。丰富假日旅游活动，鼓励旅游景区和住宿经营单位开展形式多样的优惠促销旅游活动。保持信息畅通，切实加强应急值班值守。

（李 琰）

【"放管服"改革】 年内，区旅游委对相关职权工作进行认真梳理，特别是对旅行社分社及服务网点备案及旅游咨询工作进一步完善，实现"最多跑一次、服务最优化"。在政务网站及时公开信息。明确办理流程、办理所需相关准备材料及办理时限。规范许可备案管理。压缩精减从受理到办理时间，由原来的3天办结到实现随到随办。实现窗口前移。把原来旅游咨询服务站（点）设立到各旅游景区（点），实现更加便民、便捷旅游咨询服务。

（李 琰）

【行业安全管理重点】 年内，区旅游委部署有限空间作业安全管理工作，督促旅游经营单位建立有限空间基础台账，对照《石景山区有限空间作业安全生产专项整治检查表》落实教育培训、现场管理和应急演练等。部署安全生产责任保险制度推进工作，明确推行安责险制度法律依据和有关要求，保险机构讲解投保安责险优势和流程。部署隐患排查“一企一标准、一岗一清单”编制工作，确定试点单位，进行职责划分，中介机构讲解工作流程和保障措施。部署安全生产标准化创建工作，明确标准化工作创建单位、工作思路、工作时限和保障措施，专家解读评定标准和有关事项。部署“5·12防灾减灾日”宣传活动，结合单位特点开展宣传活动和培训演练活动。部署安全风险评估管控工作，指定专人负责，发挥中介机构作用，最大限度查找出单位风险源，有效管控安全风险。部署视频监控建设联网应用工作，加大组织领导和资金投入力度，确保重点单位监控设备符合技术条件，年底前完成联网应用工作。部署安全生产主体责任落实检查评估。

（李 琰）

【行业防汛安全】 年内，区旅游委贯彻落实旅游景区关闭和恢复开放有关规定，根据预警情况督促山区隐患类A级旅游景区适时关闭景区，公告闭园信息，劝解疏导游客，排查安全隐患，加强重点部位盯防。及时传达预警信息。通过石景山旅游微信群和QQ群及时传达市、区防汛办，气象部门、国土部门发布的暴雨、大风、雷电、地质灾害等各类预警，提示各旅游经营单位密切关注气象变化，采取有效应对措施，加大现场安全检查督查力度。尤其是对山区存在地质灾害隐患的A级景区现场督查景区关闭情况、隐患点防范情况、其他隐患排查应对等情况。加强值班值守。坚持24小时领导带班值班在岗在位，时实掌握旅游行业特别是重点景区防汛安全情况，及时传达和贯彻落实市、区领导关于防汛安全工作批示指示要求，确保旅游行业安全度汛。

（李 琰）

【文明城区创建】 年内，区旅游委在争创全国文明城区工作中，提升石景山的知名度、美誉度和吸引力、竞争力。一是规范行业文明用语。加强旅游从业人员培训，要求宾馆饭店、公园、景区、旅行社等从业人员使用“您”、“请”等文明用语，礼貌待人，规范服务。二是加强文明旅游宣传，利用报纸、电视、LED电子屏等多种形式，在机场大巴、景区景点、旅游咨询站等场所开展文明告知，文明提醒、文明规劝宣传活动，营造文明旅游浓厚氛围。三是治理旅游市场秩序。加大对人流量密集区域进行重点监控排查，对景区及其周边环境秩序持续治理整顿，严查非法“一日游”。四是优化酒店周边停车服务。推进酒店对相关设施进行无障碍化改造，提升酒店标准化服务水平。

（李 琰）

【安全隐患三年治理行动】 年内，区旅游委巩固深化石景山区旅游行业安全隐患大排查大清理大整治专项行动成果，推进全区旅游行业安全隐患治理三年行动，持续开展旅游经营单位安全生产主体责任落实检查评估。印发《石景山区旅游经营单位落实安全生产主体责任情况检查评估工作方案》，明确指导思想、目标任务、评估内容、保障措施和工作要求。召开安全生产主体责任落实检查评估工作部署会、培训会、推进会，指导旅游经营单位领会基本精神，理解工作标准，把握方法步骤，推动工作落实。联合安全机构技术人员，一对一指导和现场检查督导。

（李 琰）

【火灾防控】 年内，区旅游委召开专题动员部署会，明确旅游行业火灾防控工作时间节点、方法步骤、主要内容和工作要求。开展“119”消防宣传月培训，涉及宾馆饭店、旅游景区和旅行社等单位、家庭和个人防火、灭火、疏散和救援的技巧和要领。开展消防安全桌面演练，观看《北京市旅游行业宾馆饭店消防演练示范片》，讲解单位组织实施消防演练的程序和注意事项。广泛宣传安全知识，向90多家旅游经营单位发放《消防安全知识手册》《旅游安全便民手册》《消防安全提示卡》等宣传材料10000多份。联合消防、安监、属地派出所和专业技术人员在圣诞、元旦、春节、元宵节和全国“两会”期间对重点单位开展以防火为主要内容的联合安全执法检查，加大行政执法力度。

（李 琰）

西山永定河文化带建设管理委员会

【概况】 石景山区西山永定河文化带建设管理委员会（简称管委会）主要职责为根据区政府授权，负责石景山区西山永定河文化带的统筹规划、开发建设、运营管理等组织协调工作。年内，管委会以八大处景区为重点，开展整体规划编制、文化资源挖掘、基础设施建设等工作，有效推进八大处国家5A级景区建设。

（王少卿）

【八大处景区整体规划编制】 10月，启动《八大处景区整体提升规划》编制工作。在深入调查研究的基础上，结合市、区规划的重点与要求，初步明确景区系统建设的思路、目标与重点工作任务，并成立由文化、园林、建筑等方面的学者组成的专家顾问组，为编制景区规划奠定基础。

（王少卿）

【获评市级爱国主义教育基地】 12月1日，八大处公园被市委宣传部命名为北京市爱国主义教育基地。八大处公园是国家4A级景区，是一座历史悠久、风景宜人的佛教寺庙山地园林。从上世纪八十年代起，公园挖掘历史文化，围绕中国传统节日，先后开展“八大处重阳游山会”“八大处中国园林茶文化节”“八大处庙会”和“西山八大处文化节”等活动，受到游客好评。

公园利用八大处沟谷的自然生态环境，建成集红色教育、运动等功能于一体的旅游项目；与北大附中石景山学校、北大附小石景山学校结成共建单位，将公园作为学生的社会课堂；与周边部队签订双拥共建协议书，开展走访慰问，共同做好双拥共建工作。

（王少卿）

【《西山名胜记》古籍整理】 12月，由管委会、八大处公园管理处联合编辑整理的《西山名胜记》一书出版发行。《西山名胜记》刊行于1935年，作者是民国时期的文人田树藩。该书记述八大处、香山等西山诸胜，是研究西山名胜的珍贵历史文献。此次整理将繁体字转化为简化字，增加注释和80幅绘画，更加便于读者阅读和理解。

（王少卿）

北京石景山游乐园

【概况】 北京石景山游乐园（简称游乐园）占地面积35万平方米，拥有大中型主题游艺项目40余项，是国家AAAA级旅游区（点），是国内唯一一家通过ISO14001：2004环境管理体系、ISO9001：2008质量管理体系、GB/T28001－2001职业健康安全管理体系认证的游乐园。年内，游乐园大力实施"全面深度转型、高端绿色发展"战略，加快完善管理制度、拓宽发展思路、创新经营模式、整体提升品牌价值、全面落实安全生产责任制，确保各项经营工作安全、有序、平稳进行，最大限度保证企业经济效益。获得"首都文明风景旅游区"、"北京市安全生产标准化二级企业"称号，全年接待游客138.85万人次，综合经营收入8547.4万元。

（曹 悦）

【迎春洋庙会】 2月16日—22日举办。游乐园以"新时代、新春节"为主题。园内主要活动有走进庙会的世界美食、"四海同春、五洲寻梦"花车巡演、东华门"夜市"美味重现、拉美艺术景观扮靓乐园、新春最嗨嘉年华、小丑营地奇妙派对、萌宠亲子乐园、外国留学生新春大联欢、欢乐新年Go礼品市集、特色经典游艺项目等10余项内容，近50项经典游艺项目全部开放，5辆造型各异的花车与百余名带来俄罗斯风情舞、芭蕾舞、科洛舞等中外演员组成巡游方队。庙会接待游客50万人次，综合经营收入2089万元。

（曹 悦）

【"春之韵游园会"活动】 4月29日至6月30日举办。游乐园以"创意生活匠造未来"为主题。主要活动包括"旋"动风车季、风之彩创意生活汇、元气满满春日美食品鉴会、春日狂欢项目主题游、"风之彩"系列活动征集等五大板块。活动接待游客17.6万人次，综合经营收入1617.8万元。

（曹 悦）

石景山游乐园春节洋庙会 （游乐园供稿）

【"狂欢之夏"活动】 7月13日至8月31日举办。北京"狂欢之夏"暨"潮玩盛典趴"活动主要包括潮IN光影季、抖友电音之夜、"炫动盛夏"潮趴表演、酷爽游艺项目狂欢、啤酒之夏与缤纷美食汇等五大板块。活动接待游客28.2万人次，综合经营收入2375万元。

（曹 悦）

【"飞越中国"飞行影院开馆】 8月8日，"飞越中国"飞行影院开馆仪式在北京石景山游乐园举行。"飞越中国"由飞览天下文化发展有限公司斥资近3亿元人民币打造的飞行影院文娱观赏项目。影院突破传统院线场地、环境限制，运用先进技术，打造全新沉浸式飞行体验。影院内安装七组拥有独立六自由度的运动座椅平台，能够让每位观众实时感受到急速拉升、失重、俯冲等各种真实飞行感受。

（曹 悦）

【中秋游园活动】 9月21日—24日举办。游乐园以"月满中秋夜、双月闹中秋"为主题开展活动。主要内容有摩天轮空中赏月，醉美灯光绽放中秋夜、嫦娥奔月庆中秋巡游及演出，"飞跃中国"献礼中秋、乐享游艺大狂欢及金秋缤纷美食汇等，将灰姑娘城堡化身成月宫，定制6米巨型月亮灯光造型，模拟"嫦娥"降临，进行"月宫大巡游"表演。期间，游乐园还举办放河灯祈福、猜灯谜等趣味活动。活动接待游客4.2万人次，综合经营收入304万元。

（曹 悦）

【"国庆灯光秀"活动】 9月29日至10月7日期间，每天下午5点至晚上10点开展"梦想之星"摩天轮点亮国庆最美夜空灯光秀活动。摩天轮高达50米立柱巨型LED屏幕上打上"我爱你中国"五个大字，采取动态式环幕视觉效果。

（曹 悦）

【"欢乐金秋游园会"活动】 10月1日—7日举办。游乐园以"盛世迎国庆欢乐在金秋"为主题。主要内容有金秋胜景迎国庆、"祥云盛世歌唱祖国街头艺术秀最炫酷"、"飞跃中国"庆祖国华诞、乐享游艺大狂欢、金秋缤纷美食汇及"飞天城"等迎国庆活动。活动接待游客10.3万人次，综合经营收入784万元。

（曹　悦）

【更换游艺项目】　年内，游乐园拆除快乐哆来咪、咖啡杯、原子滑车、果果漂流、森林吉普、魔怪屋等6项到期设备。新增飞越中国、飞天城、暗夜古堡鬼屋、新皇家转马、海洋漂流等5个项目。游乐园以安全运营为首要工作职责，对整体游乐设备进行评估，对老旧设备进行升级改造或者停运。

（曹　悦）

【提示信息】　入园开放时间4月1日至10月31日周一至周五9:00—17:00，周六日9:00—18:00；11月1日至3月31日周一至周五9:00—16:30，周六日9:00—17:00。节假日期间正常营业，闭园时间根据当日具体情况适当延长，持老干部离休证、65岁（含）以上老年证、军官证、士兵证、残疾证、6岁（含）以下凭有效证件和1.2米（含）以下儿童免门票入园；持全日制大学本科及以下学历学生、60岁至64岁（含）老年证购买门票享受半价优惠。

（曹　悦）

八大处公园

【概况】　八大处公园（简称公园）是国家AAAA级景区、北京市一级一类公园，位于石景山区西北部，是由一组佛教古建筑群组成的山地寺庙园林。年内，公园努力做到高端普惠公共服务体系建设同游客需求定位相适应，倾力打造春节庙会以及春秋季三大节庆文化活动品牌。全年接待游客238.2万人次，同比减少5.8%；门票收入1636.6万元，同比减少0.97%；综合经营收入3220万元，同比增加8.7%。

（王少卿）

【第五届新春祈福庙会】　2月16日—21日在园内举办。活动以"迎新年、进福门、走福路、点福烛、敲吉祥钟、击太平鼓、上平安香、带吉祥之圣物回家转"为主线。系列文化活动包括：开门迎客送福万家、祈福法会天天见、钟鼓楼对外开放、十三档花会拜庙走会、民俗表演、击太平鼓祈平安、老北京年货小吃集中亮相、老北京叫卖叫响三山、民间非遗手工绝活展演等。历时6天，接待游客19.8万人次，门票收入168.3万元，综合经营收入206.4万元。

（王少卿）

【第十七届园林茶文化节】　4月28日至5月3日，第十七届园林茶文化节暨安化黑茶文化周在园内举办。活动以安化黑茶系列文化为主题，切入安化的地域特色，丰富京城市民的文化生活。主要活动有：安化黑茶文化周开幕式、向6国大使馆赠送"世界茶王"安化千两茶仪式、安化黑茶斗茶大会、安化黑茶健康养生高峰论坛、安化黑茶供佛斋僧甘露法会、首届中华传统文化封茶大典——安化黑茶专场、地方茶戏展风情、黑茶书法笔会及书画展、"挑担茶叶转三山"与现场制作百两茶。历时6天，接待游客6.2万人次，门票收入39.7万元，综合经营收入42.2万元。

（王少卿）

【"一带一路"图片展】　5月22日（农历四月初八），中国佛教协会在灵光寺举办佛诞节庆祝活动，特别设置"中国佛教协会对外交流图片展"和"一带一路佛教文化图片展"。图片展以大量图片展示中国佛教协会成立65年以来，通过对外友好交流，发展与世界各国佛教界和各国人民的友好合作关系，增进相互了解和友好法谊，全面呈现中国佛教协会对外大力开展全方位、多层次、宽领域的友好交流所取得的成果，内容涵盖积极参加国际宗教组织、佛教组织多边对话会议；巩固中、韩、日三国佛教"黄金纽带"关系；开展与南亚、东南亚各国佛教界的互动和交流；加深与港、澳、台佛教界的亲情法谊；组织佛舍利赴境外对外巡礼、接受供奉；召开四届"世界佛教论坛"；加大对外弘法人才的交流合作；深化与欧洲、北美洲、大洋洲各国佛教界的联系。

（王少卿）

【清凉寺消防设施安装工程】　6月竣工并验收合格。工程于2016年12月开工，总投资449.33万元。主要包括：清凉寺内火灾自动报警及联动系统、消防应急广播、消防通讯系统、室外消火栓及室外电缆敷设等工程。

（王少卿）

【第五届西山八大处文化节】　10月1

八大处春节庙会　（八大处公园供稿）

日—7日，第五届西山八大处文化节在园内举办。活动以“孝满京城·德润人心”为主题，以创城、敬老、善行为主线，分五大板块。板块一：祝福祖国、快乐休闲，包括“祖国好”文艺汇演、跨越时空科普展等；板块二：一带一路“魔幻剪纸艺术 ”工艺展览；板块三：文明创建、重阳敬老，包括重阳敬老主题园、尊老敬老系列活动及体验；板块四：精准扶贫，赤峰、安化特产店开门迎客；板块五：西山胜景、传统文化，包括“高山流水”山谷古典音乐会、抄经体验活动等。历时7天，接待游客10.1万人次，门票收入61.7万，综合经营收入66.6万元。

（王少卿）

【西山八大处重阳游山会】 10月17日，北京市万名孝星重阳游山会暨第31届西山八大处重阳游山会在园内举行。活动以“我们的节日”为重点，结合全国文明城区创建工作，开展三大板块、九项活动，包括：万名孝星登高取吉、大型综艺演出暨北京市孝星评选结果揭晓、戏曲专场、《二十四孝》、《弟子规》孝德家风教育、重阳赏菊、老年健康义诊、吃糕品茶等活动。游山会由市委宣传部、市文化局、市文物局、首都文明办、市民政局、市委网信办、市文联、市公园管理中心、市老龄办以及区委、区政府主办，区委宣传部、区文明办、区文委、八大处公园管理处等单位承办。

（王少卿）

城市管理

综　述

【概况】　中共石景山区委城市管理工作委员会(简称区委城管工委)是根据区委授权,负责城管系统的政治、思想、组织、作风建设等相关工作的区委派出机构。区城管委(区环境办、区水务局、区交通委)是负责本区城市环境建设、城市管理的综合协调,市政基础设施、市政公用事业、市容环境卫生、能源日常运行、水务、交通等管理工作的区政府工作部门。区委城管工委与区城管委合署办公。区委城管工委和区城管委设18个内设机构。其中:区委城管工委内设机构3个,区城管委(区环境办、区水务局、区交通委)内设机构15个。年内,区城管委坚定围绕"建设国家级产业转型发展示范区、绿色低碳的首都西部综合服务区、山水文化融合的生态宜居示范区"的三区定位,充分依托筹办2022年冬奥和打造城市复兴新地标的两大契机,全面发挥创建全国文明城区的总牵引作用,聚焦重点任务,提高治理水平,推动高端提升,全力做好城市管理各项工作。

(王　璐)

城市管理体制改革

【概况】　年内,区城管委持续强化城管系统党的引领能力,加大城市管理相关部门的统筹力度,严格落实城市管理工作例会、专题会等会议制度,召开会议20余次,集中对城市管理精细化、重点区域疏解整治促提升、政府服务热线(12345)整合、"多网融合"等50余项重点工作进行统筹协调。

(李　喆)

【城市管理体制改革评估】　1月4日,市评估工作组对石景山区城市管理体制改革工作进行实地考察和评估座谈。市评估工作组由市编办、法制办、城管委、城管执法局等7个部门相关人员组成。市评估工作组首先到八角街道实地考察参观指挥中心、综合执法平台以及综合执法组办公室,了解街道层面城市管理体制改革工作运行情况。随后,在区城管委召开评估座谈会。通过听取汇报、交流座谈、检查台账等方式了解城市管理体制改革工作。市评估工作组对石景山区改革试点情况进行讨论汇总,对改革工作表示充分肯定。

(李　喆)

城市环境建设管理

【概况】　年内,区城管委完成建设11条精品大街、4个重点区域、2个精品小区,基本实现全区主要道路沿线景观提升;完成北空路等21条背街小巷整治提升工程,时代庐峰南侧路被评为"北京最美街巷"。深化道路清扫保洁等级管理,加大冬季午间机械清洗作业力度,"冲、扫、洗、收"新工艺作业率95%。居住小区生活垃圾分类覆盖率100%,党政机关单位、大型商超及餐饮单位全部实现垃圾强制分类,以街道为单位开展垃圾分类示范片区创建,全区厨余垃圾分出量1.51万吨,占生活垃圾总量的8.2%。全区纳入餐厨垃圾台账管理单位1132家,规范收运餐厨垃圾1.2万余吨,清运大件垃圾509车箱。30座公厕革命任务和20座公厕品质提升任务全面完工。强化渣土运输规范管理,开展联合执法检查119次。选派和培训315名街巷长,实现"一街(巷)一长",设立449块街巷长公示牌,基本实现685条大街小巷全覆盖,招募约2000名小巷管家,并进行统一管理,推进街巷长制和小巷管家工作,营造"人民城市人民管"的社会治理氛围。

(王　璐)

【治乱疏解指挥部档案移交】　3月6日,按照区治乱疏解建高端暨专项行动指挥部办公室要求,区城管委向区档案局移交2015—2017年大杂院整治和创建基本无违建城区工作档案,包括:文书535卷,照片10卷438张以及影音资料光盘5张。2015年10月,区委区政府成立区治乱疏解建高端暨专项行动指挥部办公室和各个分指挥部,全力推进"增量高端、存量提升、依法治乱"三件大事,实现北京市首个"基本无违法建设城区"。

(徐盖杰)

【推行街巷长制】　年内,区城管委完成街巷长选派和培训工作。制定推进"街巷长制"工作方案、考核方案,以及小巷管家管理办法等配套文件,落实专项工作资金。选任街巷长315名,设立街巷长公示牌449块,实现全区685条大街小巷全覆盖;招募小巷管家1500名,通过社会组织进行统一培训管理,基本建立共治共享的社会管理机制;建立街巷长及小巷管家管理系统,将街巷日常管理责任落实到具体人员。

(杨君杰)

【市容精细化管理】　年内,区城管委落实提高无物业老旧小区环境卫生质量,实现全区背街小巷专业作业率100%。采取政府购买服务方式,聘请专业单位负责石景山区环卫专业作业、背街小巷作业、门前三包、行业环境卫生作业等检查工作,每月对各街道进行排名考核,对委办局任务完成情况进行通报,提升市容环境管理水平。

(曲彤凌)

【开启公厕革命】　年内,区城管委完成30座公厕提升改造工程。通过更换节能环保洁具、配置空气净化除臭系统、结合地域特点美化外观、合理规划厕所内布局和厕位比例、增加第三卫生间和管理用房等措施,达到"便利、卫生、耐用、美观"的原则和"节能、环保、资源循环"的工作理念,具备"冬天不冷,夏天不热,全年无臭味"。

(梁　涛)

【推进垃圾分类】　年内,区城管委开展八宝山、老山、广宁3个街道垃圾分类示范片区创建,全区居住小区垃圾分类体系全覆盖及20个"垃圾分类示范校园"创建。加大对辖区居民、党政机关及社会单位垃圾分类宣传普及力度,全区83家党政机关及41家大型商超实施生活垃圾强制分类。设立4000余组分类收集桶站、9座分类垃圾楼、近400人垃圾分类指导员,居民的分类习惯正逐步养成。全区有近80%的居住小区开展垃圾分类，按照“干湿分离”的原则设置厨余垃圾收集容器。全年开展各类宣传活动72场，直接参与人数近5000人。全年开展日常检查6864次，发现问题3912处，问题整改率98%以上。全区日均厨余垃圾分出量约43吨，全年达到1.5万吨。混合垃圾量较上年减少1.89万吨，同比下降10%。

（侯　森）

【餐厨垃圾规范收运】 年内，区城管委成立日常检查队伍，每日抽查餐饮服务单位，梳理汇总检查情况并将发现问题转办至相关单位。检查餐饮服务单位609家，发现问题949处。联合区城管执法局、区食药监局、区环保局、工商分局、交通支队等相关单位组成联合检查组，定期开展联合检查。牵头组织联合检查13次，出动人员114人次，出动车辆46车次，检查餐饮服务单位46家，开具约谈通知书22张；建立台账更新机制，规范收运队伍，全区有餐饮服务经营者和单位食堂1217家，累计收运餐厨垃圾18406.89吨。

（田　锦）

【大件垃圾规范收运】 年内，区城管委继续加大大件垃圾清运消纳工作力度，围绕“定专人、定车辆、定责任、定标准”四个方面，及时督促各街道办事处（鲁谷社区）收集清运；采取泡沫粉碎加温措施，促进泡沫垃圾规范消纳处理，共清运大件垃圾518车箱，推进大件垃圾规范清理消纳工作落实。

（赵艳涛）

【景观提升工程】 年内，区城管委牵头相关街道对21条背街小巷开展环境整治提升工作。拆除违法建设1092平方米；建筑物外立面粉饰18450平方米；地面整修22319平方米；景观照明设施安装59处；拆除规范牌匾标识63块；新增绿化植被3531平方米；规范公共服务设施49件；新增机动车停车位90个。推动全区城市结构从功能型向功能型与景观型融合发展的进程。

（李　彦）

城市运行保障

【概况】 年内，区城管委完成2017年—2018年采暖季供热运行保障工作，督促各供热单位做好老旧供热管网的夏季维修改造，大修改造74项，中、小检修3826项，消除隐患23项。全面梳理石景山区隐患台账和基础信息数据，开展燃气安全宣传和巡检，集中入户巡检170余户，排除隐患问题60余处。确保电力供应，刘娘府110千伏输变电工程主体结构完工，石景山220千伏等4项新建输变电工程持续推进。完成永乐东、西小区电力设施改造，妥善做好迎峰度夏期间电力应急救援。9月28日，市热力集团石景山分公司成立并举行揭牌仪式。

（王　璐）

【迎峰度夏度冬电力保障】 7月上旬，进入电力迎峰度夏前，区城管委组织区内相关部门召开部署会。7月中旬至8月下旬，用电负荷高峰期间，妥善处置永乐东西、西山奥园和西山芳苑等小区停电问题，确保不因突发停电问题出现不稳定社会因素。11月初，供暖季到来前，区城管委会同供电企业提前谋划部署，重点对区“煤改电”所涉及的13条线路进行巡检，制定“一线一案”整改方案并按时整改到位，迎峰度冬电力保障稳定有序。

（于文华）

【永乐小区电力设施改造】 7月30日—31日，永乐东、西小区由于线路老化，导致先后两次突发停电，涉及居民楼40栋2942户。区城管委迅速行动，组织应急力量抢修，永乐东小区于7月31日17时，永乐西小区7月31日21时陆续恢复供电。为彻底解决两个小区供电问题，根据区政府专题会议精神，由区城管委牵头对小区电力设施进行改造。年底改造工程按期完成。

（于文华）

【管网改造】 年内，区城管委进行中、小检修3817项，消除隐患23项，大修改造74项。对模式口北里热力站、京西电厂热网1号站、京西电厂热网2号站，京西电厂综合站、石热热网站、石热空调站，京西空调站7个热力站整站改造，完成二次线改造16.5千米，更换38栋楼楼底盘管，改造520户平房供热管线。

（范立堂）

【管线占压隐患治理】 年内，区城管委对市级挂账4处管线占压进行重点清除（首钢特钢线5号、杨庄大街9号、最高检7号、首钢医院线1号）。首钢特钢线5号、杨庄大街9号、首钢医院线1号3处点位拆除，最高检7号上报市供热办，由市供热办统一沟通协调。

（范立堂）

【重要活动电力保障】 年内，区城管委统筹协调，全面部署，逐步加强区域电力应急保障能力建设。发挥区电力主管部门职责，先后完成全国“两会”、北京市第十届民族传统体育运动会和中非合作论坛北京峰会期间区域电力保障工作。

（于文华）

交通管理

【概况】 区交通委是负责统筹石景山区交通发展和管理工作的职能部门。年内，区交通委推进主次干路、支路及轨道交通建设。长安街西延石景山段、北辛安路北段道路竣工通车，永引渠南路、古城南街、京门新线全面施工，北辛安路南段、锅炉厂南路开展前期工作，高井规划一路方案获批，刘娘府路等5条次干路、支路实现通车；S1号线金安桥至苹果园区间工程持续推进，M6线西延实现试运营，M11线冬奥支线方案获市政府批复。做好道路交通管理。21项缓堵任务、5项常规疏堵工程全部完工，交通畅通情况居中心城区第二；上庄东街、朝阳医院南侧路、八角东街等14项道路大中修工程完工，莲石路辅路等11条道路架空线入地工程完工，“巡养一体化”作业有序开展，60千米自行车道综合治理完成，87条无名路和不规范道路约930根名牌安装完毕。加强静态交通管理。稳步推进路侧停车电子收费工作，督促停车管理企业提高停车入位率；统筹加大停车设施建设力度，新增停车位1万余个；通过增设自行车停放区、划定共享自行车管理网格、利用GPS监测停车数据等方式规范自行车停放。石景山交通支队（简称交通支队）是本区道路交通的管理机关。全年交通支队以“长安街第一道屏障、政治中心区第一个堡垒”为工作定位，坚持以创新谋发展，深化警务改革创新，提升交通管理智能化、精细化、精准化工作水平，确保各项重大交通保卫任务万无一失，辖区交通安全稳定、正常运行。

（王　璐）

【铁路道口安全宣传】 6月，区交通委开展以“平安通行铁路道口，生命至上安全保障”为主题，以宣传《安全生产法》《铁路安全管理条例》《道路交通安全法》为内容的铁路道口安全宣传月活动。摆放安全知识宣传展板、悬挂宣传标语，并向通过道口的行人和机动车驾驶员发放铁路道口宣传手册、宣传单，讲解横越道口的安全知识、抢越道口的安全隐患以及造成事故所承担的法律责任，引导行人和机动车驾驶员增强自我保护意识。

（张　茹）

【成立区交通综合治理小组】 7月9日，根据《北京市交通综合治理领导小组办公室关于做好调整设立北京市交通综合治理领导小组有关工作的通知》要求，区政府下发《北京市石景山区人民政府办公室关于设立石景山区交通综合治理领导小组的通知》。石景山区成立区交通综合治理领导小组，区长担任组长，负责交通方面工作的副区长担任副组长，区政府办、公安分局、区交通委等40家单位的主要或分管领导担任成员，统筹协调区交通综合治理工作。

（韩振杰）

【国防教育日交通宣传】 9月14日—21日，区交通委组织开展主题为“新时代·深融合·大作为”2018年全民国防教育日交通运输军民融合主题宣传活动。结合9月15日第18个全民国防教育日“传承红色基因，汇聚强军力量”主题要求，组织辖区9个街道和153个社区在宣传橱窗、人车密集区域等醒目位置，张贴交通运输军民融合主题宣传海报650份。

（韩振杰）

【无车日主题活动】 9月21日，区交通委在石景山体育场举行以“为地球省油”为主题的2018年石景山区世界无车日宣传活动。区文明办、区环保局、交通支队等相关部门主要或主管领导及交通民警、交通协管员和来自不同行业的驾驶员代表参加活动。主题宣传活动向驾驶员发出绿色出行倡议，在“低碳环保，绿色出行”的承诺手印墙上摁上五彩承诺手印，现场进行倒走、慢骑、推车和交通安全知识抢答等趣味比赛项目，倡导“低碳环保 绿色出行”理念。

（李亚利）

【静态交通投资运营】 10月18日，北京静态交通石景山投资运营有限公司成立，注册资金2000万元。该公司是由北京静态交通投资运营有限公司与北京石泰基础设施投资有限公司共同出资成立，搭建静态交通公共服务平台，整合公共停车资源，提升全区静态交通管理服务水平，从投资、建设、运营方面解决静态交通问题，为冬奥会做好交通服务保障。

（林迎午）

【城市道路建设】 年内，区交通委联合市公联公司全力推进长安街西延、北辛安路北段、古城南街、京门新线、永引渠南路等5条重点主干路建设。年底前长安街西延石景山段、北辛安路北段、京门新线实现完工，永引渠南路、古城南街全面施工。协调区属各主责单位、建设单位加快次支路建设施工进度。年末，刘娘府路、石景山园北Ⅰ区三号路、实兴西街、上庄大街、京西朝阳医院南侧路等8条道路实现通车。

（张　亮）

【轨道交通建设】 年内，区交通委按照北京市关于轨道交通建设的要求，协调各相关单位全面推进轨道交通建设，年底前M6号线西延工程完工并开通试运营，S1号线金安桥至苹果园区间持续推进，M11号线冬奥支线规划方案批复。

（廉泽亮）

【道路养护管理】 年内，区交通委完成西井中街道路大修工程，维修道路面积1.32万平方米；完成西井路、时代花园南路等9条道路中修工程，维修道路面积5.26万平方米；完成保养小修道路总面积5.58万平方米。

（彭　鹏）

【区级5项疏堵工程】 年内，区交通委实施阜石路至金安桥东向西车道改造工程、西井路公交西井路站设置外绕非机动车道改造工程、双峪路麻峪村中街路口优化拓宽工程、晋元庄路公交首钢医院站设置公交港湾改造工程、鲁谷大街北口步道设施联通工程等5项区级疏堵工程。

（彭　鹏）

【自行车道整治】 年内，区交通委选取苹果园大街、古城西街、高井路等36条具备整治条件的区管城市道路，完成自行车道整治约60千米，铺设自行车道彩色标识1.54万平方米，投资427.9万元。

（彭　鹏）

【缓解交通拥堵】 年内，区交通委重点围绕《2018年北京市缓解交通拥堵行动计划》涉及石景山区的21项任务和市交通综合治理领导小组第一、二、三次会议交办的18项主责任务，制发《2018年石景山区缓解交通拥堵工作方案》《石景山区9月缓解交通拥堵专项行动工作方案》和《2018年缓解交通拥堵工作任务计划表》，坚持主管区领导定期调度，领导小组办公室月调度与专题调度相结合例会制度，按照“控制需求、优化供应、强化管理、严格执法”工作思路，采取综合施策、分类实施的方法，“点、线、面”和工程管理等重点措施同时上，统筹推进交通基础设施建设、静态交通停车管理、公共交通出行环境、区域交通综合治理、严查交通违法行为、提升服务保障水平、营造共治共建良好氛围等方面交通综合治理工作，辖区交通管理水平明显提升。

（韩振杰）

【铁路道口监护管理】 年内，区交通委落实铁路道口检查制度，坚持每周两次实地检查，尤其加大对春节、国庆等重要节日及“两会”、“中非论坛”重大活动的安全检查力度，对报警器、消防设施及监护员安全制度落实情况进行全面检查。全年累计检查道口120人次，其中日查86人次，夜查34人次。

（张　茹）

【新增停车位1万个】 年内，区交通委通过“三个一批”方式，即利用腾退土地建设一批、利用绿地或平改立挖潜一批、利用规划配建一批，统筹推进全区停车设施建设，全年新增停车位10154个，最大限度缓解市民停车难问题。

（李　辰）

【停车场备案管理】 年内，区交通委在节假日和重要时期制定停车保障方案，制发《关于加强中秋、国庆两节前后停车安全保障工作的通知》《关于做好汛期与端午节假期期间停车行业安全保障工作的通知》等各类通知900余份，重点就停车场的无障碍设施、停车设施、防火制度、防汛物资、应急机制及档案留存工作进行检查，对存在问题及时纠正，并提出具体要求。全年新备案停车场32个。截至年末，共有备案停车场226个，总车位数64727个。

（李　辰）

【共享自行车管理精细化】 年内，区交通委在地铁站口、交通枢纽周边规划共享自行车停车位、实施GPS、电子围栏管理。新增非机动车停放区137个。将区域划分为10个网格，精细化管理共享自行车停放秩序，每天巡查不低于四次。9月，完成重点地区、地铁站周边、人员密集区域等7个点位13套蓝牙设备安装，并建立区级监管平台，监测、掌握全区共享自行车运行情况。11月，完成区域停放区、禁停区经纬度坐标信息采集，在全区共采集坐标179组，并将坐标信息统一接入北京市共享自行车监管服务平台，引导市民有序停放共享自行车。

（翟鲁敏）

【路侧电子收费改革任务】 年内，区交通委按照北京市要求确定石景山区路侧电子收费建设任务，计14条道路两侧1246个车位。完成前期踏勘、方案建设等相关工作。按照市考核目标加强辖区路侧电子收费试点车位管理与路侧停车入位率达90%的指标要求，强化企业监管，提升服务水平，制定管理方案，辖区344个电子收费试点车位实缴率从年初的10%提升到70%以上，停车入位率平均指标达到90%以上。

（闫洪迎）

【共享汽车绿色示范运营区】 年内，区交通委调整共享汽车停放点，随着路侧停车管理的规划化，共享汽车停施点由路侧停放入路外公共停车场发展，发展路外停车场10处；督促企业加强对共享汽车的调度运维，确保起到示范运营效果。

（闫洪迎）

【勤务改革】 年内，交通支队推进“科技巡逻＋定点执勤”勤务模式改革，完善19处早晚高峰定点执勤岗位、20处视频巡控点位，并招录交通保安员着装上岗，街面见警率、管事率显著提升，勤务效能和管控效果成倍增长。落实“路长”责任制，对全区道路分级设置“路长”，实名制承包、网格化管理，推动领导干部责任落实，强化交通精细化管理。

（孟祥宇）

【疏堵治堵】 年内，交通支队提出“行人舒适，无障碍；自行车便捷，有安全；机动车有序，守规矩”三个目标。在交通渠化优化方面，推出“全向十字路口”、路口“借道左转”、信号灯自适应控制等一系列创新举措。全年制定堵点乱点治理方案34个、局部交通组织优化方案89个，群众反映强烈的13处交通乱点、2处交通堵点全部提前销账，拥堵报警同比下降9.2%，道路通行能力同比提升18.3%。在交通综合治理方面，1月份，支队党委与广宁街道党工委签订《路长制共建合作协议》，对麻峪村停车乱象进行改造治理，在取得经验基础上，又联合街道、派出所等多个部门，对8个社区及周边道路进行综合改造，区域交通自治实现新突破。在推进空气环境治理方面，与区环保局建立一体式执法模式，提出“势在必行、责任共担、重心下移、整治有力”工作方针，成立综合执法组，实现交通违法整治和环保治理上的双赢。

（曹世兴）

【宣管并重】 年内，交通支队加大交通安全宣传力度。举办交通安全宣传活动800余场，发放材料7.2万余份，发动交通志愿者、治安积极分子、文明引导员2.8万余人次，群众交通安全意识明显提高。支队党委依托区委党员报到机制，组织发动全区党员干部走上路面、走到群众当中，开展交通文明畅通提升行动志愿服务活动。发挥石景山“老街坊”品牌优势，在各街道社区组建“老街坊”文明交通劝导队，劝导交通违法行为，实现交通管理法律效果和社会效果有机统一。组织广宁村小学、麻峪小学、银河小学参加北京市“萌娃说交通”文艺汇演，获南部赛区一二三等奖。另一方面，加大重点车种监管力度。依托“文明出行我承诺，交通安全共分享”交通安全宣传活动，组织“一区一警”摸排辖区两轮摩托车、四轮车2160辆，督促残疾人轮椅车驾驶员自觉遵守“道交法”，安全文明出行。加强重点运输单位监管，开展交通安全大检查2159次，对161家单位禁止机动车上路行驶，危化车、专业运输驾驶员做到100%核查、100%教育。

（曲守全）

【提升市民满意度】 年内，交通支队高效办理“两会”期间人大代表、政协委员围绕交通提出的51件提案建议。制定实施八角西小街单行单停、鲁谷路东口掉头专用道设置等12个交通改造项目，实现所有建议提案100%满意工作目标。同时推进“放管服”改革。依托“一区一警”，深入各街道、企事业单位，征求“放管服”意见建议6类43条。严格落实车管业务一窗式办理、申请手续减免、办理流程简化等便民利民措施，实现“数据多跑路、群众少跑腿”目标。宣传推广“交管12123平台”使用，先后走访企事业、专业运输单位1257家，开展社区宣传218次，召开培训会、座谈会、主题宣传活动190余次，提升“交管12123”手机APP注册使用率，引导群众网上办理车管业务，减轻社会交通压力。全年对外办公窗口办理简易程序5.2万余起，一般程序1479起，查询解答7万余起，套牌立案85起，结案10余起，实现“查证属实投诉零发生、窗口执法错误零发生”的“双零”目标。

（曹世兴　曲守全）

水务建设管理

【概况】　年内，区水务局开展五里坨“一口一牌”试点建设，完成《石景山区河长制河长职责》《石景山区河长制湖长制巡查制度》的修订和“一河一档”工作方案编制，“北京河长”APP安装绑定率和河长巡查率实现双100%。在区级层面由区委书记及区长担任区总河长，副区长以河道为单位任区级河长，在街道层面以党、政双正职领导为街道级河长，由街道组织设立140名日常河湖巡查员，区、街河长制办公室全部挂牌。组织开展区、街两级河长巡河工作，全年完成区级河长巡河36次，督导街道级河长巡河600余人次，累计巡河里程近3000千米。莲石湖非法捕捞、高井沟和黑石头沟等河渠沿线非法排污等现象得到有效遏制，逐步实现“政府主导、属地负责、行业监管、专业管护、社会共治”的河湖生态环境管理新体系。五里坨污水处理厂完成临时设施2万立方米/日提标任务。换装4000个节水器具，完成55家节水型单位、16个节水型社区创建。完成9.2千米雨污合流管线改造和西部浅山区自然村污水收集，推进再生水泵站及管线建设前期工作，创建排水设施规范管理示范区，完成区海绵城市专项规划编制和海绵城市建设实施意见制定工作。三个考核断面年度水质综合评定均达标，四个阶段7条中小河道治理任务全部完成。加强莲石湖管理监督，出动检查车辆220台次，清理垃圾渣土320立方米，劝阻钓鱼及上冰人员560余人次。“清河行动”重点展开，对人民渠的易积水河段河底进行集中清理整治。全年，执法检查1201件，行政处罚155件，处罚金额140余万元，有效打击违法违规行为。全年供水总量约3366万立方米，再生水利用1791万立方米，万元地区生产总值水耗优于市级3%指标要求。汛期启动Ⅳ级防汛应急响应7次，Ⅲ级防汛应急响应3次，出动各类巡查处置人员2.5万余人次，处置各类防汛突发事件130次，无人员伤亡情况发生，实现安全度汛。

（王　璐）

【自备井供水安全保障】　年内，区水务局组织召开自备井年度审验暨供水安全工作会。建立区管自备井台账，审核自备井取水许可证。通过审核78本，下达自备井用水指标2767.28万立方米、与自备井产权单位签定安全供水责任书33份。按照市水务局机井排查工作要求，对全区自备井的使用情况、安全措施及取用水量进行排查，发现无证自备井5眼，无证地源热泵自备井5家18眼。全年定期检查抽查33家100余眼自备井安全使用管理等情况，确保自备井安全。

（赵青松）

【地表水断面考核治理】　年内，区水务局对国家考核断面南大荒桥、市级考核断面高井麻峪村桥和新开渠玉泉路桥三个考核点位，继续加大治理力度，对三个断面实施水面保洁、水生植物收割、添加生物制剂、雨污口检查、应急治理等一系列维护措施，确保水体水质达标。

（孙素兰）

【水文水质监测】　年内，区水务局每月对衙门口、西黄村、古城3处进行地下水位测量。4月、9月两次对杨庄水厂和衙门口、西黄村、古城地区3眼自备井水质取样送检，均符合饮用水标准；12月协助市水文总站在石景山区开凿4眼水位观测井。

（刘展世）

【水行政审批服务事项】　年内，区水务局完成行政审批事项46件，其中取水许可审批14件、区级水影响评价审查30件、临时用水指标审批2件；公共服务事项364件。

（高　辉）

【智慧水务信息平台】　年内，区水务局加大石景山区节约用水管理力度，建立统一、有效的节约用水管理体系，会同经信委完成智慧水务平台（一期）建设，并于6月底上线试运行。平台由登录页面、框架页面及用户首页的设计及用水计划管理、计划通知单下发、计划调整管理、回执管理、数据报送管理、加价水费管理、欠缴费管理、预警管理等模块组成。

（何洁琼）

【节水工作】　年内，区水务局对北京大唐兴源物业管理有限公司银河项目、北京中唐电工程咨询有限公司、北京八重餐饮有限公司等55家单位和八千平社区、琅山社区、东下庄社区等16个社区开展节水型单位和节水型社区创建工作。在苹四社区、国科大社区、赵山社区、八角中里社区等8个小区完成4000个节水型花洒换装工作。

（何洁琼）

【防汛物资储备】　年内，区防汛仓库储备水泵55台、发电机11台、大型作业灯具39台，救生衣2806件，编织袋12.7万条及其他各类防汛物资。区防汛指挥部统一组织对各防汛分指挥部储备的水泵、电机等设备保养维护，并对使用人员进行集中培训，确保汛期内能够随时投入使用。向部分防汛压力突出分指挥部调拨水泵、橡皮船等防汛设备，以及救生衣、膨胀麻袋等防汛物资，用于保障全区防汛应急抢险工作。

（郭建超）

【防汛应急】　年内，石景山区在汛期（6月1日至9月15日）期间，降雨日数35天，总降雨量422.8毫米（石景山国家气象站，下同），比常年同期（359.5毫米）偏多34%。最大降雨过程出现在7月16日，过程降雨量135.5毫米（隆恩寺站）。全区启动Ⅳ级防汛应急响应7次，Ⅲ级防汛应急响应3次。累计转移人口10人次，无人员伤亡。

（郭建超）

【城乡结合部治污】　年内，区水务局完成城乡结合部地区、西部潜山区村庄现场污水设施勘查。修建完成南坑污水处理站一座，解决古城地区南坑（首钢厂中村）居民生活污水排放问题。随衙门口、北辛安棚改，完成9.2千米雨污合流管网改造。

（杨文君）

【河湖"清四乱"】 年内，区水务局先后开展工作动员部署会2次，工作推进会6次，问题台账督导检查工作会4次，并现场抽取河段，采取"下河"方式，与各街道河长办"对标对表"，梳理工作问题，累计入账涉河"四乱"问题23项，并在任务时限内全部按期完成。

（张 庆）

【河长巡河督导】 年内，区级河长完成全年四个季度巡查督导，包括总河长巡查在内。区级河长全年累计开展督导及巡河工作35次，累计巡河里程230余千米，提出并督导解决河道问题36件；街道级河长累计完成巡河工作600余次，累计巡河里程2500余千米。1月"北京河长APP"上线至年末，区级河长巡河率100%，街道级河长巡河率100%以上。

（张 庆）

【"一河一策"编制】 年内，区水务局通过招投标选取专业部门开展河道测绘和"一河一策"编制工作，严格按照市级要求6月底前完成区内425河流名录内河流"一河一策"编制。9月前细化完成河道基础信息测绘，并将全区所有河流"一河一档"、一河一策"全部编制完成。

（张 庆）

【试点"一口一牌"安装】 年内，区水务局完成五里坨河道排水口"一口一牌"标牌制作、安装及后续保养服务，相关河道包括黑石头沟、隆恩寺沟、油库沟、潭峪沟、高井沟共5条河道，确认排水口共92个并安装公示牌，同时封堵20个非法排污口。

（张 庆）

城市管理监督指挥

【概况】 年内，区城管委通过流程改造，实现采办分离，问题采集渠道增加到7个，全年采集各类问题18.8万件，同比增长265%。以首环办考评为重点，协调处置城市类问题案件459件，市级台账销账率100%。在首都环境建设专项月检查考评工作中，取得6个第一名，全年总分排名第一。以严督实查为关键，在日通报、周、月督察的基础上，建立处置率排名、疑难案件督办机制，受理城市管理问题类别从去年的30小类扩大到80余小类，结案率99.9%。

（王 璐）

【建立"采办分离"机制】 4月，区监督指挥中心按照"一个平台一套系统、采集与处置分离、处置率为排名依据"原则，对城市管理网进行调整，并与街巷长制工作同步部署、同步推进。在功能上增添问题来源、分派时限及案件会商，现有平台问题来源为第三方采集、热线受理、市级反馈、微信举报、街道反映、视频监控及其他渠道七大类；在业务受理时限上，建立10分钟受理时限，案件到达、临期、超期均进行语音提示。在机制上建立案件多派、处置率公示等机制，案件在分派给行业部门同时，分派给街道，利于街道及时掌握案件信息、办理进展，加强监督处置能力，适时启动"街道吹哨、部门报到"机制。在业务流程上，压缩核查环节，减少案件流程，将立结案权限统一到区级平台。建立城市管理问题处置情况公示机制，每月在区政府常务会上专题研究，会后在区委专报、区政府一层电子屏和《石景山报》上，对各街道上月城市管理问题处置排名情况进行公示。

（杨 晨）

【城市秩序夜间专项督察】 5月12日至8月22日，结合季节性特点，区监督指挥中心组织开展16次夜间专项检查，检查点位674处，发现夜间街面秩序问题60起，其中店外经营39起、无照游商（小煤炉）17起、露天烧烤3起、倚墙烧烤1起，通过督查督办，全部有效整改。

（袁 瑞）

【环境噪音污染专项检查】 5月24日起，区监督指挥中心配合城管执法部门开展为期2周的"石景山区重点施工工地周边环境噪音污染专项检查"工作。检查重点施工工地137处，发现施工工地周边环境噪音污染问题66起，经过对相关责任部门和属地街道督察，全部及时整改。

（袁 瑞）

【城市管理问题信息采集】 5月，石景山区开始实行城市管理问题案件"采办分离"工作机制。共采集各类问题案件133942件，达到立案标准案件127711件，涉及问题类别90余类。为市级年度网格化城市管理专项考核完成83.47%的任务。

（袁 瑞）

【夜间城市照明专项督察】 7月26日起，区监督指挥中心利用两周时间，集中开展石景山区路灯断亮检查，出动巡查人员45人次，对全区范围内88条主要道路进行巡查，检查路灯3880盏，发现路灯断亮情况197盏。经过与行业部门协调，全部及时修复。

（袁 瑞）

【首都环境建设专项考评】 年内，区城管委牵头协调相关街道、单位累计销解首环办台帐612件，问题853个，自查问题1269个；区领导带队，组织联合检查11次；进行城市环境专项巡查292次；与全区30余个部门建立互联平台机制；召开多部门现场协调会24次，确保问题台账不反弹；做好首环办每月环境建设进展情况、每月环境建设监督检查情况登记表、每月环境脏乱点台账、每月城市管理综合治理督察考评月报报送工作。

（赵 欣）

【解决城市管理疑难案件】 年内，区城管委接收、派遣、解决各类疑难案件444件，其中市级城市案件328件，区属疑难案件116件，结案率100%，进行城市环境专项巡查工作292次；召开城市问题案件现场协调会24次。

（赵 欣）

【网格化案件完成情况】 年内，区监督指挥中心平台接收案件188697件，立案164096件，其中，部件问题1840件，占全部案件的1.1%；事件问题162256件，占全部案件的98.9%。办结案件164082件，结案率99.9%。

（杨 晨）

【网格化融合平台数据更新】 年内，区监督指挥中心组织完成网格化融合平台基础数据更新，实现与市级平台同步更新。主要完成全区地图数据、重点区域（含点位）以及街道、社区、单元网格、责任网格图层等多项重点内容，其中更新完成9个街道图层、150个社区图层、重点区域（含点位）23742个、单元网格1581个、责任网格239个。同时根据街道、社区、网格调整变化，更新系统内原有的区域信息表和人员情况表。

（杨 晨）

【城管综合治理督察考评】 年内，区监督指挥中心督察发现各类城市管理综合治理问题5011件，下发专项督办单12件，有效督办整改问题3789件，未整改或反弹问题584件，延期案件54件；完成《石景山区城市管理综合治理工作纪录片》3部。

（袁 瑞）

【疏整促专项督察】 年内，区监督指挥中心围绕区“疏解整治促提升”指挥部提出的“巩固拆违成果，建立长效监管机制”工作要求，对低端产业聚集人群大杂院拆除台账销账情况进行专项督察，对339个待改造提升的点位每月进行一至两次检查。全年出动巡查人员720人次，巡查点位5068处次，发现反弹点位14处，全部下发督办单并及时整改。

（袁 瑞）

【违规广告牌匾督查】 年内，区城管委持续开展对建筑物屋顶违规广告牌匾核查统计工作，出动人员316人次，累计核查点位14976处，发现违规广告牌匾1248块，按照要求全部上报业务主管部门。

（袁 瑞）

园林绿化

【概况】 石景山区园林绿化局（区绿化办）是负责本区园林绿化的区政府工作部门。年内，全区实施绿化面积84.3公顷，其中新建77.34公顷，改造6.96公顷。完成石景山路两侧绿地栏杆总长度11千米改造提升。种植各类乔灌木3.2万株，绿篱色块13.6万株，种植花卉98万株，铺草4.8公顷。全区实有绿化面积4322.27万平方米，绿化覆盖率52.67%，人均公共绿地面积21.96平方米，圆满完成全年各项绿化任务。中国科学院高能物理研究所行政处、中国光大银行股份有限公司信用卡中心、区总工会被评为“首都全民义务植树先进单位”；苹果园街道办事处、区园林绿化局、首钢建设投资有限公司被评为“首都绿化美化先进单位”；王祝炫等15人被评为“首都绿化美化先进个人”。

（郑文靖）

【林木绿地抚育认建认养】 3月始，市环境保护督查办党支部、市环境保护督查中心党支部、北京西单友谊集团，分别组织党员和积极分子在老山东小街参与绿地树木抚育劳动，了解树木修剪知识。北京国广子行传媒（北京）公司、北京天山新材料技术有限公司、北京信诚佳美保洁有限公司、北京姿美堂生物技术有限公司，组织员工分别开展认养古树、绿地抚育劳动和生态保护教育。光大银行信用卡中心认养区政府南侧绿地，面积15449平方米。截至12月，全区实有认养绿地面积113579平方米，认养树木614株（其中古树认养2株）。

（郑文靖）

【义务植树活动】 4月1日，区绿化办结合首都全民义务植树日，发动街道及系统绿委，开展多种形式的绿化美化宣传活动。在主要繁华地段及社区设立义务植树宣传站点40个，向市民普及生态文明理念及绿化美化、义务植树相关知识。宣传活动悬挂横幅120条，发放绿化美化宣传材料及宣传品2万份。同时通过报纸、电视、网络、微博、微信等形式展示绿化成果，倡议市民积极参加义务植树，自觉通过造林绿化、抚育管护、认种认养、设施修建、捐资捐物、志愿服务等8类形式履行公民植树义务。4月2日，以纪念全民义务植树运动开展37周年为契机，在新安公园组织以“紧抓冬奥、促提升机遇，迈向高端绿色崛起新征程”为主题的大型义务植树活动。区四套班子领导、驻区部队官兵、驻区企业、区机关干部、劳模、妇女代表及大中小学生等12个单位、300余人参加义务植树劳动。活动平整土地13000平方米，栽植油松、白皮松、元宝枫、银杏、紫叶李等树木107株。春季期间，全区绿色志愿者、社区居民以走进庭院清扫绿地、平整土地、绿化管护等形式履行植树义务，养护树木5万余株，清扫绿地、平整土地10万平方米。位于景园假日酒店西侧地块的社会义务植树接待点接待市民677人，种植树木245株。10月27日，石景山区开展主题为“创建国家森林城市 建设美丽家园”的秋季义务植树活动，在西长安街文化艺术公园（1处主会场）及各街道辖区内园林工地（8处分会场）组织开展植树活动。区四套班子领导、驻区部队、创城办、创森工作领导小组成员单位、各街道办事处等共500余人参加植树活动，种植白皮松、桧柏、法桐等树木125株。

（郑文靖）

【区绿化委员会】 4月，区园林绿化局完成区绿化委员会成员调整工作。区长文献任主任、副区长李金克、北京军区善后工作办公室政工组副组长刘长金、陆军部政治工作部群工联络局副局长李春、中部战区联合参谋部直属工作局副局长蒋艳明、首钢集团有限公司副总经理胡雄光任副主任。区政府各委、办、局、处，各街道办事处，各人民团体，驻区有关单位主要领导为委员，成员48人。同月，向区绿化委员会全体委员发《石景山区2018年绿化美化工作总结及2019年工作思路（征求意见稿）》，征求委员意见，最终确定全年绿化工作任务目标。

（郑文靖）

【绿化地块拉练踏查】 12月6日，区园林绿化局牵头对2019年新一轮百万亩造林绿化地块进行拉练踏查，对左岸城市森林二期、首钢东南区代征绿地、古城精品社区公园等项目地块进行实地踏勘，首建投、中海和石泰公司等地块管护单位详细介绍地块情况。相关单位现场会商影响地块难点问题的解决方案，区园林绿化局要求各地块年底前要全面做好绿化准备工作，完成方案设计，各项工作要早准备、早落实，确保新一轮百万亩造林绿化主体项目2019年春季全面开工。

（潘 岩）

【造林绿化】 年内，区园林绿化局完成永定河左岸森林公园、南宫地区代征绿地、何家坟精品公园等公共绿地的建设及改造提升，新增公园绿地40.31公顷；实施游乐园西北侧原酒吧街拆违地块、杨庄北区拆违地块、园林小区西侧等拆违腾退地块的绿化建设，完成"留白增绿"面积19.3公顷；实施冬奥氛围景观提升建设，完成石龙路匝道及护坡绿化建设，新增道路附属绿地5.9公顷；启动首钢石景山景观公园和冬奥文化主题公园建设；全力推进新一轮百万亩造林建设，全年新增绿化面积22.78公顷；改善居民社区绿化环境，实施区政府"社区绿植补种增绿"项目，对杨庄北区19号楼周边等7处退化绿地、边角地、脏乱地块进行环境治理和提升，总面积0.72公顷。组织全民义务植树活动，组织"市花月季进社区"、"乡土植物进社区"绿化主题讲座等系列活动；创建花园式单位2家，花园式社区1家。

（郑文靖）

【群众绿化】 年内，石景山区采取多种形式开展群众绿化美化工作。完成首都绿化美化花园式单位创建工作，北京市黄庄职业高中、新都名苑小区被评为"首都绿化美化花园式单位"；八角街道景阳东街第二社区被评为"首都绿化美化花园式社区"。组织实施区政府"社区绿植补种增绿"项目，工程涉及杨庄北区19号楼周边绿地、滨和园居住区周边绿地以及西井二区东北角绿地等7处地块，总面积7245平方米。工程内容包括地块整理、土壤改良、新植苗木等。工程于9月开工，10月底完工。开展"市花月季进社区"、"乡土植物进社区"等品牌活动，组织群植单位开展月季栽植与养护技术培训。全区首家园艺驿站在北京市黄庄职业高中挂牌。该驿站是辖区首家园艺驿站，也是全市范围内首个在学校挂牌的园艺驿站。驿站依托校园温室资源及园林专业师资力量，将面向社区和学校，定期组织插花、盆景制作、园艺工艺品制作和展示交流等公益性活动。

（郑文靖）

【绿化美化宣传】 年内，区园林绿化局结合全国植树节、首都全民义务植树日、学雷锋日等节点，发动街道、公园、社区、单位开展绿化宣传，在主要繁华地段及社区设立义务植树宣传站点50个，向市民普及生态文明理念及绿化美化、义务植树相关知识。宣传活动悬挂横幅120条，发放绿化美化宣传材料及宣传品2万份。同时通过报纸、电视、微信等方式展示绿化成果，传播生态文明理念，倡议市民参加义务植树，自觉通过造林绿化、抚育管护、认种认养、志愿服务等8类形式履行公民植树义务，在全区营造出浓厚的"植绿、护绿、爱绿"氛围。截至12月，区绿化办在《石景山报》分别以义务植树、市花月季进社区等活动为主题，刊发7期绿化专版；通过区有线电视台《石景山新闻》播发园林绿化新闻35条、通过《记者视线》制作7期栏目，介绍义务植树、月季进社区等工作，在黄金时段滚动播出绿化公益广告。利用微信公众号、短信、石景山信息网的平台发布石景山区绿化动态消息和信息。

（郑文靖）

【国家森林城市创建】 年内，石景山区在中心城区率先启动国家森林城市创建工作，4月获得国家林草局批复，对创森工作予以备案。召开三次区长专题会，召集相关单位和部门座谈，研讨创森工作实施方案和指标落实。编制《石景山区创建国家森林城市工作方案》，成立创森工作领导小组，区委书记和区长任组长，下设创森办。10月底，召开创建国家森林城市暨2019年造林绿化工作部署大会，向全区印发创森工作方案，加快推进新一轮百万亩造林绿化工程，提出"五年任务、三年完成"目标。编制完成《石景山区国家森林城市建设总体规划（2018—2035年）》（初稿），并面向广大市民和区内各单位征求建议和意见，经修改完善形成报批稿，上报国家林业和草原局并通过初步审查。

（郑文靖）

【义务植树登记考核】 年内，石景山区作为全市义务植树登记考核工作试点区，根据《国务院关于开展全民义务植树运动的决议》、《关于开展全民义务植树运动实施办法》和全国绿化委员会制定的《全民义务植树尽责形式管理办法（试行）》规定，首绿办《关于批复石景山区、顺义区开展2018年度义务植树登记考核试点工作的通知》精神，制定并下发《石景山区义务植树登记考核工作实施方案》。明确先期登记考核范围为区属机关团体、事业单位和区教委系统。按照属地管理，按照以块为主、条块结合、分级管理，以先易后难、先大后小的方式分步推进。9月中旬发放《义务植树登记考核卡》，由登记单位填写基本信息。11月中旬完成义务植树登记考核全部任务。

（郑文靖）

【花卉环境布置】 年内，区园林绿化局完成花卉环境布置任务。绿地国庆地栽花卉布置工作，摆放、种植万寿菊、火炬、球菊鼠尾、一串红、矮牵牛、非洲凤仙等80.23万株盆，覆盖面积2.3万平方米；八角立交桥摆放立体花坛面积约270平方米。保障民族运动会环境质量，在石景山体育场、首钢篮球馆周边地栽香彩雀、非洲凤仙、彩叶草、火炬鸡冠花、万寿菊、醉蝶花、银叶菊等花卉2365平方米7.91万株。节日、运动会期间，安排专人做好重要道路和主要花坛的维护管理工作，加强绿地和花卉的养护，营造节日园林景观环境。

（张莉非）

【绿化养护】 年内，石景山区按照"精心工作、过程精制、质量精品"总体要求，促进城镇绿地精细化管理水平提升，努力实现绿地管理的信息化、标准化、规范化、常态化、法制化目标。推进绿地基础信息化建设，建设好三个数据台账：公共绿地台账、行道树台账、附属绿地台账；推进城镇绿地管理标准化建设，抓好标准规范的落实；提升关键环节专业化水平，从修剪、浇水、施肥、病虫害防治等工作细节入手，切实提高绿地景观效应。全年新升级特级绿地4处6.4公顷，一级绿地6处23.8公顷。

（张莉非）

【防治林业有害生物】 年内，区园林绿化局利用生物技术绿色防治蚜虫等林业害虫，一是利用天敌防治的方法，放置异色瓢虫卡；二是利用害虫的趋黄性，放置性信息素粘虫板，灭虫效果明显。6月—7月根据美国白蛾的生物学特性，开展周氏啮小蜂的集中释放工作。在全区美国白蛾防控重点地段集中释放美国白蛾天敌周氏啮小蜂1.6亿万头。释放周氏啮小蜂是一种较为高效的无毒、无害生物防治手段，同时对杨扇舟蛾、榆毒蛾和柳毒蛾等鳞翅目害虫也有较好的防治作用。

（蒲子雯）

【涉林案件办理】 区森林公安处全年共立刑事案件6起。1月15日，区森林公安处成立专案组，破获"1·15非法出售珍贵、濒危野生动物制品案"，并通过对该案的深挖，破获该系列案件，刑事拘留非法出售、收购珍贵、濒危野生动物制品违法犯罪人员6人，该案件获国家林业和草原局森林公安局集体二等功。4月30日，根据举报，在琅山地区破获"4·30非法狩猎案"。8月16日，根据举报，在八大处公园破获"8·16非法出售珍贵、濒危野生动物制品案"，刑事拘留非法出售珍贵、濒危野生动物制品违法犯罪人员3人。年内，石景山区森林公安处执法质量考评全市第一，刑侦工作全市第一，获市森林公安局集体嘉奖。

（赵 巍）

【森林防火】 年内，石景山区针对全区森林防火工作召开5次专题会议，8次下发通知、工作方案，7次组队实地检查森林防火工作，严格落实森林防火责任制。3月，组织区森林消防大队在老山郊野公园进行森林火险处置实战演练；10月，组织开展2019年度森林防灭火培训和演练。2支专业森林消防中队60名队员全年在岗备勤，随时处理突发火情。11月，组织开展森林防火宣传，邀请《北京晚报》、《劳动午报》等6家媒体进行报道，增强全民防火意识。石景山区连续十六年没有发生较大森林火灾。

（李骞楠）

公园管理

【概况】 石景山区公园管理中心（简称区公园管理中心）是负责全区区属公园及其他所属机构规划、建设、管理、安保、服务、科技工作的区政府直属相当正处级全额拨款事业单位，管理北京国际雕塑公园、老山城市休闲公园、古城公园、石景山雕塑公园、法海寺森林公园5所公园。年内，区公园管理中心以创建全国文明城区为总牵引，以助力石景山区建设"国家级产业转型发展示范区、绿色低碳的首都西部综合服务区、山水文化融合的生态宜居示范区"为总目标，全面推进"两大生态"建设，全力打造"六个先行区"，按照公园"建设精品化、养护常态化、管理精细化、服务优质化"工作要求，高标准、高质量完成全年各项工作任务。截至年底，所属5所公园接待市民游客总量约723万人次，游人量与去年同期相比有所提升，市民游客继续保持较高满意度。完成元旦、春节、全国两会、清明、五一、端午、中非合作论坛、中秋、国庆等一系列重要节日、重大会议期间的绿化环境保障和花卉景观布置工作。

（叶 萌 宋 超）

【第六届非遗文化体验周】 9月28日至10月4日，第六届非遗文化体验周（前身为非遗文化嘉年华）在北京国际雕塑公园举行。本次活动秉承"一带一路"、"精准扶贫"、京津冀协同发展战略，把握北京举办2022年冬奥会和打造城市复兴新地标重大历史性机遇，以创建全国文明城区和国家公共文化服务体系示范区为总牵引，坚持"文化兴园·智慧建园"理念，以"非遗+"为主题，聚焦创新融合在非物质文化遗产保护与优秀传统文化创新、产业结构转型优化等方面的作用，推出"京津冀地区濒临消失的记忆"展览、"创建全国文明城区有你有我"万人签名寄语、"创新与传承非遗"互动体验、高科技非遗体验、茶文化展示交流、"魅力石景山，喜迎冬奥会"书画展、"'一带一路'光影随踪"摄影作品展、戏曲曲艺演出、名家讲堂、"草原北京心连心·扶贫协作沐党恩"特色农畜产品产销、"北京城市规划及中国古建筑"展览等十一大板块活动内容。期间，接待游人约10.7万人次，门票收入约9.3万元。

（叶 萌 宋 超）

【文明城区创建】 年内，区公园管理中心坚持"创城工作任务不落实不松手、目标不实现不收兵"总方针，利用公园内宣传橱窗、宣传栏、LED屏张贴、刊播具有行业特色的公益广告，制作宣传展板，印刷宣传材料，利用"两微一网"等移动新媒体多途径宣传创城工作，扩大宣传主阵地，传播文明新风尚；开展"创建全国文明城区有你有我"万人签名寄语活动，携手共建美好家园。设立文明引导员，发挥其"柔性引导"优势，劝阻并引导市民游客改正不文明行为。按照"一园一长、条块结合、属地管理"原则，推进网格化、精细化管理模式，加大日常巡视检查力度，实现公园辖区道路、场所管理无缝隙、全覆盖，确保公园内无不文明行为。在中心机关及所属公园内设立9个学雷锋志愿服务站点，开展扶老携幼、帮残助孕、答疑指路等学雷锋志愿行动。在所属公园内开展群众满意率调查，发放问卷538份，结合问卷调查结果，形成统计分析报告，对本系统、本行业创城工作需要重点关注的问题及下一步工作安排提出针对性意见和建议。

（叶 萌 宋 超）

【森林防火】 年内，区公园管理中心依托法海寺森林公园、老山城市休闲公园防火指挥中心，进一步加强有林公园森林防火基础设施和扑救队伍建设，完善预警监测和应急指挥体系，有林公园专业防火管理人员、保安、护林员达到90人，森林防火瞭望覆盖率100%，视频监控覆盖率100%，通讯覆盖率100%；增设防火宣传牌示、张贴悬挂防火宣传横幅20余处，安装森林防火语音提示灯杆57处，发放各种宣传材料1万余份，开展防火安全教育培训、组织防火实战演习21次，全年未发生重大森林火灾，森林火灾综合防控能力明显增强。

（叶 萌 宋 超）

【安全生产】 年内，区公园管理中心持续深化安全生产标准化建设，制定完成公园重大风险源清单。加强群防群治，与属地街道、公安派出所建立联防联动机制，开展第三方检查，促进保安队伍整体素质提升。重点防范和巡逻防控严格到位，加强重点区域监控预警，坚持专群结合、流固结合、人技结合、督教结合，采取完善监控设施、增加值守力量、佩戴巡查标识、发动志愿者监督等多种方式，实施整体防控。进行安全隐患大排查大清理大整治专项行动，修订完善安全生产、森林防火、防汛抗旱、反恐防暴、空气重污染应对等专项应急预案，开展相关领域实战演练，落实重要会议、国事活动及重点节假日期间安全保障措施，建立完善公园系统安全基础档案和安全台账，定期召开安全例会，深入开展安全生产宣传教育。按照“四不两直”要求，做好安全检查工作。全年开展专项检查、抽查、夜查52次，查找隐患150项，逐一挂账清理并落实整改，整改率100%。加强应急值守，落实重点节假日、敏感期、重要会议活动期间的带班值班和应急力量配备，确保公园行业安全稳定。

（叶 萌 宋 超）

【绿化养护】 年内，区公园管理中心推动多元增绿，采取多种造景手法，融入自然元素，构建公园景观结构，绿色景观环境明显改善。全年新植、调整乔灌木、绿篱、色块约12.6万株；按照“突出重点、节俭实效”原则，通过花钵、垂吊等形式进行花卉布置，形成点、线、面相结合的整体花卉布置格局，累计栽摆时令花卉32万株，更新草坪、地被面积7000平方米，植物成活率始终保持在98%以上。全年修剪维护各类植物7.5万余株，施肥、灌溉面积累计485公顷。治理杨柳飞絮，全年完成1643株杨柳雌株飞絮抑制药物注射工作。通过实施“日常巡查、季度考核、年终总评”绿地养护管理机制和召开养护例会、定期养护检查、专家检查评比等措施，保障所属公园绿地景观水平。

（叶 萌 宋 超）

【环境整治及园容卫生】 年内，区公园管理中心加强对公园内绿地、公共空间的日常管护，增强保洁力度，保障重点时段、重大会议、重要活动和节假日期间的环境保洁水平。全年清理垃圾、建筑渣土、树挂杂草、干枝死杈、小广告等218吨。

（叶 萌 宋 超）

【林木有害生物防治】 年内，区公园管理中心开展林木有害生物普查，加大动态监测和普查普防力度，摸清现有林木有害生物情况。出动防控人员1100余人次，车辆560余次，使用防治药品1800余公斤，累计完成防治作业面积约200公顷；加强无公害防治和生物防治，无公害防治率100%，完成全年林木有害生物防治“四率”目标和美国白蛾、草履蚧防控任务，有效防止虫情蔓延，确保绿化资源安全。

（叶 萌 宋 超）

【资源保护管理】 年内，区公园管理中心做好土地房屋管理工作，实施非法侵占林地、绿地排查清理、清除“拉拉秧”等专项治理行动，建立林地、绿地台账管理制度，保护所属公园林地、绿地资源；落实保护管理责任制，加强古树保护、植物养护、水体维护、花卉布置等生态景观管理和野生动植物疫源疫病监测和救护工作。落实中央和市、区要求，继续加强对各公园配套建筑及设施使用的管理，巩固“公园会所”整治成果，持续净化公园环境。

（叶 萌 宋 超）

【工程项目建设】 年内，区公园管理中心完成老山城市休闲公园防火监控系统建设、老山城市休闲公园大气污染治理项目一期工程、法海寺森林公园清洁能源改造项目、北京国际雕塑公园配电室电器火灾检测系统工程。完成北京国际雕塑公园绿化景观及基础设施改造提升规划方案。配合石泰公司开展法海寺森林公园改造提升工作前期方案规划，配合区园林绿化局开展“老山城市森林公园”景观改造方案规划，配合区体育局推进老山周边5千米环路改造为冬奥项目训练场地相关工作。

（叶 萌 宋 超）

【服务保障】 年内，区公园管理中心持续优化公园服务设施布局，合理配置路椅、垃圾箱、健身器材等设施，加大更新维护力度。全年更换路灯近300盏，维修垃圾箱50个。继续强化“四优一满意”服务理念，参照执行《市属公园服务管理规范》，大力开展规范化、标准化微笑服务，打造石景山公园服务品牌。加强服务管理状况调研评估和监督检查，完善游客需求表达机制，突显舆情预警作用，促进公园服务不断创新。推行以“一制度六台账”为主要内容的公园精细化管理模式，做好票务、园容、卫生、游人满意度、食品安全等各项日常管理工作，促进商业、餐饮业转型发展；全年开展行业管理检查71次，督促整改问题150余项，制止各类扰乱游园秩序行为120余次。

（叶 萌 宋 超）

【信访代理】 年内，区公园管理中心加强信访代理绩效考核，强化督察督办，落实定期通报制度，形成全覆盖的信访工作格局。全年共受理信访事项79件，其中便民服务等非紧急救助事项74件，市网上信访信息系统转办件1件，区信访办转办件3件，政民互动转办件1件，以上群众合法合理诉求均得到妥善解决。

（叶 萌 宋 超）

【园内活动】 年内，区公园管理中心所属各公园开展健康向上的群众性文化娱乐活动，严格控制纯商业活动举办，切实提高公共服务品牌建设的质量和水平。支持配合市、区相关单位以及街道社区，开展“元宵节走街花会表演”、“第十一届北京清明诗会”、世界读书日、“古城之春艺术节群众舞蹈大赛”、北京市第十届民族传统体育运动会、“中非合作论坛北京峰会市民实践活动——V蓝·北京环保嘉年华首场巡展”等公益活动40余项，提升公园文化内涵，体现公园活动文化性、公益性。

（叶　萌　宋　超）

市容卫生

【概况】　石景山区环境卫生服务中心（简称区环卫中心）是区政府直属财政补助事业单位。承担全区环境卫生方面的技术性、服务性、事务性工作，一线工作主要根据区政府下达的环境卫生作业任务、指标和要求，组织专业单位作业，并对其实施监督、检查和管理；负责全区主要道路及部分街巷道路清扫保洁作业；全区环卫产权清洁站管理及垃圾清运，区内环卫产权公厕管理、粪便清运与消纳；环卫设施规划提出和实施，环卫经费、单位国有资产管理和使用；全区重大活动、重点节假日环境卫生保障和特殊天气条件下环境卫生应急保障。机关设有11个职能科室和一个独立法人单位，下属6个基层单位。干部职工2770人，其中在职315人，离退休512人，非事业编务1214人，劳务派遣729人。年内，区环卫中心围绕全区全面深度转型、高端绿色发展战略目标，结合“创建全国文明城区”建设和打好蓝天保卫战等重点工作，坚持问题导向，依法精细管理，持续推动环卫工作整体水平提高，实现环卫事业稳步发展。全年完成专业清扫保洁总面积426.2万平方米，可机械化作业面积245.3万平方米，机扫率、机保率、新工艺率、冲刷率达到99%，超额完成市级机扫率90%、区级新工艺率95%目标，实现可实施范围全覆盖；生活垃圾日产日清，衙门口转运站全年进站生活垃圾16.9万吨，压缩并密闭转运15.3万吨。完成215个厨余分类小区垃圾密闭清运和8座分类清洁站收集管理工作，全年清运厨余垃圾1.27万吨；粪便抽运规范处理，垃圾、粪便无害化处理率均为100%。完成2500组果皮箱清理、42座清洁站、111个垃圾桶站、74个垃圾箱站及181座环卫产权公厕清运、使用、保洁及维护，全年清掏处理粪便6.7万吨，粪便抽运及处理全部达到规范要求。在北京市专业作业检查中获功能拓展区排名第一。

（蒲宝香）

【节日环卫作业保障】　年内，区环卫中心成立工作领导小组和应急分队，负责重大节日、活动期间环境卫生保障工作的组织实施。春节期间以燃放点及周边为重点，清理全区烟花爆竹残屑32吨，出动42车次、110人次；重要活动及节日期间，加强重点区域、景区及人流密集区周边的作业服务。全年清理遗撒乱倒、政府督办单和脏乱点整治等出动车辆1299车次、保洁人员4781人次，收运垃圾、渣土2130.59吨。

（蒲宝香）

【专项应急保障任务】　年内，区环卫中心根据气候特点和环境卫生状况，适时调整作业重点，做到准备充足、反应迅速。冬季扫雪铲冰出动作业人员272人次，作业车辆47车次，最大限度避免和减少雪天对道路交通的影响。扫雪铲冰及冬季日常作业使用融雪剂1545吨。春季针对大风扬沙及杨柳絮漂浮等情况，灵活采用恢复新工艺清洗、道路冲刷和日间中心线水冲等作业，结合人工清扫保洁和机械捡拾，加速清理道路遗撒、污染物，缩短污染扩散时间。夏季，针对雨水密集，制定保障方案，加强应急值守，强化汛情巡查责任制，快速迅捷开展雨前清理、雨后推水作业，保障道路行驶安全。响应区委区政府特勤任务做到“呼之即来、高效有序”。

（蒲宝香）

【落实创城工作任务】　年内，区环卫中心成立创城工作领导小组，召开专题会，明确各阶段工作重点，分解区创城办及城市家园组要求，制定《环卫中心创建全国文明城区工作方案》，结合全区实地考察点位台账和考察标准，梳理中心点位台账，明确点位作业要求，全面督察各项工作落实。按照全国文明城区标准，重点清理车站及周边街面卫生；对公厕、垃圾清洁站等脏乱外墙、门窗集中粉饰，门前和周边死角全面清理；建立道路作业、垃圾粪便清运等专项创城应急处置机制，各单位成立应急分队进行及时处置。将日常检查计划和应急检查点面结合，确保及时发现问题，快速整改到位，提升作业检查力度。对区创城办实地考察调研问题清单，第一时间进行现场核实，特殊情况立即反馈说明，问题整改全部在1个工作日内完成。

（蒲宝香）

【落实空气污染防治】　年内，区环卫中心按照区政府要求，打好“蓝天保卫战”。针对本区道路扬尘污染严重问题，规范常规作业，对一级、二级控制范围内34条城市道路增加机械保洁、新工艺清洗及街巷人工保洁各1遍次，对国控重点地区增加日间巡回洒水降尘作业，对市控及污染高发区域增加洒水作业。第三季度尘土残存量同比去年下降约40%，9月份在城六区排名第三；加大步道冲洗范围和机械捡拾作业力度，配合人工抱管冲洗，降低日间人工作业压力，提高作业效率；快速响应重污染预警。按照雾霾、沙尘预警级别对20条重点道路增加相应工艺作业频次，配合区环保局解决突发问题，持续落实环保控制区强化作业。全年实施保障33天，增派车辆625车次、作业人员625人次。

（蒲宝香）

【完成专业作业】　年内，区环卫中心完成环卫专业清扫保洁总面积426.2万平方米（含街巷道路44.3万平方米），可机械化作业面积245.3万平方米，机扫率、机保率、新工艺率、冲刷率达到99%，超额完成市级机扫率90%、区级新工艺率95%目标；责任一级道路开展“一扫两保”，作业率100%；水冲步道58.7万平方米，覆盖率64.4%。重点道路冬季机械清洗作业按照气温指令和添加环保防冻材料要求开展；加大道路再生水冲洗力度，全年使用冲洗用水642477吨，完成日最大使用量950吨目标要求。建成区开展二级道路二次机械化保洁32.8万平方米，微型机械化保洁35万平方米，责任街巷开展机械化清扫5.3万平方米，机械捡拾安排2个作业段，春夏秋季双班、冬季单班作业，清理36条责任街巷非法宣传广告。生活垃圾日产日清，粪便抽运规范处理，垃圾、粪便无害化处理率均为100%。完成2500组果皮箱清理、42座清洁站、111个垃圾桶站、74个垃圾箱站及181座环卫产权公厕清运维护及保洁管理。全年清掏粪便66920.1吨，衙门口垃圾转运站进站生活垃圾169642.3吨，压缩并密闭转运152919.05吨。推进垃圾减量化，做好215个厨余分类小区的垃圾密闭清运和8座分类清洁站收集管理工作，清运厨余垃圾12668.68吨。

（蒲宝香）

【设施设备更新升级】 年内，区环卫中心收回5处出租房屋，改造为工人住宿用房；配合区城管委推进"厕所革命"，协助展开勘察调研及工程建设方案编制，全年完成20座产权公厕品质提升任务；按照区城管委要求，配合土地开发利用部门推进老何家坟、东下庄、西黄村、铸造村、衙门口等地区环卫设施拆迁、还建、配建工作。根据北京市作业车辆环保达标要求，完成35台专业作业设备报废处置工作，投入1100万元资金用于购置作业设备17台，15台投入使用；配合基层完成扫刷及85台电动三轮保洁车、5个充电柜、300块电瓶的采购，累计投入377万元；配合区财政完成对作业车辆维保、配件等大宗物资采购建库的前期准备。

（蒲宝香）

【安全生产管理】 年内，区环卫中心持续开展安全隐患大排查大清理大整治专项行动，坚持"党政同责、一岗双责、齐抓共管、安全第一"原则，调整中心应急预案，完善车辆管理及内保制度，加强作业车辆日常管理和公务车节假日管控，全面检查基层单位安全台账及备案资料，收集推广创新管理经验2条；组织安全生产综合检查55次，发现并整改安全隐患点18处；完成清洁站设备年度自检；签订高（低）压配电设施、设备负荷终端管理维护合同。落实安全生产奖励机制，评选"驾驶员和技术保障先锋岗"职工103名。严格开展火灾防控，明确区环卫中心烟花爆竹禁放点52处，组织重点防火安全隐患排查25次，检查消防器材48次，对20余处不合格彩钢板房进行整改，对不合格电动自行车充电设施建立台账并更新。开展安全培训，参加市区安全培训及演练12次，组织中心各类安全培训7次。

（蒲宝香）

【重点工程建设】 年内，区环卫中心推进各项重点工程建设。西部综合场站完成消防、人防、绿化、规划、城建档案登记、建筑节能验收和结算评审预审等竣工验收手续；南山综合场站开展项目测绘、方案深化、控规调整方案编制等工作；衙门口粪便消纳站升级改造工程，年底竣工，进入设备调试运行阶段；衙门口生活垃圾转运站升级改扩建工程，年底前完成工程规划相关审批手续。

（蒲宝香）

【提升管理】 年内，区环卫中心制定《2018年度业务目标考核暂行规定》，细化检查人员职责分工，加强现场巡回检查，发现问题督促整改，有效提高整改率、降低反弹率；按照市、区城管委要求，对环卫作业车辆加装北斗监控系统，年底前完成与市级环卫保障监管平台对接。按照《北京市环境卫生作业预算定额》规定，完成年度基层单位经费测算，形成环卫中心"部门预算草案"，规范资金使用程序，加强廉政风险防控，提高财政资金使用效率，实现资源优化配置；对照区委巡察反馈报告及审计专项工作中查找出的问题，落实整改；配合区审计局对2017年度预算执行情况及决算草案编制审计，书记、主任任职期间经济责任进行审计。

（蒲宝香）

环境保护

【概况】 年内，石景山区环境保护局（简称区环保局）深入学习贯彻全国生态环境保护大会精神，以改善环境质量为核心，持续加强生态环境保护工作，打好污染防治攻坚战，圆满完成各项生态环保工作任务目标。大气环境质量改善明显，四项主要污染物"降幅显著"。全区PM 2.5、PM 10、SO_2和NO_2累计平均浓度分别为53微克/立方米、79微克/立方米、6微克/立方米和48微克/立方米，较上年同比下降率分别为13.1%、12.2%、33.3%和5.9%，超额完成年度空气质量目标。除NO_2之外，各项污染物下降率均优于全市水平，其中PM 10降幅全市排名第二。水环境质量保持稳定，南大荒桥国控考核断面及玉泉路、高井麻峪村桥市控考核断面总体达标，平均水质类别分别为Ⅳ类、Ⅳ类、Ⅴ类，地下水水质达到Ⅲ类水质标准。土壤环境质量总体状况良好，土壤污染防治工作机制逐渐完善，土壤环境监管工作有序开展，重点地区污染土壤修复顺利推进，土壤环境安全得到有效保障，土壤环境风险得到严格管控。

（詹发燕）

【环保宣传教育】 6月5日，由市环保局、区政府主办，市环保宣传中心、区环保局、区教委承办的北京市"六·五"环境日生态环境教育进课堂活动在北京市教育科学研究院附属石景山实验学校（北校区）举行。活动中，市、区领导共同向石景山区学校代表赠送2000册《P在囧途》漫画书。市环保宣传中心环保专家以"绿色生活为美丽北京加油"为主题讲授环保课。市环保局副局长姚辉、副区长肖平等领导以及师生200余人参与活动。

（詹发燕）

【压减燃煤】 7月，根据石景山区无煤化职责切割情况专题会议精神，区发改委将煤改电工作职责移交区环保局。11月—12月，区环保局梳理街道上报台账、现场摸排调研，摸清全区"煤改电"工作现状、遗留问题，牵头起草《2018—2019年供暖季石景山区巩固"无煤区"建设工作方案》，以区政府名义印发。组织召开部分平房居民冬季取暖及低谷电价补贴相关问题调度会等5次会议，协调区城管委对南山二号院3户居民实施"煤改电"，协调、督促苹果园街道对八大处一处塔院实施电力增容。拨付上年度"煤改电"电采暖设备企业第二批设备补贴款、高压自管户"煤改电"奖励补贴资金和审计费582.12万元。调处涉及"煤改电"

信访件17件，接待处理群体访3次，来人访10次，来电访30余次。

（詹发燕）

【中央环保督察意见落实】 年内，区环保局按照中央环境保护督察反馈意见整改要求，强化举措，举一反三，综合施策，全力推进各项整改任务落实。23项整改任务中，12项为立行立改，长期坚持；4项为上年9月底前完成；3项为上年底前完成；2项为年内完成；1项为下年完成；1项为2020年完成。截至年末，计划完成的21个问题全部完成整改。

（詹发燕）

【市环保督察意见整改】 年内，区环保局按照北京市环境保护督察反馈意见整改要求，全力推进各项整改任务落实。22项整改任务中，21项为立行立改，长期坚持；1项为年底前完成。截至年底，22项督察反馈问题全部完成整改。针对督察发现的6个生态环境损害责任追究问题线索展开调查，对6名责任人进行责任追究。

（詹发燕）

【污染源普查】 年内，石景山区开展全区第二次污染源普查。普查标准时点为2017年12月31日，时期资料为2017年度资料。普查对象为行政区域内有污染源的单位和个体经营户。普查聘请311名街道社区工作者作为普查员，29名街道办事处工作人员作为普查指导员，开展工业源、生活源锅炉、入河排污口、集中式污染治理设施入户清查、普查，完成北京市餐饮、汽修行业补充调查。经普查，石景山区纳普工业源85家，入河排污口3个，生活源锅炉84家，集中式污染治理设施1家，餐饮单位979家，汽修单位（含喷烤漆房）43家。

（詹发燕）

【环境信访】 年内，区环保局处理办结环境信访1214件，同比增长51.0%，案件办结率100%。全年大气、噪声、水、辐射、尾气和其他类信访分别为425件、324件、15件、14件、340件、96件，分别占比35%、27%、1%、1%、28%、8%。

（詹发燕）

【建议与提案办理】 年内，区环保局受理人大代表议案、建议3件，其中，主办2件，会办1件；受理政协提案12件，其中，主办1件，会办11件。主要涉及大气污染防治、生态环境建设等方面，均按期答复完毕。

（詹发燕）

【环境准入】 年内，区环保局全面贯彻《中华人民共和国环境影响评价法》《建设项目环境保护管理条例》，落实《建设项目环境影响评价分类管理名录》、《关于修改 < 建设项目环境影响评价分类管理名录 > 部分内容的决定》、《北京市新增产业的禁止和限制目录（2018年版）》和污染物总量控制规定，严控新增污染源。全年审批各类建设项目8件，否决不符合区域发展定位和环保要求项目10件。全年企业自主备案517件。

（詹发燕）

【环境监测】 年内，区环保局按照《2018年石景山区环境监测工作要点》，分上半年、下半年2次对2家处理厂进、出口水质进行监测，及时掌握重点污水集中处理设施水质状况；完成40家次企业燃气锅炉、2家次垃圾转运站、5家加油站企业油气回收、6家加油站观测井地下水、15家次VOCs汽车维修企业监督性监测；完成17家次企业工业废水、15家次餐饮企业生活废水及4家次餐饮油烟的监督性监测。为排污企业管理及排污费征收提供监测数据；完成25家医疗废水单位监督性监测，做到一级、二级、三级医院全覆盖。

（詹发燕）

【环保实事】 年内，区政府印发《2018年石景山区环保实事》。实事项目包括生态扩容项目1项、大气污染治理项目5项，水污染治理项目3项、土壤污染治理项目1项。分别为：西绿东引生态扩容、工地扬尘在线监控系统建设、污染企业疏解退出、加油站油气回收在线监控、移动源监测车及设备更新、环卫作业设备购置、污水处理设施升级改造、再生水管网建设、水质自动监测站建设、首钢污染场地修复治理等项目。年末，环保实事全部完成，实现挥发性有机物、烟粉尘等大气污染物削减，区域扬尘污染降低，环境监管能力提升。

（詹发燕）

【大气环境质量】 年内，石景山区大气中细颗粒物（PM 2.5）、可吸入颗粒物（PM 10）、二氧化硫（SO_2）、二氧化氮（NO_2）累计浓度分别为53、79、6、48微克/立方米，分别同比下降13.1%、12.2%、33.3%、5.9%。其中，前三项污染物降幅均好于全市平均水平，特别是可吸入颗粒物（PM 10）、二氧化硫（SO_2）降幅均排名全市前列。细颗粒物（PM 2.5）浓度比年度目标任务低7微克/立方米。大气环境质量改善明显。

（詹发燕）

【蓝天保卫战】 年内，区政府印发《石景山区蓝天保卫战2018年行动计划》，主要包括空气质量目标、高排放车整治、扬尘污染精细化管理、挥发性有机物治理、提高大气污染精细化治理能力、综合保障措施六部分，涉及23项重点任务，39项工作措施，涉及牵头单位28个。年末重点任务全部完成。主要包括：全年淘汰国三及以下营运重型柴油货车320辆，人工检查重型柴油车25177辆，开展重型柴油车氮氧化物检查车辆58辆，检查非道路移动机械396台，处罚29台，罚款19万元；淘汰退出8家不符合首都功能定位的一般制造业和污染企业；环保、公安、城管执法等多部门联合检查固定污染源1300余家次，立案查处96起，罚款70.7万元，查处施工工地违法行为114起、罚款157万元，开展渣土运输规范管理联合执法检查90余次，查处违法违规车32000余辆；各街道办事处（鲁谷社区）全面落实《石景山区大气污染防治精细化管理工作方案》要求，编制14类污染源“一表、一图、一报告”并动态更新；落实全区18个大气粗颗粒物监测网络建设，运用走航检测车等新技术，对99条道路开展道路积尘走航监测。降尘量年均值8.2吨/月·平方千米，达到北京市考核要求。

（詹发燕）

【机动车污染控制】 年内，区环保局报废转出高排放老旧柴油货车365辆，完成全年任务量的122.48%。与区城管委、城管执法局、交管局等部门联合开展建筑垃圾运输车及重型柴油车专项整治行动，打击渣土运输车等重型柴油车超标排放行为。全年人工检查重型柴油车25177辆，完成全年任务的125.89%。巡检加油站923座次，抽测47座次。全年累计处罚超标车辆5779辆，处罚金额118.56万元。累计处罚加油站2座，罚金4万元。累计检查非道路移动机械396台，落实处罚29台，罚金19万元。

（詹发燕）

【空气重污染应急】 年内，区政府印发《石景山区空气重污染应急预案（2018修订）》，并报市局备案。全年启动空气重污染橙色预警3次，黄色预警5次，蓝色预警2次，共计21天。空气重污染期间，区领导多次带队一线督导检查，全区各单位、各街道严格按照应急预案要求，第一时间启动应急响应，严格落实停工、停驶、停限产等保障措施，最大限度发挥“削峰”、“降速”作用，缓解空气重污染带来的不利影响。

（詹发燕）

【水环境质量】 年内，区环保局选取6眼水井作为地下水监测点位，分别是杨庄水厂水源地0号井，五里坨水源地1号井，杨庄水厂水源地11号井（浅水井）、首钢物业公司苹果园站水井、北京市燕山水泥厂200米浅水井、永定林工商公司水井。主要以生活饮用水功能为主，1月、4月、7月、10月选取pH值、高锰酸盐指数、总硬度、溶解性总固体、氨氮、硝酸盐氮、硫酸盐、氯化物、亚硝酸盐氮、汞、铅、挥发酚、氰化物、砷、镉、六价铬、铜、锌、铁、锰、硒、阴离子表面活性剂、氟化物23项指标作为评价参数，地下水共有总硬度、硝酸盐氮2项检测项目超过地下水Ⅲ类标准。与上年相比，地下水环境质量总体没有明显改善，与去年保持一致。

（詹发燕）

【水污染防治】 年内，区政府印发《石景山区水污染防治方案2018年重点任务分解》。区环保局组织召开水污染防治与水环境治理会商会，统筹全区水环境保护；推进水环境水污染综合治理，基本实现全区污水管网设施全覆盖，精确施策解决黑石头沟、高井沟、红电支渠沿岸存在个别排水口未接入污水管线、化粪池渗漏等的问题，解决潭峪村、双泉寺等西部浅山区三个自然村生活污水收集问题，全面消除污水直排现象；建成古城南坑村生态污水处理站1座，处理后的水质达到地表水Ⅲ类。辖区国家和市级三个地表水考核断面全部达标；根据《石景山区水环境街道跨界断面考核办法》，开展街道间跨界监测断面水质采样和监测，检测结果纳入区“河长制”系列考核机制，推动“河长制”建设和“河长”履职。全年辖区未出现黑臭水体，未发生突发水环境应急事件。

（詹发燕）

【饮用水源保护】 年内，区环保局组织开展辖区集中式饮用水水源地环境状况评估工作，编制《石景山区集中式饮用水水源地2017年度环境状况评估报告》，科学研判和评价水源保护区环境保护现状，了解掌握水源保护区污染源及风险源分布现状；联合区水务局、区卫计委，按季度在区政府外网，向社会公布石景山区生活饮用水水质状况，包括饮用水水源、自建水厂出厂水和城市末梢水水质状况；组织开展集中式饮用水源保护区环境专项整治及专项执法活动，以汽修、医疗单位为重点，对石景山区饮用水源地保护区开展专项执法，打击破坏饮用水安全的环境违法行为。

（詹发燕）

【声环境质量】 年内，石景山区建城区区域环境噪声昼间（112个小网格加5个大网格）的平均值51.5分贝（A），网格达标率94.9%，城市区域环境噪声总体水平为二级，评价为较好；建城区区域环境夜间噪声（5个大网格）平均值48.8分贝（A），网格达标率为40.0%。夜间达标率低于昼间达标率。

（詹发燕）

【土壤污染防治】 年内，区政府印发《石景山区土壤污染防治工作方案2018年重点任务分解》，6月13日对社会公开。区环保、规划国土分局、住建委建立联动监管机制，建立辖区内疑似污染地块和污染地块名录，并及时更新。

（詹发燕）

【危险废物监管】 年内，区环保局审核危险废物产生单位，审核通过101家单位。通过市环保局关于危险废物规范化管理督察考核工作。加大对汽修、医疗机构、科研院所、公共交通等行业危险废物专项检查力度，对危废管理不到位的28家次单位依法立案查处，处罚金额约29万元。

（詹发燕）

【辐射环境安全监管】 年内，区环保局受理Ⅲ类辐射项目行政许可和放射源、放射性同位素备案事项49件。加强核技术利用单位监管，累计检查80多家次。完成辖区内14家新发证单位和许可证延续单位“辐射安全规范单位”创建工作。

（詹发燕）

【行政执法】 年内，区环保局结合双随机、热点网格、全时执法等工作，集中开展大气、水、土壤、危废等专项执法行动，形成执法高压态势。全年累计出动执法人员4200余人次，检查各类固定污染源单位1400余家次，下达处罚决定书98起，罚款112.76万元，移送公安2起。

（詹发燕）

城管执法监察

【概况】 石景山区城管执法监察局（简称区城管执法局）围绕“建设国家级产业转型发展示范区、绿色低碳的首都西部综合服务区、山水文化融合的生态宜居示范区”新定位，以创建全国文明城区为总牵引，坚持党建引领，严格依法行政，保持高标准、严要求开展城市管理执法工作，在队伍建设、行政执法和拆违治乱等方面，取得明显成效。全年，区城管执法局联合相关部门及各街道办事处（鲁谷社区），组织各街道城管执法队，查处各类违法行为57136起、依法立案14011起，同比增长37.04%（简易程序案件11781起、一般程序案件2230件），罚款额5941220.75元，同比增长116.36%。以清洁空气行动为专项执法重点，强化施工现场监管。检查施工工地3858次，查处施工工地违法行为为219起，较上年增加70%；罚款316.1万元，较上年增加229%；开展建筑垃圾运输车辆联合管控，实施联合检查及夜间执法138次，规范、查处违规运输车辆719辆，较2017年增加198%；罚款66.65万，较2017年增加151%。牵头制定《石景山区创建全国文明城区"门前三包"专项治理工作实施方案》等5个综合及专项工作方案，建立督导检查等4项工作制度和11项工作台账，召开专题会议7次，组织市、区现场会和观摩活动3次，开展区级联合督导检查1次，指导各街道城管执法队开展打造"门前三包"精品示范街活动，制定各街道城管执法队专项执法指标，会同区创城办开展非机动车规范停放活动，联合区监督指挥中心加大日常监督力度。全年规范"门前三包"单位20355家（次）。查处占道经营违法行为为9932起，提前完成全年查处任务指标，完成比例近460%，46处市级挂账点位全部销账。以发放《监管通知单》形式将以门前三包为重点的各类环境问题移送各街道和各部门，并通过跟踪复查，确保问题整改到位。制作《监管通报》102期，督察、整改环境秩序问题3795个。在拆违治乱方面，按照违建拆除后"渣土清运、场清地净"标准，全年拆除存量违建174处、6.49万平方米；完成市级新生违建督办案件17件，拆除新生违建54处、0.3万平方米，持续保持新生违建动态清零。

（顾园园）

【城市管理体制机制改革】 年内，区城管执法局制定并执行《石景山区街道（鲁谷社区）执法队双重管理办法（试行）》。在制度建设上，梳理、汇总市、区9个相关文件，包含队伍管理、业务指导、专业培训和执法监督等15个文件，进一步巩固深化区城管执法体制改革成果，全面提升城市管理工作水平。

（顾园园）

【整治占道经营违法】 年内，区城管执法局牵头联合工商分局、区商务委、区食药监局等14个部门和9个街道开展占道经营整治，做好46处点位销账后的巩固工作，实现9个街道"动态清零"。全年市民举报连续五个月实现环比下降，同比降幅超过60%，立案处罚量达到市民举报量的8倍以上，查处占道经营违法行为为9381起，提前完成全年查处任务指标，完成比例432%。46处挂账点位整治情况良好。

（顾园园）

【"门前三包"整治】 年内，区城管执法局联合区城管委，结合首环办检查开展"门前三包"日常检查，强化落实执法检查记录制度；联合区创城办，以非机动车停放秩序为重点，推进"门前三包"秩序规范管理，开展多种形式"门前三包"整治宣传。开展打造环境秩序文明示范街区行动，联合市城管执法局等市级部门召开"门前三包"现场会，将古城大街作为重点示范街区，探索建立"五步工作法"（宣传、取证、约谈、签约、联合执法），起到良好示范带头作用。截至年末，规范"门前三包"问题16714起，立案处罚338起，罚款12.9万元。

（顾园园）

【非法小广告治理】 年内，区城管执法局督促、指导各街道执法队开展清理管控专项执法，推进城管执法向老旧小区和背街小巷延伸。发动市民和社会力量广泛参与，培养志愿者队伍在社区开展非法小广告群防群治工作。深化停机警示，加大非法小广告电话号码取证核录，稳定保持停机警示工作力度。本年度申报停机1053个，通过停机739个，处罚183个，罚款56400元。

（顾园园）

【渣土运输专项执法】 年内，区城管执法局针对秋冬季大气污染特点明确工作重点，指导、监督各地区执法队在街道组织领导下加强日常执法检查，加大违法行为处罚力。落实与区住建委、环保局、城管委等部门联合监管措施，强化工地扬尘、渣土运输、道路遗撒专项执法。全年检查施工工地612次，查处施工工地违法行为为219起，罚款316.1万元；开展建筑垃圾运输车辆联合管控，实施联合检查及夜间执法131次，规范、查处违规运输车辆719辆，罚款66.65万元。

（顾园园）

【拆违、控违工作】 年内，区城管执法局按照违建拆除后"渣土清运、场清地净"标准，在北京市严厉打击违法用地违法建设专项行动信息平台销账存量违法建设9处，建设面积10565.89平方米，完成市绩效任务10000平方米的105%；完成市级新生违法建设督办案件17件，拆除新生违法建设54处、0.3万平方米，保持新生违法建设动态清零。

（顾园园）

消　防

【概况】 石景山区消防支队（简称区消防支队）隶属于北京市公安消防总队。辖区有6个分队，分别是古城、八大处、银河、高能所、石电、五里坨。年内，区消防支队围绕打造消防安全城区，立足防、灭火两大主业，开展立体化火灾防控，稳步提升部队灭火救援攻坚能力，全力实现"两降一升一严防"工作目标并圆满完成"两节"、"两会"、中非合作论坛等重大消防保卫任务。成功举办北京市小型消防站及政府专职消防员单编队建设现场会。投资3000余万元建成苹果园、首钢冬奥、广宁3座小型站消防站；获市消防总队春季大比武团体第7名。执法质量考评成绩在全市名列前茅，被应急管理部消防救援局评为全国执法质量基层达标单位。因安全工作突出，被应急管理部消防救援局评为2018年度全国消防救援队伍安全工作支队级先进单位。全年十余项工作亮点、突出业绩以简报形式在市消防总队主页上刊登。实现全区社会面火灾形势和队伍安全双稳定。

（综合办）

【平昌冬奥会冬残奥会安保】 6月4

日—8日，国际奥委会在首钢冬奥组委办公区召开平昌冬奥会和冬残奥会总结会，国际奥委会主席、北京市主要领导以及400余名中外代表参会。区消防支队提前谋划，在重点时间段成立安保分指挥部，靠前指挥，全面统筹，组织落实勤务工作，强化勤务现场周边区域消防安全检查力度，部署消防车前置备勤，确保及时、快速处置各类突发消防安全事件。期间，出动执勤警力25人次、执勤车辆4部，完成开幕式、会议期间、闭幕式、签约仪式、新闻发布会、晚宴活动等系列活动消防安全保卫任务。

（防火处）

【编制火灾防控体系实施意见】 6月，区消防支队编制出台指导性文件《石景山区关于加强立体化火灾防控体系建设的实施意见》，并通过区政府常务会、区委常委会，以区政府名义印发执行。实施意见细化政府、行业部门、属地街道共计31项职责任务，建立健全责任防控、管理防范、消防治理、综合保障、智慧消防、宣传教育、应急救援等7个立体化火灾防控体系共22条具体内容。

（防火处）

【民族体育运动会安保】 8月18日，北京市第十届民族传统体育运动会开幕式在石景山区首钢篮球中心举行，全市16个区县代表团及天津市、河北省代表团共4000余名各族运动员参加。区消防支队提前谋划，靠前指挥，全面统筹消防安保工作，组织落实勤务安保任务。期间，出动执勤警力15人次、执勤车辆1部，完成开幕式消防安保任务。

（司令部）

【中非合作论坛保卫】 8月29日至9月6日中非合作论坛期间，区消防支队成立工作专班，以区防火委名义下发各类通知、方案、文件15份，部署社会面消防安全“九项严管严控措施”，联合区住建、商务、卫计、民政等部门分别约谈全区148处施工现场、商市场等重点服务场所消防安全负责人，向区委区政府主要领导多次汇报安保工作情况。期间，累计检查单位4121家，督促整改火灾隐患7871处、查封58家、三停67家、罚款96.95万元、拘留32人，确保社会面火灾形势和队伍“双稳定”。

（综合办）

【灭火救援】 区消防支队全年接警1285起，其中，火警503起，抢险270起，社会救助512起，出动消防车辆3816车次，出动警力26691人。火警成灾42起，上年发生64起，同比下降34.4%；死亡0人，上年死亡1人，同比下降100%；受伤0人，上年受伤2人；直接财产损失50.8万元，上年直接财产损失111.7万元，同比下降54.5%。全年火灾形势平稳。

（指挥中心及火查科）

【两降一升一严防】 年内，区消防支队确定“两降一升一严防”整体工作目标，即：减火警、降火灾，提升公众消防安全知晓率，严防发生亡人火灾，打造石景山区成为全市“消防最安全城区”。全年组织30余次全区火灾形势分析研判会，研究制定立体化火灾防控体系建设实施意见，细化行业部门、属地街道、社会单位共计31项职责任务，开展各类消防安全整治。全年未发生伤、亡人火灾，全区火灾形势保持平稳；消防安全知晓率提升至82.71%，位列全市第二，完成“两降一升一严防”工作目标。

（宣　传）

【消除重点隐患】 年内，区消防支队检查社会单位16764家，同比上升12.33%，督促整改火灾隐患31276处，同比上升30.86%，查封297家，同比上升33.18%，“三停”（停产停业、停止使用、停止施工）319家，同比上升67.02%，罚款423万元，同比上升44.22%，拘留115人。发动群防群治力量2.1万人，清理消除各类火灾隐患2.3万件，清理电动车违规充电行为6639处，清理可燃物850余吨。对全区挂账的56处突出隐患全部落实整改看护、一事一策等管控措施，对三大行动挂账的593处隐患，开展3轮“回头看”复核，对发现的27处问题全部落实整改措施。

（内　勤）

【“放管服”优化】 年内，区消防支队优化“放管服”工作措施，针对冬奥组委、苹果园交通枢纽、京西商务区等大型在建工程，制作施工工地消防安全教育片，对消防行政审批及施工现场消防安全整体协调、指导和服务保障。全年受理登记各种申办353件，接待报审群众1000余人次，接受电话咨询2000余个，处理群众举报消防隐患投诉1024件，回访满意率98.5%。

（建　审）

【消防宣传】 年内，区消防支队通过主流媒体、网络平台广泛开展消防宣传，通过第三方消防培训机构开展消防知识培训160余场次，推动全区43所中小学校开展消防安全第一课，推动部门将消防安全培训纳入员工入职、晋级等各类培训环节，共培训12.8万人次。张贴各类消防宣传海报30万份，入户宣传3.2万次。发布安全提示信息2.1万条。依托6个消防中队成立科普教育基地，开展“请进来，走出去”消防宣传，培训300余场次。推动建立149支“老街坊”防消队，开展宣传1.8万次。

（宣　传）

【执勤战备】 年内，区消防支队接警1285起，出动警力26691人次，消防车辆3816车次，营救遇险群众330余人，挽救财产损失800余万元。重大安保期间全面启动社会面网格化执勤，划分3个前沿指挥部进行调度指挥，安排23部动态执勤车组，113名官兵在全区进行巡逻布防，出动警力10524人次、1857车次。

（指挥中心）

【落实实战化练兵】 年内，区消防支队开展“六熟悉”调研360次，实战演练158次，修订完善方案预案378份。开展防汛演练4次，地震救援演练5次，无预案式反恐拉动演练36次，针对微型消防站开展拉动演练286家次。召开练兵专题研究会3次，战评会4次，业务大讲堂6次。落实总队“421”比武考核机制，开展战斗力评估，稳步提升全员综合实战能力。

（司令部）

【可燃物清理六步法】 年内，区消防支队创新出台《可燃物清理六步法》，以“六步法”落实“六个到位”即“宣传到位、巡查到位、劝阻到位、上报到位、处罚到位、清理到位”。“两会”前后，联合社区居委会，利用“老街坊”消防科普培训基地、消防宣传车及微信平台，培训社区干部、派出所民警、网格力量、社区居民1.5万人，发动群防群治力量5500余人开展宣传、巡查、劝阻等可燃物清理工作，清理可燃物1250余处。在试点地区印制发放《致居民一封信》2.9万份，入户宣传1.25万户，巡查登记可燃物点位7950个，引导1155名社区居民清理可燃物43.5吨，上报违规堆放可燃物1235处，开展日常清理190余次。期间，响应全区各街道、社区开展入楼、入院、入户宣传5.9万次，张贴《积极清理可燃物》宣传海报8000张，清理违规堆放可燃物1.35万处，打通消防疏散通道、消防车通道780条，发动老街坊“防消队”等群防群治力量开展可燃物火灾案例宣传320余场次，宣传教育居民7.9万人，清理可燃堆物5200余处，2万余户社区居民自行清理家门口可燃物4200余处，消除消防隐患1385处。

（防火处）

【春节安保任务完成】 年内，区消防支队组织召开春节安保动员部署会，制定下发火灾防控、灭火救援、勤务活动3大方案。落实消防隐患“三清三查”工作要求，联合区政府工作专班对593处销账隐患开展“回头看”。协调区环卫、应急办进行地面增湿。期间出动140车次、360人次，洒水面积15平方千米，洒水量1050吨。设置2个全勤指挥部和2个前沿指挥部、41部车、20个网格执勤车组，295名备防指战员。从除夕零时至初七早八时，支队接警42起，其中火警31起，抢险救援3起，社会救援8起，出动消防车133车次、931人次。火灾四项指标与上年春节期间同期相比火灾起数减少4起，下降80.0%；伤亡人数减少2人，下降100%；直接财产损失减少4.9万元，下降83.1%，全区火灾形势平稳。

（综合办）

气　象

【概况】 北京市石景山区气象局（简称区气象局）是科技型、基础性社会公益事业单位，受市气象局和区政府双重领导。主要负责区域内气象防灾减灾、地面气象观测、天气预报、气象灾害预警、公共气象服务、专业气象服务、气象科普宣传、气象探测环境保护、气象行政执法等工作。下设综合办公室、业务管理科、社会管理与法制科和石景山区气象台，同时代管石景山区气象灾害预警中心。有职工23人，其中博士1人，硕士2人，本科13人；高级工程师3人，工程师11人，中共党员12人。年内，区气象局面向社会开展气象观测和天气预报、预警服务工作，向区委、区政府和相关部门发送决策气象信息；通过预警平台向区各级防汛部门、各街道气象协理员、各社区气象信息员和社会公众发送天气预报预警信息；通过手机短信、区电视台、电子显示屏、户外预警广播系统、官方微博、微信发布气象信息，不断提升预报准确率，为石景山区防灾减灾当好“消息树”、“发令枪”。首次连续2年获评北京市气象局目标管理考核优秀等级。

（王琳琳）

【依法行政】 年内，区气象局开展气象行政执法134次，其中实施气球安全执法巡查56次、防雷安全执法78次，对安装有防雷装置的重点单位进行防雷检测执法检查。行政处罚6件，未出现一起行政复议或诉讼案件。与区安监局联合发文《关于开展2018年防雷安全大检查的通知》，要求各个单位开展防雷安全自查，按照要求做好防雷减灾工作，预防和减少雷击事件发生。根据《北京市2018年政务服务管理重点分工方案》和《北京市人民政府办公厅关于印发＜北京市深化“互联网＋政务服务”推进政务服务“一网、一门、一次”改革任务清单＞的通知》等相关工作要求，将全部行政审批事项录入区行政审批系统，以实现网上接件、受理、送达行政审批工作。

（连亚平　王琳琳）

【气象科普宣传】 “3·23”世界气象日，区气象局开展系列气象科普活动——邀请气象信息员参观国家气象观测站、将“智慧气象”送进西山枫林第二社区和京源学校小学部。“5·12”防灾减灾日为八角北里社区、古城南里社区和金顶街第二社区居民科普气象防灾减灾知识。“12·4”法制宣传日，邀请法律教授到西山枫林第二社区开展法制宣讲活动。暑假和开学期间，与依翠园社区、三色幼儿园和实验小学携手开展气象科普大讲堂。全年累计开展气象科普宣传活动12次，同时利用展板、电子显示屏、微信公众号以及新浪官方微博等方式全面宣传，加大宣传力度和覆盖面。

（王琳琳）

【气象服务】 年内，区气象台0—24小时降水预报准确率85%。分区预警业务水平显著提升，多种手段保障预警信息发布及时有效，暴雨、雷电、冰雹三种强天气预警信号提前量达110分钟，大风、大雾、道路结冰、寒潮等预警提前量由原来的3小时提高到12小时以上。预警发布手段由原来的短信＋传真的二维模式，逐渐提升为区重点工作微信群＋气象安全社区QQ群＋手机短信＋网页＋传真＋区网格平台＋“钉钉”平台＋显示屏＋大喇叭＋微博等多维发布模式。预警制作系统与“石景山气象局雨量信息网”、“钉钉”手机APP、“石景山国突平台”实现自动对接后，使气象预警信息能够在制作完成后立即在应用平台上显示，缩短预警发布时间，扩大预警信息覆盖面。汛期与区应急指挥中心建立视频连线，使预报值班员直接与指挥中心和防汛办面对面服务。为降低雾霾，全市各区首家开展洒水除尘防止路面结冰专项气象预报，通过环卫、环保、交通短信组及微信群，定时开展气象预报服务。全年累计开展重要节日和重大活动气象服务保障15次，包括全国安全生产宣传咨询日活动、北京“狂欢之夏”、冬奥组委调研活动、第十届民族传统体育运动会、旅游行业防灾减灾演练等。

（李　辉　果欣欣）

【气象科研】 年内，由区气象局承担的地方标准项目《气象灾害风险调查技术规范第1部分：城市内涝》，于11月正式发布，为北京各区局首例；申报北京市气象局科技发展项目《近5年石景山区漏报的强对流天气》，接近中期；与朝阳区气象局合作地方标准项目《气象灾害风险调查技术规范 第2部分：城市大风》，获批第二类推荐性标准。

（李 辉 果欣欣）

【气候评价】 本年度主要气候特点：气温较常年偏高，降水接近常年。年平均气温13.3℃，较常年平均值（12.7℃）偏高。年极端最高气温39.3℃（常年平均值为37.6℃），出现在6月29日；年极端最低气温-14.6℃（常年平均值为-13.8℃），出现在12月28日。年总降水量573.3毫米，接近常年（540.7毫米），较2017年（656.5毫米）偏少；日最大降水量121.4毫米，出现在7月16日。本年度气温时间分布特点为：1月平均气温与常年相同，9月平均气温接近常年，2月、10月、12月平均气温较常年偏低，3月—7月和11月平均气温较常年偏高，8月平均气温较常年明显偏高；本年度总降水量接近常年，降水时间分布特点为：1月—2月无降水，3月、6月、8月、10月—12月降水较常年明显偏少，4月、7月降水较常年明显偏多，5月降水较常年偏多，9月降水较常年偏少。年无霜期202天，较常年（213天）偏少；年内冰雹1次，大雾日数10天，浮尘出现6天，大风22次。年内主要气象灾害为暴雨、冰雹。

表9　石景山区2018年月平均气温与常年对比统计表　单位：℃

年度	1月	2月	3月	4月	5月	6月	7月	8月	9月	10月	11月	12月
2018年	-3.3	-0.7	8.0	15.6	21.9	26.7	27.7	27.7	20.5	12.5	5.5	-2.5
常年	-3.3	0.1	6.6	14.9	20.9	24.8	26.5	25.2	20.3	13.2	4.7	-1.3

（果欣欣）

防震减灾

【概况】 石景山区地震局（简称区地震局）是区政府地震工作主管部门，内设综合科、监测预报科。负责地震监测预报、宣传教育、应急准备等工作。年内，区地震局召开防震减灾工作会，开展政务服务改革、地震应急预案体系建设、地震应急疏散大型综合演练、地震安全示范单位建设、防震减灾宣传教育、震情跟踪保障、应急避难场所建设等工作。构建"区级—街道—社区"地震应急预案三级体系，创建2个地震安全示范单位建设，组织形式多样的防震减灾科普宣传活动，强化震情监视跟踪，完成2处地震应急避难场所区级认定，积极应对地震事件。

（乔 怡）

【地震事件应急响应】 2月12日18时31分，河北省廊坊市永清县发生4.3级地震，震源深度20千米。北京市各行政区均有震感，石景山区多地震感明显。有感情况发生后，区地震局快速启动应急响应机制，及时向主管区领导汇报震情，区领导对响应工作进行部署。区地震局迅速进入应急状态，开展震情跟踪、灾情速报和舆情收集。收集区内灾情、舆情。第一时间与区政府办、应急办等部门对接，通报震情情况、收集灾情信息，引导舆情导向、澄清地震谣言，做好上传下达、保持沟通渠道畅通。关注市局动态。与北京市地震局应急救援处、监测预报处、震害防御处等部门保持沟通，及时报送区内有感情况和灾情、舆情，持续跟踪最新震情会商结果。

（曹 冰）

【地震应急疏散大型演练】 5月8日，区地震局联合中国地震应急搜救中心、市地震局以及区应急办、教委、科委、卫计委、红会、科协、消防支队、广电中心、红十字蓝天救援队、医院急救站等多家单位在广宁村小学开展地震应急疏散综合演练。中国地震应急搜救中心播放小苹果视频展示地震来时如何避震自救，市地震局专家郭心讲解地震疏散技巧，全校师生及新立街社区居民300余人进行实战疏散演练，区红十字会及蓝天救援队进行心肺复苏及伤员救护技能演示，区医院急救站运送伤员，区消防支队展示消防装备，区地震局组织学生及居民参观宣传展板等。

（乔 怡）

【防震减灾宣传教育】 "5·12"全国防灾减灾日和"7·28"唐山大地震纪念日期间，区地震局联合多个部门，开展科普宣传活动。全年发放宣传材料5000余份，组织各类培训9次，组织电影专场4次，各类防震减灾宣传受众达万余人。3月20日、4月19日，分别邀请市地震局防震减灾宣教中心博士为全区100名处级干部、100余名科级及以下基层干部授课，首次将地震安全知识培训纳入党校培训体系。3月21日，联合区教委在区业余大学组织开展校园防震减灾安全知识培训，邀请中国地震局灾害防御中心发展研究部主任为100余名中小学及幼儿园安保教师授课。4月19日、25日及5月23日、7月3日，邀请市局宣教中心老师分别在石景山区师范学校附属幼儿园、北京师范大学石景山附属幼儿园、石景山区第三幼儿园、石景山区第一幼儿园为200余名幼儿园教师进行防震减灾安全知识公益讲座。6月28日，邀请市局宣教中心老师为五里坨街道天翠阳光三个社区地震志愿者代表及社区居民开展题为"假若地震来了，你准备好了吗?"防震减灾知识讲座。7月23日，联合区残联及苹果园街道办事处开展以"关爱残疾人，普及防震减灾知识"为主题的培训活动，邀请市局宣教中心老师为60余名残疾和社区工作者授课。8月，组织街道和社区灾情速报人员及地震台站业余测报员580人观看四场地震电影《我要去远方》。同时利用报刊及多媒体推动防震减灾科普知识宣传，与区宣传部联合，在石景山区政府大楼各楼层视频系统播放《韧性城市》及《防震减灾系列宣传》宣传片；5月17日在《石景山报》刊登专刊“防震减灾 人人参与 平安家园 你我共享”，全面宣传地震工作。同时利用微信平台宣传防震减灾工作，做好北京市第五届防震减灾“科普讲解大赛”参赛工作，石景山区代表队在大赛中取得“新星奖”。

（乔 怡）

【地震应急预案体系建立】 年内，区地震局重点完成全区所有社区应急预案制定工作。各社区参照地震局制作的社区地震应急预案基本要求及模板开展修订，地震局对上报的社区预案逐一审定，组织召开预案修改工作推进会，进一步指导社区地震应急预案的修改完善，9月底，完成全区143个社区地震应急预案修订，并全部备案。

（乔 怡）

【地震安全示范单位建设】 年内，区地震局推进石景山区地震安全示范单位建设，完善国家级和北京市级示范单位申报工作。新建五里坨街道天翠阳光第一和第二社区为区级地震安全示范社区，新建广宁村小学为区级防震减灾示范学校。

（乔 怡）

【震情跟踪保障】 年内，区地震局按照《北京地区震情会商制度改革实施方案》相关要求完善并执行震情会商制度。参与市地震局组织的年中、年度地震趋势跟踪会商，编写地震趋势报告。严格执行月、季度震情会商会和周震情监视例会，全年组织会商66次。牢固树立“震情第一”意识，对地震监测技术系统进行自查，检查监测台站监测环境和安全隐患，做好活动期间加密会商，加强活动期间应急值守，落实“宏、微观异常零报告制度”，完成中非合作论坛北京峰会等重大活动和节假日期间各项地震安全保障任务。

（曹 冰）

【监测台站建设管理】 年内，区地震局对区属监测台站及市属强震台站进行全面检查，在重大活动、节假日前夕增加检查次数，及时落实仪器异常修复。做好观测员日常和节假日、长假期间特别是特殊时段的教育，提高观测员防震意识。全年开展监测台站行政执法检查16次。

（曹 冰）

【应急避难场所认定】 年内，区地震局按照区防震减灾工作任务计划开展地震应急避难场所认定，与区园林局、公园管理中心、苹果园街道办事处、八角街道办事处等相关单位共同进行现场勘查，研究制定方案并组织实施。完成西山枫林1区南侧绿地（Ⅲ类）和石景山雕塑公园（Ⅱ类）地震应急避难场所区级认定。

（曹 冰）

科学技术

综　　述

【概况】 2018年，石景山区有驻区的高等院校、科研机构11家。现有国家高新技术企业865家，全市排名第7。拥有国家级科技创新基地17家，各类市级科技创新基地78家。高新技术产业高端发展，研发总部强化，高技术服务业快速发展，全年收入突破1500亿元；科技与文化深度融合，文化创意产业形成特色品牌，全年收入突破600亿元；科技与金融加速融合，催生新业态新模式，全年收入突破550亿元。拥有两院院士18人，11人通过“直通车”获评高级工程师。共有国家级创业服务机构9家，市级创业服务机构10家，形成“多点支撑、特色鲜明”的发展格局。全区科普基地达25家，打造“前沿科技大讲堂”“欢乐科普行”等科普品牌。3家企业获评国家知识产权示范企业，数量占全市的7.5%，国家知识产权优势企业达到10家，2家企业认定为北京市专利示范单位，总数达到14家，全区市级专利试点单位突破200家；全年专利申请达到4900件，同比增长24%；发明专利申请占比稳定在50%以上，PCT专利申请同比增长50%，年末全区万人有效发明专利拥有量预计突破60件。

（耿　璐）

【首钢获国家科技奖】 1月8日，2017年度国家科学技术奖励大会在人民大会堂召开。首钢公司与东北大学等单位合作开发的“热轧板带钢新一代控轧控冷技术及应用”项目获国家科技进步二等奖。此次国家科学技术奖共评选出271个项目和9名科技专家。首钢公司该项技术旨在通过新增轧后超快速冷却系统，实现资源节约型的低成本高性能热轧钢材产品开发与生产。该成果在首秦公司4300、股份公司2160、京唐公司2250三条生产线进行超快冷系统热负荷试生产，已具备基于超快冷工艺的稳定的厚板、热轧带钢生产能力。

（曹　洁）

【9项成果获市级奖励】 2月5日，北京市委市政府在北京会议中心组织召开“北京市科学技术奖励大会暨2018年全国科技创新中心建设工作会议”，2017年共有195项成果获得北京市科学技术奖，其中一等奖22项，二等奖51项，三等奖122项。石景山区共有9项科技成果获得2017年度北京市科学技术奖励，其中首钢总公司的“大型水电站用高强度易焊接厚板与配套焊材焊接技术开发应用”项目获得一等奖；北方工业大学的“城市轨道交通大客流精准感知及管控技术研发与应用”等3个项目获得二等奖；易华录公司的“基于云计算的智能化公交实时调度和管理系统研发与产业化”等5个项目获得三等奖。

（石桂莲）

科学管理

【概况】 年内，石景山区科学技术委员会（简称区科委）围绕石景山区“一个灵魂、两大生态、六个先行区”的总体思路，以北京建设全国科技创新中心和承办冬奥会为契机，坚持前沿高端标准和国际站位视野，以中关村石景山园为载体，探索“开放”创新、“借势”创新、“协同”创新，构建“高精尖”经济结构，完善“石景山服务”体系，推动产城融合发展，以建设科技成果转化应用示范区为目标，打造全国科技创新中心特色区。区科委打造“前沿科技大讲堂”“欢乐科普行”等科普品牌；连续举办军民融合挑战赛、清华校友三创大赛等创业大赛。

（耿　璐）

【北京科技政策宣讲会】 3月16日，区科委联合北京科技金融发展服务中心，在石景山创新平台大厦十层报告厅举办2018年北京科技政策宣讲暨科技项目申报案例分析巡讲会。会议邀请市科委、市国税局、园区地税所、中科研相关专家围绕企业技术创新政策、税收优惠政策、研发费加计扣除政策、个人股权转让、高新技术企业认定、新三版交易涉及个人所得税案例和技项目申报案例展开培训，参会企业220余家。

（胡　妍）

【科普活动走进社区】 3月26日，区科委组织科普进社区活动走进八角中里社区，为居委会举办的“我在你身边”学雷锋志愿服务活动提供科普便民内容。区科委、区建委、农商银行、区中医院、长城宽带、沃尔玛超市等相关单位向居民提供科普知识、健康咨询、生活出行等方面的便民服务项目。

（付　琦）

【“三创大赛”专项决赛】 4月15日，第三届清华校友“三创大赛”全国总复赛暨文创体育专项决赛在新首钢园区内海外院士工作站举办。本次专项决赛由清华校友总会主办、石景山园支持、首钢基金特别承办。京津冀、长三角、粤港澳、中原、北美五个分赛区合计近50家企业和团队参赛，16个项目晋级全国总决赛，10个项目获得十强表彰。副区长周西松，清华大学校务委员会副主任、清华校友总会副会长、清华校友“三创大赛”组委会主任史宗恺，清华大学新闻与传播学院党委书记胡钰及清华校友会“三创大赛”执行秘书长出席大赛颁奖仪式并参观冬奥组委规划展厅。

（罗耀玲）

【高精尖产业发展培训】 4月20日，区科委联合市科委、中关村管委会，在石景山创新平台举办石景山区加强科技创新促进高精尖产业发展政策培训会，辖区百余家企业参会。市科委高新处主管工程师和中关村管委会人才处工作人员围绕北京科技创新中心建设，对北京市出台加快科技创新构建高精尖经济结构系列政策进行解读，并针对2018年国家高新技术企业认定政策、申报要求和2018年中关村高端领军人才认定申报流程进行逐条逐项解读。10月10日—12日，区科委联合区委组织部、区人力社保局、区委党校举办“科技创新驱动高精尖产业发展”专题培训班，全区21个部门35个驻区企业、高校院所的105人参加培训。培训主题为“融合创新”，培训邀请市科委、市人力社保、市住建委等政策制定部门负责人，清华大学前沿领域科学家鲁白教授、五道口金融学院金融科技专家王正位、微软亚洲研究院研究员董悦、旷视科技副总裁谢忆楠等到场授课。

（曹　洁　岳继华）

【科普工作会】　4月25日，区科委、区科协组织的石景山区2018年度科普工作会在区政府大楼召开。大会对2017年度科素纲要工作和科普工作进行总结，对2018年科素纲要和科普工作的重点任务进行部署。区领导晋秋红、区科委主任邓清平、区科协主席宋菁慧为北京市优秀科普社区、优秀基层科普场馆9家以及新认定的3家石景山区科普基地授牌。区全民科学素质工作领导小组成员单位、区科普工作联席会议成员单位和市优秀科普社区、优秀基层科普场馆，市级及区级科普教育基地、市创新型科普社区、市、区创新科普工作室的负责人等60多人参加会议。

（付　琦）

【参展全国科技活动周】　5月19日，以“科技创新、强国富民”为主题的2018年全国科技活动周暨北京科技周在北京中国人民革命军事博物馆启动。为期七天的北京科技周共展出460余个展项，石景山区8家企业枭龙科技、疯景科技、触幻科技、凌宇科技、耐德佳、爱奇艺智能、东土科技、小猪短租在“军民科技融合成就”“科技创新成果”“科技支撑高质量发展”“科技支撑美好生活体验”等展示板块中参展。其中枭龙科技展出最新的运动AR智能眼镜、AR工业智能眼镜、AR警务智能眼镜和军用AR单兵头盔；凌宇科技展出自主研发的全球首款全沉浸式VR/AR交互产品NOLO CV1；爱奇艺智能展出最新发布的全球首款支持8K全景视频播放的4KVR一体机——奇遇VR；耐德佳展出与北京理工大学合作研发的双目增强现实智能眼镜——“X2-AR智能眼镜”；疯景科技展出可以一键拍摄360°×360°全景画面获奖作品——米家全景相机；“高精尖”企业代表东土科技现场带来100%完全自主可控网络通信芯片KD5660亮相“科技创新加速度”展区；民宿产业独角兽企业小猪短租展示智能门锁和书店房源、剧场房源、冰屋房源、花店房源等特殊房源的优质房源的在线展示。

（胡　妍）

10月10日，区科委举办“科技创新驱动高精尖产业发展”专题培训班

（区科委供稿）

【科技周活动】　5月19日—26日，主题为“科技创新 强国富民——科技创造美好石景山”的2018年石景山区科技活动周活动在区科技馆举行。区科技馆作为本届科技周的主会场，共设置四大板块——军民融合、智能生活、虚拟现实、科技教育，展览形式为AR/VR互动体验以及人工智能表演等。组织企业参展2018全国科技活动周暨北京科技周活动主场，同时联合全区驻区企业、社区、学校及科普基地等，开放多个场所作为科技周的分会场，活动期间参与人数超过5万人次。

（付　琦）

【暑期欢乐科普行】　8月17日—18日，区科技馆举办“汇聚梦想，智创未来”2018石景山暑期欢乐科普行活动。本次活动以践行社会主义核心价值观、展示科技创新及文化创意应用于青少年教育领域的优秀成果、加强区域科普能力和创新文化建设为主要内容，发挥科普场馆在石景山区创建全国文明城区中社会主义核心价值观教育宣传阵地作用，鼓励创新创业人员主动参与科普活动，向社会大众宣传科普知识。中国科协原党组副书记徐善衍、安徽省科协原党组书记周建强及中国宋庆龄基金会、共青团中央等相关领导专家来到现场参与互动。

（裴菊芳）

【科普大讲堂】　9月11日，由区科委组织的“石景山科普大讲堂”活动走进石景山区实验小学。特邀北京自然博物馆老师讲解“最强大脑——动物篇”。“石景山科普大讲堂”是由区科委、科技馆联合举办的一项品牌科普活动，以“弘扬科学精神 普及科学知识”为主题，引导区域公众树立“讲科学、学科学、爱科学、用科学”的意识。

（裴菊芳）

【欢乐科普行】　10月17日，区科委主办的第二期“欢乐科普行”活动在区科技馆举办。“欢乐科普行”活动是以践行社会主义核心价值观、展示科技创新及文化创意应用于青少年教育领域的优秀成果、加强区域科普能力和创新文化建设为主要内容。活动邀请北京珠算心算协会进行有关知识讲解及现场演算表演，同时引入多家创新企业创新成果，体验智能技术在生活领域中的应用。活动参与师生200人次。10月19日，古城第二小学的百余名师生在区科技馆参与“欢乐科普行”，活动主题为“走进科技馆，体验科学乐趣”。索为视界、幻景科技等科技创新企业展示科普科技创新成果；中国银行、中国地震应急搜救中心为师生们赠送有关金融风险防范、应急自救的科普图书。11月30日，“欢乐科普行——玩转科学”活动在区科技馆举办，北京迪儿思教育科技有限公司进行“科学表演秀”。石景山区实验幼儿园130名师生参加活动。

（付　琦　裴菊芳）

【科普培训】 11月29日，区科委与区人力社保局在中国农业科学院国家农业科技创新园共同举办2018年科普工作者能力素质提升活动。全区科普工作联席会议成员单位以及区内科普基地科普工作者50余人参加本次活动。科技部邱成利博士作题为《创新科学传播方式 提高科普活动效果》的授课，展示如何改进传播方式、提升传播水平、展现传播魅力，倡导以科普服务公众，共建文明家园；农科院专家讲解科技在智慧农业、生态农业的应用。

（裴菊芳）

【前沿科技大讲堂】 12月3日，区科委主办的“前沿科技大讲堂”走进石景山区金顶街第二小学，为五年级近280名师生进行“科艺同行”之《磁悬浮原理》讲座。活动依托中国铁道博物馆、中国铁路党校、中国铁道科学研究院等机构科技人才，结合北京市中、小学课程课标要求进行设计，将STEAM教学体系融入课堂。

（陈文生）

中关村科技园区石景山园

【概况】 中关村科技园区石景山园（简称园区）是中关村科技园区“一区十六园”中的文化创意产业特色园。2006年1月17日，国家发改委批准石景山园正式加入中关村科技园区，规划面积345公顷。2012年，国务院批复中关村国家自主创新示范区空间规模和布局调整，石景山园规划面积增至1334公顷。2018年，园区企业专利申请数4994件，专利授权数2485件，万人有效发明专利拥有量达到60件。保险产业园648地块高端酒店项目精装修基本完毕，即将开业；637、641、639、649地块竣工；636、651地块已办理立项、用地规划许可证等前期手续；首特绿能港科技中心15号地项目被评为“2017年度石景山区十佳绿色施工工地”，主体结构封顶，光大银行信用卡研发中心项目16号地上二层施工。截至年底，新增企业256家，注册资本合计55.4亿，其中注册资本过亿9家企业，注册资本过千万143家企业。优化园区营商环境，3家企业获评国家知识产权示范企业，4家企业获评北京市知识产权示范单位；国家高新技术企业达到748家，全年新增企业413家，注册资本合计81.7亿，全年技术合同交易额完成82.6亿元。获得9项2017年度北京市科学技术奖以及2018年度中关村示范区科技型小微企业研发经费支持资金项目，46家企业获得2018年中关村示范区科技型小微企业研发经费支持资金项目。创新创业人才加快集聚，76人入选中央“千人计划”、市“海聚”工程、中关村“高聚”工程、科技北京百名领军人才、科技新星和区“海聚”工程，9人通过“直通车”获评高级工程师（教授级）。打造“石景山服务”品牌，举办“园区讲堂”41期，服务企业约3100家次。建立健全园区非公企业党委领导体制和工作机制，新建党支部32家。全年新建工会组织12家，新增工会会员1593人，建会企业总数达到574家。

（张玉霞）

【新浪VR新年第一会】 1月26日，由新浪VR主办的“2018变现为王”新年第一会在中关村石景山园虚拟现实产业园举办，企业代表100余人参加。会上，北京幻世新科网络科技有限公司、打扮家（北京）科技有限公司、北京创业公社投资发展有限公司、北京周同科技有限公司、北京枭龙防务科技有限公司的代表围绕“从概念到变现”发表主题演讲，围绕“如何变现”主题展开圆桌论坛，针对VR/AR行业变现难问题，展开行业“干货经验”交流。活动设AR/VR新产品体验环节，VR一体机、AR头显设备、AR运动智能眼镜等AR/VR新科技产品在展厅中展示。

（李　欢）

【入选创新型孵化器】 2月8日，在“中关村创业生态发展论坛”上，中关村管委会公布2017年新认定的68家创新型孵化器，并被纳入中关村示范区创业服务支持体系。其中石景山园北京易华录信息技术股份有限公司、北京业主行网络科技有限公司、北京世茂华泰投资有限公司3家机构入选中关村创新型孵化器。到年底，北京创业公社投资发展有限公司等8家创业孵化机构进入中关村创业服务体系，其中中关村创新型孵化器家6家，中关村特色产业服务平台2家。

（罗耀玲）

【首台套企业授牌】 3月20日，中关

12月3日，“前沿科技大讲堂”走进金顶街第二小学　　（区科委供稿）

村管委会、石景山园管委会主办的中关村创新政策培训会暨2017年中关村首台套企业授牌仪式在石景山创新平台举办。北京畅游时代数码技术有限公司、北京易华录信息技术股份有限公司、北京大生知行科技有限公司等100余家企业及30余家2017年中关村首台套企业共130余人参会。对获评2017年度中关村首台(套)重大技术装备试验、示范项目的“大型程控双作用水下液压打桩锤”等32个项目共计28家企业进行现场授牌。

(曹　洁)

【3家企业获创新创业奖】 3月21日—23日,在以科技创新成就未来为主题的首届中国虚拟现实创新创业大赛全国总决赛颁奖仪式上,石景山园的北京耐德佳显示技术有限公司、北京触幻科技有限公司获二等奖,北京枭龙科技有限公司获三等奖。决赛共有来自全国的53家企业参赛,12家企业获得总决赛资格,石景山区在中国虚拟现实创新创业大赛北京赛区决赛中遴选推送的3家企业全部进入全国总决赛并获得优异成绩。

(罗耀玲)

【入选中国独角兽企业】 3月23日,科技部火炬中心联合长城企业战略研究所在京发布《2017中国独角兽企业发展报告》及独角兽企业榜单。中关村示范区有70家,其中石景山园北京人人行科技股份有限公司、分享一下(北京)科技发展有限公司及关联公司、北京快跑信息科技有限公司3家企业入选榜单,占北京上榜企业数量的4.2%,其中借贷宝以107.7亿美元估值进榜单前10名。

(王　震)

【入选北京市众创空间】 4月26日,市科委公布“关于公示拟备案挂牌第五批北京市众创空间名单的通知”,石景山园北京世茂华泰投资有限公司“薄荷空间”、恩加无限(北京)生产力促进有限公司“N+空间”、北京侨创空间科技有限责任公司“侨创空间”3家企业入选。截至年底,石景山园共有市级孵化器及众创空间15家。

(罗耀玲)

【军民融合发展规划】 6月8日,区政府印发《石景山区军民融合产业发展规划(2018—2025年)》,《规划》包括军民融合发展的发展必要性、发展基础与形势、发展思路与目标、产业发展重点方向、重点任务、保障措施等几个方面,重点任务主要包括建立健全军民融合产业发展推进机制、支持军民两用前沿关键技术研发与研发机构建设、推动军民融合重点产业集聚发展、完善军民融合公共服务体系等内容。

(岳继华)

【入选市设计创新中心】 7月13日,市科委印发关于公示2018年度北京市设计创新中心拟认定单位名单的通知,对2018年度北京市设计创新中心拟认定的35家单位予以公示,其中石景山区园区企业阿尔西制冷工程技术(北京)有限公司(简称阿尔西)入选。

(张玉霞)

【企业家沙龙】 7月20日,石景山园第三期“企业家沙龙”在承恩寺举办。首钢集团、世界星辉、易宝支付、大生知行等10余家区内龙头企业代表,围绕石景山区经济社会发展和企业人才引进、配套服务、融资拓展等问题进行广泛交流和深入讨论。区领导陈之常在讲话中肯定驻区企业对区域产业转型所做的重要贡献,周西松参加活动。

(王　震)

【入选知识产权优势企业】 8月15日,国家知识产权局印发《关于确定2015年度国家知识产权示范企业和优势企业通过复核企业及2018年度国家知识产权示范企业和优势企业的通知》(国知发管函字〔2018〕158号)。石景山园的北京首钢自动化信息技术有限公司、北京首钢国际工程技术有限公司、北京建筑材料科学研究总院有限公司被确定为国家知识产权优势企业。

(王　震)

【军民融合产业基地】 8月1日,“中关村石景山园军民融合产业基地”在点石商务公园1号楼挂牌。军民融合产业基地聚集北京航天测控技术有限公司、航天云网科技发展有限责任公司、航天神禾科技(北京)有限公司等一批军民融合企业,基地主要培育一批具有技术优势、能为军品科研生产配套的高新企业,采取实物储备、技术储备、生产能力储备相结合的方法,有针对性抓好战备物资预储预备工作。

(崔海霞　蔡真婷)

【知识产权创新沙龙】 8月17日,中关村知识产权促进局、中关村石景山园管委会、区知识产权局联合主办的第四期中关村知识产权创新沙龙活动在石景山创新平台举办。首钢集团有限公司、北京东土科技股份有限公司、北京建筑材料研究院有限公司、北京航天测控技术有限公司等100余人参加。沙龙活动以“商业秘密与专利协同保护”为主题,相关负责人对专利优先审查政策、企业知识产权管理及商业秘密保护等内容进行讲解。创新沙龙是中关村促进局举办的活动,每两个月一期,石景山园承办一期。

(王　震)

【自动驾驶服务示范区】 10月16日,首钢园自动驾驶服务示范区启动仪式在侨梦苑举行。市科委、市经信委、市交通委等相关负责人及京东、百度、华为20家企业的代表等参加。仪式上,首钢园自动驾驶服务示范区揭牌。自动驾驶服务示范区将重点研究园区内无人客车、无人清扫车、无人物流车等7种类型无人驾驶车辆的自动驾驶路线,研究测试范围面向园区内部道路、冬奥广场及场馆周边。

(张玉霞)

【入选首都文化企业30强】 10月17日,第三届“首都文化企业30强、30佳”及“首都文创杰出人物”推选活动结果在京发布,石景山园4家企业入选。乐元素科技(北京)股份有限公司、北京华录百纳影视股份有限公司获“首都文化企业30强”;北京华录新媒信息技术有限公司、北京盖娅互娱网络科技股份有限公司获“首都文化企业30佳”。

(杨　莉)

【人工智能创新应用产业园】 12月26日,中关村管委会和首钢集团有限公司合作共建的中关村(首钢)人工智能创新应用产业园启动仪式在首钢园举办。启动仪式上，中关村（首钢）人工智能创新应用产业园揭牌，中关村管委会与首钢集团签署战略合作框架协议，并宣布成立中关村（首钢）人工智能创新应用产业园专家委员会。产业园首期选址首钢园运动中心（2000平方米）、动力厂（4000平方米），后续拟在首钢园金安桥、城市织补创新工场等选取不低于20万平方米的空间分期建设。北京旷视科技有限公司、驭势科技（北京）有限公司、北京云迹科技有限公司、深圳市优必选科技有限公司、IDG资本投资顾问（北京）有限公司、北京英诺昌盛投资管理有限公司等企业与北京首钢建设投资有限公司签约，成为首批入驻园区企业。中关村管委会、首钢集团、区政府、北京冬奥会组委会等单位负责人，以及来自首都高校、创投企业、中关村示范区企业等代表参加。

（岳继华）

【保险产业园建设项目】 年内，石景山园内保险产业园648地块高端酒店北京银保建国酒店项目精装修完毕并开业；637、641、639、649地块竣工，部分配套设施投入使用，现代金融机构20家入驻；636地块开工建设，将于2021年完工；651地块办理立项、用地规划许可证等前期手续，预计2019年底开工，将于2022年完工。636、651两个地块总占地面积9.11公顷，总建筑面积15.6万平方米，主要建设高端型、生态型、智慧型研发设计办公用房，用于发展高端科技类、金融类研发载体。

（崔　欣　张玉霞）

【重点项目建设】 年内，石景山园南区（首特钢园区）重点项目包括位于15号地的绿能港项目和位于16号地的光大银行信用卡研发中心项目。绿能港项目主体结构封顶，主要用于建设高新技术企业研发设计中心；光大银行信用卡研发中心项目地上五层施工，建成后用于光大银行国内产品研发、管理与数据分析。

（崔　欣　张玉霞）

教　育

综　　述

【概况】　2018年，石景山区有各级各类幼儿园45所（公办园18所、民办园27所），入园幼儿5176人，在园（班）幼儿14430人。全区市级示范园7所，一级一类幼儿园23所，市级早期教育示范基地16所，市级特殊儿童教育示范基地6所。全区有小学36所（其中一贯制学校小学部10部），小学阶段教学班735个，招生4542人，在校生23096人。中学21所，其中初中6所，高中2所，完全中学3所，一贯制学校10所；中学阶段教学班共400个，其中初中259个教学班，高中141个教学班；中学阶段在校生共10846人。区属职业学校1所（教办），教职工169人，专任教师111人，毕业生555人，招生118人，在校生577人；设有4个系部，开设美容美发与形象设计、计算机计动漫与游戏制作和口腔修复与工艺等共11个专业，21个教学班。全区有各级各类民办教育学校、培训机构共100所。其中民办普通中学3所（含来京务工人员自办校1所），民办幼儿园27所，民办职业高中1所，其它文化、教育、技术等非学历培训学校69所。辖区有北方工业大学、中国科学院大学、北京工业职业技术学院、首钢工学院、国家检察官学院等高等院校。

石景山区教育委员会（简称区教委）是区政府主管教育事业的职能部门，负责管理、推动发展全区学前教育、基础教育、职业教育、成人与社区教育等工作。下设科室19个，有公务员73名，下属教育信息中心、青少年活动中心、业余大学等单位13家。年内，区教委开展人民大学专家进校园等培训；依托“红领巾志愿者联盟”等系统推进全区青少年志愿服务工作；做好内蒙宁城、内蒙莫旗、河北顺平、青海称多、湖北竹山等地区的教育帮扶工作；开展创建文明城区工作，打造教育系统创城特色品牌；完成黄庄学校分流安置工作；成立景山远洋教育集团，引进北京市十一学校，建立集团法律顾问工作机制；探索国有企业资源与教育资源融合式发展模式，引导社会力量参与办园，完成6所普惠性民办幼儿园级类认定。组织小初高一体化名著阅读论坛等活动，创新学校课程评选工作方式，制定《石景山区课后服务工作实施意见》；职成教育协同发展，与北京体育职业学院开展冰雪运营及管理专业3+2合作办学；建立区首个学区融合教育资源中心；调减中职学生规模任务100%完成，完成3所民办培训机构注销工作，100%完成全年疏解任务；组织开展系列主题教育活动，推进全国禁毒示范城市创建工作，开展养成教育；推进“阳光体育”，立足建设冬季冰雪运动先行区，新命名2所第二批全国中华优秀传统文化艺术传承学校。组织开展音乐大师课等活动，成立石景山区校外教育“优秀教师成长工作室”。推行党组织与行政领导班子成员双向进入、交叉任职，加强学校后备管理人才培养；开发“新任职教师远程培养”等重点培训项目，持续推进“双名工程”等项目；开展法治、普通话宣传教育活动，完成全区普通话现状调研；印发《中小学校岗位安全工作指南》，规范校园安全管理；创新督学工作形式，石景山区被认定为第二批国家级中小学校责任督学挂牌督导创新区。

（姜　玮）

【与十一学校合作办学】　1月15日，区教委与北京市十一学校在区政府签订合作办学协议，合作举办北京市十一学校石景山实验中学。根据协议，双方将遵循“学校公办、委托管理、机制创新”原则，合作办学学校由区教委负责按标准投资、规划、设计、建设，北京市十一学校全面负责学校办学的质量。北京十一学校校长李希贵表示，十一学校将抓好教师队伍建设，进行课程输出，派出成熟的管理团队，按照现代学校治理结构将合作校办成石景山区一所接地气的优质学校。

（李　强）

【师德建设及工会先进表彰】　4月3日，区教委召开2017年石景山区教育系统师德建设工作及工会工作先进表彰大会。区委教工委书记、区教委主任、教育督导室主任、区教育工会主席和基层各单位书记、校长、工会主席、师德标兵、师德优秀教师代表参加会议。会议对10个师德建设先进单位、11名师德标兵、116名师德优秀教师、32个“工会工作先进单位”、53名“工会之友”、31名“优秀工会工作者”进行表彰，受表彰单位及个人代表做经验交流发言。

（许红军　杨铭华）

【中加王子岛幼儿园开园】　4月14日，石景山区首家国际化普惠性幼儿园——中加王子岛幼儿园石景山园举行开园仪式。加拿大高贵林市教育局

4月3日，石景山区师德建设工作及工会工作先进表彰会　（区教委供稿）

前局长 Thomas Grant 表示,加方很重视这次合作,将把北美先进的教学理念和教学方法带到幼儿园,培养一支优秀的幼教团队,培养孩子们养成积极探究、知识渊博、勤于思考、懂得关爱、全面发展的良好品质。幼儿园总建筑面积 3600 余平方米,户外场地面积 2300 余平方米,可容纳 12 个班级。每间教室配有适合幼儿年龄的玩教具、钢琴、电脑、多媒体一体机,此外,幼儿园还配备有音体室、大型室内多功能室、科学室等特色教室。

(黎　铮)

【“五四”青年节离队建团活动】 5 月 4 日,“新时代 新青年 新作为”2018 年石景山区教育系统“五四”青年节离队建团主题教育活动在八宝山革命公墓任弼时广场举行。团市委、团区委、区委教育工委领导及相关学校党支部书记出席活动。来自全区 300 名优秀少先队员和新团员代表参与现场活动,其中 125 名新团员加入共青团。活动由“告别少先队—走进共青团—起航新时代”三个篇章组成,这是区教育系统首次开展“离队建团”示范性仪式教育主题活动。

(王　蕾)

【第一届中小学生配音比赛】 5 月 25 日,区语委办、区教委联合举办的石景山区第一届“语言魅力 声临其境”中小学生配音比赛在首师大附属苹果园中学举行。活动于 4 月启动,历经专题培训、实践演练、现场比赛三个阶段,全区中小学校语言工作负责人、语文骨干教师和学生共 300 余人次参加活动,共有参赛作品 40 余件次。决赛当日,共有 8 支学校代表队进行三轮现场配音比赛。

(胡光熠)

【景山远洋教育集团成立】 7 月 9 日,石景山区景山远洋教育集团成立大会在金鹏剧场举行。成员单位有:北京景山学校远洋分校、北京市黄庄职业高中、北京市同文中学、北京市石景山区师范学校附属小学、北京市石景山区师范学校附属幼儿园、北京市石景山区银河小学、北京市石景山区向阳小学、北京市石景山区中科幼教玉泉幼儿园。集团理事长由区教委副主任聂晶担任。景山远洋教育集团是继北京九中教育集团、古城教育集团、苹果园教育集团、实验教育集团、京源教育集团、北大附中附小教育集团之后成立的第 7 个集团。区领导晋秋红、左小兵出席大会,区教委“两委一室”主要负责人以及景山学校、八宝山街道、中国国际广播电台、石景山市民冰雪体育中心等相关资源单位负责人参加会议。

(李　强)

【教师节表彰】 9 月 10 日,石景山区庆祝第三十四个教师节暨表彰大会在青少年活动中心金鹏剧场召开。区四套领导班子、各相关委办局主要负责人、教育系统各单位负责人、优秀教育工作者及教师代表参加表彰大会。会上表彰 2018 年石景山区教育先进单位、优秀教育工作者。表彰活动结束后,全体人员观看师生文艺表演,新教师代表举行宣誓仪式,观看《身边的师德榜样》短片并为师德榜样代表颁发奖杯。

(李丽娜)

【城市教育发展联盟】 9 月 20 日—21 日,石景山区 8 所中小幼代表和区教委负责人在副区长左小兵带队下参加在河北省保定市举办的第二届城市教育发展联盟大会。城市教育发展联盟是在 16 所地市政府联合成立,作为城际间教育发展的新平台,围绕当前教育改革的新形势和新要求,在教育管理、学校办学、教师专业提升、学生发展等多方面开展资源共享和合作交流。本次大会以“新时代、新教育、新未来”为主题,开展专题讲座、参观考察等系列活动。

(陈　曦)

【全民终身学习活动周】 11 月 8 日,北京市第十四届全民终身学习活动周开幕式在首钢冬奥体育中心举行。活动周围绕“城教融合谋发展,全民学习促提升”主题开展。市委副秘书长,市教委、中国成教协会和区领导,以及来自全市委办局、高校、16 区的干部、群众代表 300 余人出席开幕式。开幕式对 2018 年在北京市建设学习型城市工作中做出突出贡献的单位和个人进行表彰,认定 30 个北京市第二批终身学习示范基地、16 个北京市第二批职工继续教育基地、20 个北京市第二批新型职业农民培训基地。石景山区 4 人被评为 2018 年北京市学习之星,石景山社区学院被认定为北京市职工继续教育基地,“北京市石景山老年大学”“中医养生保健”两个项目被评为国家级及市级 “终身学习品牌项目”,区教委获得 2018 年北京市“全民终身学习活动周”活动优秀组织奖 。

(赵荣霞)

【市综合社会实践活动】 11 月 19 日,

5 月 4 日,石景山区“五四”青年节离队建团主题教育活动　(区教委供稿)

由市教委主办，区教委和京源学校承办的“北京市综合社会实践活动成果展示交流会”在京源学校举行。北京九中初中部、北大附中石景山学校、景山学校远洋分校等石景山区属学校的优秀学生实践成果参与会场展示，石景山区的《学生暑(寒)假实践活动手册》作为全市唯一的成体系的寒暑假学生实践活动指导用书。石景山区和京源学校作为交流会承办单位，还以展板、学生互动形式，展示区内全体初中学校初中综合社会实践活动开展的总体情况。

(荆　林)

【“少年说”系列活动】 11月—12月，区教委组织全区中小学校开展庆祝改革开放40周年暨第四届“少年说”系列教育活动，通过4个片区比赛推优，共有80名学生参加区级比赛。活动以“追寻光辉足迹，做新时代有志少年”为主题，分成三大板块：“讲述感动当代的奋斗故事”演讲故事会，面向小学和初中开展；“回忆改革开放的发展历史”知识竞赛，面向初中开展；“传承实事求是的思想精神”，面向高中开展。

(康爱农)

【德育区校行活动】 12月6日，由市教委主办，区教委承办的北京市中小学学习贯彻党的十九大精神“特色示范课堂”建设总结会暨德育工作区校行走进石景山活动在北京市京源学校举办。活动主题为“落实立德树人根本任务，提升课程育人实效”。市教委、区相关领导、北京教科院院长等参加活动。区委教工委书记郝显军主持会议。全市各区县教委德育工作主管主任、主管科长，教研部门负责同志以及中小学校长和获奖教师代表共300余人参加活动。

(康爱农)

【精准扶贫与对口协作】 年内，区教委对内蒙古莫旗、内蒙古宁城、河北顺平、青海称多四个对口地区开展教育帮扶工作，共完成18名教师短期送教工作，受培训人数近2000人。通过集中研修、跟岗实践等方式，共承接65名教师来区学习培训。与对口地区完成38所学校结对任务，并签订帮扶协议，重点在教育科研、课程建设等方面开展交流合作。共选派23名教师赴对口地区开展支教工作。拨付教育精准助学资金350万元，重点解决建档立卡贫困学生学习及生活费用短缺问题，受资助贫困学生6235名；为称多54名青南支教教师拨付补贴资金，解决师资紧缺问题；为莫旗拨付资金援建学校操场；捐赠书籍资料2905册，书包1114个。

(姜　玮)

【学区融合教育资源中心】 年内，石景山区在北京教育学院石景山区分院附校建立全区第一个学区融合教育资源中心，作为推进区域深化教育整体改革、推进融合教育质量提升的重要途径，学区融合教育资源中心对学区内有特殊教育需求的学生提供教育康复保障。

(陈　曦)

【基础教育教学成果奖】 年内，石景山区第三届基础教育教学成果奖评审中，46项成果获区级教学成果奖，成果内容涉及教育教学综合改革4项、课程开发与实施12项、教学评价改革2项、学科教学研究17项、学生与教师发展研究8项、组织形式改革与学校文化研究2项。其中，京源学校的《纵向有效衔接，横向丰富多元——一贯制学校心理健康教育体系的构建与实施》和石景山区教委的《绿色教育区域推进行动研究与探索》获得北京市基础教育教学成果奖一等奖。另有《基于课题研究的中小学教研组组织变革研究》《中学生问题意识培养的实践研究》《中职学校保护传承非遗项目，培养传统技艺技能人才的探索与实践》等7项成果获得北京市教学成果奖二等奖。

(张树升)

学前教育

【概况】 2018年，石景山区有各级各类幼儿园45所(公办园18所、民办园27所)，教学班544个，在园(班)幼儿14430人。教职工2447人，其中专任教师1240人。幼儿园占地面积2.49万平方米，校舍面积1.68万平方米。全区市级示范园7所，一级一类幼儿园23所，市级早期教育示范基地16所，市级特殊儿童教育示范基地6所。

(黎　铮)

【普惠园认定】 1月12日—22日，石景山区教委学前科、石景山区教育分院学前研修室与北京市级专家验收组对石景山区二十一世纪实验幼儿园、石景山区伊顿慧智双语幼儿园、石景山区滨和爱迪幼儿园、石景山区卡尔贝贝幼儿园、石景山区新世界实验幼儿园进行级类验收，认定为普惠性民办幼儿园。此5所民办幼儿园自2018年6月起按照级类标准进行收费，并享有市级生均定额补贴。

(黎　铮)

【一月一专题培训】 1月—6月，学前科共五次组织全区幼儿园园长、业务园长、骨干教师600余人参与“一月一专题培训”，分别从心理减压、主题课程、半日活动组织、情景教育、幼小衔接等方面开展专题培训，通过有针对性的培训加强学前系统管理者队伍建设。

(黎　铮)

【学前教育资源辐射工作】 4月和10月，石景山区7所市级示范幼儿园和13所一级一类幼儿园分别通过开放班级环境，展示幼儿游戏活动、集体教学活动、户外体育游戏等活动形式进行开放式考核观摩活动，全区幼儿园共计1200余名教师进行园际观摩与学习。

(黎　铮)

【第十六期暑假园长培训班】 7月11日，区教委学前教育科组织主题为“扎实常规管理、实现科学管理”的第十六期暑期园长培训班，150余名幼儿园园长与业务园长参与活动。

(黎　铮)

【“萌芽杯”评比活动】 11月14日，区教委学前教育科、分院学前研修室组织第十五届“萌芽杯”系列研究活动之进阶阶段教师说课评比活动，全区52名参加工作6－10年的进阶阶段教师分成五组参加现场说课活动。

(黎　铮)

基础教育

【概况】 年内,石景山区小学36所(其中一贯制学校小学部10部),小学阶段教学班735个,招生4542人(其中非京籍招生1289人),在校生23096人(其中非京籍在校生7766人),毕业生3361人(其中非京籍毕业生1518人);小学入学率100%,巩固率100%,毕业及格率100%。中学21所,其中初中6所,高中2所,完全中学3所,一贯制学校10所;中学阶段教学班共400个,其中初中259个教学班,高中141个教学班;中学阶段在校生共10846人(其中非京籍在校生2952人),其中初中7049人(其中非京籍学生2087人),高中3797人(其中非京籍在校生865人);中学阶段招生共34952人(其中非京籍987人),其中初中2506人(其中非京籍741人),高中989人(其中非京籍246人);中学阶段毕业生共3327人(其中非京籍992人),其中初中1891人(其中非京籍659人),高中1436人(其中非京籍333人);初中入学率为100%,普通高中录取率为94.3%,高考录取率为92.7%,应届高考录取率为96.5%;中小学教职工4182人,其中专任教师3409人。特殊教育学校数1所,10个教学班,招生63人,结业10人,在校71人;教职工33人,其中专任教师29人;随班就读学生76人。残疾儿童入学率100%,巩固率100%,结业率为100%。校外教育单位3个,教职工86人,其中专任教师50人。小学教师学历合格率99.8%,初中教师学历合格率98.5%,高中教师学历合格率100%。中小学具有高级技术职务468人,中小学具有中级技术职务1298人。全区中小学图书馆藏书1,749,644册。固定资产总值259,423万元。

(陈玉珠)

【民族团结教育工作】 1月9日,北京市第七届"民实杯"小学青年教师教学大赛展示观摩与总结表彰现场在石景山区实验小学召开。本届大赛由市民族教育学会,区教委主办,区教育分院,石景山区实验小学承办。共48所学校,130节课参评,评选出一等奖34节,二等奖42节,三等奖42节。通过民族工艺展示、民族美食品尝、课堂教学展示、民族文艺展示、区校汇报等环节展示本届大赛及实验小学民族团结教育成果。

(施　爽)

【莲石湖分校课程展示】 1月10日,区教委联合京源学校莲石湖分校在京源学校莲石湖分校召开主题为"基于在地环境设计'三螺旋课程'与九年一贯学校管理的实践与思考"的市级专题课程研讨会,通过课堂观摩、专题报告等活动,展示学校"在地自然四季课程"和"在地文化非遗课程"等地域特色课程。

(陈　曦)

【四联展】 3月—6月,石景山区举办第32届"中小幼师生绘画、书法、篆刻、工艺四联展",本届四联展主题为"畅绘北京冬奥,放飞冰雪梦想"。本届四联展参加展出的作品共3265件,其中学生作品2768件,教师作品497件,作品分别在区属9个街道和108个社区橱窗中展出,其中306幅优秀作品被收录到《畅绘北京冬奥,放飞冰雪梦想》四联展画册中。

(荆　林)

【第十二届教育教学研讨月】 3月27日,北京教育学院石景山分院召开石景山区第十二届教育教学研讨月活动启动会。本次教育教学研讨月主题为"聚焦核心素养 共话课程改革",区教育分院联合各学校,围绕核心素养培养、德育养成、课程建设、教学改进与提升、科研引领、教师队伍建设、新媒体新技术应用、特殊教育等内容设计并申报各类教育教学活动共192次,其中区级重点活动13次,学校研讨展示活动123次,带题授课56次。区委教工委、教委领导和各中小学校长、教学干部、教育分院研修员等共计240余人参加活动。

(施　爽)

【义务教育管理标准化建设】 4月23日,石景山区在京源学校召开"石景山区推进义务教育学校管理标准化建设启动会"。年内,区教委基教科组织完成专家下校调研、网络问卷调研、培训讲座和学校自评工作,完成各义教学校填报教育部管理信息系统工作,并组织完成市、区对辖区首批13所义务教育学校管理标准达标校验收工作。

(陈　曦)

【中小学生环保演讲赛】 4月23日,区教委、区环保局联合举办的石景山区中小学生环保主题演讲比赛决赛在北京教科院附属石景山实验学校多功能厅举行,演讲主题为"美丽北京 绿色未来——我的环保故事"。分为小学组和中学组进行,全区12所学校的

3月27日,石景山区第十二届教育教学研讨月启动仪式　(区教委供稿)

14名中小学生参加，最终石景山区爱乐实验小学的林熙然，北京市第九中学的米热热班·阿布都哈力克，分获得小学组和中学组一等奖。

（李　炬）

【阅读工程】 5月11日，石景山区以“感悟经典魅力，润泽生命成长”为主题的小初高一体化经典阅读论坛，在首都师范大学附属苹果园中学举行，区内各中小学的教学干部及语文教师80余人参加论坛。论坛上外语实验小学、西黄村小学、苹果园中学分校的三节阅读指导课为参会教师展示他们在指导学生开展整本书阅读道路上的探索；苹果园中学分校学生们将欧亨利短篇小说《警察与赞美诗》改编成戏剧并展演。

（荆　林）

【第十届中学生模联】 5月19日—20日，以“家国天下、筑梦未来”为主题的石景山区第十届模拟联合国大会在古城中学举行。区教委领导以及全区各高中学校书记、校长、部分学校观察团出席开、闭幕式，辖区7所高中学校的156名学生代表参加活动。

（李　炬）

【翱翔计划】 5月，石景山区4所学校11名翱翔学员（基础教育阶段创新人才培养项目）经过撰写研究性学习报告，网上申报、区县评审、市级评审、现场答辩等环节，完成第10批翱翔学员结业。10月，第12批翱翔学员选拔，石景山区6所学校共推荐38名学生，经过学校推荐、区级审核、市级评审，10名学生入选第12批翱翔学员。

（荆　林）

【高中选科走班培训】 5月26日，区教委委托教育分院教科所对全区高中开展新高考背景下高一选科指导培训。培训分为新高考政策解读与高校学科专业认识等内容的体验与答疑、选科决策模型及选科决策具体实施步骤三个模块。各高中学校（含黄庄职高）教学副校长、所有心理教师（含生涯指导教师）、高一年级组长、高一所有班主任参加培训。

（施　爽）

【中医药创新人才培养项目】 6月5日，石景山区基础教育阶段创新人才培养项目——2018年中医药创新人才培养项目现场会在景山学校远洋分校举办。现场会集中展示项目开展以来取得的成果，中医药文化与语文、书法等学科融合的校本课程，以及中医药文化与劳技学科相结合开展的实践活动。景山学校远洋分校与首都师范大学附属苹果园中学的同学以中医药文化科普、传承为主题表演情景剧。

（荆　林）

【区“十三五”中期教育科研会】 6月20日，石景山区“十三五”中期教育科研大会在首师大附属苹果园中学召开，会议主题为“关注教育创新，促进内涵发展”。展示46项市、区级教学科研成果，通过四个分论坛分别从教育教学综合改革、课程开发与实施、学科教学研究和学生与教师发展研究四个方面交流17项教学科研成果。大会还对石景山区获得的6项北京市教学成果奖、石景山区第三届基础教育教学成果奖、石景山区教育科研先进学校以及石景山区优秀学校科研室主任进行表彰。区级获奖成果编辑为《教海拾贝——教师优秀教学成果集锦》一书印发出版。

（陈玉珠）

【参评“紫禁杯”】 6月，石景山区中小学参评北京市中小学第三十一届“紫禁杯”优秀班主任和学生喜爱的班主任。10人获“紫禁杯”优秀班主任称号：获一等奖4人，银河小学屈蕊、景山学校远洋分校张娜、教科院附属实验学校徐一林、九中分校朱爱丽；二等奖6人，北京九中陈鹏、京源学校王燕君、实验中学分校王蕊、广宁村小学王云锋、第二实验小学范金梅、北大附小石景山学校王建祁。6人获北京市“学生喜爱的班主任”称号：古城中学李家群、北京九中谷晓光、京源学校刘莎莎、五里坨小学尤颖君、教科院附属实验学校周岩、向阳小学李燕。

（谭春林）

【首席班主任工作坊颁牌】 7月3日，北京市“紫禁杯”优秀班主任工作室石景山工作站暨2018年石景山区首席班主任工作坊颁牌仪式在区教委举行。北京教育科学研究院班主任研究中心主任、《班主任》杂志社赵福江社长，区教委领导李秀兰、于秀云，区教育分院院长周玉华，19名首席班主任、各校德育校长、德育主任参加颁牌仪式。

（谭春林）

【第十六届教育教学培训】 9月—10月，石景山区举办第十六届教育教学培训与展示活动。本次活动分德育类、学科类、地方校本类展示活动，针对35岁以下工作满一年的教师，延续“聚焦核心素养，提升育人质量”的主题，采取随堂听课的形式，从教学设计到课堂实践对中小学各学科进行展示与评审；中小学各学科参加展示422节课，其中，小学256节，中学166节。包含主题班会54节、心理健康课23节、地方校本课程52节、学科课293节。教学设计方面，共有91篇教学设计获一等奖，133篇获二等奖，125篇获三等奖；课堂教学方面，共有91节课获课堂教学一等奖，133节获二等奖，124节获三等奖。

（施　爽）

【第四届“少年说”教育活动】 11月—12月，区教委组织全区中小学校开展庆祝改革开放40周年暨第四届“少年说”系列教育活动，通过4个片区比赛推优，共有80名学生参加区级比赛。活动以“追寻光辉足迹，做新时代有志少年”为主题，分成三大板块：“讲述感动当代的奋斗故事”演讲故事会，面向小学和初中开展；“回忆改革开放的发展历史”知识竞赛，面向初中开展；“传承实事求是的思想精神”，面向高中开展。

（康爱农）

【“当代好课堂”教学改革】 12月11日，区教委关于深化课程教学改革培训与实践工作采购“当代好课堂”项目合作协议签署暨项目培训会在北京市京源学校举行。项目在石景山区基础教育教学改革已有工作和经验的基础上，结合区域内项目学校当前教学发展现状和需求，确定以课堂教学行为变革为核心的内涵式发展路线图，利用互联网平台优势，通过开展线上和线

12 月 21 日，石景山区开展第四届“少年说”教育活动　　（区教委供稿）

下培训、实践等多种教学改革活动，为学校提供有目的、有计划的课堂教学指导，项目为期一年。区领导左小兵和区委教工委、区教委领导，区教育分院院长，当代好课堂专家顾问委员会委员、教育部教育发展研究中心专家咨询委员会副主任周满生、北京恩洪教育科技有限公司董事长马朝晖及京源学校、古城二小等项目线下示范学校和线上加盟学校（分学段统计）共计 22 所中小学校长出席签约仪式。

（施　爽）

【扩优项目】　年内，石景山区民办教育机构参与中小学学科教学改革项目共产生课时量 15649.2 课时，其中学科教学 5420 课时，专题辅导 1140.5 课时，社团活动 2145 课时，校本课程 3866 课时，师资培训 658 课时，开展教科研 164 课时，其他 1852.7 课时，项目覆盖学生 7192 人次，学生覆盖率约为 57%。区教委义教教研、科研及德育心理部门共 38 名研修员在教科院苹果园中学分校和北京市古城中学两所基地校共上示范课 17 节，听、评课 541 节，进行专题讲座 30 次，组织专题研讨 393 次。区实验小学、实验二小、外语实验小学、外语实验小学分校、京源学校小学部 5 所学校外籍教师参与中小学英语教学改革项目。

（陈　曦）

高等教育

【概况】　石景山辖区内有北方工业大学、中国科学院大学、北京工业职业技术学院、首钢工学院、国家检察官学院等高等院校。中国科学院大学（简称国科大）是一所以科教融合为特色的高等学校。国科大以研究生教育为主，同时招收少量本科生，实施本科精英教育。北方工业大学（简称北方工大）前身是创办于 1946 年的国立北平高级工业职业学校，1985 年更名为北方工业大学；先后隶属于中央重工业部、冶金工业部、中国有色金属工业总公司，1998 年 9 月起以北京市管理为主。

（通拉嘎　刘　侠）

【国科大首届本科生毕业】　7 月 2 日，国科大举行首届本科生毕业典礼。副校长苏刚主持毕业典礼暨学位授予仪式。中国科学院、国科大和研究所领导、相关学院和科教融合办公室负责人以及部分学生家长出席典礼。首届 290 名本科毕业生中，244 人将继续攻读硕士或直接攻读博士学位，占毕业人数的 84.1%。继续深造的毕业生中，有 85 人到境外留学，占毕业人数的 29.3%；159 人在国内读研究生，占毕业人数的 54.8%。2014 年，国科大开始招收本科生，最初设有数学与应用数学、物理学、化学、生物科学、材料科学与工程、计算机科学与技术等 6 个本科专业。

（通拉嘎）

【国科大建校 40 周年】　10 月 14 日，国科大举办建校 40 周年纪念大会。中国科学院领导以及来自国内外 40 余所高校代表、全国 60 余所重点中学代表、社会各界人士、校友代表和在校师生欢聚一堂，共同为国科大庆生。中国科学院院长、党组书记、国科大名誉校长白春礼院士致开幕辞。中国科学院副院长兼国科大党委书记、校长李树深院士回顾 40 年的办学历程。

7 月 2 日，国科大举行首届本科生毕业典礼　　（国科大供稿）

大会由党委常务副书记、副校长董军社主持。国科大以最隆重的方式向席南华、余金中颁发“李佩教学名师奖”，向丁一汇、李家春等8名教师颁发“李佩优秀教师奖”，向杜红荣、胡金旭等10名教师颁发“师德模范奖”。

（通拉嘎）

【“国科大杯”创新创业大赛】 10月20日，举行“国科大杯”创新创业大赛总决赛暨颁奖典礼。创新创业大赛旨在发现、培育一批优秀创新创业人才，发掘、扶持一批潜力大、前景好的优秀项目，助力科技成果转移转化。自4月启动以来，创新创业大赛吸引参赛项目近200项，涵盖“互联网+”、“人工智能”、“大健康”、“新材料”、“新能源与节能环保”等战略性新兴产业领域。经过初赛、培训、复活赛、决赛四个环节，筛选出20支参赛项目入围总决赛。总决赛中，项目负责人通过路演的方式展示项目核心优势和市场前景，国内知名投资机构负责人作为评委对项目进行评审。经过激烈角逐，最终评选出一等奖3名、二等奖6名、三等奖7名、优秀奖4名。

（通拉嘎）

【北方工大本科教学评估】 10月23日—26日，受市政府教育督导室委托，本科教育审核评估专家组对北方工大本科教学情况开展现场考察活动，集中考察智慧教室、智能交通北京市重点实验室，2018年教学成果及学生创新创业作品展、大学生创新创业基地等，共听课51门次，看课若干，查阅试卷2803份，查阅毕业论文（毕业设计）1068份，查阅大量文卷，访谈所有校领导，走访全部教学单位和职能部门，共访谈156人次，召开39场座谈会，考察3个校外实习基地和1个用人单位。在专家见面会上，丁辉作题为《以一流人才培养为己任 建设高水平工业大学》报告。

（刘　侠）

【北京市高校发展考察】 12月3日—4日，北京市高校分类发展工作考察专家组进驻北方工大，分别与6位校领导，12位学校职能处室负责人、9位学院院长，12位知名教授、24位中青年教师代表及36位本科生、研究生代表进行交流，实地考察40余门课程的教学实况，参观基础课程教学实验室和科研实验室。在汇报会上，校长丁辉以《统筹推进教育改革发展 努力建设高水平特色大学》为题作报告。专家组对学校的办学定位和改革措施给予积极评价和中肯意见。

（刘　侠）

成人教育

【概况】 2018年，石景山区成人教育有石景山区业余大学和北京开放大学石景山分校2所，两校合署办公，统一管理，有八角和八大处2个校区，3个教学系，开设30个专业，覆盖10个学科。教职工101人，其中，行政人员33人、教辅人员17人、专任教师44人、工勤人员5人、科研机构人员2人，研究生学历43人，硕士学位55人，本科学历49人，副高级职称14人。毕业生846人，其中，专科生568人、本科生278人。招生1133人，其中，专科生667人（业余大学432人，开放大学235人）、本科生466人。在校生3539人，其中，专科生1895人、本科生1644人。12月，区业余大学2018年成人高考录取432人。全年非学历继续教育培训项目321个，包括会计职称、保育员等职业技能培训；区老干部局、区教委、区红十字会等在职人员继续教育；舞蹈、美术、体育、器乐等青少年综合素养教育以及琴棋书画等老年教育等，总计72558人次。年内，石景山社区学院被评为2015—2017年度首都文明单位，被认定为“北京市职工继续教育基地”和首批“首都女性学堂”学习基地。社区学院“北京市石景山老年大学”“中医养生保健”两个学习品牌获北京市2018年终身学习品牌项目。

（马迎春）

【“双师型”教师培训】 1月8日—11日、1月16日—19日，石景山区业余大学组织46名教师参加为期8天的职业核心素养“双师型”教师培训。第一阶段的培训以老师们设计的培训课程为学习的场景，从培训课程的价值，培训内容的取舍和培训过程的设计三个方面进行培训实践和交流点评。第二阶段的培训从培训中的讲解，组织讨论和设计练习点三个方面模拟培训和反馈。

（郭爱霞）

【区第四届花卉节】 1月17日，石景山区第四届花卉节启动式在石景山社区学院举办。活动由区成人教育学会与石景山社区学院联合举办。石景山区第四届花卉节是石景山社区学院市民教育活动中的品牌项目，自2014年起至今，每到春节前夕，面向石景山区市民免费开展种花护绿活动。今年的花卉节以“让生活更美好”为主题，分8个批次开展活动，吸引校外志愿者、机关、企事业单位在岗人员共200人参加活动。

（王亚飞）

【冬奥英语大讲堂】 5月8日，第十六期“冬奥英语大讲堂”市民公益英语培训在石景山社区学院开讲，全区9个街道的30名英语骨干学员参与学习。2018年“市民公益英语大讲堂”以冬奥为主题，荀旭辉老师作任主讲。本期大讲堂分为六次课，荀旭辉老师针对中老年学员的特点，注重训练学员的基础发音及口语表达能力。市民公益英语培训已举办十五期，助力2022年冬奥会。

（谢晨萌）

【创新创业案例决赛】 6月9日，石景山社区学院举办2018年学生创新创业案例大赛决赛，北京开放大学国开业务部主任李春英、校企合作单位领导包首明与文史系三名责任教师共同担任决赛评委。比赛现场，24名选手来自各行各业，有公交系统员工、保险业务员、房地产售楼小哥、商场导购员，他们用课堂所学的理论知识，结合职业特点，阐述着一个个来源于工作生活实际、聚焦社会热点的案例。李桂明、王志军两位同学分别以《化解公共利益矛盾，满足人民美好生活需要》《责任管理与使命同行——北京公共行业创新创业发展之路》两个案例获大赛一等奖。

（赵明旭）

【北京市终身学习论坛】 9月3日，2018北京市终身学习论坛在石景山社区学院召开，论坛由北京教育科学研究院终身学习与可持续发展教育研究所，北京市成人教育学会国际教育交流工作委员会、PASCAL国际终身教育研究组织联合举办，论坛议题为国际视野中的终身学习实践与研究。社区学院院长杨文霞、东亚成人教育协会专家关康才主持会议，共有来自英国、澳大利亚、新加坡、南非等国家及北京教育科学研究院终身学习与可持续发展教育研究所10余名专家学者参会。杨文霞以《办好百姓身边的社区大学》为主题介绍石景山社区学院在学历继续教育、非学历继续教育、社区教育及老年教育各方面的发展现状等情况。副院长戎梅带领国内外专家学者实地调研学院中医实训基地及市民终身学习示范基地。

（徐迎军）

【家庭快乐厨艺风采赛】 11月10日，石景山区第六届家庭快乐厨艺风采大赛在石景山社区学院厨艺实训室举行。经过初赛选拔，来自全区9个街道、社区的9组家庭参加决赛。组委会邀请中烹高级技师、全国“五一”劳动奖章获得者丁海涛，中国药膳大师曹垦，中国青年烹饪大师张飞等专家担任评委，比赛以“养生药膳”为主题，分为五个环节。五里坨街道范瑞芳、苑菊红家庭荣获一等奖，金顶街街道马志风、栾世章家庭获二等奖，广宁街道张华、李骏晨家庭获三等奖。

（徐迎军）

【“一月一主题”体验】 年内，石景山社区学院共开展10次一月一主题”市民教育体验活动，包括软陶、插花、亲子烘焙等文化技能培训，以及八段锦、制作大山楂丸、中医保健香囊等中医保健类培训，受益人数达199人。

（孙海燕）

【三项课题获立项】 年内，区业余大学申报的《创新开展老年学历教育招生实践研究》《北京市中医药文化素养教育试点基地建设行动》《石景山社区学院品牌文化深化建设策略研究》三项课题获得市成人教育学会立项，参评的两篇论文获学会优秀科研成果三等奖。石区业余大学提交的《浅谈成人高校培养学生职业核心能力的模拟实训教学》《人文素养视角下的＜英语国家文化＞课的课程定位研究》两篇论文获学会2017—2018年度科研成果三等奖。

（潘 潇）

职业教育

【概况】 北京市黄庄职业高中（简称黄庄职高）是石景山区唯一一所公办职业高中。该校建于1981年，为公办三年制学校。2018年，毕业生555人，招生118人。在校生577，外省市借读生0人；学校设有4个系部，开设美容美发与形象设计、计算机计动漫与游戏制作和口腔修复与工艺等共11个专业，21个教学班。学生职业资格证书取证率91%，就业率100%。学校法人是倪晓辉。教职工169人，其中教辅人员2人，工人5人。专任教师111人，其中专科学历1人，本科学历92人，硕士以上学历18人，本科及以上学历占教师总数99.1%；专业技术职称一级28人，中级37人，高级43人，特级教师1人；“双师型”教师52人。聘请校外教师16人。全年教育经费投入6395.35万元，其中，国家拨款6093.75万元、自筹经费301.61万元。年内，学校申报的《中职学校保护传承非遗项目，培养传统技艺技能人才的探索与实践》《中职旅游服务与管理专业“三纵三横一平台”课程体系改革研究与实践》两项成果荣获2017年北京市职业教育教学成果奖二等奖，获得2018（第二十六届）全国发型/化妆/美甲/美睫/美容美容护肤大赛年度技术推动奖等荣誉称号。

（文昌敏）

【国际交流合作】 1月8日—12日，黄庄职高与法国亚眠高等预科学院（ISPA）合作，共同举办为期5天的法式甜点制作培训课程，由该机构提供甜点师埃里克先生授课，该机构北京文化项目部负责人王聪担任助教，师生共180人参与交流学习。4月16日，该学院教学主任让－皮埃尔·吉拉尔（Jean－Pierre GIRARD）一行三人来校与学校国际交流处负责人共同签署《北京市黄庄职业高中与法国亚眠高等预科学院（ISPA）合作协议》，依据协议内容，于9月1日始开设法语、西班牙语、雅思等小语种课程。

（吴 懋 魏 祯）

【京式旗袍技艺】 4月28日，黄庄职高非遗项目“京式旗袍”参加由北京月讯杂志社、北京对外文化交流中心、区旅游发展委、区外事侨务办、区文化委、区公园管理中心联合主办的“北京沙龙·亲历北京”活动；6月9日—12日，代表石景山区参加在全国农业展览馆举行的“流动的文化——大运河文化带非遗大展暨第四届京津冀非遗联展”。项目负责人、京式旗袍第五代传承人张凤兰老师展示各年代京式旗袍和“2022冬奥”雪花系列旗袍盘扣手工工艺品，指导现场观众制作手工盘扣，旗袍表演等方式传播京式旗袍技艺与文化。9月3日—10日，泰国曼谷中国文化中心联合中国文化和旅游部中外文化交流中心、中国数字文化集团有限公司、北京市黄庄职业高中合作的“霓裳雅韵—中国旗袍文化体验工作坊”亮相曼谷中国文化中心。交流展通过旗袍静态展区，文创产品区，盘扣DIY区，试穿区，展板区等环节向泰国民众传播京式旗袍的发展历史、制作技艺。

（文昌敏）

【参赛“京港杯”】 4月29日，黄庄职高橄榄球队代表北京市高中学生赴港参加第二届“京港杯”青少年橄榄球交流赛获高中组第三名，取得内地学生橄榄球队在“京港杯”赛事中的最好成绩。本次比赛共有小学、初中及高中组共14支队伍。“京港杯“青少年橄榄球交流赛由香港榄球总会主办，旨在通过内地与香港两地青少年橄榄球文化交流，推动两地间体育文化建设。

（文昌敏）

【对口帮扶】 黄庄职高 于4月、5月、10月先后开办2期定兴县职业技术教育中心学员班和1期顺平职教中心学员班，两校学前、会计等6个专业的

175名学生来黄庄职高完成为期30天的专业课程学习及综合实训活动；10月17日，内蒙宁城职教中心学校教师交流团一行9人来校交流学习，双方通过座谈、参观、查阅示范校建设档案材料等方式就该校争创省级示范校等事宜进行交流学习；10月27日，协同发展处组织服装专业教师组成5人讲师团随北京市新疆和田职业教育代表团赴和田支教，与新疆和田市职业学校达成合作共建服装专业等事宜，并赠送合作校服装专业示范校特色专业建设成果《服装设计系列自编教材》。11月20日—23日，黄庄职高会计、服装、美容专业三名教师组成讲师团赴顺平职教中心校开展送教活动。11月25日至12月25日，黄庄职高两名教师赴内蒙古宁城县职教中心，围绕信息化教学、课程改革等内容开展为期一个月的支教任务。11月20日至12月20日，第十四师职业技术学校2名教师到黄庄职高完成为期30天的跟岗研修。

（文昌敏 姜煜洁）

【职教宣传月】 5月15日，以"产教融合 国际标准"为主题的区职业教育宣传月活动在黄庄职高举行，活动分为校企合作签约揭牌仪式、学生工作室及社团成果展和文化创意产业人才培养教学改革研究课观摩活动三个环节。黄庄职高与中国数字文化集团有限公司正式签约，成立以培养文化创意领域创新型、应用型人才的"中数文化创意学院"；成立引进行业专家的"赵炳音工作室""李玫玫工作室"；学生合唱、话剧社团表演合唱、音乐剧，该演出由"李玫玫工作室"、学生音视频工作室分别担任演出服化造型和现场摄影直播的工作；旅游、服装等专业7名教师展示6节研究课，展示在"校企合作、TAFE国际标准落地、弘扬优秀传统文化"等方面的教学研究成果。市教委职成处、北京教科院所职成所、校企合作企业、区域文化创意产业联盟团体、京冀两地友好职业院校的相关负责人、教师代表和嘉宾210人出席活动。

（文昌敏）

【创吉尼斯世界纪录】 12月7日，区文化委主办，区非物质文化遗产保护中心、黄庄职高承办的以"剪雪花 迎冬奥"团结一心共创吉尼斯世界纪录称号为主题的非遗传承文化活动在"石景山区非遗传承教育基地" 黄庄职高举办。全校师生和社会各志愿团体480人在1小时内完成21182朵雪花剪纸作品，创造"一小时内团队完成最多的纸雪花"新的吉尼斯世界纪录称号。北京冬奥组委相关领导、吉尼斯世界纪录大中华区负责人马可先生、吉尼斯世界纪录认证官熊文女士出席活动，并向石景山区颁发吉尼斯世界纪录证书。

（文昌敏）

【区首家园艺驿站】 12月14日，石景山区首家园艺驿站落户黄庄职高，区绿化办为学校举行园艺驿站挂牌活动，这是全市范围内首个在学校挂牌的园艺驿站。黄庄职高自2009年每年社区范围组织开展水仙节，面向全区街道、社区开展水仙雕刻技艺指导和鉴赏学习，宣传生态理念，普及绿化常识。

（翟 路）

【一根两枝·北京印象】 12月21日—27日，黄庄职高举办"一根两枝·北京印象"两岸青少年文化交流活动，邀请台湾友好校明台高级中学师生24人来校交流访问。期间，通过组织台京两校师生共同游览故宫、颐和园等历史文化古迹，黄职音视频工作室与明台高中学生共同制作 "北京印象"文化之旅微电影并展示，举办服装、烹饪、旅服、学前专业技能大赛活动，两地学生共同参与服装设计展示等活动。活动由区台办、区教工委、区教委主办，黄庄职高承办。

（文昌敏）

教育督导

【概况】 2018年，石景山区人民政府教育督导室（简称教育督导室）依据《石景山区普通中小学校全面实施素质教育评价指标体系》，组织完成全区中小学、幼儿园全面实施素质教育工作自评及学年度考核工作；开展集团化督导，完成古城教育集团内4校和北京景山学校远洋分校综合督导；综合督导2所、随访督导4所幼儿园；落实国家和北京市文件精神，完成全区48所中小学、53所幼儿园春、秋季开学情况专项督导；完成幼儿园办园行为和幼儿园办园隐患专项督导；完成京源教育集团5所成员校和青少年活动中心复查回访。加强经常性挂牌督导，以一月一主题形式做好责任督学经常性督导工作；开展责任区内及跨区域集体协作督导。就全面实施素质教育工作完成2个少年之家督导检查。强化政府职责，完成国务院教育督导委员会办公室核查省级政府履行教育职责检查迎检、北京市教育执法督导和综合督政工作；完成区相关委办局落实义务教育、学前教育阶段设施配备和资源供给情况随访督导；完成对区37个相关委办局、街道办事处的工作自查自评和81名领导干部考评工作。完成2017—2018学年度"人民满意学校"问卷调查工作。完成本年度国家义务教育质量监测和北京市学前教育发展状况监测统计工作。成立石景山区教育督导与教育质量评估监测中心。完成53人次督学的换届聘任工作。强化督导信息化建设，利用"四个平台"辅助开展教育督导工作和督导信息宣传工作；建立幼儿园责任督学挂牌督导数据库，实现责任督学挂牌督导工作全过程信息化、网络化，提高教育督导整体工作效能。石景山区获国务院教育督导委员会办公室"全国中小学校责任督学挂牌督导创新区"称号。截至年底，区政府教育督导室专职督学6人，兼职督学12人，责任督学29人，特约督学20人，挂职督学1人。

（王桂洋）

【获全国督学督导创新区】 2月5日，国务院教育督导委员会办公室发布《关于公布第二批全国中小学校责任督学挂牌督导创新县（市、区）名单的通知》（国教督办〔2018〕1号），经专家材料审查和实地核查，石景山区被认定为第二批"全国中小学校责任督学挂牌督导创新区”。4月9日，北京市召开教育督导工作会，市委教工委常务副书记郑吉春宣读“关于第二批全国中小学校责任督学挂牌督导创新区的表彰决定”，副市长、市政府教育督导委员会主任王宁等领导为北京市7个“全国中小学校责任督学挂牌督导创新区”颁发奖牌。教育督导室主任王鑫代表石景山区接受颁牌。

（王桂洋　王贤鑫）

【开学专项督导】　2月26日至3月1日，教育督导室联合区教委组织30名责任督学对全区48所中小学、53所幼儿园进行春季开学安全防控工作专项督导检查。8月27日至9月3日，依据市政府教育督导室《关于开展北京市中小学校、幼儿园2018年秋季开学情况督导检查的通知》要求，组织本区29名责任督学对全区48所中小学校和53所幼儿园开学条件保障、校园安全管理、食品卫生安全等常规内容进行督导检查。9月7日，教育督导室完成全区2018年秋季开学情况专项督导检查报告上报市政府督导室专项督导处。

（王贤鑫）

【幼儿园专项督导】　3月23日，教育督导室召开幼儿园安全工作专项督导检查部署培训会，传达市政府教育督导室关于对全市幼儿园集中开展安全工作专项督导检查的通知精神，部署本区幼儿园办园行为专项督导工作，并对幼儿园责任督学进行相关专业培训。同月26日—28日，教育督导室组织30名责任督学，根据幼儿园安全管理、卫生保健、饮食健康、家园联系等内容细化的55个评价要点，深入辖区内54所各级各类幼儿园进行安全工作大排查，填写《石景山区责任督学幼儿园安全工作检查情况记录汇总表》报备区督导室。

（王贤鑫）

【随访督导委办局】　4月10日—13日，教育督导室督政科依据市政府教育督导室2018年教育执法督导检查内容，对区财政局、规划国土委、住建委、发改委等相关单位落实义务教育阶段及学前教育设施配备和资源供给情况进行随访督导。

（赵智红）

【督导2个少年之家】　4月21日、24日，教育督导室督政科依据《石景山区政府、教委、学校（教育机构）全面实施素质教育评价方案》，对八角少年之家、八大处少年之家三年来全面实施素质教育工作进行督导检查。督导期间，听取单位主要领导的工作汇报，进班听课、对校级及分管干部进行民主测评、对教职工进行集体问卷调查和个人访谈、查阅相关资料、巡视校园环境等实地考察，汇总相关信息进行综合分析，形成督导报告并进行反馈。

（赵智红　刘国峰）

【督导景山学校远洋分校】　5月8日，督学科中小学督导评价组对北京景山学校远洋分校进行全面实施素质教育综合督导。督学科专兼职督学、责任督学、特约督学共40余人参加督导。督导评价组通过听取学校全面实施素质教育工作汇报、实地巡视校园、观看两操、走进课堂听课、查看档案材料等内容，形成综合督导报告，并于6月21日完成综合督导意见回复，在肯定成绩指出问题的同时，提出整改意见和建议。

（王贤鑫）

【国家义务教育质量监测】　5月24日，国务院教育督导委员会办公室、教育部基础教育质量监测中心对全区2018年义务教育质量进行抽样监控测试。抽取全区20所中小学校作为样本校；监测科目为数学、体育及其相关因素；监测对象为四年级和八年级学生及其教师、学校领导。测试方式为数学测试、数学相关因素问卷填答、体育相关因素问卷填答和体育现场（室内、室外）测试，以及校长与教师网络问卷填答。期间，市教委体卫艺处对实验小学、京源学校等监测点进行巡视检查，深入测试现场办公室、教师问卷填答室、测试教室、体育测试场地等地查看，与相关人员交流了解情况。市巡视员对本区及样本校的组织、测试工作表示肯定。石景山区完成国家部署的监控测试工作。

（王贤鑫）

【教育督导中心成立】　6月22日，经区委教育工委研究决定，正式成立石景山区教育督导与教育质量评估监测中心（以下简称教育督导中心）。中心核定事业编制5人，其中设主任1人，副主任1人，工作人员3人。中心设在北京教育学院石景山分院，接受其日常管理；其人员任命、聘任和业务工作直接受教育督导室的领导和管理。经区委教育工委研究决定，任命王升为中心主任，梁毅梅为中心副主任。教育督导中心正式挂牌开展工作，形成教育督导“督学、督政、评估监测”三位一体的工作体制。

（王贤鑫）

【人民满意学校测评】　9月19日，教育督导室在区教委召开2018年度石景山区教育满意度调查工作部署会。菲尔麦德咨询有限公司项目首席专家、中国教育学会时俊卿教授和教育研发中心相关人员出席会议，教育督导中心人员及全区各中小学校长、幼儿园园长共70余人参加会议。教育督导室、区教委委托北京菲尔麦德咨询有限公司于9月15日—21日进行调查。调查采用扫描二维码加填写学校编号的无记名电子问卷方式进行网络填答。调查涵盖全区幼儿园、中小学、特殊学校以及中职学生、家长、干部教师。12月，北京菲尔麦德咨询有限公司通过对石景山区教育工作满意度调查数据进行深入分析后，完成全区总报告和各学校报告，反馈至区政府教育督导室。

（王贤鑫　王桂洋）

【督导古城教育集团】　11月8日—21日，教育督导室督学科中小学督导评价组对古城教育集团内的古城中学、古城第二小学、古城第二小学分校、北方工业大学附属学校全面实施素质教育工作进行综合督导。督导评价组的36名督学分成学校发展规划与干部队伍建设、教学与教师队伍建设、德育工作、体育美育卫生健康等4个项目组，分别对集团内各成员单位的发展规划、队伍建设等方面的工作进行检查评估，形成督导报告。12月25日，教育督导室召开综合督导意见回复会，分别对集团内的4所学校全面实施素质教育工作情况进行综合督导意见反馈。

（王贤鑫）

民办教育

【概况】 2018年，石景山区各级各类民办教育学校、培训机构共100所。其中民办普通中学3所（含来京务工人员自办校1所），民办幼儿园27所，民办职业高中1所，其他文化、教育、技术等非学历培训学校69所。各类培训机构全年培训人数达90787人，民办幼儿园在校生8366人，民办中、小学在校生1532人。各级各类学校（中、小、幼、中职）教职工合计1791人，其中专任教师879人。全年共办理行政许可事项11项，办理民办学校变更校址、校长、决策机构成员、增设教学点等备案事项13项，做出行政处罚11项。2017/2018学年，区教委投入400余万元对在民办学校就读的义务教育阶段学生进行补贴。

（白　璐）

【民办学校分流安置】 8月，石景山区黄庄学校办学许可证到期，未申请办理延续，且其校址租赁合同于7月31日终止，不再具备继续办学条件，学生、教师面临分流。区教委召开各部门研讨会，制定分流安置方案，于8月底完成黄庄学校学生和教师的分流安置工作。

（白　璐）

【年检工作布置】 12月26日，区教委召开石景山区民办学校2018年检工作会。会议总结全区2018年民办教育的总体工作，对2018年民办学校年检工作进行布置。区民政局社团办负责人就民办学校法人年检和分类登记事项作详细介绍。会议还邀请会计师事务所的会计师对年检财务审计工作进行培训。全区一百余所民办机构的举办者或负责人参加会议。

（白　璐）

【校外机构专项治理】 年内，区教委联合工商、街道等多部门对全区校外培训机构进行摸底排查，全区9个街道共梳理出216家校外培训机构，排查无问题机构75家，141家校外培训机构需要整改。对于需要整改的机构，治理小组建立整改台账，对标对表各个击破，共关停7所违规办学培训机构。截至12月31日，石景山区完成全部治理整改任务。

（白　璐）

【培训民办学校】 年内，区教委委托石景山区业余大学对民办学校管理者及教师进行培训。共组织培训15次，内容包括幼儿园卫生保健和食品安全、民办学校财务管理制度、小学教学教法研究、《中华人民共和国民办教育促进法》解读等。

（白　璐）

【民办培训机构疏解】 年内，区教委按照《2018年石景山区“疏解整治促提升”专项行动工作方案》要求，清理3所经营不善的民办培训机构，完成2018年疏解任务。

（白　璐）

文 化

综　述

【概况】　石景山区文化委员会(简称区文化委),是负责全区文化艺术、文物和博物馆、新闻出版和著作权以及广播电影电视事业管理工作的区政府工作部门。内设办公室、组织人事科、文化科、文物科、文化市场管理科和政策规划科5科1室。下属行政执法队、文化馆、图书馆、古城电影院、法海寺文保所、慈善寺文保所、承恩寺文保所、冰川馆、文物研究所、会计管理中心、文化中心、非遗中心共11个单位,在职员工181人。年内,文化和旅游部、财政部公布第四批国家公共文化服务体系示范区(以下简称"国家示范区")创建资格名单,石景山区作为北京市唯一推荐区取得创建资格,创建期为2018—2020年。石景山区被文化和旅游部确定为全国县级总分馆制建设试点单位,将总分馆制建设工作纳入全区公共文化服务重点改革任务,制定《石景山区推进文化馆图书馆总分馆制实施方案》;将辖区郎园Park良阅书房、全民畅读书吧等社会力量兴办的公共阅读空间纳入区图书馆总分馆制体系。截至年底,区图书馆共建立14个基层分馆试点;区文化馆在八宝山街道沁山水南文化中心建立分馆试点。

(萧　媛)

【第11届北京清明诗会】　4月3日,首都文明办、区委区政府共同主办的第11届北京清明诗会在北京国际雕塑公园西园举办。首都文明办领导、区领导及有关部门负责人,社区党员和各界群众代表等300余人参加活动。诗会集诗歌朗诵、歌舞等节目形式的综合性演出,分为"向春天""心念""魂系""梦寻""致未来"五个部分,通过领诵、齐诵和轮诵等形式加以古筝、笛箫伴奏,展现新时代背景下的历史记忆。

(赵　琪)

【"古城之春"艺术节】　5月中旬至7月中旬,石景山区第35届"古城之春"艺术节全区范围内举办。活动以"创建国家和首都公共文化服务体系示范区·我参与 我快乐"为主题,以纪念改革开放40周年和迎接2022年北京冬奥会残奥会、展示示范区创建成果和创建全国文明城区工作为主线,在全区范围内共组织开展各类文化活动350余场次,活动类别包括戏曲、模特比赛、舞蹈、书法、朗诵表演等,吸引100余支群众业余艺术团队参赛,惠及群众66.7万余人次。

(甘丽娟)

国家示范区创建

【概况】　4月,文化和旅游部、财政部公布第四批国家公共文化服务体系示范区(以下简称"国家示范区")创建资格名单,石景山区作为北京市唯一推荐区取得创建资格,创建期为2018年—2020年。区委、区政府将其纳入"十三五"时期全区经济社会发展的目标任务,列为区委、区政府重要议事日程,纳入政府折子工程,写入政府工作报告。成立以区长为组长,区委常委、组织部长(代管宣传工作)和主管区长为副组长,50个相关职能单位部门组成的示范区创建工作领导小组,办公室设在区文化委,各街道办事处(鲁谷社区)分别成立创建工作机构,共同推动创建实施。建立公共文化服务体系联席会议制度,年内共召开9次联席会、14次不同层次的专题工作会。研讨部署推动示范区创建工作,形成全区上下齐抓共管示范区创建的工作机制。年内,修改完善《北京市石景山区创建国家公共文化服务体系示范区规划(2018—2020年)》,对国家示范区创建指标进行任务分解,并征集相关委办局、各街道意见建议后以区政府名义正式发文;起草完善《石景山区创建国家公共文化服务体系示范区专项资金管理办法》《石景山区关于街道社区公共文化设施开展社会化运营工作的实施办法》。

(赵　琪)

【国家示范区专题培训】　1月18日,"石景山区创建公共文化服务体系示范区专题培训"在区图书馆举行。文化部国家公共文化服务体系建设专家委员会主任李国新教授解读《中华人民共和国公共图书馆法》,全区文化工作者、区图书馆协会成员单位代表及社会文化机构负责人等120余人参加培训。8月3日,区文化委在京燕饭店组织举办公共文化服务体系示范区暨全国文明城区创建迎检工作部署培训会,会议对首都示范区创建指标验收标准进行进一步明确,对第三方机构暗访迎检和创建档案筹备工作进行具体部署,针对各街道综合文化活动中心社会化运营和文化馆图书馆总分馆制建设等重点任务进行安排落实,区街道社区各级文化干部和文化单位负

4月3日,第11届北京清明诗会　(区文化委供稿)

责同志230余人参加会议。

（赵　琪）

【国家示范区创建动员部署会】　7月12日，石景山区召开创建国家示范区动员部署会，文化和旅游部公共服务司副司长白雪华，北京市文化局副局长庞微，区四套班子领导陈之常、高洪雁、陈婷婷、刘建国，示范区工作领导小组成员单位及区属相关单位、驻区文化企业、社会组织代表、各街道文化工作负责人等320人出席会议。区政府与示范区创建工作领导小组成员单位签订工作责任书。

（赵　琪）

【公共文化服务目录验收】　9月18日，我区参加在中央文化管理干部学院举办的第三批国家公共文化服务体系示范项目验收评审。按照验收标准，汇总整理公共文化服务目录制项目自2015年创建以来的档案材料，撰写验收工作报告，制作汇报PPT；优化提升石景山区公共数字文化服务平台功能；修订编印2018年度《石景山区公共文化服务目录》手册。目录制项目创建实施以来，我区已基本完成创建规划中的编制目录文本、建设数字平台、以目录应用实践全面推动地区公共文化服务体系三大主要任务。

（赵　琪）

【首都示范区评审验收】　12月6日，市文化局组织专家评审组到鲁谷社区综合文化活动中心、金顶街街道综合文化活动中心和金顶街街道模式口村社区文化活动室进行实地走访检查，查看设施建设情况、信息资源共享工程使用情况、无障碍设施配备情况、群众意见反馈情况等。12月7日，参加市文化局组织的首都示范区创建工作评审答辩。会上，区长陈之常代表区委、区政府向评审组汇报石景山区创建首都示范区的主要成效、主要做法、示范效应及下一步工作思路。评审专家就如何抓住冬奥契机实现区域发展、基层公共文化设施社会化运营等内容进行提问，区领导陈之常、陈婷婷和文化委相关负责同志进行评审答疑。

（赵　琪）

群众文化

【概况】　年内，石景山区9个街道、150个社区按照街道文化中心2000平方米、社区文化室300平方米的标准，设施在全覆盖的基础上进一步优化，面积达标率较创建前增长40%，达到100%。24小时智能书店成为有益补充。形成布局合理、方便群众的公共文化设施网络。研发公共数字文化服务平台，建设“石景山区文化E站”“石景山文APP”，发布公共文化活动近700场次，注册用户13.2万，超过地区常住人口数1/5，浏览总量245万人次。流动文化服务进基层每年达到2000次以上，数量较创建前增长一倍。各级公共文化设施全面实现每周开放56小时以上，每年直接到各级公共文化场所参与享受文化服务人次超过100万，相比创建前增长70%。

（赵　琪）

【元旦、春节文化活动】　元旦、春节期间，区文化委面向全区各街道社区、机关企事业单位、驻区部队，围绕“红色基因、绿色发展、金色梦想”的主题，依托区内各级公共文化服务机构，开展系列活动。区文化馆送文化下基层，开展“非遗声音故事”进军营、送祝福进敬老院、为退休军人送春联等多项文化志愿者“送福到家”慰问活动。公益电影流动放映队精选热门影片，春节期间在辖区2家敬老院、石景山看守所和部队，为不同人群放映公益电影。区图书馆在确保春节期间天天开放同时，举办第十六届百副春联送读者、亲子手工会、“寻找文化之源 守护非遗之美”系列讲座等活动。全区元旦、春节期间共举办群众文化活动452场，参加人次110万（含庙会和网络直播）。

（甘丽娟）

【元宵节文化活动】　3月2日—6日，在区文化馆百姓剧场举办“正月十五唱大戏 百姓戏聚石景山”公益戏曲演出活动，活动由区文化馆联合中国京剧艺术网、北京群众戏曲评论学会、北京四维雅乐剧团共同举办。以名家与票友同台、国家院团知名演员倾力加盟的方式，联合区文化馆4支优秀戏曲团队，演出京剧、评剧、梆子、越剧4大剧种的5台戏曲经典大戏和折子戏。采取“线上订票+网络直播+观看回放”形式，通过石景山公共数字文化服务平台、手机APP和微信公众号发布活动预告。区图书馆采取线上线下同步进行的方式开展“元宵节灯谜有奖竞猜活动”。

（甘丽娟）

【夏日文化广场活动】　7月27日，区文化委、武警北京市总队执勤第六支队十七中队共同举办“军民共筑强军梦 文化拥军当先锋”夏日文化广场慰问演出在十七中队营区拉开帷幕，活动持续时间近两个月，主题围绕石景山区创建全国文明城区和“双拥共建”内容展开，参与人数达2000余人，包括歌舞、戏曲、器乐、相声、小品等多种文化活动类型及电影放映。

（甘丽娟）

【市民族运动会开闭幕式】　8月18日—23日，北京市第十届民族传统体育运动会在石景山区举行，区文化委负责运动会开闭幕式演出总体协调统筹工作。18日上午，运动会开幕式在石景山首钢篮球中心举行。开幕式以“中华民族一家亲，同心共筑中国梦”为主题，市民族传统体育协会、区各街道舞蹈队等单位，表演和展示民族特色歌舞、传统民族体育项目、“冰雪”主题节目等。国家民委副主任石玉钢致辞，市委常委、统战部部长齐静宣布运动会开幕，副市长王宁致开幕辞，代区长陈之常致欢迎词。市委统战部副部长、市民委主任钟百利主持开幕式。23日下午，闭幕式在北京国际雕塑公园举行。

（赵　琪）

【重阳节主题活动】　10月17日，由市委宣传部、市文化局、区委、区政府主办，区文化委承办的“孝满京城 德润人心”西山八大处重阳游山会主题文艺演出在八大处公园举办。活动现场，市民政局、市老龄工作委员会办公室发布2018年度北京十大“孝星榜样”。在八大处百卉园、柳溪山房、三处翠微茶社还邀请市区书画协会成员现场挥毫泼墨，赠送老人作品。作为北京市“我们的节日”系列活动之一，区文化委在分会场开展“戏聚石景山”京剧名段演唱会活动，有《天女散花》《岳母刺字》《三娘教子》等京剧经典名段表演。

（甘丽娟）

【周末剧场】 年内，石景山区“周末剧场”共演出22场。参与演出的专业团体15个，演出包括综艺、音乐会、戏曲、杂技、话剧、曲艺、民谣和儿童剧等多种形式，采取低价售票、凭票入场的方式开展活动，观看演出观众1375人。在采用传统电话订票基础上，增设周末场QQ群、微信群，联合“票行天下”实现网络订票。新增以儿童剧为主，其他节目为辅的月套票形式，满足不同层次、不同年龄段观众观看演出需要。

（赵　琪）

图　书　馆

【概况】 2018年，石景山区图书馆（简称区图书馆）被确定为北京市首批8家公共文化机构法人治理结构改革试点单位之一。7月10日，在区图书馆召开图书馆理事会成立大会。通过公开招募、面试选举产生第一届理事会理事长、副理事长、秘书长及各位理事集体共11名，外部理事占比64%，确定理事会为区图书馆的决策和监督机构，审议通过《石景山区图书馆章程》及相关制度。年内，区图书馆推动引导全民阅读，冬奥特色主题图书分馆、郎园Park良阅书房图书分馆、区委党校分馆、首钢公司图书分馆等基层网点相继揭牌。截至年底，区图书馆采购图书31054种，51737册，办理借书卡7202个，外借图书674367册，接待读者1427313人次，解答咨询2536条，举办读者活动353场次、101604人参加，为基层图书分馆（室）送书509次、236505册。

（尹　洁）

【街区24小时智能书店】 4月初，全市首批10个“文轩云图”智能书店在石景山区陆续安装到位，面向居民群众投入使用，智能书店24小时运行，通过手机APP扫描二维码，自助实现图书借还、信息查询、精准定位等功能。年内，在全区布局建设36家“文轩云图”24小时智能书店，借阅图书27697册次，借阅用户16833人次，总注册用户5037人。

（赵　琪）

【冬奥特色主题分馆】 4月23日，区图书馆冬奥分馆正式揭牌开馆，冬奥特色主题分馆根据冬奥组委工作特点、人群需求进行功能布局分区，提供资料查询、图书借阅等功能。有针对性地配送冬奥、奥运、体育文化等纸质材料及数字资源。截至年底，区图书馆为冬奥特色主题图书分馆配送图书5402余册，累计到馆人次4100人次，读者咨询人次1016人次。

（赵　琪）

【世界读书日】 “4·23”世界读书日期间，区图书馆、天津市河西区图书馆和张家口市图书馆共同启动“改革成就未来 诵读放飞梦想”书香京津冀诵读大赛。期间，组织读者参与线上知识竞赛，举办诵读大赛，开展“石图讲坛”进校园、主题展板展览等活动；通过“京彩阅读”——石景山区第八届换书大集活动，“盘活”读者藏书，以“赶集”的方式，让读者参与到各项活动中。区图书馆选派的个人组和集体组选手在北京市诵读大赛决赛中均获二等奖。

（尹　洁）

【助力视障读者】 12月25日，区图书馆携手区残联开展“盲人数字阅读推广工程”——盲人听书机借阅服务，让更多视障读者享受到阅读的美好。区图书馆与区残联签署助残共建协议，并现场为区街道残联、街道图书分馆、视障读者配发听书机设备，拓宽借阅渠道，提高视障读者借阅便利性。

（尹　洁）

【红领巾读书活动】 年内，区图书馆组织辖区内中小学师生参与“拥抱新时代争做好少年”红领巾读书系列主题活动，培育和践行社会主义核心价值观，共举办4项主题活动，选拔出90名选手参加区级红读比赛。在北京市红领巾读书“习爷爷教导记心间”讲故事比赛中，石景山区推选的5名小选手获得市一等奖1名，二等奖3名，三等奖1名，此外，四位老师获得北京市优秀指导教师称号。在北京市第六届“我的藏书票”设计比赛中，石景山区推选的作品分别获得二等奖1名，三等奖2名，指导教师奖1名，5名读者获“北京市读书小状元”称号。

（尹　洁）

【基层网点数字化】 年内，区图书馆在街道社区分馆推动设立街道公共电子阅览室和共享工程服务点工作，完成全民畅读书吧、冬奥分馆、朗园、八角中里、老古城、燕堤中街等37处电子阅览室建设工作。完成区图书馆少儿馆计算机信息服务接入北京市“一卡通”工作，在区委党校增设24小时自助图书馆。加大数字资源建设力度，更新万方论文库、书法文化教育库、龙源期刊库等优秀数字资源库，自建冬奥动态、冬奥百科、奥运英杰等十个栏目的冬奥特色数据库，完成国家图书馆、首都图书馆与区图书馆数字文献资源的引进对接，推进西山永定河特色数据库建设，数字资源种类总量增加。

（尹　洁）

文化遗产保护

【概况】 2018年，石景山区拟定《西山永定河文化带保护传承发展规划》《西山永定河文化带保护传承五年行动计划》《石景山区西山永定河文化带2018年重点项目任务清单》。石景山区成立非物质文化遗产保护中心，负责统筹开展全区非遗保护传承工作。区文化委完成《西山永定河文化带系列丛书》《历史名人石景山寻踪》初稿；争取北京市财政资金2900万元，完成法海寺、承恩寺、慈善寺、模式口西老爷庙及满井茶棚门前区、大慈寺碑、慈祥庵门前区等17个修缮工程；争取区财政资金407万元，对文物单位基础设施进行改造；传承保护历史文脉记忆，完成北辛安记忆建筑迁移工程；开展“国际博物馆日”“文化和自然遗产日”系列主题宣传活动、“三个文化带的保护与传承 纪念北京文物安全保护志愿服务行动四周年宣传活动——石景山区‘乡愁·记忆’老物件捐赠仪式”等活动。举办西山永定河文化带系列讲座4场、培训2次。利用“燕京八绝”等社会资源，在承恩寺举办“燕京八绝承恩文化传习大讲堂”活动32场。法海寺被首都文明委授予首都文明风景旅游区称号。

（李北海）

【非遗保护中心成立】 1月22日，区文化委根据区编办印发的《石景山区机构编制委员会关于调整区文化委所属部分事业单位机构编制的批复》，正式成立石景山区非物质文化遗产保护中心，为区文化委所属相当正科级公益一类事业单位，核定补助事业编制8名，负责统筹开展全区非遗保护传承工作，制定并完善规章制度。年内共举办活动22场。

（周继红）

【冰川馆春节活动】 2月7日，中国第四纪冰川遗迹陈列馆举办第十届“红红火火迎新春 冰川馆里过大年”活动。市青少年科技辅导员协会常务副理事长，区文化委、模式口村委会、北京市第九中学的负责人参加开幕式。活动中，国粹京剧《野猪林》《定军山》选段，市级非遗项目通背拳代表性传承人表演及现代歌曲《老街坊》、九中新疆班学生演出的歌舞《中华民族一家亲》等将中华优秀传统文化、古老的传统非遗项目与新春元素相结合。春节期间，冰川馆还有盼春——之泥塑、迎春——之剪纸、绘春——之脸谱、闹春——之猜谜、观春——精品树化玉展览、述春——之皮影等不同的非遗项目展示活动。

（杨晓红）

【西山文化讲坛】 4月19日，由区文化委主办，区文物研究所承办的第一期“西山文化讲坛”在显应寺开讲。区文委领导班子全体成员、文物保护单位工作人员、各街道文化站代表30余人参加。讲座中，首师大历史学院文化遗产学系主任、博导郗志群解读首都规划（2016—2035）历史文化保护部分，以及长城、大运河和西山永定河三个文化带保护和利用价值。8月29日，第二期“西山文化讲坛”在显应寺开讲，北京大学考古文博学院副院长、文化遗产学系主任张剑葳以“永定河文化带历史资源调查与产城融合发展”为主题讲座。10月26日，第三期“西山文化讲坛”之“西山文化讲坛古建彩绘——赏鉴承恩之美”知识讲座在承恩寺开讲。故宫博物院高级工程师曹振伟以承恩寺天王殿里两铺沥粉贴金的精美壁画为例，讲述古代壁画之精美、工艺之精湛等内容。25名社区群众参加活动。

（杨晓红）

【文物保护志愿活动】 4月22日，北京市“三个文化带的保护与传承——纪念北京文物安全保护志愿服务行动四周年宣传活动”在16个区县同时举行。石景山区分会场设在模式口历史文化保护区，由市文物局、市慈善义工联合会、区政府联合主办，千龙网·中国首都网、区文化委、市文物安全保护志愿服务总队、金顶街街道办事处、北京石泰基础设施投资有限公司联合承办。活动现场同时举办“石景山区‘乡愁·记忆’老物件捐赠仪式”，为老物件捐赠代表衙门口居民武洪明、模式口居民赵树琴、闫红捷发放捐赠证书。活动中，为过往市民、游客发放文保资料、环保纪念品共计2700余份。社会各界群众1000余人参加宣传活动。

（杨晓红）

【亲历石景山】 4月28日，北京月讯杂志社、北京对外文化交流中心、区外事侨务办、旅游委、文化委、公园管理中心联合举办“北京沙龙 亲历北京”大型系列文化活动在石景山举行。来自20多个国家50余位外国驻华使馆、国际组织驻京机构、外国驻京商会的国际友人参加“北京沙龙 亲历石景山”活动，体验中国民俗活动和非遗项目，参观法海寺明代壁画。

（杨晓红）

【大慈寺碑修缮】 4月—11月，区文研所启动对大慈寺碑保护工程项目，项目投资129.5万元，通过建造碑亭的方式达到避雨、防晒保护石碑本体。11月7日，通过甲方、设计、施工、监理、质检八站五方竣工验收。

（杨晓红）

【法海寺防雷工程】 6月1日，法海寺防雷工程开始施工，工程总价为193.373479万元，历时4个半月，11月18日通过工程主体单位、设计、施工、监理、区气象局五方竣工验收。该工程由北京中建恒基工程设计有限公司进行的工程方案设计，委托北京市京发招标有限公司进行公开招标，施工中标单位为北京文江建筑工程有限公司，监理单位为北京方亭工程监理有限公司。工程主要内容：更换法海寺内原有旧的防雷设施，包括各殿屋顶的避雷针、信号防雷器、老化线路等。

（杨晓红）

【国际奥组委调研】 6月7日—8日，国际奥组委官员、奥林匹克转播服务公司总裁亚尼斯和首席技术官索蒂里斯、规划运行部部长艾利斯及奥运会仪式负责人帕特里克、宣传负责人罗伯特、公众参与负责人塞德里克分两批到石景山区国家级文物保护单位法海寺、承恩寺、区级文物保护单位五里坨民俗博物馆参观调研。

（杨晓红）

【文化与自然遗产日】 6月9日，石景山区“文化与自然遗产日”活动在非遗传承保护基地京西五里坨民俗陈列馆举办。区文化委负责人，各街道办事处相关人员，国家级非遗专家常祥霖、陈连升参加活动。活动中，对新认定的非遗传承教育示范校进行颁牌。开展京津冀三地原创非遗节目研讨展演，体现优秀传统文化交流融合。组织京津冀三地非遗项目展览展示，开展石景山文物系统主题宣传活动。参与人次达到3000余人，借助云平台形式进行同步直播，在线观看人数达到40万余人。遗产日期间，古城街道、区图书馆、中国第四纪冰川遗迹陈列馆也相继举办民俗展演、专题讲座、展览展示等非遗主题活动。

（周继红）

【承恩文化传习讲堂】 6月9日，“文化和自然遗产日”主题系列宣传活动之“燕京八绝承恩文化传习大讲堂”在北京燕京八绝艺术馆举行，活动由北京燕京八绝协会、区文化委指导，北京燕京八绝文化发展有限公司联合承恩寺文物保管所共同举办。来自模式口地区的在职党员、老街坊以及广大传统工艺美术爱好者参加活动。活动中，雕漆技艺传承人赵海伟介绍“漆”的历史渊源，雕漆工艺、工序，现场展示精彩的雕漆技艺。8月14日，由北京燕京八绝协会、市非物质文化遗产保护中心、区文化委共同举办的燕京八绝“承恩文化传习大讲堂”系列活动再度开讲，河北省民间工艺美术家、北京市工艺美术雕漆大师朱江以“我与雕漆的不解之缘”为题，讲解雕漆文化的传承和雕漆技艺的创新与发展。

（杨晓红）

【满井茶棚修缮】 6月20日，石景山区满井茶棚门前区修缮工程开始施工，北京市财政拨款98.61万元，由北京大龙建设集团有限公司负责施工。11月7日，通过慈善寺文保所、质检八分站、设计、施工、监理五方验收。该工程对满井茶棚门前区面积350平方米进行修缮，恢复满井茶棚的原貌。

（杨晓红）

【承恩寺安防改造】 6月20日，石景山区承恩寺安防升级改造工程进场施工，工程专项资金322.61万元，10月30日竣工，通过工程主体单位、设计、施工、监理四方验收。修缮内容：主要针对承恩寺原有的视频监控系统，摄像机数量不足、监视图像模糊等问题，进行安全防范系统的更新升级改造，改造项目包括入侵报警系统、视频监控及音频复核系统、巡更系统、供电系统和防雷接地。施工单位为北京市设备安装工程集团有限公司，监理单位为北京鼎信建业工程建设监理有限公司，设计单位为北京中建恒基工程设计有限公司。

（杨晓红）

【慈善寺修缮工程】 6月30日，石景山区慈善寺护坡修缮工程竣工验收，工程专项资金968.8万元，上年4月12日进场施工，为跨年度工程。修缮内容：慈善寺周边护坡支护、寺内部分地面恢复原有铺装、修整台地护坡、恢复大亭泥宇墙。施工单位为北京大龙建设集团有限公司。

（杨晓红）

【共建国美教学基地】 9月9日，法海寺文保所与中国美术学院研究生处签订合作协议，共建中国美术学院北京法海寺研究生教学基地。根据双方协议，今后中国美术学院每年将派出相关专业的研究生进入基地学习，依托壁画等文物资源开展教学，以促进文物活化和人才培养，更好地扩大法海寺壁画在海内外的影响力和知名度，提升壁画综合保护和利用水平。区领导晋秋红、陈婷婷，中国美院研究生处处长、研工部部长及12位院长、教授、博导参加揭牌仪式和研讨会。

（杨晓红）

【非遗项目申报】 10月31日，区文化委组织召开第五批区级非遗项目申报暨市级非遗项目评审会。邀请专家将对“打花棍”“六神曲中药炮制技艺”“古琴斫制技艺”“磨石口石文化习俗”四个区级项目和“八宝山传说”“和香制作技艺”“京韵大鼓”“少白派”宫廷绘画技法四个拟申报市级项目进行评审。

（周继红）

【法海寺壁画展项目】 11月2日，法海寺壁画展项目开始施工，项目总价为185.4万元，12月20日完成竣工验收。该项目委托中招国际招标有限公司完成公开招标，施工中标单位为北京万方荣辉文化发展有限公司，监理单位为北京市京建朋建筑工程监理有限公司。壁画展陈列在四进院西配殿和藏经楼一层，通过触摸一体机、高清LED大屏、4K高清电视等先进的数字化科技设备，利用视频、手绘临摹壁画、声效等媒介形式。

（杨晓红）

【科普进校园活动】 11月20日—21日，冰川馆流动大篷车开进石景山电厂路小学校园内，开展共创文明城，共筑科学梦”科普进校园活动。冰川馆以化石展示、科学实验、冰川知识小课堂等方式向学生们展示冰川知识、地理地质知识和最新的科学技术，电厂路小学师生400余人参加活动。

（杨晓红）

【京津冀非遗节目展演】 11月29日，由区文化委主办，区非遗中心、区文化馆承办，以“汇聚世界语言 讲好中国故事”为主题的石景山区非物质文化遗产声音故事（四）暨京津冀非遗原创节目交流展演活动在区文化馆百姓剧场举办。活动邀请京津冀地区及广西壮族自治区的非遗传承人、传承表演队参加，演出节目均为原创，并首次使用中英文双语主持，其中部分声音故事首次同步使用英语和意大利语，以不同语种为载体，促进中国故事和非遗文化传播推广。

（周继红）

【黑石头关帝庙修缮】 12月25日，石景山区黑石头关帝庙抢险修缮工程竣工，通过工程主体单位、设计、施工、监理、质监八站五方验收。该工程于2016年7月1日进场施工，工程专项资金773.66万元，工程内容：一进院正殿及东配殿、二进院东西配殿、东跨院正房及耳房、庙门等文物建筑传统形制恢复、加固及拨正现有大木构件、更换槽朽木构件、修补损毁木构件、恢复地仗及油饰等施工图纸内全部修缮内容及施工图纸外增项内容。施工单位为北京市文物古建工程公司，监理单位为北京方亭工程监理有限公司，设计单位为北京市文物建筑保护设计所。

（杨晓红）

文化创意产业

【概况】 年内，区文促中心全面落实北京市“9+N”政策和石景山区“1+N”政策体系，发挥好财政资金的引导作用，完成《石景山区促进文化创意产业发展暂行办法》每年3000万元项目资金征集工作；完成2018北京文化创意大赛石景山分赛场赛事和全市文创大赛复赛，参展“第十三届中国北京国际文化创意产业博览会”；为华录系列三家企业、国广东方网络（北京）有限公司、联动卓越（北京）网络科技有限公司、北京趣酷科技有限公司累计提供贷款3.81亿，其中提供文化创意贷款风险补偿资金920万元。

（赵　亮）

【文创扶贫工作】　6月15日，石景山区组织文创企业召开扶贫动员会，7月11日，区委宣传部领导带队赴莫旗开展为期4天的扶贫对接，初步达成扶贫意向，文促中心与宝山镇，8家文创企业分别与宝山镇的5个村签订京蒙帮扶框架协议。后期与宝山镇反复对接沟通，并经区发改委审核，最终确定6个产业帮扶项目，区委宣传部文促中心与宝山镇，8家企业分别对接5个村，实现项目、资金的全落地。

（赵　亮）

【北京文化创意大赛分赛】　7月3日，区文促中心举办北京文化创意大赛石景山分赛。历时4个月的比赛，石景山区有4个项目进入百强，1个项目进入30强，1个项目获北京市二等奖。

（赵　亮）

文化市场

【概况】　2018年，区文化委驻厅窗口共受理各类行政许可306件，其中设立出版物发行单位37家、变更11家、注销10家；许可营业性演出活动5场次；设立文艺表演团体4家；出版物发行分支机构备案2家；出版物销售活动备案3家；艺术品经营单位备案2家；游艺娱乐场所经营单位变更3家；歌舞娱乐场所经营单位变更6家；文艺表演团体变更3家。娱乐场所延续19家；出版物年度核验163家；印刷企业参加年检24家；电影院延续换证3家；文艺表演团体换证10家，修缮区级文物保护单位及未核定为文物保护单位的不可移动文物批准1家。为街道社区、部队、军休所和养老院等单位累计放映公益电影423场，观影人数达6540人次。

（张　卉）

【软件正版化培训】　7月19日，石景山区举办2018年区级机关软件正版化工作培训会。全区88家单位参加培训。会上对2018年度机关软件正版化工作考核标准和重点软件检查考核评分标准、软件正版化工作实施方法、检查工具的使用等内容进行详细解读。

（张桂霞）

【实体书店扶持工作】　8月7日，区文化委组织召开全区实体书店扶持调研专题会议。会上对2018年北京市实体书店扶持项目征集工作进行答疑解惑，对未来实体书店的规划、发展方向以及政策法规做好解读宣讲，并针对企业不同特色进行分类指导，出言献策。年内，6家企业申报参加2018年北京市实体书店扶持项目，3家特色实体书店获得200余万元市级资金支持。

（王艳君）

【新华尚领阅读空间】　11月18日，新华尚领阅读空间正式启用。新华尚领阅读空间前身是位于八角西街36号的大东北酒楼，经过疏解腾退后用于阅读空间建设。阅读空间占地面积约2800平方米，包括阅读演讲交流区、“子弟兵”阅读空间、IR少儿创新体验区、京西书画文化艺术交流区、24小时无人社区书屋体验店等10大功能区，是新华书店网上图书销售平台的全国首家线下读者阅读体验旗舰店。

（张桂霞）

【文化市场营商环境】　年内，区文化委向区内企业和群众发放《区文化委行政审批事项办事指南》，内容包括文化市场领域内企业的设立、变更相关政策解读、受理条件、办理时限和形式等工作流程。在企业申报材料完备的条件下，缩短办理时限，在出版物零售单位设立事项中，办理时限由20个工作日缩减至10个工作日；在艺术品经营单位备案事项办理中，办理时限由5个工作日缩减至3个工作日。

（王艳君）

【出版物零售企业核验】　年内，石景山区2018年度核验范围内的出版物零售企业共计148家，登录市局网站提交年度核验登记表并获通过的企业147家，注销1家。

（张桂霞）

【软件正版化】　年内，石景山区建立由区政府办、财政局、文化委、经信委和卫生计生委组成的使用正版软件工作联席会议制度，制定《石景山区国家机关软件资产管理办法》《石景山区推进软件正版化工作方案》等工作制度，把软件正版化长效机制建设经费纳入到财政预算，以政府购买服务的形式，委托市首都版权产业联盟专业机构，为全区提供软件正版化服务。投入专项资金累计390余万元，采取集中采购、场地授权的方式，购买专业版操作系统870套、办公软件4941套。对全区90家单位，涉及的8000余台记算机，由专职人员定期上门服务指导，督导检查，考核评比。

（王艳君）

媒体传播

【概况】　石景山区融媒体中心（简称区融媒体中心）前身为1987年12月成立的石景山广播电视局，2001年10月更名为石景山区广播电视中心，拥有石景山有线电视媒体平台。2018年6月6日，石景山区融媒体中心正式挂牌，包括石景山有线电视、《石景山报》编辑部、新媒体中心三个宣传平台。作为区委、区政府重要的新闻宣传机构，承担石景山区对内、对外电视宣传任务。年内，区融媒体中心累计播发新闻1500余条，在中央电视台、北京电视台播发新闻300多条（次）；举办《堡垒是这样筑成的》《清明诗会》《初心》《忠诚誓言》等六场大型主题活动；制作《人勤春来早 实干正当时》《真情奉献记初心 党旗飘扬在京西》等16部专题片；统筹主流媒体、社会媒体共同发声，实现主流媒体网络直播零的突破，直播点击量高达310万人次，开创媒体深度融合发展新局面。

（白莫菊）

【区互联网协会成立】　5月18日，辖区30家互联网企业联合发起的石景山区互联网协会正式成立，协会由石景山区从事互联网行业及互联网相关产业的企事业单位组成，推动网上、网下媒体融合发展，同时依法加强网络空间的自治与共治。区互联网协会共有会员单位30家，涵盖网络媒体、网络教育、网络游戏、电子商务、文化传播等多个行业。

（白莫菊）

【区融媒体中心成立】 6月6日，石景山区在全市率先挂牌成立石景山区融媒体中心，中心包括石景山有线电视、《石景山报》编辑部、新媒体中心三个宣传平台。市委常委、宣传部部长杜飞进，区委书记于长辉为中心揭牌。晋秋红宣读区编委关于为区广电中心加挂区融媒体中心牌子的批复，于长辉代表区委区政府向市委作出郑重承诺，并就下一步推动地区媒体融合提出要求。

（赵　亮）

【纸媒体】 年内，《石景山报》编辑部全年出报110期。开办“疏解整治促提升”专版，结合石景山区完成“基本无违建城区”的成就，重点报道石景山区9个街道（社区）和各有关部门，“治乱疏解建高端”暨专项行动的成果，以及工作中涌现出的先进人物和先进经验，共刊发新闻报道50余条。在石景山报头版，对区党政代表团先后赴河北保定市顺平县、青海省玉树藏族自治州称多县、湖北省十堰市竹山县等地，开展对口支援，携手奔小康工作情况进行系列报道，刊发8条。开办“新冬奥会，新石景山”专栏，以“服务保障冬奥会，加快冰雪体育发展”为主题，对石景山区全力做好冬奥会和冬残奥会筹办工作进行系列报道。与区委组织部合办“一呼百应”专栏，隔周刊发，对在职党员进社区开展志愿服务情况进行系列报道。与区纪委合办“警钟常鸣”栏目，刊登有关案情通报。开办“优化营商环境，石景山在行动”专栏、专版，对石景山区加强创新驱动发展能力，构建地区高精尖产业结构等方面工作进行重点报道。

（杜　雷）

【广播电视】 年内，区融媒体中心在石景山有线电视《石景山新闻》中开办《携手奔小康》《打赢大气污染防治攻坚战》新闻专栏，播放“深化结对帮扶推动脱贫攻坚”“石景山区广电中心赴称多县开展文化帮扶工作”“ 万企帮万村 打好扶贫攻坚战”等“精准扶贫”主题新闻近30条；“打赢大气污染防治攻坚战”“首都的蓝天”等“大气污染防治攻坚战”主题新闻20余条。石景山有线电视成立四个摄制组，6批次深入到条件艰苦的对接地区，聚焦支撑点，聚焦优势产业，推出“携手奔小康”记者走一线系列报道，播出专题节目3期，反映贫困地区现状和对口支援工作的开展情况和帮扶成果。开办《冬奥让城市更美好》《疏解整治促提升》新闻专栏，播放“冬奥让城市更美好”系列新闻30余条；“疏解整治促提升”系列新闻150余条。“打造新时代首都城市复兴新地标”“石景山区打造冬季体育运动特色先行区”“疏解整治促提升取得扎实效果”等10余条新闻在《北京新闻》中播出；制作播出《人勤春来早 实干正当时》《不忘初心 凝心聚力 疏解整治促提升》等专题片3部，形成持续、集中的宣传趋势，助力推进“三件大事”的贯彻落实。开办《优化营商环境石景山在行动》《街道吹哨、部门报到》《争创全国文明城 服务高端绿色发展》《温暖石景山》等8个新闻专栏，播发新闻数百条，专题节目《记者视线》90多期。制作《真情奉献 记初心 党旗飘扬在京西》等专题片3部，为组织部微视频评比制作电教片6部。举办《讲述身边的红十字故事》《堡垒是这样筑成的》《初心》《忠诚誓言》等大型主题活动。拍摄制作《爱很简单》《五十余载 不忘初心》《防诈骗》《身边的安全》《改革开放40周年》等近十部公益广告。作品获北京市年度广播电视公益广告三等奖，区融媒体中心获公益广告优秀传播机构一等奖。制作《百姓诵读》《百姓剧场》《百姓大舞台》等百姓系列栏目；开办石景山区首档中医文化类节目《京西国医堂》。

（白莫菊）

【新媒体】 年内，政务微博“北京市石景山”及今日头条号、政务微信“北京石景山”及今日头条号、石景山新闻网等全方位发布相关信息，党务政务信息公开进一步提升。“北京市石景山”在今日头条客户端共发布700余条信息，新浪、腾讯、人民三网平台共发布微博近7000余条，全年回应网友有效问题65余件，解决实际问题35余件，石景山区政务微博粉丝总数突破百万。石景山公众短信互动平台发送手机报230次，发送短信10次5万余条。“街道吹哨，部门报道”“第十届民族传统体育运动会”“创建全国文明城区”等活动进行微直播，一些重要活动最高阅读量突破百万，1小时点击量超过40万次。

（赵　亮）

档　　案

【概况】 石景山区档案局、档案馆（简称区档案局馆），是区委区政府负责档案工作的主管部门，与区地方志办公室合署办公。年内，区档案局馆制订《石景山区“创城”工作档案收集范围和整理标准》，与区创城办联合下发《关于在创建全国文明城区工作中加强档案管理工作的通知》；以区“两办”名义下发《区档案局关于在全区机构改革中加强档案工作的实施意见》；根据相关法律法规及规范性文件，制定《北京市石景山区档案馆档案利用工作实施细则》；区档案局馆推进政务服务“一网一门一次”改革，完成11个政务服务事项申报网上办理清单；首次处理政府信息公开行政应诉案件10起，法院均裁定驳回起诉，区档案局全部胜诉；优先将区治乱疏解指挥部文书、台账、督办件等档案全部接收进馆；窗口服务“最后一公里”延伸工作得到改进，共接待利用者686人次，利用档案887卷次，开具证明972份，复印档案资料2714页。积极利用网络和新媒体资源开展档案服务，坚持新闻通报栏目每2周进行更新，微博发布年更新100余条。

（刘爱君）

【便民工程档案工作】 4月26日，区档案局馆联合区发改委在鲁谷社区召开全区便民工程档案工作推进会。9个街道（社区）的档案员及相关科室工作人员共20余人参会。会上解读《关于进一步加强全区便民工程档案管理的意见》，介绍鲁谷社区便民工程档案工作经验，并对今后全区便民工程档案工作做出部署。

（刘爱君）

【第十届"档案馆日"】 6月7日，以"档案见证改革开放"为主题的石景山区第十届"档案馆日"在区档案局(馆)举办。活动设置一个主会场与三个分会场，以"两条主线、四个仪式、五个展览、十项活动"贯穿始终。吸引社区居民、小学师生、机关工作人员及全区各单位档案员等近500多人参与。

（刘爱君）

【档案数字化】 7月31日，区档案局馆对馆藏重要档案信息数据第三轮导出备份进行完毕。此次备份存储方式采用移动硬盘存储，数据共有4TB，内容包括全部档案电子目录数据，馆藏文书档案，婚姻档案、招工档案等民生重要档案全文扫描文件300多万页，相比较第二轮2T数据，新增加2013—2017年档案电子目录及扫描文件档案。备份数据一式两份，市档案馆留存一份，存往外省容灾备份中心一份，以有效应对各种突发事件和重大自然灾害发生。

（刘爱君）

【改革开放40周年展】 10月，区档案局馆举办纪念石景山区解放70周年暨改革开放40周年图片展。展览分"史诗开篇""改革开放"两部分，共展出69块展板、500余份图片和档案资料。"史诗开篇"回顾石景山地区迎接解放和解放后进行全面建设的情景，"改革开放"回顾改革开放以来石景山区农业、商业、工业发展，以及首钢搬迁后转型发展的历程。

（刘爱君）

【"治乱疏解"档案服务】 年内，区档案局馆参与区"治乱疏解建高端"重点工作，与区治乱疏解指挥部办公室联合发文部署任务，要求全区相关单位档案部门全程提供原始档案支持和服务。区档案馆提前梳理，整合资源，组建目录库，共计提供查询档案4804卷件，复印24500余页。及时接收治乱疏解指挥部档案73卷535件，其中文书档案535件，照片档案10卷438张，专业档案63卷 。

（刘爱君）

【民生档案跨馆利用】 年内，区档案局馆深化"互联网＋政务服务"，以婚姻档案为突破口，开展民生档案信息跨馆利用工作。已完成设备安装、系统调试以及跨馆利用功能测试等工作，并完成全部民生档案信息核对、格式转换，其中包括76GB的婚姻档案数据。

（刘爱君）

【《衙门口》编辑出版】 年内，区档案局馆编辑出版石景山区档案历史文化系列丛书第五册《衙门口》，该书采编43篇文章、240余幅图片，通过历史篇、民俗篇、大户人家、经济篇、文教篇、人物篇、发展篇七个篇章，呈现京西大村衙门口的历史文化风貌以及在城市化进程中的蜕变发展，记录骆驼会馆、百年小学等珍贵的文化遗产，展现京西独特的历史文化。同时，录制完成纪录片《衙门口》，记录下拆迁改造前衙门口地区的城市面貌。

（刘爱君）

【《高端绿色石景山》印发】 年内，区档案局馆编辑印发《高端绿色石景山》画册。画册通过1300余张照片，从党建统领、高端绿色、经济发展、城市建设、生态文明、京西人文、民生家园和改革创新八个部分，展现"八个高端体系"建设成果和"两大生态"建设成就。

（刘爱君）

地　方　志

【概况】 石景山区地方志办公室(简称区志办)负责地方志书编纂和地方志资源的保护开发和利用工作，与区档案局(馆)合署办公。年内，区志办挖掘西山永定河文脉，整理相关文献资料，完成《西山永定河文化带资料汇编》初稿；全面启动石景山区地名志编纂工作，成立《北京市石景山区地名志》编辑队伍，完善编修方案、框架设计、任务分解等相关文件；完成《中华人民共和国标准地名词典》《北京市地名志》石景山区承担部分内容的撰写和修改补充工作；完成《石景山区·华丽转型》《石景山城·今昔变迁》《石景山人·共同见证》3本系列丛书的初稿；区志办制定5项政务服务事项网上办理操作指南，5项政务服务事项实现网上申报办理，入驻区政务服务中心大厅综合窗口；参与《百位名人与石景山》人物初选工作，协助区委宣传部、区文化委、发改委等部门进行相关资料的收集、整理和志鉴有关史实核对等工作。

（宋正鑫）

【地名志编纂启动】 5月18日，石景山区召开地名志编纂工作部署会，全面启动区地名志编纂工作。市地方志编纂委员会办公室主任陈玲，副区长陈婷婷参加会议并讲话，地名志编纂成员单位30余人参加会议。6月14日，区志办在石景山业余大学组织举办石景山区地名志编纂业务培训会，全区32家承编单位60余人参加培训。区志办通过购买社会服务方式与北京联合大学北京学研究所合作编纂《北京市石景山区地名志》，12月底完成初稿。

（宋正鑫）

【市方志馆石景山资料室】 5月18日，市地方志编纂委员会办公室主任陈玲与区领导陈婷婷共同为"北京市方志馆石景山区地情资料室"揭牌。资料室位于五里坨民俗馆内，占地面积50多平方米，馆藏地情资料书籍近1000余册，分为"北京市地情资料""石景山区地情资料""西山永定河文化带地情资料"三个部分。

（宋正鑫）

【2018年鉴出版发行】 12月，由区政府主办，区志办承编的《北京石景山年鉴(2018)》由中华书局出版发行。2018卷为总第14卷，依据中国精品年鉴工程规范要求，2018卷对框架结构进行微调和完善，全书共分栏目29个，全面翔实系统地记述石景山区2017年政治、经济、文化、社会发展等情况，记述时限为2017年1月1日至2017年12月31日(部分内容根据实际情况略有前后延伸)。全书共分栏目29个，彩页76幅、全书文字总计约104万字。所载录的石景山区行政区划地图由北京测绘研究院绘制，书后附有电子版光盘，具有多媒体阅读和全文检索功

能。向全区各单位累计发放1500余册，发放范围覆盖机关、企业、社区、军营和学校。

（宋正鑫）

石景山区文学艺术界联合会

【概况】 石景山区文学艺术界联合会（简称区文联）现有文艺团体15家，登记在册会员2000余人。年内，区文联围绕体现石景山区文化传承与创新的“六大文化名片”，围绕创建全国文明城区、国家公共文化服务体系示范区组织所属文艺工作者协会，系统梳理石景山文脉，挖掘文化资源特质的基础上，按照“中国元素、古都风范、石景山特色、时代特征”的创作原则，结合“改革开放40周年”“盛世中华新时代”“创城走进你我生活”等主题，开展文学、书法、美术、摄影、集邮、舞蹈等十余项系列创作展览展示活动。

（郭　明）

【市文联文艺志愿服务】 1月23日，市文联“我们的中国梦”——文艺志愿服务进万家活动在八角北里社区举行。市文联党组副书记程慧敏带领首都文艺家一行十余人走进石景山，为八角北里社区老街坊们送福送联送文化。书法家郑轩、虞晓勇、袁振军、陈绪森、陈之善、卢文举挥毫拨墨为老街坊们写联送福，剪纸艺术家付秀清、杨钺，泥塑艺术家胡鹏飞、木版年画艺术家刘儒在现场为老街坊制作精美的民间工艺。剪纸艺术家付秀清现场为5位八十多岁和九十多岁的老人赠送剪纸艺术《福犬图》，著名书法家郑轩现场点评指导社区书法爱好者撰写春联。

（郭　明）

【《最美石景山》摄影比赛】 4月24日，首开杯“发现北京”大型系列摄影活动石景山分站《最美石景山》摄影比赛评奖活动在八角北里社区多功能厅举行。来自全市及石景山区的摄影作者100余人参加现场评选活动。大赛共收到参赛摄影作品数百张。经过专家和评委的现场评选，评出一等奖1名、二等奖2名、三等奖5名；另评选出12幅作品和获奖的8幅作品一同参与全市最佳人气奖的评选。本次作品内容全部围绕石景山拍摄。活动现场向选手颁发证书和奖金。

（郭　明）

【纪念改革开放40周年】 6月26日，区文联纪念改革开放40年——盛世中华新时代老年书画研究会会员作品展在区老干部活动中心和区图书馆开幕。展览共展出作品240多幅。9月10日，区老年书画研究会联合国家广电总局、新华社、西城区金融街老年书画研究会举办“紧跟时代抒豪志，不忘初心展赤情”书画作品巡回展活动。巡展开幕式在区老干部活动中心举行，共展出四单位老干部作品240幅。10月12日，由区文联主办，区集邮协会承办的“纪念改革开放40周年——盛世中华新时代集邮展”在区图书馆开幕，邮展分为“红船开启新中国”“改革开放新世界”“盛世中华新时代”三部分。同时参展2018年“聚友睿”杯全国青少年集邮知识竞赛中获奖的石景山区先锋小学同学设计的纪念封、水泥厂小学同学设计的明信片。同月14日，区作协在西井社区举办“我与改革开放”诗歌朗诵会，30多位会员参加活动。17日，在“孝满京城 德润人间——第31届西山八大处重阳游山会”活动中，区文联举办“纪念改革开放四十年摄影图片展”，展出石景山区“金色时光”摄影沙龙的63名摄影爱好者的180多幅作品。18日，“盛世中华新时代——石景山区纪念改革开放40周年书法作品展”在区图书馆展厅、区老干部活动中心举办。11月16日，“盛世中华新时代——石景山区纪念改革开放40周年美术作品展”在台湾印象主题馆展厅、区图书馆同时举办。展出100多幅美术作品。

（郭　明）

【服务首钢园区】 6月29日，区文联开展“深入生活 扎根人民”主题实践活动，以文艺助力冬奥，由区舞蹈家协会打造的轮滑舞蹈节目《拥抱2022》亮相首钢服务园区庆七一文艺演出专场，与冬奥组委职工、首钢园区职工共同庆祝党的97华诞。

（郭　明）

【百扇同心美术扇面特展】 7月10日，区美术家协会在区图书馆举办“百扇同心美术扇面特展”。展出老中青会员作品近80余幅，均为会员庆祝中国共产党成立97周年而作。

（郭　明）

【文艺志愿服务基地】 7月20日，区文联在八角北里社区举办“区级文艺志愿服务基地”挂牌仪式，并向第一批文艺志愿者颁发证书。挂牌仪式后举办为期一个月的书法、舞蹈讲座和培训。

（郭　明）

【北京国际标准舞大赛获奖】 9月9日，在市文联主办的“舞动怀柔 放飞梦想”第七届北京国际标准舞大赛中，区舞蹈家协会选拔22对选手，参加9个组别的比赛。分别获得规范交谊舞老年A组第二名、规范交谊舞壮年A组全能第三名、成人B组摩登舞第四名等8项成绩。

（郭　明）

【“北京记忆”美术作品展】 11月30日至12月6日，“北京记忆”——石景山区庆祝改革开放40周年京味文化美术作品展开幕式在印象台湾主题展馆举行。展出作品是区美协会员张儒刚先生以老北京民俗、北京老字号、北京胡同百姓生活为素材创作的系列作品，共130余幅。

（郭　明）

【《石景山故事》作品展】 12月21日—28日，区文联在台湾印象主题展馆举办《石景山故事》——西山永定河文化带题材美术书法作品展。本次特展内容包括抄录历代永定河碑文书法作品、《石景山故事》系列美术作品、名家书画石景山、抄录古人咏美丽石景山诗词赋书法作品等。

（郭　明）

北京石景山年鉴

2019 BEIJING SHIJINGSHAN NIANJIAN

卫 生

综　述

【概况】 2018年，石景山区共有卫生计生机构237家，其中医疗机构231家(一级以上医院26家，社区卫生服务机构57家，其他医疗机构148家)，其他卫生计生机构6家。平均每千常住人口拥有床位、执业(助理)医师和注册护士分别为8.94张、5.80人和6.88人。年内，全区医疗机构总诊疗778.02万人次，同比增加7.66 %；门急诊777.71万人次，同比增加7.75%，其中门诊741.54万人次，同比增加8.01%(全区门急诊指标包含部队医院)，急诊36.16万人次，同比增加2.55%；三级医院门急诊250.37万人次，同比减少0.22%；二级医院门急诊207.83万人次，同比增加5.94%；社区卫生服务机构总诊疗248.22万人次，同比增加17.88%；社区卫生服务机构总诊疗人次占全区总诊疗人次32.12%，同比增加2.82个百分点(此指标不包含部队医院)；全区医疗机构出院人数13.25万，同比增加10.19%；住院患者手术5.66万例，同比增加16.28%，二级以上综合医院出院患者平均住院日9.53天，同比减少0.55天；实有病床周转次数34.46次，同比增加2.18次；实有病床平均使用率89.80%，同比增加0.47个百分点。公立医院医疗费用51.22亿元，同比增长9.33 %；药占比(不含中药饮片)29.12%，同比下降5.39个百分点；百元医疗收入(不含药品收入)中消耗的卫生材料费32.13元，同比增加0.97个百分点)。全年户籍人口出生4046人，计划生育政策符合率99.72%，人均期望寿命82.43岁；孕产妇死亡率0/10万；婴儿死亡率2.21‰；5岁以下儿童死亡率3.48‰，婴儿死亡率、5岁以下儿童死亡率等各项指标达到全市要求；乙类传染病发病总数10种736例，报告死亡5例，死亡前两位疾病为乙肝、艾滋病。甲类传染病无报告。儿童免疫规划疫苗接种158774剂次，其中基础105263剂次、加强53511剂次，接种率在99%以上。全区在册精神病患者数2803人，其中住院治疗275人，社区管理2528人；免费服药患者905人，免费为665名精神障碍患者进行健康体检；接受严重精神障碍患者监护人申领补贴2188人，申请率为90.45%。在册规范管理率99.75%；在管规范管理率94.45%；病情稳定率100%；规律服药率89.33%；患者检出率4.195‰。死因前三位依次为恶性肿瘤、心脏病、脑血管病。

年内，石景山区卫生和计划生育委员会(简称区卫计委)组织编制《石景山区医疗卫生设施专项规划(2017年—2035年)》；制定《“健康石景山”建设三年行动计划》。全区79家参加改革的医疗机构总体平稳有序。医改前后多次开展核心医院与社区卫生服务机构关于高血压、糖尿病、冠心病、脑血管病4类慢病药品对接工作，医联体内社区卫生服务机构与核心医院四类慢性病105种药品实现100%对接。建立由区卫生计生委、发改委、经信委、财政局、食药局等政府有关部门人员、医疗机构有关人员组成的医联体理事会，在石景山区成立以北京大学首钢医院、石景山医院和朝阳医院西院分别作为医联体核心医院的三个医联体理事会，加强医联体统筹管理。全区开展医师多点执业医疗单位6家，总人数195人。开展慢病防治，成立78个高血压自我管理小组，组织开展授课及活动100余次；成立26组糖尿病同伴支持小组，开展小组活动45次，现场督导10次。特色活动4次，共计干预糖尿病患者55人。对五大高发癌症(包括肺癌、乳腺癌、大肠癌、肝癌、上消化道癌)进行危险因素评估，共评估出高危人群5203人，临床筛查1122人(其中：肺癌高危人群481人、肝癌高危人群158人、乳腺癌癌高危人群169人，上消化道肿瘤高危人群180人，结直肠癌高危人群1346人)。开展对新疆和田、青海玉树、湖北竹山、北京房山区等地对口支援工作。石景山医院3名援疆医师赴新疆和田墨玉县人员医院进行为期一年医疗援疆工作。6月，市卫计委支援合作处带领乌兰察布市、贵阳市和什邡市卫生计生委领导及医院院长到石景山参观交流培训一周。开展健康促进工作，全年共举办“疾控系统健康大课堂”8场，直接受众1400余人；健康讲师团成员250余人，开展社区健康讲座729场，参与授课师资930人次，直接受众40824人。开展各类卫生主题日宣传活动11次咨询2250余人次。针对学校、街道、行业、医疗单位健康教育专员开展业务培训共7次，覆盖率100%。对社区卫生服务机构开展现场业务指导20次，开展医院公共卫生考核1次。石景山卫生信息网发表科普文章48篇。

(刘　喆　乔伯文)

7月2日，区卫计委与称多县人民医院帮扶需求对接座谈会（区卫计委供稿）

【公立医院目标管理】 1月，区卫计委组织北京市专家对石景山医院、区中医医院、区妇幼保健院、五里坨医院进行2017年度区属公立医院考评，形成书面考评结果上报区委区政府并印发至四家区属公立医院。9月以年初制定的指标体系为依据，对医院上半年重点工作、绩效指标及上年度存在问题的整改情况及现代医院管理制度的建立进行中期督导，10月将结果印发至各相关医疗机构。

（周　莹）

【重点扶持专科建设】 1月，区卫计委组织北京市专家组对石景山区7个医疗机构15个医学重点扶持专科进行2017年度评估，聘请北京市市属三级医院权威专家担任评估成员，从专科管理、专科资源、医疗工作、科研工作、队伍建设、教学工作及创新发展七方面进行，评估结束后形成纸质版评估报告印发至相关医疗机构。

（周　莹）

【京西中医药文化研究会】 3月22日，京西中医药文化研究会正式成立，京西中医药文化研究会是区卫计委领导的社会团体，是在《中华人民共和国中医药法》颁布实施、健康中国上升为国家战略的政策契机下，集中石景山全区中医药优势资源成立的社会组织，团结中医药从业者、致力于中医药文化研究的学者和热爱中医药文化人士的交流发展平台，为石景山区探索中医药振兴发展，拓宽“中医药文化+产业”融合。

（王艳红　边凌云）

【国际护士节活动】 5月8日，区卫计委组织开展“2018年度石景山区优秀护理工作者表彰暨拓展训练”活动，会上对15家医疗机构的100名优秀护理工作者进行表彰；向获得第五届石景山区护理专业论坛优秀组织奖机构颁发荣誉证书。

（周　莹）

【第一届中国医师节】 8月17日，区卫计委组织医政科、宣传中心等多部门共同完成石景山区第一届医师节庆祝大会，活动以“尊医重卫，共享健康”为主题，活动中向32位优秀医师进行表彰。区相关单位主要领导及辖区医疗卫生机构领导和医师代表150余人参加大会。年内，区卫生计生委制定《石景山区第一届医师节庆祝大会活动方案》《石景山区优秀医师评选工作方案》。组织开展石景山区优秀医师评选活动，全区共30家单位84人参加评选，最终选出资深医师8名，领军医师7名，骨干医师17名。

（周　莹）

【落实《控制吸烟条例》】 年内，区卫计委对公共场所吸烟全年共监督检查1571户次，合格率92.61%，责令改正6户次，行政处罚109户次，罚款人民币16250元。劝阻吸烟人数109人次，受理控烟投诉举报273件。利用《石景山报》健康专栏刊登控烟宣传知识、活动动态；在区电视台宣传禁烟场所范围、违法行为处罚规定、烟草危害知识等；组织全区控烟系列宣传活动启动式，并且依托石景山区“10365”中医药特色健康服务品牌建设成果，使控烟戒烟的卫生健康话题常态化、身边化、实用化。

（李　静　李　培）

【医药分开改革】 年内，区卫计委印发《医药分开综合改革后续重点任务及分工方案》，重点从完善补偿机制、完善分级诊疗制度、完善现代医院管理制度、加强医疗服务监管、完善药品供应保障制度、改善过程管理6个方面推进19项重点任务落实。

（刘　喆　王　丹）

【公立医院改革】 年内，区卫计委调整完善2018年区属公立医院综合目标考评体系，启动以石景山医院为试点的薪酬制度改革。深化药品耗材领域改革。实施药品购销“两票制”和京津冀六大类医用耗材联合采购，规范流程管理，减少流通环节，降低药品耗材虚高价格，保障临床安全。

（刘　喆　王　丹）

【监督执法】 年内，区卫计委推行双随机一公开与各专业专项检查相结合的监督模式，启动医疗机构“驻院式”综合监督执法检查。开展交流培训、协同办案，深化京津冀卫生计生法制与监督协同发展。全年监督检查18451户次，同比增加121%，监督覆盖率100%；开展行政处罚480件，同比增加12.7%，罚没款金额880728元，同比增加40%，各项执法指标在全市名列前茅。开展扫黑除恶专项斗争，强化对号贩子、医托医闹、非法行医等行为的清理整治，维护正常医疗秩序。落实动物疫病强制免疫接种和无害化处理，开展动物诊疗机构以奖代补绩效考核。

（崔　超　崔瑞莲）

【人才培养】 年内，区级实训室开展以团队形式的医护人员岗位练兵技能实操培训4场，120余人次参加；开展2018年区级社区卫生业务骨干四种慢性系列培训暨优秀病历评选活动，举办5场，100余人次参加；组织社区卫生护理“双十人才”及业务骨干共计14人赴台湾学习交流；6月—7月，开展3场基本公共卫生卫生岗位练兵培训，300余人次参加；组织开展基层卫生技术人员“百日练兵”活动，采用线上和线下相结合、学与练相结合的形式对全科医生和全科医生团队开展岗位练兵活动，126名全科医生参加，线上每日十题、典型案例和问题微课参与率和完成率全部为100%，平均分数排名为全市第四名。组织区级竞赛选拔，评选出优秀全科医生团队代表石景山区参加北京市决赛，获得全科医生团队优秀奖，获得北京市基层卫生技术人员百日练兵优秀组织奖。区卫计委分别选派3人参加北京市全科医生转岗培训，12人参加全科医生转岗培训考试，4人参加儿科强化培训班的培训。截至年底共举办区级社区必修课21场，3564人次参加学习，区级必修课达标率100%。

（曾玉香　汪　磊　薛　坤）

【家庭保健员】 年内，区卫计委下发区级《家庭保健员培养实施方案》，完成800名家保员的强化培养，所有家庭保健员均已考核合格并颁发证书，并按照市级统一部署完成本年度辖区家保员培养的入选、基本信息和跟踪信息录入、培养培训工作。组织区级家保员风采展示推选、日常演练及视频录制，在市级家保员风采展示活动中取得二等奖。

（贾彩霞　李　宁）

【科研项目评审】　年内，区卫计委制定《北京市石景山区医学重点学科科研项目管理工作方案》，石景山区共8个项目进行申报。经过初评及复评，《柴芍颗粒治疗年龄相关性黄斑变性有浆液性视网膜色素上皮脱离的探索性临床研究》《脱细胞基质生物材料在青壮年（18—45岁）腹股沟疝患者腹腔镜腹股沟疝修补手术中的应用》《三维CT重建配准技术在肩锁关节运动学中的研究》《特色化唇腭裂治疗》《基于呼吸模式调整的慢性非特异性下背痛核心稳定功能研究》共5个项目通过评审，下拨2018年度建设经费共59.5万元。

（周　莹）

【科研科普工作】　年内，区卫计委组织辖区各级各类医疗卫生机构开展科研管理工作。辖区内二级及以下医疗卫生机构申报科研项目17项，其中市级科技项目3项、其他科技项目14项。在中国科技论文统计源期刊和中国科技核心期刊发表论文98篇，被SCI收录论文4篇。出版专著2本，在各级学术团体任职4人。组织辖区内医疗卫生机构开展科技周、科普日、科普之夏、科技工作者日等科普活动。

（周　莹　李　晶）

【继续医学教育管理】　年内，区卫计委举办国家级继续医学教育项目61个，市级项目96个，区级项目449项，学科覆盖率100%，项目总体执行率99.33%，培训87900人次，全区继续医学教育单位覆盖率100%，学分达标率99.94%。

（周　莹　武凤娇）

【医联体建设】　年内，区医联体上转14469人次，下转患者6054人次，接收下级医疗机构医务人员进修479人天次，核心医院派出医务人员下社区开展查房1206人次，出诊3396.5人次，带教597人次，会诊7648人次。选取远程血糖监测等5项适宜社区开展的项目下沉，其中金顶街社区卫生服务中心建立“呼吸综合治疗室”，实现在社区内首次集诊断、检查、治疗、宣教一站式服务；在古城社区卫生服务中心进行远程心电会诊平台试点，共完成406例心电会诊；在4个社区卫生服务中心开设惠民门诊，安排心血管内科、呼吸科、老年医学专业、中医科、康复科、胃肠外科等10个专业31位副主任医师及以上职称专家出诊。

（乔彦云　孙　霄）

【禽流感防控】　年内，区疾控中心共采集96份信鸽咽－肛双拭子样品进行禽流感监测，结果全部为阴性；采集公共区域120份野禽新鲜粪便样品进行禽流感检测，结果全部为阴性。清理活禽126只，按规定全部进行无害化处理，并协助城管处理鸽子3户，150羽左右。发放包括海报、折页、宣传单页等各类禽流感防控知识相关的宣传材料1000余份至辖区各街道。

（陈舒楠　杨国平）

卫生应急

【概况】　年内，区卫计委有效处置各类公共卫生事件58起，包括1例疑似食源性疾病的突发公共卫生事件、1例霍乱病例密接者的突发公共卫生事件及学校和托幼机构的多起集中发热疫情、诺如疫情等事件。突发公共卫生事件报告率、报告及时率、网络直报率、报告完整率、事件评估率均达到100%。完成春节、清明等重要节日和平昌冬奥总结会、中非论坛北京峰会、北京市第十届民族传统体育运动会等重要会议活动期间及区违建强拆整治等政府指令性医疗应急保障任务，共计65次，派出医疗救护车103车次，医护司担343人次。

（高　晖　李含玉）

【应急演练】　2月，区卫计委在春节前夕组织突发事件紧急医学救援应急拉练，邀请市卫生计生委应急办及市120急救中心专家对全区院前急救机构突发事件救援工作流程、搬抬技术以及节前救护车车况、车载急救药品、耗材、设备配置情况进行检查和指导。7月，区卫生计生委组织突发传染病疫情防控应急演练活动。演练邀请市、区部门有关领导及专家现场进行指导评估，共有来自区食药监局、各街道办事处（鲁谷社区）、辖区主要医院、社区卫生机构等单位的200余人进行观摩。

（高　晖　李含玉）

【卫生应急宣教】　5月12日，区卫计委结合“5.12”防灾减灾日宣传，组织开展卫生应急宣传进社区、进学校活动。分别走进老山街道京源路社区和石景山学校，邀请区疾控中心和朝阳医院西院的专家向居民及广大师生介绍公民卫生应急素养条目、传染病防控知识、食物中毒的防治要点和突发事件自救互救方面的知识与技能。在社区现场设立专家咨询点，向居民提供重点传染病知识介绍和预防接种疑问解答，在学校活动现场向师生们发放正确洗手法、家庭应急物品、雾霾防范等宣传资料。两次活动共发放应急宣传资料及纪念品3000余张，社区居民及学校师生共200余人参与活动。

（高　晖　李含玉）

【突发事件处置】　年内，石景山区发生各类公共卫生事件58起，包括突发公共卫生事件2起（1例疑似食源性疾病的突发公共卫生事件、1例霍乱病例密接者的突发公共卫生事件）；传染病暴发疫情10起，其中流感7起，急性胃肠炎聚集2起，水痘1起；集中发热疫情5起、急性胃肠炎聚集性疫情19起。各项疫情均得到及时规范处置。全年共处置突发事件22起，其中包括斗殴事件2起（伤者5人）、医患纠纷2起（伤者2人）、孕妇伴发热1起（救治1人）、头晕外伤1起、心悸，胸闷1起（救治1人）车祸3起（伤8人）、中毒1起（伤者6人）、火灾1起（3伤）、坠楼2起（死亡2人）、一氧化碳中毒8起（伤者17人）。

（高　晖　李含玉）

【空气卫生应急工作】　年内，区卫生计生委组织修订完善《石景山区空气重污染卫生应急分预案》，组织辖区医疗卫生机构开展空气重污染健康防护知识宣传等应急工作，完成3次橙色预警、5次黄色预警、2次蓝色预警共10次空气重污染预警期间的卫生应急工作。

（高　晖　李含玉）

【卫生应急培训】 年内，区卫计委共组织开展5场石景山区卫生应急专题培训，邀请5名国家级及市级专家就生物恐怖事件、灾后传染病突发事件、突发中毒事件的应急处置以及突发公共卫生事件的心理危机干预等内容进行培训。辖区50余家单位800余人次参加培训。

（高　晖　李含玉）

【院前急救】 年内，区卫计委针对院前医疗急救服务能力现状、存在问题及措施建议，完成4期《石景山区院前医疗急救管理工作专报》报区政府。完善急救站点的建设，实施调整现有首钢急救站点为24小时运行模式，并在五里坨地区增加建设1个急救站点，年底前全部投入正常运行。加强现有120急救站点日常管理、尽可能让未承担院前急救任务的医院担负政府重大活动保障任务、临时借用市120急救车辆等管理措施，使呼叫满足率指标逐步提升。组织选派部分医院院内医务人员进行岗前培训，临时派驻到院前急救队伍中支援工作。

（高　晖　李含玉）

医疗服务管理

【概况】 年内，区卫计委下发《北京市石景山区关于推动落实“两控两降两升”任务工作的通知》，控制二级及以上公立医院规模、控制医疗费用增幅、降低药占比、降低百元医疗收入消耗的卫生材料费用、提升医疗服务收入占比、提升患者满意度。制定《石景山区改善医疗服务行动计划(2018—2020年)实施方案》，在全区医疗卫生机构开展“优化营商环境—选树人民满意的服务窗口”主题活动，10家医疗机构为石景山区卫生计生系统2018年度“人民满意的服务窗口”。区卫计委制定《石景山区开展医疗精准对口帮扶助力打赢脱贫攻坚战行动计划(2018—2020年)》《2018年石景山区医疗精准扶贫工作计划》等文件。先后与内蒙古宁城县、河北省顺平县、内蒙古莫旗、青海省玉树州称多县签定协议，确定帮扶项目33项，开展学科建设、远程会诊、绿色通道、精准诊疗、中医特色、基层对接、防控疾病七项核心帮扶内容。石景山医院骨科病区被评为2017年北京市度优质护理服务示范病区，石景山医院内分泌科“糖尿病患者健康教育项目”被评为2017年度北京市优质护理服务示范项目，石景山区五里坨医院精神科二区常莉被评为2017年度北京市优质护理服务示范个人。推进三个区域医联体建设，开展预约诊疗、双向转诊、技术帮扶、人才培养等工作。组织流感等冬春季传染病医疗救治。组织辖区各级各类医疗机构贯彻落实《医疗纠纷预防和处理条例》。开展老年综合评估，组织石景山区老年综合评估技术培训班，组织老年友善医院创建活动，石景山医院和北京英智京西康复医院被评为北京市老年友善医院。22个区医疗质控办公室，开展两票制督导检查、输血质控检查、超声质控检查、影像质控检查等各类医疗质量专项检查，举办急诊研讨会、京西口腔学术年会、抗菌药物管理、护理论坛、检验POCT规范化应用项目、医疗器械管理等学术交流活动。开展石景山区药师技能大赛。根据驻区企业实际健康需求，印发《石景山区就医服务手册》，编写临床、中医、心理23个健康课程，已经走入15家企业，受益企业职工700余人

（乔彦云）

【扶贫协作】 1月16日，区卫计委迎接宁夏灵武市调研组，灵武市副市长、灵武市人民医院和灵武市中医医院院领导实地参观中国中医科学院眼科医院、石景山医院。2月2日，石景山医院与灵武市人民医院对口支援签约。7月27日，北大首钢医院对宁城县先心病患儿进行远程会诊，9月11日，安贞医院专家团队为内蒙古宁城县患儿成功实施手术，区电视台进行连续报道。全年投入医疗帮扶资金720.46965万元，精准惠及贫困人口17656人。已组建13支医疗团队，选派116名医学专家分别赴各地进行健康扶贫。在各地开展大型义诊活动12次，义诊患者1784人次。开展学术讲座80场，惠及医务人员1432人次。接收贫困地区医务人员来京培训61人。选派3名援疆医师赴新疆和田墨玉县人民医院、墨玉县妇幼保健院进行为期1年的医疗援疆工作，选派4名医生赴内蒙古宁城县中心医院、内蒙古莫旗人民医院、河北省顺平县县医院、河北省顺平县中医院进行为期1年的医疗对口帮扶工作，选派11名短期对口帮扶医生赴内蒙古宁城县中心医院、河北省顺平县县医院进行为期1至6个月的对口帮扶工作。

（李　卓　曹玉华）

【服务百姓义诊活动周】 9月6日，区卫计委组织区内9家医疗机构在古城

2月2日，石景山医院与灵武市人民医院对口支援签约仪式（区卫计委供稿）

5月10日，北京康复医院与内蒙古对口医院签约　　（区卫计委供稿）

公园举办大型义诊活动，针对内科、外科、儿科、口腔科、中医科、眼科、康复科等专业的常见病开展义诊，免费为市民测血压、血糖，指导居民学习心肺复苏操作，医务人员还设立咨询台，对群众提出的一些常见病、慢性病及献血知识进行咨询解答、发放健康知识宣传册。古城公园义诊活动共出动工作人员100余人，接待诊疗2600余人次、发放健康知识资料1000余份。

（李小方）

【无偿献血活动】　11月8日，石景山区开展“爱心点亮生命”无偿献血活动。区卫计委、团区委、区红十字会、北方工业大学在北方工大联合举办石景山青年团员无偿献血暨造血干细胞血样采集活动。活动现场普及无偿献血和捐献造血干细胞有关知识，北方工大青年志愿者代表宣读石景山青年团员无偿献血暨造血干细胞血样采集公益活动倡议书，号召广大青年和在校大学生积极参与无偿献血和捐献造血干细胞的公益事业。本次活动，团区委青年和北方工大学生共献血319人、64000毫升，捐献血小板13人，采集干细胞血样13人。

（林迎午）

【准入管理】　年内，区卫计委完成医疗机构设置审批7家，医疗机构登记注册15家，机构注销2家，医疗机构变更法人代表、负责人、执业地址、机构名称、诊疗科目、牙椅数量等58项行政许可。办理执业医师首次注册122人次、变更注册242人次，多执业机构备案367人。办理护士延续注册1941人次、变更注册178人次、更换主要执业机构486人、多执业机构备案90人。

（曹　晖　李小方）

【血液管理】　年内，区卫计系统组织完成献血19627.5单位，其中团体无偿献血2860单位，街头献血16767.5单位，其中八大处公园街头献血点完成16671.5单位，万达广场街头献血点完成96单位。辖区医疗用血单位共7个，全年医疗用血10798.5单位，血浆708200毫升，血小板1605单位，全年血液供需达到平衡。

（曹　晖）

社区卫生服务

【概况】　石景山区共有10家社区卫生服务中心、39家社区卫生服务站，其中政府办3家中心、20家站2018年，实际在岗人员1059人，实际在岗卫生技术人员905人，包含医生394人、护士314人、全科医师196人。全年全区社区卫生服务机构门急诊2103460人次，同比增长17.75%；到家庭中出诊2485人次；家医上门服务2300人次；支援人员总数3071人，其中正高职称114人，副高职称721人，中级职称2235人，对口支援累计服务天数7885天，对口支援累计门诊量25307人次。带教人数累计有350人，累计带教时间634天，开展健康教育65场，受益4072人次，专业讲座66场，受益502人次，健康咨询、义诊9283人次。上转病人28905人次，下转157人次。年内，区社区卫生服务管理中心（简称区社管中心）完成2家新建小区配套社区卫生站整体装修改造、1家社区卫生服务站无障碍设施改造、1家社区卫生服务站全科诊室的的改造、34家社区卫生服务站医疗污水的设备安装和升级改造。

（田爱红）

【家庭医生签约服务】　5月19日，区社管中心以“5.19世界家庭医生日”活动为契机，印制宣传折页，利用短信、微信、微博和“身边医生”手机APP信息推送，提高居民知晓；完成包括家保员在内的54名健康管理师培养，充实家医团队及中医药健康驿站；组织22名家医团队成员参加北京市举办的社区上门医疗卫生服务规范培训班，并开展区级失能评估规范培训，培训人数达173人次。截至2018年12月底家庭医生签约服务250478人，签约率40.93%（其中重点人群签约140542人，重点人群签约率为91.16%）。

（贾彩霞　李　宁）

【健康管理】　年内，区社管中心通过推行“身边医生”手机APP软件，八个社区卫生服务中心辖区居民利用居民端已实现个人电子健康档案的建立、签约、查阅功能。截至年底全区建立电子化健康档案487340人，电子建档率79.63%；高血压规范管理29656人，规范管理率为69.45%高于北京市平均水平（67.71%），糖尿病规范管理14295人，规范管理率为71.20%，高于北京市平均水平(68.44%)。

（贾彩霞　马　欣）

【中医药服务】　年内，区社管中心参与北京市中医管理局中医药服务示范基层医疗卫生机构建设工作，完成广宁、鲁谷社区卫生服务中心、杨庄、西黄村社区卫生服务站4家机构的中医药服务示范基层医疗卫生机构建设现场评审工作；按照市中医局工作部署，组织社区卫生服务机构填报2017年中医工作数据并审核上报。老年人中医药健康管理31888人，管理率47.6%，0－36个月儿童中医药健康管理9028人，管理率62.8%。

（曾玉香 汪 磊）

【老年人健康管理】 年内，区社管中心下发《2018年石景山区65岁及以上老年人健康管理实施方案》，对老年人健康管理服务规范进行全员培训；通过《石景山区社区卫生报》、官方微信、在机构内部播放国家基本公共卫生服务项目公益广告、LED滚动显示屏、张贴宣传海报、与社区居委会联合通知居民等形式宣传开展老年人健康管理工作；开展督导考核，中心互查，督促机构加大体检工作力度，实行月报动态监测制度，定期通报工作进度和完成质量，对进度不达标的机构进行专项重点督查，督促整改落实。全年完成老年人健康管理45888人，管理率68.49%。

（曾玉香 郭星华）

疾病预防与控制

【概况】 石景山区疾病预防控制中心（简称区疾控中心）在2016年9月改制成公益一类事业单位，实行收支两条线管理。下辖结核病防治所、性病防治所、健康教育所及慢病防治所，流行病科（免疫预防、地方病防治、消毒科）、环境与职业食品卫生科、放射卫生科、理化检验科、微生物检验科、质控科、美沙酮门诊等10个专业科所，中心办公室、财务科、物资科、总务科4个职能科室。现有编制90人，在编职工83人，编外合同人员1人，返聘人员5人，劳务派遣11人。承担疾病预防与控制、应急事件预警与处置、疫情收集与报告、监测检验与评价、健康教育与促进、应用研究与指导、技术管理与服务等重要公共卫生职责。年内，区疾控中心是北京市唯一的区县代表接受国家级职业病防治放射卫生监测项目督导检查，科室负责人孟庆晨获北京市疾控中心颁发的2017年度北京市医疗卫生机构医用辐射防护监测工作优秀个人和2017年工作汇报最佳表现奖，科员张志彬同时获2017年度北京市放射工作人员外照射个人剂量监测工作优秀个人。

（班玉贞 范 昊）

【慢性非传染性疾病防治】 11月23日，区政府召开石景山区国家慢性非传染性疾病综合防控示范区工作会，准备迎接国家级慢性病综合防控示范区现场评审及市级复验。区疾控中心开展成人慢性病及其营养监测工作，共完成调查2000人。创建各类示范机构12家（其中示范单位2家、示范餐厅3家、示范食堂2家、示范社区2家、示范超市3家），通过北京市市级验收，取得市级示范机构称号；招募成立全民健康生活方式指导员队伍，9个街道共计210余人，传授健康生活方式的主要知识和技能。完成城市癌症早诊早治工作，对五大高发癌症（包括肺癌、乳腺癌、大肠癌、肝癌、上消化道癌）进行危险因素评估，共评估出高危人群4830人，五种癌肿临床筛查1055人次，其中肺癌351人次、乳腺癌163人次、肝癌200人次、上消化道癌197人次、结直肠癌144人次。开展三减三健、高血压日、糖尿病日等宣传活动31次，累计发放海报，折页，支持性工具28种，共96800份。在石景山电视台、石景山卫生信息网、石景山区健康教育官方微博及微信、石景山报等媒体发表科普文章631篇。

（班玉贞 安欣华）

【传染病防治】 年内，石景山区全年报告法定传染病17种3666例，发病率为599.02/10万；死亡6例，均为乙类传染病，包括艾滋病3例、肺结核2例、乙肝1例，死亡率为0.98/10万，病死率为0.16%。甲类传染病报告1种1例（霍乱），发病率为0.16/10万。乙类传染病报告11种771例，发病率为125.98/10万，其中，病毒性肝炎175例、痢疾159例、肺结核153例、梅毒131例、猩红热91例、淋病35例、艾滋病20例、麻疹4例、百日咳1例、登革热1例、疟疾1例。丙类传染病报告5种2894例，发病率为472.88/10万，其中，报告流行性感冒1050例、其他感染性腹泻病972例、手足口病789例、流行性腮腺炎82例、急性出血性结膜炎1例。流感样病例监测累计监测门急诊就诊病例2276423人次，其中流感样病例18561人次，流感样病例百分比为0.82%。全年无脊灰野病毒病例发生，接报3例AFP病例，无风疹、狂犬病、白喉、新生儿破伤风、流脑、乙脑病例发生。

（任丽君）

【计划免疫】 年内，石景山区19家免疫预防门诊均达到A级以上标准，全年召开专业会议和专业培训14期，参加人次数1000余人次．全年常规免疫接种率保持在99%以上；入托入学接种证查验工作完成112家学校/托幼园所共16100名儿童，查验率100%。需要补种人数1086人，实际补种人数1019人。应补证21人，实补证21人，补证率100%。补种免疫规划疫苗9种（水痘除外），应补种777剂次，实际补种769剂次，补种率为99.0%；水痘应补种508剂次，实际补种449剂次。疑似预防接种异常反应监测覆盖率、调查及时率及个案调查完整率等均达到100%。外来务工人员接种工作共完成521家用人单位的摸底和接种工作，接种流脑A＋C疫苗257人，接种麻疹疫苗273人。完成学龄前流动儿童强化查漏补种工作，全区9个街道共调查流动儿童9657人，补卡61人、补证26人，累计接/补种疫苗608剂次。全区累计接种招标流感疫苗22342支，其中60岁以上老年人11393支，学生10798支，其他保障人员151支。未发生疑似预防接种异常反应。

（杨 娜）

【艾滋病防控】 年内，石景山区新报告HIV感染者/AIDS病人95例，其中AIDS病人14例。全区现存活HIV感染者/AIDS病人743例。筛查检测HIV抗体174314人份，阳性者116人，HIV抗体检出率0.07%；艾滋病哨点监测调查各类人群1074人，检出艾滋病抗体阳性者5人，阳性率0.5%。艾滋病高危人群干预76951人次，抗体检测15586人份，检出阳性者81人，阳性检出率0.5%,HIV感染者/AIDS病人抗病毒治疗率为96.9%。3个艾滋病自愿咨询检测门诊共接待艾滋病咨询检测者1107人,检出艾滋病抗体阳性者24人,检出率2.2%。社区药物维持治疗门诊累计治疗人数588人,在治人数214人,治疗保持率98.4%,日均服药人数112人。加强艾滋病实验室网络建设,开展艾滋病确证检测以及CD4淋巴细胞检测,完成辖区社区卫生服务中心及监管场所HIV和梅毒快速筛查点的建立、督导培训及质控考核等工作。对辖区医疗机构性病艾滋病防治工作进行督导检查以及业务培训。全年发放性病艾滋病宣传资料共计10余种13万份,免费发放安全套14万只、润滑油6千支。

(张国磊)

【美沙酮门诊管理】 年内,石景山区疾控中心美沙酮门诊治疗人数214人,在治183人,日均服药人数112人,登记在册吸毒人员700余人。门诊全年共计开展健康教育及心理干预活动14次,发放安全套及健康宣传材料5000份,年底奖励86人次,发放奖励款共计35900元。石景山区疾控中心美沙酮门诊被评为2018年全国优秀门诊。

(姜 影)

【结核病防治】 年内,石景山区结核门诊共接诊1218人次,化验室共做检查2484人次,其中痰涂片709份,涂阳69份;培养409份,培阳44份。截止至12月31日,全区登记管理肺结核病人92例(初治89人,复治3人)。其中,外地患者35例,本市57例。发放免费药品19540人次。对大学新生5256人进行结核病筛查,其中结核菌素皮试监测强阳性106例,发现结核病人2例。全年全区共发生3起学校结核病聚集性疫情,均已按照北京市工作规范进行处置,无重症及死亡病例。全区新生入学肺结核筛查工作共筛查学生1764人。辖区新生儿4037人,卡介苗接种4187人次,接种率104%,12周PPD阳转率监测100%,完成210名新生儿卡介苗接种率入户调查工作。在国家基本公共卫生服务项目肺结核患者健康管理工作中,通知管理的肺结核患者91人,已管理肺结核患者90人,管理率98.9%,已完成治疗肺结核患者57人,规则服药肺结核患者56人,规则服药率98.25%。全年共开展健康宣教活动70余次,发放相关宣传材料10万余份。开展结核病防治培训8次。

(姜 影)

【公共卫生监测】 年内,区疾控中心共审核19份用人单位信息和77份有毒有害作业工人健康监护汇总表,审核并访视尘肺病病例30例、1例职业病病例以及1例农药中毒病例。开展医院职报人员培训1次,对部分医院开展职业病网络直报绩效考核。开展食品安全风险监测工作,化学污染物检测45件,合格45件,合格率100%。食品微生物监测205件,合格205件,合格率100%。开展食源性疾病监测工作,共采集343件患者粪便标本,完成全年任务的104%,检测出阳性样本数为30件,致病菌阳性率为8.7%。检测病毒样本284份,检出阳性样本数17件,病毒阳性率6.0%。配合区食品药品监督管理局调查处理4起疑似食源性疾病暴发事件,配合区卫计委调查处理1例食源性异常病例,开展辖区单增李斯特菌感染病例专项监测,调查、采样并上报病例2例。接受18户公共场所的日常委托检测工作,共检测567件样品,合格567件,合格率100%。开展94户公共场所监督抽检和日常监测工作,监测1353件,合格1306件,合格率96.53%。围绕着生活饮用水和游泳池水的委托检测、日常监测和监督抽检开展大量的工作,共检测水样282件,合格226件,合格率为80.14%。在全市范围内对18台放射诊疗设备进行放射卫生防护检测,完成放射诊疗建设项目放射防护评价项目13个。放射工作人员外照射个人剂量监测57户387人1454人次,个人剂量监测送检率97.9%。放射性本底监测完成水体总放射性采样2次、土壤放射性分析采样1次和空气γ射线外照射剂量监测4次。开展职业性放射性疾病监测,完成辖区45户放射诊疗机构基本信息调查、6户监测医院放射工作人员职业健康管理信息调查和清华大学玉泉医院介入工作人员剂量监测。开展医疗卫生机构医用辐射防护监测,完成23户医疗机构基本情况调查和12户医疗机构放射诊疗频度调查;对10户医疗机构的29台放射诊疗设备及场所进行防护性能监测,协助其他区县开展4户医疗机构8台放射诊疗设备的监测。

(孟庆晨 王明良)

【感染防治】 年内,石景山区现有医疗机构区级以上的13家,区级以下的58家,个体医68家,33家学校医务室,托幼机构47家。全部纳入监测工作范围。医疗机构消毒效果监测:共监测207户次,共采样1679件,合格1673件,合格率99.6%,其中物表及工作人员手涂抹采样1166件,合格1166件,合格率100%;空气采样225间(件),合格222间(件),合格率98.6%;高压锅监测采样62件,合格62件,合格率100%。托幼机构消毒效果监测:共监测44户次,采样627件,合格614件,合格率98.0%。其中物表及手采样373件,合格372件,合格率99.7%;空气采样91间(件),合格91(件),合格率100%;其它163件,合格151件,合格率92.6%。消毒工作检查:医疗机构207家次,托幼机构44次。传染病消毒管理:病家或疫点消毒12次,进行物表消毒面积达11280平方米,消毒效果评价4家。传染病疫情抽样病家消毒技术指导112家次,检查社区服务站(中心)40家次。传染病防控督导检查,肠道门诊8家次。举办消毒技术培训讲座1次,50家医疗单位的50余人参加消毒隔离和个人防护技能培训讲座;45家托幼机构卫生老师及园长等人员50人参加。病媒生物监测专项:春季按照“北京市拆违重点区域病媒生物密度调查方案”进行相关专项调查工作。完成石景山区拆违重点区域蚊虫调查、蝇类调查及鼠类调查。日常病媒生物密度监测:蝇监测共21次,共6类环境每次设点7个场所,共累计布放蝇笼119个;蚊监测共18次,成蚊共监测3类环境每次5个点,共累计布放诱蚊灯180套;白纹伊蚊专项监测6次,2个点,布放诱蚊诱卵器600个;幼蚊监测共4类环境每次6个点,共累计检查容器50个,取水样270勺。蟑螂密度监测12次,每次设点8个场所,累计布放粘蟑板4080张。鼠密度监测12次,每次设点4个,布粉块600块,鼠夹1300把。9月,区疾控中心进行住区白纹伊蚊成虫及幼虫的抗药性监测工作,选择高效氯氰菊酯、残杀威、敌敌畏和双硫磷等药物进行检测。出血热鼠监测,布放鼠夹1500把,捕鼠20只,鼠心肺标本送市CDC实验室进行出血热抗原抗体的检测。蚊虫的病原学监测采集标本500只。开展居民区蜱虫及臭虫等非常见病媒生物的调查监测,接受居民咨询电话16个,来访9人次,鉴定标本8次。共发放"臭虫防制知识要点"等宣传材料50份。

(佟明新)

【实验室建设】 年内,区疾控中心完成理化科45个参数、微生物科17个参数的标准变更。全年累计完成4848件次样品的检测工作。组织理化检验科和微生物检验科参加外部质量控制活动12次,微生物科参加8次,理化科参加4次。内容涉及未知病原微生物检测、空气中甲醛检测、水质检测、麻疹、风疹检测等共计23个参数,结果均为合格。开始实施区疾控中心实验室改造更新工程项目。

(吴 劲)

妇女和儿童保健

【概况】 年内,石景山区有助产机构5家,产科床位201张,助产技术服务人员138名;有计划生育技术服务资质的医疗机构10家,计划生育技术服务人员109名;围产保健机构16家;儿童保健机构18家,开展儿童保健集体管理的幼儿园58家。区卫生计生委与区妇联、财政等部门共同开展适龄妇女两癌筛查、育龄妇女免费增补叶酸、0—6岁儿童免费体检、新生儿疾病筛查等多项妇幼重大及基本妇幼公共卫生工作。组织开展节前产科质量飞行检查、孕产妇妊娠风险评估、孕产期保健知识培训及技能竞赛等专项工作,结合"三八节"、"儿童节"、"世界母乳喂养周"等宣传日,开展免费婚检、宫外孕、母乳喂养、出生缺陷及儿童保健等知识宣传。全年孕产妇死亡0例,孕产妇死亡率0/10万;婴儿死亡率2.21‰;5岁以下儿童死亡率3.48‰,婴儿死亡率、5岁以下儿童死亡率等各项指标达到全市要求。

(朱学群)

【母婴保健技术许可】 年内,区卫计委完成对北京大学首钢医院等8家医疗机构母婴保健技术服务许可换证、变更工作;对99名助产人员、计划生育技术服务人员的母婴保健技术服务人员资质进行换证、变更及新考证工作;补发出生医学证明142例。

(朱学群)

【婚前保健】 年内,石景山区婚前医学检查1235人,婚前医学检查率16.42%,疾病检出率4.05%,以生殖系统疾病为主,对受检者进行婚前卫生指导和卫生咨询。在区民政局进行部分婚检项目检查,参与婚检210人,现场婚检率17.0%。

(郭淑菊 阳明媚)

【两癌筛查】 年内,石景山区宫颈癌筛查情况:筛查4791人,转诊阴道镜检查73人,阴道镜检查率1.52%;宫颈癌前病变7例,宫颈癌前病变检出率146.11/10万,发现宫颈侵润癌1例,宫颈癌检出率20.87/10万。乳腺癌筛查情况:筛查4791人,筛查出乳腺癌前病变62人,乳腺癌前病变检出率125.24/10万,发现乳腺恶性肿瘤4人,乳腺癌检出率83.49/10万。

(郭淑菊 阳明媚)

【妇幼保健指标】 年内,石景山区辖区助产机构产科工作质量:分娩总数4210人,活产数4202人,其中剖宫产1530例,剖宫产率36.41%,围产儿死亡数10例,围产儿死亡率2.38‰。产前筛查工作:早孕超声筛查3202例,筛查异常26例;孕20—24周B超筛查胎儿4110例,筛查异常人数299例。围产儿出生缺陷监测:围产儿监测总数4210例,本市2729例,外地1481例,围产儿出生缺陷90例,本市52例,本市出生缺陷率19.05‰,外地38例,外地出生缺陷率25.66‰。孕产妇系统管理:实际出生数3167人,产妇数3107人,活产数3165人;孕产妇死亡数0人,孕产妇死亡率0/10万;围产儿死亡数4人,围产儿死亡率1.26‰;住院分娩数3165人,院外分娩0人,住院分娩率100%;孕产妇系统管理数3027人,孕产妇系统管理率97.43%。计划生育技术服务:计划生育手术总数4383例,其中本市户口2146例,外地户口2237例;放环术230例;取环术785例;皮下埋植植入术1例;输卵管结扎术3例;人工流产手术799例;药物流产563例;无痛人流2002例;节育手术并发症0例,节育手术并症发生率0/万。全区妇女病防治人数:33111人,包括两癌筛查4791人,妇女病体检28320人。体检正常人数:16145人,妇科疾病检出率如下:阴道炎性疾病检出率2.83%;宫颈炎性疾病检出率0.20%;子宫肌瘤检出率13.42%;宫颈癌检出率3.02/10万,乳腺癌检出率21.14/10万。儿童保健指标:0—6岁集体儿童系统管理率99.57%;1—6岁听力筛查率92.74%;新生儿疾病筛查率100.82%;6月内纯母乳喂养率69.87%;新生儿死亡率1.58‰;婴儿死亡率2.21‰;5岁以下儿童死亡率3.48‰;儿童健康管理率98.23%;儿童系统管理率91.33%。

(郭淑菊 阳明媚 张庆丽)

石景山区红十字会

【概况】 石景山区红十字会(简称区红会)是中国红十字会的地方组织,是从事人道主义工作的社会救助团体,是组织和开展石景山区的红十字工作。年内,区红十字修订《石景山区人道救助办法》,完善救助流程,救助申请审批表;制定救助款领取单、发放单,规范资金的领取、发放;以"北京市红十字会会员卡"发放工作为依托,共办理会员红卡1242张;结合"3.5"学雷锋日、"5.8"世界红十字日、"5.12"防灾减灾日等重要节点,举办形式多样的红十字文化传播活动。筹办“致敬红十字——讲述身边的红十字故事”大型主题宣讲活动，活动首次采用网络同步直播形式，18家网络对活动进行直播，190万人同步观看，在学校、社区、机关、企事业单位以及红十字志愿者中开展万人答题活动。

（柴　阳）

【应急救护培训】　年内，区红会组织初级急救员取证培训共计2803人，其中取得16学时急救员证163人；8学时技能证1785人；4学时技能证855人。对家政服务员、养老护理员进行应急救护培训；每月定期为管家帮商学院开展1次8学时培训，截止年底已培训5期，共计150人取得技能证。区红会针对窗口单位工作人员开展应急救护培训，与区人保局联合开展6期4学时心肺复苏技能培训，取证共计180人。在全区范围内开展以“红十字，救在身边”为主题的应急救护普及培训活动，广泛宣传自救互救知识，普及逃生避险技能，共开展普及培训31期，普及人数共计8558人。通过网络直播形式开展的两期宣传普及活动，同步观看人数达1047820人。首次举办师资初训班，共20名志愿者参加师资培训。

（柴　阳）

【救护设施建设】　年内，区红会在八大处公园建立首都红十字紧急救援志愿者服务站，经过培训建立1支红十字紧急志愿服务队，并配备急救用品和应急救援物资。配合石景山区疏解整治促提升应急服务保障工作，区红会为区环卫中心、公安交通支队、区信访办等战斗在一线的人员配备50个急救箱和500个应急包，向社区居民发放急救包1000个。区红会购置橡皮艇、潜水服等应急救援装备，培训1批具有应对水域、山野、地震等灾害救援能力的救援队伍。

（柴　阳）

【募捐救助】　年内，区红会投入30余万元，对内蒙古宁城、青海玉树、河北顺平以及莫旗进行对口帮扶。全年走访慰问困难群众300余户，发放救助款物1179556元。日常大病救助13人，发放救助款11.8万元。为石景山区太阳花言语听力康复中心的25名听力障碍孩子购买水彩笔、绘画本等文具。

（柴　阳）

【志愿服务活动】　年内，区红十字会围绕红十字志愿服务的制度化、规范化、品牌化建设和红十字“三救三献”等主责主业，制定志愿服务活动方案。开展“学雷锋红十字志愿服务”活动，在第56个学雷锋日，在全区范围内开展形式多样的志愿服务和宣传活动。开展红十字志愿服务“关爱生命”活动，志愿服务进社区、进福利院、进养老院、进学校，开展自救互救知识与技能的普及、预防艾滋病、无偿献血和造血干细胞、遗体和器官志愿捐献等宣传动员推动活动。截至年底，石景山区共有47人捐献造血干细胞血样，成为中华骨髓库造血干细胞捐献志愿者，全区有1名志愿者配型成功，成功实现造血干细胞捐献；接受遗体和人体器官捐献咨询共计30余次。

（柴　阳）

体 育

综　　述

【概况】 2018年，石景山区体育局围绕服务冬奥大局、围绕冬季体育运动特色先行区建设、围绕创建全国文明城区工作，实施“二二四”工程，即两个推进(推进体育中心改扩建工程、推进体育生活化社区二期工程)、两个服务(服务冬奥环境设施建设、服务国际体育文化交流)、冰雪四进(冰雪运动在校园、社区、单位、军营全覆盖)。石景山区是北京冬奥组委驻地、单板滑雪大跳台比赛项目和国家冬季训练中心的所在地。在全市率先编制《石景山区服务保障冬奥会加快冰雪体育发展行动计划(2017—2022年)》，指导推动全区服务保障冬奥会、冰雪体育发展的各项工作。借助冬奥组委入驻的区位优势，以党员“双报到”为契机，以广宁街道高井路社区为试点，创建奥林匹克社区。承办北京市第十届民族传统体育运动会竞赛组织工作、承办海峡两岸(北京)体育交流运动会。组建冰雪运动特色队伍。引导学校、街道、单位成立特色冰雪队伍，已组建校园冰雪队伍35支、社区冰雪队伍12支，开展冬奥知识和冰雪技能培训，为建立冬奥志愿者队伍奠定基础。整合区域资源，联合学校、专业俱乐部选拔培养后备人才，组建短道速滑、冰壶、冰球、滑雪、花样滑冰等五个项目的区级运动队，注册运动员225名，参加北京市首届冬运会，实现奖牌突破。以石景山区冰雪节为龙头，开展冬奥文化和冰雪体育大讲堂，深入社区、单位、军营推广冰雪运动，普及冬奥知识。全年全区累计上冰约8万人次。

(李　昂)

【石景山区冰雪节开幕】 1月9日，2018年石景山区冰雪节开幕式暨冰雪社会体育指导员培训活动在首钢工学院举办。区体育局、首钢工学院、启迪冰雪集团相关领导出席活动。此次冰雪社会体育指导员培训以传播冰雪文化、助力北京冬奥为主题，共有社区居民、在校学生、企事业单位职工、部队官兵500余人参加活动。

(李　昂)

【服务冬奥】 3月15日，北京召开全面推进2022年冬奥会和冬残奥会筹备工作动员部署大会后，石景山区迅速落实，进一步部署相关冬奥服务保障工作。率先编制《石景山区服务保障冬奥会加快冰雪体育发展行动计划(2017—2022年)》，实施冬奥组委驻地及周边配套保障、冬奥体育生活化社区、京津冀国际冰雪交流等十大冰雪工程。为兑现北京冬奥“带动3亿人参与冰雪运动”的承诺，石景山区为16所冰雪运动特色学校授牌，倡议冰雪文化进社区、学校、机关企事业单位、军营“全覆盖”，每年将举办不少于20项各类冰雪活动。2018年拟实现中小学生100%上冰、冬奥知识100%进校园、体育老师100%冰上技能培训，发展冰雪运动社会体育指导员不少于1000人，冰雪志愿者不少于2000人，培养出500名运动员、教练员和裁判员。年内，位于长安街边的启迪冰雪市民体验中心投入运营，冰球训练馆、冰球赛事馆和综合体育馆投入使用。区体育中心改扩建工程也已获得控规批复，建成后将提供1800平方米滑冰馆和标准4道冰壶场。此外，石景山区将利用国际雕塑园、莲石湖公园、石景山体育场等场地，建设不少于20个可拆卸冰雪运动场地，改造开辟季节性、便民化、娱乐性的天然滑冰场和嬉雪场地，形成“冰主雪辅、大小统筹、远近结合”的冰雪运动场地供应格局，打造综合性冰雪运动基地，满足不同人群的冰雪娱乐需求。

(李　昂)

【民族传统运动会】 8月18日—23日，北京市第十届民族传统运动会在石景山区举行。运动会由市民委、市体育局、市教委主办，区政府承办，区体育局承担竞赛部工作，组织开展各项比赛。本届运动会设立12个竞赛项目，6个表演项目，分别在石景山体育场、石景山体育馆、北方工业大学、首都师范大学附属苹果园学校、景山学校远洋分校、黄庄职业学校和市民冰雪体育中心等7处比赛场地进行。民族运动会每四年组织一届，16个区县全部组团参加，天津市、河北省也各组成一个代表团参加，参赛运动员4000余人。为契合“冰雪奥运”主题，助力石景山区打造冬季体育运动特色先行区，本届运动会首次增加冬季民族传统体育冰蹴、冰嬉和雪垒等冰雪项目列入比赛项目。同时，京津冀三地首次互派代表团参赛参会。此外，首次邀请民族地区扶贫攻坚协作地群众代表参加，体现各民族交往交流交融的新趋势。本届运动会还首次进行台网直播，观看人数高达307万。通过在CCTV、北京时间、今日头条、腾讯等各大直播平台进行直播。

(李　昂)

群众体育

【概况】 年内，区体育局加强全民健身设施管理工作，结合创城工作任务，建立安装管理档案，完善季度巡查及年度检修的全民健身设施管理制度。开展多层次的全民健身赛事活动。以第三十三届阳春社区体育节、金秋体育盛会为主体，抓好端午节、8月8日全民健身日、九九重阳节等节假日时间节点举办多种形式群众性体育活动，共开展区级健身活动20次，街道级活动20次，社区级活动191次，参与人次达10万人。

(李　昂)

【冰雪运动公益行】 1月26日，“世界冠军 启迪冰雪”2018冰雪运动公益行活动在市民冰雪体育中心举行。本次活动由团市委、启迪冰雪集团、法制晚报社主办，来自团市委、区有关部门以及主办单位负责人参加活动，共同为近30名贫困家庭儿童派发礼品，助力青少年公益事业，传播冰雪体育文化。

(李　昂)

【职工趣味冰雪运动会】 2月7日，区体育局在市民冰雪体育中心举办冰雪节系列活动之职工趣味冰雪运动会。活动是2018石景山区冰雪节的收官之作，也是响应“三亿人上冰雪”号召，推进冰雪“四个全覆盖”工作的内容。

(李　昂)

【迎冬奥新春体育庙会】 2月16日—22日，区体育局联合区旅游委在北京国际雕塑公园举办"冰雪邀约"首届北京迎冬奥新春体育庙会,吸引众多市民游园。庙会以"冰雪邀约,欢乐无极限,国富民强,共筑中国梦"为主题,包括体育、文化、新春游园、游戏娱乐、文娱演出等五类活动板块。

（李　昂）

【助力冬奥　全民冰雪】 4月2日,区体育局贯彻落实"北京市全面推进2022年冬奥会和冬残奥会筹办工作动员部署大会"精神,全面动员区内群众参与冰雪活动,助力北京冬奥,组织石景山区有关学校、社区、单位的近千名群众到市民冰雪体育中心参加石景山区"助力冬奥 全民冰雪"倡议活动。

（李　昂）

【山地半程马拉松】 4月22日,北京西山香巴拉山地半程马拉松在八大处公园内灵光寺鸣枪起跑。赛事以祈福安康,迎春纳祥为出发点,倡导为爱而奔跑,为爱而祈福,为爱而传承,为爱而守护,宗旨是寻找最自然的健康生活方式。本次山地半程马拉松分为21公里半程马拉松赛及5公里健康跑。河北、内蒙、天津、山西、辽宁等省市500余名跑步爱好者参加活动。

（李　昂）

【迎春杯老街坊徒步行】 4月24日,第三十三届石景山区阳春社区体育节系列活动——迎春杯老街坊冬奥冰雪志愿者徒步行活动在湖光春色的莲石湖公园举行。石景山区老街坊、冬奥冰雪志愿者300多人参加活动。

（李　昂）

【陆地冰壶社区挑战赛】 7月27日,石景山体育馆举办首届石景山区"农夫山泉杯"陆地冰壶社区挑战赛,本次赛事由全区各街道,共计120余名居民参与。

（李　昂）

竞技体育

【概况】 年内,石景山区坚持体教融合,突出抓好新型体校建设,加强人才输送。与区教委、中小学校及大专院校进行沟通合作,依托学校场地开展业训工作,加大训练网点的建设力度,广泛推动运动项目发展,发掘体育后备人才。与区教委联合组建市运会"三大球"项目运动队,重点抓好射箭体操等优势项目、田径游泳等基础项目以及三大球等重点项目的训练和参赛保障,为在北京首届冬季运动会及其他各类赛事中获得佳绩奠定基础。在2018年市运会资格赛中,石景山区380名运动员参加16个项目,获33金、31银、29铜。

（李　昂）

【中小学生乒乓球比赛】 1月27日,由区体育局、区教委联合主办的2017—2018年石景山区中小学生乒乓球比赛在石景山区体育场举办。本次比赛设初中组、小学甲组、小学乙组三个组别,全区21所学校的75名运动员参加比赛。

（李　昂）

【大众冰雪北京公开赛】 1月27日—28日,由市体育局、市体育总会主办的第四届北京市民快乐冰雪季系列活动——第三届大众冰雪北京公开赛短道速滑比赛在华星沙河冰球运动中心举办。比赛项目包括500米、1000米、1500米,石景山区共组织31名青少年冰上运动爱好者参与。石景山区选手获得女子丁组500米铜牌、女子乙组1000米第五、六名、男子乙组1000米第五名的成绩。

（李　昂）

【青少年室内田径锦标赛】 1月27日—28日,由市体育局、市教委主办的2018年北京市青少年室内田径锦标赛暨京津冀青少年室内田径比赛在北京市先农坛田径馆举办。本次比赛同时也是北京市第十五届运动会田径比赛第一次资格赛,设有60米、60米栏、400米、800米、1500米、跳高、跳远、三级跳远、铅球、铁饼、标枪等11个项目,全市16个区共组织17支代表队1971名运动员参加,此外,天津、河北代表队也组织72名运动员参赛。石景山区代表队组织79名运动员参赛,夺得2金、1银、5铜的成绩。

（李　昂）

【区中小学生羽毛球比赛】 3月24日,区教委、区体育局共同主办的2018年石景山区中小学生第三届羽毛球比赛在京西分校、景山远洋分校、金顶街第二小学举办。共有来自全区26所中小学校的300多名学生参加比赛,分高中、初中、小学三个组别,每个组别分男单、女单、男双、女双、混双五个单项进行。

（李　昂）

【市柔道冠军赛】 5月5日,由市体育局主办的2018年北京市柔道冠军赛暨北京市第十五届青少年柔道资格赛在顺义区体育局柔道馆举办。来自全市十三个区的464名运动员参加本场比赛。本次比赛设男子甲乙丙组及女子甲乙丙组六个竞赛组别,竞赛项目按照竞赛组别共设8个公斤级别。本次比赛中,石景山区体校柔道队选手夺得1金、3银、1铜的成绩。

（李　昂）

【市业余体校射箭冠军赛】 5月12日—13日,北京市业余体校射箭冠军赛暨第十五届运动会射箭比赛资格赛在朝阳第二体校举行,来自全市8个区的代表队参加比赛。石景山区运动员在男子甲组、男子乙组和女子乙组比赛中共获得23枚金牌。

（李　昂）

【市业余体校举重冠军赛】 5月12日—13日,2018年北京市业余体校举重冠军赛暨第十五届运动会举重资格赛在首都体育学院附属竞技体育学校举行。石景山区运动员获得女子甲组63公斤级冠军、女子甲组69公斤级亚军。

（李　昂）

【市业余体校击剑冠军赛】 5月13日,2018年北京市业余体校击剑冠军赛暨第十五届运动会资格赛在丰台体育馆举办。比赛历时两天,石景山区共派出29名选手参加本次比赛,获得男子甲组花剑冠军、男子乙组佩剑季军,女子乙组佩剑冠军、女子乙组佩剑季军的成绩。

（李　昂）

【中小学生三对三篮球比赛】 6月30日至7月1日,石景山区第二届中小学生三对三篮球比赛在景山学校远洋分校举办。比赛由区教委、区体育局共同主办，来自全区23所中小学的52支代表队参加比赛。比赛分高中男女、初中男女、小学男女U10和U12，8个组别进行。

（李　昂）

【参加市第十五届运动会】　7月10日，北京市第十五届运动会石景山代表团成立大会在区体育中心电子竞技馆举行。北京市第十五届运动会开幕式于7月18日在奥体中心举行，本届市运会分设竞技组和群众组，竞技组共设29个大项，石景山参加田径、游泳、篮球等17个项目的比赛，经过前期各项目资格赛确认，384名运动员获得正式参赛资格；群众组将参加足球、篮球、太极拳等7个项目，参赛运动员134人。7月14日—16日，北京市第十五届运动会空手道比赛在昌平一中举行，在女子个人组44KG级比赛中，石景山区选手李香　为石景山区代表队摘得首金，李萌获得这个级别的亚军；在女子组56公斤级比赛中，董菲获得亚军。石景山区代表队在这个项目中还获得4—8名6人次。7月21日，在顺义区柔道馆举办的北京市第十五届运动会柔道比赛中，石景山区选手吴金明喜获男子甲组60公斤金牌。7月21日—23日，北京市第十五届运动会跳水比赛在奥运场馆水立方举行，石景山区选手杨紫夺得女子一米跳板、三米跳板、五米跳台三项亚军。

（李　昂）

体育产业

【概况】　年内，区体育局根据区冰雪体育发展工作领导小组部署和《石景山区服务保障冬奥会加快冰雪运动发展行动计划（2017—2022年）》要求，遵循“冰雪+”、“+冰雪”的思路，与各委办局多次对接，共同探讨发展石景山区冰雪产业的方法路径。参加京交会“国际体育服务贸易发展大会”板块，把握行业发展动向和前沿信息；组织卡宾、启迪、艾斯特等区内重点企业参加中国国际进口博览会；深化与延庆、张家口等地区的交流，并通过外事接待、友好城市、展会论坛等渠道，推进与冬季体育强国、国际冰雪组织和企业的交流。

（李　昂）

【冰雪产业专题座谈】　5月31日，区体育局与北京卡宾滑雪体育发展股份有限公司就冰雪产业发展进行专题座谈。了解卡宾滑雪的发展历程、冰雪技术及设备开发、未来发展思路等，对当前石景山区冰雪产业的发展现状以及面临的问题和建议进行交流，并就双方未来的合作方向达成初步共识。

（李　昂）

【花样滑冰俱乐部联赛】　6月30日，由中国花样滑冰协会组织创办的2018中国花样滑冰俱乐部联赛在石景山市民冰雪体育中心B馆开赛。此次比赛是2018中国花样滑冰俱乐部联赛的首站赛——华北赛区分站赛，为期三天，设精英组和大众组两个组别。

（李　昂）

体育执法

【概况】　年内，区体育局围绕重要时机、重点单位、关键部位，不断加大督导检查力度。及时发现并排查问题隐患；关注消防设施、疏散通道、应急指示，以及“三合一”、电动车充电等突出问题，通过回头看、反复查，确保不出现问题。对于超出本单位监管职责的3起隐患线索，按规定移交区城管委、消防支队和工商分局协助处理，杜绝监管盲区；严格依据相关法律法规，对2家经营单位的违法行为实施行政处罚。

（李　昂）

【安全风险评估培训】　4月20日，区体育局在石景山体育馆召开体育行业安全风险评估培训会，培训重点阐述风险评估工作的重要意义及方式方法、应急能力评估、风险评估平台的使用等内容。区安委会第三调研组工作人员现场对20家体育经营单位进行现场指导，首钢篮球中心设立为评估2018年试点单位。

（李　昂）

【市安全生产督导】　7月2日，市委、市政府安全生产第六督察组一行7人，对石景山区体育行业进行检查督导。督察组采取听取汇报、查阅资料等方式，对区体育局安全生产工作部署落实、安全监管体质机制运行、安全生产综合治理和重点专项工作推进情况进行全面检查。检查过程中，督察组领导和专家直插末端、深入细致，帮助各单位梳理隐患、指出问题，并就落实市委、市政府决策部署、继续做好安全生产工作提出明确要求。

（李　昂）

【游泳减溺工作】　7月3日，区体育局组织全区游泳场馆负责人和救生员，在国家体育总局自行车击剑运动管理中心游泳馆召开减溺工作会议，并举办游泳救生员培训和救生技能比赛。本次活动由区体育局主办，海淀区救生协会承办，来自全区近20家游泳场馆的负责人、救生员，共计60余人参加。

（李　昂）

【督导首钢篮球中心游泳馆】　7月19日，区体育局对首钢篮球中心游泳馆进行督导检查。检查过程中，明确减溺、防火、防汛三大近期工作重点；检查和指导应急预案制定和演练情况；检查游泳场馆的安全制度落实、救生员在岗、救生器材和应急药品配备情况等。

（李　昂）

【等级证书审批】　年内，区体育局共审批一级运动员2人，二级运动员3人，二级裁判员22人，三级裁判员36人，涉及柔道、射箭、羽毛球等项目。公开办事程序，等级运动员审批信息在规定工作日内通过市体育局网站、区政府信息公开进行公示，无一例虚假投诉现象。

（李　昂）

社会建设

综　述

【概况】 石景山区委社会工作委员会(简称区委社会工委)是负责本区社会建设工作的区委派出机构，石景山区社会建设工作办公室(简称区社会办)是负责本区社会建设工作的区政府工作部门。机关行政编制17名，其中区委社会工委(区社会办)书记(主任)1名，区委社会工委副书记1名，区社会办副主任2名，科级领导职数5正3副；机关工勤事业编制1名，随自然减员逐步核销。年内，出台《街道党工委工作规则》，统筹推动各领域基层党建，被确定为全国城市基层党建示范区。深化“老街坊”品牌建设，强化议事协商模式，提升社区民主自治能力。制定社区准入制度，推进“社区便民弹性工作制”，实现社区减负增效。创建16个“社区之家”、8个市级社区规范化示范点，打造30个“名片社区”。调整社区工作者待遇，完善社区工作者管理制度。

(孙振宇)

【国际志愿者日主题活动】 12月4日，石景山区举办“文明创城 你我同行 携手共建最美石景山”第33个国际志愿者日主题活动。弘扬“奉献、友爱、互助、进步”的志愿服务精神，激励市民加入“石景山老街坊”志愿服务队伍，助力石景山区高端绿色崛起。活动包括冰雪体验、冰雪志愿者招募、志愿者拉歌比赛、志愿服务成果展示、诗歌朗诵和舞蹈等。全区18个志愿者协会、20个社会志愿团体、80名五星级志愿者和400名“老街坊”志愿者参加活动。

(高　炜)

【社区工作者薪酬待遇】 年内，由区委组织部、区委社会工委、区财政局、民政局、人力社保局、社会办联合印发《石景山区关于进一步规范社区工作者工资待遇的实施细则(2018年修订)》，提高社区工作者待遇水平。《实施细则》调整后，石景山区社区工作者平均工资总体水平为上年度北京市职工平均工资(101599元/年、8467元/月)的100.08%，将“政策留人、事业留人、感情留人”落到实处。

(周玉坤)

社区建设与管理

【概况】 年内，区委社会工委坚持以党建为统领、以人民为中心、以保障和改善民生为重点、以法治为保障、以改革为动力、以精细化服务管理为手段，加强社会建设，打造共建共治共享的社会治理格局。组建党的十九大精神“社工宣讲团”，深入基层进行主题宣讲40场；开展万名党员学习党的十九大精神答题及知识竞赛等活动。指导成立“两新”党组织27个；在全市率先成立八角商圈自管会、万达和京西商务中心商圈党建联盟；在全市率先出台商务楼宇工作站规范化建设工作标准，120座商务楼宇的39个工作站全部实现制度、标识等规范。夯实城市基层党建基础，培训社会领域党组织负责人5期870余人；将1177名“两新”流动党员纳入党组织日常管理；指导建立街道、社区党建工作协调委员会，健全组织架构及运行机制。严格“五好”标准，选拔优秀人员进入社区“两委”班子，围绕“十不能”标准对2090名现有社区成员进行资格联审，149个社区党组织完成换届选举，新增社区专职党务工作者130名。制定社区准入制度，推进“社区便民弹性工作制”，实现社区减负增效。动员驻区单位内部服务设施向社会开放，创建16个“社区之家”示范点，推进资源整合共享。创建8个市级社区规范化示范点和7个市级老旧小区自我服务管理试点，打造30个“名片社区”，提升服务群众水平。调整社区工作者待遇，完善社区工作者管理制度，通过“民选街聘”和公开招考等方式补充459名社区专业人才，培训社区工作者12批910余人。做实区社会组织孵化基地、志愿服务发展基地、社工协会，建立区、街两级社区社会组织联合会，建立251个“老街坊”学雷锋志愿服务站，举办公益“鹊桥会”“创投大赛”等活动，提升社会动员能力。投入资金1172万元，购买100个公共服务项目，受益群众12万人次。搭建“老街坊”大事共商平台、在职党员“归巢”平台、社区群众民主协商平台，实现党委“吹哨”社会单位报到、社区“吹哨”群众报到。动员10万余名“老街坊”清理居民楼内外堆物堆料、清除城市“牛皮癣”、开展志愿服务，共创文明城市，共建美好家园。组织“老街坊”修订《居民公约》，探索“老街坊”监督、举报工作机制，编纂《石景山老街坊案例集》《老街坊图片集》等。

(孙振宇)

【老街坊志愿服务行启动】 3月5日，石景山区举办“弘扬雷锋精神·共建美好家园”老街坊志愿服务行启动仪式，市委社会工委委员、市社会办副主任卢建出席活动并讲话，李金克致辞。启动仪式上，总结深化2017年“石景山老街坊”品牌成果，确立2018年志愿服务发展方向，并对2017年度石景山区先进志愿服务团队和先进志愿者进行表彰，并颁发荣誉证书与奖牌、奖章。

(高　炜)

【社区工作者队伍结构】 年内，区委社会工委、区社会办推进社区工作者队伍“本土化”，完善区内居住地的调动交流模式，建立“老中青”相结合的社区工作者队伍。推进“民选街聘”工作的落实，3月底前，完成“两委”补选工作任务，将社区内的57名“能人”吸纳到社区工作者队伍中来，提升社区居委会的自治水平。对社区实际岗位空缺情况进行调研，10月通过公开招考形式为社区工作者队伍补充年轻化、专业化人才。

(董妍君)

【第二届公益鹊桥会】 4月4日，石景山区举办第二届公益鹊桥会，活动由区委社会工委、区社会办主办。本次公益鹊桥会，搭建“政社合作平台”“组织互助平台”“专业支持平台”的社会治理社会组织。包括：宣传区政府购买社会组织服务工作，扩大政府公共服务领域；公开发布2018年政府购买社会组织服务需求增加公共服务供给；为社会治理、延伸政府公共服务搭建通路使社会组织参与进来;推进街道层面枢纽型组织的发展。

(高　炜)

【社区减负增效】 年内,区委社会工委、区社会办在前期理职能、定事项、清机构、摘牌匾、减考评的基础上,发挥社区居委会的主体作用,强化社区自治功能,提高为民服务能力和水平。对22个社区的清理牌匾情况进行抽查,对于抽查到的、新增的、不符合减负文件要求的牌匾进行再次清理;对社区工作清单进行再次的梳理,社区居委会共涉及日常工作事项64类145项,社区服务站共涉及日常工作36类68项。

(王君语)

【"老街坊"议事协商模式】 年内,区委社会工委、区社会办深化"老街坊"议事协商模式,丰富协商层次和议事内容。鼓励"石景山老街坊"们以各种形式参与社区治理,完善由社区党组织领导,居委会组织,"老街坊"、社会组织,物业、驻区单位等各方代表共同参与社区建设的多元协商机制。总结推广"老街坊社区议事厅""老街坊楼委会"等经验,提升"老街坊"议事会、楼委会的议事能力和微协商的质量。提炼街道社区"石景山老街坊"的先进做法,总结社区协商的经验,完成《石景山老街坊案例集》《老街坊图片集》的编纂工作。

(金　超)

【"老街坊"监督社区事务管理】 年内,区委社会工委、区社会办加强"老街坊"监督社区各项经费使用管理,督促社区事务公开的落实,鼓励"老街坊"参与便民工程、民生工程民意调查、项目征集、满意度调查等工作,发挥"老街坊"在社区建设中积极参与、全面监督作用。古城街道探索"老街坊"举报机制,出台《古城街道"老街坊"监督举报奖励办法》。

(孙宝民)

【规范社区服务软硬件建设】 区委社会工委、区社会办根据社区建设需要,按照《关于加强和完善城乡社区治理的实施意见》要求,逐步对规模过小的社区进行调整,相关街道实现将规模在500户左右的社区合并的目标。实施社区服务站提升工程,按照"七化22细则"标准,规范基础设施配置,抓好社区综合服务平台建设。年内,完成7个市级规范化示范点的创建工作。继续做好老旧小区自我服务管理工作,提升老旧小区自管会服务水平,破解老旧小区环境、治安、绿化、停车等难点问题,创建老旧小区自我服务管理试点6个。

(王君语)

【重点区域社区整治提升】 区委社会工委、区社会办召开全区社区整治提升动员部署大会,各街道(鲁谷社区)主管领导,153个社区、78家物业公司代表参加。明确2018年社区整治提升工作。印发《社区违建巡查工作流程图》《社区违建转办单》,使街道、社区、物业在社区违建防反弹工作上有章可循。在全区1万余个楼门院内张贴《控新生 防反弹 共建共治共享美丽家园》宣传画,以图文并茂形式做好宣传发动。运用街道、社区公众微信号等媒体平台,扩大辐射面和影响力,营造"人人拒绝违法建设,共建共享美丽家园"的良好氛围。以"环境整洁优美、治理规范有序、服务网络完善、资源共享互惠、文体活动活跃、教育多样广泛、人际关系和谐、社会治安良好"为目标,打造30个"名片社区"。对"名片社区"的相关标准进行规范,扎实推进"社区名片"提升工作,为石景山居民打造宜居幸福的生活环境。八角街道北里社区以创建"和谐社区"活动为抓手,与时俱进的开展民主管理工作;老山街道东里北社区打造"同心北里"活动阵地,推动志愿服务活动深入开展,增强居民对社区的认同。

(王君语)

【提升"一刻钟社区服务圈"品质】 年内,区委社会工委、区社会办在已实现全区"一刻钟社区服务圈"全覆盖的基础上,按照缺什么补什么的原则,解决居民关注的问题。全面开展新一轮社区基本公共服务情况摸底排查,结合重点区域提升工作,以便民利民惠民为目标,在市级"一刻钟社区服务圈"电子地图基础上,扩充服务网点、提升服务品质、完善商户签约退出机制,并对商户服务质量进行满意度评价。配合区商务委、区文化委等相关部门,补充全区拆违整治工作后带来的便民服务和文化设施的不足,提升居民满意度和获得感。

(孙宝民)

【"社区之家"示范点创建】 年内,区委社会工委、区社会办按照3年内创建50个"社区之家"示范点的工作要求,发挥街道属地作用,挖掘社会单位资源,动员驻区单位履行社会责任,创建"社区之家"示范点14个。各街道与单位签订开放协议,对外张贴资源开放时间,面向社区居民开放内部服务设施,解决社区居民文化、体育、娱乐、生活等需求。以北京邮政"邮乐社区服务"合作模式为示范,协调推动相关服务行业融入社区服务,老山街道率先成立地区第一个"邮乐购"社区之家便民网点。

(高　滢)

【社区便民弹性工作制】 年内,区委社会工委、区社会办在全区各社区全面实施"社区便民弹性工作制"。通过社区工作者错时上下班或非工作时段预约制等方式,不间断、全响应服务社区居民。按照方便居民、服务居民的原则,细化社区工作服务的内容、步骤、方式、措施等。以"首问负责""一站式服务"为要求,推进"一人多能""一岗多职",推行"预约服务""上门服务"模式,提升社区服务水平、提高为民服务质量。

(金　超)

社会领域党建

【概况】 2018年,石景山区社会领域党建工作,深化推进社会领域党组织建设工作,以社区党建奠定基层党建的深度,以园区党建延伸党建工作的宽度,以楼宇党建提升党建工作的高度,以社会组织党建挖掘党建工作的维度,真正使社会领域基层党组织强起来、党员干部队伍强起来、党的工作强起来,让党的建设统领贯穿各项工作,引领推动城市基层治理,提升群众对城市的归属感、对生活的获得感和对党组织的信赖感。

（王秀君）

【学习十九大报告和党章知识答题】 1月，为将党的十九大精神在社会领域党员之间融汇贯通，检验社会领域党员十九大精神专题学习和研讨的效果，组织全区社会领域10000余名党员开展“学习党的十九大报告和党章知识答题”活动，评选出获奖标兵共160人。5月，区委社会工委、区社会办举办由全区各社区党组织书记以及“两新”党组织负责人、商务楼宇工作站负责人、非公党建指导员等社会领域党员代表共450余人参加的“石景山区社会领域党员学习党的十九大报告和党章知识竞赛”。

（王秀君）

【“两新”组织党组织引领】 区委社会工委、区社会办开展“两新”组织台账梳理工作，以各街道、园区、各委办局更新的台账为基础，定期更新全区“两新”组织台账，掌握全区“两新”组织情况。2月，组织社会组织党组织试点开展述职评议考核工作，指导区律协党总支、园区非公企业开展述职评议考核工作，并首次在八角街道试点开展“两新”组织党建述职评议考核。4月，召开40个成员单位参加的2018年“两新”党建联席会，提出《2018年石景山区“两新”组织党建工作要点》。

（王秀君）

【“社工宣讲团”成立】 3月，组建由10名党员社区工作者组成的“社工宣讲团”，到全区9个街道（鲁谷社区）和园区开展40余场专题宣讲活动，推动十九大精神走进基层、走进群众，宣讲员用通俗易懂的话语和生动的演示解读党的十九大和市、区精神；用接地气的语言结合身边事、身边人，讲述治乱拆违的小故事；用实际行动带动社会领域广大党员干部群众践行十九大报告。

（王秀君）

【提升商务楼宇工作站水平】 5月，区委社会工委、区社会办制定出台《石景山区关于推进商务楼宇工作站规范化建设工作的实施方案》，完善工作站规章制度，细化管理措施，保障工作规范运行。整合区域资源，规范服务项目，扎实推进公共服务体系建设，确保服务模式精细化。对全区39个商务楼宇工作站统一标识、规范设置、悬挂物、印刷宣传品等，年底前全区所有商务楼宇推行规范化建设。整合商务楼宇工作站。根据实际情况将现有的39个商务楼宇工作站进行整合、新建，调整为41个商务楼宇工作站。推进商务楼宇“两新”党建工作。推进商务楼宇“两新”党建工作，推动商务楼宇第一书记发挥作用，持续推进依托商务楼宇工作站的党组织建设，全区商务楼宇工作站全部建立党组织。

（王秀君）

【培树党建精品项目】 发挥党建统领作用，培育“家＋红色驿站”、城市管理综合行政执法“大党委”“七星先锋”等30个精品党建项目。其中，“知行e学堂”“党旗引领 国学铸魂”“以爱为上温润社会”和“在党建引领下不断实践教育创新，不忘初心办最优质的民办教育”等党建项目被市委社会工委评选为“两新”组织党建优秀创新品牌。培育北京米波通信技术有限公司党委、北京中康佳中医药研究院长庚医院党支部、北京联科中医肾病医院党支部、北京畅游天下网络技术有限公司党支部和石景山区律师行业党总支等10家党建工作突出的“两新”组织示范党组织，发挥示范引领作用，带动全区“两新”组织党组织健康发展。打造特色党建阵地，建成面积在800平方米以上的八宝山街道、八角街道党群综合服务中心2个。开展“七一”表彰活动，表彰石景山区社会领域优秀共产党员、党务工作者、党建指导员和“归巢行动”在职党员共220名，先进基层党组织100个、精品党建项目30个，形成学习先进、追赶先进、争当先进的良好局面。出版《石景山区社会领域党建项目汇编》，收录50个石景山区社区党组织、“两新”组织党组织的优秀党建品牌，推广社会领域党建工作经验。录制《党旗在社会领域阵地高高飘扬》石景山区社会领域党建纪实，从“强化基层基础保障，筑牢社会领域党建根基”“强化街道社区党建，夯实党的执政基础”“强化两新组织党建，补齐基层党建短板”3个角度，展示石景山区社会领域党建的工作情况和成果。

（王秀君）

【区、街、社区党建工作协调委员会】 7月底前，各街道、社区全部建立党建工作协调委员会。按照党员领导干部下沉一级担任下一级党建工作协调委员会主任的要求，56个社区实现街道党员领导干部担任社区党建工作协调委员会主任。区级党建协调委员会正在筹备第一次会议。

（王秀君）

11月22日，社区两委换届部署会　　（广宁街道供稿）

【社区党组织换届选举】 10月—12月，石景山区开展社区党组织换届选举工作，149个参加换届选举中(1个社区新成立党组织，不参加本次换届)，党委125个、党总支13个、党支部11个，共选举出社区党组织书记149名，副书记146名(其中专职副书记134名)，委员789名。社区党组织书记平均年龄44.3岁，学历在大专及以上的占96%。全区社区党组织换届工作于12月底完成。

(王秀君)

【鲁谷社区党建统领抓突破】 年内，鲁谷社区各基层党组织出台实施《党建统领1+1党建项目工作方案》，党建统领工作实化、细化、具体化，党建工作与中心工作、重点任务、日常业务紧密结合。结合“街道吹哨、部门报到”机制，采取“集中吹哨解决综合问题、单独吹哨解决个案问题”的方式，做到“敢吹哨、吹响哨”，在蓝天保卫战、铁路沿线专项治理、创城实地考察问题整改、小区环境秩序整治等工作中，彰显“党委领导、政府负责、社会协同、公众参与”的综合、精治效果。以“双报到”工作为抓手，建立报到党员、党组织提供服务与地区居民需求对接，设计“我阅读，我快乐，争当冬奥小使者——石景山区图书馆快乐阅读直通车进社区”等46个服务项目。

(马玉秋)

【鲁谷社区两新党建扩面】 截至年底，鲁谷社区两新组织755家，员工9668名，商务楼宇26座，楼宇工作站8个，专职社工19名，兼职党建指导员34名，两新组织党组织48家，党员249名、流动党员45名。结合两新组织流动性大的特点坚持动态管理，采取包楼制，责任到人，联合职能部门和群团组织，对辖区两新组织采取滚动摸排、及时更新，坚持一企一册，基础工作台账、综合台账、党建工作台账季度更新的工作方法，做到底数清、情况明。抓紧组织覆盖工作，采取单独建、联合建、派驻建、聘请建等多种方式，新发展党员4名，新建立正式党组织4个，功能型党组织2个。

(马玉秋)

【八宝山街道党建活动】 年内，八宝山街道开展“握千手、走百家”系列活动236次，做好在职党员和基层党组织“双报到”工作，解决老旧小区绿化改造、永乐小区鸽舍、玉兴园地下室施工等52项百姓反映的难点问题；依托服务群众经费，孵化培植23个党建项目，累计下拨使用1200万余元，建设新媒体平台、地区文化墙、特色楼门文化等，开展红色基因“加油站”、主题党日、助力冬奥、清明诗会、国学讲座等千余场活动。

(段 云)

【八角街道“两新”组织党建】 年内，八角街道实施“党旗在召唤”工程，发现151名“口袋”党员，该工程被市委社会工委评为优秀党建项目，并接受北京电视台、《北京日报》等13家媒体联合采访和宣传报道。举办“两新”组织支部书记和党建指导员专题讲座。发挥工青妇、商会等组织的桥梁纽带作用，开展“‘两新’组织团建拓展”等地区商圈系列活动。

(高觉书)

【八角街道精细化治理模式】 年内，八角街道制定《落实“街道吹哨、部门报到”任务清单》，建成街巷管理服务站，实施“三级过滤、四方联动、五项机制”为主要内容的“345”精细化治理模式。3即实施“三级过滤”：“一级过滤”日常巡检、快速解决；“二级过滤”专业执法、强力解决；“三级过滤”综合执法、合力解决。4即动员四方力量，统筹网格员、街巷管家、城市物业、沿街商户四方力量参与其中，第一时间化解可在一级过滤中解决的简单问题、反馈各类城市作业情况。5即完善五项机制：即党建引领、每周会商的运行机制，人随单走、人单合一的工作机制，跟踪处理、部门联动的保障机制，报到反馈、现场核定的督办机制，以案建制、总结固化的研究机制。

(高觉书)

【八角街道落实“双报到”机制】 年内，八角街道指导社区党组织灵活多样地设置服务岗位或服务项目，丰富活动载体，建立需求征集机制、完善议事协调机制、构建双向服务机制，依托“一表三清单”，确保“双报到”工作有序开展。明确报到党组织“四个一”、在职党员“4+N”活动，搭建清单落实平台；建立社会单位资源清单126项，与社区对接项目清单96项，形成清单对接链条。在职党员报到6200余人、党组织报到94家，组织集中性活动6次、5000余人次参与。同时向团员延伸，报到团员近700人。

(高觉书)

【古城街道社区党组织换届】 年内，古城街道完成社区党组织换届选举，帮助新任班子成员进入角色、履职尽责，提高社区党组织领导服务改革发展的能力。辖区21个社区党组织(包括拆迁社区党组织)和106个社区二级支部全部参与次社区党组织换届。1685名党员参加社区层面党组织换届选举党员大会，占辖区党员总数的41.6%，占应到会党员总数的97.3%。

(赵 云)

【古城街道吹哨报到零距离】 年内，古城街道探索“街区制”改革，将22个社区按区域邻近、边界合理、任务统筹原则划分为8个街区，实现街道街巷长制、小巷管家、河长制、网格化管理、生态环保等管理制度的多线合一，实现街区内事务全时、全权、全管、全责，实现行政执法人员、城市管理监督员、流动人口管理员、社区工作者、物业保洁保安、“老街坊”等人员力量的有机结合。明确“吹哨”程序，通过吹好“集结哨”“平行哨”“协商哨”，促成“三级过滤”机制，重点解决“吹哨报到”针对性不强的问题，社会安全稳定隐患有效治理。

(赵 云)

【苹果园街道“双报到”集中活动】 年内，苹果园街道开展“不忘初心跟党走”“军民融合谱新篇”等“社区吹哨我报到、文明创建我先行”基层党组织和在职党员“双报到”集中活动9次，累计13711人次党员、59个党组织参加集中活动。

(张雪晴)

【金顶街街道党员教育管理】 年内，金顶街街道深化“党员分类管理路线图”项目，严把“两个关口”、细化“八个类型”、锁定“四个模块”，制作并下发800本《金顶街街道党员分类管理路线图》等工作手册规范社区分类管理操作，定期开展监督检查指导。将在职党员纳入到党员责任岗管理范畴，发挥在职党员的专业和特长。各社区共签订在职党员设岗定责责任书1748份，开展各类履岗活动160余次。成立街道级社区党校，搭建理论宣传、交流互动、联系上级、红色文化、传播正能量、反映民意“六大平台”。组织党工委书记讲党课3次、基层书记论坛4期、青年宣讲团宣讲活动28次。做好“双报到”工作，19个基层党组织到街道党工委报到，3844名在职党员在社区报到，组织“社区吹哨我报到、文明创建我先行”系列主题活动9次。

（郝雅琮）

【金顶街街道新两委换届】 12月20日—26日，金顶街街道6个社区通过党员大会、10个社区通过党员代表大会的形式进行党委委员选举，选举产生80名社区党委委员，其中社区党委书记16名，社区党委副书记16名，社工党员39名，居民党员9名。党委委员呈现出女性人数较多、年龄结构改善、学历明显提高的3个特点，其中女性65名，男性15名；党委书记平均年龄45.1岁、比上届降低1.6岁，党委副书记平均年龄39.6岁、比上届提高2.8岁，党委委员平均年龄47岁、比上届降低1.9岁；大专及以上学历74名、占92.5%、比上届提高15%，中专以下学历6名、占7.5%、比上届降低15%。街道16个社区共选举产生社区居委会成员100名，其中居委会主任16名、居委会副主任32名、委员52名。各项指标均不低于上届水平，其中，户直选社区10个(上届7个)，“户直选”比例62.5%、高于区60%比例要求；社区书记、居委会主任“一肩挑”12人，较上届提高25%；两委交叉任职41人，较上届提高8%，高于区35%比例要求；居委会成员中党员54人，党员比例较上届提高6%，高于区49%比例要求；居委会本地化比例51%，较上届提高33%，高于区40%比例要求。

（郝雅琮）

【五里坨街道特色党建】 年内，五里坨街道对隆恩寺新区社区党总支等7个党组织设置进行调整。签订党建工作责任书，党组织书记100%述职，“两新”组织党组织实现动态管理，迎接市委专项督查调研。实施《五里坨街道党员分类积分管理办法》，实现党员日常管理的精细化、科学化、规范化。培育街道社区品牌特色党建项目，街道“两力行动”被市委组织部确定为培育型党建项目，黑石头社区党总支“山区服务行”、隆恩颐园社区党委“都来乐”红色文化茶苑项目被评为2018年区级精品党建项目。

（何明慧）

【五里坨街道完成“双报到”】 年内，五里坨街道13个单位党组织、1851名在职党员完成“双报到”工作。组织开展6次集中活动，10余个单位党组织5600人次参加。其中16家驻区部队300余名部队官兵参与“绿色传递”植树等志愿服务；700余名社区党员群、6家驻军部队参与“军民融合谱新篇”主题活动。

（何明慧）

社会生活

人口和计划生育

【概况】 2018年，区卫计委认真落实《条例》及相关配套规章，做好生育服务登记和再生育确认工作。加强业务培训，落实首接责任、限时结办、一站式服务和承诺制，实现群众材料一次性提交、信息一次性采集、服务单按时发放。开展依法依规取消计划生育证明排查，清理失效法规政策文件，完善基层办事流程，为群众办事提供方便。开展"生育全周期"宣传月活动，完成大型公共场所母婴设施建设情况摸底。配合做好各类先进候选人、预备党员发展对象等计生政策联审。全年办理两孩以内生育登记3233例，再生育行政确认47例，流动人口两孩以内生育登记2051例，办理《独生子女父母光荣证》130个。发放计划生育家庭奖励费、经济帮助款382.98万元，特别扶助金1111.716万元。全区户籍人口出生上报3038人，户籍人口计划生育政策符合率99.72%，市计划生育目标管理责任书各项指标圆满完成。开展流动人口基本公共卫生计生服务均等化示范区创建工作，获得全国流动人口基本公共卫生计生服务均等化示范区称号。

（田孟云）

【计划生育奖励扶助】 自1月1日起，计划生育一次性经济帮助标准提高到每人1万元。落实计划生育家庭奖励扶助政策，全区独生子女伤残扶助对象921人、死亡扶助对象532人的特别扶助金全部发放到位。

（田孟云）

【计生特殊家庭帮扶】 年内，区卫计委开展暖心帮扶活动，落实"双岗"联系人制度，与失独家庭结成帮扶对子；利用传统节日全年不少于三次的走访慰问，春节期间启动第八届"温暖国策百里行"活动，拉开新年慰问序幕，全区集中组织走访慰问；为失独家庭提供生日慰问金，对年满60周岁的失独特扶对象发放养老帮扶补贴，对患重大疾病和成员去世的失独家庭予以经济扶助。组织失独家庭健康体检、家医签约服务，驻区二级以上医院开通优先便利医疗服务。依托"心灵家园"基地，组织失独老人京郊一日游、集体生日会、茶艺聊天会等活动。全区累计投入帮扶资金142万余元，举办失独家庭关爱活动50余场次，走访慰问1400余户次。全年救助8户计生特殊困难家庭，发放救助金3万元，为1081名独生子女伤残家庭上意外伤害保险；组织323名失独老人在石景山医院进行健康体检。

（田孟云）

【流动人口服务管理】 年内，石景山成立区级再生育确认工作领导小组，开展流动人口动态调查，完成160户监测对象的入户调查及录入上报工作。区卫生计生委深化流动人口服务管理，开展"把健康带回家"流动人口关怀关爱活动120余场，免费"两癌"筛查500余人。组织流动人口动态监测，对200户监测对象入户调查；加强社区流动人口计划生育服务站建设，为6个建站社区配置健身器材和书籍；开展"新市民健康新干线"活动，组建流动人口健康教育指导员队伍，选拔优秀选手参加市级技能大赛；开展流动人口健康促进示范企业、示范学校和健康家庭创建活动，对评选出的1个示范学校和18户健康家庭予以表彰。

（田孟云）

人力资源和社会保障

【概况】 石景山区人力资源和社会保障局（简称区人力社保局）是负责全区人力资源和社会保障工作的区政府职能部门。内设18个行政科室和10个事业单位。本年度，城镇登记失业率2.12%，同比降低0.24个百分点；城镇新增就业8730人；在全市率先完成农村转移劳动力安置1000人任务指标；疏解北重汽轮电机有限责任公司、北锅环保设备有限公司富余职工526人。石景山区首届创业创新大赛成功举办；编制出台新一轮区域性促进就业优惠政策，稳定全区就业形势。全市首家社会保险经办综合柜员制改革运行顺利，各项社会保险基金收缴率均达到98%以上；北京市长期护理保险石景山试点工作正式启动；各项社会保险待遇水平稳步提高。北京首家博士后成果转化基地落户区，28家新设博士后科研工作站进入基地，高端人才服务工作再上新台阶；北京市积分落户工作正式启动，在全市率先制订积分落户工作相关办法。贯彻落实市委、市政府提出的"工资无拖欠"工作目标总体要求，完成治欠保支任务，初步实现政府工程项目"零拖欠"工作目标；加强劳动人事争议调解规范化建设，劳动人事争议案件结案率98%以上。区社会保险事业管理中心（简称区社保中心）"全市首例24小时社保自助服务"项目被评为"市人力社保系统特色创新项目"。中央文明委、首都文明办授予区人力社保局为2015—2017年度全国文明单位荣誉称号。

（李艾娟）

【事业单位管理】 1月16日，区事业单位主管部门正式上线事业单位人事管理系统平台，通过系统平台完善相关业务数据的汇总、上报、查询、备份等功能，事业单位人事管理工作更加规范便捷。年内，完成上年度公有经济企业事业单位人才资源统计调查工作和事业单位年度考核工作，全区184家事业单位的7135人参加考核，优秀人员1396人，占比19.6%。完成事业单位公开招聘工作，本年度全区事业单位面向社会公开招聘236人（含教育和卫生系统）。截至年底，全区172家事业单位岗位设置总量8353个（其中：管理岗位953个；专业技术岗位6303个；工勤岗位1097个）。实际聘用人员7231人（其中：管理岗位725人；专业技术岗位5941人；工勤岗位565人）。

（李艾娟）

【高端人才工作】 2月，区人力社保局布置全区高端领军人才直通车推荐工作，共有3人申报，经过推委会初评、网上审核等环节，推荐2名人才进入北京市评审环节。本年度人社部批准的北京市28家博士后科研站中，区申报的由暴风影音、新唐思创、众谱达三家公司组成的博士后科研园区分站和吉威时代博士后科研独立站获批，其中，园区分站填补区园区无站的空白。

（李艾娟）

【社保业务综合柜员制模式】 3月5日，区社保中心正式启动社保业务综合柜员制模式（即：在严格业务授权管理下，按照业务权限实行一个窗口社保业务全受理的经办模式），为全市首家。整合社保中心内部10个科室108项对外业务，实现26个服务窗口全部通办工作模式。建立健全综合柜员制岗位责任制，明确各岗位授权业务范围、操作流程及职责权限，确保权责明确清晰。研究制定《石景山区社保中心综合柜员制业务管理办法》，明确综合柜员制相关风险管理、档案管理、印章、数字证书、设备管理等6大类管理细则。完善一次性告之、首问负责制等6项工作制度，规范工作人员服务行为。针对经办用时短、程序单一的新参保业务，增设快捷服务窗口；针对经办时限长，程序复杂的业务，经梳理后设定为后台业务。

（李艾娟）

【职称管理】 3月25日—27日，北京市中级会计资格审核工作在区开展，区人力社保局作为监督管理部门，对报名人员学历、学位真伪进行专业验证，据统计，网上报名3500余人，现场审核1200余人，查获假证4个，国家行政部门不认可学历8个，切实保障职称评审工作公平公正。年内，开展卫生、会计专业技术资格考试联审工作，与区卫计委、财政局对接，重点核查考生的申报专业、学历、工作年限、工作经历等内容，建立专业资格考试审核人才库。本年度区卫生系列高级专业技术职务评审工作共评审正高级医师4名，副高级医师15名。截至年底，全区正高级医师52人，副高级医师142人，医师565人；区中小学教师系列高级专业技术职务评审工作共推荐高级教师（副高）124名，一级教师（中级）151名，验收通过率100%。召开区中小学教师系列职称高级评委会，经评选，推荐区3名教师参加正高级教师评审工作，其中2名教师获得正高级教师资格。全区正高级教师5人，高级教师668人，一级教师1829人。全区专业技术正高级职称58人，副高级职称837人，中级职称2488人。

（李艾娟）

【长期护理保险试点正式启动】 年初，区人力社保局成立区长期护理保险失能评估委员会，专家队伍由石景山医院、北京大学首钢医院等8家定点医疗机构的139位专家组成。3月28日，举行长期护理保险试点工作签约仪式，区人力社保局与两家商业保险公司签订经办服务协议；两家经办机构分别与18家护理服务机构及9家定点医疗机构签署服务协议。4月初，在八角街道杨庄南路和特钢小区两个社区先行试点，前期入户调查51户。4月9日，评估专家库内12位心内科、神内科及运动医学科专家对提出申请的27名失能人员的失能等级进行入户评估，符合重度失能人员25人，其中22人选择享受居家亲属护理、3人选择享受机构护理并入住养老机构。对符合重度失能标准的人员，在社区进行公示并通过。4月23日—26日，两家经办机构分别围绕护理标准、护理环节、风险防控等内容对选择家属居家护理的19名亲属人员进行培训。5月1日起，两个试点社区按照长护险服务包的标准正式启动护理服务。5月，开展第二阶段评估，评估通过31人，其中8人选择机构护理方式，23人选择居家亲属护理。12月，完成政策调整和服务项目修订，结合长期护理保险试点实施情况，编制印发《关于对<石景山区长期护理保险制度实施细则（试行）>有关条款进行调整修订的通知》和《关于对<石景山区长期护理保险制度实施细则（试行）>服务项目进行调整修订的通知》，对征缴周期、服务方式和服务项目等进行调整和修订，新政策于2019年1月1日起实施。

（李艾娟）

【社保待遇调整】 3月，区人力社保局完成离休干部调整护理费工作，涉及427名离休干部，调整后区离休人员基本养老金水平为6468.18元/月；完成企业退休人员养老待遇调整，涉及13.20万人，人均增长215.12元；完成机关事业单位退休人员养老金调整，涉及7967人，人均增长249.89元；完成工伤人员和供养亲属定期待遇调整，调整伤残津贴、供养亲属抚恤金待遇，调整354人次，调整后区伤残津贴、供养亲属抚恤金平均额分别为4940.55元/月、2380.03元/月，较上年增幅分别为24.41%、7.8%；调整生活护理费待遇213人次，调整后区生活护理费平均额为2972.20元；完成老年保障福利养老金待遇调整，涉及4139人，补支金额260.17万元。在全市率先完成上年度城乡居民大病救助工作，共审核城乡居民基本医疗保险参保人630人，支付人数571人，支付总金额709.84万元。

（李艾娟）

【退休待遇核准】 4月3日—4日，赴迁安社保分中心为当地首钢集团下属企业与职工提供上门服务，依托已开通的行政审批业务系统和社会保险业务系统，为职工办理基本养老保险待遇核准、个人定点医疗机构变更、异地就医住院直接结算，实现办理职工退休一站式服务，共审核拟退休职工人事档案60余份，办理异地就医住院直接结算备案70笔。2台社保自助查询终端在迁安社保分中心正式启动，为当地职工提供查询个人医疗信息和打印社会保险权益记录服务，方便职工在家门口查询社保信息，免于往返京冀两地。全年全区核准企业退休人员6662人，同比上升24.92%。其中正常退休4208人，占比63.16%，同比上升26.79%；特殊工种提前退休人员2242人，占比33.65%，同比上升25.96%；因病退休（职）212人，占比3.18%，同比下降9.4%。

（李艾娟）

【积分落户】 4月16日，北京市积分落户在线申报工作正式启动，区人力社保局在全市率先制订《石景山区积分落户工作相关办法》，明确岗位职责，细化应急预案，抽调业务骨干，对积分落户相关政策及业务流程进行培训，做到专人、专岗、专窗口服务，工作人员全天在岗值守，专门配备移动通讯设备保证咨询电话24小时畅通。截至年底，全区共883家单位积分落户申报注册成功，3082人通过用人单位审核。取得本年度北京市积分落户资格的申请人共142人，其中男93人，女49人，100分以上33人。

（李艾娟）

【首届创业创新大赛】 7月20日，第三届“中国创翼”创业创新大赛石景山赛区选拔赛暨“创业北京”创业创新大赛、区第一届创业创新大赛举办。大赛由区人力社保局牵头、区相关单位共同主办，由北京创业公社投资发展有限公司承办。参赛项目涉及公共安全、环保减排、教育培训、数字娱乐、体育休闲、艺术文化、电子商务等领域。征集报名项目55个，按创业项目组和创新项目组分别评出一等奖2名、二等奖3名、三等奖5名，并分别给予3万元、2万元和1万元的奖励，每组一等奖获得者被推荐参加北京市选拔赛。在市级选拔赛中，1个项目获创新组三等奖，其它3个项目为优秀奖，石景山区获“创业北京”创业创新大赛优秀组织奖。通过举办创业创新大赛，挖掘具有创新活力和创业生命力的人才与项目，发挥创新创业典型示范引领作用。

（李艾娟）

【人事考试】 7月，区人事考试中心在事业单位公开招聘面试工作中，在全市率先采用生物识别技术，“刷脸”验证核实考生身份，实现人工智能技术在人事考试资格审核、笔试、面试、证书发放全流程应用。10月，完成计算机考试基地的基础建设工作，预设机位110台，基本满足小型机考考试。11月，区人事考试中心试卷转运区基本建成，安装车牌识别系统，保障试卷安全与运输。同月，首次承接经济师机考工作，委托技术公司协助完成。12月，中央公务员录用考试和北京市公务员录用考试工作全部由区委组织部统一管理，扩大区人事考试联席会议机制成员单位，增加区纪委、区监委、区委城管委、区应急办、区委保密办、区城管执法局等职能单位。全年承接各项考试任务12场次，承接科次33科次，设置考点33个、考场606个，接待考生57464人次。其中承接委托性考试8场次，承接区事业单位公开招聘考试2场次。承接资格审核工作10场次，接待考生10026人次。共接收各类职称证书21类、4042张，实际发放3624张。

（李艾娟）

4月16日，北京市积分落户在线申报工作正式启动后的石景山区窗口　（区人力社保局供稿）

【博士后成果转化基地揭牌】 12月3日，市人力社保局与区政府联手举办北京博士后成果转化基地揭牌暨新设博士后工作站授牌大会，北京市及石景山区相关委办局、部分中央在京设站机构、北京市各区人力社保局、北京市属130余家博士后科研流动站（工作站）等单位300余人参加大会。同日，市人力社保局对本年度新设的博士后科研工作站进行授牌，并对部分北京市属设站单位的博士后工作成果进行展示。28家新设博士后科研工作站进入基地，累计引进“两院”院士16人，中央“千人计划”、市“海聚工程”、中关村“高聚工程”等高层次人才73人，具有高级职称2103人，享受国务院特殊津贴52人。

（李艾娟）

【就业指标完成】 石景山区全年城镇新增就业8730人，城镇登记失业人员总量11048人(其中:上年结转4590人，当年新增6458人)。登记失业人员实现就业6361人，完成年指标的127.22%，其中困难人员实现就业4747人，完成年指标的189.88%；城镇登记失业率控制在2.12%，比指标3%低0.88个百分点。年内跟踪走访用人单位并建立用人需求档案1418户，完成年指标的141.8%；为有就业意愿的就业困难求职人员提供精细化职业指导等服务，促进其中88.48%的人实现就业，高出年指标8.48个百分点。认定2018年度充分就业街道4个，充分就业社区120个。托底安置失业人员实现全覆盖，全区9家社会公益性就业组织安置城乡就业困难人员1049人，托底安置率达100%。空岗信息采集岗位21515个，完成年指标的179.29%。认定零就业家庭17户，涉及劳动力18人，实现零就业家庭动态为零。

（李艾娟）

【劳动合同制度实施】 年内，区人力社保局将特殊工时许可企业以及劳务派遣企业纳入劳动合同履行情况监管范围。累计监控企业565户次，累计涉及职工17.2万余人次，劳动合同签订率99.5%、续订率94.6%，确保“劳动合同签订率达到96%以上，城镇职工劳动合同续订率达到85%以上”指标完成。联合区总工会，推行集体合同制度及工资集体协商，印制宣传材料《企业签订集体合同备案材料告知书》《区域联合工会签订集体合同备案材料告知书》1000余份，向建会企业下发，落实建会企业集体合同覆盖率达到80%以上任务指标。全年审查集体合同备案760家企业，覆盖职工8.48万余人，截至年底，集体合同执行期内企业711家，覆盖职工7.5万余人，其中企业综合集体合同有效期内236家、区域综合集体合同369家、企业工资专项集体合同106家。重点指导北京北锅环保设备有限公司等3家国有及控股企业平稳推进改制与劳动关系调整，涉及人员分流、岗位调整3400余人。命名授牌北京明诚技术开发有限公司等7家单位为2017年度石景山区"和谐劳动关系单位"达标单位。起草《石景山区协调劳动关系三方委员会建立方案》，12月初成立石景山区协调劳动关系三方委员会，并确定组成成员名单。

（李艾娟）

【对口扶贫】 年内，区人力社保局贯彻落实国家及北京市关于对口支援和扶贫协作会议精神，严格落实脱贫攻坚一把手负责制。走访四个贫困县（旗）和一个乡镇，开展调研扶贫工作，签订5份劳务协作扶贫行动协议。分别在四个贫困县举办扶贫专场招聘会共5场，提供招聘岗位8000余个，达成意向700余人，并建立日常招聘信息发布制度，共发布10期，提供岗位3727个。在受援地区开展家政赴京培训，结合当地实际情况，开展各类实用技术培训19期，并给予伙食、交通等补贴，培训人数约1000人。在4个扶贫县分别建立1个劳务实训基地。开发公益性岗位扶贫专岗315个，发放补贴309000元。开发致富带头人16名，带动贫困户约100人。12月，组织50名致富带头人开展培训，带动贫困户就业1511人。按时完成200万扶贫资金拨付，完成率100%。按照市就业指导中心要求，开展技能扶贫工作，共开办技能培训班8期，培训工种8个，培训466人，其中建档立卡贫困劳动力414人。

（李艾娟）

【就业服务管理】 年内，区人力社保局对公益性岗位就业人员的数量、工资和资金申报流程等情况进行梳理，将公益性岗位人员编制增至1412人，同时上调公益性岗位工资水平。推进稳岗补贴工作，全年申请稳岗补贴的企业528家，累计涉及参保人数125319人，补贴金额3163余万元。10月，联合辖区9个街道（鲁谷社区），开展"就业扶贫行动日"政策宣传活动，发放宣传手册，政策宣讲，入户走访、举办招聘会等多种方式开展就业扶贫活动，发放宣传材料2060份；入户走访65户；推荐岗位1103个，达成意向40人。截至年底，全区人力资源服务机构共有38家，其中公共人力资源服务机构12家，经营性人力资源服务机构26家。全年累计申请促进就业资金总额19584.46万元，其中失业保险基金17327.53万元、区再就业资金2256.93万元，惠及20275人。

（李艾娟）

【出台区域性就业政策】 年内，区人力社保局编制出台区2019至2021年度促进就业优惠政策，共7项，即：大学生自主创业社会保险补贴、登记失业人员灵活就业社会保险补贴、用人单位稳定就业社会保险补贴、用人单位招用登记失业人员岗位补贴、用人单位招用技能大赛获奖者补贴、新建企业招用本区劳动力就业补贴和登记失业人员外区就业交通费补贴，进一步稳定全区就业形势，促进就业创业。制定并下发《石景山区城镇登记失业人员参加职业培训期间生活费补贴办法》，规定凡是在区定点培训机构参加职业技能培训或创业培训，取得结业证书的区城镇登记失业人员，可申请享受生活补贴。城镇登记失业人员培训期间生活费补贴由区财政就业补助资金列支。根据工种课时和考勤情况，按照每人每天40元的标准予以补助，最高不超1200元。

（李艾娟）

【流动人员档案服务】 年内，区人力资源公共服务中心强化窗口建设，推进政务服务改革，在全市率先设立外网服务窗口，受理档案服务预约、开具各类证明、修改个人信息等6项业务；同时设立档案接转保险业务一站式综合窗口，实现档案转入、转出、开具证明、保险登记、保险减员等10余项业务"一窗受理"，全年接转档案23815份，其中转出10290份，接收13525份，符合政策人员的档案接转率100%；截至年底，共存档案63358份，其中个人存档50874份、集体存档12484份；管理集体存档单位2229家，管理集体户口719份。

（李艾娟）

【职业技能培训】 截至年底，经区人力社保局审批的职业技能培训机构10家，涉及培训工种（专业）50余个。全年区各培训机构共培训6019人，涉及职业（工种）18个。按培训等级分：中级培训971人，初级培训637人，其他适应性技能培训4411人。按人员类型分：本市城镇人员1942人，本市农村劳动力49人，其他人员548人，外埠人员3480人。全年共开展补贴性培训班2期，培训失业人员59人，督导检查3次。

（李艾娟）

【创业带动就业】 年内，区人力社保局推荐30名符合条件的人员纳入北京市创业导师队伍，截至年底，有16人通过培训，取得"北京市创业导师"聘书。完成北京市创业孵化示范基地推荐工作，由区推荐的"石谷轻文化创业基地"被认定为第三批北京市创业孵化示范基地。举办北京市创业担保贷款政策培训会，为政策落地打基础。全年实现创业514人，带动就业1778人，分别完成年指标的128.5%和118.53%。

（李艾娟）

【推动本市农村劳动力就业】 年内，区人力社保局采取安置岗位开发、食宿保障、制定配套政策等举措，推动本市农村劳动力就业增收工作。与劳务输出地区和区六家用工单位对接，举办城市公共服务类岗位专场招聘会8场，提供岗位1000个，促进1000名本市农村地区劳动力实现就业。区财政投入资金8000余万元，有效保障安置工作顺利推进，有力促进转移劳动力增收，在全市率先完成城市公共服务类岗位安置农村地区劳动力工作。

（李艾娟）

【举办招聘会】 年内，区人力社保局帮助各类求职人员与用人单位实现对接，做好对空岗信息的采集和利用，加强信息采集与匹配推荐，开展就业援助月、春风行动、民营企业招聘月、暑期北京地区毕业生就业服务月等各项活动。全年共举办各类招聘会92场，参会单位1603家，提供岗位46493个，现场达成求职意向1683人，其中包括“庆三八 促就业”专场招聘会、“2018年公共就业帮扶系列活动暨首钢微电子职工专场招聘会”“全国就业扶贫日活动”、就业指导校园行、市场行、社区行、企业行和创业指导园区行等专项招聘会13场。

（李艾娟）

【职业技能鉴定】 年内，区人力社保局对辖区职业技能鉴定所进行2次安全检查。完成机关事业单位工勤人员技能鉴定工作。与辖区职业技能鉴定所签订质量管理责任书，对考试全过程进行监督和检查，加强和细化质量督导的工作流程和工作内容。全年共督导辖区内技能鉴定理论、实操考试共计42场，考生总数为1877人次；完成新系统全市统考上线操作13批次，审核考生资质917人次；共代收鉴定费176120元，全部考试零事故、零差错。为职业技能竞赛裁判员换证31人，发放职业技能竞赛赛务人员证书20人。

（李艾娟）

【高校毕业生就业】 年内，区人力社保局成立离校未就业毕业生就业帮扶工作小组，全面负责区离校未就业毕业生实名制登记与就业帮扶工作。按月从市教委毕业生就业创业服务平台和区公共服务中心接收未就业毕业生信息。本年度共接收960名区应届毕业生（其中困难家庭毕业生15名）。组织驻区非公经济企业举办退役大学生士兵专场招聘会。完善毕业生信息核查、登记反馈、跟踪服务制度，落实实名制就业服务，了解毕业生就业动态。重点关注困难家庭毕业生，为每名困难家庭毕业生持续推荐就业岗位，建立精细化援助台账，开展一对一就业帮扶。截至年底，15名困难家庭毕业生全部实现就业创业。年内组织“就业指导校园行”2场，服务人数80人。本市生源高校毕业生就业率达96.04%，高出年指标1.04个百分点。

（李艾娟）

【人才引进】 区人力社保局全年申报引进高端人才126人（含日常申报61人），其中引进留学人员15人。首次为驻区律师事务所办理人才引进1人。开通“绿色通道”，首例5个工作日内办理完结人才引进。全年为驻区企业申报办理北京市工作居住证4637人。全年引进硕士及以上优秀毕业生162人，其中博士3人。

（李艾娟）

【军民融合】 年内，区人力社保局做好企业军转干部解困工作，经审核上报，1390名退休企业军转干部享受生活补贴，改善企业军转干部生活待遇，全区企业军转干部整体保持稳定状态。接收自主择业军转干部224人，累计接收自主择业军转干部778名，实有766人，退役金发放准确率100%。在全市率先组织新接收自主择业军转干部适应性培训，培训率100%。根据自主择业军转干部就业创业需求，组织开展个性化培训，培训46人，支出培训经费20.94万元。截至年底，区自主择业军转干部就业创业率85.7%。安置随军家属就业17人。

（李艾娟）

【干部教育培训】 年内，区人力社保局组织并协助举办1期市级高研班《生态环境保护高级研修班》，审批资助区1期高研班《新医改形势下的公立医院管理》，对100名专业人才进行培训。举办4期“公务员、事业单位工作人员学习大讲堂”讲座，全区650余人参加。全年举办公务员初任培训、科级领导干部任职培训、公务员依法行政专题培训、公务员能力素质提升培训、面试考官培训、军转干部岗前培训等各级各类培训班16期，培训人员1500人。年内，对4800余人进行公共知识考试阅卷工作，完成全区科级及以下2300余人的在线学习工作。

（李艾娟）

【公务员管理】 上年度全区行政系统公务员参加考核人员2549人，被评为优秀等次503人，占参加考核人数的19.7%；给予嘉奖奖励636人，占参加考核人数的25%；授予三等功140个。经与市委组织部、市人力社保局沟通，申请专项奖励指标。单独申请增加的71个嘉奖奖励指标全部向各街道、城管执法局等48个拆违一线单位倾斜。严格科级干部选拔任用，审核各单位上报组织提拔方案16批次。完成街道系统和政府系统科级及以下干部职务任免备案工作517人次（含古城大部制改革备案100余人）。古城街道任免干部109人，广宁街道任免干部67人。对政府、街道系统57家单位2700多名干部的职数配备情况进行核查。全年完成13名符合条件人员的职级晋升工作。本年度共招录公务员94人。

（李艾娟）

【劳动监察】 区人力社保局全年对辖区内1864家用人单位进行劳动保障监察，涉及职工56975人。其中，主动监察1540户，处理举报投诉305件，处理突发事件19件。年内完成春节前农民工资支付大检查、清理整顿人力资源市场秩序专项执法检查、建筑行业政府及民生工程专项检查、全区歌厅娱乐场所劳动用工专项检查、工地安全专项检查、施工企业联合执法检查等8次专项检查。监察单位数完成市局下达指标的120%。全年立案337件，办结案件332件。其中日常巡查8件；处理突发事件19件，10人以上8件；查处职工举报投诉305件；无逾期未结案件，结案率100%。查处工资类违法案件142件，为劳动者1141人（城镇职工664人，农民工477人）追回工资1636.6万元。其中包含处理建筑企业拖欠农民工工资案件32起，为农民工385人追回工资792.92万元。加强办案绿色通道建设，快速协调处理案件794件，涉及劳动者10735人，涉及工资金额1377万余元。行政处罚11件，罚款金额93200元。

（李艾娟）

【治欠保支】 年内，建立区人力社保局、住建委、公安分局、工会等部门"工资无拖欠"横向联动体系和住建委、建设单位、施工企业三级行业纵向监管体系，完善突发事件应急处置机制。对全区在建工程逐一开展农民工现场培训，共发放宣传材料15000余份，其中发放《维权手册》10000余份，更新维权告示牌28块，现场讲座42次，提高用人单位和劳动者法律意识，确保早发现、早预防、早解决，降低应急突发事件发生率。全年发生应急突发事件6件，较上年下降60%，初步实现政府工程项目"零拖欠"工作目标。

（李艾娟）

【劳动人事争议仲裁】 区劳动人事争议仲裁院全年受理劳动人事争议案件3686件，其中案前调解1106件；仲裁立案2580件，较上年增加428件，同比上升19.89%。其中：集体劳动争议176起，涉及案件1208件（30人以上重大集体案件3起，涉及职工157人），占总案件的46.82%，较上年同期增加63起，同比上升55.75%。年内审结2548件，结案率98.76%。其中，裁决1095件，占已结案件42.97%（其中，终局裁决455件，占裁决案件的41.55%）；调解1267件（其中，调解撤诉395件），占已结案件49.73%；个人未到庭按撤诉处理186件，占已结案件7.30%。裁决或调解企业支付劳动者经济补偿金、社会保险、福利待遇等共计3010.11万元。

（李艾娟）

【处理农民工案件】 区人力社保局开辟案件处理"绿色通道"，针对小额欠薪争议案件，先行组织案前调解；凡是符合立案条件的，当天予以立案。简化办案程序，对事实清楚、权利义务明确的农民工欠薪争议案件，力争在30日内结案。协调司法、工会等部门落实法律援助制度，并全程参与仲裁活动。实行一裁终局，对急需治疗工伤、患病的农民工，或对权利义务关系明确的劳动报酬等，先行部分裁决。加大宣传力度，将劳动法律法规直接送到车间班组、劳动工地等生产一线，全年发放各项宣传资料2000余册，引导农民工依法维权。全年处理农民工案件882件，办结案件涉及金额921.46万元。

（李艾娟）

【社会保险征缴】 区社保中心完成社会保险转移接续任务指标，全年受理养老保险转入申请804笔，转入基金4966.06万元；转移支付1806笔，支付金额5873.73万元。受理医疗保险转入申请661笔，转出缴费人员医疗保险关系1762笔。社保稽核催缴工作依法推进，接待举报、投诉案件立案120件，办结91件，投诉补缴社会保险费金额635.90万元。截至年底，还欠781户，到账金额595.85万元。全区有参保单位15768户，同比增加1295户，增幅8.94%。五项社会保险累计收支192亿元，其中累计收缴98亿元，同比增加17.4%，完成市政府下达任务指标的107.2%；累计支出94亿元，同比增加8.4%。全区共有15556户单位46.14万人（含离退休人员）参加养老保险，收缴基金60.2亿元，累计基金支出67亿元；有14595户单位49.51万人（含离退休人员）参加基本医疗保险，收缴基金32.4亿元，累计基金支出19.9亿元；有15222户单位30.28万人参加失业保险，收缴基金2.2亿元，累计基金支出2.4亿元；有15768户单位28.53万人参加工伤保险，收缴基金1.2亿元，累计基金支出3.0亿元；有15273户单位28.64万人参加生育保险，收缴基金2.0亿元，累计基金支出1.7亿元。城乡居民基本医疗保险参保69535人，其中"一老"9450人，"一小"58641人，无业居民1444人；城乡居民基本养老保险参保3208人，累计收缴金额合计3471万元。

（李艾娟）

【医疗保险平稳】 石景山区全年医疗保险总额控制基本平稳。74家定点医疗机构纳入总额控制管理，其中总额预付17家，总量控制8家，社区类49家。74家定点医疗机构共申报医保基金27.45亿元，同比增长7.48%。25家总额预付和总量控制医疗机构共申报医保基金19.89亿元，全年指标20.75亿元，全年指标使用率95.9%。制定更加科学的新增定点医疗机构申报评估实施方案，联合区纪委派驻纪检组、区卫计委、信访办、财政局、民政局、食药监局、发改委、工商分局建立联动工作机制，在全市首创专家咨询委员会评估环节，邀请专家对部分申请医疗机构和药店进行随机现场评估，确保评估科学公正。截至年底，区级公示通过2家医疗机构和5家零售药店，经市医保中心复审均通过，通过率100%。跨省异地就医住院费用直接结算工作运行平稳。全年申报异地就医直接结算的定点医疗机构12家，占具备开通条件定点医疗机构的57%，其中首钢医院申报异地结算人数最多，占比34%。全年审核支付异地结算费用3927人次，基金支付6533.32万元，拒付49448.65元。

（李艾娟）

【医保基金监管】 年内，区人力社保局对定点医疗机构医保医师管理更加严格，印发《关于印发石景山区定点医疗机构医保管理工作办法（试行）的通知》，成立定点医疗机构管理工作领导小组，实施医保管理过程监控，完善定点医疗机构考核机制，实行按季度百分制考评的医保管理工作机制。75家定点医疗机构签署《北京市定点医疗机构服务协议》，2771名医保医师签署《医保医师管理协议》，75家定点医疗机构负责人签署《定点医疗机构法定代表人（主要负责人）医保管理承诺书》、2838名医保医师签署《定点医疗机构医保医师承诺书》。将诚信履责纳入医保管理日常考核监管，规范医保医师诊疗行为，减少不合理费用发生。年内，严格落实约谈制度，共筛查个人监控数据5.38万人次，生成及发放个人医疗保险告知书621人次；约谈违规参保人236人，对38人锁卡，对5人停卡；共追费91人，追回金额44.4万元。

（李艾娟）

【打击骗保专项行动】 年内，区人力社保局开展打击欺诈骗取医疗保障基金专项行动。按照《2018年石景山区“打击欺诈骗保”专项检查表》，实地对11家定点医疗机构和4家定点零售药店、640笔手工报销票据、500位参保人的就医情况开展调查和重点检查。建立“回头看”机制，坚持日常检查和突击检查相结合方式，提高专项行动效果。截至12月25日，拒付或追回医院费用共计150840.53元；追回个人共计78806元。

（李艾娟）

【工伤认定】 本年度全区建筑业项目工伤保险趸交100%。全年工伤案卷共654件，其中：认定工伤631件，视同工伤16件，不予认定工伤7件，工伤认定总数较上年减少17件，同比下降2.6%。对交通事故、意外伤害事故、因工死亡事故均进行调查核实，全年外出现场调查140余次，制作调查笔录350多份。全年共推荐工伤职工53人次到工伤康复医院进行康复治疗，工伤职工鉴定达到等级人数为417人次，完成市局下达康复指标的226%。

（李艾娟）

【劳动能力鉴定】 年内，区人力社保局与首都医科大学附属北京康复医院“劳模健康管理中心”合作，改善区劳动能力现场鉴定的场地条件。在全市率先建立“业务档案电子管理系统”，实现劳动能力鉴定网上申请、网上受理、网上审核、网上送达，并开通政策检索、表格下载、补充材料功能。全年劳动能力鉴定669人次，同比上升18%，其中：工伤鉴定535人，因病鉴定134人。为本市及京外上门进行鉴定8人次，再次鉴定结论改变率为零。开展劳动能力鉴定30场次，参与现场鉴定专家165人次，新增聘医疗专家45名。

（李艾娟）

【社保基金监督】 年内，区人力社保局组织开展工伤保险内部控制专项检查，重点检查工伤保险经办、工伤认定和劳动能力鉴定内部控制工作，延伸检查首都医科大学附属北京康复医院、北京大学首钢医院、石景山医院、清华大学玉泉医院的工伤保险管理工作。深化养老保险四项指标专项核查，截至年底，共追回死亡后继续领取养老金304.58万元，追回跨省重复领取社会保险待遇8.92万元。做好社会保险缴费专项审计组织实施，落实上年度用人单位社会保险缴纳专项审计补缴基金974.82万元，缴纳滞纳金142.33万元，超额完成市人力社保局下达补缴完成率80%的指标任务。

（李艾娟）

民　政

【概况】 石景山区民政局（简称区民政局）是负责全区民政事业管理工作的区政府工作部门。区民政局全面实施养老服务、社会救助、儿童福利、优抚安置、社会服务五大惠民工程。年内完成“济困工程”项目69项，救助各类困难群众投入资金约1.09亿元。全区养老机构15家，床位3753张，全年批准街道养老照料中心2家。社会组织数量增至332个，其中社会团体93个、民办非企业单位239个，社区备案社会组织669个。全年完成婚姻登记7434件，各种登记合格率达到100%。石景山区军队离休退休干部第一休养所、石景山区军队离休退休干部第二休养所、石景山区军队离休退休干部第七休养所、石景山区军队离休退休干部第八休养所被评定为“四星级军队离休退休干部服务管理机构”。石景山区军队离休退休干部第三休养所、石景山区军队离休退休干部第四休养所、石景山区军队离休退休干部第五休养所、石景山区军队离休退休干部第六休养所被评定为“三星级军队离休退休干部服务管理机构”。

（付国龙）

【低保调标】 年内，区民政局在按时为3745户、7063人次低保对象发放一月份原标准低保金649.98万元的基础上，按照每名低保对象100元的标准补发到位，共计补发70.63万元。对全区1月份在册低保家庭应享受的低保金重新逐户进行精算，在全市率先完成低保金二次补发任务，全区共补发低保家庭3760户、7117人，补发金额733.47万元。

（冯　栋）

【见义勇为权益保护】 春节前夕，区民政局对全区37名见义勇为人员进行全面走访慰问，发放慰问金、专项困难补助金90600元以及29600元的慰问品。开展夏季重点走访慰问活动，为见义勇为伤残人员李延荣和牺牲人员马玉新的家庭送去15000元慰问金。并组织部分见义勇为人员参观疗养和健康体检活动。石景山区依法确认3人，2起见义勇为行为，一起是楼道间救火的行为，一起是救助翻车司机脱困的行为，举行见义勇为确认颁证仪式，为3人颁发见义勇为人员确认证书及确认奖励金171690元。

（王　颖）

【退役士兵安置】 年内，石景山区共接收退役士兵142人。其中：义务兵111人，下士5人，中士4人，复员士官6人，转业士官16人；男兵130人，女兵12人。全年累计安置141人，其中：复学72人，自主就业53人，政府安排工作16人。春节前夕，对126名退役士兵走访慰问，发放慰问金63000元。为125名退役士兵办理自主就业安置手续，发放自主就业一次性补助金1047万余元。

（王　颖）

【老年人意外伤害保险】 年内，区民政局开展“老年人意外伤害保险”工作，为全区户籍65周岁及以上老年人，共7.1万人统一购买老年人意外伤害保险，该保险于5月1日开始生效，保险期限为一年，目前老年人出险理赔428人次。理赔金额69.31万元。

（张绍然）

【精准帮扶】 年内，区民政局组织专业社工深入社区逐户对低保家庭开展入户调查、精准识别，逐一建档立卡，累计入户走访低保家庭3891户，全部建立“一户一档”基础数据信息台账。组织实施并超额完成列入市政府重要民生实事工程的低保困境家庭“家政＋心理”综合帮扶项目，组织专业社工采取“一对一”个案帮扶、心理疏导等方式方法，对529户失能、重残等低保困境家庭组织开展个案帮扶服务累计6283户次(该项目开展取得的实效在11月2日《北京社区报》“民生周刊”栏目B1、B2两个版面作专题报道)。按照市民政局明确的“2018年统筹建立街道(乡镇)困难群众救助服务所数量不少于本辖区街道(乡镇)数量30%”的指标任务要求,督导全区9个街道在规定时限内全部高标准建立困难群众救助服务所,实现全区街道救助服务所全覆盖。开展救急难工作,对因突发事件致使生活陷入困境的家庭及时给予救助。对患重特大疾病经过医疗救助后费用负担仍较大的特困家庭,除享受住院减免和药费垫付政策外,对个人负担部分先行进行30%的灾难性医疗救助,对超出年度封顶线以上的自付医疗费仍无力负担的,帮助链接慈善资金等办法给予救助,全面降低贫困患者个人医疗费用承担。

(李文辉　郭文翠)

【养老体制改革】 年内,石景山区全面推开国家级居家和社区养老服务,推进政策性长期护理保险全市试点工作,补齐养老服务短板。打造“十有”(即:家庭医生有签约、康复辅具有巡修、营养助餐有补贴、失能康复有关爱、意外伤害有保险、精准对接有平台、品牌连锁有激励、照护技能有培训、居家适老有改造、构建环境有载体)养老服务品牌项目,初步形成区街居三级养老服务体系。提前一年完成40个社区养老服务驿站建设,连同8家养老机构、9家街道养老照料中心,使老人身边一刻钟服务半径内都有居家养老服务设施,率先实现居家养老设施基本全覆盖。《北京日报》头版头条刊登《石景山“一刻钟养老服务圈”全覆盖》。市级政策性长期护理保险试点工作取得突破,出台长期护理保险试点工作方案和实施细则,制度框架基本搭建完成,在八角、八宝山、鲁谷3个街道推开试点,182位失能老人受益。

(周　萍)

【精准救助】 年内,全区共动态保障在册低保对象85866人次;低收入对象43户、101人;特困供养人员71人。全年共累计发放低保金8838.37万元;支出特困供养人员资金229.36万元;审批医疗救助10067人次,支出资金1439.99万元;审批因病致贫23人次,支出资金22.42万元;审批临时救助100户次,支出资金48.86万元;灾难性医疗救助192户次,支出资金88.01万元;审批教育救助40人次,支出资金17.73万元;资助112名一次性结清人员医疗保险补助金2.02万元;慈善救助917人次,支出资金119.2万元。累计整理归档低保、低收入人员审批及医疗救助资料档案222卷册。

(李文辉)

【信访核查】 年内,区民政局对1847户新申请救助家庭和信访举报等重点人群提交核对并按规定作出相应处理;入户抽查114户新申请低保家庭;开展低保领域行政检查69例,对3户低保家庭违法违规行为给予行政处罚。累计接待直接访129人次,受理电话及上级转办信访件200余件次。与全区各街道及17名从事核对工作的人员签订核对委托协议及核对信息保密协议。

(张建涛)

【补贴发放】 年内,区民政局累计为15261户次低保和分散供养特困家庭发放电价补贴33.51万元;为具有清真饮食习惯的107名少数民族低保对象和分散供养特困人员发放肉价补贴3.32万元。共计为2239户低保、生活困难补助和分散供养特困人员家庭发放各类采暖补贴297.21万元,其中,为653户低保、分散供养特困人员家庭发放清洁能源分户自采暖补贴93.52万元,为228户低保、生活困难补助和分散供养特困人员家庭发放燃煤自采暖补贴22.75万元,为1358户低保、分散供养特困人员家庭发放集中供暖补贴180.92万元。

(冯　栋　陈　蓉)

【社会救助】 年内,区民政局做好特困人员供养工作,调整特困人员供养生活费,由原先的1350元调整为1500元;调整特困人员供养标准,7月将全区特困人员供养标准由为3212.25元调整为3397.25元;调整特困人员供养照料护理费,由原先400元、800元、1200元调整为424元、848元、1272元。开展特困人员精准救助入户调查工作,将调查信息录入北京市困难群众精准救助系统;供养71人特困人员,累计支出资金229.36万元。完成临时救助审批100户,支出资金48.86万元;完成灾难性医疗救助审批192户、支出资金88.01万元;完成大学新生入学教育救助审批40人,支出资金17.73万元。

(李　韦)

【养老机构建设】 年内,区民政局批准运营街道养老照料中心(广宁、鲁谷)2家、海航嘉盛养老有限公司(二期),慈善寺敬老院新增床位50张,全区15家养老机构床位3753张,30家养老驿站床位397张,共4123张,每千人养老床位数为6.75张。完成2家二星级评审和1家一星级评审,全区运营两年以上的10家养老机构有9家被评为星级机构,其中5星级1家,3星级2家,2星级4家,1星级2家,占90%;加强区养老护理员队伍建设,委托第三方分两期对全区133名养老护理员进行培训,印发《石景山区本市户籍养老护理员岗位补贴实施办法(试行)》,自2018年1月1日开始,对本市户籍养老护理员在所在养老机构享受的工资及其它待遇之外,每人每月补贴1000元,全年共发放京籍养老护理员补贴46.7万元。发放前三季度34名困境家庭服务对象入住养老机构补助共计61.56万元;完成对入住非营利性福利机构老年人自理能力评估工作,委托第三方对符合资助条件的9家非营利性社会福利机构2017年下半年、2018年上半年运营补贴进行审核,共发放资金873.38万元,其中市级资金699.43万元,区级资金173.95万元。完成全区养老机构2018年安全综合责任险投保工作。突出以消防为重点的养老机构安全管理,加大资金投入,给予完成二类微型消防站建设、安装电气火灾监控系统的养老机构发放补贴共89.97万元。通过公开遴选、招标委托第三方完成对全区困境儿童、残疾人、困难老年人需求调查,初筛为45313人,实际40609人,投入入户调查、培训、审计、报告撰写等资金440.5万元。

(刘晓宏　王　刚)

【超转和地退人员管理】 截至年底,全区有超转人员1170人(其中市管一般人员935人,市管病残人员48人,市管孤老1人,区管人员184人,送养2人)。按时、准确完成征地超转人员生活费发放和调标工作;开展走访慰问活动,在春节前期慰问69名特困、高龄、空巢、大病超转人员,送去总价值13593元物品;加强日常管理,定期更新信息管理平台数据工作;做好日常服务,为174名超转人员变更就诊医院;每季度与街道人员入户,核实超转人员生存信息情况;做好超转人员基本信息月报表、死亡月报表和年报表的报送工作;审核超转人员清洁能源补贴。全区有地退人员130人(含入住福利院孤老1人)。按时、准确完成地退人员退休费发放和调标工作;发放地退人员物业补贴和采暖补贴;协助地退人员、家属及公证处等相关部门办理查档18次;在"重阳节"前对地退人员进行慰问,送去总价值12887.1元物品;做好月报表、半年报表和年报表上报以及各种补贴的审核发放工作。

(石文婷)

【困境儿童服务保障】 年内,全区集中供养孤儿11人,困境散居儿童24人,新审批困境散居儿童2人,发放散居困境儿童生活费284人次,共计36.01万元。开展孤弃儿童养育情况大排查活动,将检查结果及时录入到全国儿童福利系统,做好2家涉及收留孤弃儿童的民办机构进行规范化管理。建立基层儿童工作队伍,街道设立督导员,社区设立儿童主任,将9名街道儿童督导员、151名社区儿童主任的信息录入全国农村留守儿童和困境儿童信息管理系统。接收5名救助管理机构长期滞留的生活无着儿童并安置到区社会福利院。"两节"期间对辖区12名困境儿童和2名留守儿童进行走访慰问。

(刘晓宏　王　刚)

【社会组织管理】 年内,区民政局办理行政许可事项84项,全区有社会组织332个,其中社会团体93个、民办非企业单位239个,社区备案社会组织699个。234个社会组织完成年检审批和网上发布,其中社会团体66个,民办非企业单位168个。对33个社会组织进行等级评估,评为4A的19个、评为3A的13个,评为1A的1个,累计完成评估251个,评估率达到93.6%。推进社会组织诚信建设,在北京市社会组织信用信息系统网站公开社会组织登记、年检、评估等基础信息,接受各界监督;全年对23个行业协会商会开展涉企收费清查工作,规范收费行为,通过"信用中国"网站"行业协会商会收费情况公示系统"对行业协会商会的收费标准及依据等情况进行公示;开展慈善组织信息公开工作,加强慈善组织监管力度。加强对社会组织监督管理,开展行政检查80次,行政抽查72次,对未按时接受年检的社会组织开展行政处罚12个,其中警告10个,不予处罚2个,将6个社会组织纳入活动异常名录。

(刘　青)

【老年人优待工作】 年内,区民政局为石景山区户籍及外阜60周岁及以上老年人办理"老年人优待证"8133本;为本市及外阜户籍60至64周岁老年人办理"北京通－养老助残卡"43090人;为本市及外阜户籍65岁及以上老年人办理"北京通－养老助残卡"8704人;为本市户籍80周岁及以上老年人发放养老服务补贴238067人次,2369.655万元。年内为90周岁及以上老年人发放高龄津贴19862人次,发放金额203.62万元;为全区95周岁及以上老年人发放医疗补助243人次,补贴金额43.42万元。春节和重阳节期间向122名高龄特困、失能及百岁老人发放区级慰问金7.32万元。

(张绍然)

【居家养老精准化服务】 年内,区民政局、区老龄办在八角街道开展"居家养老精准化"服务项目试点工作,通过为八角街道石景山区户籍80岁以上高龄老年人家庭和部分巡视探访老年人家庭配备"居家养老信息机"的方式,实现3800名老年人居家养老服务需求与社会养老服务网络的精准对接。精准化服务项目通过信息机可为老年人家庭提供养老驿站服务、日间照料服务、社区代购、订餐送餐、医疗咨询、物业维修、家政服务、家电维修、社区咨询、999急救10项功能。截至年底,该项目为老年人提供各类服务209978人次,为老年人提供999急救服务91次。

(邓　峰)

【适老化改造】 年内,区民政局、老龄办在全区开展针对石景山区户籍60周岁以上的低保、低收入、城市特困、计划生育特殊老年人家庭和80岁以上失能、半失能老年人家庭的适老化改造工作,为全区9个街道260户老年人家庭实施适老化改造。

(蔡海阳)

【失能老人康复关爱】 年内,区民政局、老龄办在全区开展"失能老人康复关爱"项目,为石景山区户籍60周岁以上500名因外伤骨折、心脑血管疾病后遗症造成的失能、半失能老人进行2次入户身体评估和27次康复治疗服务。截至年底,开展治疗7727人次,243名老人治疗完成。

(蔡海阳)

【无军籍职工管理】 石景山区历年累计接收无军籍职工1917人,现有1653人,其中离休职工14人,退休职工1639人,由8个街道(除广宁街道)负责管理。年内,组织803名无军籍职工到密云疗养。

(张　旭)

【军休服务】 年内,石景山区新接收安置军休干部60人。历年累计接收军休干部2734人,现有2080人,其中党员2054人;离休干部131人,退休干部1949人。军休干部取暖费实行货币化。在八角北里设立医疗服务站,在军休五所建立养老驿站。举办庆祝改革开放40周年主题征文、书画摄影主题展和联欢会。组织430余名军休干部到密云疗养。年内,为军休干部办好事实事5件。军休各级党组织开展主题活动60余次,讲党课95次,送学上门1853人次，集中学习150余次。下拨党建活动经费和党建项目经费62.9万元。

（张　旭）

【养老服务】　年内，区民政局深化"中央厨房＋社区养老服务驿站配送"助餐服务模式，全年累计送餐74241份，发放助餐补贴252468元。年内，规范石景山区街道级养老照料中心建设工作，其中7家已取得养老执业许可并运营，2家完工待运营。全区8家养老机构实际开展社区居家养老服务功能项目38个，发挥养老机构辐射社区居家养老辐射功能作用，在全市率先开展养老服务标准化试点测评工作，形成试点工作良性闭环。组织召开社区养老服务驿站建设项目评审会通过新建项目4个，组织召开"一事一议"评审会通过"一事一议"项目4个、备案项目1个。截至年底，全区共建成社区养老服务驿站40家，其中正式运营并公示31家，试运营9家。9个街道（鲁谷社区）通过定期电话问候和上门巡视相结合方式开展居家养老巡视探访服务，全年累计开展巡访老人数3390人。新开工建设小区配套养老设施4处，完成接收新建小区配套养老设施2处，向街道办事处出借配套养老设施3处。

（马丽丽）

【社区养老服务驿站安全】　年内，区民政局联合各街道业务科室对全区运营的社区养老服务驿站进行消防安全检查，并为上年市级备案公示正式运营的24家驿站给予26.6万消防补贴支持。

（马丽丽）

【养老机构及居家辅具维护】　年内，区民政局完成37家养老机构辅具维护工作，共维护辅具4236台，并为机构组织召开三批辅具培训会。失能老人辅具维护服务共计对接老人3903人，提供居家辅具维护4111台。

（马丽丽）

【婚姻收养登记】　石景山区全年完成婚姻登记7434件，其中结婚登记3760件、离婚登记2178件、补领登记1496件。出具婚姻证明13次，解除收养登记1件。

（谢　曼）

【集中救助行动】　年内，区民政局共开展集中救助行动15次，为期68天，出动工作人员460人次、救助车辆169台次，有效地维护流浪乞讨人员的生存权益，维护"两会""中非合作论坛北京峰会"及其他重要时期社会秩序稳定。全年站内救助流浪乞讨人员373人次。其中，救助老年人41人次、未成年人4人次，残疾受助对象21人次。全年街头外展共救助、劝离流浪乞讨人员200余人次。

（赵　宇）

【优抚工作】　年内，区民政局下发调整优抚对象抚恤补助标准和义务兵优待金标准的通知，为全区695名优抚对象进行抚恤补助金的调标。为43名残疾军人办理换证、补证；为48名病故军人遗属发放一次性抚恤金1903.6万元；为5名享受定期抚恤补助金的病故军人遗属和17名残疾军人，发放死亡抚恤金37.7万元；全年发放各类定期抚恤补助金1779万元；为59户优抚对象发放集中供热采暖补助费10.07万元；走访慰问130名应征入伍新兵。严格落实《退役军人和其他优抚对象信息采集和为烈属、军属、退役军人等家庭悬挂光荣牌工作》，完成全区采集25529人。坚持开展拥军优属活动，先后完成中央、北京市、区军地领导重点走访及普遍慰问优抚对象1253户次，发放慰问金和慰问品117.6万元。

（陈瑞飞）

【96156社区服务平台】　全年10个社区服务中心网站采集、录入信息4260条；全区总计接收96156咨询单173个、服务单26个，完成服务单17个，服务回访率达100%。

（赵　君）

【防灾减灾管理】　年内，区民政局开展"5·12"国家减灾日宣传活动，在北大附中初中部，组织防震应急演练，市民政局、区民政局领导和相关工作人员以及北大附中石景山学校全体师生共600余人参加演练，向学校赠送应急灯、应急包各20个，为"小小灾害信息员"北大附中石景山学校小分队成立揭牌。在全区9个街道151个社区发放160套价值近万元的防灾减灾宣传挂图、宣传手提袋。开展"六进活动"，利用96156大课堂，聘请民安救援队和中关村智慧减灾联盟老师对全区13家养老机构、军休所职工干部及部分社区居委会开展防灾减灾知识讲座90堂，参加人员近3000人。加强北斗报灾系统的管理使用，多次组织全区9个街道和矿山地区通过配发的北斗应急报灾系统开展灾情报送练习，同时保持设备全天在线。联合区地震局、气象局采取社区自评、街道初评和区民政局确定的程序，推荐金顶街街道参选综合减灾示范街道、推荐金顶街街道铸造村社区居民委员会等6个社区参选国家和北京市综合减灾示范社区，其中金顶街街道获得综合减灾示范街道称号，1个社区获得国家级综合减灾示范社区称号，3个社区获得北京市综合减灾示范社区称号。

（李　韦）

双拥工作

【概况】　石景山区连续七次获得"全国双拥模范城"称号，是陆军机关、中部战区机关、北京军区善后办所在地，驻区部队级别高、数量多。2018年，石景山区双拥工作以争创全国双拥模范城"八连冠"为总目标，以"巩固、发展、创新、特色"为总体思路，聚焦双拥工作的关键环节和重点领域，统筹国防与经济建设协调发展、平衡发展、兼容发展，着力构建军地互相支持、共谋发展的工作格局，扎实开展双拥创建活动，双拥工作的时代感和时效性逐步增强，双拥工作的社会化水平不断提高。通过完善工作机制，优化工作方式，不断增强双拥工作的政治领导力、思想引领力、群众组织力和社会号召力，努力在更广范围、更高层次、更深程度上探索具有石景山特色的双拥工作之路。"强军育才接力工程""强军爱兵暖心工程""区长进军营"现场办公活动等石景山区特色拥军品牌持续发力，全面落实军休干部"两个待遇"

和优抚对象各项待遇；高效解决“三后”问题，保障“后路”、稳定“后院”、管好“后代”，提升驻区官兵和优抚对象的幸福感、荣誉感、获得感。年内，春节、“八一”开展双拥月活动，区四套班子领导和中部战区、陆军首长举行军政座谈会，共同筹划新形势下双拥工作。军地领导共同走访慰问军烈属19户，区四套班子领导分别走访驻区18家基层部队。为驻区部队300名官兵开展专业技能培训。推进军队停偿工作，坚持将其纳入军民融合发展和地区经济发展全局，截至年底，驻区列表项目全部停止，未引发激化矛盾，实现安全平稳落地。开展退役军人和其他优抚对象信息采集工作，采集信息22750人。全年办理军人子女教育优待185人，入园5人、幼升小129人、小升初24人、转学27人。联手区慈善协会与驻区部队联合实施“强军爱兵暖心工程”，为36名困难官兵发放救助金18万元。

（鞠志强）

【基层双拥活动】 年内，利用重大节日、重点时段，开展“军（警）民共建”和走访慰问活动。春节及八一双拥月活动期间，区四套班子领导慰问驻区基层部队，与驻区部队领导联合走访优抚对象代表。组织军民融合共建绿色长安街启动仪式，驻区部队参加植树活动。全区各单位开展双拥共建活动，区卫生计生委组织义诊送健康进军营；区文化委组织夏日文化首场进军营活动；区妇联组织“情系石景山”大型军地青年联谊会。部分街道联合驻区部队开展“军地携手一对一对口帮扶”活动。全区各单位慰问驻区部队投入340余万元。

（鞠志强）

【军民融合共建】 3月28日，石景山区举行“军民融合共建绿色长安街”启动仪式。军地双方携手共建长安绿轴，营造城中有山、城边临河、山水融城的宜居环境，“不论所属，但求共治”“家园主人，各展所长”是共治共建共享理念的体现。陆军政治工作部群联局副局长李春，区领导田利跃、姚茂文、陈婷婷，区武装部及某部队官兵代表和区机关干部代表参加启动仪式。7月28日，石景区开展以“军民融合谱新篇”为主题的第四次“社区吹哨我报到、文明创建我先行”集中活动，6548名在职党员、3131名社区“老街坊”志愿者、918名居民党员群众、67个驻区单位党组织参加，通过军营开放日、军民联谊、慰问帮扶、国防教育进社区、军民联合志愿服务等方式弘扬以爱国主义为核心的民族精神，营造拥军优属、拥政爱民的良好区域环境。

（鞠志强）

【军民融合产业基地挂牌】 8月1日，中关村石景山园军民融合产业基地在点石商务公园1号楼挂牌。区领导陈婷婷、周西松，中部战区政治工作部群工联络局副局长奥特根、陆军参谋部规划和编制局副局长赵子海参加挂牌仪式，并与10余家军民融合重点企业进行座谈交流。石景山区军民融合产业起步早、基础好，从两年前开始布局至今，取得积极进展。顶层布局抓先机。全区出台《关于推进军民融合深度发展的实施意见》《石景山区军民融合产业发展规划》，建立机制，明确发展路径和主导产业；军地携手共发展。在基础设施建设、供需平台搭建、服务共建共享和人才培养等方面积极开展军地携手共建；政策跟进促集聚。在全市率先出台《石景山区关于促进军民融合产业发展的暂行办法》，在工业互联网、智能硬件等领域集聚东土科技、航天神禾、航天测控、众谱达等规模企业。更是吸引航天云网、航天汽车等龙头企业在区域布局；项目落地促创新。“天地一体化信息网络重大工程”等项目纳入北京全国科技创新中心建设重点任务；“北斗定位终端和应用服务平台”项目可解决冬奥会活动场所、场馆人员和车辆精准有序引导；系列活动造氛围。举办中关村石景山园军民融合“线上+线下”科技成果展；参加军民融合挑战赛、中关村新技术新产品供需对接会和科博会等大型展览展示活动和赛事活动；开展政策宣讲解读和资源对接。此次活动由区科委园区、区民政局共同主办，区经信委、发改委、投促局等相关部门负责人参加座谈。

（鞠志强）

【现场办公解难题】 石景山区组织第36次区长进军营现场办公活动，为部队在项目审批、营区基础设施建设、战备训练演练等方面开辟“绿色通道”，对部队提出21个实际问题在前期调研勘查、多方协调论证的基础上进行现场协调，投资1400多元万元对其中部分可以解决的项目明确责任单位和完成要求；部分项目因受政策、条件等客观因素限制，向部队首长说明情况，取得部队的理解和认可，密切军政军民团结。全区其他单位在驻区部队基础建设维护、环境整治、健康体检等方面累计投入1530万余元。

（鞠志强）

【强军育才接力工程】 石景山区坚持以服务部队提高战斗力为标准，依托区域内的优势教育资源，为驻区部队义务培训急需专业技术人才，实现官兵“入伍即入学、在伍有作为、退伍即成才”的目标。2018年强军育才接力工程，为驻区部队开设汽车修理、平面图像处理、办公自动化等7个专业，培训官兵350多名。

（鞠志强）

【安置就业】 2018年，安置转业军官37人，接收自主择业干部223人。接收退役士兵142人，已安置141人；接收安置随调随军家属14人，社会工作者专项招聘20人。为91名自谋职业随军家属发放补助金270.5万元。

（鞠志强）

【拥政爱民】 年内，北京军区善后办组织官兵参加地方植树活动和社区生活垃圾清理，安排10万元经费支持北大附中、北大附小石景山学校提升办学环境，为北大附小石景山学校协调原北京军区门诊部，为学生定期提供医疗卫生讲座及应急医疗救治，走访慰问50户首钢困难职工。消防支队全年共打通消防车通道191条，出动执法警力20024人次，检查社会单位12869家，处理群众举报消防隐患投诉557件，督促整改火灾隐患23638处。依托北京电视台、区有线电视台等市、区主流媒体及腾讯、搜狐等网络平台，播出消防题材节目178期，开展“老街坊”消防培训228场次，推动全区43所中小学校开展消防安全第一课，依托第三方消防培训机构开展消防知识培训160余场次，培训12.8万人次，消防安全知晓率提升至78.83%，位列全市第一。警卫一师教导队组织走访慰问困家庭、孤寡老人，进行心灵慰藉，帮助打扫卫生，送去慰问品，并配合街道开展“军地携手一对一对口帮扶”活动。预备役高炮四团和警卫一师教导队主动担负石景山区西部义务森林消防任务。空军信息通信第六旅机关联合北大附中石景山学校组织“沙场夏点兵、增强战斗力”党性教育活动，组织北大附小石景山学校、中部战区机关幼儿园、光明小学等单位到部队开展“军营一日”系列活动。

（鞠志强）

民族　宗教

【概况】　石景山区民族宗教事务办公室（简称区民宗办）是区政府主管民族宗教工作的职能部门，行政编制7人，实际在岗人数6人。截至年底，全区常住人口由46个民族组成，常住少数民族人口2.1万人，占全区总人口的3.3%，人数较多的少数民族分别是满族、回族、蒙古族。民族幼儿园1所，民族团结教育示范校2所，民族团结教育基地1处，民族养老院1所。有天主教、基督教、佛教、伊斯兰教4种宗教，信教公民约2万余人，其中天主教信徒2000余人，基督教信徒3000余人，伊斯兰教信徒6000余人，佛教信徒9000余人。辖区内有宗教活动场所6处，即北京灵光寺、北京大悲寺、北京双泉寺、石景山清真寺、天主教北京教区老山弥撒点和基督教古城聚会点。

（路　卿）

【宗教活动】　5月22日，中国佛教协会庆祝佛诞节活动在北京灵光寺成功举办，30000余名佛教徒参加佛诞节浴佛活动；6月16日，石景山清真寺举行开斋节庆典活动，1000余名各族穆斯林群众到此欢度佳节；8月22日，石景山清真寺举行古尔邦节庆祝活动，400余名各族穆斯林群众参加活动；12月24日平安夜，区天主教北京教区老山弥撒点和基督教古城聚会点分别举行宗教庆祝活动，450余名天主教信徒和200余名基督教信徒分别参加活动；同月25日圣诞节，天主教北京教区老山弥撒点举行“天明弥撒”，有230余名天主教信徒参加。基督教古城聚会点组织文艺表演，有200余名基督教信徒参加。期间，区民宗办、公安分局、城管执法局、交通支队、消防支队、属地街道办事处和相关公安派出所密切配合，活动全程现场值守，确保相关庆祝活动平稳有序。

（路　卿）

【民族团结创建系列活动】　5月30日，在北京国际雕塑园，举办“石榴花开美京城”主题展暨石景山区2018年民族团结进步创建主题活动。在八角地区泽洋大厦非公经济党建活动室，举办民族政策及知识讲座进民营企业活动，在五里坨民俗文化馆，举办民族团结进步创建主题展活动，以多点开花，同时启动模式，在全区范围内掀起民族团结进步创建新热潮。6月28日，北京市第十三届民族健身操舞大赛决赛在地坛体育馆举行，石景山区推荐19支队伍参赛，获得4个一等奖、2个三等奖、1个优秀组织奖。

（路　卿）

【少数民族传统体育文化展】　8月15日，在台湾街印象主题展馆举办“多彩中华——中国少数民族传统体育文化展”。作为北京市第十届民族传统体育运动会系列主题活动之一，展览精选100余件自战国以来不同历史时代的民族体育文物与实物展品、220余张照片和20余分钟多媒体视频，系统介绍55个少数民族700余项民族传统体育项目，科学梳理民族体育的历史渊源与发展脉络，展现传统体育的多样性、独特性和娱乐性。本次展览由中国民族博物馆、市民族文化交流中心，区委统战部、区委宣传部、区民宗办承办。

（路　卿）

【市民族传统体育运动会】　8月18日—23日，北京市第十届民族传统体育运动会在石景山区举行。市委常委、统战部部长齐静在首钢篮球中心宣布运动会开幕。国家民委副主任石玉钢，市人大常委会副主任李颖津，副市长王宁，市政协副主席陈军，区领导于长辉、陈之常、李文起、吴克瑞、田利跃等，天津市东丽区、河北省民宗厅有关负责人出席开幕式。本届运动会以“中华民族一家亲，同心共筑中国梦”为主题，以“推进民族团结进步，促进群众身心健康”为宗旨，由市民委、市体育局、市教委主办，区政府承办，设珍珠球、柔力球、民族健身操等12项竞赛项目和太极拳、健身秧歌等6项表演项目。包括新增冬季民族传统体育项目冰蹴球、冰嬉和雪垒。来自全市16个区及天津市、河北省的22个不同民族、4000余名运动员参加运动会。23日在北京国际雕塑公园举行闭幕式，石景山区组成430人的代表团，参加全部18个项目的比赛。获5个一等奖，31个二等奖和29个三等奖，获奖总数65项。

（路　卿）

残疾人事业

【概况】　石景山区残疾人联合会（简称区残联）是履行“代表、服务、管理”职能，承担政府委托任务，代表残疾人共同利益，维护残疾人合法权益，团结帮助残疾人，开展各项业务和活动，为残疾人服务。管理和发展残疾人事业，归口区委管理，业务上接受市残联指导。下属残疾人劳动就业服务中心、活动中心、康复中心三个事业单位，在9个街道设街道残联，126个社区成立残疾人协会，形成区、街道、社区三级工作网络。年内，以打造“创新型、服务型、学习型、廉洁型”残联为支撑，以“精准扶贫”和“精准助残”为发力点，扎实开展社会保障、就业援助、康复训练、法律宣传等各项服务，强化残疾人职业康复中心建设。成立中科残疾人服务中心、光明行社会服务中心2家助残社会组织，转入石景山区泉源儿童之家。石景山区残联获市政府颁发的“北京市就业创业工作先进集体”、市第十届残疾人运动会活动体育道德风尚奖、第九届北京市社区残疾人文艺汇演优秀组织奖、区交通安全先进单位。

（刘会生）

【“失能老人康复关爱”项目启动】 5月16日，“失能老人康复关爱”项目正式启动。该项目以60周岁及以上石景山区户籍、肢体失能、经济困难老年人为主要和优先对象，通过申报、招募和评估，在全区确定500名项目关爱受助者，由英智京西医院组织专业团队，提供约6000元的服务，包括具有针对性地制定个性化的康复治疗方案，在一年内入户上门为其进行2次康复评估及27次康复治疗服务。其中，价值5500余元的27次康复治疗服务实施刷卡式的费用结算和信息化的过程管理，帮助失能老人优化康复理念，恢复身体肌能，提高生活质量。

（刘会生）

【扶贫工作】 年内，区残联为3987名残疾人发放助残券资金506.71万元；为2234名残疾人发放生活补助资金1378.24万元；为8049名残疾人，发放护理补贴资金1332.69万元；为16名残疾人发放保险补贴123493元，为810名残疾人发放城乡养老补贴77.6万元；在“元旦、春节”“助残日”“中秋”“国庆”期间，走访慰问残疾人4320户，发放慰问金296.6万元；为153人次残疾人发放自主创业就业保险补贴13.2万元。为18名困难残疾人家庭发放一次性救助金3.15万元；组织开展扶残助残捐赠活动，为39名残疾人家庭子女及残疾人学生捐款捐物达9.1万余元。

（刘会生）

【残疾人就业】 年内，区残联在古城街道爱康职康站、苹果园街道新生职康站、八角街道馨蓝职康站建立残疾人帮扶性就业基地，分别与北京宜生无忧科技有限公司、如常（北京）科技有限公司2家机构签订残疾人帮扶性就业合作协议，帮助35名残疾人与网易、嘀嘀、启德教育、便利蜂、宜生健康签订劳动合同，占三家职康站服务对象总人数的53.8%，走在全市前列。全年举办各类招聘会11场次，400名残疾人参加。37家企业提供120余个岗位、270余个职位，推荐190名残疾人实现按比例就业。

（刘会生）

【职业技能培训】 年内，区残联配合市残联组织第九届全市残疾人职业技能竞赛。通过群发短信、张贴海报、刊登消息等方式组织112名残疾人报名参赛。组织75名选手进行剪纸、插花、摄影等5个项目的赛前集训，4名选手分别获得电子商务、剪纸、摄影、客服主播第四名。全年举办各类职业培训6期，培训210人。

（刘会生）

【安置就业审核】 年内，区残联通过区政务办公系统、地税系统等服务平台，向企事业单位进行政策宣传、发布审核通知；审核工作人员签订廉政和保密承诺书；印制就业宣传册，宣传残疾人就业岗位补贴和保险补贴等优惠政策，帮助用人单位准确掌握新政策信息；就业服务大厅安排专人负责现场和电话咨询。全年审核按比例安置残疾人就业企业781家，比2017年提升20%，核定残疾人2413人。

（刘会生）

【康复服务】 年内，区残联通过政府购买服务方式，对200名生活困难的肢体残疾人、60名稳定期精神残疾人、30名视力残疾人开展社区和居家康复服务；出台《石景山区残疾人辅助器具评估工作实施方案》，组织专业人员每月对残疾人进行辅助适配评估。全年审批辅具17374人次，购买辅具总件数20118件，资金达124.9万元。以“石景山区残疾人家庭康复培训学校”为依托，利用全区资源，聘请各医院专家，对残疾人及家属有针对性进行康复知识培训。对全区街道残联理事长、社区专干及协管员等176名康复管理人员进行康复政策、康复训练知识等培训。全年，区、街道残联开展培训54期，培训残疾人及家属2379人次。

（刘会生）

【文体活动】 年内，区残联组织残疾人开展“2018年石景山区残疾人迎新春联欢会”等各类文体活动6场次，参与人员达673人次。组织残疾人参加市残联组织的棋牌、钓鱼等体育项目比赛活动，在北京市第十届残疾人运动会上，获2个优秀组织奖、一个精神文明奖，石景山区运动员取得8枚金牌、5枚银牌、1枚铜牌的好成绩。有3名运动员代表北京市参加全运会预选赛，取得2019年全运会的入场资格。开展“魅力石景山 助力冬残奥”主题系列活动，以宣传冬残奥文化、参与冬残奥项目、走进冰雪运动为目标，开展滑冰运动体验、冬奥知识大讲堂、仿冰体验冬奥项目和特奥冰雪趣味运动会。

（刘会生）

【换届完成】 年内，区16个相关部门对区残联47名主席团委员候选人资格进行两次联合审查，确保符合委员候选人资格。完成9个街道残联及126个社区残协的换届选举。召开区残疾人联合会第七次代表大会，选举出以陈婷婷为区残联主席、栾伟宏为理事长的区第七届残联领导班子，完成换届选举工作。

（刘会生）

【残疾人证办理】 截至年底，石景山区持证残疾人数为20603人，其中：肢体残疾人12947人，视力残疾人2532人，听力残疾人1484人，言语残疾人为85人、精神残疾人1690人，智力残疾人1078人，多重残疾人787人。积极协调残疾评定医生，为75名申请人进行入户评残。

（刘会生）

【残疾人动态更新】 年内，区残联投入经费103.8万元，为全区9个街道158个社区配备移动终端采集系统，组织各街道残联理事长、街道工作人员50多人分批次进行培训，按时保质完成全区2万余名持证残疾人基本需求动态更新工作。

（刘会生）

街道

鲁谷社区

【概况】 鲁谷社区组建于2003年4月，同年7月正式挂牌成立，是北京市城市基层管理体制综合改革试点单位，也是北京市唯一的一个"街道级"社区。鲁谷社区东起鲁谷大街，西至京原路；北起石景山路，南至丰沙铁路—卢沟桥北路一线与丰台区交界。辖区总面积5.57平方千米，常住人口7.97万人，下辖22个居委会，社区工作者361人；党工委下设26个一级基层党组织，共有党员4791人。辖区内有"三横三纵"6条主要街路（三横：石景山路、鲁谷路、莲石路；三纵：鲁谷大街、银河大街、五环路），京广铁路贯穿而过，是石景山区人民政府所在地。辖区有新华社第二办公区、中铁建设有限公司、万商投资有限公司等中央、市属、区属单位40家，有农工商公司2个，居民楼248栋、商务楼宇29座、商务楼宇工作站7个。鲁谷社区共有"三部三室一所一队两中心"10个内设机构，即：党群工作部、社区事务部、城市管理部、办公室、社区委员会办公室、企业服务办公室、社会保障事务所、城管执法队、综合文化中心、社区服务中心。共有行政编制人员67名（其中城管执法队24名），纳入规范事业编制人员48名，工勤编制3名，退休人员12人。年内围绕区委区政府"一二六"总布局和"打造六个先行区"的工作目标，坚持建高端树典范思想理念，全力确保各项工作再上新台阶。

（马玉秋）

【创城宣传】 年内，成立创城工作鲁谷社区分指挥部及下设机构。制定实施方案，组建工作专班，建立会议、会商研判、机关干部包片联系、信息报送等制度；发挥"鲁谷社区代表会议"体制创新作用，开展老街坊文明劝导和模范楼门评选工作，发动在职党员、老街坊铲除楼内墙面小广告、粉刷脏乱墙面；西厂居委会创城工作"和谐号"9月15日成功"发车"，长117米的彩绘墙、13个彩绘井盖采用最新技术手段宣传创城；落实"吹哨报到"，将驻地科队站所编入8个专项工作组开展工作，从"条"上讲，由相关委办局逐项认领鲁谷地区问题清单，限期落实整改，在"块"上说，将23个社区、9个楼宇工作站划分在9个片区内，由副处级领导各领1片区，带领21名科级实职干部、43名机关干部，深入包片社区、楼宇对标对表逐项检查。

（马玉秋）

【垃圾清除】 9月，鲁谷社区每周组织志愿者、党员、积极分子、社会单位成员、居民2000余人参加专项"清洁日"活动。4次活动共清除绿地垃圾3000余平方米、白色垃圾200余斤、积存垃圾约25吨、小广告2000余份；规范门前三包脏乱行为760起，查处无照经营88起，暂扣三轮车及早餐车9辆，处罚非法张贴散发小广告267起，没收违规户外广告牌91个；规范店外经营行为778起，拆除点位周边违规地锁23个，处理违规停车16辆；苫盖10000平方米衙门口区域裸地；有效巡河47次，总里程243.7千米；垃圾分类覆盖16个社区、涉及5.78万余人；对"丰沙线"1.2千米、"101线"1千米的环境垃圾开展清理整治，清理石丰桥下及周边垃圾渣土6000立方米，拆除"丰沙线"沿线集装箱式违法建设20余个、私搭棚户10余个，拆除"101线"周边违法建设3.64万平方米，出动垃圾清运车800余车次、清运建筑生活垃圾4200余吨。

（马玉秋）

【环境治理】 年内，鲁谷社区组建生态环保办公室。定期研究大气环保类议题，召开地区动员部署会、精细化管理推进大会，邀请市环保局专业人员进行大气治理知识讲座，组织街居干部进行环保闭卷考试，与环保专业公司、专业人员对接，租用7部水车和雾炮车进行喷洒降尘作业；对重点区域和施工场所，做到能苫尽苫、能洒尽洒、能绿尽绿。严查露天烧烤、焚烧树叶、无照经营等大气污染违法行为。加大对餐饮企业的检查力度，查封、立案、约谈等形式，对5家环境污染企业进行处理。采取"集中吹哨"和"单独吹哨"相结合，召集首钢、中铁、环治办等9个部门召开协调会，研究会商衙门口地区环境治理工作，统筹解决棚改区域外其他重点点位的环保难题。做好污染形势研判，街道组织人员，对衙门口棚改工地环保、安全、消防及食品安全设施等准备情况进行对接检查，发现问题从严从重处理。

（马玉秋）

【与大悲乡对口帮扶】 年内，鲁谷社区与河北省保定市顺平县大悲乡建立对口帮扶关系。成立精准扶贫工作领导小组，主要领导带队3次实地调研工作，完成1（郭家庄村家庭手工业帮扶项目）+4（送温暖、送健康、送教具、修缮道路）项扶贫目标任务。

（马玉秋）

【80人成功就业】 年内，鲁谷社区重视服务体系建设，优化大厅区域设置，建立轮值引导和巡视制度，实现服务行为规范化。全年走访跟踪服务用人单位168家，采集空岗信息1545个。组织就业帮扶招聘会，500余名求职人员参加招聘会，80人与招聘单位达成初步合作意向，14家用工单位提供岗位200余个。

（马玉秋）

【安全隐患整改】 截至年底，辖区现有生产经营单位677家，全年检查生产经营单位2984家次，出动5968人次，整改隐患2100项；企业信息完善率达到99.7%；2017年挂账隐患全部消隐。

（马玉秋）

【推进信访改革】 年内，鲁谷社区坚持机关带班值班及包片工作制度，做好突发事件应急准备，实行领导干部"一主一辅"接访、"一包四定"代理的信访工作制度，巩固下访约访机制，主动化解矛盾纠纷，受理群众来信来访150件186人次，其中101件通过信访代理解决（办结97件）。妥善处理12345便民热线转办单1216件，组织开展4次专项矛盾纠纷排查工作，排查各类矛盾纠纷3件次，办理政风行风热线处理单51件。

（马玉秋）

【"社区之家"示范点】 年内，鲁谷社区提升辖区"一刻钟社区服务圈"品质，按照“七化22细则”规范社区服务建设，打造六合园南为市级老旧小区自我服务管理试点，推进“社区之家”示范点创建活动。申报重聚园、聚兴园两个“社区之家”示范点，重兴园社区与燕都医院、聚兴园社区与爱乐小学签订共建共享协议，年底完成创建工作并挂牌。

（马玉秋）

【居家养老服务】　年内，鲁谷社区推进辖区居家养老服务设施建设，建成五芳园社区家庭式养老服务驿站、依翠园北养老服务驿站。鲁谷社区养老照料中心试运营。为2092名80周岁以上老年人提供居家养老服务，新增老人298人、变更13人、注销198人，发放居家养老（助残）卡补贴金额累计207万余元。

（马玉秋）

八宝山街道

【概况】　八宝山街道位于石景山区东南部，辖区总人口6.3万人（其中常住人口5.3万人，流动人口1万人），所辖16个社区居委会，面积4.32平方千米。东以玉泉路为界，与海淀区万寿路街道相接；南以吴家村路为界，与丰台区卢沟桥街道相接；西以鲁谷大街为界，与鲁谷街道相接；北以石景山路为界，与老山街道相接。区域内道路近30条，有京九铁路穿过，地铁一号线及30多条公共汽车途经此地。辖区内有中国国际广播电台、中煤地质工程总公司、中国瑞达系统装备总公司等中央企事业单位，北京市第一中级人民法院、市人民检察院第一分院、市保障性住房建设投资中心等市属单位。街道现有机关行政编制60人，处以上干部12人，平均年龄50岁。行政执法专项编制16人，工勤编制4人，事业编制42人，实有人数108人。社工243人。街道党工委下设20个基层党组织，直管党员2403人。街道加强“创建全国文明城区”宣传工作，发布创城新闻67条，推送创城时讯136条，编辑《创城简报》21期。安全生产检查企业3004次，603家，责改下达710份，核销隐患数243处。改善民生，全年发放低保金377万元。

（段　云）

【再就业服务】　5月，八宝山街道与门头沟区永定镇政府、海淀区永定路街道携手举办“手拉手招聘会”，北京市保安服务总公司、中石商联广告有限公司等40余家企业参与招聘会，为失业人员提供电工、客服、物业管理、保洁、打字员、交通协警等100类工种1000余个岗位。

（段　云）

【黄庄学校分流安置】　8月，八宝山街道完成黄庄学校分流安置工作。黄庄学校1757名学生和78名教师被分流安置到华奥学校、黄庄职业高中玉泉路校区、礼文中学、师范附属幼儿园分园和老古城配套幼儿园。

（段　云）

【非法小广告治理】　9月，八宝山街道开展老旧小区楼道非法小广告治理活动，召开老旧小区清理楼道小广告部署会和协调会，各社区成立志愿者队伍；统筹11家施工队伍，对辖区10个老旧社区674个单元进行清理，清理面积30万平方米。

（段　云）

【垃圾分类示范片区建设】　年内，八宝山街道开展垃圾分类示范片区工作，开展基础信息系统填报培训、企业餐厨垃圾运输合同签订、开展垃圾桶站布设，着手垃圾分类排放系统积分兑换站点的建设，更新垃圾筒架101组，处理垃圾分类相关问题240余处。

（段　云）

【11项便民工程完工】　年内，八宝山街道将破损严重的道路纳入便民工程。截至年底，鲁谷村南区、玉泉路65号院的社区路灯建设、地面铺装、自行车棚改造等11项便民工程建设完工。

（段　云）

【4项环境景观提升工程完工】　年内，八宝山街道将群众关注的房前屋后环境治理纳入民生家园工程，完成四季园54、58号楼环境景观提升等4项工程。

（段　云）

【街巷长制度建设】　年内，八宝山街道建立处级领导担任街长、科级领导担任巷长的街巷长管理体系，树立街巷长公示牌，建立小巷管家服务站，招募小巷管家150余人并进行培训，加强日常巡查，加强精细化管理，改善周边环境秩序。

（段　云）

【修复文明街巷348平方米】　年内，八宝山街道完成黄庄职高西侧路、永辉北侧路、石槽中街、石槽东路文明街巷创建工作，并对四季园入口路、石槽中街、石槽东路等3条背街小巷破损道路进行修复，修复路面348平方米。

（段　云）

【群租房整治“动态清零”】　年内，八宝山街道完成整治群租房48户，面积4731平方米，拆除隔断39处、155间，疏解人员313人。发挥“街道吹哨，部门报到”机制作用，街道统筹相关职能部门、社区居委会、物业等单位发挥作用，关注网络舆情与群众反映，采用巡查、约谈、整改、强制拆除等方法，实现群租房整治“动态清零”。

（段　云）

【居家养老服务】　年内，八宝山街道以居家老年人服务需求为导向，开展独居老人居家养老巡视探访服务工作，为独居、老残一体、失能、失智老年人提供关怀访视、生活陪伴、心理咨询、不良情绪干预等精神慰藉服务。服务覆盖15个社区，全年巡视探访服务对象383人，服务4892次。建成运营永东北养老服务驿站；瑞达社区养老服务驿站正在装修中，养老服务驿站、养老照料中心共为老年人开展托管服务1188人次、助餐服务33000余次、助洁服务1834次、助行服务15次、助医服务17次、康复护理服务50次、文化娱乐服务56次、心理慰藉服务837次。

（段　云）

【创新运营街道文化中心】　年内，八宝山街道打造“高端普惠＋创新＋可持续发展”文化活动中心。全年举办各类活动590场，到馆人数62040余人次，网络互动人数达45万人次，接待市、区领导调研38批。开展“朗读者”“国学大讲堂”“送福进万家”“创意绘画、家庭话剧、书法大课堂”等特色活动，创新打造“家+”品牌文化，组织红色主题的红歌会、阅读季活动，举办“八宝山地区首届清明诗会”并在石景山电视台播放。

（段　云）

【打造主题文化长廊】 年内，八宝山街道新设7处社区精神文明墙，并在沁山水南社区广场用灯笼和异形展板打造核心价值观主题文化长廊，传播家庭美德、社会公德、个人品德。

（段　云）

【冬奥冰雪节系列活动】 年内，八宝山街道首次推出社区冬奥冰雪节系列活动，以“全民健身走进新时代，迎接冬奥你我同参与”为主题，在辖区机关单位、学校、军营及17个社区内开展“看冬奥、助冬奥、炫冬奥”3项活动。“看冬奥”板块，以冰雪技能教学、冬奥指导员培训、冰雪健身知识讲座为主。“助冬奥”板块，街道16个社区全年围绕“社区冬奥冰雪节”开展系列活动，将VR滑雪、仿真冰场、旱雪、冰壶、冰球等项目冰雪项目引入社区、学校、市民冰雪运动中心、公园、广场。“炫冬奥”板块，开展以“全民健身迎冬奥、快乐冰雪圆梦想”为主题的征文、演讲、知识竞赛、绘画、剪纸、手工制作团扇、文化衫，手抄报，健身操舞、文艺汇演、趣味运动会等系列活动23场次，参与人数2800余人。

（段　云）

【投入扶贫资金25万元】 年内，八宝山街道在对口帮扶河北省顺平县聚富养驴农民专业合作社肉驴养殖项目中，投入扶贫资金25万元。街道还组织党员、“老街坊”志愿者、辖区单位，为对口帮扶河北省顺平县台鱼乡台鱼小学“希望书屋”捐赠图书5000册及打印机、书包、文具等物品。

（段　云）

老山街道

【概况】 老山街道位于石景山区东部，东起玉泉北路，北至田村山南路，与海淀区接壤；南起石景山路，与八宝山街道相连；西至西五环路，与八角街道相接。辖区面积6.10平方千米，常住人口43973人，其中户籍人口27864人、流动人口11109人。辖区有中央、市属、区属企事业单位218家。街道下设12个内设机构，其中党工委机构4个，办事处机构8个。人员编制89人，实有人员78人。下辖12个社区居委会，有社区干部160人。年内，老山街道开展全国文明城区、全国及首都公共文化服务示范区创建国家卫生区复审工作。服务全国“两会”“青岛上合”峰会“中非论坛”等安保行动，动员专业警力1326人次，专职巡逻队2106人次，群防群治力量43077人次。对辖区393家企业开展安全检查2502家次，整改安全隐患1689处。街道管理失业人员515人，全年实现就业387人，其中城乡困难劳动力就业完成272人。办理生育登记服务单309人。街道15名社区志愿者获“北京市五星级志愿者”、东里社区成功申报“北京市奥林匹克体育生活化社区”等多项市级荣誉。

（魏国清）

【背街小巷整治】 年内，老山街道结合“六个一批”，开展背街小巷整治工作，项目投资98万元，对梁公庵村道路环境景观进行整治，8月完成施工建设；对老山自立市场改造居民休闲广场项目进行改造，项目投资196万元，9月投入使用；对嘉年华广场西侧路等3条背街小巷整治项目投资375万元，用于改善路面及周边面貌，10月下旬完工。

（魏国清）

【优化营商环境】 年内，老山街道组织居民事务服务大厅窗口工作人员学习营商环境“9+N”知识及文件，开展办公礼仪集中培训，规范工作秩序，落实首问责任制，保持大厅整洁的工作环境，严格上下班秩序及窗口工作人员服务标准，开展窗口自查活动，坚决杜绝“丁义珍”式窗口问题的发生，禁止出现群众冲突及“拖懒散”的现象，提高为辖区企业和居民服务的效率和质量。在市区两级多次明察暗访中，得到区人保局的通报表扬，9月份，作为窗口单位的示范点位，通过市创城办检查。

（魏国清）

【居家养老服务】 年内，老山东里社区养老驿站由儆堂集咨询管理（北京）有限公司运营，工作人员4名。驿站服务项目包括助餐服务、呼叫服务、爬楼服务、助浴服务、文化娱乐、心理慰藉、义诊等，覆盖东里社区、西里社区、东里南社区、北里社区和京源路社区。在此基础上东里驿站还承接政府购买服务，包括居家巡视探访、中医药健康进驿站。驿站服务项目90%均为免费项目，收费项目通过政府购买方式，为低收入人群、高龄人群提供一定折扣，

9月22日，老山街道综合文件活动中心（郎园Park良阅书房）举办创文明新城京西儿童跳蚤市场

（老山街道供稿）

缓解该类人群在购买服务上的压力。驿站月平均活动人数1000余人次，为142位老人进行探访服务，累计入户3959次，电话3959次。

（魏国清）

【环境秩序治理】　年内，老山街道对涉及环保类施工扬尘等处罚56次，罚款211000元；按“创建全国文明城区”要求，抓好门前三包责任制落实管理，全年处罚门前三包类违法行为30余起，罚款11300元；严格落实“占道经营”清零目标，全年处罚856起，罚款64790元；严厉打击非法小广告行为，对辖区所有生活小区楼内外非法小广告进行集中清理，并对脏乱墙面进行统一粉刷，清理小广告6万余张，全年上报停机139个，处罚28起，罚款6700元；严控新生违建并做好对历史存量和严重影响安全和环境秩序的违法建设拆除工作，全年拆除违法建设33处，面积1856平方米。

（魏国清）

【流动人口服务管理】　年内，老山街道围绕人口调控工作，在防止大杂院整治成果反弹的基础上，组织开展违法群租房屋的整治工作，重点对辖区老山南里、玉泉北里二区、京原路和玉泉路11号院新出现和群众多次举报的违法群租房进行联合整治，检查出租房262户、645间，处理12345市民热线26起，治理违法群租房56户（138间）、劝退承租人178人。采取“弹性工作”与“你休息我工作”的方式，与老山派出所组织开展老山地区出租房屋和流动人口的基础信息采集、核查工作，共查验出租房2317户，流动人口11109人，梳理和完善人、房档案13300余份。

（魏国清）

【社会保障救助】　年内，老山街道发放各类社会保障金738.1万元，报销药费金额199.2万元。为289户492人发放城市最低生活保障金614.39万元，为795人次药费减免支出金额132.71万元。为2051名80岁以上老人开展养老助残卡充值252.80万元。为184名残疾人发放残疾人生活补助109.78万元，为606名残疾人发放护理补助112.56万元，为319名残疾人发放助残券41.63万元。

（魏国清）

【保障性住房】　年内，老山街道对郭公庄家园南区等8个公租房项目符合备选条件的家庭逐一进行资格复核，审核公租房资格家庭110户，资格年度复核符合家庭35户，收入超标终止资格5户；公租房合同到期资格年度复核符合家庭63户，收入超标终止资格7户。完成台湖银河湾等公租房摇中家庭发放选房通知单及待选楼盘楼书的核实、确认、发送以及通知申请家庭办理入住手续等工作。做好公租房租金补贴资格年度复核，审核公租房租金补贴资格家庭96户，其中调整补贴档次变更家庭16户，收入超标终止补贴资格10户。开展石景山区玉泉路玉景阳光小区452套共有产权住房意向登记工作。

（魏国清）

【污染源普查】　年内，老山街道公开选聘24名普查员、3名普查指导员，组织社区普查员对辖区锅炉、工业源、餐饮企业等各类污染源进行全面清查普查。建立污染源档案，摸清辖区污染源的数量、结构和分布状况，掌握区域、行业污染物产生、排放和处理情况，走访登记锅炉台账点位44处、工业台账点位71家、汽修5处、餐饮56家。

（魏国清）

【群众热线来访办理】　年内，老山街道城市服务管理网格化融合平台接到立案9603件，结案9603件；接到12345热线转办件484件，办理484件。街道信访接访22批次174人次，到区级接访9批次210人次，通过北京市信访系统平台接访纸信类22件38人次、网信151件151人次、建议类2件2人次。办理人大建议、政协提案20件，其中主办3件、会办17件。

（魏国清）

【安全生产管理】　年内，老山街道组织辖区重点单位、学校幼儿园、物业、人员密集场所、社区居委会等600余人现场参加疏散演练、灭火器灭火演练和观摩活动。指导消防重点单位开展应对突发火情应急演练20家次，指导施工工地现场作业人员安全生产学习12家次，指导人员密集场所疏散演练8家次。在12个社区全面建成社区微型消防站，共配备灭火器2594具、灭火器箱1699个。对企业台账系统内393家单位逐一核查、完善信息，核销单位118家，新增单位86家；全面执行移动端执法检查系统录入工作。完成小微企业安全生产标准化达标任务，22家单位达标。推动企业投保安责险，完成投保单位31家。消防支队全年对老山地区违反《消防法》的责任单位处以查封17家，罚款188500元，拘留4人。

（魏国清）

【社区文化】　年内，老山街道争创全国及首都公共文化服务示范区，通过统筹规划、规范调整、共建共享，社区综合文化室、图书室及室外活动场地面积全部达标。完成玉泉北里二区第一社区文化室新建、街道综合文化中心二层装修改造、街道图书分馆图书购置，为街道综合文化中心、图书分馆、十个社区的图书室、文化室安装10M网络，实现无线上网。与朗园PARK签约，共同打造街道综合文化中心，为辖区居民提供高品质文化资源和文化服务。与北京燕清联合京畿公共服务平台技术有限公司签订运营合同，实现街道综合文化中心和图书分馆第三方运营，达到每周开放56小时，错时开放18.5个小时的创建要求。

（魏国清）

八角街道

【概况】　八角街道位于石景山区中部，东衔西五环，西连古城大街，南接莲石东路，北临京门铁路，辖区面积6.30平方千米。常住人口约10万人，其中户籍人口7.4万人、流动人口约2.6万人。辖区有23个社区、7个商务楼宇工作站，设24个党委、11个党总支、142个二级党支部，党员8356名。2018年，探索党建引领基层治理的有效途径，聚焦公共服务、城市管理和社会治理，发挥党建引领作用，落实“吹哨报到”机制，探索形成“345”精细化治

4月11日，群众在八角24小时自助书店借阅 （赵昂 摄）

理模式，城市管理考评中保持石景山区领先水平；促进就业服务，实现就业823人，实现创业65人、带动就业241人。完成201名非京籍小升初“五证”审核。受理公租房、廉租房、经济适用房、限价商品房等相关业务2431件。制定《八角街道实施“街区长制”行动方案》，将辖区27条主要大街、46条背街小巷，统一划分为10个街区，由街道处级领导干部担任街区长，统筹、指导、督促责任街区内的街巷和社区的治理工作，制定《街巷长工作手册》。全年开展生产经营单位安全检查3637家次，整改隐患566处。推进29个便民工程、民生家园等项目建设。先后获北京市禁毒工作先进集体、首都绿化美化先进单位、疏解整治促提升专项行动先进集体、首都环境保护先进集体等荣誉。

（高觉书）

【环境治理】 年内，八角街道推进“互联网+”技术应用，建立基于GIS辅助违建管理系统的长效防反弹机制，随时监控社区内新生违建；结合辖区实际情况，编印《八角街道步行生活圈体检报告》，推进“精品街巷样板区建设”“公共空间改造提升示范工程”“老旧小区综合改造项目”等市区重大项目；持续推进八角南部区域环境综合提升工程，6月中旬，完成5处景观提升、3处夜景照明工程以及标志性节点的外立面提升工程；12月下旬，完成杨庄北区周边区域步行景观提升工程。

（高觉书）

【推行共享厕所】 年内，八角街道在八角西街、杨庄东街试点推行“共享厕所”模式，以400米为一个单元距离，合理布局厕所位置，设置统一标识，便于居民寻找、识别和使用，同时标注“爱八角”微信公众号，居民扫码关注后即可了解周边“共享厕所”的位置分布。同时，对共享厕所的卫生环境、设施设备、维护保养等方面提出明确要求，督促商户加强保洁频次，及时维护。7月16日，首批7家商户参与共享。

（高觉书）

【困难群众救助服务】 12月18日，八角街道困难群众救助服务所挂牌并开展工作，主要职能是精准识别困难群众、协助申办相关救助帮扶事项，定期入户探访，对有需求的困难家庭开展个案帮扶服务等。

（高觉书）

【创城工作全面铺开】 年内，八角街道制作54个高2.2米、宽1.3米的创魔方，每个由12块48面小魔方组成，每一面设立一个不同的“创城”知识点以及社会主义核心价值观等宣传内容；创作党建宣传、创城宣传、日常生活沟通、日常工作沟通4个系列的创城微信表情包；入社区、入楼门有精神文明建设宣传栏，入户有宣传页，努力做到举足即观，抬眼可见；开展“打通生命通道 增进人民福祉”“宣战城市牛皮癣”“补齐消防短板保安全”“温馨值守斑马线”等系列活动，清理楼道杂物63车，清理小广告414栋楼、1577个单元、34万余平方米，补齐3个无消防设施社区居民楼灭火器1420具，1200余人次参与斑马线值守。

（高觉书）

【电动自行车存放空间提升】 年内，八角街道在电动自行车存放空间配套安装智能充电系统及设备安装充电过载控制器，充电完成后自动断电。同时，将烟感报警器、可燃气体检测设备、无线视频采集系统与物业联网、与社区负责人手机联网，做到随时监控。完成19处社区自管车棚和3处物业管理车棚的公共空间及设施的改造提升，实现八角中部区域公共充电设施全覆盖。

（高觉书）

【装修垃圾不落地】 年内，八角街道规范辖区垃圾分类收集清运，深化社区建筑垃圾、大件垃圾处理机制，在16个社区推行装修垃圾不落地模式（其余7个可自行清运），基本实现地区全覆盖。

（高觉书）

【公共文化服务】 年内，八角街道安装24小时智能书店10个，集免费借阅、优惠购书、提前预约、中途转借为一体，打造15分钟阅读文化圈；建成街道文化中心、新建2个社区文化活动室，实现公共文化设施覆盖率、达标率100%。八角街道图书分馆被评为“北京市十佳优读空间”。

（高觉书）

【“长期护理保险”试点】 年内，八角街道作为全市的试点推行长期护理保险制度，先行在杨南、特钢两个社区推广基础上，辖区23个社区全面铺开，收到保险申请142份，从受理申请到过程实施形成闭环，总结经验、发现问题，为全市推广探索可复制的经验和模式。长期护理保险是指建立以社会互助共济方式筹集资金，为长期失能人员的基本生活照料和与其基本生活密切相关的医疗护理，提供资金或服务保障的社会保险制度。

（高觉书）

【八角街道腾退空间再利用项目】 八角街道腾退空间再利用项目是“北京公共空间城市设计大赛2018”中石景山区唯一项目，位于阜石路南侧，原为老山早市，现已腾退。年内，该项目在八角街道举行启动会，市规土委、区规土委、区发改委以及项目跟踪观察团、参赛选手和“老街坊”代表百余人参加，经三轮评定后，作品“缝合城市——八角新乐园”被评为最佳奖。

（高觉书）

古城街道

【概况】 古城街道位于石景山区中部地区，地跨长安街西延长线，毗邻永定河。东至古城东街与八角街道相邻，南部和西部到达永定河分别与丰台区、门头沟区交界，北至阜石路沿线以北分别与苹果园、金顶街和广宁街道相邻，总面积15.41平方千米，占全区总面积的18.2%，辖区总人口7万余人，社区居委会21个，另有老古城南社区待建。冬奥组委、首钢集团和京西商务中心等重点机构和功能区均在辖区内，北辛安棚改建设也在进行中，未来将成为地区一个新的发展亮点。8月，古城街道在区委区政府部署下进行街道管理体制改革试点工作，将原来的内设机构15个机关科室、4个事业单位及城管执法分队合并调整形成“一室五部一委一队四中心”，构建扁平化管理组织体制，实现工作流程再造，围绕信息、任务、问题三大类事做好先集中再部署、先汇总再分派、先处理同报告三种处理方式，严格执行正确集中、高效统筹、准确落实的工作流程。

（赵　云）

【残疾人保障措施】 截至年底，古城街道有残疾人3278人，享受低保373人，享受北京市残疾人两项补贴1628人，享受助残券651人，享受养老保险151人。年内，为4名残疾儿童申请康复报销4万元，为符合条件的残疾人申请辅具2004件。5月，成立残疾人帮扶就业基地，以古城爱康职业康复劳动站为依托，帮扶5人就业，就业率达38%。7月，与拓新盛达企业签约继续开展“订单、定岗、定向”式培训和自主创业培训。

（赵　云）

【平房区整治】 8月，古城街道推进老旧小区和平房区“三大整治”，绘制平房区房屋分布图。开展水泥厂后身路公寓专项整治行动，清退900余人，拆除违法建设1680平方米。成立南片管理小组，每周二、周五开展平房区夜查，对南坑、水屯平房区建立一户一档，安装《出租房屋安全职责一览表》100余块，发放《关于消防安全致辖区居民一封信》、张贴宣传海报1500余份，入户350余家，补充、增加灭火器120余套。

（赵　云）

【一站多居一窗服务】 10月，古城街道整合滨和园社区服务站，探索“一站多居一窗服务”大型社区服务居民新模式，推行“综合窗口”“全能社工”。即一个社区服务站根据实际服务两个及以上社区，设置1个首问咨询窗口及3个综合业务窗口，压缩服务站的接待窗口，提高单个窗口办理业务条线数量，实现一口受理全程通办。另外，实行电话预约制度，制作《古城街道社区服务站“百事通”工作手册》，社区干部提高服务居民技能。

（赵　云）

【服务和保障民生】 年内，古城街道753户1487人享受低保，发放低保金2060.83万元。为12名特困人员发放生活费及照料护理费38.05万元。受理、办结低保家庭医疗救助1487人次，发放医疗救助金267.47万元。在档严重精神障碍患者339人，办理补贴235人，发放监护补贴535140元。对有需求的25户老年人家庭做好居家适老化改造回访工作，基本完成入户安装改造。协助36位老人申报“失能康复关爱项目”，由英智京西医院为评估合格的失能老人进行入户康复治疗。11月为4243名6065岁老年人采集北京通－养老助残卡信息。

（赵　云）

【打造12条“门前三包”示范街】 年内，以古城大街为精品示范，打造12条新“门前三包”示范街。将原“门前三包”细化为“门前五包”，即包卫生、包秩序、包绿化、包公共安全、包环保，建立规范统一的新“门前三包”牌匾。落实“一店一档”管理制度，建立并完善责任人信息库和沿街商户动态信息台账，按街巷片区建立监督微信群，实行信息立体化、无缝化、实时化处理。街道处级科级领导任街巷长，公安、工商、消防、城管、网格员及相关科室构成体系化管理。探索“老街坊”参与环境治理，强化街道“老街坊”投诉举报制度。率先在古城南路建立石景山区第一家商家自管委员会，并与新“门前三包”相结合。年内规范“门前三包”12000户次，暂扣非法小广告5000张，拆除灯箱广告300个，清理店外经营100余处，清理占道经营150余处，清理横幅广告20余条，清理垃圾死角200余处。

（赵　云）

【“三济工程”扶贫助贫】 年内，古城街道推进“政策济困、社会济困、干部济困”的“三济工程”。“政策济困”群众3234人（户），2360.65万元。“社会济困”为低保、残疾等困难群体发放帮扶、救助资金3000余万元，推进社会购买服务，引导辖区商会、企业、社会团体等社会组织扶贫，筹集资金27万元、物资4.8万余元，帮扶困难家庭81户。“干部济困”方面，街道党员领导干部带头访贫问苦、捐款捐物，班子成员每人联系2户贫困家庭结对帮扶。援助青海玉树清水河镇成立农畜合作社，投入48万元购买牦乳牛100头、藏细羊150只，帮助当地99户贫困户331人脱贫；机关党员干部个人捐款7.8万余元，与清水河镇20名贫困学生结对帮扶。

（赵　云）

【失业人员就业率108%】 古城街道全年新增失业人员917人，实现就业962人，完成指标890人的108%；安置就业困难人员725人，完成指标420人的172%；就业困难人员精细化服务30人，完成指标30人的100%；自主创业66人，完成指标65人的101%；创业带动就业255人，完成指标250人的102%；采集空岗信息1675个，完成指标1600人的104.6%；走访跟踪服务用人单位户数199户，完成指标151户的131.8%。职业介绍服务381人次，开展政策宣传、失业人员座谈、招聘会、失业人员大讲堂5次，发放宣传资料3600余份；审批“零就业家庭”6户；技能提升补贴办理1人次，外区就业人员交通补贴申请办理3人金额5700元。办理招工手续74人；享受市、区灵活、自谋就业政策2365人。

（赵　云）

【消除安全隐患】 年内，古城街道利用信息化手段强化火情监控，做到底数清、情况明。对116处消防隐患点进行整治，在楼房区建立219个防消堡垒户，在221栋居民楼、8499单元安装防消器材1698组。进行生产安全和消防安全隐患大检查，出动检查人员790人次，检查单位1765家次，排查隐患114处，整改隐患114处。建立有限空间台账497处。与22家社区、50家消防重点单位、976家小微企业签订消防安全责任书；与生产经营单位签订保证书和承诺书各605份。

（赵　云）

【环境整治】 年内，古城街道完成14类污染源普查工作，建账列表，动态监管。围绕国控九号子站敏感区加强精细化管理，按期关停促转国九子站周边餐饮企业15家，对周边道路精细化作业，做大道路、便道、树叶的洒水降尘综合管理，投入降尘经费300万元。加强对工地和渣土车的巡查处罚力度，全年涉及环保类立案处罚70起，罚款金额25.5万元。每周安排1—2次无人机航拍，发现并整改裸地100余处。推进老旧小区整体绿化工作和居民减排工作，强化重污染天气的应急处置和应对，空气自动监测微站PM2.5监测数据平均55微克/立方米。

（赵　云）

【城市精细化管理】 古城街道全年拆除存量违法建设16228.5平方米，实现违法建设和占道经营、群租房等12种社会乱象动态清零。推进农贸市场门前路、五交化后身路、特钢路、十万平市场街4条背街小巷整治工作。落实河长制、街巷长制，巡河516千米，清“四乱”腾退1.6万平方米乱占乱堆物料，完成51条街巷37名“街巷长”的任命培训考核工作。

（赵　云）

【投入600万元治理老旧小区】 年内，古城街道投入资金600万元，修剪社区内危树枯树312棵，更换垃圾箱200个，维修门禁系统200余个，聘用保洁队伍清理老旧小区192栋、763个楼门非法小广告，常年聘请专门力量处置老旧小区环境应急事件。

（赵　云）

苹果园街道

【概况】 苹果园街道地处石景山区北部，东经新四平台与海淀区搭界，南抵京门铁路，西起首钢福寿岭疗养院、礼王坟、金顶山一线，与金顶街街道连接，北依京西翠微、青龙诸峰与五里坨街道隔界。辖区面积13.13平方千米。街道下辖社区21个，常住人口8.5万人，流动人口3万人。辖区内有北京射击场、首都医科大学附属康复医院、中国医学科学院整形医院、中关村高科技园区石景山园、中部战区机关、北京军区善后办、中共中央宣传部培训中心等中央、市属机关企事业单位；有灵光寺、八大处佛牙舍利塔等名胜古迹；地区共有注册企业1万多家。年内，苹果园街道织密织牢责任体系，落实全面从严治党主体责任。聘请21名社区党风廉政建设特约监察员，建成6处社区廉政教育基地，推进党风廉政建设向基层延伸。完成21个社区党组换届选举工作。统筹用好社区工作保障与服务群众经费，全年立项审批105项服务群众项目，共计742.3万元，解决群众关心的热点难点问题。完成疏解整治促提升专项任务，提升地区整体环境。保持大气污染防治高压态势，以超常规力度治理环保突出问题，处罚相关案件288起；深入推进“河长制”，完善“一河一策”台账，打好蓝天保卫战和碧水攻坚战。落实“街巷长制”，加强街巷精细化管理力度，打造“里”外有序的整洁市容。攻坚精准脱贫，做好结对帮扶，向青海省称多县扎朵镇提供50万元，惠及贫困人口56户、221人。深化“参与式协商”模式，社区全年召开“老街坊议事厅”“老街坊楼委会”等议事会议196次，协商决议事件267次。发挥群团组织纽带作用，开展志愿服务、讲座、技能培训等各类活动百余场，增强活动吸引。街道获评北京市安全生产先进单位和北京市住房保障工作优秀单位。街道安全生产检查队被评为北京市安全生产专职安全员队伍先进集体。

（张雪晴）

【综合执法指挥协调平台】 5月1日，苹果园街道自主开发街道综合执法指挥协调平台上线。建立“三级四联”（三级：区、街道、社区三级管理和服务资源，四联：联结人员、数据、职能、政策四类要素）综合监管体系，做到一个平台、五层筛选（区指挥中心、职能部门、街道、执法队、社区）、两级处理（街道、社区）。截至年底，案件处置率100%，在全区名列前茅。

（张雪晴）

【创城工作启动】 年内，成立苹果园街道创城分指挥部，建立健全工作机制。街社联动，加强宣传。制作发放宣传品7万余份，实现2轮100%入户宣传，并通过社区文化墙、主题小广场等形式扩大文明宣传阵地。与“老街坊”“双报到”等工作结合开展特色活动，涌现出星河出租爱心车队、文明经商一条街等亮点品牌。

（张雪晴）

【养老为老服务】 年内，苹果园街道升级街道养老照料中心，扩建7000余平方米的花园，建成石景山区首家花园式养老照料中心。全面建成6家养老驿站，构建起“1+6”养老服务体系，广泛开展助洁、助医、心理咨询、巡视探访和老年餐桌等养老为老工作。对辖区285名高龄、独居老人实施电话探访4000余次，上门巡视2500余次。

（张雪晴）

【充分就业街道】 年内，苹果园街道实现失业人员就业308人，完成年度目标任务96%；安置就业困难人员462人，完成年度目标任务150%；用人单位招用就业困难人员74人，完成目标任务107%以上；开发就业岗位2084个，完成年度指标的130%以上。街道社保所获评北京市“就业创业工作先进集体”，街道连续两年获评北京市充分就业街道。

（张雪晴）

【公共文化服务】 年内，苹果园街道新增文化资源载体，建设街道级文化活动中心三座，总面积达2311平方米。打造街道级图书分馆1处，现有藏书1.8万册。开展冰雪健身“四进”活动，举办文化活动150余场，惠及居民万余人。

（张雪晴）

【发放社会保障金2854万元】 年内，苹果园街道发放低保、失业保险金、医药费救助金等各类社会保障金2854万元，为7198人办理城乡居民医疗保险，采集60周岁以上人口信息9050条，发放居家养老（助残）券4671人次。

（张雪晴）

【民生建设与环境提升建设】 年内，苹果园街道投入资金460万元，完成便民工程4项。投入资金约80万元，完成街道应急小型项目工程24个。投入资金约1203万元，完成民生家园项目17个。投入资金约831万元，完成背街小巷的提升工程8个。投入资金约88万元，完成创建文明城区背街小巷提升工程14个。

（张雪晴）

【一刻钟便民服务爱心联盟】 年内，苹果园街道扩宽“一刻钟社区服务圈”服务内涵，与辖区123家商户等签订便民服务协议，成立“一刻钟便民服务爱心联盟”。制作并发放苹果园街道一刻钟便民服务手册1万册、爱心卡1.7万张，持卡居民可在爱心联盟旗下商户享受优惠便民服务。

（张雪晴）

【消除安全隐患】 年内，苹果园街道出动安全检查队1867组次、4978人次，检查社会单位4041家次，检查覆盖率95%，排查隐患1363处，消除安全隐患1232处，消隐率95%。开展联合执法检查14次，组织安全宣传教育86场次，查抄不合格液化气罐83个，整改泡沫彩钢板52处。金顶山村南口设立北京市首个模块化小型消防站——苹果园小型消防站。

（张雪晴）

【完成区人大代表补选】 年内，苹果园街道加强组织领导，严明组织纪律，成立补选领导小组开展区人大代表补选工作。街道严格依法依规、严守法定程序，选区登记率均在95%以上，最终成功选举产生区人大代表2名，完成补选工作。

（张雪晴）

【庆祝改革开放40周年】 年内，苹果园街道开展“呈四十载光辉历程 展苹果园锦绣风采”纪念改革开放40周年系列活动。活动涵盖“我身边的变化”征文比赛、“与改革同行”宣讲会、“抚今追昔振豪情 不忘初心再出征”图片展和“筑梦新时代”图片集等形式。组织宣讲会5场，印发图片集1000本、征文选编500本，组织200余人次参观图片展。

（张雪晴）

金顶街街道

【概况】 金顶街街道位于石景山区西北部，地区面积7.30平方千米。东以金顶山为界与苹果园街道毗邻，南以京门铁路为界与古城街道相接，西以黑头山为界与广宁街道接壤，北至蟠龙山与五里坨街道相连。地势西高东低，地区内浅山多、古迹多、学校多，文化底蕴厚重，旅游资源丰富。山地约占地区面积1/3，主要分布有金顶山、翠微山、蟠龙山和红光山，永定河引水渠流经这里。有市级历史文化保护地区模式口村，有法海寺、承恩寺、田义墓、第四纪冰川馆等，另有1处伊斯兰教活动场所清真寺（始建于1953年，分别于上世纪70年代、2000年两次改建），非物质文化遗产太平鼓文化在此传承。地区有9所学校，其中高中1所、初中2所、小学3所、幼儿园3所。金顶街街道划分16个社区，地区总人口8.3万人，其中常住人口6.9万人，登记流动人口1.3万人。全年接待群众来访140次、360余人，受理石景山区便民电话转办单760件，受理北京市网上信访信息平台转信24件，全部按时办结。以民生家园建设为重点，通过便民工程，切实改善地区居民的生活环境，完成模北42－44栋、西福村科研楼1－2号楼、老金一区3个便民工程项目，基本完成辖区冬奥组委周边区域环境综合提升、金顶北街—金顶路环境综合提升两个精品大街环境综合提升项目。实现城乡劳动力就业1042人，实现创业95人，带动就业319人，超额完成石景山区就业领导小组就业指标任务。

（郝雅琼）

【社会保障】 年内，辖区城乡劳动力就业1042人，城乡困难劳动力就业822人，实现创业指标95人，带动就业319人。为地区926户低保家庭发放低保金2189万元；为1106户家庭报销医疗救助费314万元。为16个困难家庭办理临时救助，救助金额7万元。为27个家庭办理灾难性医疗救助，救助金额为19.6万元。全年办理老年证1130张，发放养老助残卡正式卡81张。发放高龄津贴1963人次，197200万元，为95岁以上高龄老年人办理医疗补助6人，13045.72万元。上报新申请保障性住房家庭378件次，复核保障性住房家庭信息783户，为公租房备案家庭发放选房通知单97份，新签及续签市场租房、廉租房补贴合同200户。开展帮残助残主题宣传活动，为860名残疾人办理居家养老服务，累计发放“两项补贴”405.56万元，完成300名残疾人康复培训。全年办理生育服务单595例。

（郝雅琼）

【安全生产】 年内，金顶街街道与辖区生产经营单位及社区负责人签订《安全生产目标责任书》《消防安全责任书》1160份。全年开展多部门联合执法30余次，出动检查人员1225组次、3346人次，排查生产经营单位3077

家次,发现安全隐患460处,下达责令改正通知434份,整改隐患455处,实现检查覆盖率99.82%,使用移动终端检查3077频次,未发生生产安全及消防安全亡人事故。开展把消防车“请进来”、居民“约出去”活动,增强居民消防安全自救知识。完成金顶阳光小区消防系统改造并投入使用,完成40家企业标准化创建工作,针对“三大行动”中20处“三合一”、24处高风险密集居住场所开展“回头看”,未发现反弹,城市安全隐患治理三年行动中当年挂账隐患整改率100%。引进安全生产协作式服务,采用科学的风险评估分级及“以查带培”的方式,创建安全监管分级体系建设,监管辖区各业态企事业单位严格遵守安全生产法律法规和技术标准。

(郝雅琼)

【平安创建活动】 年内,金顶街街道组织开展创建禁毒示范城市的宣传教育系列活动70多次,累计发放宣传袋4万余个、宣传品6000余份。以建设“平安石景山”为目标开展社会治安综合整治,利用微信群、条幅、橱窗、宣传栏等多种形式进行宣传64次,发放宣传材料6000余份;以每户200元的补贴标准为居民更换新型防盗锁具,全年更换锁具4000套。同时,与辖区派出所相互配合,进行24小时的巡逻值守。地区可防性案件、刑事案件分别同比下降53%、8%。

(郝雅琼)

【环境整治】 年内,金顶街街道联合执法部门拆除违法建设24处,拆除面积2711.2平方米;其中新生违建10起,拆除面积219平方米。疏解整治占道摊点、店外经营及门前堆物1166处,立案查处店外经营、无照经营、露天烧烤108起。立案查处非法小广告46起、停机49起。查处施工现场、违规运输、车辆撒漏、扬尘污染案件60起,涉及城市管理类罚款390480元。地下空间和群租房整治专项整治违法群租房41户,疏解人口235人。

(郝雅琼)

【环境精细管理】 全年金顶街街道查处大气类案件41起,其中涉及施工现场扬尘、渣土泄露遗撒案件32起,罚款21.1万元。强化精细化管理,完善36个责任网格,241个监控点位,接收和处理融合平台案件12274件、96310平台案件673件、首环办案件69件,整改率100%,反弹率零增长。全面落实河长制、街巷长制工作,全年拆除涉河违法建设2000余平方米,清理圈占地1000余平方米,整理裸地1500余平方米。组建巡查队、保洁队,每日早6点至晚8点对河道、水面、两岸道路、周边绿化带进行不间断巡查和保洁作业,清运垃圾12.5吨,打捞水闸处垃圾漂浮物3吨。制定《金顶街推行街巷长制工作方案》,安装街巷长公示牌50块,招募注册小巷管家志愿者70名。

(郝雅琼)

【便民工程投资656.17万元】 年内,金顶街街道先后完成模式口北里42–44栋、西福村科研楼1–2号楼、老金一区3个便民工程项目,总投资达656.17万元。基本完成辖区内两个精品大街环境综合提升项目,其中冬奥组委周边区域环境综合提升工程清洗粉饰和改造建筑立面41958平方米,清运垃圾渣土500立方米,完善照明设施布管720米,平整场地800平方米,新建和修复围墙7462平方米。金顶北街—金顶路环境综合提升工程完成透水砖3500平方米,刷新栏杆2000平方米,石材地面1000平方米,绿化1100平方米,安装LED灯800米,防水1200平方米,外立面铝塑板1100平方米。

(郝雅琼)

【和谐社区建设】 年内,金顶街街道完成金一社区和模式口东里社区服务用房的改造升级,完成模式口北里社区、模式口西北社区警务工作站建设及西北社区“一站式”办公工作台改建,指导金五区社区推进社区规范化建设。整合利用社会单位资源,强化共建平台,创建金四区、模西南“社区之家”示范点;开通“金顶街智慧社区”微信公众号;依据地区特色,丰富街道“老街坊之家”、金二区“同心圆”“模东号角”、模南“满天星志愿者俱乐部”、赵山“温暖365”等社区特色服务项目内容;打造金一区“温馨乐活吧”、金三区“金管家”、金五区“舞韵歌笙”等社区的“名片社区”项目;加强社区“老街坊”议事厅建设,构建社区民主协商体系。围绕“一个中心、六大模块”(即:推进智能综合服务中心平台建设;打造综合服务平台系统,接入健康医疗、居家养老、平安管理、便民惠民、党的建设和文化社区6个系统模块)建设,推动智能社区建设。

(郝雅琼)

【公共文化体育服务】 年内,金顶街街道开展文化、科普、体育活动384次,在辖区建成智能书柜4个,改造4个社区综合文化室,完成金顶街综合文化中心装修工程招标工作。在7个社区建设各类奥林匹克体育生活化休闲健身场地9000平方米,建设奥林匹克体育生活化附属绿化50000余平方米,开展冬奥冰雪知识大讲堂5次,发放冬奥体育项目体验卷300张。组织街道原创舞台剧“模式口红色记忆”在地区巡演7次,与企业合作建设“老街坊之家”。

(郝雅琼)

广宁街道

【概况】 广宁街道位于石景山区西部,境内东部是由四平山、黑头山边麓形成的山地,与金顶街街道接壤;南部为京能热电股份有限公司石景山热电厂和丰沙铁路线,与古城街道接壤;西部是永定河绿色亲水生态走廊和麻峪工贸中心企业用地,与门头沟区相接;北部是西北热电中心、大唐国际北京高井热电厂,与五里坨街道相接。辖区面积6.11平方千米。户籍人口11738人,流动人口8427人。广宁村、麻峪村、柳林庄、电务三段及高井路两侧是境内5个主要居民住宅区域,并以此为主形成麻峪、麻峪北、高井路、新立街、东山5个社区。辖区设有1所中学、3所小学。社区卫生服务中心1个。广宁地区是北京市电力和供热主要生产基地之一,西北热电中心由6台35万千瓦级燃气热电机组组成,是北京市最大的燃气热电中心。寿山福海养老服务中心是由恒坤投资集团有限公司与麻峪工贸中心合资兴建的北京市五星级养老服务机构。年内，在做好服务冬奥、参与冬奥、借势冬奥三件大事的同时，利用冬奥理念来统筹、引领各项重点工作，将冬奥理念贯穿于日常工作中，探索社会治理创新，解决影响群众生活的各类问题，提升居民群众的获得感和幸福感。

（王　虹）

【乐龄养老照料中心】　3月29日，乐龄养老照料中心正式开业，养老驿站让社区老人实现社区托老。为辐射区域内失能、高龄独居以及其他需要临时短期托养老年人提供日间照料、短期托管以及全托服务。满足辐射区域老年人的居家服务需求，提供助餐、助洁、助浴、助医、精神关怀、拓展服务等示范化、便利化、多样化、个性化的居家助老服务，截至年底，为27位老人提供老年餐桌服务。

（王　虹）

【志愿者队伍】　8月，“广宁街道爱心志愿者协会”被区民政局评定为4A级协会。本年度共有6名志愿者被评选为区级优秀志愿者，5名志愿者被评为市级优秀志愿者，一支志愿者队伍（高井路社区分队）被评为优秀志愿者团队。

（王　虹）

【人大补选】　11月6日，广宁街道大唐高井电厂选区投票补选第十六届区人大代表。登记选民873人，参加投票选民873名，参选率99.77%，金荣强当选区人大代表。

（王　虹）

【经济普查】　截至年底，广宁街道经普办完成法人和产业活动单位录入417家、个体录入1258家，收集异地经营单位盖章清查表799张，共清查2576家，综合查找率为78%。完成规上单位清查20家，准规模单位清查19家，纳税一万元以上单位清查570家，三者清查率达到89%。

（王　虹）

【冬奥服务保障】　年内，作为冬奥服务保障的重点区域，广宁街道践行“奥运让城市更美好”的理念，在高井路社区先行先试建设冬奥社区，将奥林匹克理念融入城市环境、社会治理、社区生活，打造冰雪创意丰富、居民踊跃参与、运动活力十足的冬奥社区。后成立“广宁青年滑冰队”“广宁街道青年奥运先锋队”等多支队伍。开展“激情冬奥 腾飞广宁”消夏晚会、第一届“奥林匹克社区”家庭运动会、“体验冰雪项目迎创城，社区与首都高校共联盟”冰雪体验活动等一系列活动。

（王　虹）

【环境整治】　广宁街道全年申报非法小广告号码93个，处罚25起；开展环保类联合执法95次，渣土运输车联合执法24起，处罚违规渣土运输车65辆，完成环保类罚款74500元；完成1处市级挂账点位的销账工作，开展占道经营联合执法52次，处罚49起；开展“门前三包”专项检查24次，处理相关第三方督办任务单1785件；开展各类安全检查30余次，规范整改燃气安全类问题62个，取缔食品安全隐患、餐厨垃圾隐患窝点5个；拆除各类违法建设18处，拆除总面积1526平方米。

（王　虹）

【河道整治】　区级河长全年巡河8人次，街道级河长巡河134人次，里程总计594千米，副河长巡河42人次，全年上报解决案件1025件。开展“清河行动”专项工作，清理河道垃圾706立方米；专项整治乱占、乱采、乱堆、乱建等突出问题，拆除违法建设2处、约89平方米，清除种植围垦200余平方米，封堵排污口60余个。

（王　虹）

【民生家园建设】　年内，广宁街道开展“进社区、走门栋、访居民”为民办实事调研活动，收集影响群众生活的房前屋后各类问题，通过便民工程和民生家园资金、服务群众经费等项目予以解决。实施便民工程7项，民生工程35项，解决问题50余件，投资1200余万元。

（王　虹）

【保障和改善民生】　年内，广宁街道办理新增低保家庭21户33人，退出低保家庭12户24人。截至年底，在册低保家庭156户309人，年度累计发放低保金370万元，提供医疗救助427人次55万元；发放残疾人生活补助110人63万元，残疾人护理补贴341人57万元，享受助残券的残疾人179人21万元；管理社会化退休人员1261人，年发养老金4277万元；接待保障性住房咨询1.2万余人次，申领核定表106户，两房资格受理90户，审核备案78户，资格变更25户，三房资格终止18户，新增公租补贴4户，廉租转公租82户，廉租转市场租53户。全年，保障性住房租金补贴核算138户次、129万元。

（王　虹）

五里坨街道

【概况】　五里坨街道位于石景山北部，东沿香山公园西南、青龙山、翠微山、虎头山一线与海淀区、苹果园街道接壤，南沿福寿岭、109国道、高井村、丰沙铁路、永定河一线与金顶街街道、广宁街道相连，西与门头沟区三家店为邻，北沿猴山、克勤峪、白石岗诸峰与门头沟区、海淀区毗连，辖区面积21.5平方千米。109国道（石门路）过境。辖区有黑陈路、潭峪路、红卫路市政公路3条。共管辖14个社区居委会和1个社区筹备组。常住人口约6万，其中户籍人口约3万人。驻军团级以上部队17个，驻辖区企事业单位339家。街道机构由11个部室组成，其中工委4个，办事处7个。行政编制44个，实有41人；事业编制34个，实有25人；执法编制14个，实有12人。年内，切实增强政治、思想、组织、作风、制度建设，落实全面从严治党主体责任。以创城工作为总牵引，落实“街道吹哨，部门报道”机制，圆满完成“疏解整治促提升”工作，河长制、街巷长制、扫黑除恶等工作扎实稳步推进。

（何明慧）

【优化营商环境】　年内，五里坨街道制订《政务服务中心工作制度》《北京市社会监督热线及举报投诉电话录》等政务服务制度规范，严格执行“首问”负责制，全面推行“AB”角岗位制度，定制30种“温馨便条”，优化内部设施，设立咨询服务台、拥军服务牌，做到“六好”“四用”，打造温馨政务服务环境。

（何明慧）

【文明城区创建】 年内，成立五里坨街道创建全国文明城区领导小组，设立处级领导任组长的9个日常工作组。召开五里坨辖区创建全国文明城区动员大会，向社区居民、沿街商户发放《致居民一封信》《倡议书》《文明手册》5.3万份，以第三届民俗文化节、“小手涂鸦、童绘创城”活动、“创城进行时”专栏等载体为依托宣传创城工作。设置宣传点位600余处，布置河道周边宣传景观91处，张贴宣传海报1500余张，悬挂硬质横幅40块，使用电子屏20余块。

（何明慧）

【“疏整促”专项行动】 年内，五里坨街道拆除新生违建13起230平方米；依法取缔小区内无证无照经营6户、疏解人口13人；疏解万杰橱柜一般性制造业企业1家、人口7人；完成1家商品交易市场调整，疏解人口60人。建成金谷香郡小区儿童乐园、24小时智能化书屋、炮厂小区15号楼安装休闲长椅、炮厂小区1区17排12号无违建社区提升、西山机械厂社区休闲广场景观提升等项目。

（何明慧）

【推行河长制】 年内，五里坨街道彻底治理油库沟源头从门头沟界流入大量污水问题及潭峪沟倾倒生活垃圾，私搭乱建问题。对隆恩寺塘坝－农工商后院裸地进行改造设计，并铺装硬化，改善此前黄土裸露、乱推杂物等情况。

（何明慧）

【扫黑除恶专项行动】 年内，五里坨街道推进扫黑除恶专项行动，开展“红袖标筑城”行动，发挥“三级巡防网络”机制作用，重要节点和敏感时期共启动社会面一级超常防控等级5次，投入力量1.2万余人次；社会面二级加强等级28次，投入力量3.2万余人次。

（何明慧）

【完成8项便民工程】 年内，五里坨街道投资490余万元实施8项便民工程。利用1000万元民生家园资金实施西山机械厂社区养老服务驿站辅助工程、维护黑石头山区三个自然村太阳能路灯113套、铁路四局地块绿化补植、新老宿舍边角地绿化补植、西山峻景小区电动自行车自助充电棚建设、红卫路社区便民菜站建设等8项工程。

（何明慧）

【保障和改善民生】 年内，五里坨街道超额完成就业再就业指标；落实101户家庭182人低保待遇，发放低保金170万余元；发放医疗救助、残疾人补贴等款项共计124万余元。

（何明慧）

石景山区街道（社区）工委办事处负责人

八宝山街道
　　工委书记　宁慧娟（女）
　　办事处主任　卢满钧
鲁谷社区
　　工委书记　梁锁生
　　行政事务管理中心主任　杜立明
老山街道
　　工委书记　王永明
　　办事处主任　赵世英
古城街道
　　工委书记　赵恩国（苗族）
　　办事处主任　洪　炜
八角街道
　　工委书记　宋永红（女）
　　办事处主任　颛孙永麒
苹果园街道
　　工委书记　杨举生
　　办事处主任　梁学刚
金顶街街道
　　工委书记　佟纪光
　　办事处主任　吕三伏
广宁街道
　　工委书记　石显富
　　办事处主任　李宗荣（布依族）
五里坨街道
　　工委书记　方庆祥（12月免）
　　　　佟建国（12月任）
　　办事处主任　佟建国

先　进

全国先进集体

全国双拥模范城

石景山区

2018年“全国工人先锋号”获奖集体(班组)

石景山区古城街道办事处社会治理综合执法指挥中心办公室

2015—2017年度全国文明单位

区人力资源和社会保障局

全国模范职工小家

北京市爱玛裕装饰工程有限公司设计部工会小组

全国先进个人

全国五一劳动奖章

赵　星　石景山区小飞象训练发展中心　理事长

赵松山　北京首钢股份有限公司硅钢事业部技术一贯室　副主任

第十一届全国五好家庭

唐志洁家庭　　刁吉海家庭

2018年度全国“最美家庭”

邓士兵家庭

全国人民调解工作先进个人

徐长禄　石景山区司法局八宝山司法所所长

闫炳林　石景山区金顶街道人民调解委员会委员

全国向上向善好青年

陈　飞　藏经阁收藏品文化交流中心首席画师指导

全国优秀工会积极分子

高　照　石景山区直机关工会副主席

北京先进集体

首都劳动奖状

石景山区常青藤创业研究中心

北京市三八红旗集体

石景山区师范学校附属幼儿园

中国光大银行股份有限公司信用卡中心计划财务部

石景山区人民法院

石景山区乐龄老年社会工作服务中心

石景山区老山街道老山东里北社区居委会

石景山区社区卫生服务管理中心

石景山区国家税务局所得税科

石景山区组织机构代码管理中心(综合服务中心)

北京市工人先锋号

石景山区古城街道办事处社会治理综合执法指挥中心办公室

北京先进个人

首都劳动奖章

董天婳(女)　石景山公安分局刑侦支队 副支队长

吴万福　石景山区城市管理综合行政执法监察局队长

李贵文　银建国际旅行社有限公司 驾驶员

赵　研(女)　首都师范大学附属苹果园中学 教师

刘　畅(女)　首都医科大学附属北京康复医院 治疗师长

苗海波　首钢集团有限公司矿业公司水厂铁矿汽运作业区 党支部书记、主任

刘　锟　首钢集团有限公司技术研究院薄板技术研究所 科研员

王彦杰　北京首钢吉泰安新材料有限公司 党委书记、董事长

2017－2018年度首都精神文明建设奖

祁淑玉　石景山区公共文明协调办副主任

甘建新　石景山区鲁谷社区城管执法队副分队长

代　红　石景山区苹果园街道工委宣传部部长
马炳霞　北京师范大学石景山附属幼儿园园长、支部书记
刘玉荣　石景山区金顶街街道金顶街二区社区党委书记
刘炳旺　石景山公安分局苹果园派出所副调研员

北京大工匠

卫建平　北京首钢机电有限公司数控机床操作工

第三十二届北京青年五四奖章

史晓刚　北京枭龙科技有限公司董事长

北京青年榜样

张春景　北京盛世顺景文化传媒有限公司董事长

首都最美家庭标兵户

邓士兵家庭

首都最美家庭

门乐萱家庭　崔文兰家庭
朱金明家庭　董荣香家庭
白立萍家庭　孙慧贞家庭
顾雁家庭　王伟家庭
马凤琴家庭　李全香家庭
田兴云家庭　王立方家庭
钮美兰家庭　朱东霞家庭
朱光斗家庭　韩连荣家庭
杨文华家庭　苑菊红家庭
张春丽家庭　李晓桐家庭
徐继英家庭

北京市三八红旗奖章

王学秀　龙国瑜　宁慧娟
刘　洋　刘明群　刘金萍
闫立娜　李志凤　李丽军
张欣瑞　张晓梅　罗智慧
庞俊玲　钱均岭　谢云改

统计资料

石景山区2018年国民经济和社会发展统计公报

2018年，在区委、区政府的坚强领导下，全区人民以习近平新时代中国特色社会主义思想为指导，深入贯彻党的十九大和十九届二中、三中全会精神，牢牢把握“建设国家级产业转型发展示范区、绿色低碳的首都西部综合服务区、山水文化融合的生态宜居示范区”的功能定位，紧紧抓住北京举办2022年冬奥会和打造新时代首都城市复兴新地标的重大历史机遇，统筹做好稳增长、促改革、调结构、惠民生、防风险各项工作，全区经济社会平稳健康发展。

一、综合

经济增长：初步核算，全年实现地区生产总值584.6亿元，按可比价格计算，比上年增长7.0%。其中，第二产业增加值161亿元，下降1.0%；第三产业增加值423.6亿元，增长10.3%。三次产业构成为27.5∶72.5。按常住人口计算，全区人均地区生产总值为9.9万元。

全年信息传输、软件和信息技术服务业实现增加值99.7亿元，增长4.4%，占地区生产总值的比重为17.1%；金融业实现增加值54.6亿元，增长8.8%，占地区生产总值的比重为9.3%；科学研究和技术服务业实现增加值53.6亿元，增长19.0%，占地区生产总值比重为9.2%。

图1 2014－2018年地区生产总值及增长速度

人口：年末全区常住人口59.0万人，比上年末减少2.2万人。其中，常住外来人口15.2万人，占常住人口的比重为25.8%。常住人口出生率6.82‰，死亡率6.78‰，自然增长率0.04‰。常住人口密度为每平方公里6881人，比上年末减少257人。

表2 2018年末常住人口及构成

指　标	人数（万人）	比重（%）
常住人口	59.0	100.0
按性别分：男性	29.6	50.2
女性	29.4	49.8
按年龄组分：0－14岁	5.4	9.1
15－64岁	47.0	79.7
65岁及以上	6.6	11.2

财政收入：全区完成一般公共预算收入为62.1亿元，比上年增长10.1%。其中，增值税24.1亿元，增长7.9%；企业所得税11.2亿元，增长2.0%。

二、工业和建筑业

工业：全年实现工业增加值78.6亿元，按可比价格计算，比上年下降4.4%。规模以上工业实现现价工业总产值208.8亿元，比上年下降5.8%。实现销售产值209.6亿元，下降5.9%。其中，出口交货值3.3亿元，下降39.2%。

图2 2014－2018年工业增加值及增长速度

建筑业：全区具有资质等级的总承包和专业承包建筑业企业（不含劳务分包企业）84家，完成建筑业总产值519.9亿元，比上年增长10.2%。其中，在本市完成121.3亿元，下降10.0%；在外省完成398.6亿元，增长18.3%。本年新签合同额903.2亿元，增长44.1%。

三、金融

存贷款：年末全区中资银行人民币存款余额2079.1亿元，比年初增加209.9亿元。年末全区中资银行人民币贷款余额917.6亿元，比年初增加27.4亿元。

金融业：全年规模以上金融业企业实现收入699.6亿元，比上年增长26.8%；实现利润总额347.4亿元，比上年增长7.7%。

四、固定资产投资和房地产开发

固定资产投资：全年全社会固定资产投资比上年增长1.1%。分产业看，第二产业投资增长151.5%；第三产业投资下降1.8%。

房地产开发：全年房地产开发投资比上年下降30.2%。年末全区房屋施工面积346.5万平方米，比上年末下降9.5%；全年房屋竣工面积19.2万平方米，下降68.7%。

表3　2018年房地产开发和销售主要指标

指　标	单　位	2018年	比上年增长(%)
房地产开发投资	亿元	130.0	-30.2
房屋施工面积	万平方米	346.5	-9.5
房屋竣工面积	万平方米	19.2	-68.7
商品房销售面积	万平方米	28.6	-61.9
商品房销售额	亿元	144.9	-28.9

五、市场消费

全年实现社会消费品零售总额312.4亿元，比上年增长3.0%。其中，限额以上企业实现零售额269.8亿元，增长2.0%，占社会消费品零售总额的86.4%。全区限额以上企业实现网上零售额98.8亿元，增长14.9%。

六、对外经济

对外经济：全年石景山地区进出口总值9.7亿美元，比上年增长64.5%。其中，出口6亿美元，增长95.6%；进口3.8亿美元，增长31.2%。

七、人民生活和社会保障

人民生活：全年全区居民人均可支配收入为71244元，比上年增长7.8%。全区居民人均消费支出为43286元，比上年增长6.2%。

民生改善：全年完成一般公共预算支出124.6亿元，比上年增长26.3%。其中，用于文化体育与传媒支出和城乡社区的支出分别增长66.5%和81.5%。年末城镇登记失业率为2.12%，比上年末下降0.24个百分点。全年新开工、筹建各类保障性住房3433套，竣工1540套。

社会保障：年末参加城镇职工基本养老、失业和工伤保险人数分别为46.1万人、30.3万人和28.5万人，分别比上年末增加2.0万人、1.6万人和2.1万人。

八、环境

环境：全区细颗粒物(PM2.5)和可吸入颗粒物(PM10)年均浓度值分别为53微克/立方米和79微克/立方米，分别下降13.1%和12.2%。二氧化氮和二氧化硫年均浓度值分别为48微克/立方米和6微克/立方米，分别下降5.9%和33.3%。

公报注释：

1. 本公报中2018年数据均为初步统计数。

2. 本公报中地区生产总值行业划分标准依照《国民经济行业分类》(GB/T4754-2011)，三次产业划分标准根据《三次产业划分规定》(国统字〔2012〕108号)。规模以上工业增加值、全社会固定资产投资、外商直接投资行业划分标准依照《国民经济行业分类》(GB/T4754-2017)。

3. 地区生产总值及其中各行业增加值增长速度均按不变价计算。

4. 规模以上工业企业是指年主营业务收入2000万元及以上的全部法人工业企业；限额以上批发零售企业是指年主营业务收入2000万元及以上的批发企业和年主营业务收入500万元及以上的零售企业。

5. 公报中部分数据合计数或相对数由于计量单位取舍不同而产生的计算误差，均未作机械调整。

资料来源：

本公报中财政数据来自石景山区财政局；保障性住房数据来自石景山区住房和城乡建设委员会；进出口和实际利用外资数据来自石景山区商务局；就业数据来自石景山区人力资源和社会保障局；空气质量数据来自石景山区生态环境局；户籍人口数据、存贷款数据和社会保障数据来自北京市统计局、国家统计局北京调查总队反馈数据；其他数据来自石景山区统计局、石景山区经济社会调查队。

表 10

石景山区主要经济指标完成情况

（2014 年—2018 年）

指 标 名 称	计量单位	2014 年	2015 年	2016 年	2017 年	2018 年
一、地区生产总值						
地区生产总值	亿元	412.5	444.0	482.1	535.4	584.6
第二产业	亿元	137.5	143.7	146.1	156.1	161.0
第三产业	亿元	275.0	300.3	336.0	379.3	423.6
第三产业增加值占地区生产总值比重	%	66.7	67.6	69.7	70.8	72.5
二、土地与人口						
土地面积	平方公里	85.74	85.74	85.74	85.74	85.74
常住人口	万人	65.0	65.2	63.4	61.2	59.0
户籍人口	万人	38.0	38.3	38.7	38.2	38.6
人口密度(常住人口/土地面积)	人/平方公里	7581	7604	7394	7137	6881
三、全社会固定资产投资						
全社会固定资产投资完成额	%	13.0	9.3	12.1	20.1	1.1
#房地产开发投资	%	38.0	11.2	11.2	32.2	-30.2
房屋建筑施工面积	万平方米	351.5	303.0	353.5	383.1	346.5
房屋建筑竣工面积	万平方米	70.8	27.5	108.7	61.1	19.2
#住宅面积	万平方米	54.8	10.8	20.4	13.1	0.0
四、社会消费品零售总额						
社会消费品零售总额	亿元	241.9	266.0	287.4	303.4	312.4
批发业	亿元	6.2	17.9	17.0	17.0	16.4
零售业	亿元	213.2	233.9	256.4	271.1	277.3
住宿业	亿元	4.3	1.8	1.2	1.4	1.2
餐饮业	亿元	18.2	12.4	12.7	13.9	17.4
五、财政						
财政收入总计	亿元	135.4	82.6	75.1	106.5	112.3
财政支出总计	亿元	169.7	133.5	127.9	182.3	177.7
六、劳动工资						
城镇单位从业人员人数	人	200521	198350	196270	199133	204078
城镇单位在岗职工平均工资	元	91189	99121	110490	127794	148532
七、文化、卫生、体育						
图书馆藏书	万册	101.0	74.9	79.6	113.0	104.0
文物保护单位	个	33	40	36	36	36
卫生技术人员	人	7927	8316	8845	8774	9036
医疗病床	张	4634	4870	5183	5250	5276
每千常住人口拥有医生	人	4.5	4.6	5.3	5.4	5.8
每千常住人口拥有床位	张	7.1	7.5	8.2	8.6	8.9
中小学在校学生	人	38194	36816	35455	34100	33942
八、居民生活						
居民人均可支配收入	元	51971	56304	60980	66112	71244
居民人均消费支出	元	33767	36789	38547	40767	43286

注：全社会固定资产投资按项目建设地统计。

附 录

中共北京市石景山区委主要文件目录

中共北京市石景山区委文件

京石发〔2018〕1号 中共北京市石景山区委北京市石景山区人民政府关于印发《石景山区创建全国文明城区工作方案》的通知

京石发〔2018〕2号 中共北京市石景山区委关于支持检察机关依法开展公益诉讼工作的实施意见

京石发〔2018〕4号 中共北京市石景山区委北京市石景山区人民政府关于印发《石景山区优化营商环境行动计划(2018年—2020年)》的通知

京石发〔2018〕5号 中共北京市石景山区委关于印发《中共北京市石景山区委街道工作委员会工作规则(试行)》的通知

京石发〔2018〕7号 中共北京市石景山区委北京市石景山区人民政府关于印发《石景山区进一步推进安全生产领域改革发展实施方案》的通知

京石发〔2018〕8号 中共北京市石景山区委北京市石景山区人民政府关于印发《石景山区落实北京城市战略定位加快构建高精尖经济结构三年行动计划(2018年—2020年)》的通知

京石发〔2018〕9号 中共北京市石景山区委关于加强新时代政协党的建设工作的实施意见

京石发〔2018〕11号 中共北京市石景山区委关于加强新时代党外代表人士队伍建设的实施意见

京石发〔2018〕12号 中共北京市石景山区委关于建立区政府向区人大常委会报告国有资产管理情况制度的意见

中共北京市石景山区委办公室文件

京石办发〔2018〕1号 中共北京市石景山区委办公室关于印发《石景山区2017年党建述职工作方案》的通知

京石办发〔2018〕2号 中共北京市石景山区委办公室北京市石景山区人民政府办公室 关于印发《石景山区落实食品安全党政同责的实施意见》的通知

京石办发〔2018〕3号 中共北京市石景山区委办公室关于印发《石景山区进一步加强国有企业党的建设工作方案》的通知

京石办发〔2018〕4号 中共北京市石景山区委办公室关于印发《区委常委会2018年议题计划》的通知

京石办发〔2018〕5号 中共北京市石景山区委办公室北京市石景山区人民政府办公室 关于转发《石景山区2018年调研工作要点》和《石景山区2018年重点调研课题计划》的通知

京石办发〔2018〕6号 中共北京市石景山区委办公室 关于印发《中共北京市石景山区委全面深化改革领导小组工作规则》《中共北京市石景山区委全面深化改革领导小组专项小组工作规则》和《中共北京市石景山区委全面深化改革领导小组办公室工作细则》的通知

京石办发〔2018〕7号 中共北京市石景山区委办公室关于印发《区委2018年主要工作任务分解》的通知

京石办发〔2018〕8号 中共北京市石景山区委办公室北京市石景山区人民政府办公室印发《关于全面深化区属国资国企改革的实施意见》的通知

京石办发〔2018〕9号 中共北京市石景山区委办公室印发《中共北京市石景山区第十二届委

员会关于实施巡察全覆盖的工作方案》的通知

京石办发〔2018〕10号　中共北京市石景山区委办公室北京市石景山区人民政府办公室关于转发双拥办《石景山区2018年双拥工作要点》的通知

京石办发〔2018〕11号　中共北京市石景山区委办公室北京市石景山区人民政府办公室关于印发《2018年石景山区“疏解整治促提升”专项行动工作方案》的通知

京石办发〔2018〕12号　中共北京市石景山区委办公室转发区纪委区监委机关区委组织部区委宣传部关于《石景山区第二十七届党风廉政建设宣传教育月活动计划》的通知

京石办发〔2018〕13号　中共北京市石景山区委办公室关于印发《北京市第三批第二环境保护督察组督察石景山区反馈意见》和《于长辉同志在市环保督察组督察意见反馈会上的表态发言》的通知

京石办发〔2018〕14号　中共北京市石景山区委办公室关于印发《石景山区总工会改革方案》《共青团石景山区委改革方案》和《石景山区妇联改革方案》的通知

京石办发〔2018〕16号　中共北京市石景山区委办公室北京市石景山区人民政府办公室印发《关于深入推进集体经济改革发展的实施意见》的通知

京石办发〔2018〕17号　中共北京市石景山区委办公室北京市石景山区人民政府办公室关于印发《石景山区贯彻落实北京市环境保护督察反馈意见整改方案》的通知京

石办发〔2018〕18号　中共北京市石景山区委办公室北京市石景山区人民政府办公室转发双拥办《关于2018年“八一”期间开展双拥月活动通知》的通知

京石办发〔2018〕19号　中共北京市石景山区委办公室北京市石景山区人民政府办公室印发《石景山区防范和化解金融风险工作实施方案》的通知

京石办发〔2018〕21号　中共北京市石景山区委办公室关于印发《石景山区文联深化改革实施方案》的通知

京石办发〔2018〕22号　中共北京市石景山区委办公室北京市石景山区人民政府办公室关于印发《石景山区社区“两委”换届选举工作实施方案》的通知

北京市石景山区人民政府主要文件目录

北京石景山区人民政府文件

石政发〔2018〕1号　北京市石景山区人民政府关于印发2018年折子工程的通知

石政发〔2018〕2号　北京市石景山区人民政府关于印发《2018年非本市户籍适龄儿童少年在石景山区接受义务教育证明证件材料审核标准》的通知

石政发〔2018〕3号　北京市石景山区人民政府关于印发《石景山区政府投资项目概算管理暂行办法》的通知

石政发〔2018〕4号　北京市石景山区人民政府关于成立第六届法律顾问团和调整第五届行政复议委员会非常任委员的通知

石政发〔2018〕5号　北京市石景山区人民政府关于国税地税机构改革涉及区政府及其部门规范性文件执行问题的通知

石政发〔2018〕6号　北京市石景山区人民政府关于开展第四次全国经济普查的通知

石政发〔2018〕7号　北京市石景山区人民政府关于2018年征兵工作的通知

石政发〔2018〕8号　北京市石景山区人民政府关于表彰2017－2018学年教育先进单位和优秀教育工作者的决定

石政发〔2018〕9号　北京市石景山区人民政府关于印发《石景山区关于推进中医药创新发展的实施意见》的通知

石政发〔2018〕10号　北京市石景山区人民政府关于印发《石景山区空气重污染应急预案(2018年修订)》的通

石政发〔2018〕11号　北京市石景山区人民政府关于开展石景山区第三次全国国土调查的通知

石政发〔2018〕12号　北京市石景山区人民政府关于印发《“健康石景山”建设三年行动计划(2018－2020年)》的通知

石政发〔2018〕13号　北京市石景山区人民政府关于印发《石景山区打赢蓝天保卫战三年行动计划(2018－2020年)》的通知

石政发〔2018〕14号　北京市石景山区人民政府关于印发《2018－2019年供暖季石景山区巩固“无煤区”建设工作方案》的通知

石政发〔2018〕15号　北京市石景山区人民政府关于印发《北京市石景山区河长制河长职责(试行)》的通知

石政发〔2018〕16号 北京市石景山区人民政府关于推进海绵城市建设的实施意见

北京市石景山区人民政府办公室文件

石政办发〔2018〕1号 北京市石景山区人民政府办公室关于印发《2018年区政府常务会议和区长办公会议议题计划》的通知

石政办发〔2018〕2号 北京市石景山区人民政府办公室关于调整石景山区劳动人事争议仲裁委员会成员的通知

石政办发〔2018〕3号 北京市石景山区人民政府办公室关于印发石景山区2018年度保障性安居工程用地供应计划的通知

石政办发〔2018〕4号 北京市石景山区人民政府办公室关于印发《石景山区长期护理保险制度试点方案(试行)》的通知

石政办发〔2018〕5号 北京市石景山区人民政府办公室关于印发《石景山区第二次全国污染源普查工作实施方案》的通知

石政办发〔2018〕6号 北京市石景山区人民政府办公室关于印发《加强电动自行车充电棚建设管理意见》的通知

石政办发〔2018〕7号 北京市石景山区人民政府办公室关于印发《石景山区第三期学前教育三年行动计划(2018 - 2020年)》的通知

石政办发〔2018〕8号 北京市石景山区人民政府办公室关于印发《2018年石景山区缓解交通拥堵工作方案》的通知

石政办发〔2018〕9号 北京市石景山区人民政府办公室关于印发《石景山区蓝天保卫战2018年行动计划》的通知

石政办发〔2018〕10号 北京市石景山区人民政府办公室关于印发《2018年环保实事》的通知

石政办发〔2018〕11号 北京市石景山区人民政府办公室关于印发《2018年石景山区食品药品安全重点工作安排》的通知

石政办发〔2018〕12号 北京市石景山区人民政府办公室关于印发《石景山区2018年政务公开工作要点》的通知

石政办发〔2018〕13号 北京市石景山区人民政府办公室关于印发《石景山区党政机关及下属单位率先开展生活垃圾强制分类工作实施方案》的通知

石政办发〔2018〕14号 北京市石景山区人民政府办公室关于印发《石景山区土壤污染防治工作方案2018年重点任务分解》的通知

石政办发〔2018〕15号 北京市石景山区人民政府办公室关于印发《石景山区水污染防治工作方案2018年重点任务分解》的通知

石政办发〔2018〕16号 北京市石景山区人民政府办公室关于印发《石景山区创建国家公共文化服务体系示范区规划(2018—2020年)》的通知

石政办发〔2018〕17号 北京市石景山区人民政府办公室关于印发《石景山区关于加强立体化火灾防控体系建设的实施意见》的通知

石政办发〔2018〕18号 北京市石景山区人民政府办公室关于印发《石景山区行政事业单位财政性结余资金管理办法》的通知

石政办发〔2018〕19号 北京市石景山区人民政府办公室关于印发《石景山区城市安全隐患治理三年行动方案(2018年—2020年)》的通知

石政办发〔2018〕20号 北京市石景山区人民政府办公室关于印发《石景山区创建国家森林城市工作方案》的通知

石政办发〔2018〕21号 北京市石景山区人民政府办公室关于调整石景山区依法行政工作领导小组的通知

石政办发〔2018〕22号 北京市石景山区人民政府办公室关于印发《石景山区预防煤气中毒工作方案(2018—2019年)》的通知

石政办发〔2018〕23号 北京市石景山区人民政府办公室关于印发《石景山区加快推进生活垃圾分类工作实施方案(2018年—2020年)》的通知

石政办发〔2018〕24号 北京市石景山区人民政府办公室关于印发《石景山区深化医药卫生体制改革2018年重点工作安排》的通知

石政办发〔2018〕25号 北京市石景山区人民政府办公室关于成立石景山区深化医药卫生体制改革领导小组的通知

石政办发〔2018〕26号 北京市石景山区人民政府办公室关于印发《石景山区协调劳动关系三方委员会建立方案》的通知

区域教育单位名录

石景山区幼儿园名录

机构名称	机构地址	办学类型	办公电话	行政负责人
石景山区师范学校附属幼儿园	石景山区永乐东小区甲 42 号	幼儿园	68658397	王　斌
石景山区实验幼儿园	石景山区八角北里	幼儿园	68830104	张艳君
石景山区幼儿园	石景山区古城南里	幼儿园	68874902	左丽君
石景山区第二幼儿园	石景山区八角南路东街	幼儿园	68874643	张洪霞
石景山区八角北路幼儿园	石景山区八角北路	幼儿园	68876355	佟桂香
石景山区八角幼儿园	石景山区八角南路 14 栋楼东侧	幼儿园	68874744	许亚文
石景山区第三幼儿园	石景山区海特花园小区内	幼儿园	88795939	鲁建平
北京市京源学校幼儿部	石景山区京原路 10 号	幼儿园	68645864	马小娜
北京师范大学石景山附属幼儿园	石景山区杨庄北区	幼儿园	88953895	马炳霞
石景山区幼儿园分园	石景山区京原路 7 号	幼儿园	68705063	吴冰冰
石景山区中科幼教玉泉幼儿园	石景山区玉泉路北临一街翠谷玉景苑 15 号楼	幼儿园	58974758	闫文娜
北京军区机关幼儿园	石景山区八大处甲 1 号	幼儿园	66399757	徐丽娜
北京军区联勤部机关幼儿园	石景山区高井甲 32 号	幼儿园	66384436	王　青
古城地区民族幼儿园	石景山区古城西路	幼儿园	68872073	李玉伶
中国科学院高能物理研究所幼儿园	石景山区玉泉路 19 号	幼儿园	88235963	杨红宇
北京特钢燕鼎金地幼教中心	石景山区八角北路 15 栋南	幼儿园	68873920	高亚丽
首钢矿山街道居民管理委员会第二幼儿园	河北省迁安市杨店子镇滨河村宾西小区	幼儿园	7713565	印　涛
北京万商幼教中心	石景山区鲁谷依翠园新岚大厦	幼儿园	68686168	黄　菲
北京万商幼教中心老山幼儿园	石景山区老山东里甲 20 号	幼儿园	13466633390	张　彦
北京万商幼教中心古城幼儿园	石景山区城泰街 7 号院 1 号楼	幼儿园	13811758224	吴梦瑶
北京万商幼教中心莲石湖幼儿园	石景山区燕堤中街 16 号院 1 号	幼儿园	13683607106	张　丽
北京万商幼教中心金顶街幼儿园	石景山区金顶北路 71 号	幼儿园	13521400642	王春梅
北京万商幼教中心五里坨幼儿园	石景山区五里坨中街 16 号院1号	幼儿园	13146227554	张亚君
石景山区洪恩国际幼儿园	石景山区聚兴园小区 8 号楼	幼儿园	52630068	白剑丽
石景山区金鼎实验幼儿园	石景山区金顶东街糕点八厂 16 号楼	幼儿园	88715022	陈茂玲
石景山区希望之星幼儿园	石景山区吴庄	幼儿园	68654023	李兆兰
石景山区新世纪幼儿园	石景山区八宝山街道六合园小区 8 区 8 号	幼儿园	68683820－801	王　昆
石景山区方舟双语艺术幼儿园	石景山区西井路 17 号	幼儿园	88799708	张纪红
首钢幼儿保教中心	石景山区古城小街 15 号	幼儿园	68874056	孙丽凤
首钢幼儿保教中心古城幼儿园	石景山区古城小街 15 号	幼儿园	68830674	李学军
首钢幼儿保教中心老山西里幼儿园	石景山区老山街道办事处老山西里社区居委	幼儿园	88297108	李　荣
首钢幼儿保教中心老山东里幼儿园	石景山区老山东里临甲 1 号	幼儿园	88294029	时进霞
首钢幼儿保教中心八角幼儿园	石景山区古城南路 10 号	幼儿园	68874088－805	王艳弟
首钢幼儿保教中心苹果园幼儿园	石景山区苹果园大街 151 号	幼儿园	88742877	尚景梅

机构名称	机构地址	办学类型	办公电话	行政负责人
首钢幼儿保教中心金苹果幼儿园	石景山区苹果园街道办事处苹四社区居委会	幼儿园	68815812	史玉玲
首钢幼儿保教中心金顶街幼儿园	石景山区金顶街五区院内	幼儿园	88723422	齐　冰
首钢幼儿保教中心模式口幼儿园	石景山区金顶街街道办事处模式口南里社区	幼儿园	88755285	梁文娟
石景山区首钢大地现代幼儿园	石景山区黑石头现代生活小区内	幼儿园	51725817	王明翠
石景山区家宝贝艺术幼儿园	石景山区鲁谷路 74 号住宅配套楼	幼儿园	68608470	杨　丽
景山区蓝天领航国际幼儿园	石景山区景阳东街 18 号	幼儿园	68606206	宋良萍
石景山区伊顿慧智双语幼儿园	石景山区玉泉西里一区 14 号楼	幼儿园	68615800	郭梦洁
石景山区尚德幼儿园	石景山区五里坨街道办事处周转房	幼儿园	68080008	陈景俊
石景山区三色幼儿园	石景山区杨庄南区甲 5 号	幼儿园	88982799	刘利利
石景山区东方龙人幼儿园	石景山区石景山路 2 号北京台湾街 A 区 12 号楼 12A－X	幼儿园	88272788	陈瑞贤
石景山区新世界国际幼儿园	石景山区国际雕塑公园内	幼儿园	68662026	赵丽霞
石景山区可儿幼儿园	石景山区鲁谷东街 20 号	幼儿园	68659763	钟　艳
石景山区新世界实验幼儿园	石景山区广宁村新立街 151 号广宁小学南楼	幼儿园	88991225	左爱华
石景山区爱贝儿幼儿园	石景山区五里坨炮厂小区招待所院内	幼儿园	51583197	许爱国
石景山区二十一世纪实验幼儿园	石景山区西黄新村西里 11 号楼	幼儿园	88938052	张　曼
石景山区海特实验幼儿园	石景山区实兴大街 5 号	幼儿园	88798323	陈茂玲
北京市卡尔贝贝实验幼儿园	石景山区五里坨中街 C 区 12 号院	幼儿园	56428277	周玉律
石景山区世纪之星幼儿园	石景山区双峪路 55 号	幼儿园	68886185	刘士果
石景山区育才双语幼儿园	石景山区古城北路莱蔬锅炉房	幼儿园	68863299	李贵智
石景山区蓝天海跃双语幼儿园	石景山区杨庄路 56 号院 1、3 号楼	幼儿园	68866221	杨舒涵
石景山区滨和爱迪幼儿园	石景山区古城街道京原路 66 号	幼儿园	58418555	郭素萍
石景山区金树叶双语艺术幼儿园	石景山区西井路 17 号二号楼一层	幼儿园	88932285	徐　冲
石景山区洪恩之家幼儿园	石景山区玉泉路 67 号院	幼儿园	52043978	张　星
石景山区中加王子岛幼儿园	石景山区体育场西街 26 号院1号楼	幼儿园	53967678	刘凤梅

石景山区小学名录

机构名称	机构地址	办学类型	办公电话	行政负责人
石景山区向阳小学	石景山区衙门口村	小学	68687838	马宝兰
石景山区师范学校附属小学	石景山区永乐东区师范附小	小学	68653826	王瑞敏
石景山区第二实验小学	石景山区老山西街 21 号	小学	88970161	肖印军
石景山区银河小学	石景山区鲁谷六合园小区	小学	68624930	杨丽红
石景山区实验小学分校	石景山区玉泉路何家坟	小学	88233583	王建华
石景山区古城第二小学	石景山区古城南路	小学	68832986	陈凤云
石景山区古城第二小学分校	石景山区古城南里	小学	88926911	陈　娜
石景山外语实验小学	石景山区西黄村首钢黄南苑小区	小学	88996420	刘世彬
石景山区实验小学	石景山区八角北里 39 号院	小学	68862278	李晓军
石景山区北辛安小学	石景山区北辛安南岔 13 号	小学	68872398	杨颖涛

机构名称	机构地址	办学类型	办公电话	行政负责人
石景山区水泥厂小学	石景山区京原路68号	小学	88958865	陈　军
石景山区苹果园第二小学	石景山区苹果园一区甲十号	小学	68872198	杜　杰
北京大学附属小学石景山学校	石景山区八大处路乙2号	小学	88961420	张志宏
石景山区海特花园小学	石景山区海特花园小区	小学	88798124	殷　佳
石景山区先锋小学	石景山区绍家坡	小学	88714644	魏春英
石景山区金顶街第二小学	石景山区金顶西口	小学	88717111	王京兰
石景山区金顶街第四小学	石景山区金顶街	小学	88722510	蒋新华
石景山区广宁村小学	石景山区广宁村新立街151号	小学	88993222－800	段学敏
石景山区麻峪小学	石景山区麻峪南街甲51号	小学	88991876	邢东燕
石景山区电厂路小学	石景山区电厂路	小学	88953818	薛　东
石景山区红旗小学	石景山区高井甲32号	小学	88902251	路彦芬
石景山区炮厂小学	石景山区7312厂院内	小学	88950092	朴红丽
石景山外语实验小学分校	石景山区香山南路168号院西山枫林小	小学	88961160	刘世彬
石景山区古城小学	石景山区城泰街5号院1号楼	小学	68869308	叶　艳
石景山区五里坨小学	石景山区五里坨车站街7号	小学	88904267	王迎梅
石景山区爱乐实验小学	石景山区重聚中街	小学	68656411	刘晓群
北京教育科学研究院附属石景山实验学校	石景山区古城北路	一贯制学校小学	68872083	何英茹
北方工业大学附属学校	石景山区八角北路	一贯制学校小学	68873778	王　英
石景山区石景山学校	石景山区模式口西里	一贯制学校小学	88293411	陈国秀
京源学校莲石湖分校	石景山区燕堤中街26号院1号及16号院1号	一贯制学校小学	52866684	王国强
石景山区华奥学校	石景山区永乐东小区	一贯制学校小学	68664165	王桂云
北京景山学校远洋分校	石景山区鲁谷东街22号	一贯制学校小学	88690802	吕　丽
北京师范大学附属中学京西分校	石景山区五里坨隆恩寺路	一贯制学校小学	53930136	李　静
北京市京源学校	石景山区京原路10号	一贯制学校小学	68644122	白宏宽
首钢集团有限公司矿业公司职工子弟学校	河北省唐山市迁安市首钢宾河村	一贯制学校小学	7710094	武书育
石景山区中杉学校	石景山区石门路342号	一贯制学校小学	88901988	王翠娟

石景山区中学名录

机构名称	机构地址	学校类型	办公电话	行政负责人
北京市同文中学	石景山区永乐东区	初级中学	68653297－817	夏伟平
首都师范大学附属苹果园中学分校	石景山区西井路	初级中学	88799767	冯　岩
石景山区实验中学分校	石景山区老山西里	初级中学	88970862	吴朝晖
石景山区实验中学	石景山区八角中里	初级中学	68861032	吴朝晖
北京市第九中学分校	石景山区金顶北路8号	初级中学	88729049	林乐光
北京市高井中学	石景山区高井电厂路	初级中学	88953764	刘福华
北京教育科学研究院附属石景山实验学校	石景山区古城北路	九年一贯制学校	68872083	何英茹
北方工业大学附属学校	石景山区八角北路	九年一贯制学校	68873778	王　英

机构名称	机构地址	学校类型	办公电话	行政负责人
石景山区石景山学校	石景山区模式口西里	九年一贯制学校	88293411	陈国秀
京源学校莲石湖分校	石景山区燕堤中街26号院1号及16号	九年一贯制学校	52866684	王国强
石景山区华奥学校	石景山区永乐东小区	九年一贯制学校	68664165	王桂云
首都师范大学附属苹果园中学	石景山区苹果园南路25号	高级中学	88932450	冯　岩
北京市第九中学	石景山区模式口大街16号	高级中学	88731886	林乐光
北京市古城中学	石景山区古城南路	完全中学	68871582	李先平
北京大学附属中学石景山学校	石景山区八大处路8号	完全中学	88962352	崔　岩
北京市礼文中学	石景山区老山东里甲19号	完全中学	88977842	欧阳蒙
北京景山学校远洋分校	石景山区鲁谷东街22号	十二年一贯制学	88690802	吕　丽
北京师范大学附属中学京西分校	石景山区五里坨隆恩寺路	十二年一贯制学	53930136	李　静
北京市京源学校	石景山区京原路10号	十二年一贯制学	68644122	白宏宽
首钢集团有限公司矿业公司职工子弟学校	河北省唐山市迁安市首钢宾河村	十二年一贯制学	7710094	武书育
石景山区中杉学校	石景山区石门路342号	十二年一贯制学	88901988	王翠娟
北京市黄庄职业高中	石景山区鲁谷东街29号	附设普通高中班	68638293	倪晓辉

石景山区职业教育、高等教育学校名录

机构名称	机构地址	学校类型	办公电话	行政负责人
北京市黄庄职业高中	石景山区鲁谷东街29号	职业高中学校	68638293	倪晓辉
北京市古城旅游职业学校	石景山区玉泉南街8号	职业高中学校	68638293	倪晓辉
北京盛基艺术学校	石景山区隆恩寺路1号	职业高中学校	88901079	荆　跃
北京工业职业技术学院	石景山区石门路368号	高校附设中职班	51511004	陈建民

石景山区特殊教育学校名录

机构名称	机构地址	学校类型	办公电话	行政负责人
石景山区培智中心学校	石景山区老山西里甲30号	特教学校	88748051	傅立新

石景山区中职类学校名录

机构名称	机构地址	学校类型	办公电话	行政负责人
北京市黄庄职业高中	石景山区鲁谷东街29号	职业高中学校	68638293	倪晓辉
北京市古城旅游职业学校	石景山区玉泉南街8号	职业高中学校	68638293	倪晓辉
北京盛基艺术学校	石景山区隆恩寺路1号	职业高中学校	88901079	荆　跃
北京工业职业技术学院	石景山区石门路368号	高校附设中职	51511004	陈建民

区域科研机构名录

驻区科研单位名录

中国科学院高能物理研究所	玉泉路19号乙	88235008
国家工业信息安全发展研究中心	鲁谷路35号	88686108

北京市建筑材料科学研究总院有限公司	金顶北路 69 号	88721857
北方工业大学	晋元庄路 5 号	88804420
首钢工学院	晋元庄路 6 号	68871841
北京工业职业技术学院	石门路 368 号	51511004
国家检察官学院(中央检察官管理学院)	香山南路 111 号	61719114
中国电子科学研究院	高科技园区 双园路 11 号	68893295

区域卫生机构名录

卫生医疗单位名录

北京皓齿口腔诊所	石景山区古城大街 75 号院 3－1－2－107	68838461
北京冰蝶医疗美容诊所	石景山区银河大街 1 号万商花园酒店运动中心三、四层	68667799
北京石景山同心医院	石景山区鲁谷大街吴家村	68632004
石景山区老山街道中础社区卫生服务站	石景山区石景山路 23 号院	68885504
中国瑞达投资发展集团公司门诊部	石景山区鲁谷路 74 号院	68689047
北京联科中医肾病医院	石景山区模式口西 102 号	88122258
国家体育总局射击射箭运动管理中心医务室	石景山区福田寺甲三号	88962277
北京德民口腔医疗诊所	石景山区西黄村东里 1 号楼 1 层商业 07	88705688
石景山区广宁街道社区卫生服务中心	石景山区大唐国际发电股份有限公司北京高井热电厂原职工医院院内	88990400
北京奎克医学检验实验室	石景山区体育场南路 6 号院 2 号楼 4 层	68662799
石景山区五里坨街道红卫路社区卫生服务站	石景山区隆恩寺路 99 号	66394546
首钢集团有限公司矿山水厂社区卫生服务站	首钢集团有限公司矿山医院水厂第二住院部一层	03157705016
北京兴安口腔诊所	石景山区金顶北路 18 号院 7 栋 1 层 106 号	13552975197
三齐正康(北京)国际医学研究院中医诊所	石景山区鲁谷永乐东区 72 号楼首层 5 号	13811229120
石景山区古城第二小学卫生站	石景山区古城南路	68873960
石景山区军队离休退休干部卫生所	石景山区八角西街北口	68875716
石景山区苹果园社区卫生服务中心	石景山区苹果园大街 220 号	88707858
石景山区古城社区卫生服务中心	石景山区古城路	88296532
北京银柏医药有限公司中医诊所	石景山区鲁谷路74号北院9号楼中部底商1层3号	88682599
石景山区老山社区卫生服务中心	石景山区老山西里	88296529
石景山区金顶街社区卫生服务中心	石景山区金顶北路 22 号院 1 号楼	88778785
北京欧兰美医疗美容门诊部	石景山区时代花园南路 17 号茂华大厦 1 层 101	57532059
石景山区妇幼保健院(妇幼保健计划生育服务中心)	石景山区依翠园 5 号	68625569
北京元合医疗美容诊所	石景山区模式口大街 20 号	88780808
北京广德乾中医诊所	石景山区模式口西里Ⅱ1－10 号美天快捷宾馆 4 号	88806716
北京市第一中级人民法院卫生室	石景山区石景山路 16 号	59891606
石景山区实验中学分校卫生室	石景山区老山西里	88979510
北京佳铭诊所	石景山区银河南街 2 号院 2 号楼五层 608、609	68656752
北京佳人医疗美容诊所	石景山区石景山路 54 号院 1 号楼 3 层 6－25 室	63288668
石景山区实验中学卫生室	石景山区八角路 40 号	68861032
石景山区建筑公司万方诊所	石景山区古城西路 15 号	68885759
石景山区疾病预防控制中心门诊部	石景山区体育场南路 6 号	88605046
北京教育科学研究院附属石景山实验学校卫生站	石景山区古城东街 5 号	68888118
北京市高井中学卫生站	石景山区电厂路	88953764－8402
中国科学院大学卫生所	石景山区玉泉路甲(19)号	88256119

北京玮杰口腔诊所	石景山区香山南路166号院3号楼1层51号	18600472412
北京市圣医坊诊所	石景山区海特花园商业楼一层2－A2－B	51956112
北京尚好宇晟口腔诊所	石景山区玉泉西里二区36号楼1层商业17	13810060561
中国地震应急搜救中心医务室	石景山区玉泉西街1号	17338108406
北京石景山八大处中西医结合医院	石景山区实兴大街11号5幢1至4层、3幢1层	68874320
国家工业信息安全发展研究中心医务室	石景山区鲁谷路35号电科大厦	88686045
北京王雅平口腔镶复诊所	石景山区金顶街西口	88738997
北京燕都中西医结合医院	石景山区八宝山南路重兴嘉园1号	85858188
北京宏玺中医诊所	石景山区八角北里综合商业楼2幢二层201、202、207、209房间	18513066656
北京云全斯嘉丽医疗美容诊所	石景山区苹果园西小街19号院1号楼2层202－207	13301109490
北京市石景山区青少年活动中心卫生站	石景山区鲁谷南路11号	68662402－8032
北京海航嘉盛养老服务有限公司医务室	石景山区体育场南路11号1幢3层301/302/303/304/305/306/307/308/309号	68810618
国家体育总局自行车击剑运动管理中心医务室	石景山区老山西街15号	88981075
中国电子科技集团公司电子科学研究院医务室	石景山区八大处高科技园区双园路11号	68893711
北京市石景山区颐和康泰养老护理院医务室	石景山区田村路559号	68888206
北京市石景山区八角幼儿园卫生站	石景山区八角南路	68874744
北京市黄庄职业高中卫生站	石景山区八宝山南路	68652190－8078
北京市同文中学卫生站	石景山区永乐东小区	68653297－804
北京市石景山区中小学卫生保健所	石景山区永乐西小区	68644824
北京市人民检察院医务室	石景山区石景山路12号	58762400
首钢集团有限公司矿山医院迁钢厂区医务室	河北省迁安市杨店子镇车辕寨村	0315－7705016
首钢集团有限公司矿山医院迁钢生活区医务室	河北省迁安市区	0315－7705016
北京市石景山区社会福利院医务室	石景山区杨庄路17号	68865347
北京市石景山区颐养年养老院医务室	石景山区八大处路临50号	57100768
北京大学附属小学石景山学校医务室	石景山区八大处	88964512－1012
北京市石景山外语实验小学卫生室	石景山区首钢黄南苑小区	88996420－822
首都师范大学附属苹果园中学卫生站	石景山区苹果园南路25号	88932576
新华通讯社机关事务管理局鲁谷卫生室	石景山区京源路8号	63076032
北京市石景山区少年国防教育基地医务室	石景山区红卫路1号	88901083
中国科学院高能物理研究所卫生所	石景山区玉泉路19号(乙院)	88235961
北京市石景山区金顶街第二小学医务室	石景山区金顶街北路	88717111－809
北京市石景山区石景山学校卫生站	石景山区模式口西里	88716500
首钢幼儿保教中心苹果园幼儿园卫生室	石景山区苹果园大街151号	88742877－103
首钢幼儿保教中心八角幼儿园医务室	石景山区古城南路10号	68874088－806
北京市京源学校卫生室	石景山区京源路10号	68644122－8888
北京市石景山区八角北路幼儿园卫生站	石景山区八角北路	68876355
北京市石景山区民族养老院医务室	石景山区模式口南里清真寺西侧、模式口村西102号	88719092
北京市古城中学卫生站	石景山区古城南路	68872084－8105
北京市石景山区培智中心学校卫生站	石景山区老山西里甲30号	88759797
北京市石景山区实验幼儿园医务室	石景山区八角北里	68864966
北京市石景山区实验小学卫生站	石景山区八角北里	68862278－8810
北京市第九中学卫生站	石景山区模式口大街	88759928
北方工业大学附属学校医务室	石景山区杨庄	68873778－8039
北京景山学校远洋分校医务室	石景山区鲁谷东街22号	88690662
首钢工学院医务室	石景山区晋元庄6号	59805852
首都师范大学附属苹果园中学分校卫生站	石景山区西井	88932598

北京教育学院石景山分院卫生站	石景山区八角西街 95 号	88912055 - 8209
北京市石景山区师范学校附属幼儿园卫生室	石景山区永乐东小区	68652877
首钢幼儿保教中心金苹果幼儿园卫生站	石景山区苹果园路七区 16 号	68815812
北京市石景山区幼儿园卫生站	石景山区古城南里	68874902
北京市石景山区第二幼儿园卫生室	石景山区八角南路东街	68874643
北京市石景山区第三幼儿园卫生室	石景山区苹果园海特花园	88795935
北京大学附属中学石景山学校卫生站	石景山区八大处路 8 号	88964897 - 8008
北京师范大学石景山附属幼儿园卫生站	石景山区杨庄北区	88953895
中国科学院高能物理研究所幼儿园卫生站	石景山区玉泉路 19 号乙院	88235963
北京首钢特殊钢有限公司泰康医院	石景山区古城小街 1 号	88924143
北京石景山模式口中医医院	石景山区模式口大街甲 48 号	88719986
北京古城都市丽人医院	石景山区古城大街 37 号	68803112
北京石景山路安康中医医院	石景山区模式口南里	68874318
北京未来儿童医院	石景山区阜石路 166 号 1 号楼 102 - 3、201 - 204	88902116
北京米赫医院	石景山区永乐东小区(原黄楼幼儿院)	68669719
北京石景山易仁中医骨伤医院	石景山区冠景新城 B 区 3 号楼	68885018
北京海特口腔医院管理有限公司实兴口腔诊所	石景山区海特花园 57 号 1 层 4 号商业 4 - 5 号	51956726
中国医学科学院整形外科医院	石景山区八大处路;北京市朝阳区朝阳门外小庄路 6 号 2 号楼	88772218
北京市石景山区杨庄社区卫生服务站	石景山区杨庄村西口	68874002
北京市石景山区鲁谷街道永乐社区卫生服务站	石景山区永乐西小区 23 号楼底商	68663281
北京日新口腔诊所	石景山区八角西街 61 号院内西二楼一层	88921249
北京市弘济药店有限公司诊所	石景山区杨庄北路	68842624
北京文杰枫林诊所	石景山区老山西街 15 - 2 号	01088974634
北京市石景山区鲁谷社区卫生服务中心	石景山区鲁谷小区六合园	51718229
北京市石景山区五里坨街道社区卫生服务中心	石景山区石门路 322 号	51510589 - 8030
北京园北口腔科诊所	石景山区古城路园北小区	88927485
北京鲁谷永乐诊所	石景山区鲁谷大街 19 号 - 1	68632288
北方工业大学社区卫生服务中心	石景山区晋元庄 5 号	88803257
北京金玺口腔诊所	石景山区城兴街 85 号院 11 号楼 01 - 02 层 101	68865961
北京石景山新京西门诊部	石景山区鲁谷路 35 号	68634990
北京王雅红口腔镶复诊所	石景山区古城大街 75 号院3号楼1层2单元 102	68843606
北京刁氏口腔诊所	石景山区隆恩寺路 18 号院 13 号楼 1 层 13 - 13	68863293
北京市石景山区　都馨园社区卫生服务站	石景山区时代花园南路 28 号院 2 楼	88980010
北京市石景山区古城街道老古城社区卫生服务站	石景山区老古城北后道 8 号	68820341
北京市石景山区八角街道八角北路社区卫生服务站	石景山区八角北路小区 17 栋	68884381
北京佳景爱小心门诊部	石景山区苹果园路 28 号院 3 号楼 1 层 101、102、2 层 201、202	57385200
北京市石景山区广宁街道麻峪社区卫生服务站	石景山区麻峪南沟甲 5 号	51946123
北京赵玉明医疗美容诊所	石景山区实兴大街 30 号院 3 号楼 1 层 107	68809719
北京市石景山区八宝山社区卫生服务中心	石景山区鲁谷东街 38 号	88682861
北京市石景山区古城街道十万平社区卫生服务站	石景山区古城十万平社区 17 号楼西侧	88707925
北京爱丽森口腔诊所	石景山区西黄新村西里 2 号楼 1 层 119	68898996
北京康瑞祥中医诊所	石景山区万商花园酒店运动中心南侧	18518280369
北京斯嘉丽医疗美容诊所	石景山区政达路 2 号 1 层 111	88689877
北京市石景山区金顶街街道赵山社区卫生服务站	石景山区金顶街赵山宿舍院内平房	88714801
北京瑞嘉口腔诊所	石景山区八宝山南路重兴嘉园 4 号楼 102 底商	68636560
北京鼎济堂健康科技有限公司鲁谷中医诊所	石景山区鲁谷路京源综合商场 1 层 13 号	010 - 58449447

北京博医堂中医门诊部	石景山区双锦园15号楼底商	68688287
北京茂华口腔诊所	石景山区时代花园东街1号楼111－112室	88980808
北京市石景山区苹果园街道西山枫林社区卫生服务站	石景山区香山南路166号院56号	88994615
北京市石景山区八宝山街道远洋沁山水社区卫生服务站	石景山区玉泉西里1区1号楼1层	68615117
北京嘉信泽洋口腔诊所	石景山区阜石路166号泽洋大厦309室、308室	88909890
北京市石景山区苹果园街道海特花园社区卫生服务站	石景山区海特花园45号楼1单元101－102室	88794771
北京德润堂中医诊所	石景山区银河南街2号院2号楼3层301号	64066978
北京明杨中医诊所	石景山区鲁谷路74号院南院3号楼1－3层(北京天顺八酒店一层7号)	17701021088
北京众齿口腔诊所	石景山区古城西路甲8号如意小区院内2号综合楼一区一层1区1号	18610710831
北京福爱康中医诊所	石景山区香山南路168号院7号楼1层50号	13651352292
北京市石景山区八大处中医门诊部	石景山区田村路559号	88701091－8000
北京亚馨美莱坞医疗美容门诊部	石景山区石景山路29号(京燕饭店四层)	68870821
北京博杰爱雅口腔诊所	石景山区八角南里16号楼1层1号	13520538766
北京市石景山区苹果园街道刘娘府社区卫生服务站	石景山区刘娘府9号院8号楼101号	68824431
北京市石景山区八宝山街道远洋山水社区卫生服务站	石景山区玉泉西里二区29号楼	68652494
北京锦安堂诊所	石景山区鲁谷小区五芳园18号	68629250
北京市石景山区八角街道中里社区卫生服务站	石景山区八角中里居委会	88928021
北京市石景山区五里坨街道南宫社区卫生服务站	石景山区石门路368号	51511298
石景山区金顶街街道模西社区卫生服务站	石景山区模式口西里小区	88293254
北京市石景山区八角街道南路社区卫生服务站	石景山区八角南路12栋北侧平房	68816992
北京市古城娜仙子美容美体有限责任公司惜娜医疗美容诊所	石景山区杨庄28号西城忆树1号楼1号底商	88909802
北京市石景山区八角街道融景城社区卫生服务站	石景山区景阳东街67号院C1号楼3层	68705429
北京仁顺堂中医诊所	石景山区玉泉西里二区36号楼1层商业10	13718611367
北京市石景山区八角街道北里社区卫生服务站	石景山区八角北里房管所楼1层西门	68863275
北京市石景山区金汉丽苑社区卫生服务站	石景山区体育场南街7号院3号楼	88809551
北京市石景山区金顶街街道模东社区卫生服务站	石景山区模式口东里模五居民区	88292145
北京刘锦玲口腔科诊所	石景山区黄南苑小区物业办公楼一层	88997785
北京市石景山区广宁街道寿山福海社区卫生服务站	石景山区双峪路23号	88991616
北京市石景山区金世界社区卫生服务站	石景山区杨庄北区第二社区居委会	88929572
北京市石景山区重兴园社区卫生服务站	石景山区八宝山南路重兴嘉园1号一层	85858188
北京市石景山区苹果园街道苹果园四区社区卫生服务站	石景山区苹果园街道苹果园四区居委会平房院西北侧	68869644
北京诚安堂医药有限公司老山诊所	石景山区老山东里29楼前	88973788－603
北京市石景山区八角街道古城南里社区卫生服务站	石景山区古城南里5栋	68844325
北京弘泰堂中医诊所	石景山区阜石路165号院3号楼5层515A	13021987840
北京市石景山区八宝山街道永乐第二社区卫生服务站	石景山区八宝山永乐东区23楼4单元1、2、3、4号	68637183
北京市石景山区八角社区卫生服务中心	石景山区体育场南街5号院6号楼	68862920
北京市石景山区五里坨街道隆恩家园社区卫生服务站	石景山区秀府南路19号院1号楼1层	15311084252
北京嘉信诊所	石景山区西下庄1号楼综合商场一层	88965818
北京杰鹏口腔医院管理有限公司金顶街口腔诊所	石景山区金顶西街36号16号	88721625
北京市石景山区西山社区卫生服务站	石景山区黑石头	88952242
北京立文同创科技发展有限公司吉源口腔诊所	石景山区城兴街85号院9号楼1至2层106	88794859
北京锦泽诊所	石景山区鲁谷依翠园13号楼首层4号	53382837
北京诚安堂医药有限公司八角北里中医诊所	石景山区八角北里实验小学对面平房16号、17号、18号	88973788－605

北京吉田光军口腔诊所	石景山区北重西厂区宿舍 12 号楼 1 层 2 单元 102 号	88687707
北京梅宝馨口腔科诊所	石景山区金顶北路 20 号院 9 栋 1 层 112	68809136
北京德康杏林诊所	石景山区鲁谷村 7 号楼底商 1 号	01056051500
北京威斯勒中医诊所	石景山区银河南街 2 号院 4 号楼 7 层 815	68653313
北京博雅口腔医疗有限公司石景山路博雅口腔门诊部	石景山区石景山路甲 18 号院 3 号楼 1－2 层 107	68683001
北京市时珍平安诊所	石景山区八宝山南路 29 号 7 号楼一层	51885505
北京市石景山区燕保京原家园社区卫生服务站	石景山区景阳东街 58 号院	68623990
北京市石景山区急救站	石景山区石景山路 24 号	88689000
北京博雅口腔医疗有限公司阜石路博雅口腔门诊部	石景山区阜石路 165 号 2 号楼 1 层 165－10	88959002
北京万康园口腔诊所	石景山区玉泉西里二区 12 号楼 1 层商业 02	53669212
北京御同堂门诊部	石景山区西井路 19 号院 2 号楼 1 至 3 层 2－6 跃层	13520025406
北京市石景山区依翠园社区卫生服务站	石景山区依翠园 5 号；石景山区石景山路 18 号	68629157
北京市石景山区古城街道水泥厂社区卫生服务站	石景山区京源路 68 号	13801312487
北京市石景山区苹果园街道雍景四季社区卫生服务站	石景山区苹果园街道冠景新城 B 区12号楼首层106室	68898184
北京市石景山区古城街道滨和园西社区卫生服务站	石景山区燕堤西街 7 号院 1 号楼 1 层	13801312487
北京中健安康口腔诊所有限公司正达口腔诊所	石景山区石景山路乙 18 号院 3 号楼 8 层 918	68889965
北京市石景山区古城街道滨和园东社区卫生服务站	石景山区燕堤中街 6 号院 3 号楼 1 层	53023264
北京石景山银河口腔门诊部	石景山区依翠园19 号楼底商(银河大街 11－8 号)	88680298
北京柏氏中医研究院有限公司柏氏中医诊所	石景山区模式口大街 20 号	68611900
北京张丽华中医诊所	石景山区古城北路 5 号楼一层西侧 4 号	51887598
北京中健安康口腔诊所	石景山区时代花园南路 23 号院 1 号楼 02 号	88923369
中国中医科学院眼科医院	石景山区鲁谷路 33 号	68684148
北京雅士美口腔专科诊所	石景山区鲁谷路 27 号	68653707
北京英智京西康复医院	石景山区杨庄北区 29 栋 1 层、2 层、3 层	68867988
首都医科大学附属北京康复医院(北京工人疗养院)	石景山区八大处西下庄	56981286
北京市石景山区古城第二小学分校卫生站	石景山区古城南里	88926911
首钢集团有限公司矿山医院	河北省迁安市	03157710856
北京市石景山医院	石景山区石景山路 24 号；石景山路40号一层106室，三层 313 室	88689000
北京大学首钢医院	石景山区晋元庄路 9 号；北京市石景山区石景山路 68 号首钢园区西十中心 N3－17 二层	57830585
北京广德乾口腔诊所	石景山区模式口西里Ⅱ1－10 号美天快捷宾馆 9 号	88806716
北京市石景山区中医医院	石景山区八角北路	68862920
北京市石景山区苹果园第二小学卫生站	石景山区苹果园一区甲 10 号	68872198
北京市石景山区先锋小学卫生站	石景山区先锋小学	88714644
北京丰生诊所	石景山区京原路 19 号院 1 号楼首层北侧	88700300
北京市石景山区苹果园街道东下庄社区卫生服务站	石景山区苹果园街道西山芳苑小区 4 号楼一层	56981450
清华大学玉泉医院	石景山区石景山路 5 号	88258319
北京市石景山区五里坨医院(北京市石景山区精神卫生保健所)	石景山区石门路 322 号、石门路 322－1 号(原五里坨农运站三元厂院内)	88902858
北京市石景山区护理院	石景山区北辛安南岔 149 号	88902858
北京市石景山区精神卫生保健所	石景山区石门路 322 号	51510589－8032
北京市弘济药店有限公司苹果园诊所	石景山区苹果园南路 128 号	68833437
北京珍鹊中医诊所	石景山区香山南路 166 号院 18 号	88782886
北京济世慈仁中医药研究院中西医诊所	石景山区高井路 29 号院 2 号楼 9 号	88953048
石景山区金顶街四区社区卫生服务站	石景山区金顶街四区	88757497
北京市石景山区八角街道体育馆路社区卫生服务站	石景山区石景山路 32 号	88707949
北京中康佳中医药研究院长庚医院	石景山区古城南里 8 号	88296303

北京同仁堂连锁药店有限责任公司古城中医诊所	石景山区古城南路32号	88924247
北京张玫口腔诊所	石景山区模式口村农村信用社旧址	88753398
北京市石景山区首钢厂东门社区卫生服务站	石景山区首钢总公司办公厅院3号楼	68872042
北京市王志国口腔科诊所	石景山区模式口中街南职工宿舍	13717642571
北京市石景山区古城街道北辛安社区卫生服务站	石景山区古城街道北辛安南岔149号	13426223374
北京市高宝维内科诊所	石景山区北辛安大街57号	68887720
北京市石景山区苹果园街道西井一区社区卫生服务站	石景山区西井一区老年福敬老院	88707926
北京时雨中西医诊所	石景山区游乐园南门广场商用房	13520692721
北京市石景山区红十字绍家坡康复医院	石景山区绍家坡金顶山路19号	88729330
北京市石景山区广宁街道高井社区卫生服务站	石景山区高井	88954101
北京鸿科诊所	石景山区古城南街路东33号－73－2	68631326
石景山区五里坨街道黑石头社区卫生服务站	石景山区五里坨街道黑石头村口	88954148
北京市昆仑医院	石景山区永乐小区东区	88682692

区域文化设施名录

全国重点文物保护单位名录

法海寺	模式口大街北	88713976
承恩寺	模式口大街东段路北	88724148
八宝山革命公墓	石景山路	88255681

北京市重点文物保护单位名录

长安寺	八大处	88964661
灵光寺	八大处	88964661
三山庵	八大处	88964661
大悲寺	八大处	88964661
龙泉庵	八大处	88964661
香界寺	八大处	88964661
宝珠洞	八大处	88964661
证果寺	八大处	88964661
慈善寺	五里坨天泰山	88905988
冰川馆	模式口大街28号	88722585
田义墓	模式口大街北	88724148
老山汉墓	老山驾校内	68607156
皇姑寺	西黄村	88701190

石景山区文物保护单位名录

崇兴庵	鲁谷村	68607156
龙泉寺	模式口大街北	88713976
双泉寺	双泉寺村	68607156
礼王府	福寿岭铁路疗养院内	88961133
万善桥	黑石头村东	68607156
隆恩寺第四纪冰川擦痕	五里坨	68607156
雍正御制碑	首钢制氧厂内	68607156
福田公墓	福田寺村	68607156
贤良寺塔院	八大处长安寺南200米	68607156
石景山古井	石景山南侧	68607156
石景山古建群元君庙	石景山南侧	68607156
八大处冰川漂砾	八大处公园五处龙泉庵	68607156

四柏一孔桥	模式口大街北	88713976
瑞王坟碑亭	西山枫林东南角	68607156
兴隆寺	五里坨小青山上	68607156
翠云庵	高井村	68607156
崇国寺塔	八宝山革命公墓南 300 米	68607156

图书馆名录

石景山区图书馆	八角南路 2 号　古城南路 11 号	68874077
石景山区图书馆少儿馆	古城南路 11 号	68874077

注：2017 年 7 月，将原区图书馆和少儿馆机构合并。

电影院放映场所名录

名　　称	地　　址	法人	联系电话	总面积（平方米）	厅（个）	座位（个）
北京市石景山古城电影院	古城南路 15 号	巩战营	68866386	1606	4	700
北京万达国际电影城有限公司石景山店	石景山路乙 18 号 4 号楼 3 层万达影城	张　霖	68663399	7178	10	1650
北京聚禾映画世纪影院管理有限公司	阜石路 300 号 3 层 309 – 1	闫　华	18618146697	3360	7	1370

歌舞娱乐场所名录

单位名称	经营地址	联系电话
北京华晨兔兔娱乐有限公司	石景山区八角北里 1 号楼东侧甲 2 号	68871261
北京时尚风情娱乐有限公司	石景山区古城北路甲 4 号	88928882
北京音托邦文化发展有限公司石景山分公司	石景山区阜石路 300 号 5 层 501 号	53020789
北京市都市豪情娱乐有限责任公司	石景山区京原路 7 号	68632187
北京京西豪门娱乐城	石景山区八宝山南路 29 号院 7 号楼地下一层	51812222
北京鑫鑫金唱纳练歌场有限公司	石景山区八角西街 68 号(方地大厦 b 座地下一层)	68870566
北京名门会娱乐有限责任公司	石景山区古城西路甲 8 号	68883331
北京市星光歌厅有限责任公司	石景山区古城南路 45 号	68844060
北京兴和兴唱娱乐有限公司	石景山区石景山路22号万商地下一层	68668550
北京鑫海名都休闲娱乐有限公司	石景山区鲁谷路 61 号二层、三层、五层	68682260
北京正天风尚文化传媒有限公司	石景山区八角东街 65 号院 4 幢 – 1 层 – 1039 至至 1042、– 1044 至 – 1	53520039
北京合厚丰文化传媒有限公司	石景山区石景山路 2 号北京台湾街 C – 02 区 11 号楼 11 – 1 – E 室	51077361
北京金雁翎饮食中心	石景山区麻峪村北	88992470
北京玉鼎娱乐有限公司	石景山区金顶街西口星座超市四层	88749382
北京鑫港辉煌文化娱乐有限公司	石景山区苹果园北大街甲 2 号 2 至 4 层	88807572
北京湾仔情娱乐有限责任公司	石景山区八大处路希望公园内	88702221
北京大江南花园酒店有限责任公司	石景山区八大处路 58 号北段路东	88705678
北京悦辰麦颂娱乐有限公司	石景山区阜石路 165 号院 2 号楼 3 层 301 – 1	52878280
北京中川餐饮娱乐有限公司	石景山区鲁谷东街甲 26 号院 3 号楼 1 层	

互联网上网服务营业场所名录

单位名称	经营地址	联系方式
北京易聚上网服务有限公司	石景山区鲁谷五芳园1号楼南侧商业1－2层	13426098275
北京协成金豆互联网上网服务有限公司	石景山区古城路古城小街甲6号商业楼二层	15711108523
北京余乐网上网服务有限公司	石景山区永乐西区26号楼东侧二层6－10号	13520550158
北京吉祥在线上网服务有限公司	石景山区京原路向阳综合楼二层	18242664224
北京花雨上网服务有限公司	石景山区八角西街41号1至3层102	18210608708
北京嘉仕金城上网服务有限公司	石景山八宝山南路重兴园甲2号楼甲2号	13552749880
北京聚友网缘上网服务有限公司	石景山区古城西路甲8号－9－1	18910557911
北京千龙网都瀚海网缘上网服务有限公司	石景山区石景山路2号北京台湾街C－01区3号楼3－1	15810852625
北京红色起点上网服务有限公司	石景山区石门路318号	18101290976
北京崇光成辉上网服务有限公司	石景山区金顶街西路南北装饰公司院内	13501268381
北京百合海业英达上网服务有限公司	石景山区苹果园南路甲11号	15210370789
北京千龙网都和美上网服务有限公司	石景山区五里坨路2号	13651286250
北京千龙网都旗舰上网服务有限公司	石景山区苹果园大街甲2号	13581937819
北京千龙网都巨大上网服务有限公司	石景山区古城西路113号－1层(－1)－101－13	13911195362
北京市万亚辰上网服务有限公司	石景山区苹果园南路69号院1号楼4层430－433	13811276597

出版物经营单位名录

名　　称	地　　址	专项审批经营范围
北京康达振华文化发展有限公司	鲁谷路74号院北院10号楼206室	图书 电子出版物 零售
北京广协出版信息中心	杨庄东路126号	图书 零售
北京乘云阁图书有限公司	科技馆	图书 零售
北京新锐时空文化交流中心	古城大街西侧(古城旅馆404室)	图书、电子出版物 零售
北京市九州博文图书有限公司	北辛安袁家胡同12号	图书 零售
北京京审华信书刊经营中心	古城北路6号(原莱蔬公司综合楼)弯月亮宾馆229室	图书 零售
水木时代(北京)图书中心有限公司	永乐小区长城羊毛衫厂6号楼2层1053室	图书 零售
北京万卷天地图书有限公司	南大荒80号院西侧3号平房	图书、电子出版物 零售
北京国联博月商贸有限公司	八角北路小学北侧第二间	图书 零售
中基育通(北京)教育科技有限公司	石景山路23号办公楼西配楼8层	图书 零售
北京秀雅香轩文化用品店	鲁谷路玉都雅风工艺美术品市场内0948号	图书 零售
北京天之星文化传媒中心	阜石路166号泽洋大厦613室	图书 零售
北京首钢源景文化发展有限公司	首钢厂东门内陶楼三层	图书、电子出版物 零售
北京金华鸿文化传播中心	北京市八宝山南路重兴嘉园4号楼402－36	图书、电子出版物 零售
北京陆机科技有限公司	京源路乙8号展龙大厦617室	图书 零售
北京轩地方圆书店	金顶东街糕点八厂4号楼4层633室	图书 零售
北京心灵坊文化传播中心	实兴东街11号11幢01层1189	图书 零售
北京卓远今朝国际文化传播有限公司	双峪路35号爱玛裕家居购物广场L099－w号	图书 零售
北京大唐天和文化传播有限公司	金顶东街糕点八厂4号楼四层605、606、608室	图书 零售
北京银贝文化交流中心	依翠园3号楼商业用房	图书、音像制品 零售
北京布娃娃教育科技有限公司	石景山路23号院科研中试楼八层801室	图书、音像制品 零售
北京歪歪兔教育科技有限公司	八大处高科技园区西井路3号3号楼1283室	图书、音像制品 零售

名 称	地 址	专项审批经营范围
北京中住联合科技发展有限公司	衙门口向阳工业小区	图书 零售
北京大唐之都文化传播有限公司	金顶东街糕点八厂4号楼四层607室	图书 零售
创艺博奥教育科技(北京)有限公司	石景山路23号科研中试楼八层811室	图书、音像制品 零售
北京永辉超市有限公司	鲁谷大街东侧	图书 零售
北京物美商业集团股份有限公司西山枫林店	香山南路168号院15栋一层	图书、音像制品 零售
北京双椿阁书店	西下庄统建商住楼(综合商场)	图书 零售
北京永辉超市有限公司石景山分公司	鲁谷大街东侧二层	图书、音像制品 零售
北京经纶纵横生物科技传媒有限公司	鲁谷路128号1幢2层208室	图书 零售
北京当代商城有限责任公司石景山分公司	阜石路与杨庄东路交叉西北角	图书、报纸、期刊、电子出版物、音像制品 零售
北京鸿文源文化用品经营部	北京玉都雅风工艺美术品市场0888号	图书 零售
北京洋洋兔文化发展有限责任公司	八大处高科技园区3号1号楼103A室	图书 报纸 期刊 零售
北京爱心华美图书音像有限责任公司石景山分公司	古城北路综合商业楼1幢2层6号	图书 报纸 期刊 电子出版物 零售
北京五月书香图书有限责任公司	八大处高科技园区西井路3号3号楼4938房间	图书 零售
国教苑(北京)教育科技有限公司	古城大街特钢公司十一区(首特创业基地A座606号)	图书 零售
北京物美商业集团股份有限公司五里坨店	五里坨2号	图书、音像制品 零售
北京书海墨香图书销售有限公司	八角北里44号楼1层104号	图书、报纸、期刊、电子出版物 零售
北京众诚博远文化传播有限公司	古城大街西侧古城旅馆2层204室	图书、报纸、期刊、电子出版物、音像制品 零售
北京一诺书香文化发展中心	东山坡甲1号6号楼1161室	图书 报纸 期刊 电子出版物 零售
北京玉都雅风工艺美术品市场有限公司	鲁谷路东口北侧办公室	图书 零售
北京盛世年华文化发展有限公司	八大处高科技园区西井路3号3号楼6722房间	图书、报纸、期刊、电子出版物 零售
北京共赢时代文化传媒有限责任公司	八大处高科技园区西井路3号3号楼5336房间	图书 零售
北京环经广告有限公司	双锦园16号楼2层6单元201号	图书 零售
北京华文畅行出版策划有限公司	八大处高科技园区西井路3号3号楼8564房间	图书、期刊、电子出版物 零售
北京红点智慧文化发展有限公司	玉泉西里二区15-1号楼3单元0302	图书 零售
北京元庆丰文化传播有限公司	五里坨车站街1号2017室	图书、报纸、期刊、电子出版物 零售、网上销售
北京万学苑书店	金顶街北路20号院1栋1层108号	图书 零售
北京远大锦绣书店	金顶街西口1号楼京客隆超市内二层	图书 零售
北京物美商业集团股份有限公司西黄村二店	苹果园南路6号1幢-3至3层101三层	图书、报纸、期刊、电子出版物、音像、音像制品 零售
北京物美商业集团股份有限公司西黄村店	西黄村(黄南苑小区)	音像制品 零售
北京物美商业集团股份有限公司八角北里分店	八角北里菜市场内	音像制品 零售
北京物美商业集团股份有限公司科大分店	玉泉路西侧科大商场	音像制品 零售
北京国新君悦文化发展有限公司	石景山路2号北京台湾街B区2号楼2A-A	音像制品 零售

名　　称	地　　址	专项审批经营范围
北京众合宏达文化传播有限公司	古城大街西侧古城旅馆2号楼202	图书、报纸、期刊、电子出版物、音像制品 零售
北京建亨和谐文化交流中心	古城西路20号景华丰写字楼A408	图书 零售
北京沃尔玛百货有限公司	阜石路158号	图书、报纸、期刊、电子出版物 零售
北京乐友达康商贸有限公司苹果园东口母婴用品专营店	苹果园南路6号1幢-1层西侧1号	图书、报纸、期刊、电子出版物、音像制品 零售、网上销售
北京卓志天下科技发展有限公司	金顶东街糕点八厂4号楼三层332室	图书 零售、网上销售
北京金文掌阅文化传媒有限公司	八大处高科技园区西井路3号3号楼1062A	图书、报纸、期刊、电子出版物、音像制品 零售
北京物美商业集团股份有限公司八角西街店	石景山路31号地下二层	图书、报纸、期刊、电子出版物、音像制品 零售
北京博工伟业文化传播有限责任公司	古城西路113号景山财富中心642室	图书、报纸、期刊、电子出版物、音像制品 零售
北京乐友达康商贸有限公司石景山鲁谷东街母婴用品专营店	鲁谷东街8号2层201	图书、报纸、期刊、音像制品 零售
北京思必得文化传媒有限公司	金顶街五区金顶街办事处办公楼4层418	图书、电子出版物 零售
北京物美便利超市有限公司杨庄大街分店	杨庄大街18号1幢	音像制品 零售
北京博健时代科技文化发展中心	古城大街西侧古城旅馆1号楼2217室	图书 零售
北京轩创国际文化股份有限公司	实兴大街30号院3号楼2层B-0003房间	图书、电子出版物、音像制品 零售
北京阳光智博文化发展有限公司	古城大街西侧古城旅馆1号楼2632	图书、报纸、期刊、电子出版物 零售、网上销售
北京宏图新华文化传播有限公司	八宝山南路重兴嘉园4号楼401-31	图书 零售
北京中工在线文化交流中心	杨庄路供销社旅馆4幢226室	图书、报纸、期刊、电子出版物 零售
北京冠游时空数码技术有限公司	石景山路乙18号院1号楼7层810	电子出版物零售、网上销售
北京明汇博图书发行有限公司	广宁村新立街25号托儿所108室	图书 零售
北京华惠亿邦文化发展有限公司	石景山路乙18号院5号楼12层1303	图书、报纸、期刊、电子出版物、音像制品 零售
北京市石景山区八大处百货商场	杏石口路	音像制品 零售
北京繁星博慧书店	古城大街西侧古城旅馆	图书、报纸、期刊、电子出版物、音像制品 零售
北京中盛佳源教育科技有限公司	石景山路乙18号院3号楼607	图书 零售
北京计尔康爱的阁生殖保健用品配送有限公司	八大处高科技园区创新园J座	图书、电子出版物、音像制品 零售、网上销售
北京计尔康科技发展有限公司	八大处高科技园区创新园J座一层	图书、电子出版物、音像制品 零售、网上销售
北京中食菌网络科技有限公司	鲁谷路128号1幢2层206室	图书 零售

名　　称	地　　址	专项审批经营范围
中工天讯文化传媒(北京)有限公司	古城西路新古城分莱站2幢3号	图书、报纸、期刊、电子出版物 零售
北京中商佳广告有限公司	石景山路甲18号院2号楼23层2602室	图书、期刊 零售、网上销售
北京书惠人生文化发展有限公司	古城北路6号(原莱蔬公司综合楼)弯月亮宾馆330室	图书 零售、网上销售
北京中工前沿图书发行中心	古城北路6号(原蔬莱公司综合楼)弯月亮宾馆6213室	图书 零售、网上销售
北京东方静源文化传播有限公司	古城北路蔬莱公司锅炉房1幢102房间	图书、报纸、期刊、电子出版物 零售
北京物美便利超市有限公司鲁谷东街店	黄庄职业高中2幢103	图书、报纸、期刊、电子出版物、音像制品 零售
北京意本斋国际文化传媒有限公司	广宁村东山增产居委会平房103室	图书 零售
北京东澳盛大文化传播中心	金顶东街糕点八厂4号楼4层621室	图书、报纸、期刊、音像制品 零售
北京物美便利超市有限公司金顶北路店	金顶北路20号院1栋1层104	图书、报纸、期刊、电子出版物、音像制品 零售
北京中盛华博教育科技有限公司	模式口村西口102号8号楼1层01室	图书 零售
北京物美商业集团股份有限公司古城分店	古城大街(古城市场旁)	图书、报纸、期刊、电子出版物、音像制品
北京物美天翔便利超市有限责任公司佳联古城南路店	古城南路(锅炉厂宿舍)	图书、报纸、期刊、电子出版物、音像制品 零售
北京物美天翔便利超市有限责任公司佳联苹果园地铁店	苹果园(地铁站口)	图书、报纸、期刊、电子出版物、音像制品 零售
北京物美天翔便利超市有限责任公司佳联金顶街西口店	金顶西街(兴石超市南)	图书、报纸、期刊、电子出版物、音像制品 零售
北京金熙腾达科技文化有限责任公司	古城大街西侧古城旅馆1号楼(古城宾馆)4层2405	图书 零售
北京物美天翔便利超市有限责任公司佳联高井店	高井广宁路东侧(石景山发电厂对面)	图书、报纸、期刊、电子出版物、音像制品 零售
小鱼畅游(北京)文化传媒有限公司	杨庄路110号院华信大厦1212室	图书、电子出版物 零售
北京伯格科技有限公司	实兴大街30号院3号楼2层A－0637房间	图书、报纸、期刊、电子出版物、音像制品 零售、网上销售
北京易而特教育科技有限公司	鲁谷路74号南院3号楼1－3层天顺八酒店管理有限公司2层208室	图书 零售
北京书艺博通教育科技有限公司	鲁谷路74号南院3号楼1－3层天顺八酒店2层2018室	图书 零售
中教当代(北京)教育科学研究院	古城西路113号4层418室	图书、报纸、期刊、电子出版物、音像制品 零售、网上销售
北京永辉超市有限公司石景山古城分公司	阜石路300号二层209号	图书、报纸、期刊、电子出版物、音像制品 零售
北京华夏祥和博文文化传播有限公司	古城西路甲8号如意小区院内2号综合楼3302室	图书、音像制品 零售

名　称	地　址	专项审批经营范围
北京物美天翔便利超市有限责任公司佳联永乐店	永乐西区25栋一层	图书、报纸、期刊、电子出版物、音像制品 零售
北京物美超市有限公司远洋沁山水店	玉泉路59号院1号楼1至3层	图书、报纸、期刊、电子出版物、音像制品 零售
北京厚大轩成教育科技股份公司	双园路1号1号楼3层308室	图书、报纸、期刊、电子出版物、音像制品 零售、网上销售
北京华夏和兴环宇文化传播有限公司	古城大街西侧古城旅馆写字楼1号楼一层2118	图书、电子出版物、音像制品 零售、网上销售
大紫林风(北京)文化传媒有限公司	金顶东街糕点八厂4号楼4层607	图书 零售
北京当代华文教育科技中心	杨庄东街28号院2号楼1层2－102	图书、期刊、电子出版物零售
北京书香满园文化传播有限公司	石景山区实兴大街30号院11号楼4层501	图书、电子出版物、音像制品 零售
北京楚来文化传媒有限公司	琅山4号楼底商21	图书、报纸、期刊、电子出版物、音像制品 零售
北京宝利天盛科贸有限公司	杨庄路110号(华信大厦)一层105号	图书、报纸、期刊、电子出版物、音像制品 零售
北京家乐福商业有限公司鲁谷店	石景山路乙18号院4号楼地下一层	图书、报纸、期刊、电子出版物 零售
童萌国际文化传媒(北京)有限公司	银河南街2号院2号楼15层1809	图书、电子出版物 零售、网上销售
北京雅仕书苑文化发展有限公司	石景山区体育场南路2号2层211B室	图书零售
大漫文化传媒(北京)有限公司	京原路2号桥三角地1号院北区七号楼一层102号	图书、报纸、期刊、电子出版物、音像制品 零售
北京金橡树文化传播有限公司	古城南街路东53号－1弯月亮宾馆113室	图书、报纸、期刊、电子出版物、音像制品 零售、网上销售
北京博瑞盛佳文化有限公司	石景山路乙18号D写字楼5层608	图书 零售
北京物美便利超市有限公司五里坨西街店	五里坨西街12号院5号楼1层101	图书、报纸、期刊、电子出版物、音像制品 零售
北京文景学吧文化中心	金顶北路18号院6栋(1层155号)	图书 零售
北京科航恒业图书有限公司	古城北路6号(原莱蔬公司综合楼)弯月亮宾馆3层362室	图书、期刊、音像制品零售、网上销售
北京物美便利超市有限公司五里坨二店	石门南路1号院9号楼1层102	图书、报纸、期刊、电子出版物、音像制品 零售
北京物美超市有限公司天翠阳光店	五里坨西街9号院2号楼1层113	图书、报纸、期刊、电子出版物、音像制品 零售
八九点钟的太阳(北京)商贸有限公司	石景山路乙18号院5号楼20层2212	图书、报纸、期刊、电子出版物、音像制品 零售
北京方圆华宇文化传媒有限公司	石景山路乙18号院3号楼8层911	期刊 零售
北京文社天地图书发行有限公司	古城大街西侧古城旅馆2号楼3层305室	图书、期刊 零售、网上销售
北京瀚武国际文化有限公司	政达路2号9层1单元9－33	图书、报纸、期刊、电子出版物、音像制品 零售

名　称	地　址	专项审批经营范围
北京惠康文达文化传播有限公司	银河南街2号院3号楼5层522室	图书 零售、网上销售
北京物美商业集团股份有限公司金顶北路店	金顶北路18号院9栋地下一层	图书、报纸、期刊、电子出版物、音像制品 零售
北京乐元素科技(北京)有限公司	实兴大街30号院7号楼9层912室	图书、报纸、期刊、电子出版物、音像制品 网上销售
上海酷听说网络科技有限公司北京分公司	银河南街2号院4号楼7层807	图书、报纸、期刊、电子出版物、音像制品零售、网上销售
北京华政昌盛文化传播有限公司	金顶东街1号楼糕点八厂4号楼二层211房间	图书 零售
北京嘉文视野文化传播有限公司	阜石路166号泽洋大厦301B	图书、报纸、期刊、电子出版物、音像制品 零售、网上销售
北京宝利天和文化发展有限公司	杨庄东路126号二层220室	图书、报纸、期刊、电子出版物、音像制品零售、网上销售
北京大生知行科技有限公司	西井路17号楼1号楼二层2001房间	图书、报纸、期刊、电子出版物、音像制品零售、网上销售
中瑞正阳(北京)商贸有限公司	古城西街25号B座308室	图书、报纸、期刊、音像制品 零售
壹壹玖互联(北京)教育咨询有限公司	杨庄路110号院5号楼9层904号房间	图书 零售、网上销售
北京天泰博远科技发展有限公司	八大处高科技园区内6－C号地3号楼4层403室	图书、报纸、期刊、电子出版物、音像制品零售、网上销售
北京博文指南针书店	西黄村火车站综合服务社	图书 零售
慧优教育科技(北京)有限公司	实兴大街30号院17号楼6层4号	图书、报纸、期刊、电子出版物、音像制品零售、网上销售
北京亿研堂教育科技有限公司	古城南街路东53号－1弯月亮宾馆325室	图书、报纸、期刊、电子出版物、音像制品 零售
北京尹建莉文化传播有限公司	西井路19号院3号楼2层201号203室	图书、报纸、期刊、电子出版物、音像制品 零售、网上销售
北京青博雅文化发展有限公司	实行东街11号二层73室	图书、报纸、期刊、电子出版物、音像制品 零售、网上销售
北京知无涯书店	古城北路6号(原菜蔬公司综合楼)弯月亮宾馆390室	图书、期刊、电子出版物零售
北京狮吼音文化传播有限公司	古城大街西侧古城旅馆220室	图书 零售

区域体育设施名录

石景山区体育经营单位名录

经营单位名称	经营项目	经营场所地址
北京中衫体育发展有限公司	游泳、健身	石景山区五里坨街道五里坨中学一栋至七栋平房
北京首钢体育文化有限公司	篮球、游泳、健身等项目	石景山区阜石路159号篮球中心207号
北京京西涵舒体育管理有限公司	游泳、健身	石景山区鲁谷新岚附属公建及设备层
一兆韦德健身管理有限公司北京第七分公司	游泳、健身	石景山区玉泉西里二区2号楼会所一层
北京大势无形文化传播有限公司	游泳、健身	石景山区石景山临甲路42号
北京众之跃健身服务有限公司	健身、游泳	景山区玉泉西里二区38号楼1层D103、D105，二层D203、D205商业
北京国广公寓有限公司	游泳、健身	石景山区石景山路甲16号
龙腾阳光体育文化有限公司	游泳、健身	石景山区模式口东里17号楼东侧1号
北京万商花园酒店运动中心	游泳、健身	石景山区银河大街1号
北京万达嘉华酒店管理有限公司银河嘉华酒店	健身、游泳	石景山区石景山路甲18号1号楼
北京鸿晨众悦体育文化发展有限责任公司	游泳健身	石景山区鲁谷东街29号
北京优昂健身服务有限公司	健身	北京市石景山区金顶北路18号院9栋5层
北京福乐斯休闲健身中心有限公司	游泳、健身	石景山区时代花园南路21号1号楼2层201
北京爱尚十二星座体育文化发展有限公司石景山区分公司	游泳，健身	石景山区古城西路113号
北京康体力倍体育文化有限公司	健身、游泳	石景山区永乐西小区北京得实电子有限公司二，三层
华北游泳馆	健身、游泳	石景山八大处甲1号
老山健身中心	健身、游泳	石景山区老山西街5号
北京市石景山体育馆	羽毛球及相关场地活动	石景山区石景山路32号
北京市石景山体育场	足球、大型活动	石景山区石景山路32号
北京百姓坊餐饮管理有限公司杨庄烤鸭店	台球	石景山区杨庄小区27号楼对面
爱上雪体育产业发展(北京)有限公司	体育运动项目经营	石景山区双峪路35号爱玛裕文玩交易广场裕厅001
中健银座健身发展(北京)有限公司石景山店	健身	石景山区石景山路乙18号院4号楼4F－4160
北京优美嘉体育健身有限公司	体育运动项目经营	石景山区西黄村西里7号楼3层301
北京乐修斯健身休闲中心	健身	石景山区石景山路2号北京台湾街C－01区3号楼三层
北京今天健体育文化发展有限公司	健身项目经营	石景山区苹果园一区首钢文化馆
北京四方诚文化发展有限公司	体育运动	石景山远洋玉泉西里二区38号楼02层A206配套商业
北京博乐律动商贸有限公司	篮球、羽毛球、健身	石景山区鲁谷路6号
北京启迪冰雪灿星体育文化有限公司	体育运动项目经营	石景山路与上庄大街交汇(八宝山地铁站A口)
北京威虎堂体育健身运动有限公司	健身	石景山区苹果园西小街19号院1号楼4层406

经营单位名称	经营项目	经营场所地址
北京乐刻网络技术有限公司石景山实兴大街分公司	健身	石景山区实兴大街30号院7号楼1楼107
北京乐刻网络技术有限公司石景山八角东街分公司	健身	石景山区八角东街65号院4幢－1层－1016
北京乐刻网络技术有限公司石景山阜石路分公司	健身	石景山区阜石路300号五层580
北京同创恒盛体育文化发展有限公司	健身、台球	石景山区阜石路159号首钢篮球中心B1健身会馆
凌科(北京)体育文化发展有限公司	台球	北京市石景山区玉泉西里二区38号楼
北京东方翱翔商贸公司	台球	北京市石景山路42号职工活动中心－1层106
博雄(北京)体育文化发展有限责任公司	搏击	北京市石景山区鲁谷依翠园新岚大厦
北京康缘世纪体育发展有限公司	健身	北京市石景山实兴大街30号院10号楼1层101
Z健身工作室	健身	景阳写字楼103
拳明星	搏击	石景山区石景山路2号北京台湾街C－01区3号楼B1
大玩家	电子游戏	石景山区万达广场1层大玩家
得乐网球	网球	石景山路甲61号
北京米一菲特体育发展有限公司	健身	模式口西里6号楼2层1号

职业服务机构名录

职业介绍机构名录

名　　称	地　　址	电　话
北京市石景山区人力资源公共服务中心	石景山区杨庄路66号	010－68824214
石景山区八角街道职业介绍所	石景山区八角北路甲36号	010－68821337
石景山区苹果园街道职业介绍所	石景山区苹果园南路23号	010－88799673
北京市石景山区八宝山街道职业介绍所	石景山区鲁谷东街18号	010－88682938
石景山区金顶街街道职业介绍所	石景山区金顶街金五区1号楼	010－88715036
石景山区老山街道职业介绍所	石景山区老山街道办事处	010－88975845
石景山区广宁街道职业介绍所	石景山区广宁村新立街4号	010－88991299
石景山区五里坨街道职业介绍所	石景山区五里坨车站路1号	010－88905460
石景山区古城街道职业介绍所	石景山区古城街道办事处综合服务大厅	010－88916194
石景山区鲁谷社区行政事务管理中心社会保障事务所	石景山区六合园东部社区中心	010－68642117
石景山区残疾人劳动就业服务中心	石景山区古城北路区残联	010－68875508
石景山区工会职业介绍所	石景山区石景山路42号	010－68810087
北京市爱依家政服务有限责任公司	石景山区实兴大街30号院3号楼3层	68848044
北京市爱依家政服务有限责任公司八角分部	石景山区古城公园西墙外	010－68872816
北京市爱依家政服务有限责任公司杨庄分部	石景山区社区服务中心一层	010－88915011
北京益友嘉职业介绍有限责任公司	石景山区杨庄东路128号一层103室	010－68866366
北京益友嘉职业介绍有限责任公司永乐分部	石景山区永乐小区北京市长城羊毛衫厂西侧	010－68684178
北京田慧源人力资源服务有限公司	石景山区北辛安和平街6号7号楼101－104房间	010－68874794

名称	地址	电话
易建安盛(北京)教育科技有限公司	石景山区石景山路31号院盛景国际广场1号楼1101室	010－50813657
北京四达光彩人力资源服务有限公司	石景山区古城大街特殊钢公司十一区(首特创业基地)A座121号	010－68861475
国网北京市电力公司人才交流服务中心	石景山区模式口大街3号院	010－63679970
北京猎游国际咨询有限公司	石景山区银河南街2号院3号楼9层1008	57451528
北京聚辉管理咨询有限公司	石景山区石景山路3号玉泉大厦7层711室	010－88258206
北京中融汇智人力资源有限公司	石景山区实兴大街30号院3号楼11层	58878217
北京中电德瑞电子科技有限公司	北京市石景山区苹果园路2号院1号楼12层1203	51945048
北京首实新业劳务服务有限责任公司	北京市石景山区西井首钢一区17号	68874754
北京博纳迎才人力资源有限公司	北京市石景山区政达路2号13层1单元13－18	88604310
北京众合人力资源管理有限公司	北京市石景山区双峪路南爱玛裕文玩区玛厅211号	13301369491
北京广建英才有限公司	北京市石景山区阜石路166号1号楼12层1206	010－57288116
君德(北京)投资管理有限公司	北京市石景山区城通街26号院5号楼8层803室	010－65696629
北京家事无忧家政服务有限公司	石景山区政达路2号6层1单元6－15	57112518
易人合众网络技术(北京)有限公司	石景山区石景山路22号A座(长城大厦)7层718室	010－88684213
中视方圆(北京)文化发展集团有限公司	北京市石景山区石景山路甲18号院3号楼16层1813	010－51957007
北京众兴志为人力资源管理有限公司	北京市石景山区八大处高科技园区中园路7号2幢2层207室	87297757
北京博文圣译国际文化交流中心有限公司	北京市石景山区银河南街2号院2号楼12层1515	010－68629190
九合仁众(北京)人力资源管理有限公司	北京市石景山区银河南街2号院2号楼9层1003	68640210

民办职业技能培训学校名录

学校全称	办学许可证号	学校地址	负责人	办学类型（允许开办的培训职业（工种）名称和培训层次）	招生电话
北京市古城职业技能培训学校	1107103000002	石景山区鲁谷东街29号	翟路	美容师、美发师、中式烹调师(高)、调酒师、花卉工、中式面点师、茶艺师、西式面点师、计算机调试(初、中、高级)。主食制作、小菜制作、手工编结(非等级)	68873414 翟路 13661399100 贾老师
北京市石景山区业余大学职业技能培训学校	1107103000003	石景山区八角北路51号院	杨文霞	计算机文字录入处理员、秘书(高)、公关员(高)、物业管理员、保育员、育婴员。(初、中、高级)。茶艺师(初中级)	68875355 13693053260 王蕊
北京市首钢职业技能培训学校	1107101000005	石景山区晋元庄6号首钢技师学院内	张百歧	维修电工、装配钳工、机修钳工、焊工、车工、铣工、冷作钣金工(高级技师、技师、高、中级、初级)营销师(技师、高、中级)企业人力资源管理、电子商务、项目管理、加工中心操作员(高、中级)汽车维修工(高、中、初级)数控铣床操作工(中级)家政服务员、仓库保管工、计算机文字录入处理员、计算机调试工、计算机操作员、制作设备维修工（中、初级)保洁绿化、社区物业服务、室内保洁、停车管理(非等级)	59805668 胡先

学校全称	办学许可证号	学校地址	负责人	办学类型（允许开办的培训职业（工种）名称和培训层次）	招生电话
北京市石景山区现代服务职业技能培训学校	1107124000006	石景山区京原路2号桥三角地1号3号楼	傅彦生	家政服务员（非）、育婴员、养老护理员（初、中级）	18901352028 王宁兰
北京市石景山区安邦职业技能培训学校	1107104000007	石景山区老山西里21号实验二小院内	项学贤	保健按摩师（初、中级）	68680867 13611238406 张振华
北京市石景山区偲美职业技能培训学校	1107134000008	石景山区石景山路2号台湾街c2－5－b	聂　鑫	美容师	88607980 18810091351 党　磊
北京市石景山区京华职业技能培训学校	1107175000009	石景山区晋元庄6号	孙　卉	保安员（初级）	13810800483 孙　卉
北京市石景山区棋槟职业技能培训学校	1107104000010	石景山区模式口南里文化馆一层	赵丽华	汽车维修工、工艺编结工（初、中级）	88996229 17600365880 13552338784 赵丽华
北京市石景山区博闻职业技能培训学校	1107104000011	石景山区鲁谷南路26号展龙大厦西楼二层	高　丰	家政服务员、公共区域保洁员（初、中级）、停车场管理员（非等级）	13051586678 18001295782 肖祖华
北京市石景山区时尚瑞丽职业技能培训学校	1107134000014	石景山区政达路2号1单元	王洪达	美甲师、化妆师（初中级）	18611966676 王洪达 18600393789 计　绚

律师、公证服务机构

律师事务所名录

北京市华夏律师事务所	石景山区老山西里甲8号机电司办公楼706室	68636613 13701373447
北京市方正律师事务所	石景山区八角北里西侧	68883236
北京市博天律师事务所	石景山路甲38号院万达广场3号楼（E）座301	68681755
北京市合达律师事务所	石景山区石景山路31号盛景国际大厦C座13层	57537186
北京市佳泰律师事务所	双园路1号1号楼5层505室	68865160 13601255416
北京市中顾律师事务所	石景山区八大处高科技园区西井路三号楼1227室	13718367776
北京市京晓律师事务所	石景山区紫御国际2号楼1009室	88930905 13901094605
北京市兆泰律师事务所	石景山区石景山路甲18号院2号楼5层612室	88682216 88696186
北京市和铭律师事务所	石景山区石景山路甲18号院2号楼16层1802	13501382329
北京孙海清律师事务所	石景山区八角北路45号楼1单元3号	13521779287
北京市恒顿律师事务所	石景山路甲18号院万达广场E座512室	88696916
北京市品臻律师事务所	石景山区古城南街9号院4号楼7层701	88684266
北京京扬律师事务所	石景山区玉泉路11号35楼宇格写字楼209	88823923
北京京青律师事务所	石景山区万达广场CRD银座722室	68647587
北京市京翔律师事务所	石景山区石景山路22号长城大厦5层505室	68863605

北京市思科律师事务所	石景山区政达路6号北方中惠国际中心D205室	13520569025
北京市道衡律师事务所	石景山区政达路2号CRD银座712室	68547215
北京市翔帮律师事务所	石景山区古城南里甲5号318	68866445
北京法铭律师事务所	石景山区八大处高科技园区西井路3号楼8129室	13910997933
北京华本律师事务所	石景山区CRD银座B座822室	68647508
北京市冉民律师事务所	石景山区石景山路23号中础大厦4层420	13911391319
北京市新儒律师事务所	西长安街万达广场CRD银座B座1205室	13718642159 52420877
北京市万贝律师事务所	石景山路甲18号院5号楼16层1811室	57731613
北京市秉道律师事务所	石景山区银河南街2号院紫御国际3号楼1211	88865600
北京证金律师事务所	石景山区政达路2号5层1单元505室	13911948567
北京全印律师事务所	石景山区古城西路113号205室	13011157568
北京长立律师事务所	石景山区阜石路166号泽洋大厦306室	18612635666
北京旗文律师事务所	石景山区古城西路113号景山财富中心七层758室	18201332626
北京科鹏律师事务所	石景山区古城大街特钢十一区(首特创业基地)A座335号	68881149
北京众再成律师事务所	石景山区实兴大街30号院7号楼5层	68882317
北京诚桥律师事务所	石景山区古城大街古城旅馆2号楼5层2540室	13681531878
北京市实景律师事务所	石景山区石景山路甲18号院2号楼1715室	18611789184
北京市金则律师事务所	石景山区双园路1号 宏昌商务园2号楼505	18701367890
北京市启邦律师事务所	石景山区政达路6号院4号楼10层1011	13691519888
北京市万腾律师事务所	石景山区石景山路54号院1号楼1102	88555815
北京志识恒律师事务所	石景山路甲18号院2号楼1712室	13691242509 68665150
北京希仁律师事务所	石景山区政达路2号4层1单元4－11	13552228016 68404256
北京善辩律师事务所	石景山区城通街26号院7号楼26层2601	13683199283
北京璐祥民嘉律师事务所	石景山区政达路6号院4号楼7层713	13693683686
北京天冲律师事务所	石景山区政达路6号院4号楼7层705	13810381055
北京市领度律师事务所	石景山区银河南街2号院4号楼10层1103	13801155512
北京大田律师事务所	石景山区石景山路23号22号楼四层422室	13701083653
北京格徕宁韬律师事务所	石景山区银河南街2号院3号楼6层726	68633230
大沧海律师事务所北京分所	石景山区苹果园1606－613地块高新技术产业用地 高新技术产业用房6号楼15层1501－1513	13911015808
北京亚衡律师事务所	景山区苹果园南路11号3幢4层B08号	13671195230
北京诺德律师事务所	石景山区古城南街9号院1号楼6层609号	13910174969
北京厚大合川律师事务所	石景山区石景山路54号院4号楼7层	13601160292
北京道广律师事务所	石景山区银河南街2号院4号楼14层1701	13810842041

公证处名录

北京市燕京公证处	杨庄东路66号	88915322 68834410 68875084

法律服务所名录

北京市石景山区八宝山街道法律服务所	八角西街61号院222室	13911506990
北京市石景山区八角街道法律服务所	八角北路社区服务中心	13501293959
北京市石景山区古城街道法律服务所	社区服务中心2层205室	13321191098

石景山公安分局派出所名录

八宝山派出所	永乐小区甲66号	68668751
八角派出所	八角北路甲38号	68875652
古城派出所	老古城北后道甲1号	68872373
苹果园派出所	实兴大街甲1号	68836781 68872303

老山派出所	老山东里	88971590
模式口派出所	模式口南里甲 1 号	68875574
金顶街派出所	金顶街五区 3 栋	88732328
鲁谷派出所	依翠园甲 16 号	88682186
广宁派出所	广宁复兴街 75 号	88992177
五里坨派出所	五里坨东街甲 1 号	88952410
石景山路派出所	石景山体育馆内	68875350
八大处派出所	八大处公园内	88964250
高井派出所	高井甲 32 号	66384471
四平台派出所	八大处甲 1 号	88963060

科技中介服务组织名录

北京爱思济会计事务所	石景山路 23 号中础大厦 206 室	68872158
北京普洋会计事务所	实兴大街 30 号西山汇 A2 楼 1 层 10 号	13699238288
北京源中源登记注册代理事务所	实兴大街 30 号西山汇 A2 楼 1 层 1 号	13311284514
北京金海会计服务有限公司	实兴大街 30 号西山汇 A2 楼 1 层 1 号	13601259623
北京安平生财务咨询有限公司	实兴大街 30 号西山汇 A2 楼 1 层 1 号	13521837702
财智信商联盟(北京)科技有限公司	石景山科技馆 2 楼	13910777439
首钢总公司专利中心	首钢厂东门首钢技术研究院	88296581
石景山区人才交流中心	杨庄东路 66 号人才交流中心	68871056
北京国辰世纪企业管理咨询中心	石景山路 22 号长城大厦	68666240
石景山区生产力促进中心	八角西街 40 号	68863350
北京 863 信息安全科技发展有限公司	石景山路 40 号	68812109
首特科技孵化器	特钢公司院内	88982098
北京盛世易达咨询有限公司	双园路 9 号京宝公司 307 室	13001263436
北京汇丰国际登记注册代理事务所	实兴大街 30 号西山汇 A2 楼 1 层 3 号	13911131343
北京颖通嘉琳登记注册代理事务所	阜石路 166 号泽洋大厦 718X6	13641314173
北京市双全律师事务所	碣石坪 12 号 1－2303B	68667174
北京领步科技发展有限公司	苹果园西井路 3 号	51620688
金嘉恒科技发展有限公司	西井路 3 号 3 号楼	13911827608
北瑞驰胜安科技开发有限公司	石景山路甲 18 号院 2 号楼	5249615
北京顺然天成咨询有限公司	实兴大街 30 号西山汇 A2 楼 1 层 16 号	13520369807
北京英信国和会计师事务所	实兴大街 30 号西山汇 A2 楼 1 层 13 号	13911717803　68256488
北京华海基业科技孵化器有限公司	石景山路 22 号长城大厦 506 室	68666252
联合信用管理有限公司北京分公司	实兴大街 30 号西山汇 A2 楼 1 层 17 号	13521855803　64912118－814
北京国帆知识产权代理事务所	实兴大街 30 号西山汇 A2 楼 1 层 18 号	13901311903
北京知易知识产权代理有限公司	实兴大街 30 号西山汇 A2 楼 1 层 19 号	13691067119
泽羚投资咨询(北京)有限公司	实兴大街 30 号西山汇 A2 楼 1 层 24 号	13910630689
北京国泰创业投资基金管理有限公司	实兴大街 30 号西山汇 A2 楼 1 层 34 号	18618333678
北京市外商投资企业职业介绍中心	实兴大街 30 号西山汇 A2 楼 1 层 35 号	13901325723
北京柏卓人力资源开发咨询有限公司	实兴大街 30 号西山汇 A2 楼 1 层 35 号	13901052348
中国互联网协会	实兴大街 30 号西山汇 A2 楼 1 层 28 号	13301127966
工业和信息化部电子知识产权中心	鲁谷路 35 号电科大厦 6 层	88686227
古城小学科技企业工地	古城西街 19 号	13810135889

福利机构名录

北京市石景山区社会福利院	杨庄路 17 号	68842135
北京市慈善寺敬老院	五里坨潭峪村口	88903508
北京市金梦圆老年乐园	八大处路 35 号	88961199
北京市寿山福海养老服务中心	双峪路 23 号	88990006
北京市颐养年养老院	高井北街 149 号	88908996
北京市西山八大处老年公寓	八大处北空院内	88965745
北京市民族养老院	模式口南里小区	88719092
北京市老年福敬老院	模式口西里小区	88292255

街道社区居委会

古城街道

八千平社区居民委员会	古城北路 3 栋平房处	68875184
古城路社区居民委员会	古城路 16 栋西侧	68874653
南路东社区居民委员会	古城南路 28 栋前	68835582
南路西社区居民委员会	古城南路 16 栋北侧	68875391
十万平社区居民委员会	古城大街曦景长安 3 号楼底商 105 室	68888325
北小区社区居民委员会	古城北路 14 栋前平房	68875712
环铁社区居民委员会	杨庄大街地铁车辆一公司门口	68835233
特钢社区居民委员会	特钢东门大楼一栋平房	68810165
西路南社区居民委员会	古城西路 8 栋对面	68882076
西路北社区居民委员会	古城西路 10 栋	68874303
天翔社区居民委员会	古城北路 21 栋后院	68882488
老古城东社区居民委员会	古城现代嘉园 66 号院 1 号楼 1 单元 102 室	68819071
老古城西社区居民委员会	古城现代嘉园 68 号院 1 号楼 2 单元 102 室	68819073
北辛安大街社区居民委员会	北辛安大街 56 号	68826703
北辛安铁新社区居民委员会	北辛安新房子 16 号	68871476
北辛安南北岔社区居民委员会	北辛安南岔 34 号	68876114
水泥厂社区居民委员会	京原路 68 号	88957201
南大荒社区居民委员会	京原路 55 号永定林居民区院	68822740
白庙庞村社区居民委员会	白庙村 35 号	68868592
滨和园燕堤西街社区居委会	燕堤西街 7 号院 1 号楼二层	53023226/28
滨和园燕堤中街社区居委会	燕堤中街 6 号院 3 号楼二层	53023963/69
滨和园燕堤南路社区居委会	燕堤南路 1 号院 8 号楼三层	

苹果园街道

苹一区社区居委会	苹一区 5 栋楼北侧	68844260	68877461
苹二区社区居委会	苹二区 6 号楼后面	68844546	68870591
苹三区社区居委会	苹三区 19 栋西	88719085	88736486
苹四区社区居委会	苹四区 13 栋对面	88708061	88725239
海特第一社区居委会	海特花园 15 栋后平房		88790239
海特第二社区居委会	海特小学北侧		88790874
海特第三社区居委会	海特花园 56 号楼旁平房	88796485	88791077
西井社区居委会	西井二区甲一号	88931244	88932431

西黄村社区居委会	西黄村木材厂南侧三楼	88705057
西黄新村社区居委会	西黄新村北里 12 号楼 109 号	88783611
琅山村社区居委会	琅山村 64 号	88728914　88752643
边府社区居委会	雍王府 1 号	52637020　88759370
装备部社区居委会	装备部大院 37 号	66397155　66397061
八大处社区居委会	八大处路 6 号六一教工院内	88962994
西山枫林一社区居委会	香山南路 168 号院 8－9－101	88782445
西山枫林二社区居委会	香山南路 166 号院 8－6－102	88774971
军区第一社区居委会	军区大院 58－1－101	66398257
西黄新村东里社区居委会	西黄新村东里 13 号楼 108 号	88702083
西黄新村西里社区居委会	西黄新村西里 13 号楼旁 12 号楼北侧	88701646
下庄社区居委会	八大处路甲 26 号院 8 栋 11 门 101 号	88960745

金顶街街道

金一区社区居委会	金顶北路 20 号院 19 号楼首层	88775047　88749902
金二区社区居委会	金顶北路 8 号院 13 栋底商	88750554　88750423
金三区社区居委会	金三区 6 栋东南侧平房	88748025
金四区社区居委会	金顶北街 68 号(金顶街工商银行北侧)	88722550　88748026
金五区社区居委会	金五区甲 9 栋楼一层	88724302　88749971
赵山社区居委会	赵山 2 号楼北侧平房	88744007　88748007
西福村社区居委会	金顶山路 168 号院 9 栋旁	88723576
铸造村社区居委会	铸造村 1 区新 1 号(14 栋旁)	88714343　88748033
模式口村社区居委会	模式口村 76 号	88728098　88750148
模东里社区居委会	模式口东里 9 号楼西侧	88728152　88717592
模南里社区居委会	模南里 9 栋北侧	88722187
模中里社区居委会	模南里 26 栋楼前	88728616
模北里社区居委会	模北里 44 号楼南侧	88748010　8991155－3713
模西中社区居委会	模西 20 栋楼前	88722602　88748826
模西南社区居委会	模西 33 栋北侧	88722602
模西北社区居委会	模西物业所院办	88724325

五里坨街道

陆军机关军营社区居委会	高井甲 32 号院社区居委会	66384479
西山机械厂社区居委会	五里坨炮厂小区居委会办公楼	51725435
天翠阳光第一社区	石门南路 1 号院 9 号楼	88755221
天翠阳光第二社区	五里坨西街 9 号院 11 号楼一层	88796850
天翠阳光第三社区	五里坨西街 12 号院 5 号楼一层	88920530
高井社区居委会	黑石头南街 49 号	88951713
南宫社区居委会	石门路 368 号居委会	51511273
黑石头社区居委会	黑石头南街 49 号	88951284
隆恩寺社区居委会	五里坨隆恩寺礼堂	88902905
红卫路社区居委会	五里坨隆恩寺路 99 号院 1 号	51512279
隆恩颐园	隆恩寺路 3 号院综合楼办公楼	61818616
东街社区居委会	五里坨东街 47 号	88902445
隆恩寺新区社区居委会	秀府南路 19 号 1－4－1 层	61803063
南宫嘉园社区居委会	隆恩寺路 18 号 10 号楼一层	88900611

广宁街道

新立街社区居委会	广宁村新立街 113 号	88991868

东山社区居委会	广宁村复兴街东山	88991398
高井路社区居委会	广宁村电厂路21号	52552881
麻峪社区居委会	麻峪南沟五十五亩地	88991640
麻峪北社区居委会	双峪路麻峪新街北口	88991282

八宝山街道

三山园社区居委会	永乐东区84楼东侧平房	68657086
四季园社区居委会	永乐东区57楼前白楼	68681076
永东南社区居委会	永乐东区32楼南平房	68684695
永东北社区居委会	永乐东区7号楼前	68658546
鲁谷住宅社区居委会	鲁谷住宅7号楼东侧一层	68636654
情报所社区居委会	情报所26号楼北侧二层	88686047
玉泉西社区居委会	玉泉路甲65号院平房	88682712
瑞达社区居委会	瑞达社区北院11号楼北侧一层	68689014
青年楼社区居委会	青年楼2号楼东侧	68687279
中铁建社区居委会	八宝山南路29号院食堂二层	51885679
西里西社区居委会	玉泉西里二区7-3-106	88685338
西里中社区居委会	玉泉西里二区29号楼一层(底商)	88609638
西里北社区居委会	玉泉西里二区1号楼一层(底商)	88680676
西里南社区居委会	玉泉西里二区30号楼3单元	88608457
沁山水南社区居委会	玉泉西里一区26号楼三层302	68645680
沁山水北社区居委会	玉泉西里一区2号楼一层105	88687020

鲁谷社区

依翠园南社区居委会	依翠园13号楼底商依翠园南居委会	68624224
依翠园北社区居委会	鲁谷路市运八场3号楼南侧	68663737
双锦园社区居委会	永乐西小区3号楼东面	68636674
五芳园社区居委会	鲁谷南路5号	68620956
六合园南社区居委会	六合园20号楼南侧	68625271
六合园北社区居委会	六合园12号楼北侧平房	68626880
七星园南社区居委会	七星园10-13 101	68627417
七星园北社区居委会	七星园7号楼对面	68627418
衙门口东社区居委会	衙门口上后街南头	88681730
衙门口西社区居委会	衙门口西街44号	68636683
衙门口南社区居委会	衙门口西南后街	88681010
新华社社区居委会	京原路8号新华社第二工作区西配楼102室	3077157
石景山医院社区居委会	碣石坪小区3号楼西侧平房居委会	68659138
久筑社区居委会	双锦园16号楼底商久筑服务站	68658542
西厂东社区居委会	北京重型机电厂西厂宿舍10号楼3门103号	68683321
新岚社区居委会	依翠园乙16号新岚大厦一层	68641236
永乐西南社区居委会	永乐西区20号楼北侧平房院	88681799
永乐西北社区居委会	永乐西区20号楼北侧平房院	68686532
重聚园社区居委会	重聚园18号楼西侧物业综合办公楼四层	68686316
重兴园社区居委会	重兴嘉园1号楼6层居委会	68655994
碣石坪社区居委会	碣石坪12号一单元101	88690992
聚兴园社区居委会	天和景园1-10-101	53666011

八角街道

八角北里社区居委会	八角北里45号楼前	68883787

八角中里社区居委会	八角中里 21 栋东侧	68879231
八角南里社区居委会	八角南里 17 栋东侧	88910810
八角北路社区居委会	八角北路 44 栋对面八角北路居委会	68872161
八角路社区居委会	八角路社区 10 栋东侧	68874285
八角南路社区居委会	八角南路 12 号楼东侧	68879213
杨庄南区社区居委会	杨庄小区 35 栋西侧	68873013
杨庄中区社区居委会	杨庄中区 1 号楼西侧	68867818
杨庄北区社区居委会	杨庄北区奈伦熙府 49 号楼西侧平房	52651531
杨庄北区第二社区社区居委会	杨庄北区 12 号楼北侧和 13 号楼南侧之间	57435597
公园北社区居委会	古城路甲 61 号	68872798
古城南路社区居委会	古城南路 50 栋院内	68873023
古城南里社区居委会	古城南里 5 号楼西南侧	68876379
建钢南里社区居委会	八角南里 1 号楼南侧平房	58419189
特钢社区居委会	八角北路 9 栋北侧平房	88915047
地铁家园社区居委会	八角北路 59 号地铁家园社区 5 号楼南侧	68879223
黄南苑社区居委会	黄南苑小区 2 号楼北侧平房	88995817
时代花园社区居委会	时代花园南路 23 号院 15 号楼 1 层	88937457
景阳东街第一社区社区居委会	景阳东街 69 号院 1 号楼 1 层	68648819
景阳东街第二社区社区居委会	景阳东街 65 号院 3 号楼 2 单元 1 层	88605660
景阳东街第三社区社区居委会	景阳东街 58 号院燕保京原家园底商	88602430
体育场南路社区居委会	体育场南街 7 号院 5 号楼	68800805

老山街道

老山西里社区居委会	老山西里 4 栋东侧平房	88970474
老山东里社区居委会	老山东里 5 栋东侧临甲 5 – 2	88975996
老山东里南社区居委会	老山东里 28 栋东侧平房	88973339
老山东里北社区居委会	老山东里 49 栋北侧楼房	88973470
何家坟社区居委会	梁公庵临 35 号	57411001
高能所社区居委会	玉泉路 19 号乙高能所居委会	88233098
玉泉西路社区居委会	玉泉西街 1 号院玉泉西路居委会	88255501
11 号院社区居委会	玉泉路 11 号院东平房入口处	68289034
翠谷玉景苑社区居委会	翠谷玉景苑 1 号楼 6 门 103 号	58974113
京源路社区居委会	石景山路 23 号院京源路居委会	68810401
玉泉北里二区第一社区居委会	玉泉北里二区国防大学 B 区 21 号楼底商 2 单元 102	88620097
中国科学院大学社区居委会	玉泉路 19 号丙 16 号楼北侧平房	88256073

索 引

使用说明

一、本索引采用内容分析索引法编制，除大事记外，年鉴中有实质检索意义的内容均予以标引，以便检索使用。

二、本索引基本上按汉语拼音音序排列，具体排列方法如下：以数字开头的，排在最前面；汉字标目则按首字的音序、音调依次排列，首字相同时则以第二个字排序，依此类推。

三、索引标目后的数字，表示检索内容所在的正文页码；数字后面的英文字母 a、b、c，表示正文栏别，合在一起即指该页码及所在的版面区域。年鉴中用表格、图形反映的内容，则在索引标目后面用括号注明（表）（图）字，以区别于文字标目。

四、为反映索引款目间的隶属关系，对于二级标目，采取在上一级标目下缩二格的形式编排，之下再按汉语拼音音序、音调排列。

0～9（数字）

A

B

C

E

F

G

H

J

K

L

M

R

S

Y

Z

（王彦祥、张若舒编制）